应用型高等院校会计系列教材

电算化会计

——原理及应用

李淑芳　主编

赵秀云　主审

南开大学出版社

天　津

图书在版编目(CIP)数据

电算化会计 ：原理及应用 / 李淑芳主编. —天津：南开大学出版社，2015.1

应用型高等院校会计系列教材

ISBN 978-7-310-04705-5

Ⅰ.①电… Ⅱ.①李… Ⅲ.①会计电算化－高等学校－教材 Ⅳ.①F232

中国版本图书馆 CIP 数据核字(2014)第 271955 号

南开大学出版社出版发行

出版人:孙克强

地址:天津市南开区卫津路 94 号　　邮政编码:300071

营销部电话:(022)23508339　23500755

营销部传真:(022)23508542　　邮购部电话:(022)23502200

*

北京楠海印刷厂印刷

全国各地新华书店经销

*

2015 年 1 月第 1 版　　2015 年 1 月第 1 次印刷

230×170 毫米　16 开本　31.125 印张　2 插页　552 千字

定价:56.00 元

如遇图书印装质量问题,请与本社营销部联系调换,电话:(022)23507125

内容摘要

本书以应用型人才培养为目标，以当前在教学中广泛使用的用友 ERP-U8 和金蝶 K/3 会计软件为操作平台，以最新的会计准则科目为依据，本着理论够用、电算化技能扎实的原则，以企业会计实务为蓝本，从实用的角度出发，从理论、案例、实验三方面，讲述了电算化会计的基础理论、电算化会计信息系统的基本功能、基本应用与实现过程，从而实现了会计与信息技术的有机融合。本书内容紧凑、结构合理、图文并茂、操作步骤清晰，对重点问题有提示说明，便于读者学以致用。每个章节都配有相关的案例应用操作题，且每个实验不仅可以独立运作，而且环环相扣。使读者不仅能掌握电算化会计理论，还能通过实际动手，理解电算化会计的基础理论、了解会计软件的功能、掌握会计软件的具体操作方法，轻松学习理论与技术。

本书理论与实践紧密结合，适应各类普通本科院校、高职高专的学校会计专业、经济管理等相关专业的电算化会计、会计电算化课程与实验教学的使用，也可作为社会培训和在职会计人员自学使用。

前　言

在飞速发展的信息社会中，会计学作为一门独立的学科将逐步向边缘学科转化，而电算化会计是典型的边缘学科，是一门融会计学科、计算机学科、管理学科、信息学科为一体的边缘学科。电算化会计是经济发展的必然产物，是会计发展的需要，同时也是企业管理对会计工作提出的高标准要求。为了响应《国家中长期教育改革和发展规划纲要（2010—2020）》号召，培养学生扎实的学科专业知识以及动手能力和创新意识，满足我国会计电算化工作的发展需要，作者编写了本书，力求培养出市场经济所需的动手能力强、素质高、业务精、技能强的“应用型”会计专业人才。

本书以目前在教学中广泛使用的用友 ERP-U8.52 和金蝶 K/3V11 会计软件为操作平台，本着电算会计理论够用、电算技能扎实的原则，以最新的会计准则科目为依据，以企业会计实务为蓝本，从实用的角度出发，按照电算化会计应用型人才的实际需求，从理论、案例、实验三方面，讲述了十章内容，主要包括：第一章电算化会计概述；第二章会计软件；第三章会计软件系统管理；第四章总账子系统财务；第五章财务报表子系统；第六章固定资产子系统；第七章工资管理子系统；第八章应收应付款子系统；第九章出纳管理子系统；第十章电算化会计综合实验。本书内容紧凑、结构合理、图文并茂、案例丰富、操作步骤清晰，每个章节中都有配套的实验操作题，并按企业会计业务流程编排实训内容，把理论教学与实验教学有机整合，让学生在“学中做”、“做中学”，帮助学者提升对电算化会计知识的理解，进一步熟悉电算化会计工作。本书突出特点主要包括：

1. 先进性。在本书的编写过程中，编著者查阅了大量的参考文献和国内最新成果，根据财政部颁布的《企业会计信息工作规范》精神，以最新企业会计准则科目为依据，精选典型案例，及时反映新知识、新技术，以保证教材的时效性和先进性。

2. 实用性。从实际工作出发，以企业中广泛使用的用友 ERP-U8 和金蝶 K/3 会计软件为操作平台。以企业业务为蓝本，使学生手、脑并用，学、做合一，把理论和实践有机地结合起来，学以致用，实现“来源于企业、服务于企业、服务于社会”的宗旨。

3. 系统性。本书以环环相扣的设计，以某企业的经济业务为主线，有机地贯穿于每个章节，内容由浅入深，由点到面，形成一个有机的整体，使学者全面系统掌握电算化会计理论与方法，培养学生的实践操作能力。

4. 创新性。本书打破了传统教材以某一款会计软件为例的编写模式，而以广泛使用的用友 ERP-U8 和金蝶 K/3 会计软件为例，讲解会计电算化知识及应用技能，给本书以全新的面貌，满足了不同层次、不同需求的教学需要，拓展了学者的视野和知识面。

5. 指导性：本书内容紧凑、案例丰富、图文并茂、操作步骤清晰，对重点问题有提示说明，便于理论教学和上机实验。有助于教师和学生融会贯通，方便读者在最短的时间内快速上手，掌握企业会计实务的操作流程，掌握会计软件的功能和具体的操作方法。

随着计算机软硬件和会计软件的不断升级，电算化会计的理论框架和方法体系还处在建立和完善的阶段，在编著此书过程中虽然作者付出了不少的努力，但受作者学识和水平的局限，书中错误及疏漏之处在所难免，作者诚挚地希望读者对本书的不足之处提出批评指正。作者的联系邮箱为：lsf20110809@163.com。

主编：李淑芳

2014 年 5 月 6 日

目 录

第一章 电算化会计概述

【知识目标】了解电算化会计的含义、要素和发展历程；了解电算化会计的特征与作用；了解电算化会计与手工会计的关系；了解掌握会计电算化的实施过程。

【技能目标】掌握电算化会计基本概念、特点，进一步理解电算化会计的作用，熟悉电算化会计实施与管理的步骤和要求。

第一节 电算化会计基本概念

一、电算化会计的概念

电算化会计也称计算机会计或会计电算化，电算是相对手工核算而言，是指以电子计算机为主体的当代电子技术和信息技术在会计实务中的具体应用。即以会计理论和会计实务为基础，以计算机、Internet 网络、会计软件为手段，对会计数据进行采集、存储、加工、传输和输出，并以此对经营活动情况进行反映、监督、控制和管理的会计信息系统。

信息系统是以收集，处理和提供信息为目标的系统，即该系统可以收集、输入、处理数据、存储、管理、控制信息，向信息的使用者报告信息，使其达到预定的目标。因此有一种会计理论把会计理解为信息系统。会计信息系统分为手工会计信息系统和电算化会计信息系统。在现代科学技术的背景下，这样的信息系统无疑就是计算机会计信息系统，即以计算机为主要工具，对各种会计数据进行收集、记录、存储、处理与输出，并完成对会计信息的分析，向使用者（企业管理者、投资人、债权人、政府部门等）提供所需会计信息，辅助他们管理、预测和决策，提高企业管理水平与经济效益。因此，电算化会计也可以称为电算化会计信息系统。现代会计电算化实际指的就是会计信息系统即会计软件应用技术。

电算化会计是通过电子计算机会计信息系统实现的，其实质是将以计算机技术为主的当代信息技术应用到会计工作中，用电子计算机代替人工记账、算账与报账，以及部分代替人脑完成对会计信息的分析、预测和决策的过程。

二、电算化会计的要素

电算化会计是一个人机结合的系统。它是由五大要素：硬件、软件、数据、规程和人员构成的紧密联系且有机统一的信息系统。其中人员要素是系统中最活跃的要素，规程要素构成是电算化会计的运行环境保障。

（一）硬件

硬件设备一般包括数据输入设备、处理设备、存储设备和输出设备，另外还有通信设备、机房等。如键盘、鼠标、显示器、计算机主机、打印机、光盘等。硬件设备的作用是实现数据的输入、处理、输出等一系列根本性的操作。

（二）软件

软件是电子计算机的灵魂。在配置良好的硬件设备下，还需要一套稳定可靠的计算机软件支持，以实现系统目标。计算机软件按用途可分为系统软件和应用软件。系统软件主要包括操作系统和计算机语言系统。应用软件主要包括通用应用软件（OFFICE）、会计软件。在电算化会计信息系统中会计软件是最重要的部分，没有会计软件，现代会计信息系统就无法实施。

（三）数据

会计数据是指反映会计业务发生和完成情况的经济业务数据。进入会计信息系统的各种原始凭证则是会计数据的载体，这些数据构成了电算化会计信息系统的重要资源。处理经济业务数据是财会部门的传统职责，也是会计信息系统处理的对象。电算化会计信息系统的一个重要任务就是向组织内部与外部提供财务会计等信息。

（四）规程

规程是指各种法令、条例、规章制度。主要包括国家的宏观管理与单位的微观管理制度。如《会计电算化管理办法》、《会计电算化工作规范》、会计电算化岗位责任制、会计内部控制制度等。这些规章制度是电算化会计信息系统得以安全运行的重要保证。

（五）人员

从广义上来看，为电算化会计而工作的所有人员。但一般仅指直接从事系统研制、开发、维护和使用的人员。企业电算化会计人员一般需要系统管理员、系统维护人员、系统操作人员。系统管理员应熟悉全面的财务管理工作，对系统开发和使用各阶段所需知识应有基本的了解；系统维护人员必须具备计算机软件开发和软件硬件维护的知识，同时还应该具备会计和管理基本知识；系统操作人员必须具备计算机的基本操作知识和熟练的会计业务，输入准确、快速。

三、电算化会计的分类

电算化会计的内容非常广泛，对其分类从不同的角度有不同的分类。从电算化会计职能角度来看，电算化会计信息系统可分为会计核算电算化、会计管理电算化、会计决策支持电算化三个子系统。分别用于会计的事后核算、事中控制、事前决策。

（一）会计核算电算化

会计核算电算化是会计电算化的第一个阶段。在这一个阶段完成的任务主要包括：设置会计科目、填制会计凭证、登记会计账簿、进行成本计算、编制会计报表等。会计核算电算化主要是指这几个方面运用会计核算软件，实现会计数据处理电算化。

1．设置会计科目电算化。是通过会计核算软件的初始化功能实现设置会计科目。

2．填制会计凭证电算化。是由计算机来编制记账凭证的。

3．登记会计账簿电算化。是由计算机根据会计凭证自动登记机内账簿。

4．成本计算电算化。是由计算机根据机内记录的采购费用、生产费用、销售费用和管理费用，按照会计制度规定的方法自动进行计算的。

5．编制会计报表电算化。在会计软件中都是由计算机自动进行编制会计报表的。

（二）会计管理电算化

会计管理电算化是在会计核算电算化的基础上，利用会计核算提供的数据和其他有关数据，借助会计管理软件提供的功能，帮助会计管理人员合理地筹措和运用资金、节约生产成本和经费开支、提高经济效益等。会计管理电算化主要有以下几项任务：

1．进行会计预测。根据计算机内存储的会计核算历史数据，并按照现有条件和要求，在会计管理软件的指导下，补充一部分数据，并选定预测方法后由计算机进行预测和输出预测结果。

2．编制财务计划。财务计划是会计预测的系统化和具体化，可由计算机自动完成。编制计划的方法需要事先在会计管理软件中加以定义。

3．进行会计控制。主要通过预算控制软件和责任会计软件来实现。这两个软件是会计管理软件的两个调试部分，都需要会计核算软件提供详细的数据。

4．开展会计分析。采用会计管理软件分析和评价计划的完成情况，找出差距和努力的方向。

（三）会计决策电算化

会计决策电算化是会计电算化的最高阶段，在这个阶段由会计辅助决策支持软件来完成决策工作。该软件根据会计预测的结果，对产品销售和定价、生产、成本、资金和企业经营方向等内容进行决策，并输出决策结果。

第二节 电算化会计产生与发展

一、电算化会计产生与发展

（一）电算化会计产生

随着社会经济的不断发展，对会计数据处理要求的提高和科学技术的飞速发展，会计数据处理技术也在不断进步。在电算化会计产生之前，会计数据处理技术的发展变化，主要经历手工操作阶段、机械化处理阶段。1954 年 10 月，美国通用电气公司第一次使用 UNIAC-1 型计算机计算职工工资，电子计算机开始进入会计数据处理领域。在我国，计算机应用于会计业务的处理起步比较晚，1979 年，长春第一汽车制造厂进行了会计电算化的试点，手工会计就被电算化会计系统所代替，从此，会计学又出现了一个新的分支——电算化会计。

（二）电算化会计发展历程

随着会计本身和电子计算机硬件、软件技术的不断进步，电子计算机在会计中的应用也逐步普及和深入发展。纵观国外、我国电算化会计发展过程，计算机在会计中的作用大致经历了以下几个阶段：

1．国外电算化会计的发展过程

国外电算化会计的发展主要经历了单项处理阶段、综合处理系统阶段、管理信息系统阶段、决策支持系统阶段。

（1）单项处理阶段（20 世纪 50 年代～60 年代）

这是电子计算机在会计中应用的初级阶段。这一阶段中电子计算机逐步取代了沿用近半个世纪的以穿孔卡片为输入方式的会计机器，成为数据处理的重要工具。电子计算机主要用于数据量大、业务简单、重复次数多的经济业务中，如工资计算、库存材料的收发核算等。它以模拟手工会计的核算方式，替代了部分手工劳动，提高了这些业务的工作效率。限于当时计算机硬、软件的技术水平，这一阶段的数据处理方式一般采用单机的批处理方式。

（2）综合处理系统阶段（20 世纪 60 年代～70 年代）

这是电子计算机在会计中应用的第二阶段。在这一阶段中采用小规模集成电路的第三代计算机得到了比较广泛的应用；出现了能随机存储的外存储设备——磁盘；操作系统日趋成熟，具有处理机管理、存储管理、设备管理、文件管理、作业管理和信息定时处理功能的通用操作系统问世。计算机软、硬件技术的不断发展为计算机在会计中的应用开辟了广阔的发展空间。会计数据的处理基本实现了自动化，逐步形成了完整的电算化会计核算系统。电子计算机几乎完成了手工簿记系统的全部业务，并打破了手工方式下的一些常规结构，更重视数据的综合加工处理，更好地为分析、预测、决策和日常管理服务。

（3）管理信息系统阶段（20 世纪 70 年代～80 年代末）

20 世纪 70 年代以来，计算机技术发展迅猛，微型计算机出现并迅速得到广泛的应用。计算机网络和远程通信技术的出现以及数据库管理系统的应用，电子计算机的功能大大增强而价格不断降低，这一切为计算机在各个领域广泛应用提供了良好的条件，计算机化的管理信息系统逐步形成和发展。会计信息系统开始从主要处理历史数据的日常业务型发展为能够向各管理层提供各种管理信息，进行财务计划、分析、预测、决策，具有管理信息系统特征的电算化会计信息系统，并在企业的管理信息系统中占据中心和主体的地位。

（4）决策支持系统阶段（20 世纪 90 年代～至今）

进入 20 世纪 90 年代后，会计软件成为计算机软件的重要分支。随着数据库管理技术的成熟，在管理信息系统的基础之上，建立完整的数据管理系统和数据模型库，为决策者提供决策方案已经成为了现实。决策支持系统是以计算机存储的信息和决策模型为基础，协助管理者从大量的数据中筛选对决策有价值的信息，解决具有多样化和不确定性的问题，以进行管理控制、计划和分析，并制定高层次管理决策和策略。

2．我国电算化会计的发展过程

我国电算化会计的发展主要经历了起步阶段、自发发展阶段、稳步发展阶段、深入发展阶段。

1．起步发展阶段（1979 年～1983 年）

1979 年财政部直接参与和支持的长春第一汽车制造厂进行的会计电算化试点工作，是我国电算化会计的起步阶段。这个阶段的主要特点是：电算化工作主要是单项会计业务的电算化，最为普遍的是工资核算的电算化。整个会计电算化工作处于试验探索阶段，发展非常缓慢。

2．自发发展阶段（1983 年～1987 年）

1983 年国务院成立了电子振兴领导小组，从此我国电子技术进入了一个新的发展阶段。1987 年 11 月中国会计学会成立了会计电算化研究小组，为有组织地开展理论研究做了准备。不少单位自主开发一些单项会计电算化软件并应用于具体工作中，取得了一些成就。这一阶段的发展特点是：全国掀起的应用计算机热潮，极大地推动了会计电算化的普及过程，各大专院校纷纷开始培养会计电算化专门人才，为今后会计电算化的稳步发展奠定了坚实的基础。会计电算化理论研究受到重视。会计电算化发展比较盲目，低水平的重复开发现象严重。

3．稳步发展阶段（1987 年～1990 年）

1987～1990 年，会计电算化的发展一直保持良好势头，初步走向正规。这一阶段的特点是：涌现出了一批既懂会计又懂计算机的复合型人才。这一切都为开发高质量的会计电算化系统创造了良好的技术、物质和人才条件。1989 年 12 月财政部颁发了《会计核算软件管理的几项规定》，1990 年 7 月又颁发了《关于会计核算软件评审的补充规定》，加强了会计电算化的管理工作。在财政部的支持下，相继出现了一批专业的会计软件公司。通用会计软件的研制得到发展，商品化的会计软件市场初步形成，为我国会计电算化事业的发展注入了新的活力。这一发展阶段主要标志：会计软件的开发向通用化、规范化、专业化和商品化方向发展。

4．深入发展阶段（1990 年至今）

1990 年开始，有关会计电算化方面的著作大量出现，理论研究空前繁荣。实现会计电算化，既是会计改革的重要内容，也是会计工作现代化的必然趋势。财政部于 1994 年颁布了《关于大力发展我国会计电算化事业的意见》，同年 7 月又颁布了《会计电算化管理办法》等三个规章。2013 年 12 月，财政部发布了《企业会计信息工作规范》，以推动企业信息化，节约社会资源，提高会计软件和相关服务质量，规范信息化环境下的合计工作。这一切给我国会计电算化工作注入了强大的动力。

据初步统计，截至 1998 年年底，已有 38 个商品化会计软件通过了财政部的评审，160 个软件通过了省级财政部门的评审。1990 年，从事会计软件开发的企业已经超过 300 家。会计电算化法规、标准体系不断完善，从软件开发到应用的规范现已基本齐全。会计电算化带动了企业管理信息化的进程，成为企业信息化的一个热点。从此，会计电算化工作在管理型会计信息系统这一更高层次上深入发展。这一发展阶段几个主要标志：各级行政部门和业务主管部门加强了对会计电算化的管理，许多地区和部门制定了相应的发展规划、管理制度和会计软件开发标准。

二、会计信息化的发展趋势

随着我国会计电算化的深入发展，电算化会计已经朝着会计信息化方向转变，这不但是电算化会计自身发展的需要，也是电算化会计整体发展的需求。会计信息化是在会计电算化的基础上，实现会计流程、企业业务流程与管理流程有效整合，是从会计电算化、会计信息系统概念的基础上派生的现代会计信息系统，是会计电算的延伸和发展。目前会计电算化正向着更高层次的会计信息化方向发展，其未来的发展趋势主要表现在以下几个方面：

1．会计信息化的开展将更规范、更标准

国家财政部门作为我国电算化会计工作的管理者，统一制定会计电算化法规制度，制定统一的会计电算化发展规划并组织实施，在国家、行业标准的指导下，进行规范化的软件开发，对会计软件进行评审、验收。从而更充分、更广泛地利用会计信息，会计信息化的宏观管理将向规范化和标准化过渡。

2．会计信息化与管理会计结合将更加紧密

由于网络和数据库技术的发展，会计信息化和其他业务部门的工作将走向结合。因此，在将来会计信息化业务有财务、统计信息、综合利用的发展方向，将财务会计和管理会计进一步融合。会计信息化能够跨越财务会计以及管理会计两大子系统，可以为企业提供预测、决策、规划与分析，为企业做经济效益评估。所以，两者的结合将会更好地服务于企业的长久发展，推动整个企业管理信息系统的开发、建立和完善。

3．会计信息化迅速推广最终实现网络财务

信息技术及网络的发展，推动了会计信息化的广泛应用。新技术的发展，也提升了会计信息化的技术水平，会计信息化逐步由单机应用发展为拥有大型数据库及网络应用。具有安全、存储量大、速度快、方便查询特点的数据库将会使得其适应将来各种管理要求。网络财务会在竞争激烈的未来得到推广，因为会计信息化将会帮助企业运用科学的理论和方法去改善经营和管理。利用互联网，可以实现网络化管理、移动办公、支持电子商务；可以实现财务集中管理、动态查询、实时和远程监控服务等。

4．会计信息化将会更智能、更安全

会计信息化利用人工智能研究新成果，利用专用语言，如 PROLOG、LISP

等，经过反复推导，调出有关专家经验和智慧，辅助决策，以提高决策的可靠性，逐步实现信息系统的智能化。会计信息化的弱点是安全性，所以一般要采用两层保密技术。在客户端和服务器之间需要对一切传输数据加两层密，以防止非法用户窃取机密和未授权者越权操作。会计信息化的制度体系将会形成并且渐渐完善。保证不同会计软件之间能够对接传输会计信息，为会计信息的广泛利用提供绿色通道，使电算化会计更智能、更安全。

5．会计信息化将向国际化方向发展

随着会计信息化工作的不断开展与深入，随着经济发展的全球化和国际一体化，国家与国家之间交流日益增多和频繁，世界经济日趋全球化，企业集团跨国经营对会计信息化的要求，需要向国际标准靠拢。这就要求加强自身软件的更新和完善，使得我国会计软件能够满足现代跨国企业经营和企业集团化发展的需要，研究如何从我国会计文化的传统出发，兼顾西方会计文化，开发出适应全球范围的会计软件。会计信息化将向国际化方向发展已成为一种趋势。

第二节　电算化会计特征与意义

会计信息系统分为手工会计信息系统（简称手工会计）和电算化会计信息系统（简称电算化会计）。用电算化会计替代手工会计，不仅仅是会计核算工作手段的提高，而且是会计管理工作的改进和现代化。通过对电算化会计与手工会计的比较，有助于加深对电算化会计一些特性的认识。

一、电算化会计与手工会计比较

（一）相同点

1．系统目标一致

无论是手工会计还是电算化会计，都是对经济业务进行记录和核算，最终目标都是为了加强经营管理，提供会计信息，参与经营决策，提高经济效益。

2．都要遵守会计法规制度

无论是手工会计还是电算化会计，两者都要遵守会计和财务制度，以及国家的各项财经法纪，严格贯彻执行会计法规，不能置财经法规、制度于不顾，相反应当更严格地维护财经法规，从技术上、制度上堵塞可能的弊端。

3．都要保存会计档案

会计档案是会计的重要历史资料，必须按规定妥善保管，以便查询。电算化会计形成的大部分会计档案的物理性质变化了，备份的消失与复制很容易，这就要求系统的信息资料管理更要加强。

4．都要编制会计报表

会计报表是企业经营、资金、成本等主要经济活动的综合反映，也是国家宏观决策的依据之一，电算化会计和手工会计一样，应当编制出符合国家要求的会计报表，不得各行其是。

5．都要遵循基本的会计理论与会计方法

会计理论是会计学科的结晶，会计方法是会计工作的总结。电算化会计和手工会计一样，都要遵循基本的会计理论与会计方法，都采用复式记账原理，否则将导致系统研制的失败。

6．信息系统的基本功能是相同的

任何一种信息系统都有信息的采集、存储、加工处理、传输、输出五方面的基本功能。无论是手工会计还是电算化会计，要达到系统目际，必须具备上述五个功能。

（二）不同点

1．运算工具不同

手工会计使用的运算工具是算盘、计算器，由于不能存储运算结果，使人不得不边运算边记录，工作量大，且速度慢。电算化会计使用的运算工具是电子计算机，数据处理过程由机器完成。由于它能存储运算结果，人只要输入原始数据便能得到所希望的信息。

2．信息载体不同

手工会计中所有信息都以纸张为载体，占用空间大，保管不易，查找困难。电算化会计除必要的会计凭证之外，均可用磁性材料（光盘、移动硬盘等）作信息载体，占用空间小（一般企业一年的信息量只占用一本明细账册的空间，约十余张软盘），查找方便，保管容易。

3．簿记规则不同

手工会计日记账、总账要用订本式账册，明细账要用活页式账册；账簿记录的错误要用划线法或红字法更正，账页中的空行、空页要用红线划销。手工会计用三套账簿（日记账、明细账、总账）来实现相互牵制、相互校对的目的，而电子计算机通过对凭证的分类、排序、合并，随时可以生成任何一种账簿形式，由于是一个程序完成登账工作，不存在账账、账证、账表的相互牵制与校对问题。凭证正确，输入无误，皆对，否则皆错。由于打印量大，成熟的电算化会计一般都将数据存储在磁盘中。电算化会计不可能采用手工系统完全一致的改错方法。为了保证审计的追踪线索不致中断，电算化会计规定，凡是已经登过账的数据，不得更改（当然还要辅以技术控制），即使有错，只能采用输入“更改凭证”加以更改，以便留下改动痕迹。对于需要打印的账页的空行、空页可用人工处理。

4．账务处理程序不同

手工会计的账务处理程序有四种（记账凭证、科目汇总表、汇总记账凭证、日记账核算形式），但是都避免不了重复转抄与计算的根本弱点，伴之而来的是人员、环节与差错的增多。电算化会计的账务处理一般要根据文件的设置来确定，常用的是日记账文件核算形式和凭证文件核算形式，在一个计算机会计系统中，通常只采用一种核算形式对数据进行集中收集、统一处理和数据共享。这样，从会计凭证到会计报表，一切手工系统的中间过程都不必与使用者见面，而任何要求的输出都能得到满足。

5．会计科目的设置和使用不同

手工会计账户分设为总账和明细账，明细账大多设到三级账户，科目的设置与使用一般仅为中文科目。而在电算化会计中，计算机可以处理各种复杂的工作，科目的级数和位长设置因不同的软件而存在差异，有的会计软件可将科目设置到 6 级以上，从而满足会计明细核算方面的需要，除设置中文外，也设置与中文科目对应的科目代码，使用科目时，计算机只要输入某一科目代码，而不要求输入相应的中文科目，但在显示打印时，一般都将中文科目和与之对应的科目代码同时显示。

6．平行登记账簿上存在不同

手工会计，总账由会计人员根据审核无误的记账凭证或科目汇总表、汇总记账凭证进行总账的登记工作，明细账由另一名会计人员根据原始凭证或记账凭证进行平行登记，期末检查两者是否相等。但在电算化会计中，总账和明细账的数据均来源于原始凭证或记账凭证，计算机按照登记总账和明细账的程序命令，将数据从记账凭证数据库中转移到总账数据库和明细账数据库，总账金额等于明细账金额。平行登记在电算化会计中失去了原先的作用。

7．会计工作组织体制不同

手工会计的会计工作组织体制以会计事务的不同性质作为制定的主要依据。一般的手工系统划分如下的专业组：材料组、工资组、资金组、成本组、固定资产组、综合财务组，它们之间通过信息资料传递、交换建立联系，相互稽核牵制，使系统正常运转。

电算化会计的会计工作组织体制以数据的不同形态作为制定的主要依据。

一般的人机系统可划分如下的专业组：①数据（信息）收集组（以原始凭证作为原始数据，处理各项会计业务，其主要工作面向系统外部，类似于手工系统的出纳工作）；②凭证编码组（按事先规定的编码原则或编码手册对凭证或需要数据处理的其他文件进行编码）；③数据处理组（包括数据输入、处理、输出等各项操作）；④系统维护组（对系统的软、硬件维护，保证系统的正常运行，满足系统的业务要求）。显然，这两种系统的工作组织体制是截然不同的。电算化会计将手工系统对数据分散收集、分散处理、重复记录的操作方式改造成集中收集、统一处理、数据共享的操作方式。这一改造是循序渐进的、由量变到质变的发展过程，当改造完毕，原系统就发生了质的飞跃。

8. 人员、内部控制方式不同

手工会计中的人员均是会计专业人员，电算化会计中的人员除了会计专业人员，还有电子计算机软件、硬件及操作人员组成。手工会计是通过账证相符、账账相符、账实相符等内部控制方式来保证数据的正确，堵塞漏洞。电算化会计由于账务处理程序和会计工作组织体制的变化，除原始数据的收集、审核、编码由原会计人员进行外，其余的技术处理都由计算机部门负责。原来的内部控制方式部分地被计算机技术所代替，由人工控制转为人机控制，因此，对后者的控制要求更严密，范围更广泛。从国内外资料分析，如不加强人机系统的内部控制，必将造成比手工系统更大的危害。

纵观上述种种区别，集于一点，就是由于人机系统数据处理方式的改变，引起了手工会计信息系统各方面的变化，这一变化将使得系统功能更为加强，系统结构更为合理，系统管理更为完善。会计电算化是会计史上的崭新一页。电子计算机的应用，不仅带来了数据处理工具的变化，也带来了信息载体的变化。会计电算化后，对传统的会计方法、会计理论都将发生巨大的影响，从而引起会计制度、会计工作管理体制的变革。会计电算化促进着会计的规范化、标准化、通用化和管理的现代化。

二、电算化会计对会计工作影响

随着计算机技术的迅猛发展，我国的电算化会计也得到了普及和应用，这不仅是会计核算工作的现代化过程，也是促进会计工作规范化、标准化的过程，更是促进会计改革和发展的过程。电算化会计对会计工作的影响主要表现在以下几个方面：

（一）会计数据的处理方式发生改变

在手工条件下，会计核算工作要由许多人共同完成，实现会计电算化后，会计数据的处理过程被分为输入、处理、输出三个环节。会计工作人员只要输入一张会计凭证，会计电算化系统可自动进行记账、汇总、转账、结账、出报表等一系列工作，复杂的会计核算工作不仅变得简单、迅速，而且大大提高了会计资料的准确性。与手工会计相比，电算化会计的数据处理无论在准确性上还是在处理速度上都发生了很大的变化，会计信息的准确性、及时性和会计数据处理的集中化、自动化程度大大提高，账务处理程序也趋于简单。从而使会计核算工作做得更细、更深，更好地发挥其参与管理的职能。

（二）会计人员的工作职能发生改变

会计电算化的实现，能有效地减轻会计人员的工作压力和负担，使他们从简单重复而又枯燥乏味的记账算账中解放出来，把工作的重点和主要精力放在对经济活动的分析、预测和日常管理方面，从而更好地完成会计反映和监督生产经营活动的各项任务，提高了会计人员的地位。

（三）会计人员的知识结构发生改变

由于电算化会计涉及到会计和计算机两种专业知识，这就要求会计人员既要掌握会计专业知识，又要掌握相关的计算机知识、网络知识、信息管理知识等。因此，会计电算化促进了会计人员的知识结构向既博又专的方向发展，使其计算机知识和会计工作经验实现有机结合，从而提高会计人员的整体素质。

（四）使会计数据的修改技术发生改变

电算化会计实现后，手工条件下对账簿记录错误的划线更正法将不再适用，取而代之的是修改权限、修改标志、凭证冲销等方法。对于经过审核、记账、甚至结账后发现的错误记录，还可以利用电算化系统提供的反结账、反过账取消审核等功能进行修正，这在手工条件下是不可想象的。

（五）使会计数据的内部控制制度发生改变

会计电算化的内部控制目标和手工操作是一致的，手工内部控制制度一部分被保留，一部分被取消或更正。例如，账、钱、物三分管的原则不变，处理每一项业务必须有明确的职责分工的原则不变，但平行登记的原则会有所转变，记账、结账则转化为计算机程序控制；再如，原来通过账证核对、账账核对、账表核对的控制方式，基本已不复存在了，代之以更加严密的输入控制。

（六）使会计的本质发生改变

会计是社会生产力发展的产物。随着现代经济与科学的飞速发展，人们逐渐加深对会计本质的认识，即会计是一项对会计信息、处理、输出的经济信息系统，其主要职能是为人们提供经济活动（价值运动）的状态、结构、历史及未来趋势的画面。伴着会计电算化的普及应用，人们对会计职能的认识和对会计本质的揭示，从最初定位于纯粹的服务性工作到现在将会计作为控制体制，使会计信息从幕后走向前台。这是因为会计信息不仅仅是客观事实的真实反映，更重要的是它们能够指导和控制人们的行为。

（七）使财务报告制度发生改变

传统的会计是按月、季度、年编制的定期报告，这种报告在经济较为稳定的情况下对决策是有用的，会计信息使用者可以比较准确地预测企业下一年度甚至今后几年的业绩。但在市场千变万化，竞争越来越激烈的知识经济时代，产品使用周期不断缩短，创新技术不断加速，经营活动的不稳定性日益显著，这时仅依靠定期报告是难以准确预测企业未来、把握企业命脉的，因此，建立一套既能够提供定期报告又提供适时信息的财务报告制度是非常必要的，会计电算化为此提供了技术上的支持。

（八）使会计信息分析更加重视

在各种信息高速发展时代，会计信息对社会经济发展和企业经济效益提高起着越来越重要的作用。现代信息技术和电算化会计能将社会经济活动的细枝末节精确地记录、保存和传播，会计信息的分类、提炼、再加工将成为极其重要的工作。因为人们需要的不是不分轻重缓急不断涌现的信息垃圾，而是系统化、条理化、有针对性的精品信息，只有经过加工整理、分析，才能满足这种需要。会计电算化的实现，必然带动会计核算对象、内容、方法等会计理论和会计技术的发展，促进会计制度的改革。

总之，会计电算化的普及应用，对会计工作的影响是多方面的，也是十分深刻的。这种影响推动了会计技术、方法、理论的创新和观念的更新，促进了会计工作的进一步发展。同时，也使我国的会计电算化事业终于走上了快车道，向着浓度和广度发展。为适应形势要求，我们应该不断提高会计人员的专业素质，加快会计核算软件的开发进程，使会计电算化的发展进程尽快与国际接轨。

三、电算化会计的特点与意义

（一）电算化会计的特点

电算化会计是会计学进入信息时代的发展，它是会计学、电脑与信息技术、企业管理及经济计量学等学科相互交叉结合后产生的综合性学科。与手工会计信息系统相比较，计算机方式下会计信息系统具有人机结合性、准确性、规范性、及时性、共享性、复杂性等特点。

1．人机结合性

电算化会计是一个由人、计算机、数据及程序组成的系统。会计工作人员将收集的会计数据输入到计算机，由计算机按照一定的指令进行数据的加工和处理，将处理的信息通过一定的方式存入磁盘。会计信息是人机结合的作品，是一个人机交互作用的“智能型”的管理信息系统。

2．准确性

电算化会计在数据处理方面，打破了手工操作的局限性，数据收集、数据处理、数据输出和数据存储全过程都由计算机来完成，而计算机的高精度和准确性，保证了会计资料在计算机处理中的准确性，减少了人为因素造成的差错，使数据的准确性大大增强，提高了会计信息的质量。

3．规范性

会计信息直接关系国家、企业的经济利益，会计信息必须符合一定的质量要求。严格遵守企业会计准则及其指南、会计法规的要求，连续、完整、真实、准确地反映经济业务。在原始数据采集时采用统一科目编码和统一数据采集格式，建立统一的数据输入系统，加强数据输入的校验，保证数据的可靠性。从凭证数据输入到账表的输出，都是按照设置好的程序在内嵌控制功能的监控下由计算机独立进行的，使账务处理程序标准化、程序化、规范化。

4．及时性

电算化会计以计算机为会计数据处理工具，利用会计软件，建立账套，录入记账凭证，会计软件自动记入日记账、明细账、总账，并可以自动生成财务报表。记账凭证的会计处理在计算机中实现了电子自动化，计算机具有人工操作无法比拟的处理速度，所以极大提高了会计处理的速度，大大缩短会计核算周期，增强了会计处理的及时性，及时提供生产经营活动中的最新信息。

5．共享性

电算化会计改变传统会计数据重复记录分散存放而带来的弊端，采用先进的数据库及数据仓库技术，实现了数据分类集中存放，既保证了数据的可靠性，又可从此完全取消各种会计明细分类账和对账操作，实现数据共享。网络会计管理软件，通过网络形式以电子数据和电子信号迅速传递信息，满足了不同用户的需要，信息共享的能力大大提高。

6．复杂性

电算化会计系统由许多职能子系统组成，如账务处理子系统、工资核算子系统、固定资产核算子系统、存货核算子系统、成本核算子系统等，内部结构较为复杂，各子系统在运行过程中进行数据的收集、加工、传递、使用，联结成一个有机的整体。另外，由于电算化会计全面地反映企业各个环节的信息，它跟其他管理子系统和企业外部的联系也十分复杂。电算化会计从其他管理信息子系统和系统外界获取信息，也将处理结果提供给有关系统，使得系统外部接口较复杂。

（二）电算化会计的意义

1．减轻了会计人员劳动强度

实现会计电算化后，只要将原始会计数据输入计算机，大量的数据计算、分类、归集、汇总、分析等工作，全部都由计算机来完成。这就将会计人员从繁杂的记账、算账、报账中解脱了出来，减轻了劳动强度。同时，由于电子计算机处理速度快，是手工处理速度的几百倍、几千倍，从而使大量的会计信息得到及时、迅速的处理，减轻了会计人员的劳动强度，提高了工作效率。

2．促进了会计工作的规范化

手工会计工作中，由于工作量大、业务繁杂等原因，易出现错记、漏记，账证表难以规范、统一的现象。实现会计电算化后，软件采用先进的技术对输入数据进行校验，防止非法数据的进入，如一张借贷不平的凭证，计算机拒绝接收，从而保证了会计信息的合法性、完整性，促进了会计工作的规范化，提高了会计信息的质量。

3．促进了会计工作职能的转变

会计不仅具有核算、监督的基本职能，而且还通过分析，进行预测并参与经济决策。手工处理方式下，会计人员大部分时间忙于记账、算账、报账，很难有时间和精力对会计信息进行分析，参与经济决策。会计电算化后，不仅可以将会计人员从繁杂的事务中解放出来，使他们把主要精力用于经济活动的分析、预测，同时也提供了更全面、科学的决策依据，更加充分地发挥会计的预测、决策职能，促进了会计工作职能的转变，提高了企业的管理水平。

4．促进了会计队伍素质的提高

会计电算化的实现，对会计人员提出了更高的要求。会计人员不仅要精通财务会计知识，而且必须具有计算机方面的知识，具备利用计算机进行核算处理的能力，并掌握一般性故障排除和纠正错误的方法，对主管人员来说，还应该具备参与系统分析与设计的能力。为适应会计工作的转型，要求会计人员要学习和掌握许多新知识，促进了会计队伍素质的提高。

5．促进了会计理论研究和会计实务的发展

电算化会计的应用，使会计工作在会计数据处理流程、内部控制方式、会计工作组织等方面发生了变化，对会计核算方式、方法、程序、内容等方面产生一定的影响。同时，会计电算化提出了许多新的技术问题，如电算化后的内部控制、审计方法等，促使会计理论和会计实务工作者去研究、探索，推动会计理论研究和实务的发展，也促进了会计理论研究和会计实务的发展，促进了会计制度的改革。

6．为整个管理工作现代化奠定了基础

会计信息作为经济活动信息的重要组成部分，在经济管理中起着至关重要的作用。实现会计电算化后，会计信息可以得到及时、准确的处理，加快了信息流动，有助于管理者及时做出决策。同时，实现会计电算化后，大量的信息可以得到共享，促进和带动其他业务、管理部门的信息沟通，为整个管理现代化奠定基础。

第四节　电算化会计实施与管理

一、电算化会计的实施

（一）实施前的准备工作

实现电算化会计是一项系统工程，涉及单位内部的各个方面，需要较多的人力、物力和财力，为了保证会计电算化工作的顺利实施，必须建立专门的组织来负责领导和具体实施工作，统筹安排和规划企业会计电算化的实施工作，电算化会计的实施前的准备工作主要包括：会计电算化工作组织的建立，会计电算化实施工作规划与工作计划。

1．工作组织的建立

会计电算化涉及单位内部各个方面，并需要单位的人力、物力和财力等多项资源支持，各单位负责人或总会计师应当亲自领衔建立会计电算化领导工作小组和会计电算化实施小组。

会计电算化领导工作小组的主要任务与职责是：统一安排，全面部署会计电算化工作，组织电算化会计系统的建立，及时协调各方面的工作，建立电算化会计内部管理制度，组织会计人员接受会计电算化培训教育，制定中长期发展计划与目标及远景规划，对实施计划的执行情况定期检查等。

会计电算化实施小组的主要任务与职责是：制定会计电算化实施计划，报告计划执行情况，资源的合理配置，组织会计电算化工作的具体实施工作，重大问题的改变及政策的制定等。各单位的财务会计部门，是会计电算化工作的主要承担者。

2．实施工作规划

电算化会计应用是一个长期的过程，在实施电算化会计之前，必须统筹安排和规划会计电算化的实施工作，进行电算化会计实施工作规划，以保证电算化会计工作顺利、健康发展。电算化会计实施工作规划的主要内容包括：总体目标的确定；计算机系统和会计软件的配置；电算化会计信息系统的总体结构的确定；电算化会计实现顺序；电算化会计管理体制及组织机构的确定；会计人员培训计划的编制等。电算化会计工作规划是制定各个阶段详细计划的依据。

3．资金的配备计划

应根据本单位计算机会计与管理信息系统的总体规划和要求，考虑各阶段需要资金和人力资源的数量，安排资金使用计划和人力的配置，做出各阶段的预算及人力、物力的总体安排。

（二）电算化会计的组织实施

会计电算化系统是“一人一机”管理系统，因此会计电算化的组织与实施必须紧紧围绕计算机硬件、会计软件、人员组织及管理等几个方面展开。

1．计算机硬件系统的配置

计算机硬件系统的配置是实现电算化会计的物质基础，计算机硬件选择的好与坏直接关系到以后电算化会计工作的质量和效率。各单位可以根据实际情况和今后的发展目标，选择与本单位电算化会计工作相适应的计算机机种、机型和有关配套设备，对于大型企业集团，应尽量做到统一，为今后实现网络化，在软硬技术支持方面打好基础，以保证电算化会计工作的正常进行。

2．会计软件系统的配置

会计软件系统的配置是实现电算化会计的基础工作，选择会计软件的好坏对会计电算化的实施成败起着关键性的作用。选择会计软件时应全面考虑，既要着眼现在，也要放眼于未来，选择的会计软件既要与计算机硬件配置相适应，又要注意软件的合法性、合规性、安全性、可扩充性。会计软件系统的配置主要包括通用会计软件、定点开发软件、通用与定点开发相结合软件三种方式。各单位应根据实际需要，选择配置会计软件的方式。

3．电算化会计人员的配置

电算化会计人员的配置关系着会计电算化开展实施的成败，是会计电算化发展的关键因素。加强财会人员的培训，提高会计电算化人员的素质，是一项极其重要的工作。电算化会计工作是一项技术含量较高的工作，不仅需要会计人才、计算机专门人才，更需要既懂会计又懂计算机技术的复合型人才。单位应根据会计电算化岗位设置需要，配置相应的会计电算化工作人员。我国对会计电算化人才的培训一般分为初级、中级、高级三个层次。初级要求学者掌握计算机和会计电算化软件的基本操作技能；中级要求学者能够对计算机系统环境进行日常维护，对会计软件进行有关设置，以及对会计核算信息进行简单的分析与应用；高级要求学者掌握能够进行会计软件的开发、研究。

4. 计算机替代手工记账

计算机替代手工记账是电算化会计非常重要的工作。计算机替代手工记账（俗称甩账）是指从手工会计数据处理方式向计算机会计数据处理方式的过渡阶段。计算机替代手工记账主要工作包括：数据转换（将整理好的手工会计业务数据输入到计算机中）；计算机与手工并行（3 个月～6 个月）；计算机替代手工记账的审批（申请审核验收）；正式运行。计算机替代手工记账将各种基本的会计数据输入计算机，采用电子计算机设备和会计软件对输入计算机的会计数据进行处理，生成会计信息并存储在磁性或光盘等介质上，根据需要输出各种记账凭证、账簿、报表。

5. 电算化系统运行的维护管理

电算化系统的维护管理是指当会计电算化系统发生故障或者部分不理想时，及时进行维修和改进，以保证会计电算化系统能够正常工作，以满足用户对系统的要求。电算化系统的维护管理主要工作有：系统运行情况记录；系统运行的日常维护（硬件维护和软件维护）；系统的适应性维护。其中软件维护的工作量所占的比例比较大，一般占 2/3 以上，系统适应性维护一般由专人负责。系统投入使用后，系统维护人员要对系统不断进行个性和日常保养，保证系统长期稳定并不断完善，及时排除软件故障，满足会计软件工作的需要。确保系统运行的准确性和可靠性。

（三）电算化会计管理制度的建立

电算化会计管理制度是保证单位会计工作有序进行的重要措施，也是会计电算化工作成功的基础。实行会计电算化后，会计核算工具与程序、会计数据与信息的表现形式、会计档案的保管方式都发生了很大的变化。制定会计电算化管理制度时，应根据国家有关法规、制度的规定，结合本单位实际情况，除了要遵守手工会计管理制度的基本原则外，还要考虑会计电算化系统的特点。制定电算化会计岗位责任制度、电算化会计操作管理制度、计算机硬软件和数据管理制度、电算化会计档案管理制度。

1. 电算化会计岗位责任制的建立

根据本单位会计工作的实际情况，结合计算机系统操作、维护、开发的特点，划分电算化会计岗位，建立会计电算化岗位责任制，明确各个工作岗位的职责范围。会计电算化后的工作岗位可分为基本会计岗位和电算化会计岗位。基本会计岗位可包括会计主管、出纳、会计核算各岗、稽核、会计档案管理等工作岗位。电算化会计岗位包括电算主管、软件操作、审核记账、电算维护、电算审查、数据分析。电算化会计岗位和工作职责一般可划分如下：

（1）电算主管。负责协调计算机及会计软件系统的运行工作，要求具备会计和计算机知识，以及相关的会计电算化组织管理的经验。电算化主管可由会计主管兼任，采用中小型计算机和计算机网络会计软件的单位，应设立此岗位。

（2）软件操作。负责输入记账凭证和原始凭证等会计数据，输出记账凭证、会计账簿、报表和进行部分会计数据处理工作，要求具备会计软件操作知识，达到会计电算化初级知识培训的水平；各单位应鼓励基本会计岗位的会计人员兼任软件操作岗位的工作。

（3）审核记账。负责对输入计算机的会计数据（记账凭证和原始凭证等）进行审核，操作会计软件登记机内账簿，对打印输出的账簿、报表进行确认；此岗要求具备会计和计算机知识，达到会计电算化初级知识培训的水平，可由主管会计兼任。

（4）电算维护。负责保证计算机硬件、软件的正常运行，管理机内会计数据。此岗要求具备计算机和会计知识，经过会计电算化中级知识培训。采用大型、小型计算机和计算机网络会计软件的单位，应设立此岗位，此岗在大中型企业中应由专职人员担任。

（5）电算审查。负责监督计算机及会计软件系统的运行，防止利用计算机进行舞弊；要求具备会计和计算机知识，达到会计电算化中级知识培训的水平，此岗可由会计稽核人员兼任；采用大型、小型计算机和大型会计软件的单位，可设立此岗位。

（6）数据分析。负责对计算机内的会计数据进行分析，要求具备计算机和会计知识，达到会计电算化中级知识培训的水平；采用大型、小型计算机和计算机网络会计软件的单位，可设立此岗位，由主管会计兼任。

各单位可根据内部牵制制度的要求和本单位的工作需要，参照上述对电算化会计岗位的划分进行调整和设立必要的工作岗位。基本会计岗位和电算化会计岗位，可在保证会计数据安全的前提下交叉设置，各岗位人员要保持相对稳定。由本单位人员进行会计软件开发的，还可设立软件开发岗位。小型企事业单位设立电算化会计岗位，应根据实际需要对上述岗位进行适当合并。

2．电算化会计操作管理制度的建立

通过对系统操作的管理，保证系统正常进行，完成会计核算工作。会计电算化操作管理制度的主要内容包括：

（1）明确规定上机操作人员对会计软件的操作工作内容和权限，对操作密码要严格管理，指点专人定期更换密码，杜绝未经授权人员操作会计软件；

（2）预防已输入计算机的原始凭证和记账凭证等会计数据未经审核而登入机内账簿；

（3）操作人员离开机房前，应执行相应命令退出会计软件；

（4）根据本单位实际情况，由专人保存必要的上机操作记录，记录操作人、操作时间、操作内容、故障情况等内容。

3．计算机硬软件和数据管理制度的建立

计算机硬件、软件和数据管理制度要求做好计算机硬件、软件和数据的维护，以保证电算化系统的正常运行。计算机硬件、软件和数据管理制度的主要内容包括：

（1）保证机房设备安全和计算机正常运行是进行会计电算化的前提条件，要经常对有关设备进行保养，保持机房和设备的整洁，防止意外事故的发生。

（2）确保会计数据和会计软件的安全保密，防止对数据和软件的非法修改和删除；对磁性介质存放的数据要保存双备份。

（3）对正在使用的会计核算软件进行修改、对通用会计软件进行升级和计算机硬件设备进行更换等工作，要有一定的审批手续；在软件修改、升级和硬件更换过程中，要保证实际会计数据的连续和安全，并由有关人员进行监督。

（4）健全计算机硬件和软件出现故障时进行排除的管理措施，保证会计数据的完整性。

（5）健全必要的防治计算机病毒的措施。

4．电算化会计档案管理制度的建立

电算化会计档案是以磁性介质或光盘存储会计数据与信息的，具有磁性化和不可见的特点。应根据这些特点和手工会计条件下《会计档案管理办法》的要求，制定本单位会计档案的立卷、归档、保管、调阅和销毁管理制度，做到科学管理、安全保密、查找方便、严防损失。

（1）电算化会计档案，包括存储在计算机硬盘中的会计数据以及其他磁性介质或光盘存储的会计数据和计算机打印出来的书面等形式的会计数据；会计数据是指记账凭证、会计账簿、会计报表（包括报表格式和计算公式）等数据。

（2）电算化会计档案管理是重要的会计基础工作，要严格按照财政部有关规定的要求对会计档案进行管理，由专人负责。

（3）对电算化会计档案管理要做好防磁、防火、防潮和防尘工作，重要会计档案应准备双份，存放在两个不同的地点。

（4）采用磁性介质保存会计档案，要定期进行检查，定期进行复制，防止由于磁性介质损坏而使会计档案丢失。

（5）通用会计软件、定点开发会计软件、通用与定点开发相结合会计软件的全套文档资料以及会计软件程序，视同会计档案保管，保管期截止到该软件停止使用或有重大更改之后的五年。

二、电算化会计的管理

我国会计电算化的管理体制是：财政部管理全国的会计电算化工作，地方各级财政部门管理本地区的会计电算化工作，国务院业务主管部门按照办法的规定，依据业务分工具体负责本部门的会计电算化管理工作，中国人民解放军总后勤部财务部具体负责军队的会计电算化管理工作。各单位在遵循国家统一的会计制度和财政部门会计电算化发展规划的前提下，结合本单位具体情况，具体组织实施本单位的会计电算化工作。会计电算化的管理分为宏观管理和微观管理。

（一）电算化会计工作宏观管理

宏观管理是指国家、行业或地区为保证会计电算化工作的顺利展开所制定的法律、法规和条例，是各级财政部门和各级业务主管部门对全国和本地区会计电算化工作实行的综合管理。为了配合我国会计电算化工作的顺利开展，财政部先后为会计电算化制定了一系列的具体的管理规章。管理制度的完善和贯彻，是做好会计工作的关键，为会计信息系统能够从一开始就进入规范化、程序化轨道提供重要保证。

1994 年 6 月，财政部为了进一步加强对会计电算化工作的管理，促进我国会计电算化事业的健康发展，根据《中华人民共和国会计法》的有关规定，在试行文件的基础上正式制定了《会计电算化管理办法》、《会计基础工作规范》、《会计核算软件基本功能规范》和《商品化会计核算软件评审规则》。1996 年，财政部为了规范企业会计电算化又专门制定了《会计电算化工作规范》。1998 年，财政部为了加强会计档案管理制定了《会计档案管理办法》。

1999 年 10 月 31 日，最新修订的《中华人民共和国会计法》再次以法律的形式规定“使用电子计算机进行会计核算的，其软件及其生成的会计凭证、会计账簿、财务会计报告和其他会计资料，也必须符合国家统一的会计制度的规定”，“用电子计算机进行会计核算的，其会计账簿的登记、更正，应当符合国家统一的会计制度的规定”等。

上述各种法律、法规、制度和办法等有关规定，涉及会计核算软件的开发、评审、使用、以计算机替代手工记账的审批、会计电算化后的会计档案生成与管理等诸多方面。

（二）电算化会计工作微观管理

微观管理则是指单位自身针对会计电算化工作而制订的管理办法、措施和制度。加强会计电算化微观管理是已建立的电算化会计信息系统安全、正常运行、充分发挥系统运行效率和获得最好效益的基本保证。微观管理制度主要包括：会计电算化岗位责任制、会计电算化操作管理制度、会计档案管理制度等等。

会计电算化岗位责任制：建立会计电算化岗位责任制一方面，加强内部牵制，保护资金财产的安全；另一方面，能够提高工作效率，充分发挥系统的运行效率。既体现会计人员的"责、权、利"相结合的原则，又保证会计及其他数据正确可靠，同时，保证国家有关方针、政策、法令、制度和本单位制度、计划的贯彻执行，提高经济效益。

会计电算化操作管理制度：电算化会计日常操作管理主要是指计算机系统使用管理、上机操作管理、会计业务处理程序的管理。计算机软件和硬件系统维护管理：系统维护人员负责系统的硬件设备和软件的维护工作，及时排除故障，确保系统的正常运行。一般系统维护由专人负责，系统维护员可以进行软硬件的维护工作，但不得操作会计软件进行会计核算工作。对电算化会计档案管理，要做好防磁、防火、防潮和防尘工作，重要的会计档案至少准备双份。

会计档案管理：对单位使用会计核算软件、软件生成的会计资料、采用电子计算机替代手工记账、电算化会计档案保管等与会计电算化工作相关的内容做出了具体的规范，对提高会计软件的质量，确保会计电算化事业的健康发展具有重要意义。

三、电算化会计安全隐患及防范

会计工作的电算化给会计工作带来了高效率，但同时也带来了难以避免的安全隐患，包括硬件故障、软件故障、黑客入侵、计算机病毒以及人为因素破坏。会计信息安全在企业中占有重要的地位，保证会计信息的安全是电算化会计的主要任务。会计信息安全是顺利实现会计电算化工作的一个重要前提。加强电算化会计系统安全问题的研究，具有非常重要的现实意义。

（一）电算化会计安全隐患及对策

1．影响计算机系统安全的主要因素

（1）系统故障风险。计算机系统都存在着由于操作失误，硬件、软件、网络本身出现故障，而导致系统数据丢失甚至瘫痪的风险。

（2）内部人员道德风险。主要指企业内部人员对信息的非法访问、篡改、泄密和破坏等方面的风险。计算机应用中的舞弊和犯罪现象，大都是由企业内部人员造成的。

（3）系统关联方道德风险。是指企业关联方非法侵入企业内部网，以剽窃数据和知识产权、破坏数据、搅乱某项特定交易或事业等所产生的风险。企业关联方包括供应商、客户、合作伙伴、软件供应商或开发商，也包括银行、保险、税务、审计等部门。

（4）社会道德风险。是指来自社会上的不法分子通过互联网对企业内部网的非法入侵和破坏。这是目前最普遍存在的最多的风险类型。

（5）计算机病毒。是一种认为蓄意编制的具有自我复制能力并可以制造计算机系统故障的计算机程序。

2．保障计算机系统安全的对策

保障计算机安全的对策有：不断完善计算机安全立法、不断创新计算机安全技术，不断加强计算机系统内部控制与管理。在电算化会计条件下，加强内部控制和管理，是保障电算化会计系统安全的最有效途径。

（二）电算化会计病毒及其防范

1．计算机病毒的特点

计算机病毒是一种人为蓄意编制的具有自我复制能力并可以制造计算机系统故障的计算机程序。计算机病毒具有以下几个特点：寄生性、传染性、潜伏性、隐蔽性、破坏性、可触发性。一般而言，计算机病毒可以分为如下几类：（1）系统引导病毒（2）文件型病毒（3）复合型病毒（4）宏病毒。

2．计算机病毒的防范

切断病毒的传播途径是阻止病毒侵入的最好办法，主要有以下几点：

（1）不用非原始启动软盘或其他介质引导机器，对原始启动盘实行写保护。

（2）不随便使用外来软盘或其他磁介质，对外来软盘或其他磁介质必须先检查，后使用。

（3）做好系统软件、应用软件的备份，并定期进行数据文件备份，供系统恢复使用。

（4）计算机系统要专机专用，要避免使用其他软件和应用软件，尤其是游戏软件，以减少病毒感染的机会。

（5）接收网上传送的数据要先检查，后使用，接收邮件的计算机要与系统用计算机分开。

（6）定期对计算机进行病毒检查，及时发现病毒和消除病毒。对于联网的计算机应安装实时检测病毒软件，以防止病毒传入。

（7）如发现有计算机感染病毒，应立即将该台计算机从网上撤下，以防止病毒蔓延，并应尽快检测和清除病毒。

（8）当某种病毒流行的时候，应尽量避免在病毒发作的日期开机，或事先调整系统日期，避免病毒发作日期。

（9）关注病毒动向，及时修补系统软件漏洞。

（10）用杀毒软件对计算机进行全面的清查。

（三）电算化会计黑客及其防范

计算机黑客是指通过计算机网络非法进入他人系统的计算机入侵者。黑客入侵的手段多种多样，下面是黑客用来入侵他人计算机系统的常用手段：（1）拒绝访问；（2）扫描器；（3）嗅觉器；（4）网上欺骗；（5）特洛伊木马；（6）后门；（7）进攻拨号程序；（8）逻辑炸弹；（9）缓存益处；（10）解密高手。

防止黑客进入的主要措施有：

（1）通过制定相关法律加以约束；

（2）建立防黑客扫描和检测系统，一旦检测到被黑客攻击，迅速做出应对措施；

（3）在网络中采用防火墙、防黑客软件等防黑产品。

思考与简答题

1. 什么是电算化会计？
2. 电算化会计的构成要素有哪些？
3. 电算化会计发展经历几个阶段？
4. 电算化会计特点与意义是什么？
5. 电算化会计实施的步骤有哪些？
6. 电算化会计安全隐患及防范有哪些？

第二章 会计软件

【知识目标】了解会计软件的含义、分类及其发展经历；了解 ERP 软件的定义，以及与会计软件的关系；了解会计软件总体结构与功能结构，熟悉会计软件各子系统的关系以及会计软件基本操作流程。

【技能目标】熟悉会计软件的划分内容，掌握选择会计软件方法。熟悉会计软件常用的功能模块及会计软件各子系统的关系，掌握会计软件基本操作流程。

第一节 会计软件概述

一、会计软件的概念

会计软件是指企业使用的专门用于合计核算、财务管理的计算软件、软件系统或者其功能模块。[①]即由计算机软件开发人员根据会计工作的特点和会计工作的流程，用计算机语言编写的用于会计核算工作的电子计算机应用软件。会计软件也称之为财务财务。会计软件具有：为会计核算、财务管理直接采集数据的功能；生成会计凭证、账簿、报表等会计资料的功能；对会计资料进行转换、输出、分析、利用的功能。

会计软件的好坏对电算化会计的成败起着关键性的作用。因为，会计软件可以完成从记账凭证到登记会计账簿，最终到编制会计报表的日常核算工作，完成资金、资产、成本、销售利润等的计算、分析和控制等工作，可以提高会计核算的工作效率，降低会计人员在账务处理方面的工作强度，改变“重核算、轻管理”的局面，减少工作差错，便于账务查询。同时，有助于会计核算的规范化，有助于带动财务管理乃至企业管理的规范化，从而提升企业的管理水平，提高企业的效益。

---

① 《企业会计信息化工作规范》，财政部印发 2013 年 12 月。

在会计电算化二十年的长足发展中，我国的会计软件也随之跨跃了四代，挺进至第五代，即从第一代的基本核算型发展到第五代的财税协同型软件：

第一代：再现手工会计的会计软件。只能完成较低水平的录入、记账和报表填报等工作，属于较低水平的账务、报表“组合甩账式”会计软件。

第二代：局部管理型会计软件。以财务管理为指导，实现了“资金流”等诸多以财务管理为核心的关联性应用，将财务工作的重心从会计核算提升到以管理为目的的管理核算。

第三代：决策分析型会计软件。组合了财务预算、财务分析、财务决策、领导查询等决策分析型的应用，实现了集团型、跨地域型企业的各种远程控制和事中动态会计核算与在线财务管理，能够处理电子单据和进行电子货币结算。

第四代：ERP 会计软件。以企业内部进、销、调、存、配等主要业务管理为主线，融入业务流，实现了业务管理、财务管理以及人力资源管理、客户关系管理、OA 门户等财务业务协同化管理，优化企业资源配置，提高企业经济效益。

第五代：财税协同型软件。以“财税一体化”为主要理念，强调企业财务、业务、税务三者的整合，从而最终达到企业高效管理，提升竞争力的效果。

二、会计软件的分类

（一）按硬件结构可以分为单用户（单机）、多用户（网络）会计软件

单用户（单机）会计软件是指安装在一台或几台计算机上，每台计算机中的会计软件单独运行，生成的数据只存储在本台计算机中，各计算机之间不能直接进行数据交换和共享。

多用户（网络）是指将会计软件在一个多用户系统的主机（服务器）上、系统中各终端（工作站）可以同时运行，不同终端上的会计人员能够共享会计信息。目前多数大中型企业使用的是多用户会计软件。

（二）按适用范围可以分专业会计软件和通用会计软件

专业会计软件也称定点开发的会计软件，是企业针对自身会计核算和管理的特点与要求而研制开发的会计软件。其优点是比较适合使用单位的具体情况，针对性强，使用方便。其缺点是受空间和时间上的限制，只能在个别单位和一定时期内使用，灵活性较差。

通用会计软件是指由专业软件公司研制，公开在市场上销售，能适应不同行业、不同单位会计核算与管理基本需要的会计软件。目前我国通用的会计软件以商品软件为主。通用会计软件特点是通用性强、成本相对较低、维护量小、

软件开发水平较高等，其缺点是软件越通用，系统初始化量越大，计算机资源浪费越严重。

（三）按提供信息可以划分财务核算软件、财务管理软件和财务决策软件

财务核算软件是指由计算机代替人工进行记账、算账、结账、编制报表以及报账等工作的应用软件。该软件一般以账务处理子系统为核心，主要包括工资核算子系统、固定资产核算子系统、材料核算子系统、成本子系统、销售核算子系统和通用报表子系统等。该软件优点可使会计能为各方面人员提供准确、快速的信息数据，而且可使企业的会计人员从日常繁重的财务核算工作中解脱出来，从而有更多的时间行使其分析、预测、决策等管理职能。

财务管理软件是利用会计信息及其他信息为企业管理服务的会计应用软件。主要侧重于资金、成本、销售收入、利润的管理，用于实现物流、信息流、资金流的管理和控制。该软件是以业务为中心。这种软件有资金（固定、流动）管理子系统、销售和利润管理子系统、成本控制子系统等。该软件优点充分发挥会计信息系统的管理和控制职能。在这种系统下，会计软件只是企业管理信息系统中的一个有机组成部分，不是作为一个专门系统开发的，它与企业的分销系统和制造系统之间的联系非常密切。

财务决策软件是根据历史资料、现实资料，及时为企业决策者提供经营决策信息的财务应用软件。该软件主要包括本量利分析子系统、投资分析子系统、利润决策子系统、综合查询子系统等。可以预见，决策型会计软件是会计软件发展的最终趋势，也是企业管理的最终目标。

（四）按取得方式可以划分商品化会计软件和非商品化会计软件

商品化会计软件是指由专门的软件公司组织开发、面向社会销售的，适用程度较高。非商品化会计软件是指不以销售为目的，主要面向本单位应用而开发的，专用程度较高。对于非商品化会计软件而言，是应企业的需求而组织开发的，其具体开发形式可以有自行开发（本企业系统设计人员自行组织进行会计软件的开发，适用性比较好）；委托开发（企业委托专门软件公司进行会计软件开发，专业技术程度高），合作开发（企业与专门软件公司共同参与会计软件的开发，分工协作）。

（五）按使用模式可以划分 F/S 结构、C/S 结构和 B/S 结构会计软件

F/S 结构是指文件/服务器架构（Files/Server，简称 F/S）。网络以文件服务器为核心，数据库和应用程序全部存储在文件服务器上，但应用程序的执行则全部在微机工作站上进行，从而增加网络传输负荷，即使换用功能更强大的服务器或者增加网络带宽，也只能部分解决问题，由于受数据库性能以及 F/S 计

算模式的制约，其应用不能有太多的网络用户，也不能进行大数据量处理，一般不适合大型企业应用。

C/S 结构是指客户端/服务器架构（Client/Server，简称 C/S）。该结构是将任务分配到 Client 端和 Server 端来实现，属于系统体系结构。优点：通过它可以充分利用两端硬件环境的优势，降低系统的通讯开销，解决分布式处理，网络负担小。缺点：由于应用处理留在 Client 端，限制了对业务处理逻辑变化适应和扩展能力，当访问数据量增大、业务处理复杂时，客户端往往变成瓶颈。一般适用于大型网络。

B/S 结构是指浏览器和服务器结构（Browser/Server，简称 B/S）。它是随着 Internet 技术的兴起，对 C/S 结构的一种变化或者改进的结构。与 C/S 处理模式相比，它大大简化了客户端，只要装上操作系统、网络协议软件以及浏览器即可，所有的应用逻辑、开发、维护等几乎所有工作也都集中在服务器端。当企业对网络应用进行升级时，只需要更新服务器端的软件，而不必更换客户端软件，系统维护成本与工作量大大降低。优点：解决了跨平台的应用，解决了多网络、多结构的分布式处理，尤其是能很好地支持 Internet/Intranet/Extranet。

可以预见，随着企业信息化进程的发展，越来越多的企业将建立和完善企业内部及外部的信息网络结构，而会计软件网络体系结构采用多层 C/S 结构和 B/S 结构是适应这一发展的必然选择。

三、会计软件的选择

会计软件的取得一般有三种途径：购买商品化会计软件，定点开发软件（包括本单位自行开发、委托其他单位开发、联合开发），购买商品化软件与定点开发会计软件相结合。实现会计电算化的单位既可以选择商品化的软件，也可自行开发或委托外单位开发会计软件，无论采用哪种方式，所选择的会计软件必须符合财政部发布的《会计核算软件基本功能规范》的要求，同时要符合本单位的实际工作需要。

一般来说，选用会计软件是企事业单位实现会计电算化的一条主要途径。由于商品化会计软件比较多，分别适用于不同的行业和运行环境，其功能和性能也各具特色，在选择商品化会计软件时应进行全面的考察。选择会计软件时，应从以下几个方面加以考虑：合法性、合理性、安全可靠性、可扩充性、售后服务性、价格等。

（一）合法性

合法性是指会计软件提供的功能，必须符合会计核算的规定。例如，软件中采用的总分类会计科目名称、编号方法、输入的记账凭证的格式等应符合国家统一的会计制度的规定；软件应当同时提供国家统一会计制度允许使用的多种会计核算方法，以供用户选择；软件应当提供机内记账凭证打印输出功能，可以提供原始凭证的打印输出功能，必须提供会计账簿、会计报表的打印输出功能，打印输出的格式和内容应当符合国家统一会计制度的规定。另外应当考虑版本的合法性。盗版软件没有可靠的技术保障，还可能出现数据丢失现象，对会计核算工作的正常进行带来难以找回的损失。所以，用户应取得合法的会计软件，保障会计核算工作有条不紊地进行。

（二）合理性

合法不仅要求符合实体法，也要符合程序法。合理性是要客观、适度、符合理性。即所选软件的技术指标要满足本单位的硬件环境、软件环境需要（计算机硬件、网络体系结构以及操作系统和数据库等），要与企业目前的IT系统彼此兼容，企业在选购时，要考虑行业特点和本企业单位的核算特点。例如，工业企业与商业企业的会计业务。会计软件的界面要符合会计人员的习惯等，会计软件所提供的功能要满足本单位具体会计业务和管理的需要，特别是一些特殊的业务要求，如外币核算、自动汇兑损益、部门管理、项目管理、预算管理等。

（三）安全可靠性

安全性是指会计软件防止会计信息被泄漏和破坏能力方面的要求；可靠性是指会计软件防错、查错、纠错能力方面的要求。在选购商品化会计软件时，要考虑会计软件的安全可靠性。考查会计软件的控制措施怎样，如权限设置、复核功能设置、各种校验功能设置、处理顺序控制、采用信息加密技术和存取控制技术、设立备份和恢复功能等。保证会计软件的安全可靠性是非常重要的。考查和购买原版商品化会计软件不仅性能稳定、安全可靠性强，而且便于软件的维护和升级。

（四）可扩充性

会计软件的选择还需要考虑信息技术的飞速发展引起的商业活动方式的变化对企业经营管理方式提出的要求，包括机构变革和业务流程重组，以及随着经营活动范围的扩大和经营方式的多样化，产生的更多的市场机会。同时，随着我国越来越融入到国际竞争的舞台，会计的国际趋同化也是未来会计软件的发展趋势。这就需要考虑软件的灵活性、开放性和可扩展性。一方面，当业务扩展时或者会计制度变化时，软件能否轻松升级以适应业务变革和会计制度的需要；另一方面，当企业投资其他业务系统或变更其他业务系统时，会计软件与其他信息系统进行数据交换或者进行二次开发方面的功能能否轻松实现。

（五）售后服务性

任何软件在使用上都不能保证绝对没问题，不是投入使用就万事大吉了。实际上，软件一旦投入运行，就需要不断进行后期维护和服务。这些后期的维护以及故障解决大多需要由软件公司进行。所以，会计软件的售后服务体系是否健全、服务水平高低以及服务态度如何将影响到软件能否顺利投入使用。由于软件产品自身品种各异，且其销售方式和售后服务等方面具有多样性，在选购时，应该考虑会计软件公司在提供人员培训、安装调试、业务咨询、软件维护、软件升级等服务方面的承诺。会计软件与一般商品不同，其销售服务尤其重要。

（六）价格

价格是一种从属于价值并由价值决定的货币价值形式。会计软件售价中，一般包括软件价格（主要包括：软件费用、人员培训费用、安装调试费用、业务咨询费用）、软件维护费用、软件升级费用等。

在选购商品化会计软件时，不仅要了解软件公司的信誉、会计软件的大体功能，也要了解商品会计软件的相关费用，采取“货比三家”的办法。即在能够达到相同的上述的各方面要求的基础上，选择几家会计软件公司进行洽谈，对商品化会计软件全面综合，整体评价，比较衡量，做出选择，看哪一家软件公司的费用低，以决定购买。

第二节　会计软件与ERP软件关系

一、ERP软件的概念

ERP（Enterprise Resource Planning）是企业资源计划系统的简称，是由美国著名的 Garter Group（高德纳）公司提出的一整套企业管理系统体系标准，是指建立在信息技术基础上，以提高企业资源效能为系统思想，为企业提供业务集成运行中的资源管理方案。换句话讲，就是把企业信息数字化，运用先进的管理思想和科学技术为管理者提供一种现代化的管理平台。

ERP 软件是为了解决企业的信息资源共享、整合资源，提供高效、实时的订单、采购、生产、财务、物流、存货等问题，帮助企业提供管理效能，真正实现以制度管理、从管理中挖效益的目标。ERP 不仅仅是一个软件，更重要的是一个管理思想，它实现了企业内部资源和企业相关的外部资源的整合。通过软件把企业的人、财、物、产、供、销及相应的物流、信息流、资金流、管理流、增值流等紧密地集成起来，实现资源优化和共享。

二、ERP 软件的作用

ERP 的应用，不仅仅是引入一套现代化的管理软件，使企业的日常经营管理活动自动化，更重要的是它对企业传统的经营方式进行根本性的变革，使其更加合理化、科学化，从而大幅度地提高企业的经营效益。ERP 的作用主要包括以下几个方面：

（一）可以提高企业的应变能力

一个企业的应变能力是企业耐以生存和发展的基础，只有当企业拥有一套成熟且健康的管理系统和可持续经营的管理机制，才能一步步把企业推向壮大。ERP 作为整个企业的信息化管理系统，使得企业整体合作的意识和作用加强。通过准确和及时的信息传递，把企业的精力集中在同一个方向上，以工作流程的观点和方式来运营和管理企业。在这种情况下，特别是在响应市场销售、实现精益生产、利用行业优势之间可以形成从未有过的、深刻的合作，共同努力满足客户需求，赢得市场。通过 ERP 系统，制定完善的产品生命周期管理，实现与客户关系管理的集成，并推行供应链门户系统的集成，使企业适应能力增加，解决多变的市场与均衡生产之间的矛盾。

（二）可以整合企业内外供应链

整合企业内外供应链效益是通过各项计划集成体现的。ERP 是一个各项计划的集成系，从横向来看，ERP 将销售计划与生产计划紧密地结合起来，将生产计划与采购计划紧密地结合起来；从纵向来看，ERP 系统使多层级的计划企业自身的销售计划、生产计划、供应商的送货计划自动贯通，融为一体。正是这样才使得企业的生产上下游紧密配合，实现高效生产，降低物资储备，而且还节省了资金占用。ERP 系统整合了企业内外供应链，降低了成本，提升了效益。

（三）可以有效地进行资金监控

手工会计总是事后算账，资金起不到企业生产经营的调控作用。ERP 系统将物流、信息流、资金流、管理流、增值流等紧密地集成起来，实现资源优化和共享，使每一个活动都能及时地反映资金的变化，从而通过系统体现对资金的监控。如采购部门在从供应商购买的物料到货以后，ERP 系统会自动生成应付账款信息，并与总账相关联。同样，如库存动态、固定资产、人员工资、车间生产零部件或产品时各项费用（材料费、工时费、制造费用等）的变化也都能动态地反映为财务信息的动态变化。这样财务和资金就成为控制企业生产经营活动的经济杠杆。与 ERP 系统预算机制相配合，财务系统可以有效地监督各部门资金的使用情况，并在超限额花费时给予预警。对资金实现监控动态化。

（四）可以改变企业部门本位观

ERP 系统强调企业的整体观，它把生产、财务、销售、采购等各个子系统结合成一个一体化的系统，各子系统在同一的数据环境下工作。这样，ERP 系统就成为整个企业的一个通讯系统。每个部门可以更好地了解企业的整体运作机制，更好地了解本部门以及其他部门在企业整体运作中的作用和相互关系，从而可以改变企业中的部门本位观。通过 ERP 系统，人们的工作更有秩序，时间花在按部就班地执行计划上，而不是忙于对出乎意料的情况作出紧急反应。在这种情况下，工作士气提高了，工作质量提高了，不出废品，一次就把工作做好。ERP 系统可以提高质量并降低成本，改变企业中的部门本位观。

（五）可以优化企业的管理方式

利用 ERP 系统，能够为企业决策提供高质、充分信息的决策支持系统。ERP 系统作为一种整合了企业的各种子系统的高度集成化的管理系统，将企业各个部门原本孤立的信息系统集成在一起，增强了各部门的团队合作意识，实现企业采购、生产、销售和售后服务各个环节的控制和优化。同时，通过企业经营的流程再造的实现，所有的节点都可以得到有效的控制，能够及时发现各个控制节点存在的问题，从而为企业的管理者采取有针对性的措施提供数据支持。

三、会计软件与 ERP 软件的关系

企业实现会计电算化首先必须依靠软件。企业可以按照实际情况选择适合自己会计软件的内容，这对于企业会计电算化建设非常重要。会计软件一般指的是用友或金蝶等专门用于会计业务的软件，是指财务部门可以借助计算机帮助处理业务；而 ERP 是企业资源计划，是指整个企业借助内部网络等技术实现资源共享、信息管理等管理模式。会计软件可以集成在 ERP 系统里，如可以做成企业产、供、销一体的 ERP，其中可集成会计软件进来。会计软件与 ERP 主要区别点在于：

从范围上来看：会计软件是 ERP 的一部分。ERP 软件一般按照模块可以分成：财务管理、销售管理、后勤管理（采购管理、售后服务管理和库存管理）、生产管理和人力资源管理等。因此 ERP 涵盖的范围永远比会计软件来的广，它

对企业的整个资源进行有效的整合，使企业的资源能够最大化地得以利用。财务管理是ERP中的一个组成部分，可以单独使用或与其他模块紧密集成使用。随着国家财务制度与国际接轨，越来越多的ERP厂商都对财务部分进行了符合中国财务制度的修改。因此在企业选择信息化建设时如果因为资金或想分阶段进行时，建议可以直接选择成熟ERP软件中财务管理部分或进销存部分。这样可以为后续的信息化建设节省资金和时间。

从工作的机理上来看，会计软件因为只是单纯针对公司业务进行财务核算和管理，因此财务核算前提是对各项业务单据编制凭证手工输入系统，系统再进行汇总和分析。财务人员大部分的时间仍然要面对繁琐的财务凭证录入工作而无法将时间用在财务管理上。而ERP中企业的业务是以流程为导向，财务模块通过ERP中的自动分录系统将这些流程紧密集成在一起，针对不同的业务类型自动触发会计事件，而这些会计事件对应的凭证已经预先定义会计科目，所以当业务类型发生时，系统自动产生会计凭证，更新到分类账和总账。财务人员的工作内容就是对这些凭证进行审核或由系统自动审核，这样就大量减轻了财务人员的工作量，将时间集中在财务管理的工作内容中，为公司提供更多的决策依据。

从功能上来看，目前国内会计软件通过前面的三个发展阶段应该说已经非常成熟，从表面上已经能够满足企业的财务核算要求。但是我们从深层次和管理角度上来看，管理人员或决策高层希望拿到的财务报表不是简单数据的累加，而是希望通过这些报表来对各项业务进行分析，如通过财务提供的销售收入和销售毛利希望能从多角度（如客户类型，不同产品线，产品销售流向，各销售部门，业务员业绩等）来分析销售情况，而这时如果单纯从财务来看就无法满足要求。而同时对财务人员来说，当发现报表数据错误时，很难去跟踪来源，因此消耗了大量时间。而ERP软件由于其工作原理是以业务流程为导向，因此各种发生的财务数据能够与各项业务行为紧密联系在一起，从财务角度或从业务角度都能够快速进行相互跟踪。

由此我们可以看出，会计软件不等于ERP，只能说是ERP的一部分。企业要想进行信息化建设，必须充分了解会计软件和ERP的区别，明确自身信息化目标，合理选择适合企业状况和需求的ERP软件。

第三节 会计软件的总体结构

一、会计软件的总体结构

会计软件的总体结构是指一个完整的会计软件由哪几个子系统组成，每个子系统完成哪些功能，以及各子系统之间的相互关系等。通常采用结构图表示会计软件的总体结构，每个结构图中包含若干个模块，模块是程序集合体，一个或几个程序组成一个模块，完成一个独立的功能。不同类型的企业，其会计软件总体结构不尽相同。下面给出用友会计软件结构图，如图 2-1 所示。

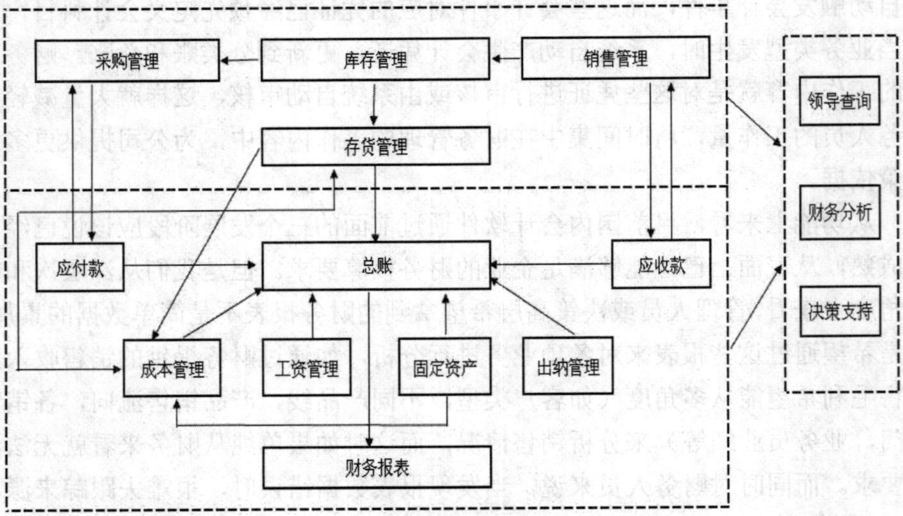

图 2–1 用友会计软件总体结构图

从图 2-1 中可知，用友企业级会计软件由财务处理、购销存管理、管理决策三大系统组成。

（一）财务处理系统

财务处理系统主要由总账、工资管理、固定资产管理、资金管理、成本管理、应收款管理、应付款管理、会计报表等子系统组织。这些子系统以总账子系统为核心，为企业的会计核算和财务管理提供全面、详细的解决方案。

（二）购销存管理系统

购销存系统主要由采购管理、库存管理、存货核算、销售管理等子系统组织。它可以处理企业采购、销售与仓库管理等部门环节的业务事项，有效地改善库存的占用情况，有效控制采购环节资金占用，并对应收账款进行严格的管理，尽可能避免坏账的产生。

（三）管理决策系统

管理决策系统包括财务分析、领导查询、决策支持等子系统，主要用于在经济活动的全过程进行事前预测、事中控制、事后分析，为企业管理和决策提供支持。决策系统是在财务系统和购销存系统的基础上，对会计数据进行进一步加工、提炼、补充，通过一定的财务分析方法生成各种财务指标，帮助企业考核、评价各个方面的成果，同时利用交互方式支持决策者解决半结构化问题。企业管理者通过综合查询系统，科学、有效地进行决策。

以上各系统模块共同构成会计软件的总体结构，各模块既相对独立，分别有着较为完善和细致的功能，最大限度地满足用户全面深入的管理需要，又能融会贯通，有机地结合为整体应用，满足用户经营管理的整体需要。会计核算软件是基于财务会计原理设计的，主要为企业外部利益相关集团提供财务信息；会计管理软件则侧重于为内部使用者提供管理信息，发挥会计的管理职能。

二、会计软件的功能模块

会计软件功能模块也称为子系统，是指会计软件中具备相对独立地完成会计数据输入、处理和输出功能的各个部分，如账务处理、固定资产核算、工资核算等。企业应用的企业资源计划（简称 ERP）软件中用于处理会计核算数据部分的模块，也属于会计核算软件范畴。

会计软件功能模块的划分，有助于充分认识和分析会计软件各功能模块之间的数据联系、要求、特点，对会计软件的使用有着十分重要的意义：会计软件功能模块的划分有助于合理组织和使用会计软件各功能模块所需的信息；有助于提高整个软件系统的可靠性；有助于提高会计软件的适应性和实用性等。

从管理角度来说，电算化会计系统包括会计核算系统、会计管理系统和会计决策支持系统。目前在我国企业中，开发并投入应用的主要是会计核算系统，因此，本书在以后章节中重点阐述会计核算系统的实用技术。下面介绍我国目前常用的会计软件系统的功能结构：总账系统、财务报表系统、固定资产管理、工资管理、应收应付系统、资金管理、存货管理、成本管理、财务分析等子系统。

（一）总账子系统

账务处理总账模块是以凭证为原始数据，通过凭证输入和处理，完成记账和结账，银行对账、账簿查询及打印输出，以及系统服务和数据管理等工作。

（二）财务报表子系统

它是根据总账子系统得出的数据，包括账户的结余额和本期发生额，按照统一规定的会计报表格式的要求，定义会计报表结构文件和会计报表数据文件，生成会计报表文件，打印输出会计报表。

（三）固定资产子系统

主要是根据手工操作下的固定资产卡片输入，建立以每个登记对象作为一个记录的固定资产文件，即存储和管理固定资产卡片。完成企业固定资产日常业务的核算和管理，生成固定资产卡片，按月反映固定资产增减变动，按月自动计提折旧，生成折旧分配凭证，输出各种分析报表。

（四）工资管理子系统

工资模块是以职工个人的原始工资数据为基础，计算每个职工应发工资，完成工资的汇总、分配、福利费的计提和票面分解工作，编制输出工资结算汇总单据，计算个人所得税、查询、统计和打印各种工资表，自动编制工资费用分配转账凭证等会计工作。

（五）应收应付款子系统

应收款核算模块完成对应收账款的登记、核销工作；动态地反映各客户信息及应收款信息；进行账龄分析和坏账估计；提供详细的客户和产品的统计分析，帮助财务人员有效管理应收款项。应付款核算模块完成对各种应付账款的登记、核销以及应付账款的分析预测工作；及时分析各种流动负债的数额及偿还流动负债所需的资金；提供详细的供应商及产品的统计分析，帮助财务人员有效地管理应付款项。

（六）出纳管理子系统

主要对银行余额调节、银行贷款记录、银行基础信息、银行对账单、银行业务发生情况、现金发生情况、空白支票登记、原始单据传递、票据的领用情况、信用卡使用信息等处理。与总账子系统、往来子系统、工资子系统是集成的，并提供与银行的数据接口，从而实现对资金的有效管理。

（七）购销存管理子系统

主要针对企业购销存业务进行核算，通过存货收发业务流程和单据传递，将企业把采购、销售、仓库和财务等不同部门联系起来，有效实现了数据传递，完成存货收发结存的核算、货款的支付，满足各个部门的业务管理需求的同时，实现了从财务管理到企业财务业务一体化全面管理。

（八）财务分析子系统

运用各种专门的分析方法，对会计数据做进一步加工，主要从总账子系统中取数，以进行有关财务指标分析，为决策提供正确的依据。

第四节　会计软件基本操作流程

使用会计软件，首先要将会计软件正确地安装在计算机的硬盘上，然后进行会计软件的初始设置等相关工作。会计软件基本操作流程见图 2-2。

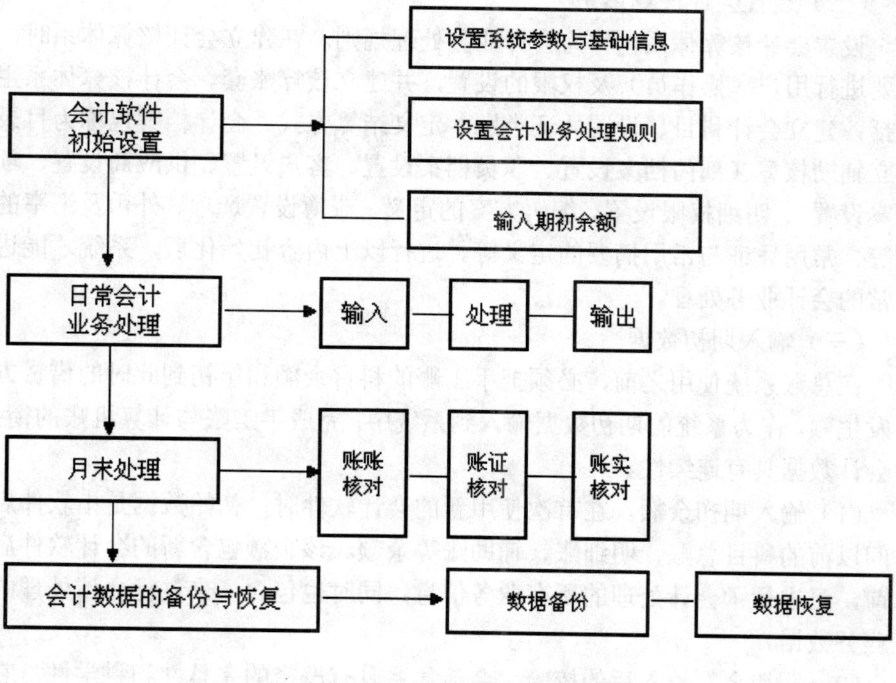

图 2-2　会计软件基本操作流程图

一、会计软件的初始设置

会计软件初始设置也称会计软件初始化，是指将通用会计软件转换成专用会计软件，将手工会计业务数据移植到计算机中等一系列准备工作。前者需要设置具体核算规则和方法，后者需要输入有关的基础数据。会计软件初始化是使用通用会计软件的基础，是非常关键的一项工作。一般地，会计软件的初始设置应该包括：设置业务参数及基本信息，设置会计业务处理规则，输入期初数据。

（一）设置业务参数及基本信息

业务参数是反映企业会计核算和管理具体要求的指标或开关。不同的企业，会计业务处理的具体对象、采用的会计核算方法等不尽相同。为使通用会计软件适应不同企业的会计业务处理的要求，可以通过设置业务参数来解决。业务参数的设置将决定会计软件的运行流程、业务模式、数据流向等，设定后不能随意更改。在现实的电算会计工作中，由于部分用户不了解初始化的意义，不了解各个参数的重要性，从而导致电算化工作失败的案例比较多。

（二）设置会计核算体系

设置会计核算体系也称为会计业务处理规则。在建立会计核算体系时，首先要进行用户（操作员）及权限的设置，并建立核算账套。会计核算体系主要包括：建立会计科目、设置凭证类别、定义结算方式、会计档案也称为目录，建立辅助核算（部门档案设置、职员档案设置、客户设置、供应商设置、项目档案设置）、明细权限设置、编码方案的定义、账簿设置选项、外币及汇率的定义等、常用凭证与常用摘要的定义等。进行以上内容初始化后，系统才能进行日常的会计业务处理。

（三）输入期初数据

在总账系统使用之前，必须把手工账的科目余额和年初到此时的借贷方累计发生额，作为系统的期初数据输入到系统中，完成手工账与计算机账的衔接，使会计数据具有连续性。

（1）输入期初余额。在首次使用新的会计软件时，初始数据是指软件启用时间以前的科目总账、明细账、辅助账等余额。该余额包含新的会计软件启用以前，已进行了会计处理的所有业务信息，同时也包含了未进行会计处理的一些业务数据。

（2）期初余额输入后的校验。会计体系具有严密的完整性和科学性，它通过总账平衡校验、总账与明细账相符、明细账与各商品账及实物账相符的校验来进行会计数据的验证，从而保证企业的会计信息准确和真实。

二、日常会计业务处理

会计软件的日常运行是对有关的会计数据进行例行的业务处理。日常运行是周而复始的工作，即在不同的会计期间内执行重复的数据处理工作，如账务处理子系统中每个月都需进行凭证的编辑、汇总、审核、记账、账簿的查询与打印等。会计软件的日常运行概括起来主要有以下内容。

1. 数据输入。会计软件日常运行中的数据录入主要是将经审核后的手工数据录入计算机，进行数据的增加、修改和删除。如账务处理系统记账凭证的录入、修改和删除操作。

2. 数据校验。会计软件日常运行中的数据校验主要是对录入和加工的数据进行正确性核对。如账务处理子系统中的会计凭证审核、会计报表子系统中的会计报表数据复核等。

3. 数据处理。会计软件日常运行中的数据加工主要是对已存储于计算机中的数据进行进一步计算、分类、汇总等处理。例如，账务处理子系统中的记账凭证汇总、记账等功能，工资核算子系统中的工资计算、汇总、分配、自动生成转账凭证等功能，固定资产核算子系统中的折旧计算、分配、自动生成转账凭证等功能。

4. 数据输出。会计软件日常运行的数据输出主要是指数据的查询和打印。数据查询是在计算机屏幕上显示有关会计数据，如账务处理子系统中记账凭证、科目汇总表、账簿的查询。数据打印是将有关会计数据利用打印机进行打印输出，形成纸介质的书面文件，如工资核算子系统中工资结算单、工资汇总表的打印等。

三、月末处理

会计期末进行账账、账证、账实核对，处理期末会计事项，如工资分配及费用计提、固定资产折旧处理、销售成本结转以及各种转账业务等，最后进行结账。结账只能每月进行一次，结账后不能再处理本月的业务。

四、会计数据的备份与恢复

（一）数据备份

数据备份即制作数据文件的副本，是指将会计电算化信息系统产生的数据备份到硬盘、软盘或其他磁介质上保存起来。进行会计数据备份的目的是将硬盘数据建立副本，以便长期保存，防备意外事故造成的数据丢失或非法篡改和破坏；一旦发现硬盘数据文件被非法篡改或被破坏，能够利用备份数据，使系统数据得到尽快恢复，以保证业务处理正常进行。

数据备份工作应当经常进行。必须进行数据备份的情况有每月结账前和业务处理结束后、硬盘需要进行格式化前、更新软件版本前、会计年度终了进行结账时。

（二）数据恢复

数据恢复即利用现有数据恢复到最近状态，是指把软盘或硬盘上的数据恢复到硬盘上指定目录下的过程。进行数据恢复的目的是当硬盘上某年的数据已被删除，但又需要查询时，将往年的数据恢复到硬盘上；或当硬盘数据被破坏时，将备份盘上的最新备份数据恢复到硬盘上。

思考与简答题

1. 什么会计软件？
2. 会计软件总体结构是什么？
3. 会计软件发展经历了哪几代？
4. 如何选择会计软件？
5. 会计软件常用的功能模块有哪些？
6. 会计软件的基本操作流程是什么？

第三章　会计软件系统管理

【知识目标】了解系统管理的主要功能，理解基础档案建立的作用，理解用户及权限设置的基本内容。了解和熟悉系统管理模块基本操作流程。

【技能目标】掌握系统管理模块登陆的基本方法和基本操作流程，掌握企业核算账套的建立操作方法，掌握账套修改、输出与恢复方法，掌握用户设置、财务分工及权限的基本方法。

第一节　会计软件安装与启动

一、会计软件介绍

会计工作中会用到各种会计软件，由于各种软件采用的设计思路不同，设计风格不同，从而会形成不同的特点。但通用的会计软件又有它的共性：不含或含有较少的会计核算规则与管理方法，初始化工作量越大，通用性比较强等优点。它们都是由开发人员根据通行的会计准则、制度等，使用一种或多种计算机语言编制的，经过评审并在市场上公开销售的常规软件。因此，目前，我国许多组织都是购买通用会计软件来建立自己的会计电算化系统。下面介绍两种常用的通用会计软件：用友会计软件和金蝶会计软件。

（一）用友 ERP-U8 会计软件

用友 ERP-U8 会计软件是由用友软件股份有限公司开发研制的。用友公司是目前中国最大的财务及企业管理软件开发供应商，也是目前中国最大的独立软件厂商，其会计软件市场占有率高达 40%，并连续十年保持业界第一，是中国软件业著名品牌。

ERP-U8 会计软件由财务会计、管理会计、供应链、生产制造、Web 应用、商业智能、集团应用、企业应用集成 EAI 共八部分组成。各部分既相对独立，各自具有较完善和细致的功能，又能结合为一个整体。它们以财务管理为企业的目标核心，以业务管理为企业的行为核心，进行综合应用，实现了财务管理与业务管理的一体化，及时、准确、严格地进行财务数据传递与控制，帮助企业进行战略制定和科学决策，提高了企业的盈利水平及竞争力。

（二）金蝶 K/3 会计软件

金蝶 K/3 会计软件是由金蝶国际软件集团有限公司开发研制的。金蝶公司是亚太地区软件市场中成长最快的独立软件厂商之一，连续 7 年被 IDC 评为中国成长型企业市场占有率第一名。金蝶 K/3 一直专注于中小企业管理模式的研究和探索，经数十年的潜心研发，K/3 也已发展成为具备全面应用、完整协同、敏捷制造、卓越模式四大显著领先优势的软件品牌。

金蝶 K/3 是为中小型企业量身定制的企业管理软件，集供应链管理、财务管理、人力资源管理、客户关系管理、办公自动化、商业分析、移动商务、集成接口及行业插件等业务管理组件为一体。它以成本管理为目标，以计划与流程控制为主线，通过对成本目标及责任进行考核激励，推动管理者应用 ERP 等先进的管理模式和工具，建立企业人、财、物、产、供、销，科学完整的管理体系。

综上所述，用友 ERP-U8 与金蝶 K/3 会计软件，都是面向企业财务核算及管理人员，对企业的财务进行全面管理的。它们在完全满足财务核算的基础上，实现集团层面的财务集中、全面预算、资金管理、财务报告的全面统一，帮助企业财务管理从会计核算型向经营决策型转变，最终实现企业价值最大化。

二、会计软件运行环境

（一）系统技术构架

用友 ERP-U8 与金蝶 K/3 会计软件都是采用三层架构体系，即逻辑上分为数据服务器、应用服务器和客户端。采用三层架构设计，可以提高系统效率与安全性，降低硬件投资成本。根据数据库服务器、应用服务器和客户端，安装在不同计算机上的方式，可以分为单机应用模式、网络应用模式。

单机应用模式是指将数据库服务器、应用服务器和客户端安装在一台计算机上的方式。

网络应用模式是指将数据库服务器、应用服务器和客户端安装在不同的计算机的方式。如：将数据库服务器和应用服务器安装在一台计算机上，而将客户端，安装在另一台计算机上（网络应用模式但只有一台服务器）；再如：将数据库服务器、应用服务器和客户端分别安装在不同的三台计算机上（网络应用模式且有两台服务器）；如果是 C/S 网络应用模式，在服务端和客户端分别安装了不同的内容，需要进行三层结构的互连。在系统运行过程中，可根据实际需要随意切换应用模式（单机《==》网络）；在网络应用模式下，可根据实际需要随意切换远程服务器，即通过改变服务器名称来访问不同服务器上的业务数据。

（二）系统运行环境

运行环境是指一种把半编译的执行码在目标机器上运行的环境。会计软件的运行环境，狭义上是软件运行所需要的硬件支持，广义上也可以说是一个软件运行所要求的各种条件，包括软件环境和硬件环境。会计软件运行环境是指能够充分发挥会计软件的优良特性，实现会计信息共享处理、保证会计软件能够正常稳定运行所需要的环境。

系统运行的硬件环境是会计软件运行中所有的物理装置的总称，也称硬件平台或硬件环境。系统运行的软件环境对计算机环境的要求主要是指对操作系统（DOS、WINDOWS、UNIX、OS/2）中文环境、数据库的要求。

1. 用友 ERP-U8 会计软件的系统运行环境

硬盘最低配置：CPU 主频：1GHZ 以上；内存：512MB 以上；硬盘：60GB 以上。

系统软件环境：操作系统 Windows 2000/XP；数据库：SQL Server 2000 标准版、个人版或用友 ERP-U8 管理软件安装盘自带 MSDE2000 数据库简装版。(SQL Server2000 和 MSDE2000 均属于微软公司)

网络协议：TCP / IP。

2. 金蝶 K/3 会计软件的系统运行环境

硬件最低配置：P4 1.7G CPU、内存 1GB 以上、剩余硬盘空间 2.5GB 以上。

系统软件环境：操作系统 Windows 98/XP/2000/2003；数据库：SQL Server 2000 标准版、个人版或金蝶 K/3 会计软件安装盘自带的数据库简装版。

网络协议：TCP / IP。

三、会计软件安装步骤

在选定会计软件的具体版本之后，需要将软件安装在进行会计业务处理的计算机中的硬盘上才能正常运行。如果是单机版的会计软件，只安装在一台计算机上即可运行；如果是网络版的会计软件，则需要分别在工作站和服务器上进行安装。

1. 以具有本机系统管理员的身份登录；

2. 按照用友 ERP-U8、金蝶 K/3 环境说明文件所描述的配置准备环境；

3. 运行安装光盘“用友 ERP-U8、金蝶 K/3 安装光盘”，按照提示安装即可；

4. 安装 SQL2000 数据库环境（先关闭其他应用程序，特别是防病毒软件）；

5. 安装用友 ERP-U8 或金蝶 K/3 会计软件应用软件，按照提示安装即可。

安装会计软件操作指导

（一）用友 ERP-U8.52 软件安装（以单机安装为例）

1．安装 MSED2000 数据库

安装步骤如下：打开安装光盘上的“MSED2000 文件夹”，双击 setup.exe 文件图标按提示进行默认安装，安装后，重新启动计算机。如图 u3-01 所示。

图 u3–01　MSED2000 数据库安装

2. 安装用友 ERP-U8.52 软件（以单机安装为例）

安装步骤如下：

（1）打开安装光盘上的“用友 ERP-U8.52 文件夹”，双击【setup.exe】应用程序文件，按提示进行默认安装如图 u3-02 所示；

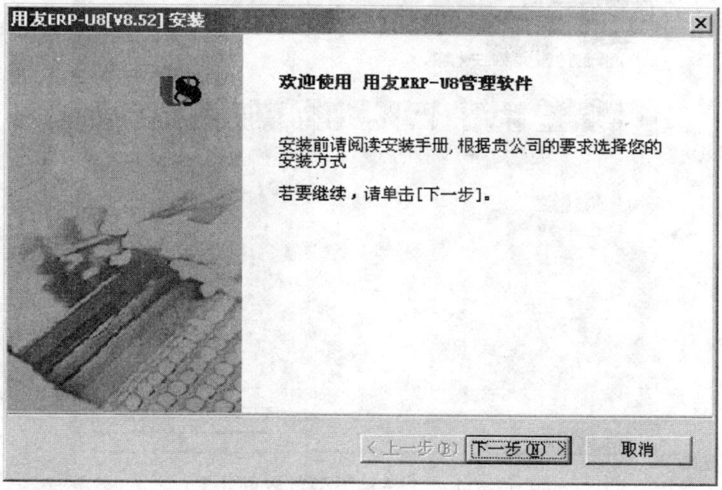

图 u3-02　用友 ERP-U8.52 安装界面

（2）点击【下一步】，进入安装授权【许可证协议】界面，点击【是】按钮，如图 u3-03 所示。

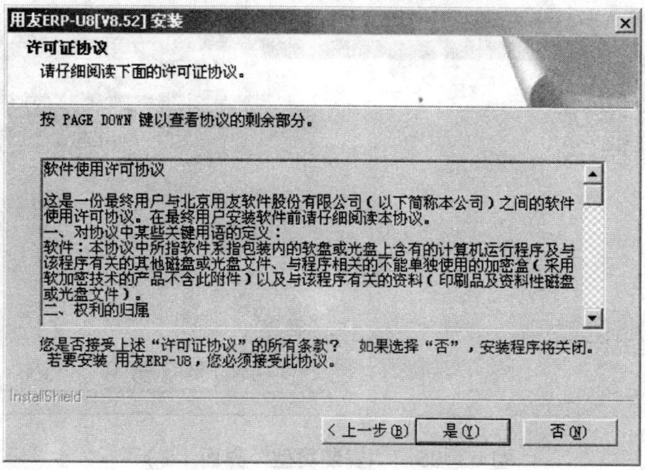

图 u3-03　许可证协议界面

（3）进入【安装类型】界面，点击【标准版安装】—【安装全部产品】，如图 u3-04、图 u3-05 所示。

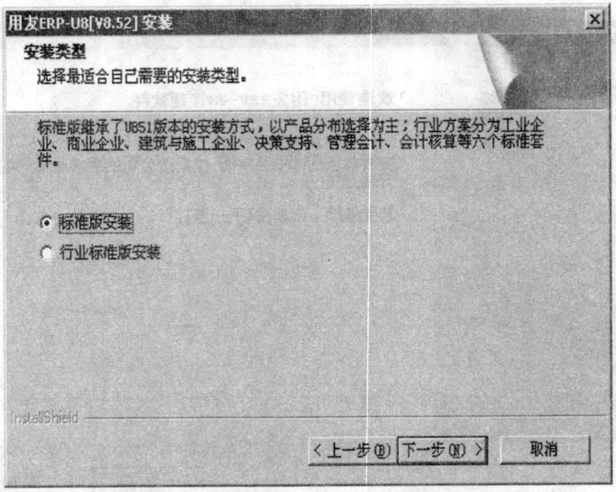

图 u3-04 “安装类型”界面（1）

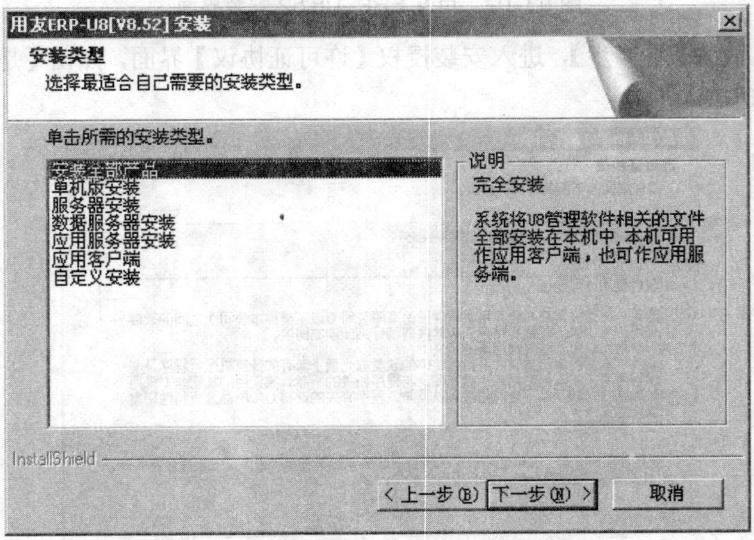

图 u3-05 “安装类型”界面（2）

（4）点击【下一步】按钮，系统开始复制文件，文件复制完成后，显示“系统安装完成界面”，系统提示是否需要立即启动计算机，选择【是】按钮，立即重新启动计算机，点击【完成】按钮。

（5）重新启动计算机进入 Windows 操作平台，系统有提示如图 u3-06 所示，点击【确定】按钮，进入【配置 U8 服务】界面，如图 u3-07 所示，点击【确定】按钮。

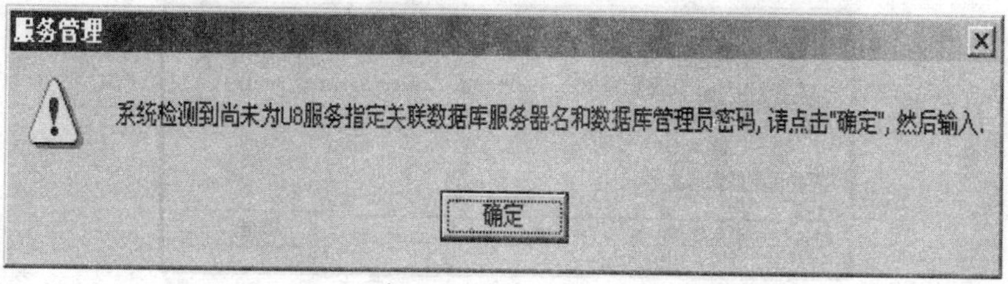

图 u3–06　服务管理

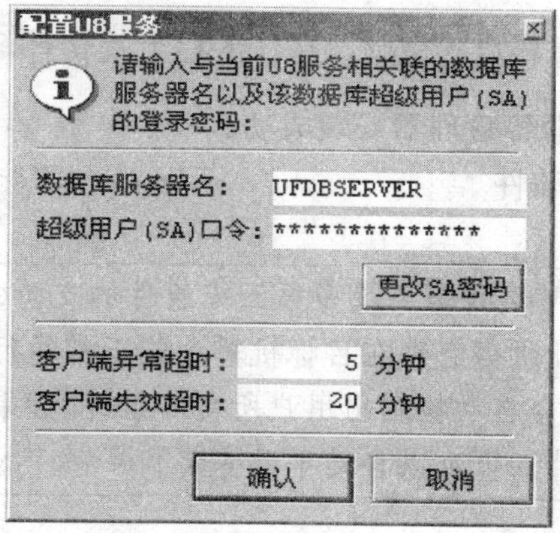

图 u3–07　配置 U8 服务

（6）安装完成之后，在右下角任务栏显示“ ”表示 SQL Server 数据服务管理器安装成功，显示“ ”表示 U8 应用服务管理器安装成功。

（7）用友 ERP-U8.52 安装成功后，运行安装光盘上的【用友 2007 新会计准则预置工具】，预置新会计准则。

Kingdee（二）金蝶 K/3 软件安装

1．安装 MSDE2000 数据库

安装步骤如下：

（1）光盘中自带一个 SQL 简版 MSDE，将光盘放入光驱中，找到光盘中的“数据库 MSDE”文件夹，双击 MSDEStp2000，然后单击“确定”按钮开始安装，如图 k3-01 所示。

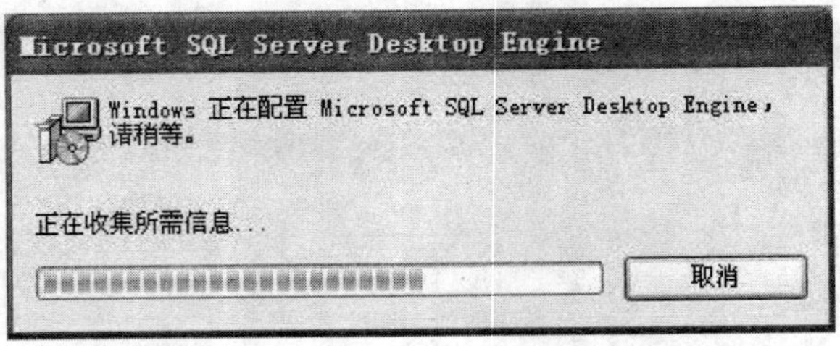

图 k3-01　MSDE2000 数据库安装

（2）安装完成后重新启动电脑，在任务栏上就会有 SQL 图标。“”表示 SQL Server 数据服务管理器安装成功。

2．安装金蝶 K/3 软件

注：K/3 系统的正常运行需要很多第三方组件的支持，因此，在安装前需要进行环境检测，以保证所需组件在目标机器上能正常运行。

K/3 环境检测程序会自动检测出用户所需的组件。如果不想通过环境检测程序自动安装第三方组件，也可以自动手动安装。

（1）安装前的环境检测

①将光盘放入光驱中，找到光盘中的“金蝶 K3 V11 多语言版”文件夹，双击“Setup.exe”文件，系统弹出“金蝶 K/3 安装程序”选择界面，如图 k3-02 所示。

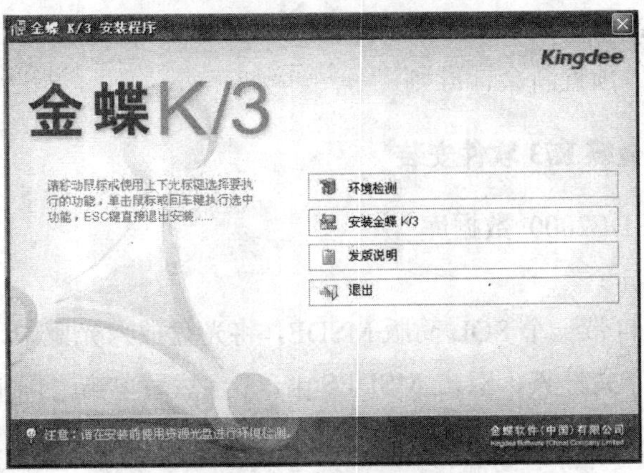

图 k3-02　金蝶 K/3 安装程序界面

②单击“环境检测程序”，选择需要安装的金蝶 K/3 系统部件，如图 k3-03 所示。

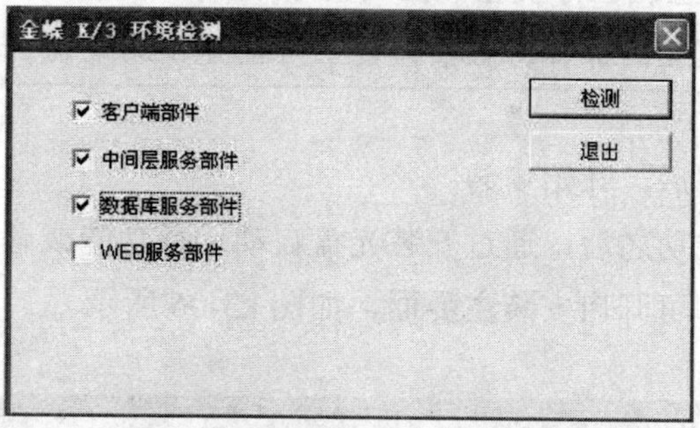

图 k3–03　选择需检测部件内容

③按照系统所检测提示的该系统缺少的必需组件逐项进行安装。安装完毕后，系统会给出符合安装环境的提示，会显示“环境更新完毕”窗口，如图 k3-04 和如图 k3-05 所示。

注：①准备中间层服务器的操作系统，一般 Windows 2000 Server ；客户端或演示可以尝试使用其他操作系统。

②在安装金蝶 K/3 系统之前，需要安装数据库服务器，即需要安装 Microsoft SQL Server2000（如果用户是 Windows 2000 操作系统，可以安装标准版或企业版的数据库；如果是 Windows XP 操作系统可以尝试安装个人版或开发版的数据库。

③安装支持金蝶 K/3 系统运行的第三方软件。

④安装金蝶 K/3 系统。

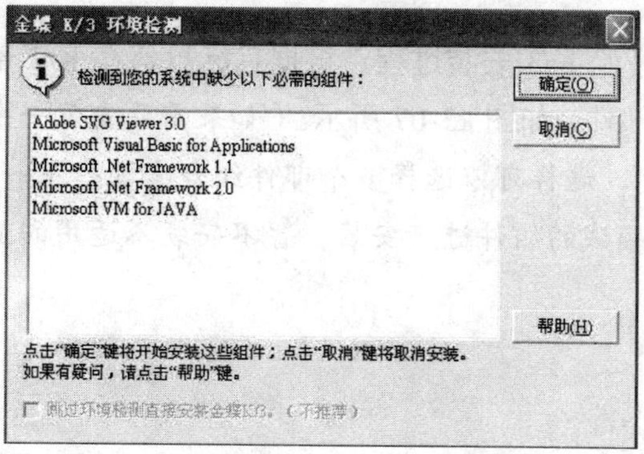

图 k3–04　必需部件的检测结果

图 k3–05　环境的检测结果

注：一般会对检测程序提出相应的提示（只具有提醒作用），如果确定要在现有系统上安装相应的部件，虽然效能上可能达不到最优，但仍然是允许的。

（2）环境检测后，开始安装

①环境检测成功之后，通过安装光盘自动运行功能或者手工运行安装光盘上的 setup.exe，即可开启安装主界面，如图 k3-06 所示。

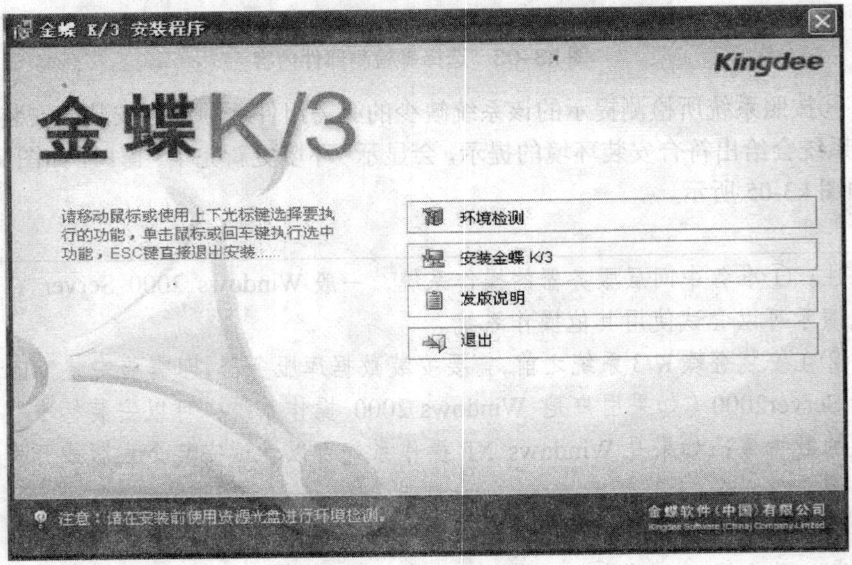

图 k3–06 金蝶 K/3 安装程序

②点击“安装金蝶 K/3”即开始 K/3 安装过程，根据目标机器在 K/3 部署中的角色，选择安装全部或一个部件，如图 k3-07 所示。（如果需要安装一个以上的部件，请选择“自定义安装”，这样可以选择多个部件组合安装。下一步，可以根据业务需要选择不同业务领域的组件进行安装，暂不安装不适用的业务系统，可以缩短安装时间）

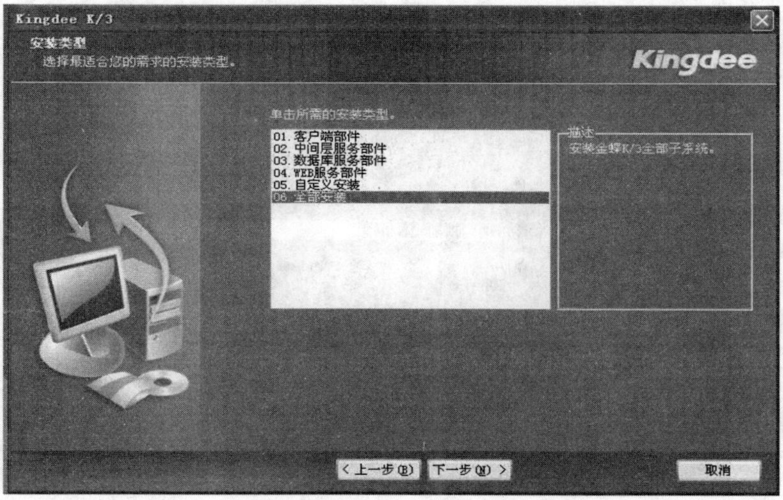

图 k3–07　选择安装类型

注：如果目标机器在之前没有安装金蝶 K/3，安装开始后会进入选择安装类型的界面。如图 k3-07 所示。

安装时，由于安装部件和计算机系统状况的不同，安装时间长短不一，请耐心等待；每个安装步骤都有进度提示。

根据所选安装内容的不同，安装过程中可能会提示您更换安装盘，按照提示将第二张安装光盘放入光驱或指明它在硬盘、网络上的位置即可。

③在此保持默认选择的客户端部件、中间层服务部件、数据库服务部件三个项目，单击“下一步”按钮，系统进入“安装状态”，首先开始“验证”，如图 k3-08 所示。

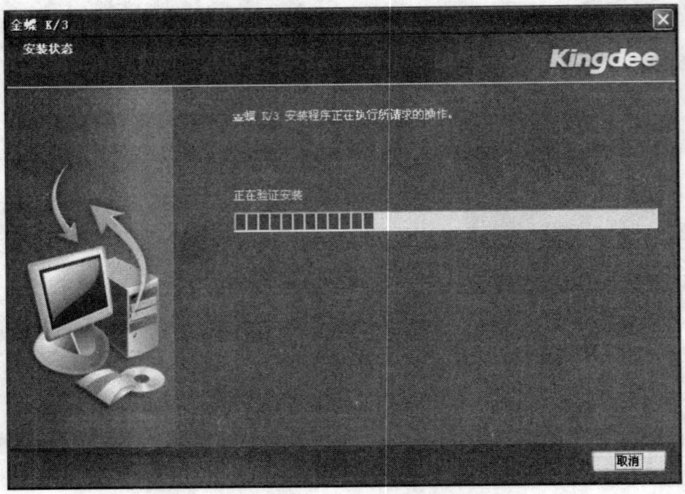

图 k3–08　金蝶 K/3 安装状态

④验证通过后，开始安装程序，单击“完成”按钮，系统进入“中间层组件安装”窗口，如图 k3-09 所示。单击“确定”按钮，开始中间层安装工作，中间层安装进度条如图 k3-10 所示。

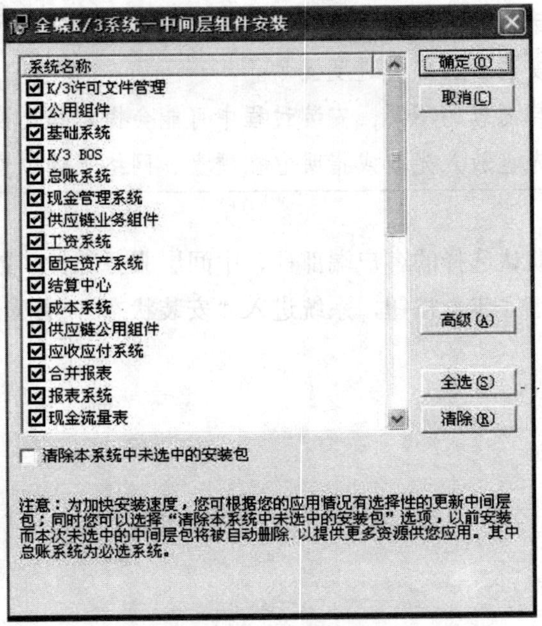

图 k3–09　中间层组件安装界面

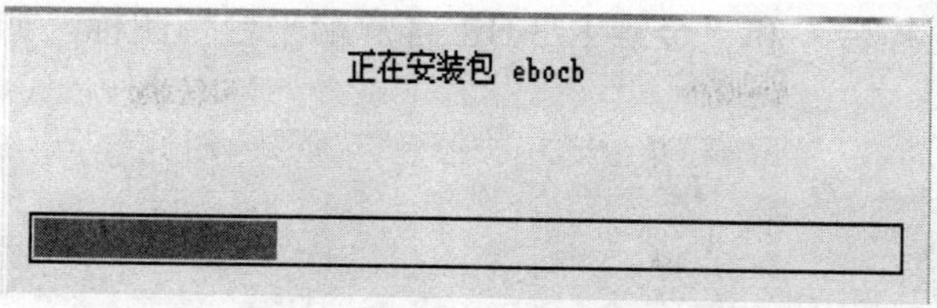

图 k3-10 中间层安装进度

⑤保持默认选择项目，单击“完成”按钮，系统开始配置，弹出提示窗口如图 k3-11 所示。由于操作系统未安装“IIS 组件”，所以弹出该提示。该提示错误不会对本书操作有影响，所以单击“确定”按钮继续配置，配置完成后弹出提示窗口如图 k3-12 所示。

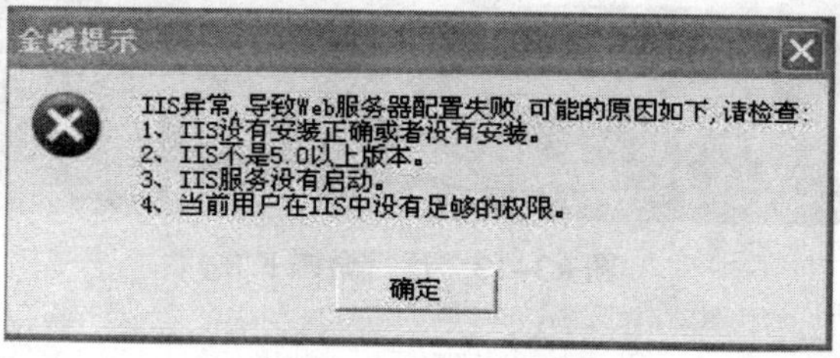

图 k3-11 IIS 异常提示

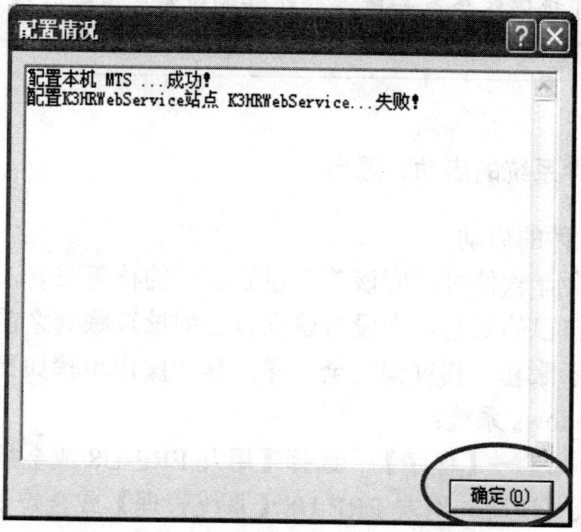

图 k3-12 配置完成

⑥单击“确定”按钮，结束金蝶 K/3 安装工作，安装成功后会在桌面上显

示“金蝶 K/3 主控台”和“金蝶 K/3 HR 客户端平台”图标，如图 k3-13 所示。

图 k3–13　运行金蝶 K/3

注：安装完成后系统通常会要求重新启动操作，否则 K/3 系统不能正常运行。重新启动后可能仍然会有一段注册组件的过程，请耐心等待。安装完成后，正常运行金蝶 K/3。

四、会计软件系统的启动、退出

（一）会计软件的启动

在正式使用会计软件时，应该首先建立自己的核算账套，这样在启动会计软件时才能进入自己的账套，在没有建立自己的核算账套之前，启动会计软件时则进入系统演示账套。其过程完全一样，具体操作步骤如下：

1．启动 Windows 系统；

2．单击【开始】—【程序】—选择【用友 ERP-U8 或金蝶 K/3 会计软件】；

3．初次进入（注册）用友 ERP-U8【系统管理】或金蝶 K/3【账套管理】时，用户名为“Admin”，无密码（密码为空）；

4．单击【确定】，屏幕就会出现用友 ERP-U8【系统管理】或金蝶 K/3【账套管理】界面，说明会计软件系统启动成功。

（二）会计软件的退出

在使用完会计软件之后，要正常退出并返回 Windows 状态。退出时与其他软件操作方式类似。其中最基本的是：在所操作的子系统界面中，单击【文件】菜单下的【退出】项，即可退出“所操作的子系统”，返回 Windows 状态下。

第二节　系统管理

一、系统管理概述

会计软件信息系统是由总账子系统、工资子系统、固定资产子系统、应收款子系统、应付款子系统、存货核算子系统等子系统组成。这些子系统虽具有不同的功能，既相对独立又相互联系，并与业务系统协同运作，实现财务、业务的一体化管理。它们之间紧密联系，并且共用一个数据库，具有公用的基础信息，拥有相同的账套和年度账。所以，会计软件一般都会设立一个单独的模块“系统管理”，为各个子系统提供一个统一的数据环境，实现集成化管理。

系统管理是会计软件管理系统的运行基础，它为其他子系统提供了公共的账套、年度账及其他相关基础数据，各子系统的操作员也需要在系统管理中统一设置并分配权限。对账套和人员进行集中统一管理是系统管理的主要特征。

二、系统管理的主要功能

系统管理模块可以使各个子系统实行统一的管理，其主要功能包括账套管理、操作员及权限管理、年度账套管理以及系统安全维护等。

（一）账套管理

账套是指一套账，即指一个独立、完整的数据集合，这个数据集合包括一整套独立、完整的系统控制参数、用户权限、基本档案、会计信息、账表查询等，即指一独立核算单位的全部会计资料（或完整帐簿体系）用户可以为每一个独立核算单位分别建立一个账套。账套管理包括账套的建立、修改、引入和输出等功能。一个公司就是一个账套，不同年份的账是年度账套。首先有账套，然后有年度账，一个账套可以拥有多个年度的年度账。一般而言，账套数据是以年度为单位进行保存的。

（二）用户及权限管理

为了保证系统及数据的安全性，进一步加强企业内部控制，根据基本会计岗位分工和会计电算化岗位责任制中有关职责规定，系统管理提供了用户（操作员）及操作权限的集中管理功能，进行人员分工的操作。权限管理就是为了加强企业内部控制，加大控制的广度、深度和灵活性。通过对系统操作分工和权限的管理，一方面可以避免与业务无关的人员进入系统，另一方面可以对各个子系统的操作进行协调，以保证各负其责，流程顺畅。为了简化权限的分配，有的会计软件系统还提供了角色管理功能。

（三）系统安全管理

系统安全管理是指为了保证系统运行安全和数据存储安全而设置的安全保障机制。在使用会计软件系统时需要在一个安全、稳定的环境下进行操作，为了保证系统运行安全、数据存储安全，系统应建立一个强有力的安全保障机制。系统安全管理包括设置自动备份计划；升级数据；注销当前操作员；系统安全监控；清除系统运行异常；记录上机日志和刷新。

三、启动会计软件系统管理

（一）用友 ERP-U8

1. 在用友 ERP-U8【系统管理】窗口中，执行“系统—注册”命令，打开“注册〖系统管理〗”对话框。

2. 输入数据。操作员:admin；密码:（空）。

3. 单击“确定”按钮，以系统管理员身份进入系统管理。

（二）金碟 K/3

1. 金碟 K/3【账套管理】窗口中，执行“系统—注册”命令，打开“注册【账套管理】”对话框。

2. 操作员:admin；密码:（空）。

3. 单击“确定”按钮，以系统管理员身份进入【账套管理】。

【提示】

为了保证系统的安全性，在“系统管理员登录”对话框中，可以设置或更改系统管理员的密码。首先将“改密码”复选框选中，单击“确定”按钮，打开“设置操作员口令”对话框，在“新口令”和“确认新口令”后面的输入区中均输入新密码，最后单击“确定”按钮，返回系统管理。一定要牢记设置的系统管理员密码，否则无法以系统管理员的身份进入系统管理，也就不能执行账套数据的输出和引入。考虑实际教学环境，建议不要设置系统管理员密码。

第三节　账套管理

账套是指在会计软件系统中为每一个独立核算的单位所建立的一套完整的账务体系，其作用相当于手工操作条件下明确会计核算的主体。在系统管理中，可以建多个账套，而且每一个账套中可以存放着若干年度的会计数据。一个单位对应一个账套，账套是由年度账组成。账套管理由账套主管操作进行。账套管理可以实现对账套的统一管理，包括账套的建立、修改、引入和输出等功能。

一、建立账套

建立账套的实质是在会计软件环境里创建一系列的数据库，用以存放各种凭证账簿资料。建立账套是所有会计处理的前提。通常，账套的建立、备份和恢复等工作由系统管理员（或账套主管）完成。

建立账套过程其实是输入单位的有关背景资料和环境资料的过程。建立账套时，需要设置账套信息、单位信息、核算类型、基础设置等几个方面的信息。一个单位对应一个账套，如果单位内部还有独立核算的下级单位，或下设多个独立核算的部门，则可给每个独立核算部门分别立账，各账套之间可实现资源或数据共享。

（一）账套信息

账套信息是用于输入新建账套的有关信息。主要包括已存账套、账套代码（或账套号）、账套名称、账套路径、启用会计期间等内容。已存账套是系统内已有的建立完成账套，用户只能参照，不能输入或修改。账套代码（或账套号）是区分不同核算账套的编号。每个账套只能用一个账套代码表示（具有唯一性），与核算单位名称是一一对应的关系，一般不能重复，共同用于代表指定的核算账套。账套名称是指核算单位的名称。账套路径是指新建账套存放在系统中的路径（地方），即存放在系统中某一指定目录下的数据库文件中。启用会计期间是用于输入新建账套将被启用的会计核算时间，明确账务处理的起始点。启用日期应该在新建账套时设定，设定后便不能更改。

（二）单位信息

单位信息是用于输入新建账套的基本信息，主要包括单位名称、单位简称、单位地址、法人代表、联系电话、传真、电子邮件、税号等内容。其中单位名称是系统必要的信息，必须输入。

（三）核算类型

核算类型是用于记录新建账套的基本核算信息，主要包括本位币、企业类型、行业性质、账套主管、是否按行业性质预设科目等内容。我国会计软件一般默认的记账本位币是人民币，也可以根据需要进行某种外币的设置。企业类型是区分不同企业业务类型的必要信息，用于明确核算单位特定经济业务的类型。一般系统会提供工业、商业等类型。行业性质是指本企业进行会计核算所遵循的会计标准，如企业会计制度、企业会计准则、小企业会计准则等，该参数的设置将影响当前账套内置的会计科目体系。账套主管是系统指定的本账套的负责人。是否按行业性质预设科目是指用于设置是否预置所选会计规范所规定的标准会计科目。

（四）基础设置

基础设置是用于记录新建账套的基础核算信息，主要包括存货、客户、供应商是否分类以及是否有外币核算等内容。如果企业存货、客户、供应商相对较多，可以对其进行分类管理。在进行基础资料设置时，必须先设置存货、客户、供应商分类，然后才能设置存货、客户、供应商的档案。

账套建立后，为了以后正式的会计及业务处理，还应结合需要设置分类编码方案和数据精度。分类是对经济业务数据进行分级核算、统计、管理，系统对会计科目、企业部门、结算方式、客户分类、地区分类、供应商分类等进行编码。编码方案是指设置编码的级次方案。编码级次直接影响使用单位对经济业务的分级核算、统计与管理。编码规则是指对业务对象和基础资料进行分类编码（分几段，每一段有几位）管理。一级至最底层的段数称为级次，每级（或每段）的编码位数称为级长，编码总级长为每级编码级长之和。例如，某企业会计科目分为 3 级，1 级科目编码长度 4 位，2 级至 3 级科目编码长度均为 2 位，则科目编码规则为 422。数据精度指定义数据的小数位数，即某种数据类型所能达到的精确度，通常是通过小数点后最多有多少位来体现。

二、修改账套

当系统管理员建立账套后，可根据需要对账套的某些信息进行调整，以便使信息更真实准确地反映企业的相关内容。通常，只有账套主管可以修改其负责的账套信息。在修改账套过程，系统会自动列出所选账套的账套信息、单位信息、核算类型、基础设置信息。账套主管可以根据需要，对允许修改的内容进行修改。一般情况下、账套信息中只能修改账套名称；单位信息全部可以修改；核算类型信息全部不能修改；基础设置信息是否能够修改，取决于该账套是否进行了相关的基础资料设置，如果已经设置了相关信息则不能修改，否则就可以修改。

三、删除账套

账套删除是指删除不再需要的账套。在会计软件系统中，删除账套有两种方法：一是一次删除一个账套；二是批量删除，即一次删除多个账套。用户可以根据实际情况选用。出于安全考虑，一般情况下，系统不允许直接删除某个账套，而是在输出账套过程中完成删除账套的操作，即要删除某个账套，必须进行强制备份，如果系统内的账套已经不需要继续保留，可以使用账套输出功能进行删除。

四、账套备份

账套备份是指将计算机硬盘上的数据复制到各类磁盘、光盘或其他存储介质上，以便需要时利用这些数据恢复系统的原来工作状态。账套备份能使系统的初始设置数据、日常业务处理数据、有关自动上机登记记录等重要数据获得安全保障。账套备份时需要注意的问题有：

（1）日常数据备份应该在每天关机前进行，一般宜采用 A、B 备份法制作双备份，并将两份备份资料保存在不同的地点。

（2）对于作为会计档案保存的备份资料，要在备份盘标签上写明备份的时间和责任人，以免恢复机内数据时发生错误。

（3）对于单机系统，凡是具有数据输入或系统设置权限的人员都应该有数据备份权；对于网络或多终端系统来讲，数据备份应由专人负责。

五、账套恢复

账套恢复是指将系统外某账套数据引入系统中，即指将磁盘或其他存储介质上保存的备份数据复制到计算机的硬盘上，使软件恢复到上次备份时的运行状态，以便实现账套数据的转移，恢复功能的运用。

账套恢复一方面保证了企业业务正常进行，使企业的损失降到最小。另一方面，也为实现账套数据的异地迁移提供了便利。例如，公司分部可以将自己的账套数据进行输出，而后由总部将其引入到总部系统中，以便对分部账套数据进行查询分析。

恢复功能的运用应非常谨慎，因为万一操作不当，很容易使硬盘中的最新数据被之前的备份数据所覆盖。许多软件将数据恢复操作权限只赋予系统管理员或超级用户。

第四节　用户与权限管理

根据会计电算化有关管理制度的规定，为避免与系统无关的人员或防止无操作权限的人员进行非法操作，对会计电算化工作人员必须进行明确的分工，明确各类岗位职责，通过系统设置将操作人员的姓名、操作密码、操作权限录入系统中。

一、用户管理

用户（操作员）是指有权登陆系统，对应用的系统进行操作的人员。只有设置了具体的操作员之后，才能进行相关的操作。通过系统设置将操作人员的姓名、操作密码录入系统中。只有系统管理员才有权限设置用户（操作员）。用户（操作员）管理包括用户（操作员）的增加、删除、修改等操作。

二、权限管理

操作员权限设置是按照会计内部控制制度中不相容职务分工牵制的原理，对已设置好的操作员所进行的权力分配。在权限分配时，应特别注意授权、执行、审核、记录等不同性质工作的分工要求，把具有相互牵制作用的操作权限授予不同的操作员。

只有系统管理员和该账套的账套主管，可以对各个账套的用户进行权限设置。而账套主管只可以对所管辖账套的用户进行权限指定。权限管理主要完成权限的增加、删除、修改等维护工作。有的软件在功能权限的基础上，还提供明细权限设置功能。明细权限包括数据权限和金额权限，是对功能权限的细化，可实现更加精准细致的权限控制。数据权限可以通过两个方面进行权限控制：一个是记录级权限控制，另一个是字段级的权限控制。

记录级权限控制是指对具体业务对象进行权限分配，通常根据所选定的用户（操作员）以及业务对象进行明细的数据权限分配工作。字段级的权限控制是指对单据中包含的字段进行权限分配，这样可以提高系统的安全保密性。例如，当某用户（操作员）被赋予了填制凭证的功能权限时，还可以通过数据权限进一步限制其所能使用的凭证类型或会计科目。

金额级权限主要用于完善内部金额控制，实现对具体金额数量划分级别，对不同岗位和职位的用户（操作员）进行金额级别控制，限制他们可以使用的金额范围，不涉及内部系统控制的不在管理范围内。例如，可以设定某制单人录入的凭证最大金额或某业务员所签订的采购订单的最大金额。

第五节　系统安全管理

用户在使用会计软件系统时，需要在一个安全、稳定的环境下进行操作。因此，必须建立安全保障机制即系统安全维护，包括系统运行监控、自动备份计划、清除系统运行异常任务、上机日志、刷新等功能。

一、系统运行监控

在会计软件系统管理中，提供了对本会计信息系统中已经登录到系统管理的子系统、操作员、操作时间、系统状态等内容进行监控，以保证整个会计信息系统的正常运行。

二、自动备份计划

为了减轻系统管理员的工作量，保障会计软件系统数据的安全，更好地对系统进行管理，会计软件系统一般设有数据自动备份计划功能，主要作用是自动定时对设置的账套进行输出（备份）。这种方式的好处是可以实现对多个账套同时输出，而且可以进行定时设置，实现无人干预自动输出。

三、清除系统运行异常任务

在会计软件系统运行过程中，由于死机、网络阻断等原因可能造成系统异常，无法正常操作，有些会计软件会提供“清除单据锁定”、“清除异常任务”等功能。清除单据锁定功能主要是清除不可预见的原因造成的单据锁定，使操作能正常进行和使用。清除异常任务功能主要是清除因为用户服务端超过异常限制时间未工作或由于不可预见的原因非法退出某系统，造成系统异常任务，运行状态异常等现象，提高使用中的安全性和高效性。

四、上机日志

为了保证会计软件系统的安全运行，系统随时对各个子系统的每一个用户（操作员）的上下机时间、操作的具体功能等情况进行登记，形成上机日志，以便使所有的操作员有所记录。

五、刷新

为了便于系统管理员、账套主管及相关操作者进行监控，系统将正在登陆到系统管理的子系统及其正在执行的功能在界面上列示出来。如果需要查看最新的系统内容，则需启用刷新功能来适时刷新功能列表的内容。

第六节　本章实验操作

用友 一、用友 U8 软件应用操作

实验一 系统管理及操作指导

Ⅰ. 系统管理

【实验目的】

掌握用友 ERP-U8 会计软件中系统管理的相关内容，理解系统管理在整个会计软件系统中的意义，掌握建立账套、增加操作员及权限、账套备份与恢复的具体内容和操作方法 。

【实验内容】

1. 建立账套。
2. 增加用户。
3. 分配权限。
4. 账套备份与恢复。

【实验要求】

以系统管理员 admin 的身份进行系统管理操作。

【实验准备】

1. 正确安装用友 ERP-U8.52 会计软件。
2. 设置系统日期格式（单击电脑桌面右下角的“时间”，系统弹出“时间日期设置”对话框，单击日期样式下拉列表，选择列表中的“YY-MM-DD”（根据案例资料的启用会计期设置）选项，点击【确定】按钮返回。

【实验资料】

（一）账套管理（未给信息保存系统默认值）

1. 账套信息：账套号：888；账套名称：龙门万成信息技术有限公司；启

用会计期间：2014 年 6 月。

2. 单位信息：龙门万成信息技术有限公司，简称“万成公司”；单位地址：龙门翠华路 100 号；法人代表：李万成。

3. 核算类型：该企业的记账本位币：人民币（RMB）；企业类型：工业；行业性质：2007 年新会计制度科目。

4. 基础信息：该企业有外币核算，需要对存货、客户、供应商进行分类。

5. 分类编码方案：该企业分类编码方案如下：

科目编码级次：42222

客户分类编码级次：223

供应商分类编码级次：223

存货分类编码级次：1223

部门编码级次：122

6. 总账系统启用：启用日期 2014 年 6 月 1 日。

（二）用户及权限管理（未给信息保存系统默认值）

编号	用户名	口令	角色	权限
801	李一	1	账套主管	具有系统所有模块的全部权限
802	张二	2		具有总账系统全部权限
803	苏三	3		具有总账系统的填制凭证、查询凭证、转账设置、转账生成、账表操作权限；具有工资管理、固定资产、应收、应付系统的全部权限

（三）账套管理

1. 账套备份

将账套数据输出备份到本地的磁盘指定的文件夹（如 D 盘:“龙门万成公司”）保存起来。

2. 账套恢复

账套删除后，将备份的账套 888 数据再恢复到本系统中。

Ⅱ. 系统管理操作指导

（一）账套管理（未给信息保存系统默认值）

1. 建立账套

注：① 账套是指一个独立、完整的数据集合，这个数据集合包括一整套独

立、完整的系统控制参数、用户权限、基本档案、会计信息、账表查询等，账套即指一独立核算单位的全部会计资料（或完整账簿体系）。例如，一个公司就是一个账套，不同年份的账是年度账套。

②账套名称或账套代码是账套在网络会计中唯一的标识，也是账套相应全部会计资料的总称。

操作步骤如下：

①点击【开始】—【所有程序】—【用友 ERP-U8】—【系统服务】—【系统管理】—【系统】—【注册】按钮，启动系统管理。

②进入“注册【系统管理】”界面，输入操作员“admin”，密码为“空”，点击【确定】按钮，如图 U3-01 所示。

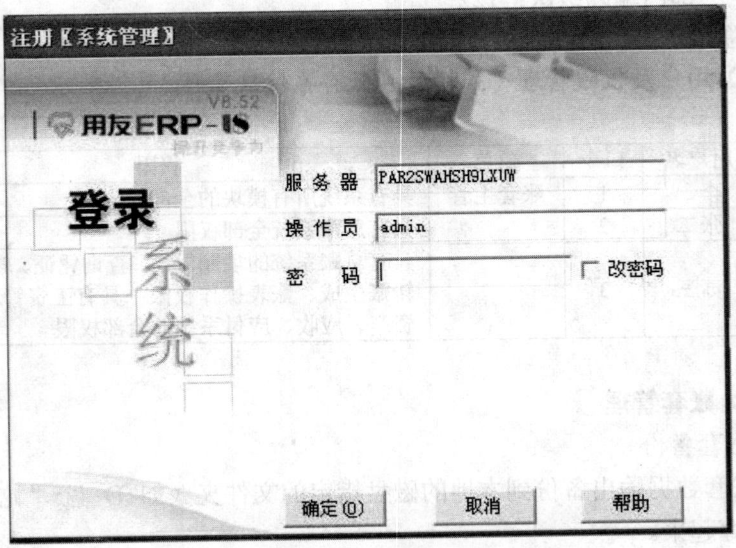

图 U3-01　注册登陆系统管理界面

注：①第一次进入系统管理，是以系统管理员（admin）身份注册进入，密码为空。

②为了保证系统的安全，可以更改和设置系统管理员的密码，其操作步骤是：首先将“改密码”复选框选中，单击“确定”按钮，打开“设置操作员口令”对话框，在“新口令”和“确认新口令”后面输入需要设置的密码，最后单击“确定”按钮，返回系统管理。

③点击【账套】—【建立】按钮，打开【创建账套】对话框。如图 u3-10 所示，根据案例资料提供的信息，输入相关信息，如图 U3-02 所示。

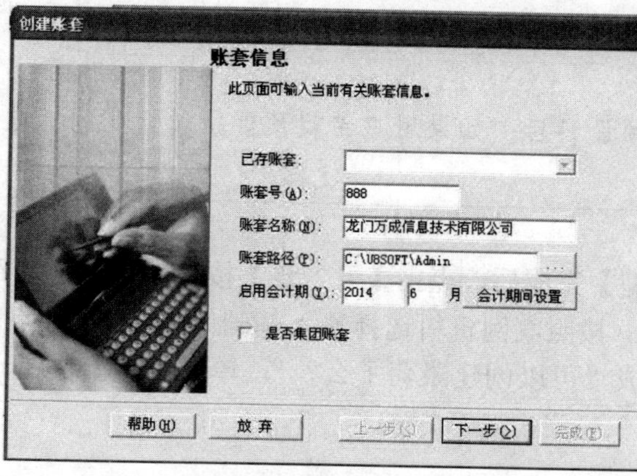

图 U3-02　账套信息

注：①已存账套：是指系统已存在的账套。用户只能查看。

②账套号：必须输入（如 888）。

③账套名称：必须输入，不能为空。

④账套路径：指新建账套将要被放置的位置。用户可以根据需要选择，否则，系统采用默认路径储存。

⑤启用会计期：必须输入。输入完成后，可将计算机系统时间修改为“2014 年 6 月 1 日”。

④【账套信息】输入完成后，点击【下一步】按钮，打开【核算类型】对话框，如图 U3-03 所示，按照案例资料选择输入核算类型相关信息。

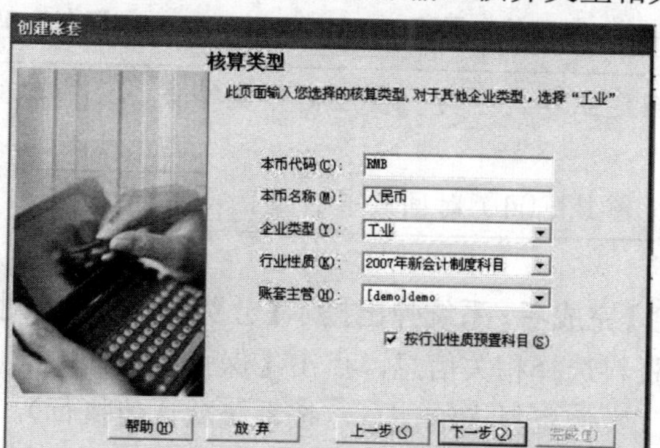

图 U3–03　核算类型界面

注：企业类型、行业性质：用户必须从下拉列表中选择输入（如工业、2007新会计制度科目）。

账套主管：用户可以从下拉列表中选择输入（案例未要求的，按系统默认值执行）。

按行业性质预设科目：如果用户希望预置所属行业的标准一级科目，则选中该复选框。

⑤【核算类型】完成后，点击【下一步】按钮，打开【基础信息】对话框，如图 U3-04 所示，按照案例资料选择输入基础信息，然后，点击【完成】按钮，系统弹出提示完成“可以创建账套了么？”，单击【是】按钮，如图 U3-05 所示。

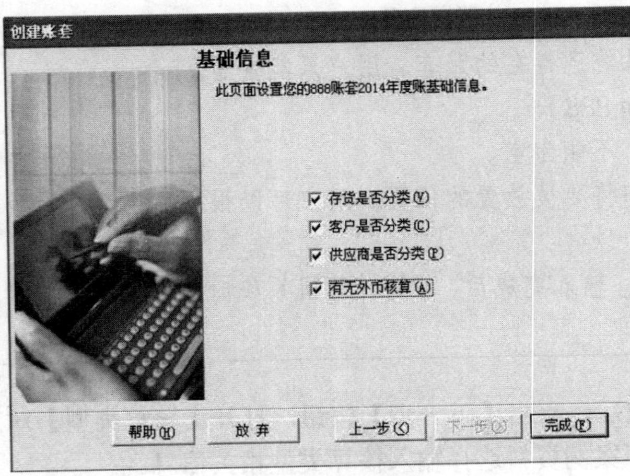

图 U3-04 基础信息界面

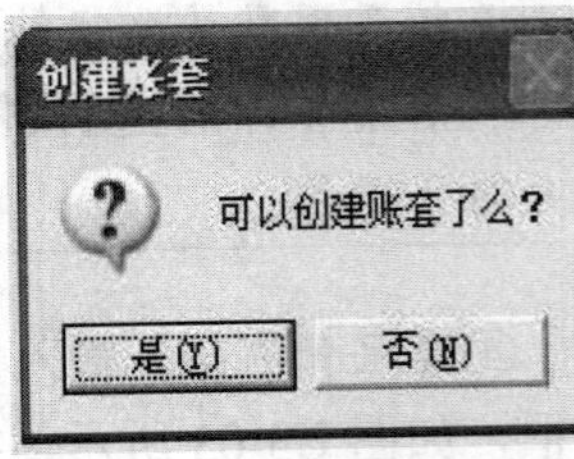

图 U3-05 创建账套界面

注：①必须先建立客户分类、供应商分类档案，才能建立客户档案、供应商档案。

②创建账套（图 U3-04）时间较长，请耐心等待。

⑥【创建账套】完成后，系统弹出提示【分类编码方案】对话框，如图 U3-06 所示。按照案例资料选择相关信息，点击【保存】按钮，然后系统进入【数据精度定义】界面（案例资料未给信息，按系统默认值执行）。

项目	最大级数	最大长度	单级最大长度	第1级	第2级	第3级	第4级	第5级	第6级	第7级	第8级	第9级
科目编码级次	9	15	9	4	2	2	2	2				
客户分类编码级次	5	12	9	2	3	3						
供应商分类编码级次	5	12	9	2	3	4						
存货分类编码级次	8	12	9	1	2	2	3					
部门编码级次	5	12	9	1	2	2						
地区分类编码级次	5	12	9	2	3	4						
结算方式编码级次	2	3	3	1	2							
货位编码级次	8	20	9	2	3	4						
收发类别编码级次	3	5	5	1	1	1						
设备档案	8	30	9	2	2							
责任中心分类档案	5	30	9	2	2							
项目要素分类档案	6	30	9	2	2							
客户权限组级次	5	12	9	2	3	4						
供应商权限组级次	5	12	9	2	2	3						
存货权限组级次	8	12	9	2	2	2	2	3				

图 U3-06　分类编码方案界面

注：分类编码方案是为了便于用户进行分级核算、统计和管理，系统对基础数据的编码进行分级设置。比如：科目编码为“42222”，表示科目设置为 5 级，一级科目编码是“4”位长，二级科目编码是“2”位长，三级至五级科目编码均为“2”位长，科目代码总长度为“12=4+2+2+2+2”位长。

⑦【分类编码方案】、【数据精度定义】完成后，点击【确认】按钮，系统弹出【确定要启用当前系统吗？】提示对话框，点击【是】按钮，进入“系统启用”窗口，如图 U3-07 所示。按照案例资料提供的信息，启用总账系统。

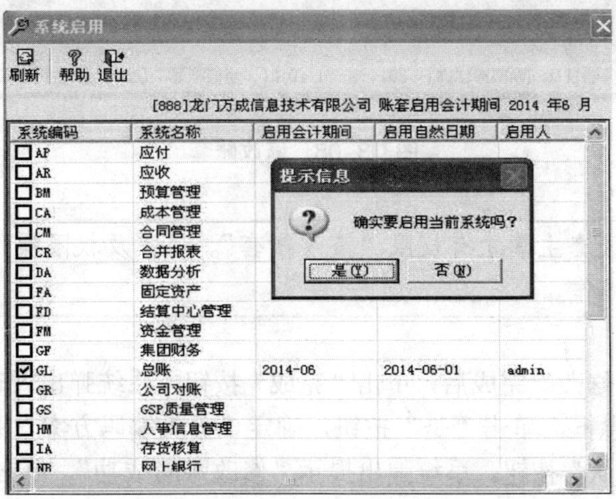

图 U3-07　账套启用界面

2. 账套修改

操作步骤如下：

①点击【系统】—【注册】按钮，打开“注册【系统管理】”对话框，以账套主管“801”或“李一”注册进入。点击【账套】—【修改】按钮，打开【修改账套】对话框，可以修改的信息以白色显示，不可修改的信息以灰色显示，如图 U3-08 所示。

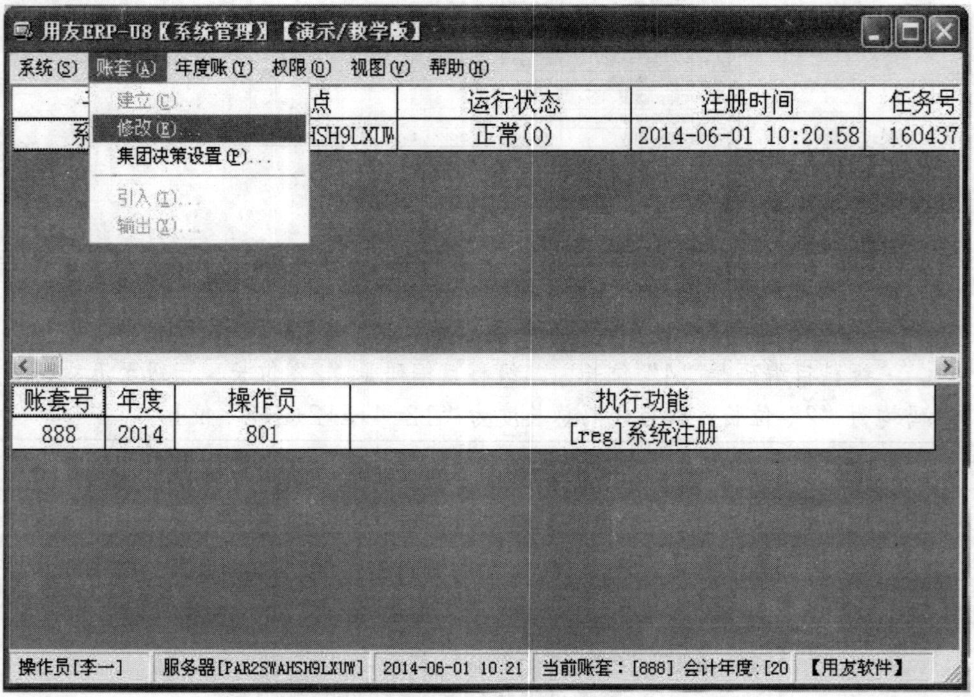

图 U3–08　修改账套

注：只有账套主管才有权限“修改账套”。用户及权限操作完成后，由该账套主管进行操作。

---

② 账套“修改”完成后，单击“完成”按钮，系统弹出“确认修改账套了么？”提示信息框，单击“是”按钮，确定“分类编码方案”和“数据精度定义”，单击“确认”按钮，系统弹出提示“修改账套成功”，单击“确定”按钮，返回“系统管理”。

3. 账套备份（删除）

注：备份（删除）账套，可以同时进行。先进行“账套”备份，后进行“账套”删除。即系统在删除“账套”之前，必须先进行“账套”的备份。

操作步骤如下：

①以系统管理员身份，点击【账套】—【输出】按钮，打开【账套输出】对话框，选择需要输出的账套（888），点击【确认】按钮，如图 U3-09 所示。

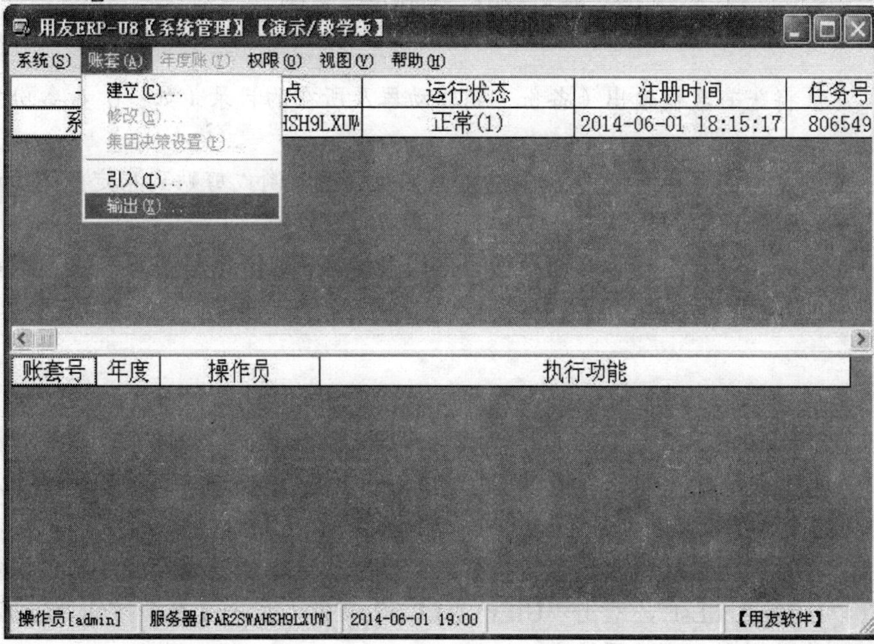

图 U3-09　账套输出界面

② 压缩完成所选账套数据后，系统弹出【选择备份目标】对话框，点击【下拉列表框】，选择需要将账套数据输出的驱动器及所在的目录（指定保存的路径），单击【确定】按钮，系统开始进行备份，备份完成后，系统弹出提示“硬盘备份完毕！”单击【确定】按钮，如图 U3-10 所示。

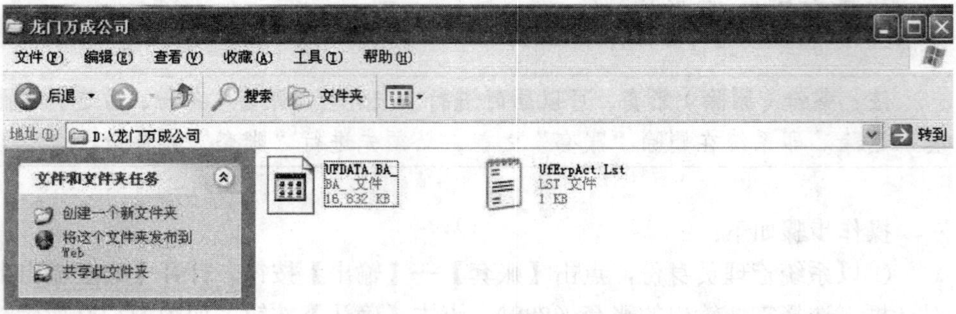

图 U3-10 备份的账套数据

注：将账套数据输出（备份）到驱动器及所在的目录（如：D 盘备份文件夹）。

系统备份完成后，将 D 盘备份文件夹的数据复制或剪贴到指定的“U 盘”中。

切勿将“U 盘”作为账套数据输出的直接路径，否则，会格式化“U 盘”上所有的数据！

---

4. 账套恢复

操作步骤如下：

①以系统管理员身份，点击【账套】—【引入】按钮，系统弹出【引入账套数据】对话框。

②在系统弹出【引入账套数据】对话框中，选择所要引入的账套数据备份文件“UfErpAct.Lst”，双击“UfErpAct.Lst”文件，点击【是】按钮、【确定】按钮，将数据引入到本系统中。

（二）用户及权限管理（未给信息保存系统默认值）

注：只有系统管理员（admin）才有权限设置角色与用户。

操作步骤如下：

①以系统管理员身份，点击【权限】—【用户】按钮，进入【用户管理】界面，点击【增加】按钮，打开【增加用户】对话框，如图 U3-11 所示，按照

案例资料输入完成相关信息后，点击【退出】按钮。

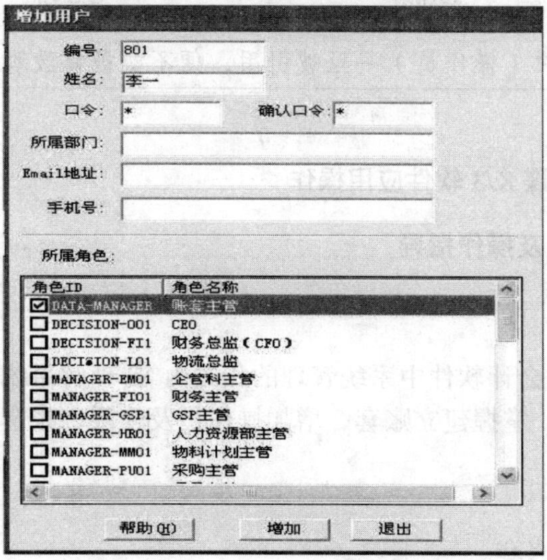

图 U3-11　用户管理界面

②点击【权限】按钮，进入【操作员权限】界面，如图 U3-12 所示，点击【修改】按钮，按照案例资料选择相关信息，点击【确定】按钮，最后单击【退出】按钮，返回【用户管理】窗口。

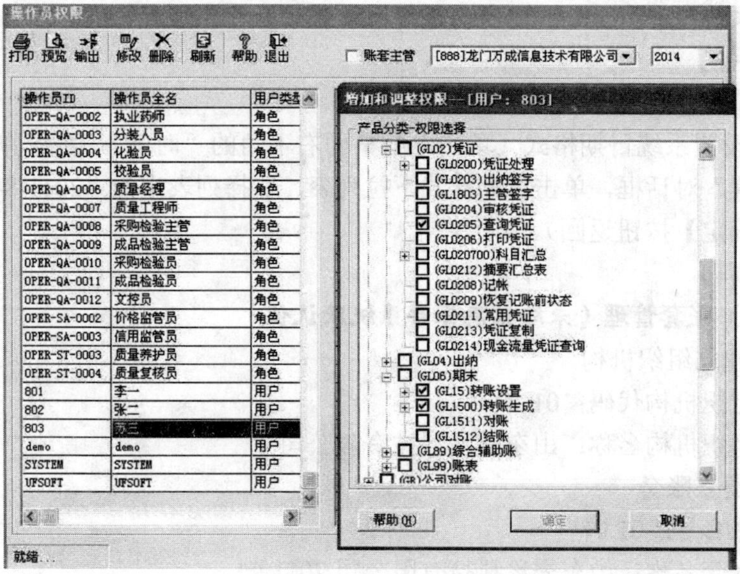

图 U3-12 操作员权限设置

注：在“增加和调整权限”对话框中，按照案例资料选择“√”相关的权限信息。

所设置的用户（操作员）一旦被引用，便不能被修改和删除。

Kingdee 二、金蝶 K/3 软件应用操作

实验一 系统管理及操作指导

Ⅰ. 系统管理

【实验目的】

掌握金蝶 K/3 会计软件中系统管理的相关内容，理解系统管理在整个会计软件系统中的意义，掌握建立账套、增加操作员及权限、账套备份与恢复的具体内容和操作方法。

【实验内容】

1. 建立单位账套。
2. 账套备份与恢复。
3. 增加用户组及权限。
4. 增加用户及权限。

【实验要求】

以系统管理员 admin 的身份进行系统管理操作。

【实验准备】

1. 正确安装金蝶 K/3 会计软件。

2. 设置系统日期格式（单击电脑桌面右下角的“时间”，系统弹出“时间日期设置”对话框，单击日期样式下拉列表，选择列表中的“2011-8-1”选项，单击【确定】按钮返回）。

【实验资料】

（一）账套管理（未给信息保存系统默认值）

1. 建立组织机构

①组织机构代码：01

②组织机构名称：山东秀珍科技有限公司

2. 建立账套

①账套号：01.01

②账套名称：山东秀珍科技有限公司 2011

③账套类型：标准供应链解决方案

④数据实体：系统会自动给出，不需要用户命名

⑤数据库文件路径：提前建好的 D：\ K/3 数据实体\

⑥数据库日志路径：同上

⑦系统账号："Windows 身份验证"

3. 账套属性设置

①机构名称：山东秀珍科技有限公司

②地址：山东济南泰山大道

③记账本位币代码：RMB

④名称：人民币

⑤小数点位数：2 位

⑥启用会计年度：2011 年

⑦启用会计期间：8 期

⑧自然年度会计期间

4. 账套备份与恢复

①账套备份：首先在非系统盘 D 盘下建立文件夹"金蝶 K/3 账套备份"，然后采用"完全备份"方式进行备份。

②账套恢复：进行账套恢复操作，恢复的账套编号为"01.02"，恢复的账套名称为"山东秀珍科技有限公司 2011hf"。

（二）用户及权限管理（未给信息保存系统默认值）

1. 用户组及权限

用户组名	说明	权限
财务部	负责财务管理	基础资料、总账、报表、应收账、应付账、现金管理、财务分析、工资、固定资产、结算中心、数据引入引出、现金流量表
综合保障部	负责固定资产管理	固定资产系统

2. 用户及权限

用户名	密码	组别	权限
甲主管	1	Administrator	所有权限（除拥有财务部所有权限外，还具有用户管理权限）
乙会计	2	财务部	
丙会计	3	财务部	
丁管理		综合保障部	

Ⅱ. 系统管理操作指导

（一）账套管理

1. 建立组织机构

操作步骤如下：

①执行【开始】—【程序】—【金蝶 K/3】—【金蝶 K/3 服务配置工具】—【账套管理】。

②点击“确定”，进入金蝶 K/3“账套管理登陆”界面，如图 K3-01 所示。（第一次使用系统时，用户名为 Admin 密码为空或无密码）

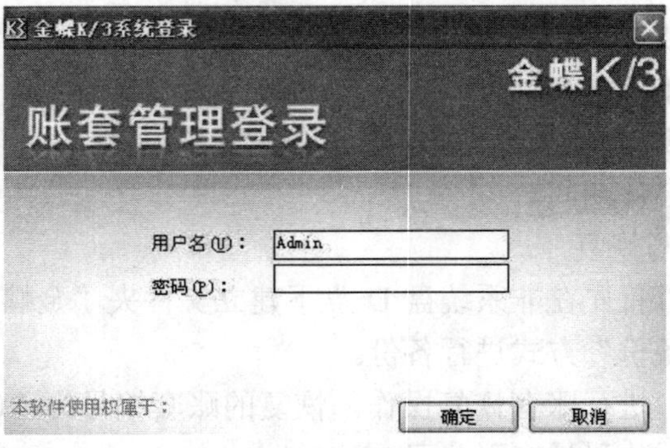

图 K3-01 账套管理登陆

③选择【组织机构】—【添加机构】，如图 K3-02、图 K3-03 所示。

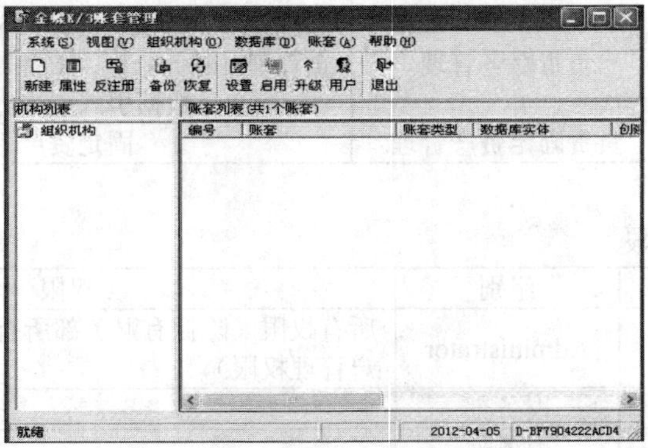

图 K3-02 账套管理

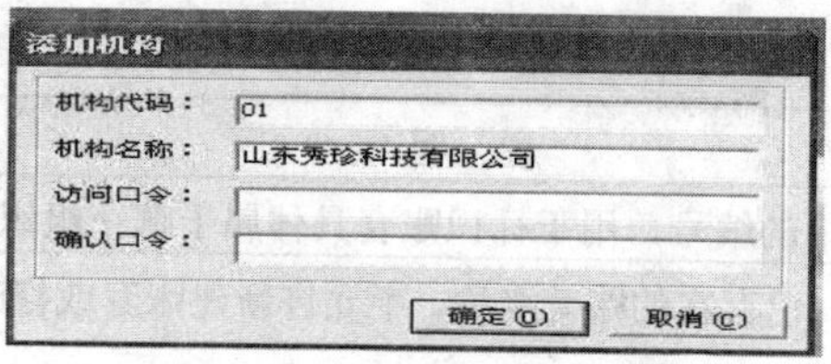

图 K3–03　添加机构

表 3–1　参数说明表

数据项	说　明	必填项（是/否）
机构代码	新建组织机构的代码	是
机构名称	新建组织机构的名称	是
访问口令	访问组织机构的口令，用于控制用户访问组织机构下的账套	否

注：系统中允许存在许多个账套，为了便于对多个账套进行管理，用户可以按照组织机构对各种账套进行分类管理。如：许多集团性连锁公司下的各分公司既要财务数据独立核算又需要汇总，为了便于分类管理可以将其结构分层，然后在相应的组织结构下建立账套。

新建组织机构：组织机构在系统中不是必需的，也可以不新建组织机构，直接新建账套。

2. 建立账套

操作步骤如下：

①点击【新建】按钮，在向导中录入案例中的相关信息，如图 K3-04 所示。

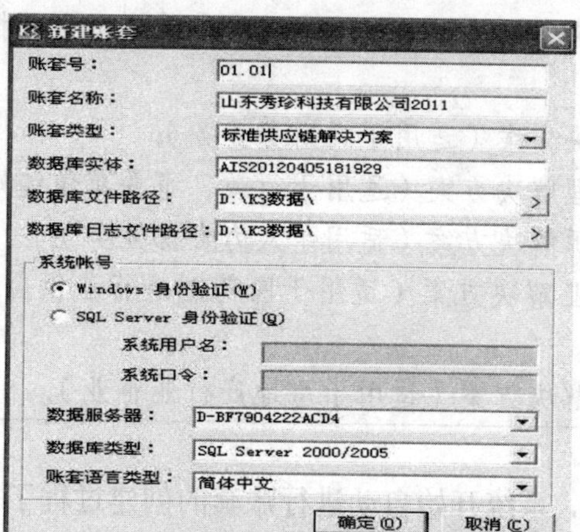

图 K3–04　新建账套

表 3-2　参数说明表

数据项	说　明	必填项（是/否）
账套号	账套在系统中的编号，用于标识账套具体属于哪个组织机构	是
账套名	账套的名称，已存在的账套名称，不允许新建账套或修改账套信息时再使用	是
账套类型	系统中存在 8 种账套类型。金蝶 K/3 系统根据不同的企业需求设置不同的解决方案。在新建时，在类型中选择不同的解决方案，系统会自动根据解决方案新建相关的内容	是
数据实体	账套在 SQL Server 数据库服务器中的唯一标识。新建账套时，系统会自动产生一个数据实体，也可以手工更改	是
系统账号	新建账套所要登录的数据服务器名称、登录数据服务器方式、登录用户名和密码	是
数据库文件路径	账套保存的路径。该路径是指数据服务器上的路径，由选择的数据库服务器决定	是

注：新建账套时，需根据实际情况，选择合适的账套类型，目前 K3 的帐套类型大致分 8 种，分别是：

①标准供应链解决方案（适用于工业、工商一体化的企业供应链、生产制造、人力资源和标准财务管理）；

②商业企业通用解决方案（适用于商业企业供应链、人力资源和标准财务管理）；

③标准财务解决方案（适用于除合并账务系统、合并报表系统之外的纯财务业务）；

④集团财务解决方案（适用于纯财务业务）；

⑤行政事业管理解决方案（适用于行政、事业单位纯财务业务）；

⑥战略人力资源解决方案（适用于人力资源业务）；

⑦医药制造行业解决方案（适用于医药制造行业供应链、GMP、人力资源和标准财务管理）；

⑧房地产行业解决方案（适用于房地产行业企业）。

②点击【确定】，系统开始自动进行账套的创建过程了，系统完成账套的建立后在“账套列表”中会形成一条记录如图 K3-05 所示。

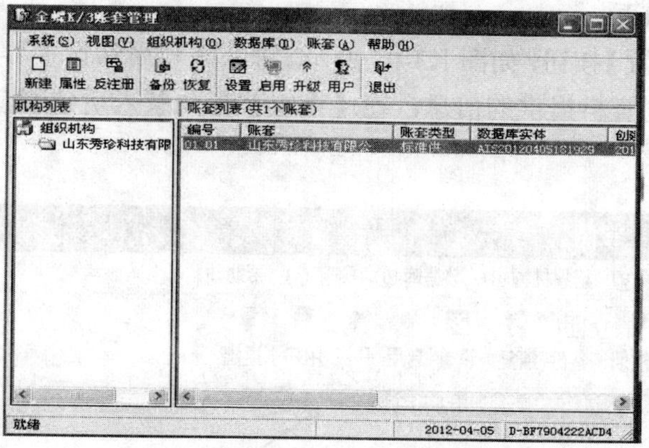

图 K3-05　系统完成新建账套

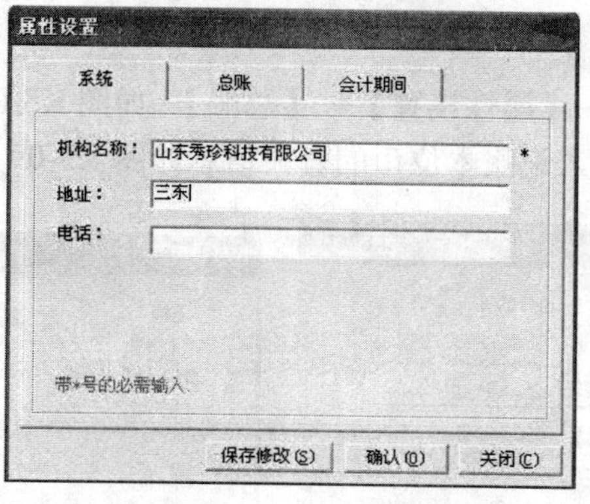

图 K3-06　账套修改

注：新建账套完成后，如果发现有些信息输入有错误，可以点击【账套】—【设置】—【属性设置】进行修改账套，如图 K3-06 所示。

3. 账套属性

注：在设置账套属性时，需小心，因为账套一旦启用，这些属性就不能更改了。

操作步骤如下：

①单击【设置】按钮，如图 K3-07 所示，进入账套属性设置界面，如图 K3-07 所示，根据案例资料提供的信息，在【系统】界面录入所建账套的机构名称、地址等信息。

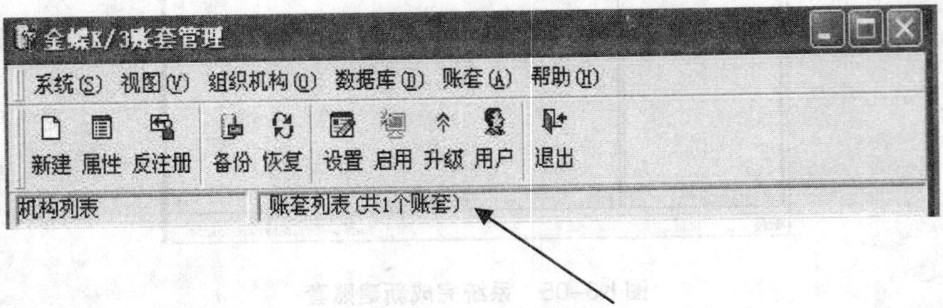

图 K3-07　新建账套设置

②点击【设置】—【属性设置】—【总账】，如图 K3-08 所示，在【总账】界面根据案例资料录入记账本位币的有关信息如图 K3-09 所示。

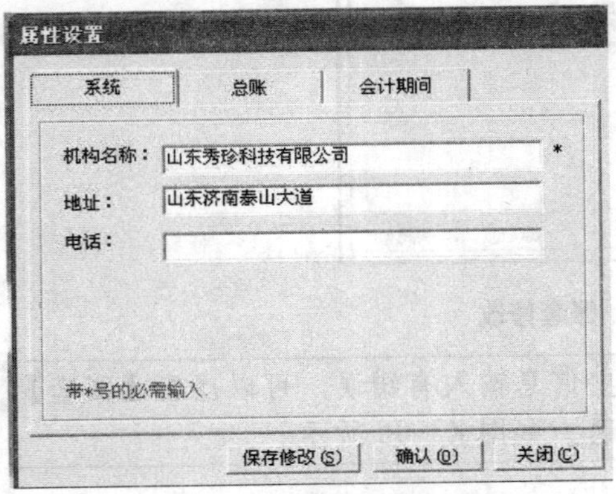

图 K3-08　新建账套属性设置

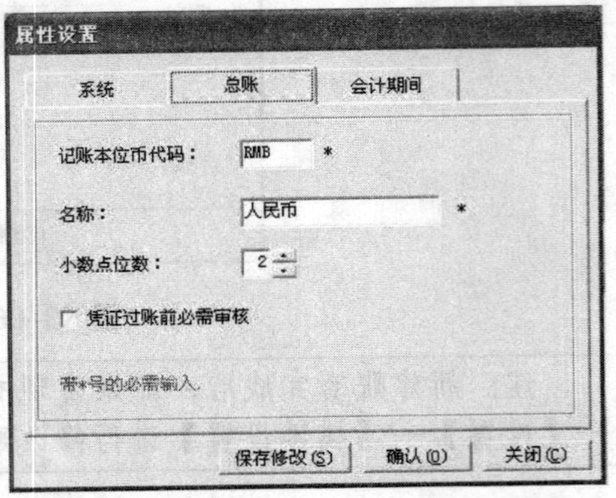

图 K3-09　新建账套总账属性设置

③点击【设置】—【属性设置】—【会计期间】，如图 K3-10 所示，其中单击“更改”，根据案例资料提供的信息，设置账套启用的会计期间，点击【确认】以完成账套的设置，随后即可启用该账套，如图 K3-11 所示。

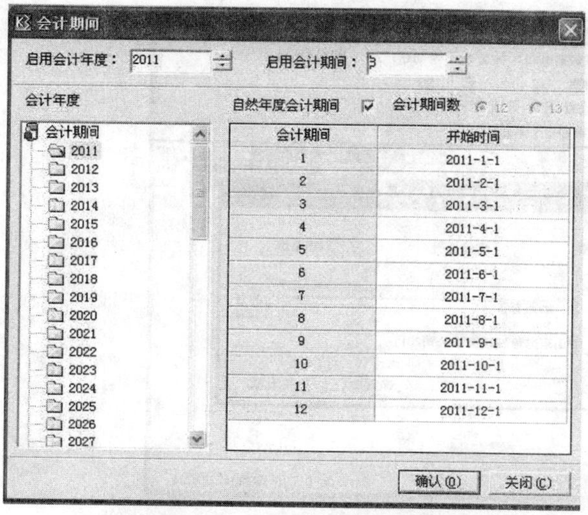

图 K3-10　新建账套会计期间属性设置

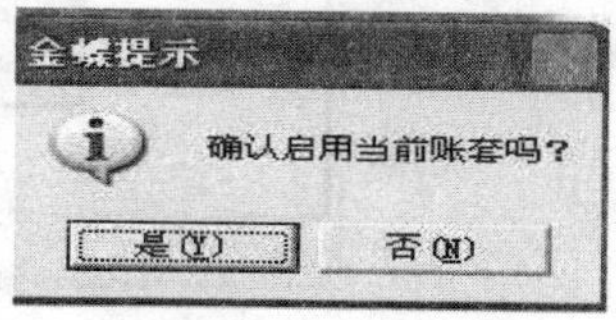

图 K3-11　启用账套

注：属性设置的“总账”中有“凭证过账前必须审核”一项，可以在以后的总账系统参数设置中进行。属性设置中“会计期间”的设置要慎重，一旦确认将无法更改。

4. 账套备份与恢复

注：为预防数据出错或发生意外（电脑中毒、硬盘损坏等），需要随时备份数据，以便恢复时使用。金蝶 K/3 提供两种方法：手工备份和自动批量备份（即一次备份多个账套），本教材是以手工备份为主。

操作步骤如下：

①系统管理员（Admin）制定备份方案，即在非系统盘 D 盘下建立文件夹“K/3 账套备份”。点击【账套管理】—【备份】，系统会弹出【账套备份】窗口，如图 K3-12 所示。

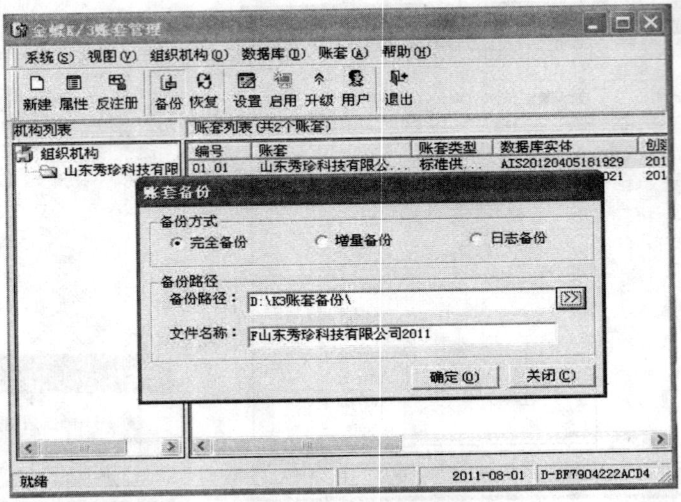

图 K3-12　账套备份

② 根据案例提供的信息，选择备份路径，选择“完全备份”方式，点击【确定】，系统会生成“*.bak”和“*.dbb”文件，备份成功，如图 K3-13 所示。

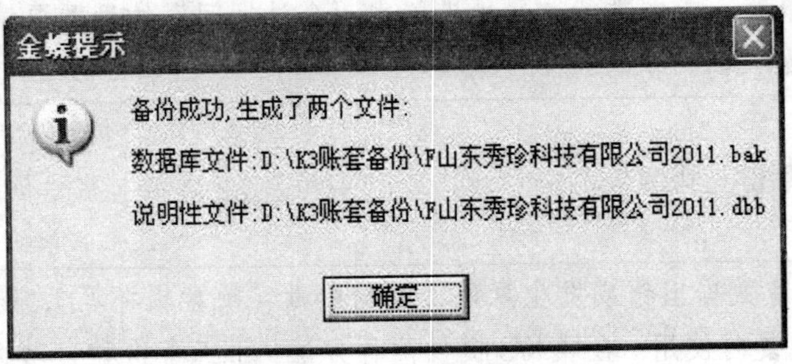

图 K3-13　账套备份成功

注：第一次备份建议选择“完全备份”方式，使用这种方式，每次备份生成的文件都包含了账套时点之前的所有数据。如果之前曾做过备份，注意不要与新生成的文件名称重复，以免覆盖以前文件。如果多次备份后导致积累文件过多，用户可以根据实际情况决定是否保留以前的备份文件。

用户要定期将硬盘备份数据拷贝到外部设备上或者制作成光盘保存，拷贝时注意需要完整地拷贝备份生成的两个文件。

---

③选中要删除的账套，点击菜单【数据库】—【删除账套】，系统弹出信息提示窗口，单击“是”按钮，系统弹出提示是否备份的窗口，根据实际情况选择提示窗口的按钮。如果稍后在“账套列表”窗口没有看到要删除的账套，则表示删除成功。如图 K3-14、图 K3-15 所示。

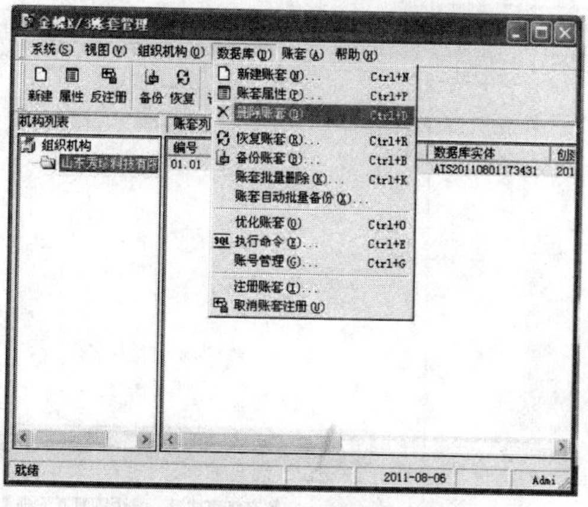

图 K3–14　删除账套设置

图 K3–15　删除账套确定

注：可以将不再使用的账套从系统中删除，以节约硬盘空间。

④点击【账套管理】—【恢复】按钮，“选择数据库服务器”界面的设置应与当时新建账套时的系统账号一致，点击【确定】，如图 K3-16 所示。

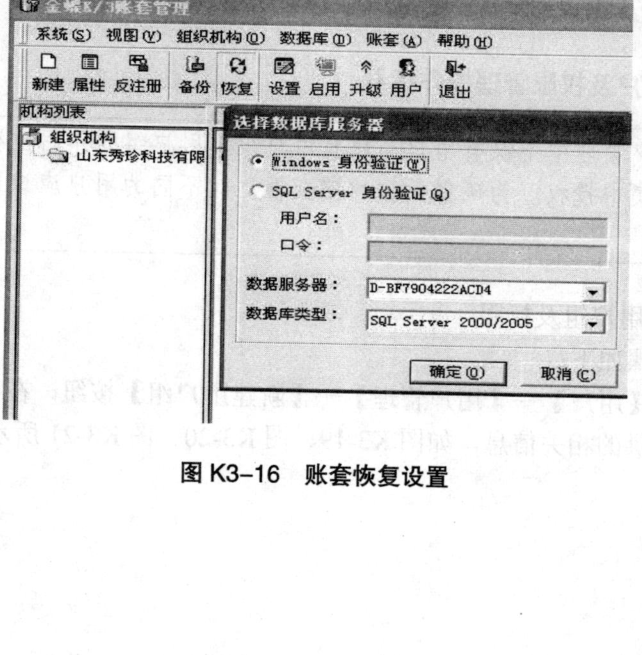

图 K3–16　账套恢复设置

⑤点击【确定】按钮，选择原备份的路径，并选中“*.dbb”文件，修改账套编号和账套名，点击【确定】即可恢复原账套，如图 K3-17、图 K3-18 所示。

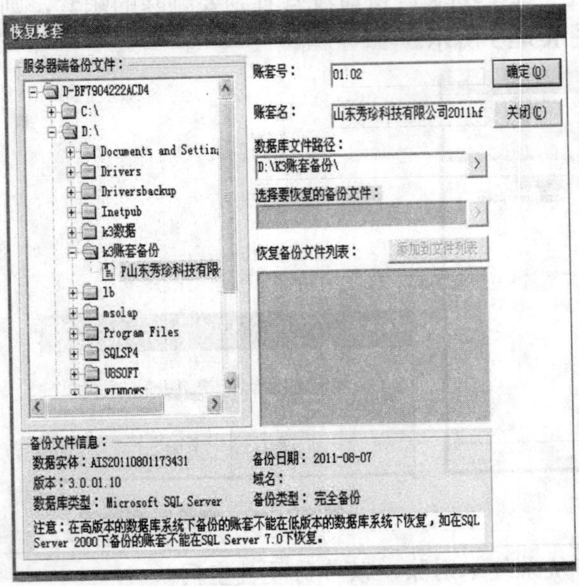

图 K3-17 恢复账套选择备份路径

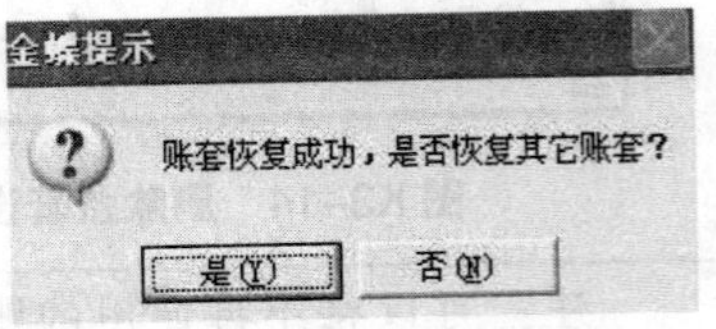

图 K3-18 账套恢复成功

注：恢复账套时，“账套号”、“账套名”不能与系统内已存有的“账套号”、“账套名”相同。

（二）用户及权限管理操作指导

注：用户管理中不仅有用户，还有用户组。用户组的作用主要是方便对多个用户进行集中授权。为确保数据的安全性，对不同的用户应该进行不同的权限设置。

1. 增加用户组及权限

操作步骤如下：

①点击【用户】—【用户管理】—【新建用户组】按组，在向导中录入案例资料中提供的相关信息，如图 K3-19、图 K3-20、图 K3-21 所示。

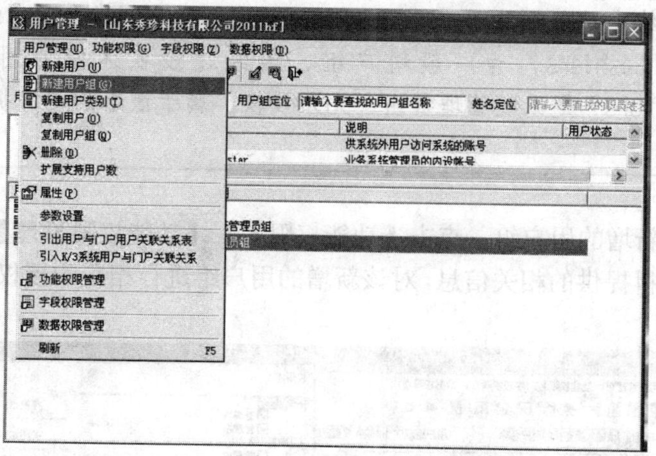

图 K3-19 新建用户组

注：如果对权限相同的用户一个个授权，会比较繁琐和浪费时间，只要对某个用户组进行一次授权，该用户组中所有用户都可以拥有该用户组的权限的信息。如果有的用户除了拥有该组的权限之外还有某个特定的权限时，则可以再单独对其进行授权。

企业可根据实际情况设置用户组。如果企业的员工较少，也可以不分组别，直接建立用户并授权即可。

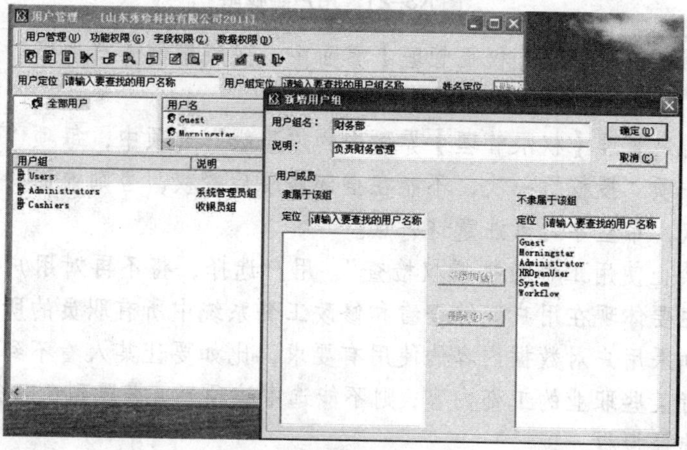

图 K3-20 设置用户组内容

注：系统中已经预设了 3 个用户组：Users；Administrators；Cashiers。“Users”、“Cashiers”为一般用户组，需经过授权才能使用 K/3 系统；“Administrators”是系统管理员组，无须授权，属于该组的用户拥有 K/3 系统所有权限。

②选中新增的用户组，点击【功能权限】—【功能权限管理】—【授权】，根据案例资料提供的相关信息，对该新增的用户组进行相应的授权，如图 K3-21 所示。

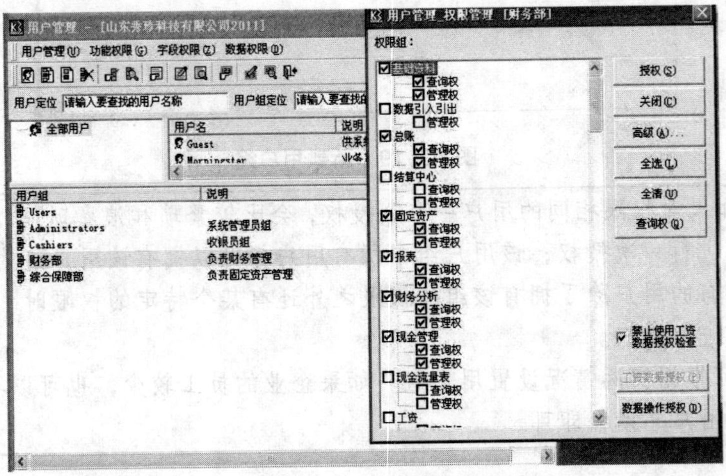

图 K3-21 用户组权限

注：①在用户管理【权限管理】界面中，按照案例资料选择“∨”相关的权限信息。

②在用户管理【权限管理】界面中的“高级”选项中，每项“系统对象”必须修改一项“授权”一次，不能在全部修改后授权，否则前面的项目等于没有修改授权，希望学习者注意这一点。

③“禁止使用工资数据授权检查”：用户选择，将不再对用户使用数据授权检查。主要体现在用户能够查看和修改工资系统中所有职员的所有工资项目内容。但如果用户对数据内容的使用有要求，比如要让某人看不到某些工资项目内容或者某些职业的工资内容，则不能选中该项目，需要到“工资数据授权”中去分别选择授权。

2. 增加用户及权限

操作步骤如下：

①点击【用户管理】—【新建用户】—【用户】的按钮，根据案例资料提供的相关信息，增加新用户（甲主管），如图 K3-22、图 K3-23、图 K3-24 所示。

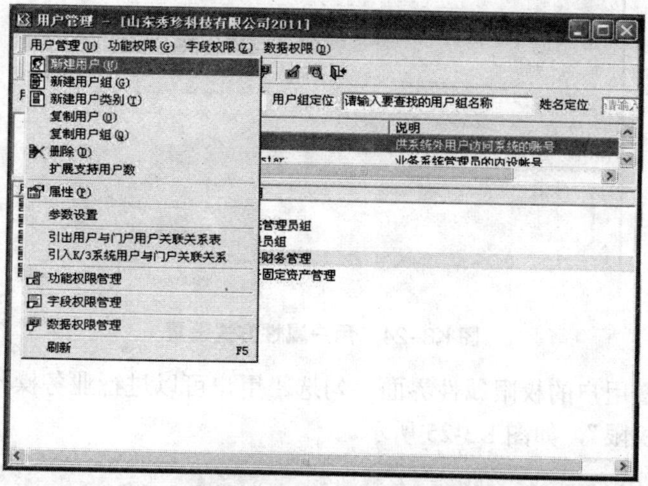

图 K3-22　新建用户

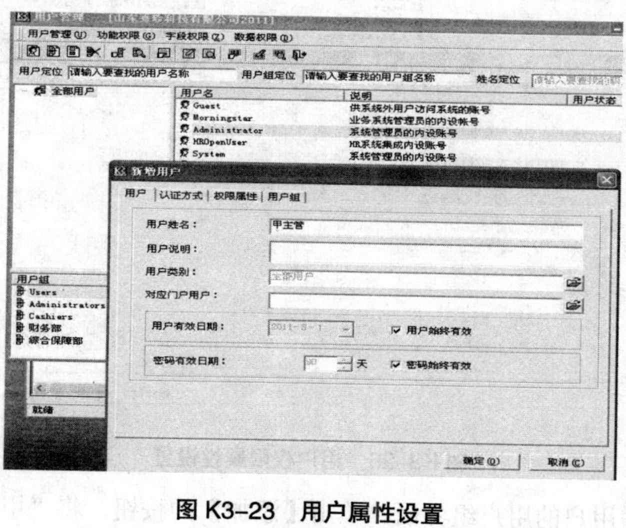

图 K3-23　用户属性设置

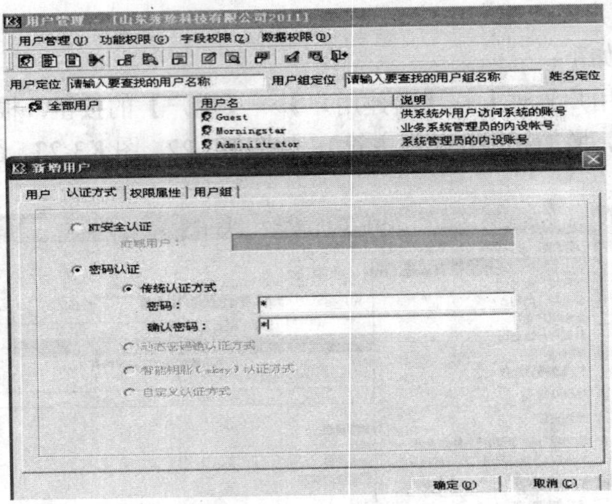

图 K3–24 用户属性方式设置

②在新增用户的权限属性界面，勾选“用户可以进行业务操作”、“用户具有用户管理权限”，如图 K3-25 所示。

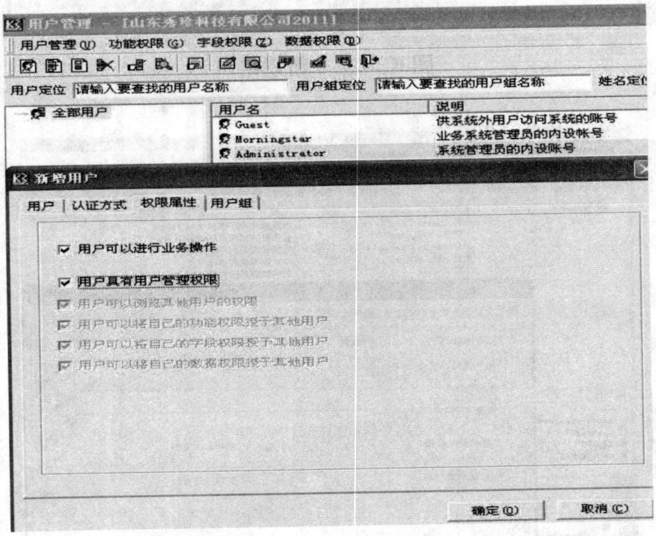

图 K3–25 用户权限属性设置

③在新增用户的用户组界面，单击【添加】的按钮，将“甲主管”隶属于财务部，如图 K3-26 所示。

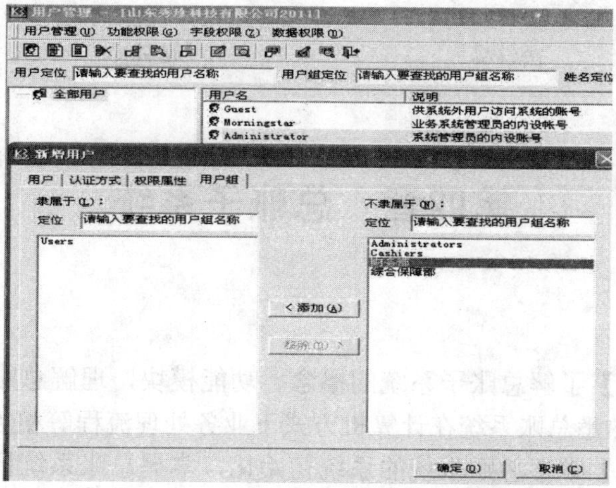

图 K3-26　用户隶属用户组设置

④选中新增的用户（甲主管），点击【功能权限】—【功能权限管理】，给“甲主管”除拥有财务部的权限外，并有固定资产系统的查询权，再单击【高级】按钮，在此赋予“甲主管”固定资产系统的凭证业务管理的权限。

注：①用户权限的设置和用户组权限的设置是相同的。如图 K3-21 所示。

②修改用户：单击菜单【用户管理】—【属性】，系统弹出“用户属性”窗口，在“用户属性”窗口可以修改该用户的名称、密码和隶属的组别，以及是否禁用。

③删除用户：用户删除是指将未使用本账套的用户从系统中删除，已发生业务的用户不能删除。方法是在“用户管理”窗口选中要删除的用户，单击菜单【用户管理】—【删除】。

思考与简答题

1. 简述会计软件运行环境。
2. 系统管理主要功能有哪些？
3. 账套管理包含哪些内容？
4. 简述用户与权限管理。
5. 简述系统安全管理。

第四章 总账子系统

【知识目标】了解总账子系统的概念、功能模块，理解总账系统与其他子系统的关系，熟悉总账系统在计算机方式下业务处理流程等相关操作内容。

【技能目标】掌握总账系统的系统初始化，掌握总账系统日常业务处理、期末业务处理、账簿管理，以及对账、结账等。

第一节 总账子系统概述

一、总账子系统概念

总账子系统是利用计算机对企业发生的经济业务进行加工处理，完成账务处理工作的子系统。总账子系统是会计信息系统的核心子系统，是企业财务及企业管理中最重要的中心环节。总账子系统的任务就是利用建立的会计科目体系，输入和处理各种记账凭证，完成记账、结账以及对账的工作，输出各种分类账、日记账、明细账和有关辅助账。

总账子系统主要提供凭证处理、账簿处理、期末转账等基本核算功能，并提供个人、部门、客户、供应商、项目核算等辅助管理功能。总账子系统既可独立运行，也可同其他系统协同运转。

二、总账子系统主要功能

总账子系统的主要功能包括系统初始化、凭证处理、账表查询、出纳管理、辅助核算、期末处理等。

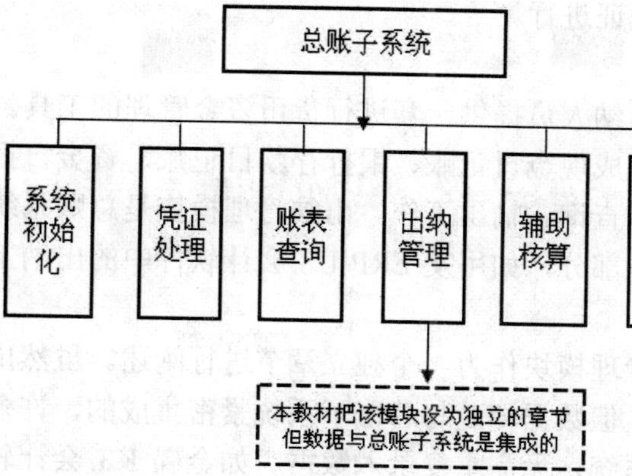

图 4-1　总账子系统主要功能结构图

（一）系统初始化

系统初始化就是初始值，是将通用的会计软件转化为适合本单位本企业实际情况和需求的专用会计软件的过程，是实现新、旧系统转换的枢纽。通过总账系统初始化工作，可以把核算单位的会计核算规则、会计科目、凭证类别、结算方式、期初数据录入等输入到计算机中，实现会计手工核算向计算机核算的过渡。初始化是保持经济业务处理连续性的必要过程，是单位会计核算及其各种辅助核算等工作顺利开展的重要环节。

（二）凭证处理

凭证处理是指凭证录入、凭证修改、凭证查询、凭证审核和凭证过账等，是各项数据进入会计软件系统环境的唯一入口，是总账系统数据来源，是总账系统的核心功能。凭证处理的正确性控制是保障系统输出的各类账簿和报表结果正确的关键。成熟的会计软件还会提供资金赤字控制、支票控制、预算控制、外币折算误差控制、制单科目控制、制单凭证类型控制等功能，以便加强对业务的管理和控制。

（三）账表查询

账表查询是系统根据指定条件显示和预览各种账表。一般是指凭证审核记账后，可以查询输出总账、明细账、日记账、发生额余额表、序时账等账表，账表查询输出会计工作所必须的工作内容。在计算机会计核算系统中，任何一级会计科目都可以查询、输出对应账簿。无论是在记账前还是记账后，都可以更加根据需要随时选择。因为在计算机环境下账簿是根据记账凭证和余额发生额文件临时整理生成的，数据库中并没有这些账簿的存在。但是账表的打印一般只能依据已记账凭证进行。

（四）出纳管理

出纳管理是为出纳人员提供一套进行货币资金管理的工具。主要用于资金收付的核算工作，完成现金日记账、银行存款日记账、资金日报表、银行对账以及余额调节表等的查询、输出工作。出纳管理模块是总账系统（账务处理系统）的一项重要组织部分，如用友 ERP-U8 会计软件中的出纳工作是总账子系统中进行操作的。

本教材把出纳管理模块作为一个独立章节进行阐述。虽然出纳管理模块独立于总账系统之外，但数据却是与总账子系统紧密集成的，许多数据由业务发生子系统写入总账系统，无需重复录入数据。如金碟 K3 会计软件的出纳工作是在现金模块中操作的。

（五）辅助核算

辅助核算是指在账务处理过程中为提供比一般账务资料更为详尽的核算信息，或为提高会计信息的质量而采取的一些附加的核算手段。为了细化企业的核算与管理，会计软件一般都会提供辅助核算管理功能。不同会计软件提供的辅助核算类型和方式不尽相同。辅助核算主要包括：客户核算、供应商核算、项目核算、部门核算和个人核算。

（六）期末处理

期末处理是指会计人员将本月所发生的日常经济业务全部登记入账后所进行的一些特定的会计工作，即计、提、摊、结转工作。期末处理主要包括自动转账凭证的定义、自动转账凭证的生成、对账和结账等内容。期末转账业务是通过自定义转账方式自动生成记账凭证。个别软件还提供对应结转、销售成本结转、期间损益结转、汇兑损益结转等自动转账形式。在会计业务处理中具有快速处理期末业务、保证凭证正确性和保障业务完整性等优势。

三、总账子系统基本操作流程

首先启动总账子系统，然后进行总账子系统初始化，建立日常会计处理所必须的系统参数、基础资料、辅助核算、录入期初数据；等总账子系统初始化完成后，才可以进行日常会计业务处理工作，填制记账凭证、审核记账凭证、记账凭证过账、记账凭证和账簿查询与管理等工作；月末进行自动转账、对账、结账、数据备份与恢复处理等工作。总账子系统基本操作流程图如图 4-2 所示。

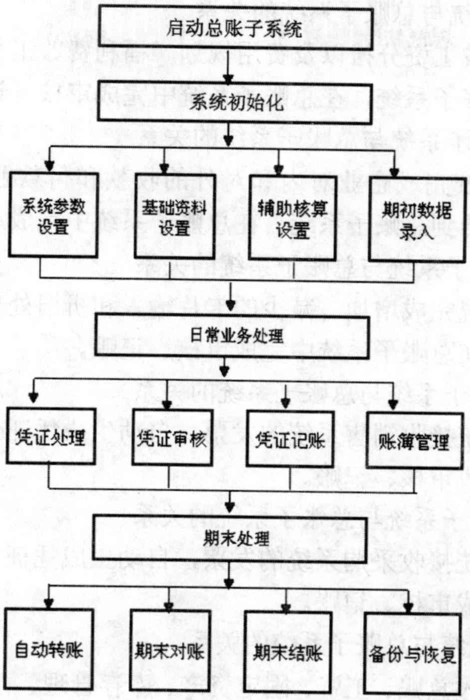

图 4-2 总账子系统基本操作流程图

四、总账子系统与其他子系统的关系

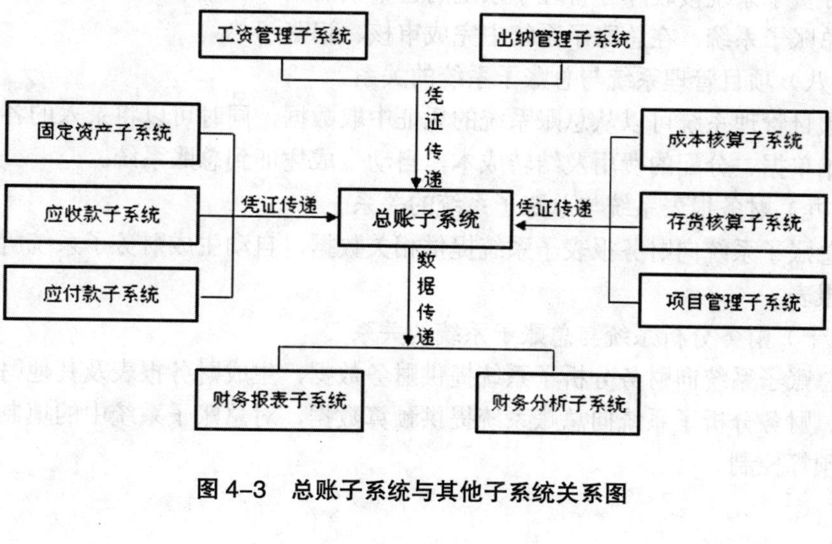

图 4-3 总账子系统与其他子系统关系图

（一）工资子系统与总账子系统的关系

工资子系统完成工资分摊以及费用规划（福利费、工会费、教育费）自动生成凭证传递到总账子系统，在总账子系统中完成审核、记账。

（二）出纳管理子系统与总账子系统的关系

出纳管理子系统完成企业对内和对外的收款和付款业务处理以及信息处理，自动生成凭证传到总账子系统，在总账子系统中完成审核、记账。

（三）固定资产子系统与总账子系统的关系

固定资产子系统完成增加、减少的卡片输入和折旧处理，自动生成凭证传递到总账子系统，在总账子系统中完成审核、记账。

（四）应收账款子系统与总账子系统的关系

应收账款子系统接收销售系统的发票，自动生成凭证传递到总账子系统，在总账子系统中完成审核、记账。

（五）应付账款子系统与总账子系统的关系

应付账款子系统接收采购系统的发票，自动生成凭证传递到总账子系统。在总账子系统中完成审核、记账。

（六）成本子系统与总账子系统的关系

成本子系统接收总账、工资、固定资产、库存管理、存货核算传递的数据，自动完成总成本和单位成本计算，自动生成凭证传递到总账子系统、存货以及库存管理子系统，在总账子系统中完成审核、记账。

（七）存货子系统与总账子系统的关系

存货子系统接收库存管理子系统的已审核的出、入库单，自动生成凭证传递到总账子系统，在总账子系统中完成审核、记账。

（八）项目管理系统与总账子系统的关系

项目管理系统可以从总账系统的凭证中取数据，同时可以将录入的各种费用原始单据、分配的费用及结转成本，自动生成凭证到总账系统。

（九）财务报表系统与总账子系统的关系

总账子系统向财务报表子系统提供相关数据，自动生成财务子系统所需的各种报表。

（十）财务分析系统与总账子系统的关系

总账子系统向财务分析子系统提供财务数据，生成财务报表及其他财务分析表。财务分析子系统向总账系统提供预算数据，对总账子系统中的填制凭证进行预算控制。

第二节 系统初始化

系统初始化是指将通用会计软件转成专用会计软件、将手工会计业务数据移植到计算机中等一系列准备工作，系统初始化是使用会计软件的基础。系统初始化工作的好坏，直接影响到电算化会计工作的效果。使用总账子系统之前，应该先建立账套，然后启动总账子系统。系统初始化主要包括：系统参数设置、基础资料设置、期初余额录入。总账系统初始化工作的完成为企业开展日常业务处理提供了基础。

一、系统参数设置

系统参数设置决定了系统的业务范围、业务模式、业务流程和数据流向，以适应自身核算、控制、管理的特点和要求。总账系统业务参数设定将决定总账系统的输入控制、处理方式、数据流向、输出格式等，设定后一般不能随意更改。系统参数主要包括凭证、账簿、会计期间、预算、往来传递等，可根据企业要求进行参数的选择。

二、基础资料设置

基础资料的主要内容包括：会计科目、凭证类别、结算方式、外币、部门、人员、客户、供应商、项目目录等。这些基础资料既可以在各个子系统进行设置，也可以通过集中的管理平台进行设置。无论在哪里设置，只需设置一次，各个子系统可以共享，无需重复设置。有些会计软件的子系统，可能会涉及本系统专用的一些基础资料，这些特定系统专用的基础资料一般只能在该子系统中进行设置。如 ERP-U8 软件中工资子系统的人员类别、工资项目等。

（一）设置会计科目

设置会计科目是系统初始化过程中最为重要的一项工作。会计科目设置直接关系到日后核算工作的顺利、正确。系统内预设了不同行业会计科目体系，一般建立账套后，单位可以根据实际情况选择本单位行业会计科目体系，单位只需要增加明细科目以及对会计科目的某些属性进行补充设置。设置会计科目主要包括：增加会计科目、删除会计科目、修改会计科目、指定会计科目、查找会计科目。

1. 增加会计科目

增加会计科目是指在系统预设会计科目的基础上进一步设定其他各级科目的工作。在增加录入会计科目时需要包括以下主要内容：会计科目编码、科目名称、科目类型、科目性质、助记码、账户格式、科目特定核算要求等内容。

①会计科目代码。会计科目代码是指在软件系统中为会计科目确定的统一编码。科目编码通常只用数字来表示。如“银行存款”科目编码“1002”，“应交税金”科目编码为“2171”，“应交税金——应交增值税”的编码为“217101”，“应交税金——应交增值税——进项税额”的编码为“21710101”。

②会计科目名称。多数会计软件对会计科目名称有长度限制。

③会计科目类型。会计软件也将科目类型设置成资产类、负债类、所有者权益类、成本类和损益类五大类。科目类型一般只在一级科目设置，下级科目的类型与其上一级科目的类型相同。

④会计科目性质。科目性质指的是正常业务情况下科目余额所在的方向。资产类科目的科目性质为借方，负债和所有者权益类科目的科目性质为贷方。

⑤助记码。助记码是帮助用户快速地记忆科目的代码。作用：加快录入速度，减少汉字的录入量。

⑥账户格式。指以此会计科目开设的账户的明细账输出格式。通常有三栏式、多栏式、数量金额式等。如：用友软件提供金额式、外币金额式、数量金额式、外币数量式四种形式。

⑦科目特定核算要求。外币核算：为“外币核算”科目，并且要指定外币名称。数量核算：标记会计科目是否有数量核算，并设置数量的计量单位。

增加新的会计科目时，必须按照先上级后下级的原则，即先建立上级会计科目再建立下级会计科目，已经使用的会计科目一般不能再增加下级会计科目，如果确实需要增加，一般要等到下年初进行，可以调整年初余额并增加新的下级会计科目。

2. 删除会计科目

对于不再使用的会计科目（没有任何一张记账凭证用到该科目或科目未被其他设置项使用），可以将其从会计科目库中删除掉。但是已有余额的会计科目不能删除，已使用过的会计科目不能被删除，不能删除非末级会计科目。

3. 修改会计科目

当会计科目属性有错误时，可以对错误属性进行修改。但是，如果会计科目已被使用过（编制记账凭证或录入了期初余额），则不能修改该会计科目。同时科目已被其他设置项使用时不能被修改，凡已建有下级科目的科目不能被直接修改，科目编码是不能被修改的。

4. 指定会计科目

指定科目是指由用户指定适用某一特殊功能的会计科目。如为了进行出纳管理，一般将“现金”科目指定为现金日记账科目，将“银行存款”科目指定为银行存款日记账科目等，只有指定科目后，才能执行出纳签字，从而实现现金、银行管理的保密，才能查看现金、银行存款日记账。

5. 查找会计科目

查询会计科目是指根据用户的需要，在科目表中查询指定特征的会计科目，查询某一科目的各项设置参数，以及查询或修改会计科目的各种属性。

（二）凭证类别

凭证类别是用户按照单位业务管理需要划分记账凭证类型，设定各种类型凭证的限定条件。一般，系统内置了常用的几种标准的凭证分类方式，用户可以选择其中的一种方式，也可以按照自己需要定义新的凭证类别，凭证类别定义的内容包括类型代码、类型名称和凭证内容约束条件。

凭证分类方式有：

（1）记账凭证；

（2）收款凭证、付款凭证、转账凭证；

（3）现金凭证、银行凭证、转账凭证；

（4）现金收款凭证、现金付款凭证、银行收款凭证、银行付款凭证、转账凭证；

（5）自定义凭证类别。

凭证的限定条件主要内容包括：

（1）“借方必有”，制单时，此类凭证借方至少有一个限制科目有发生。

（2）“借方必无”，即金额发生在借方的科目必须不包含借方必无科目。

（3）“贷方必有”，制单时，此类凭证贷方至少有一个限制科目有发生。

（4）“贷方必无”，即金额发生在贷方的科目必须不包含贷方必无科目。

（5）“凭证必有”，制单时，此类凭证无论借方还是贷方至少有一个限制科目有发生。

（6）“凭证必无”，制单时，此类凭证无论借方还是贷方不可有一个限制科目有发生。

（7）“无限制”，制单时，此类凭证可使用所有合法的科目限制科目由用户输入，可以是任意级次的科目，科目之间用逗号分割，数量不限，也可参照输入，但不能重复录入。

（三）结算方式

结算方式，是指用一定的形式和条件来实现各单位（或个人）之间货币收付的程序和方法。在电算化会计环境下，在填制记账凭证时，如果使用了银行科目，系统就会要求输入结算方式信息。

结算方式一般分现金结算和转账结算两种。现金结算是指通过现金收付进行资金往来清算的办法。适用于个人（自然人）、个体工商户和机关企业事业单位。转账结算是指通过银行票据的传递进行资金划拨的清算方法。主要用于经济组织、事业单位、行政机关之间的资金往来清算。

（四）常用凭证、摘要

企业发生的经济业务都要有其规律性，有些业务在一个月内会重复发生若干次，因而在填制记账凭证的过程中，经常会有许多凭证完全相同或部分相同，因而可以将这些经常出现的凭证进行预先设置，以便将来填制凭证时随时调用，这就是常用凭证。由于经济业务的重复，在日常填制凭证的过程中，经常会反复用到许多相同的摘要，为了提高凭证的录入速度，可以将这些经常使用的摘要进行预先设置好，以便将在填制凭证时随时调用这些摘要，这样就会提高填制凭证的效率。

除以上基础资料外，企业还可以根据需要设置明细权限等相关信息。

三、辅助核算设置

辅助核算设置与明细核算相类似，主要为某些账户提供详细的核算资料，但在数据流程和操作规范方面又不同于一般的明细核算，通过辅助核算设置，一个会计科目可以进行不同性质的专项核算，以满足管理者对经营信息的多方面需要。例如，管理费用既可以设置为部门核算，同时也可以设置为项目核算。

如果有科目设置了辅助核算，还应将从科目中去掉的明细科目设置为相应的辅助核算内容，如客户档案、供应商档案、部门档案、职员档案、项目档案等。由于辅助项目的定义和使用比较灵活，往往不受有关会计科目使用规范的限制，而且，辅助核算跟手工操作方式下传统意义上的辅助账又完全不同。所以，辅助核算成为电算化方式下被广泛采用的由账簿主体派生形成的对基本账务数据的一种多方位核算形式。

四、期初数据录入

第一次使用总账系统时，应将手工账目的期初余额录入总账子系统中，以保证账簿资料的连续性。期初余额主要包括年初余额、累计借方发生额、累计贷方发生额和期初余额。其中，期初余额是指启用总账子系统时各账户的当前余额。有的总账子系统要求用户输入年初余额、累计借方发生额和累计贷方发生额，而系统自动计算期初余额，而有的总账子系统则要求用户输入累计借方发生额、累计贷方发生额和期初余额，而系统自动计算年初余额。

（一）总账期初数据录入

如果是在年初时建账，则期初余额就是年初余额，可直接录入各账户的年初余额。如果是年中启用账务处理系统，则应先将各账户的年初余额和年初到启用期前的借贷方累计发生额一并整理出来，多数通用软件都将根据年初余额和累计发生额自动计算出启用期期初余额。录入期初余额时，一般只需要输入最末级科目的发生额和余额即可，各非最末级科目的发生额和余额可由计算机自动进行计算生成。

所谓最末一级科目是指没有含有下一级科目的会计科目，最末一级科目可以是各级明细科目，也可以是通常意义上的总账科目。例如，“应交税金——应交消费税”、“应交税金——应交增值税——进项税额”等均属最末一级科目。录入最末一级科目的年初余额和累计发生额后，其上级科目的余额和累计发生额就由系统自动计算生成。比如：“原材料”科目（余额850 000元）下设的二级科目分别为“生产用原材料”（余额500 000元）和“其他原材料”（余额350 000元）。

输入期初数据时，若科目有数量核算，在输入完本位币金额后，还要输入相应的数量。科目有外币核算时，在输入完本币金额后，还要输入相应的外币金额。系统一旦记账后，期初数据便不能再修改。不过，一般会计软件允许在下一年年初对年初余额进行调整。

（二）辅助账期初数据录入

科目有辅助核算时，不能直接输入该账户期初余额，而必须输入各辅助项的期初余额。账户的期初余额由各辅助项相加而得。而累计发生额可以直接输入账户的总金额。

对于部门辅助核算科目，系统将要求输入各部门的年初余额和本年累计发生额；对于往来辅助核算科目，除了按要求输入年初余额和本年累计发生额外，还需要逐笔输入往来账务的发生时间、内容、经手人、编号等内容，以供日后清账核销时使用；在录入项目辅助核算科目数据时，除了按要求输入年初数和本年累计发生额外，也需要逐笔输入项目业务的内容、经手人、编号等内容。

（三）试算平衡

期初数据输入完毕后应进行试算平衡，系统依据“借方总额=贷方总额”

的规则来检验输入的期初数据，如果试算后结果不平衡，则不能正式启用该账套。期初余额试算不平衡，是指全部科目的借方期初余额合计数和全部科目的贷方期初余额合计数不相等，应仔细核对、认真查证并修改。

系统在第一次记账时会自动进行试算平衡，如果期初余额试算不平衡，将不能记账但是可以填制、复核凭证，这主要是为了保证初始化和日常业务处理能够并行操作，不会因为期初数据的不平衡而影响已经发生的经济业务的处理。

第三节　总账系统日常业务处理

当初始化设置完成后，就可以进行日常账务处理了。总账子系统是电算化会计信息系统的核心系统，而总账子系统中的日常业务处理流程又是总账子系统中的核心内容，是在总账系统初始化后的会计实务处理流程，同时，又是总账期末处理流程的基础，是企业财务会计管理中最重要的中心环节。日常业务处理的任务是通过输入和处理各种记账凭证、审核凭证、记账，查询和打印输出各种凭证、日记账、明细账和总分类账，进行月末对账和结账，最终生成和输出各种常用报表等。

一、凭证处理

凭证处理处理方式有两种：一是先由手工方式填制记账凭证，审核后再录入到计算机系统内，即所谓的后台处理方式；二是直接在计算机上根据审核无误的原始凭证编制录入记账凭证，即所谓的前台处理方式。记账凭证处理的主要内容包括填制凭证、修改凭证、作废/删除凭证、凭证查询等。

（一）填制凭证

记账凭证是登记会计账簿的依据，是总账子系统的唯一数据来源。电算会计账簿的正确性完全依赖于记账凭证。正确填制记账凭证，对于提高电算会计核算工作效率，具有十分重要的意义。填制记账凭证是电算会计核算工作的重要环节，在实际工作中，填制凭证的方式有两种：一是前台处理，即根据审核无误的原始凭证直接在总账子系统中填制记账凭证；二是后台处理，即先在手工方式下填制好记账凭证而后再集中输入到总账子系统中。企业可以根据实际情况选择适合自己的凭证填制方式。

填制凭证是电算化方式下工作量较大的一项内容。由于对各个会计科目的核算要求不同，反映不同经济业务的凭证所需录入的内容也不尽相同，无论哪一类记账凭证，也不管反映何种经济业务。填制记账凭证的内容一般包括两部分：一是凭证标头部分；二是凭证正文部分。如果输入的会计科目有辅助核算要求，则应输入辅助核算内容。

1. 凭证标头

（1）凭证类别：是指凭证的分类。比如“收款凭证、付款凭证、转账凭证”等；可以输入凭证类别字，也可以参照输入。凭证类别是在系统初始化时设定的，在此只能按照初始设定选择类型。

（2）凭证编号：是由会计的凭证和编号按照顺序组成的有规律的数字。一般情况下，由系统分类按月自动编制，即每类凭证每月都从 0001 号开始。系统也同时自动管理凭证页号，系统规定每页凭证有五条记录，当某号凭证不止一页时，系统将自动在凭证号后面标上分单号，如：收-0001 号 0002/0003 表示收款凭证第 0001 号凭证共有三张分单，当前光标所在分录在第二张分单上。如果在启用账套时设置凭证编号的方式为“手工编号”，则用户可在此处手工录入凭证编号。

（3）制单日期：即填制凭证的日期。系统自动取进入账务系统前输入的业务日期为记账凭证填制的日期，如果日期不对，可进行修改或参照输入。制单日期是记账凭证最基本的要素之一。

（4）附单据数：是指原始凭证的张数。即记账凭证所附的的原始单据张数。可根据用户的实际原始凭证张数填入即可。

提示：

（1）采用序时控制时，凭证日期应大于等于启用日期，但不能超过业务日期；

（2）凭证一旦保存，其凭证类别、凭证编号不能修改。

2. 凭证正文

（1）摘要：是会计凭证中一项必不可少的内容，是对记账凭证所反映经济活动的文字说明。一张记账凭证中各行摘要的内容可以相同，也可以不同。摘要可输入本笔分录的业务说明，要求简洁明了，不能为空。

（2）科目：是按照经济业务的内容和经济管理的要求，对会计要素的具体内容进行分类核算的会计科目。必须输入末级科目。输入时，可以输入科目编码、中文科目名称、英文科目名称或助记码等。

（3）辅助信息：辅助核算信息包括客户往来、供应商往来、个人往来、部门核算、项目核算。录入的辅助信息将在凭证下方的备注中显示。

（4）金额：金额可以是正数或负数，但金额不能为零。凭证金额应符合“有借必有贷，借贷必相等”原则，否则将不能保存。

提示：

（1）正文中不同行的摘要可以相同也可以不同，但不能为空；

（2）科目编码必须是末级的科目编码；

（3）金额不能为零，红字以“-”表示；

（4）可按“=”键取当前凭证借贷方金额的差额到当前光标位置；

（5）不能确定的辅助核算信息可不输入。

填制凭证是会计软件应用中使用最频繁的一项功能，每一张凭证均须在输入上述各项内容后才准予保存。凭证存盘时，账务处理系统将对存入的凭证做相应的检查，这些检查包括借贷平衡校验、科目与凭证类型匹配检验、非法对应科目检查等。

（二）修改凭证

修改凭证是对错误凭证进行更正。记账凭证是电算会计信息系统的唯一数据源点，记账凭证的错误直接影响系统核算的结果。在输入记账凭证时，尽管账务系统提供了多种控制错误的措施，但错误凭证的出现是难免的，为此，多数会计软件提供了修改记账凭证的强大功能，通过找到要修改的凭证，将光标移到需要修改的地方进行修改即可。凭证修改可以对以前录入但尚未审核或审核未通过的凭证进行修改，也可以对审核通过但未记账的凭证进行修改。

未经审核的错误凭证可通过【填制凭证】制单功能直接修改。已审核的凭证应先取消审核后，再通过凭证制单功能进行修改。若您在【选项】中设置了“制单序时”的选项，那么，您在修改制单日期时，不能在上一编号凭证的制单日期之前。1 月份制的凭证不能将制单日期改为 2 月份的日期。若在【选项】中设置了“不允许修改、作废他人填制的凭证”，则不能修改他人填制的凭证。外部系统传过来的凭证不能在总账系统中进行修改，只能在生成该凭证的系统中进行修改。记账凭证修改包括：“无痕迹”修改和“有痕迹”修改两种方式：

（1）“无痕迹”修改。所谓无痕迹，即不留下任何曾经修改的线索和痕迹，也即调出原已录入的凭证，直接修改其中的内容。一是凭证输入后，还未审核或审核未通过，此时可利用凭证的编辑输入功能直接由录入员进行修改；二是凭证虽已通过审核，但还未记账，此时应首先由凭证审核人员取消审核后，再利用凭证的编辑输入功能由原录入人员进行修改。

（2）“有痕迹”修改。所谓有痕迹，指留下曾经修改的线索和痕迹，即以红字冲销或补充登记的方法来修改凭证中的错误。对已记账的错误凭证可以采用类似手工操作中的“红字冲销法”和“补充登记法”的方法进行修改。使用了红字冲销和蓝字补充的方法而增加的凭证,应视同正常凭证进行保存和管理。在补充增加的凭证上必须注明原凭证的编号,以明确这一凭证与原业务的关系。

能否修改他人填制的凭证，取决于系统参数的设置。其他子系统生成的凭证，只能在总账子系统中进行查询、审核、记账，不能修改和作废，只能在生成该凭证的原系统中进行删除或冲销，以保证记账凭证和原始单据相一致。

（三）作废/删除凭证

如果遇到有非法的凭证，且尚未审核和签字的需要作废或删除时，则可以使用作废、删除功能，进行所需操作。要想作废已复核但尚未记账的凭证，必须先取消复核。

有的软件提供删除作废凭证并对未记账凭证重新编号的功能，但只限于已记账的凭证之后作废的凭证，已记账凭证之前作废的凭证将不能删除。有的软件则提供删除凭证的功能，可以直接删除所选的凭证。有的软件则不提供删除凭证的功能，但可以提供打印作废凭证号的功能，以使用户了解哪些是作废凭证。

（四）凭证查询

查询凭证是指用户根据实际查看所需已记账的凭证、未记账凭证、作废凭证以及标错记账凭证等内容。会计软件中的查询凭证的功能一般有简单查询和综合查询两种基本形式。简单查询是输入凭证月份和凭证号等少量要素来查询相应凭证；综合查询是由系统提供给用户的可对多个输入条件进行任意组合的查询方式。例如，凭证简单查询，一般输入的条件有：

（1）日期。填入内容包括开始年月日和截止年月日。

（2）凭证字号。指需要查询的凭证的类型与范围。

（3）科目代码。一般允许用户输入一个会计科目或某一科目范围。

（4）金额。可以输入一个金额或一个金额范围。

总账系统的填制凭证功能不仅是各账簿数据的输入口，同时也提供了强大的信息查询功能。用户不仅可以查询符合条件的凭证信息，还可以查看当前科目的最新余额、外部系统制单信息、联查明细账等。

二、凭证审核

凭证审核是指审核人员依照会计制度和会计软件的要求，对记账凭证所进行的检查和核对。审核的主要内容是：记账凭证是否与原始凭证相符，经济业务是否正确，记账凭证相关项目是否填写齐全，会计分录是否正确等。审核中如发现有错误或有异议时，应交给凭证填制人员进行修改或做其他处理。

根据会计电算化管理制度的规定，输入计算机内的记账凭证必须进行审核，这是会计电算化账务系统非常重要的工作环节。尽管账务处理系统在凭证录入的过程中设计了大量的正确性检验功能，但一些人为的错误，例如，凭证的科目代码输入错误导致会计科目发生错误；凭证的借贷方金额同时发生错误，且错误金额相同等。这些错误都是计算机系统很难检测的。这就要求审核人员检验原始凭证的内容是否与记账凭证的内容完全一致。

根据会计内部控制的要求，凭证制单员和审核员不能为同一人，记账凭证的审核应由审核记账岗位的操作人员进行，任何人员都无权审核自己输入的记账凭证。审核前必须更换操作员（重新注册）；凭证一经审核便不能修改和删除，若要修改删除可先取消审核；取消复核只能由复核人本人进行。

三、凭证记账

凭证记账又称过账，是指以会计凭证为依据，将经济业务全面、系统、连续地记录到具有账户基本结构的账簿中去，是会计核算方法之一。会计软件记账实际上是会计数据在不同数据库文件之间的传递与汇总。在数据传递过程中，还伴随有对数据的各种运算。只有经过记账处理后的凭证才是真正合法有效的凭证。对记账处理的几点说明：

（1）凭证一经记账，就不能在这一凭证或登记这一业务的账簿上直接修改。

（2）在记账开始后，不能中断系统的运行，也不允许进行其他相关操作。

（3）初次使用账务系统时，若输入的期初余额借贷不平衡或总账期初余额与其所属明细账余额不平衡，则不能进行记账。

（4）所选范围内的凭证如有未经审核签字的凭证，系统将给出提示并自动中止记账并给出报告。

（5）多数软件具有记账前提示备份或强制备份（如金蝶软件）功能。

（6）记账功能随时可运行，每月执行记账的次数是任意的。

四、账簿管理

账簿管理主要是指用户可根据自身需要设置条件对账簿进行查询和输出。查询和输出会计账簿是会计工作所必需的工作内容。在账簿管理中，不论是查询还是输出打印，都必须指定查询或打印条件，系统根据指定的条件显示或打印账簿。账簿输出的格式由科目设置中的账类所决定，可以输出三栏式、数量金额式、多栏式等用户需要的各种账簿，也可以输出各种日报单。在账簿管理中，可以方便地实现总账、明细账、凭证的联查。可以在任何一级会计科目都可以输出对应的账簿。账簿管理主要包括：总账、明细账、序时账、辅助账、多栏账、余额表的查询与输出等。

1. 总账查询与输出

总账不仅可以查询与输出各总账科目的年初余额、各月发生额合计和月末余额，而且可以查询和打印所有二至六级明细科目的年初余额，各月发生额合计和月末余额。

2. 明细账查询与输出

明细账不仅可以查询与输出各账户明细发生情况及按任意条件组合明细账。明细账的查询格式有普通明细账、科目排序明细账、月份综合明细账。

普通明细账是按科目查询、按发生日期排序的明细账；按科目排序明细账是按非末级科目查询、按其有发生的末级科目排序的明细账；月份综合明细账是按非末级科目查询，包括非末科目总账数据及末级科目明细数据的综合明细账，使用户对各级科目的数据关系一目了然。

3. 序时账查询与输出

序时账是指按用户自身需要查询与输出反映企业经济业务的流水账，查询打印比较简单。

4. 辅助账查询与输出

辅助账查询与输出主要是指部门、个人往来及项目核算账簿的总账、明细账，以及部门收支分析和项目统计表的查询输出等。当供应商和客户的往来采用总账子系统核算时，其核算账簿的管理在总账子系统中进行，否则，在应收应付款子系统中进行。

5. 多栏账查询与输出

多栏账是在账簿输出环节由用户根据需要进行设置和定义，即在系统提供的核算科目或多栏账名称列表中做出选择，系统根据所选科目或名称自动显示多栏账账页，并可通过多栏账名称列表或翻页切换其他核算科目的多栏账。查询多栏账时首先需要用户确认核算科目或账簿名称。

6. 余额表查询与输出

余额表查询与输出是指按用户自身需要查询统计和打印各级科目的年初余额、本期发生额、累计发生额和期末余额等。在实行计算机记账后，可以用“发生额及余额表”代替总账。

第四节 总账系统期末业务处理

期末业务处理是指会计人员将本月所发生的日常经济业务全部登记入账后，在期末需要完成一些需要完成的特定业务（计、摊、提、结转），由于期末业务处理的主要数据来源于账簿记录，且多数期末业务处理具有很强的规律性，比较适合计算机自动进行处理。会计软件期末业务处理主要包括：自动转账、对账及试算平衡、结账、数据备份与恢复等。

一、自动转账

转账一般分为内部转账和外部转账。内部转账是指总账子系统内部通过设置凭证模板而自动生成相应的记账凭证，比如：费用计提、期间损益的结转等；外部转账是指将其他专项核算子系统自动生成的凭证转入到总账子系统，如工资管理子系统生成的有关工资费用分配的凭证等。自动转账是指依据自动转账凭证模板来生成特定业务的记账凭证的过程。自动转账的优势主要包括以下几点：

（1）可以快速完成期末转账凭证的生成。由于转账凭证由系统自动生成，可以只凭简单的操作指令便可生成较为复杂的记账凭证。

（2）可保证所生成凭证的正确性。凭证的金额来自于系统中存储的数据，其正确性能得到系统的保障。

（3）保障业务的完整性。自动转账处理能通过内部程序控制，使用户不遗漏必要业务项目的处理。

自动转账由“定义凭证模板”和“生成记账凭证”两个组成部分。定义凭证模板属于自动转账凭证设置的初始化内容，由自动转账生成的凭证称为自动转账凭证，属于机制记账凭证。机制记账凭证也需要复核记账。

1. 定义凭证模板

定义凭证模板就是设置转账凭证的类别、摘要、借贷方科目以及金额的取数公式，其中金额公式的设置是关键，应该利用总账子系统提供的账务函数来提取账户数据，如期初余额函数、期末余额函数、发生额函数等。凭证模板只需定义一次即可，各月即可重复使用。

2. 生成记账凭证

凭证模板定义好以后，当每个月期末业务发生时，制单人选择调用设置好的凭证模板，由计算机自动生成所需的记账凭证，这就是“生成记账凭证”。

利用自动转账生成凭证时，一定要将相关凭证全部记账，这样才能保证取出数据完整，有的系统在生成自动转账凭证时还可以选择包含未记账凭证。例如，定义一张根据本期利润计提所得税的凭证，要生成该凭证，必须保证有关利润的凭证已经全部记账，否则，不能取出相应数据而导致金额为零而不能生成凭证，要么取出的数据不完整而导致所得税计提错误。

如果定义了多账凭证模板，并且这些凭证之间又具有一定数据联系，那么一定要注意这些凭证的生成顺序。如定义了结转销售成本、结转期间损益、计提所得税等三账凭证。销售成本是期间损益的一部分，所以一定要先生成结转销售成本凭证并复核记账后，才能生成结转期间损益凭证；因为要依据本期利润计提所得税，所以一定要先生成结转期间损益的凭证并复核记账后，才能生成计提所得税凭证。

二、对账及试算平衡

对账是对账簿数据进行核对，以检查记账是否正确，以及账簿是否平衡。它主要是通过核对总账与明细账、总账与辅助账数据来完成账账核对。在会计期末除了对收入、费用类账户余额进行结转，计算出本期的利润或亏损外，还要进行总账与明细账、总账与各类辅助账的对账工作，并对最终结果进行试算平衡。

试算平衡是将系统中设置的所有科目的期末余额按会计平衡公式“借方余额＝贷方余额”进行平衡检验，并输出科目余额表及是否平衡信息。为了保证账证相符，账账相符，应经常对账。至少一个月一次，一般在月末记账前进行。

正常情况下，系统自动记账后，应该是账账相符的账户余额也是平衡的。为了检查是否账证相符、账账相符以及账户余额是否平衡，应经常使用对账及试算平衡功能，结账之前，一般系统会自动进行对账和试算平衡。

三、期末结账

结账是指每月月底计算和结转各账簿的本期发生额和期末余额，并终止本期的账务处理工作。在计算机方式下，结账工作与手工相比简单多了，结账是一种成批数据处理，每月只能结账一次，由计算机自动完成，结账后，当月不能再填制凭证，并终止各账户的记账工作。期末结账应注意的问题：

（1）结账前应将本期所有记账凭证登记入账，否则系统将拒绝执行结账动作。

（2）某一会计期间结账后，表示该期业务全部处理完毕，将不能再输入这一会计期间的记账凭证或其他数据资料，也不能再进行记账。

（3）结账必须按月连续进行，且每月只能结账一次。

（4）年终结账时，必须先进行数据备份或打印输出，以备操作出错时恢复至结账前状态。

（5）年终结账后，计算机会自动将年末余额结转到下年作为下年年初余额。

四、会计数据的备份与恢复

1. 数据备份

数据备份即制作数据文件的副本，是指将会计电算化信息系统产生的数据备份到硬盘、软盘或其他磁介质上保存起来。进行会计数据备份的目的是将硬盘数据建立副本，以便长期保存，防备意外事故造成的数据丢失或非法篡改和破坏；一旦发现硬盘数据文件被非法篡改或被破坏，能够利用备份数据，使系统数据得到尽快恢复，以保证业务处理正常进行。数据备份工作应当经常进行。必须做数据备份的情况如每月结账前和业务处理结束后、硬盘需要进行格式化前、更新软件版本前、会计年度终了进行结账时。

2. 数据恢复

数据恢复即利用现有数据恢复到最近状态，是指把软盘或硬盘上的数据恢复到硬盘上指定目录下的过程。进行数据恢复的目的是当硬盘上某年的数据已被删除，但又需要查询时，将往年的数据恢复到硬盘上；或当硬盘数据被破坏时，将备份盘上的最新备份数据恢复到硬盘上。

第五节　本章实验操作

用友 一、用友 U8 软件应用操作

实验一　总账系统初始化及操作指导

Ⅰ. 总账系统初始化

【实验目的】

掌握用友 ERP-U8 会计软件中总账系统初始化的相关内容，理解总账系统初始化设置的意义，掌握总账系统初始化设置的具体内容和操作方法。

【实验内容】

1. 启动总账系统。
2. 系统参数设置。
3. 基础档案设置。
4. 会计科目设置。
5. 录入期初余额。

【实验要求】

以账套主管“李一”的身份进行总账系统初始设置。

【实验准备】

恢复“实验一”数据，以系统管理员 admin 的身份，点击【账套】—【引入】，引入账套数据。恢复已建立“实验一”的账套数据。

【实验资料】

（一）系统参数设置

选 项 卡	参 数 设 置
凭证	制单序时控制 支票控制 赤字控制：资金及往来科目 允许修改、作废他人填制的凭证 超出预算允许保存 可以使用应收、应付、存货受控科目 凭证编号方式采用：系统编号 打印凭证页脚姓名 凭证审核控制到操作员 出纳凭证必须经出纳签字 外币核算采用：固定汇率 进行预算控制
账簿	账簿打印位数每页打印行数按软件默认的标准设定； 明细账查询权限控制到科目；明细账打印按年排页
会计日历	会计日历为 1 月 1 日—12 月 31 日
其他	数量小数位和单价小数位设为 2 位

（二）基础资料设置

1. 部门档案

部 门 编 码	部 门 名 称	部 门 属 性
1	行政中心	
101	办公室	综合管理
102	财务部	财务管理
2	供销中心	

续表

部门编码	部门名称	部门属性
201	销售部	市场营销
202	采购部	采购供应
3	生产中心	
301	产品研发	技术开发
302	制造车间	生产制造

2. 职员档案

职员编号	职员名称	所属部门	职员属性
1011	李万成	办公室	总经理
1021	李一	财务部	财务主管
1022	张二	财务部	出纳
1023	苏三	财务部	会计
2011	王五	销售部	职员
2012	金松	销售部	部门经理
2021	赵四	采购部	部门经理
3011	孙健	产品研发	部门经理
3012	董丝丝	产品研发	职员
3021	李彤	制造车间	部门经理
3022	周怀芯	制造车间	职员

3. 客户分类

分类编码	分类名称
01	事业单位
0101	学校
0102	机关
02	企业单位
0201	工业
0202	商业
0203	金融
03	其他

4. 供应商分类

分类编码	分类名称
01	材料供应商
02	成品供应商

5. 地区分类

地 区 分 类	分 类 名 称
01	东北地区
02	华北地区
03	华东地区
04	华南地区
05	西北地区
06	西南地区

6. 客户档案

客户编号	客户名称	客户简称	所属分类码	所属地区	开户银行	银行账号	地址
001	北京世纪学校	世纪学校	0101	02	工行	73853654	北京市海淀区上地路 1 号
002	天津日照商贸公司	日照商贸	0202	02	工行	69325581	天津市河西区友谊路 1 号
003	南京万邦证券有限公司	万邦证券	0203	03	工行	36542234	南京市徐汇区天平路 8 号
004	长春市第一飞机制造厂	长春一飞	0201	01	中行	43810587	长春市平房区和平路 116 号

7. 供应商档案

供应商编号	供应商名称	供应商简称	所属分类码	所属地区	开户银行	银行账号	地址
001	北京科技有限公司	北京科技	02	02	工行	48723367	北京市朝阳区十里堡 8 号
002	天津联想分公司	联想	02	02	工行	76473293	天津市河西区开拓路 108 号
003	上海金省商贸有限公司	金省商贸	01	03	工行	55561275	上海市湖北路 100 号

8. 结算方式

结 算 方 式 编 码	结 算 方 式 名 称	票 据 管 理
1	现金结算	否
2	支票结算	否
201	现金支票	是
202	转账支票	是
3	其他	否

9. 开户银行

工商银行友谊路支行；银行账号 2014030609。

10. 外币及汇率

币符：USD；币名：美元；固定汇率 1：6.88。

11. 会计科目

科 目 名 称	辅助核算	方向	币别计量	科 目 名 称	辅助核算	方向	币别计量
库存现金(1001)	日记	借		实收资本（4001）		贷	
银行存款(1002)		借		本年利润(4103)		贷	
工行存款(100201)	银行日记	借		利润分配(4104)		贷	
中行存款(100202)	银行日记	借	美元	未分配利润(410401)		贷	
应收账款(1122)	客户往来	借		生产成本(5001)		借	
其他应收款(1221)				直接材料(500101)	项目核算	借	
应收个人款(122101)	个人往来	借		直接人工(500102)	项目核算	借	
坏账准备(1231)		贷		制造费用(500103)	项目核算	借	
预付账款(1123)	供应商往来	借		制造费用(5101)		借	
材料采购(1401)		借		工资(510101)		借	
原材料(1403)		借		折旧费(510102)		借	
生产用原材料(140301)	数量核算	借	公斤	修理费(510103)		借	
材料成本差异(1404)		借		其他(510104)		借	
库存商品(1405)		借		主营业务收入(6001)		贷	
固定资产(1601)		借		其他业务收入(6051)		贷	
累计折旧(1602)		贷		主营业务成本(6401)		借	
在建工程(1604)		借		营业税金及附加(6403)		借	
人工费(160401)	项目核算	借		其他业务成本(6402)		借	
材料费(160402)	项目核算	借		销售费用(6601)		借	
其他(160403)	项目核算	借		管理费用(6602)		借	
无形资产(1701)		借		工资(660201)	部门核算	借	
短期借款(2001)		贷		福利费(660202)	部门核算	借	
应付账款(2202)	供应商往来	贷		办公费(660203)	部门核算	借	
预收账款(2203)	客户往来	贷		差旅费(660204)	部门核算	借	
应付职工薪酬(2211)		贷		招待费(660205)	部门核算	借	
应交税费(2221)		贷		折旧费(660206)	部门核算	借	
应交增值税(222101)		贷		其他(660207)	部门核算	借	
进项税额(22210101)		贷		财务费用(6603)		借	
销项税额(22210102)		贷		利息支出(660301)		借	
其他应付款(2241)		贷					

说明：将“库存现金 1001”科目指定为现金总账科目。

将“银行存款 1002”科目指定为银行总账科目。

12. 凭证类别

凭 证 类 别	限 制 类 型	限 制 科 目
收款凭证	借方必有	1001，100201，100202
付款凭证	贷方必有	1001，100201，100202
转账凭证	凭证必无	1001，100201，100202

13. 项目目录

项 目 设 置 步 骤	设 置 内 容
项目大类	生产成本
核算科目	直接材料(500101) 直接人工(500102) 制造费用(500103)
项目分类	1. 自行开发项目 2. 委托开发项目
项目名称	101 机箱 不结算，所属分类“1” 102 面板 不结算，所属分类“1”

（三）期初余额

1. 2014 年 6 月份会计科目及期初余额表

科 目 名 称	累计借方发生额	累计贷方发生额	期 初 余 额	
库存现金(1001)	1 000	1 000	2 000	
银行存款(1002)				
工行存款(100201)	95 000	37 000	110 000	
中行存款(100202)				
应收账款(1122)			157 600	见辅助账期初余额表
其他应收款(1221)				见辅助账期初余额表
应收个人款(122101)			3 800	
坏账准备(1231)			-1 690	
预付账款(1123)				
材料采购(1401)			300 000	
原材料(1403)				
生产用原材料(140301)			150 000	
材料成本差异(1404)			1 000	
库存商品(1405)	140 140	60 000	113 000	
固定资产(1601)			109 800	
累计折旧(1602)			-51 000	

续表

科目名称	累计借方发生额	累计贷方发生额	期初余额	
在建工程(1604)				
人工费(160401)				
材料费(160402)				
其他(160403)				
无形资产(1701)	690 000	585 000	285 000	
短期借款(2001)	180 000	150 000	−150 000	
应付账款(2202)			−300 000	见辅助账期初余额表
预收账款(2203)				
应付职工薪酬(2211)				
应交税费(2221)				
应交增值税(222101)				
进项税额(22210101)	36 000		−33 000	
销项税额(22210102)		515 000	−15 000	
其他应付款(2241)		2 100	−2 100	
实收资本（4001）			−385 000	
本年利润(4103)	174 211	83 121	2 690	
利润分配(4104)				
未分配利润(410401)	292 870	176 000	−315 932	
生产成本(5001)				
直接材料(500101)			10 771	见辅助账期初余额表
直接人工(500102)			1 761	见辅助账期初余额表
制造费用(500103)			6 300	见辅助账期初余额表
制造费用(5101)				
工资(510101)				
折旧费(510502)				
修改费(510103)				
其他(510104)				
主营业务收入(6001)	600 000	600 000		
其他业务收入(6051)	200 000	200 000		
主营业务成本(6401)	300 000	300 000		
其他业务成本(6402)	18 065	18 065		
营业税金及附加(6403)	8 050	8 050		

续表

科目名称	累计借方发生额	累计贷方发生额	期初余额	
销售费用(6601)	5 000	5 000		
管理费用(6602)				
工资(660201)	10 500	10 500		
福利费(660202)	1 100	1 100		
办公费(660203)	500	500		
差旅费(660204)	60 080	60 080		
招待费(660205)	4 600	4 600		
折旧费(660206)	2 600	2 600		
其他(660207)	100	100		
财务费用(6603)				
利息支出(660301)	8 000	8 000		
合计	2 827 816	2 827 816	0	

2. 辅助账期初余额表

会计科目：1122 应收账款　　余额：借 157 600 元

日期	凭证号	客户	摘要	方向	金额	业务员
2014-5-31	转-13	世纪学校	赊销商品	借	99 600	金松
2014-5-31	转-16	日照商贸	赊销商品	借	58 000	金松

会计科目：1221 其他应收款——应收个人款　　余额：借 3 800 元

日期	凭证号	部门	个人	摘要	方向	期初余额
2014-5-31	付-10	办公室	李万成	出差借款	借	2 000
2014-5-31	付-12	销售部	金松	出差借款	借	1 800

会计科目：2202 应付账款　　余额：贷 300 000 元

日期	凭证号	供应商	摘要	方向	金额	业务员
2014-5-31	转-35	金省商贸	购买原材料	贷	300 000	赵四

会计科目：5001 生产成本　　余额：借 18 832 元

科目名称	机箱	面板	合计
直接材料(500101)	4 800	5 971	10 771
直接人工(500102)	861	900	1 761
制造费用(500103)	3 050	3 250	6 300
合计	8 711	10 121	18 832

Ⅱ. 总账系统初始化操作指导

操作的前期工作

1. 点击【开始】—【程序】—【用友 ERP-U8】—【企业门户】，输入操作员“801”；密码“1”；选择账套“888 龙门万成信息技术有限公司”；选择会计年度 2014；输入操作日期“2014-6-1”；单击【确定】按钮，如图 U4-01 所示。

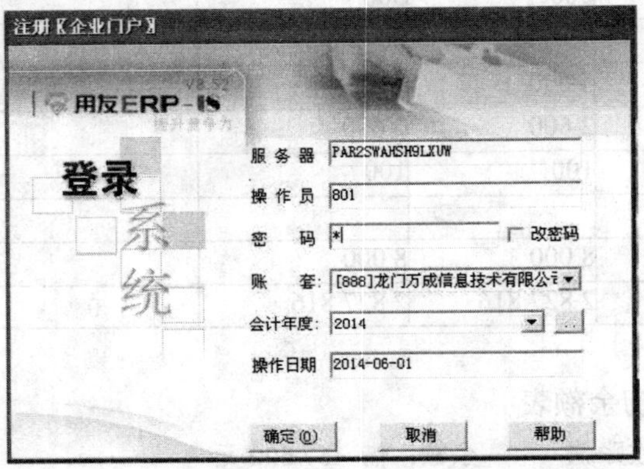

图 U4-01 登陆企业门户界面

2. 在“用友 ERP-U8—企业应用标准套件”界面，选择【设置】标签页，点击【基本信息】—【系统启用】，打开“系统启用”界面，启动【总账】系统，启动日期“2014.6.1”，如图 U4-02 所示。

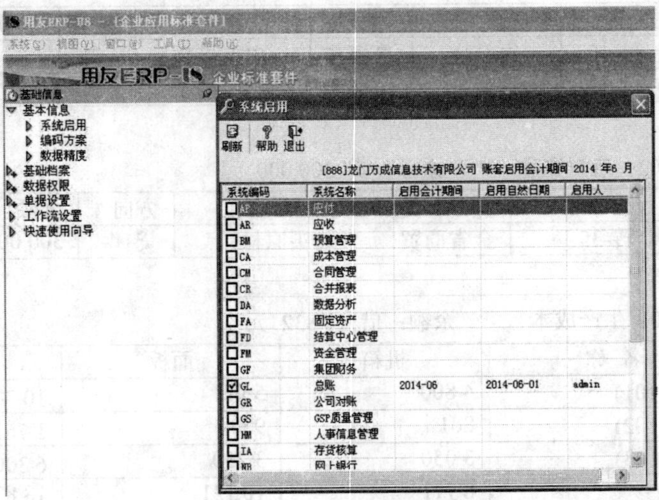

图 U4-02 启动总账系统界面

（一）系统参数设置

操作步骤：

1. 在“用友 ERP-U8—企业应用标准套件”的【业务】界面中，点击【财务会计】—【总账（演示）】—【设置】—【选项】，打开“选项”对话框。

2. 在“凭证”—“账簿”—“会计日历”—“其他”选项卡，按照实验资料的要求进行相应的设置，点击【编辑】—【确定】按钮，如图 U4-03 所示。

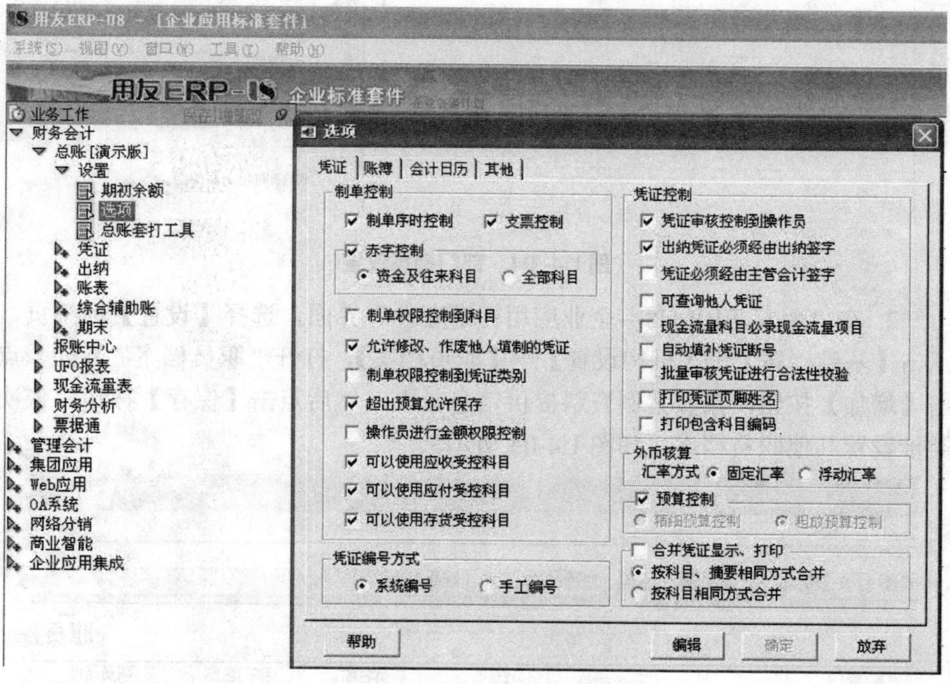

图 U4–03　总账系统参数设置

（二）基础资料设置

操作步骤：

1. 在“用友 ERP-U8—企业应用标准套件”界面，选择【设置】标签页，点击【基础档案】—【机构设置】—【部门档案】，打开“部门档案”界面，点击【增加】按钮，按照案例资料提供信息录入，然后点击【保存】按钮，依次类推设置其他部门资料，如图 U4-04 所示。

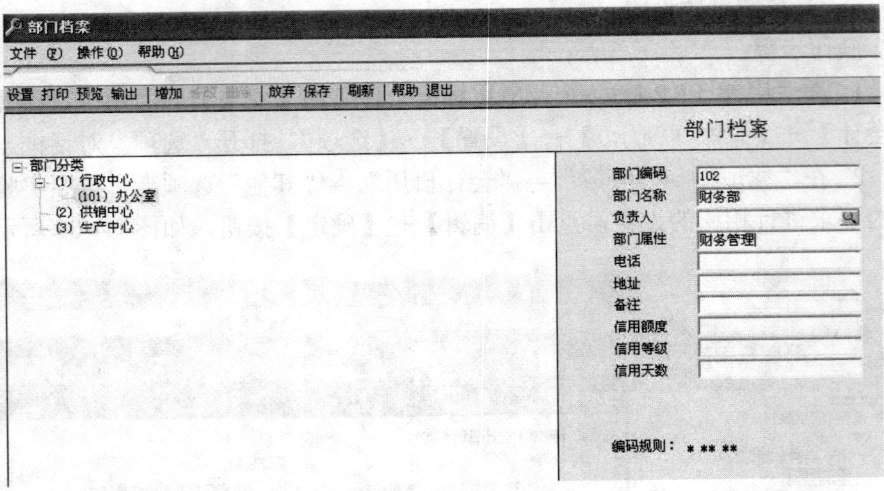

图 U4-04　部门档案设置

2. 在“用友 ERP-U8—企业应用标准套件”界面，选择【设置】标签页，点击【基础档案】—【机构设置】—【职员档案】，打开“职员档案”界面，点击【增加】按钮，按照案例资料提供信息录入，然后点击【保存】按钮，依次类推设置其他职员档案，如图 U4-05 所示。

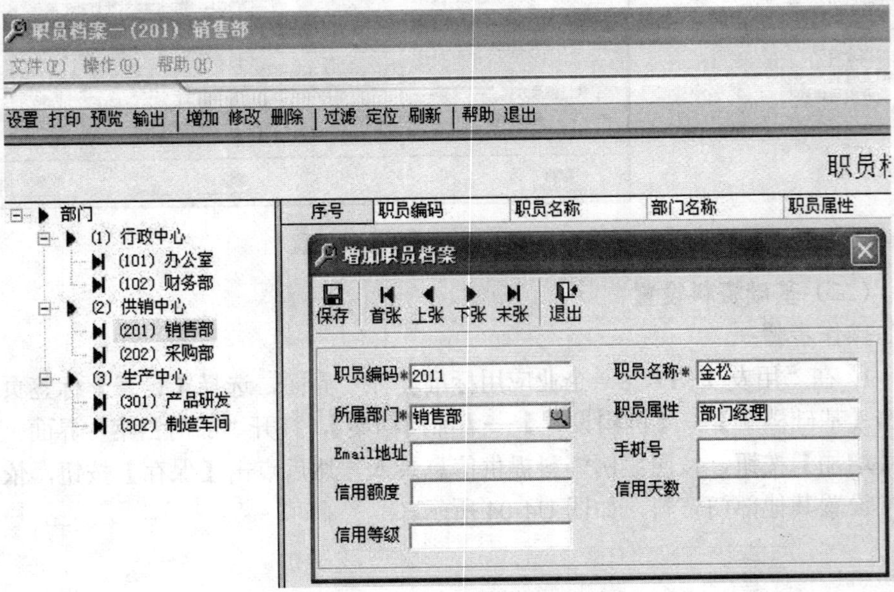

图 U4-05　职员档案设置

3. 在“用友 ERP-U8—企业应用标准套件”界面，选择【设置】标签页，点击【基础档案】—【机构设置】—【往来单位】—【客户分类】，打开“客户分类”界面，点击【增加】按钮，按照案例资料提供信息录入，然后点击【保存】按钮，依次类推设置其他职员档案，如图 U4-06 所示。

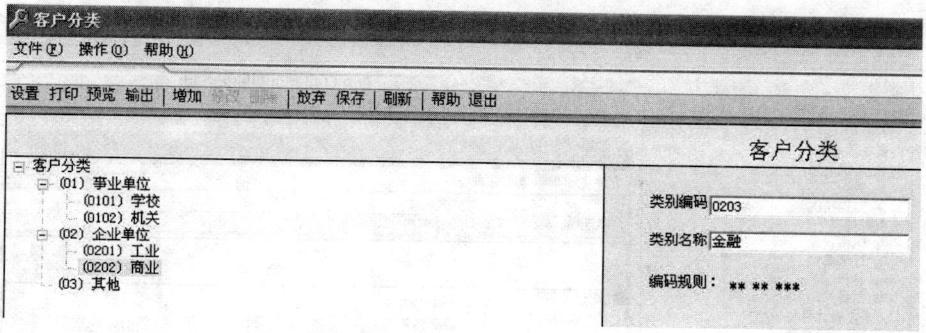

图 U4–06 客户分类设置

4. 在“用友 ERP-U8—企业应用标准套件”界面，选择【设置】标签页，点击【基础档案】—【机构设置】—【往来单位】—【供应商分类】，打开“供应商分类”界面，点击【增加】按钮，按照案例资料提供信息录入，然后点击【保存】按钮，依次类推设置其他职员档案。

5. 在“用友 ERP-U8—企业应用标准套件”界面，选择【设置】标签页，点击【基础档案】—【机构设置】—【往来单位】—【地区分类】，打开“地区分类”界面，点击【增加】按钮，按照案例资料提供信息录入，然后点击【保存】按钮，依次类推设置其他地区档案。

6. 在“用友 ERP-U8—企业应用标准套件”界面，选择【设置】标签页，点击【基础档案】—【机构设置】—【往来单位】—【客户档案】，打开“客户档案”界面，点击【增加】按钮，按照案例资料提供信息录入，然后点击【保存】按钮，依次类推设置客户档案。

7. 在“用友 ERP-U8—企业应用标准套件”界面，选择【设置】标签页，点击【基础档案】—【机构设置】—【往来单位】—【供应商档案】，打开“供应商档案”界面，点击【增加】按钮，按照案例资料提供信息录入，然后点击【保存】按钮，依次类推设置供应商档案。

注：①必须先建立客户分类、供应商分类，才能建立客户、供应商档案，且客户、供应商档案必须建立在最末级分类上。

②所有档案建立时，应遵循事先设定的分类编码原则。

8. 在“用友 ERP-U8—企业应用标准套件”界面，选择【设置】标签页，点击【基础档案】—【财务】—【外币设置】，打开“外币设置”对话框。点击【增加】按钮，输入币符“USD”，币名“美元”，点击【确认】按钮，输入“2014.6”月份的记账汇率“6.88”，点击【退出】按钮。如图 U4-07 所示。

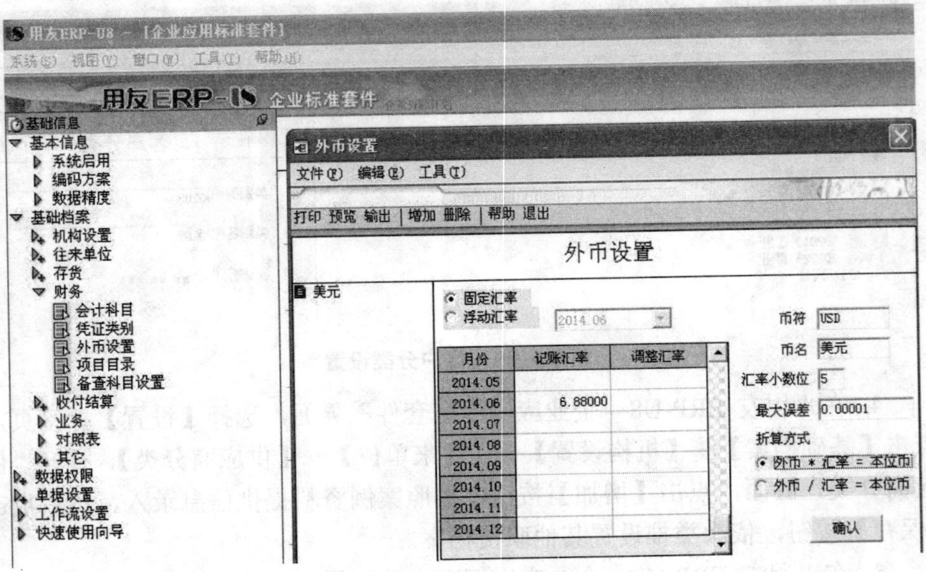

图 U4–07　外币设置

注：只能录入固定汇率与浮动汇率值，并不决定在填制记账凭证时使用固定汇率还是浮动汇率，在总账选项“其他”选项卡的“外币核算”中设置填制记账凭证使用固定汇率还是浮动汇率。

9. 在“用友 ERP-U8—企业应用标准套件”界面，选择【设置】标签页，点击【基础档案】—【收付结算】—【结算方式】，打开“结算方式”对话框。点击【增加】按钮，输入结算方式编码“1”、结算方式名称“现金结算”，单击“保存”按钮。依次输入其他结算方式，对于“现金支票”和“转账支票”，要选中“票据管理标志”，设置完成后，点击【退出】按钮。如图 U4-08 所示。

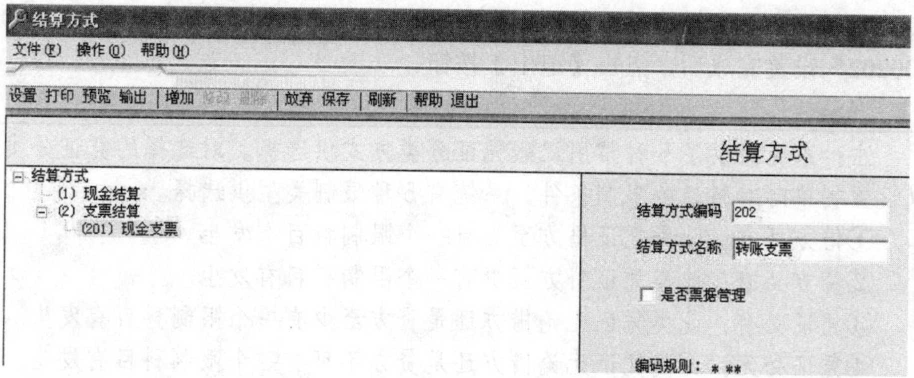

图 U4-08　结算方式设置

注：支票管理是系统为辅助出纳对银行结算票据的管理而设置的功能，类似手工系统中的支票登记簿的管理方式，若要实施票据管理，则单击“是否票据管理”复选框。

10. 在“用友 ERP-U8—企业应用标准套件”界面，选择【设置】标签页，点击【基础档案】—【财务】—【凭证类别】，打开“凭证类别预置”对话框。按照实验资料要求选择“收款凭证、付款凭证、转账凭证”单选按钮。点击【确定】按钮，进入“凭证类别”设置窗口。如图 U4-09 所示。

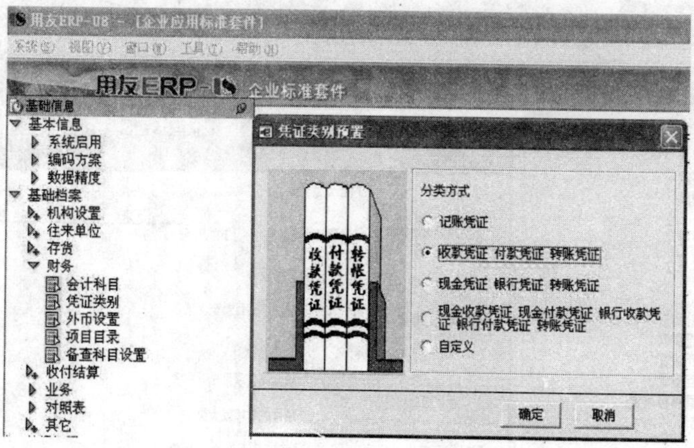

图 U4-09　凭证类别设置

11. 在“凭证类别”设置窗口，点击工具栏上的【修改】按钮，单击收款凭证“限制类型”的下三角按钮，选择“借方必有”；在“限制科目”栏中输入“1001，100201，100202”；设置付款凭证的限制类型“贷方必有”，限制科目“1001，

100201，100202”；转账凭证的限制类型“凭证必无”，限制科目“1001，100201，100202”设置完成后，点击【退出】按钮。

注：系统提供了5种常用记账凭证分类方式供选择。对选择的凭证分类可以设置制单时对科目的限制条件，系统有5种限制类型供选择。

①借方必有：此类凭证借方至少有一个限制科目有发生。

②贷方必有：此类凭证贷方至少有一个限制科目有发生。

③凭证必有：此类凭证无论借方还是贷方至少有一个限制科目有发生。

④凭证必无：此类凭证无论借方还是贷方不可有一个限制科目有发生。

⑤无限制：此类凭证可使用所有合法的科目。

12. 在“用友ERP-U8—企业应用标准套件”界面，选择【设置】标签页，点击【基础档案】—【财务】—【项目目录】，打开“项目档案”对话框，点击【增加】按钮，打开“项目大类—增加”对话框，按照实验资料要求，输入新项目大类名称“生成成本”，点击【下一步】按钮，输入要定义的项目级次，假设本例采用系统默认值。点击【下一步】按钮，输入要修改的项目栏目，假设本例采用系统默认值。点击【完成】按钮，返回“项目档案”窗口。如图 U4-10 所示。

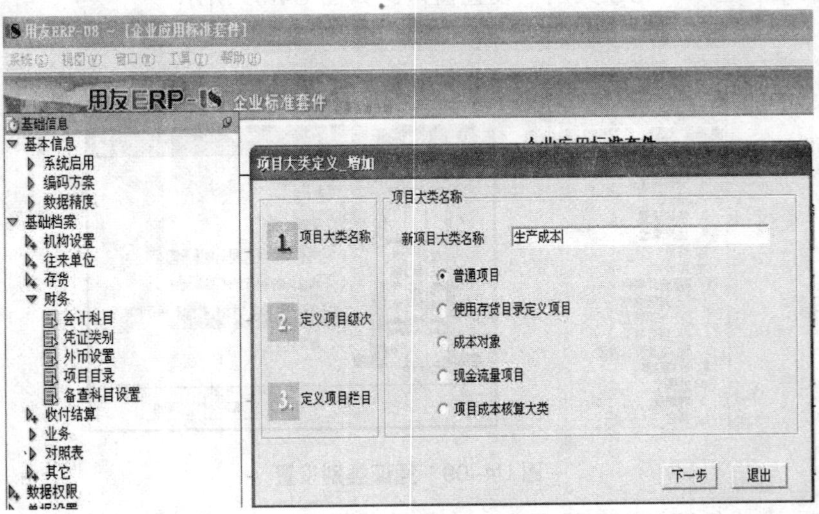

图 U4–10　项目大类设置

注：项目大类的名称是该类项目的名称，而不是会计科目名称。

13. 在“项目档案”窗口中，单击“核算科目”选项卡。选择项目大类“生成成本”、“＞”按钮，将“直接材料、直接人工、制造费用”及其明细科目选为核算科目，单击“确定”。如图 U4-11 所示。

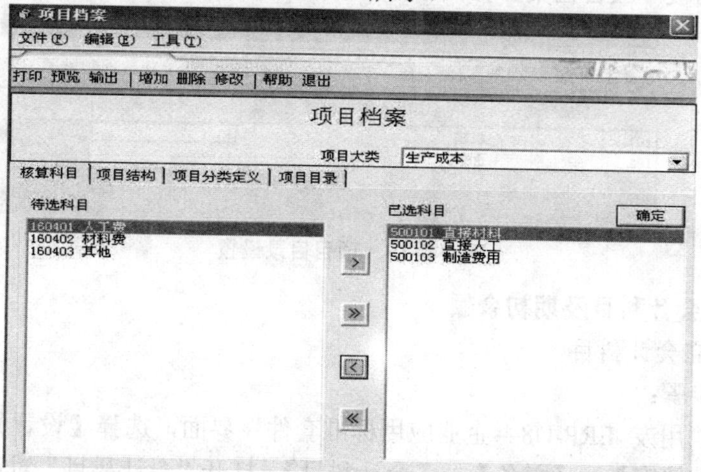

图 U4–11　核算科目设置

14. 在“项目档案”窗口中，点击【项目分类定】选项卡，输入分类编码“1”；输入分类名称“自行开发项目”，点击【确定】按钮。如图 U4-12 所示。

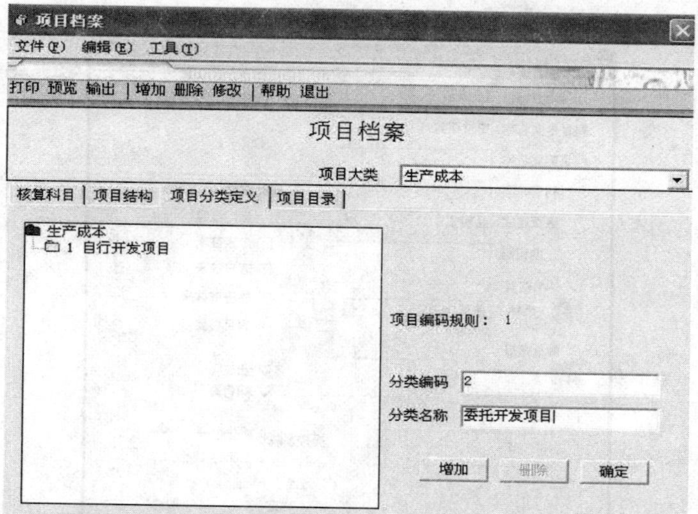

图 U4–12　项目分类定义

15. 在“项目档案”窗口中，点击【项目目录】选项卡，点击【维护】按钮，进入图 U4-12“项目分类定义维护”窗口。点击【增加】按钮，输入项目编号“101”；输入项目名称“机箱”；选择所属分类码“1”。依次类推，继续增加“102 面板”项目档案。如图 U4-13 所示。

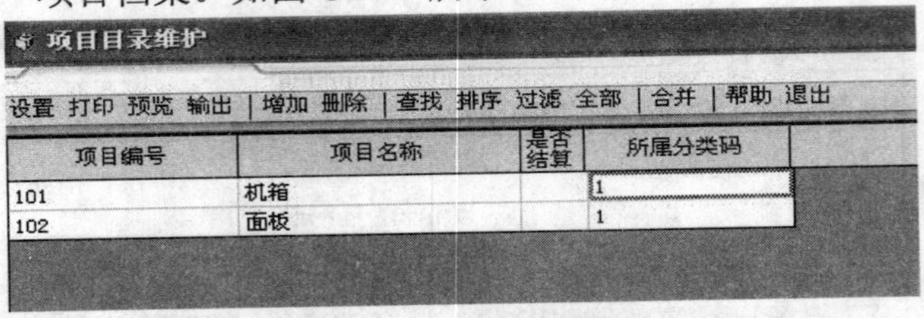

图 U4–13 项目目录设置

（三）会计科目及期初余额

1. 建立会计科目

操作步骤：

①在“用友 ERP-U8—企业应用标准套件”界面，选择【设置】标签页，点击【基础档案】—【财务】—【会计科目】，打开“会计科目”对话框，系统显示所有“2007 年新会计制度科目”预置的科目。对于系统没有显示的会计科目，通过点击【增加】按钮，按照科目编码规则设置“会计科目”进行设置。例如，银行存款，需增加两个二级会计科目“工行存款”、“中行存款”。如图 U4-14 所示。

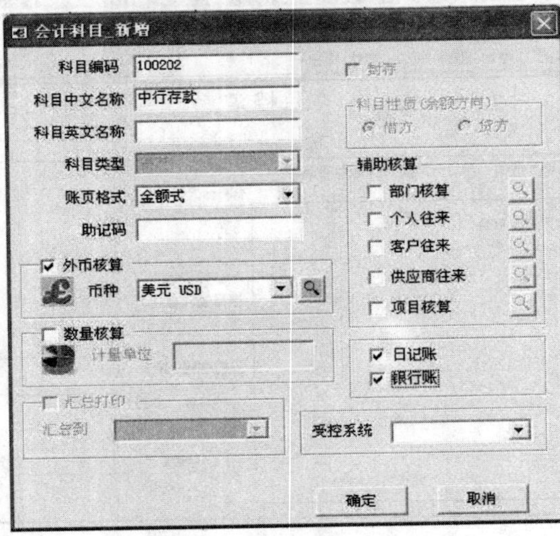

图 U4–14 增加会计科目

②如果会计科目有“辅助核算属性”，在“会计科目”窗口中，点击【修改】按钮或双击该科目，进入“会计科目—修改”窗口，按实验资料内容修改其他科目的辅助核算属性，修改完成后，点击【返回】按钮，如应收账款的设置。如图 U4-15 所示。

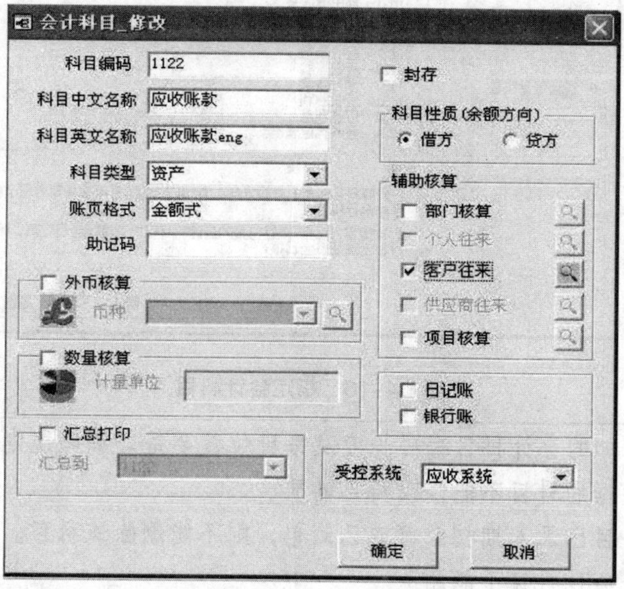

图 U4–15　会计科目辅助核算设置

③在“会计科目”窗口中，选择要删除的会计科目，点击【删除】按钮，系统弹出“记录删除后不能修复，真的删除此记录吗？”提示对话框。点击【确定】按钮，即可删除该科目。

④在“会计科目”窗口中，点击【编辑】—【指定科目】，进入“指定科目”窗口，选择“现金总账科目”单选按钮，将“1001 库存现金”由待选科目选入已选科目；选择“银行总账科目”单选按钮，将“1002 银行存款”由待选科目选入已选科目；选择“现金流量科目”单选按钮，将“1001 库存现金、100201 工行存款、100202 中行存款”由待选科目选入已选科目。单击“确定”按钮。如图 U4-16 所示。

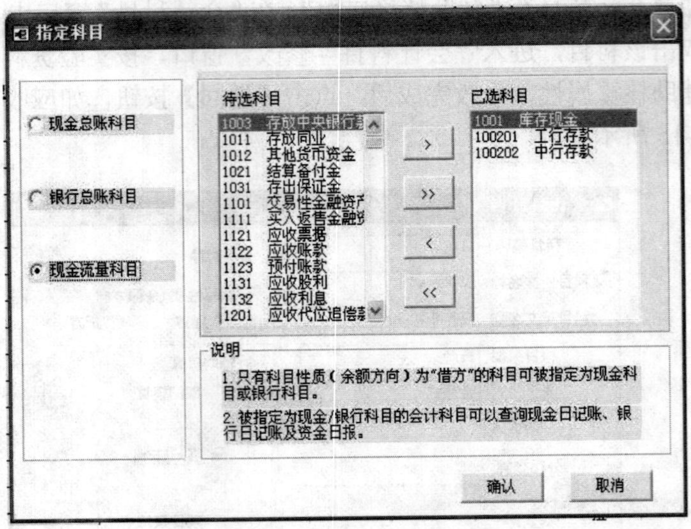

图 U4-16 指定会计科目

注：①增加的会计科目编码长度及每段位数要符合编码规则。

②已有数据的科目不能修改科目性质。

③如果科目已录入期初余额或已制单，则不能删除该科目。

④非末级会计科目不能删除。

⑤被制定为“现金科目”、“银行科目”的会计科目不能删除；如果要删除该科目，必须先取消指定。

⑥指定会计科目是指定出纳的专管科目。只有指定科目后，才能执行出纳签字；才能查看现金、银行存款日记账。

2. 输入期初余额

操作步骤：

①在“总账系统”界面中，执行“设置”—“期初余额”，进入“期初余额”录入窗口。根据实验资料，直接输入末级科目的“累计借方发生额”、“累计贷方发生额”、“期初余额”，上级科目的累计发生额和“期初余额”系统自动填列。如图 U4-17 所示。

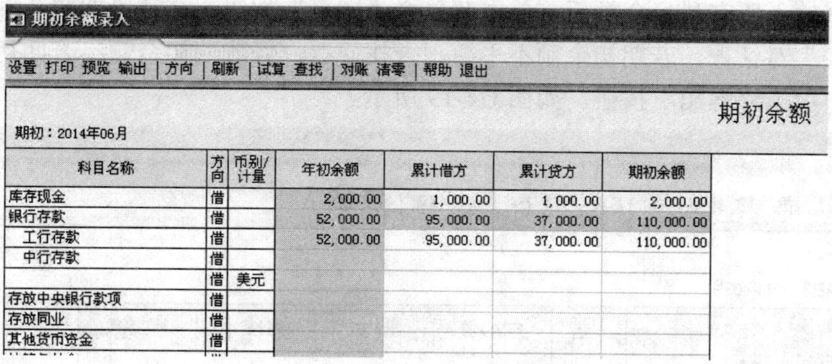

图 U4-17　期初余额录入

②设置了辅助核算的科目底色显示为浅黄色，其累计发生额可直接输入，但期初余额的录入要到相应的辅助账中进行。其方法是：双击设置了辅助核算属性的科目的期初余额栏，进入相应的"辅助账"窗口，按明细输入每笔业务的金额，完成后单击"退出"按钮，"辅助账"余额自动带到总账。如图 U4-18 所示。

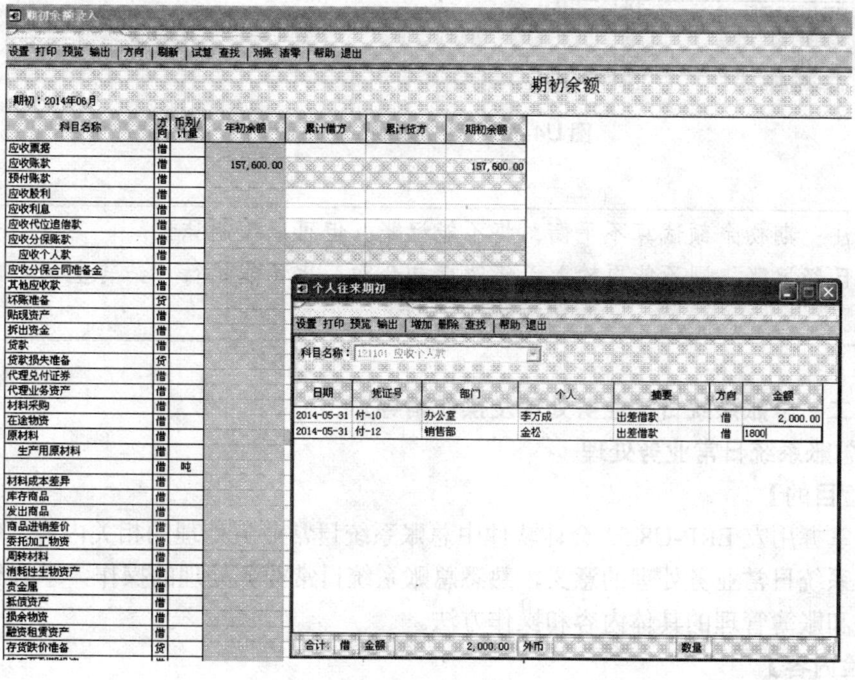

图 U4-18　辅助账余额录入

③输入所有科目余额后，单击菜单栏“试算”按钮，打开“期初余额试算平衡表”对话框。若期初余额不平衡，查找问题，修改期初余额；若期初余额平衡，单击“退出”按钮。如图 U4-19 所示。

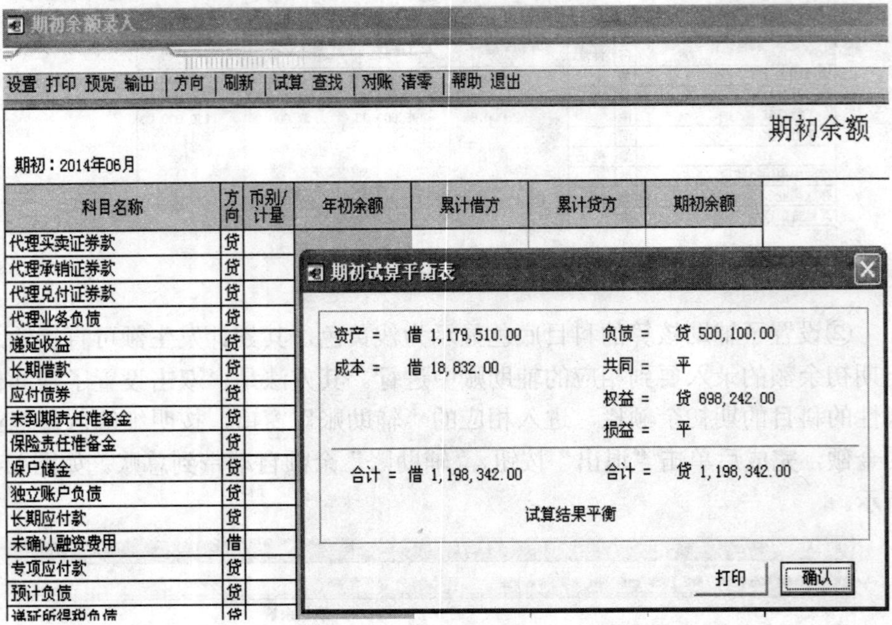

图 U4–19　期初余额试算平衡

注：期初余额试算不平衡，将不能记账，但可以填制凭证。

已经记账，则不能再输入、修改期初余额，也不能执行“结转上年余额”功能。

实验二　总账系统日常业务处理及操作指导

Ⅰ. 总账系统日常业务处理

【实验目的】

掌握用友 ERP-U8.52 会计软件中总账系统日常业务处理的相关内容，理解总账系统日常业务处理的意义，熟悉总账系统日常业务处理的操作，掌握凭证管理和账簿管理的具体内容和操作方法。

【实验内容】

1. 填制凭证。

2. 审核凭证。

3. 凭证记账。

4. 账簿查询。

【实验要求】

1. 以“苏三”的身份进行填制凭证。

2. 以“张二”的身份进行出纳签字。

3. 以“李一”的身份进行审核、记账、结账、账簿查询。

【实验准备】

恢复“实验二”数据（即以系统管理员 admin 的身份注册进入“系统管理”，执行“账套”—“引入”—“引入账套数据”对话框，恢复实验二账套数据）。

【实验资料】

（1）6 月 3 日，财务部张二从工商银行提取现金 5 000 元，作为备用金，现金支票号 X20081103。（附单据 1 张）

借：库存现金　5 000

　贷：银行存款——工行存款　5 000

（2）6 月 5 日，收到上海金省有限公司投资资金 10 000 美元，汇率 1:6.88，转账支票号 Z20121205。（附单据 2 张）

借：银行存款——中行存款　68 800

　贷：实收资本　68 800

（3）6 月 12 日，采购部赵四从北京科技有限公司所购入空白光盘 9000 元，货税款暂欠，商品已验收入库（适用税率 17%）。（附单据 2 张）

借：库存商品　9 000

应交税费/应交增值税/进项税额　1 530

　贷：应付账款——北京科技　10 530

（4）6 月 15 日，销售部金松收到北京世纪学校转来一张转账支票，金额 99 600 元，用以偿还前欠货款，转账支票号 ZR20081102。（附单据 1 张）

借：银行存款——工行存款　99 600

　贷：应收账款　99 600

（5）6 月 16 日，办公室李万成支付业务招待费 2200 元，转账支票号 ZR20081103。（附单据 1 张）

借：管理费用——招待费　2 200

　贷：银行存款——工行存款　2 200

(6) 6 月 18 日，销售部金松出差归来，报销差旅费 1800 元。(附单据 2 张)

借：管理费用——差旅费 1 800

贷：其他应收款 1 800

(7) 6 月 20 日，生产部领用原材料 15 公斤，单价 5 000 元，用于生产机箱。(附单据 1 张)

借：生产成本——直接材料 75 000

贷：原材料——生产用原材料 75 000

(8) 6 月 25 日，支付制造车间李彤设备修理费 10 000 元，以工行存款支付，现金支票号 XJ20081110。(附单据 1 张)

借：制造费用——修理费 10 000

贷：银行存款——工行存款 10 000

II. 总账系统日常业务处理操作指导

(一) 凭证管理

1. 填制凭证

操作的前期工作

以“苏三”的身份重新注册，登陆总账系统。执行“凭证”—“填制凭证”，进入“填制凭证”窗口，单击工具栏上的“增加”按钮，增加一张空白凭证。

【业务 1】

操作步骤：

①选择凭证类型“付款凭证”，输入制单日期“2014.6.3”，输入摘要“提取现金”，录入或选择会计科目“1001”，借方金额“5 000”，按回车键，进入下一分录。

②在填制凭证过程中，输完银行科目“100201”，系统弹出“辅助项”对话框。输入结算方式“201”，票号“X20081103”，发生日期“2014.6.3”，点击【确定】按钮。如图 U4-20 所示。

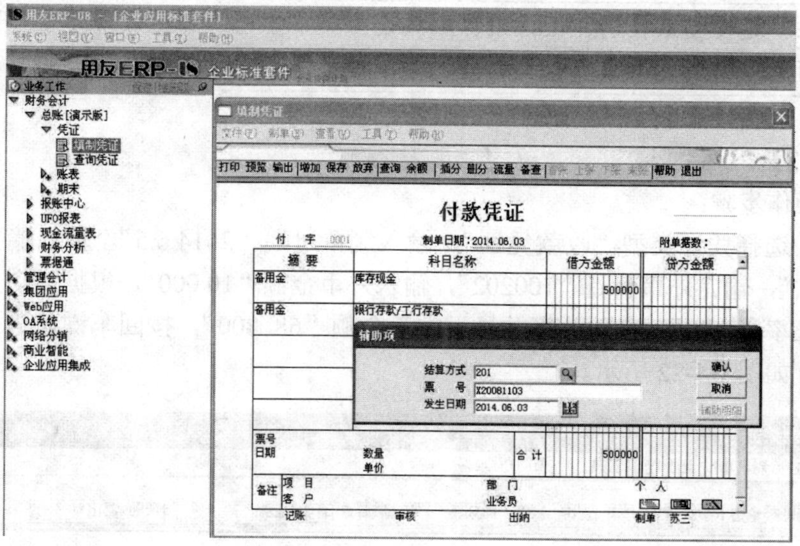

图 U4–20 填制凭证——辅助项核算

③凭证输入完成后，若此账支票未登记，则弹出“此支票尚未登记，是否登记？”对话框。点击【是】按钮，弹出“票号登记”对话框。输入领用日期“2014.6.3”，领用部门“财务部”，限额“5 000”，用途“备用金”，点击【确定】按钮，点击【保存】按钮。如图 U4-21 所示。

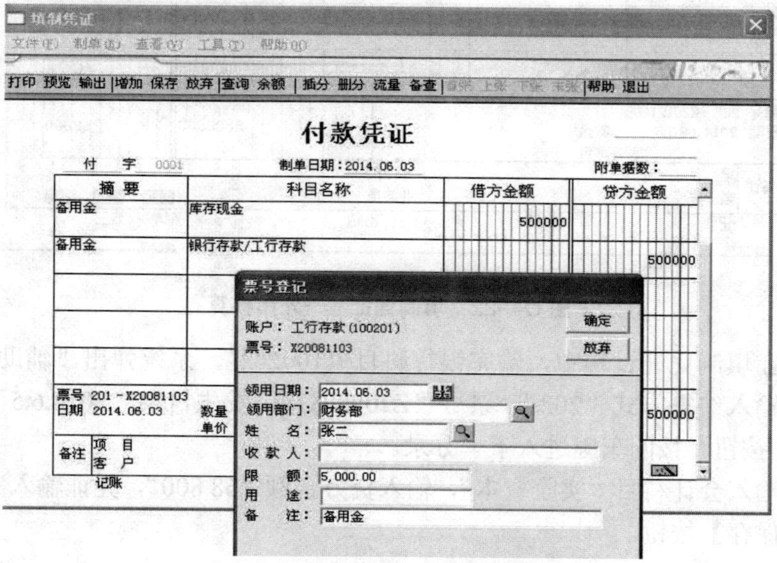

图 U4–21 填制凭证——支票登记

注：选择支票控制，即该结算方式设为支票管理，银行账辅助信息不能为空，而且该方式的票号应在支票登记簿中有记录。

【业务 2】

操作步骤：

①选择凭证类型“收款凭证”，输入制单日期“2014.6.5”，输入摘要“收投资款”，输完外币科目“100202”，输入外币金额“10 000”，根据自动显示的外币汇率“6.88”，自动计算并显示本币金额“68 800”，按回车键，进入下一分录。如图 U4-22 所示。

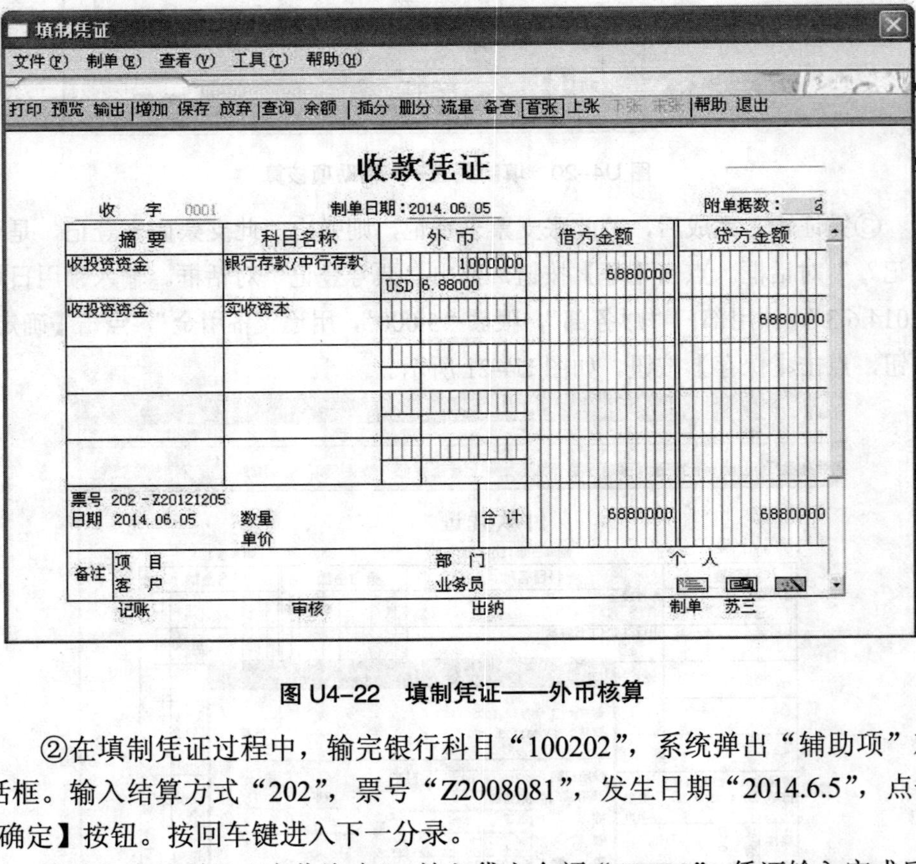

图 U4-22 填制凭证——外币核算

②在填制凭证过程中，输完银行科目“100202”，系统弹出“辅助项”对话框。输入结算方式“202”，票号“Z2008081”，发生日期“2014.6.5”，点击【确定】按钮。按回车键进入下一分录。

③输入会计科目“实收资本”，输入贷方金额“68 800”，凭证输入完成后，点击【保存】按钮。

注：汇率栏中内容是固定的，不能输入或修改。如使用浮动汇率，汇率栏中显示最近一次汇率，可以直接在汇率栏修改。

【业务 3】

操作步骤：

①选择凭证类型“转账凭证”，输入制单日期“2014.6.12”，输入摘要“采购商品”，录入或选择会计科目“1405”，单击回车，系统弹出“辅助项”对话框，输入数量“5 000”、单价“1.80”，然后点击【确定】按钮，系统自动计算金额填列在借方，按回车键进入下一分录。

②录入或选择会计科目“22210101”，借方金额“1 530”，单击回车，按回车键，进入下一分录。录入或选择会计科目“2202”，单击回车，系统弹出【辅助项】对话框，选择供应商“北京科技有限公司”，输入金额“10 530”，点击【确定】按钮，点击【保存】按钮。如图 U4-23 所示。

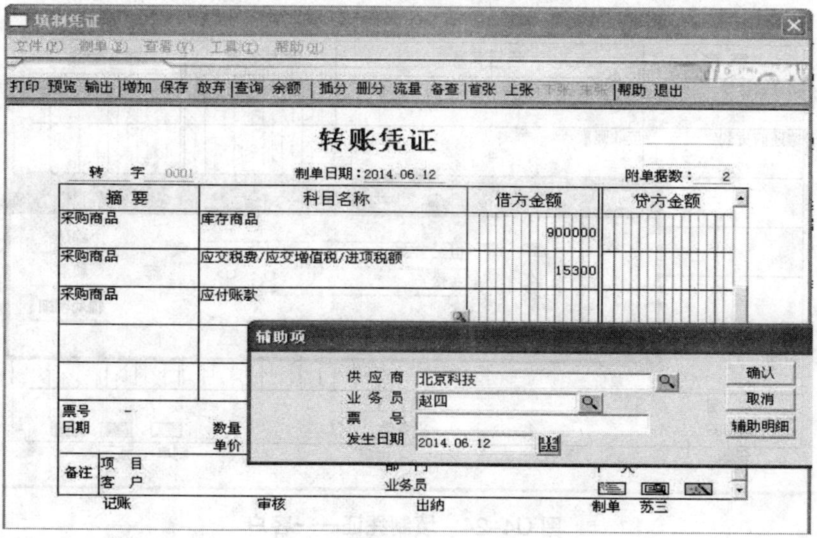

图 U4-23　填制凭证——供应商

注：如果往来单位不属于已定义的往来单位，则要正确输入新往来单位的辅助信息，系统会自动追加到往来单位目录中。

【业务 4】

操作步骤：

①选择凭证类型“收款凭证”，输入制单日期“2014.6.15”，输入摘要“收欠款”，录入或选择会计科目“100201”，单击回车，系统弹出“辅助项”对话框，输入结算方式“202”、票号“ZR20081102”，点击【确定】按钮，录入借方金额“100 000”，系统自动计算金额填列在借方。按回车键进入下一分录。

②录入或选择会计科目“1122”，单击回车，系统弹出“辅助项”对话框，(具体操练方法与业务 3 相同) 选择客户“北京世纪学校”，输入金额“100 000”，点击【确定】按钮，点击【保存】按钮。如图 U4-24 所示。

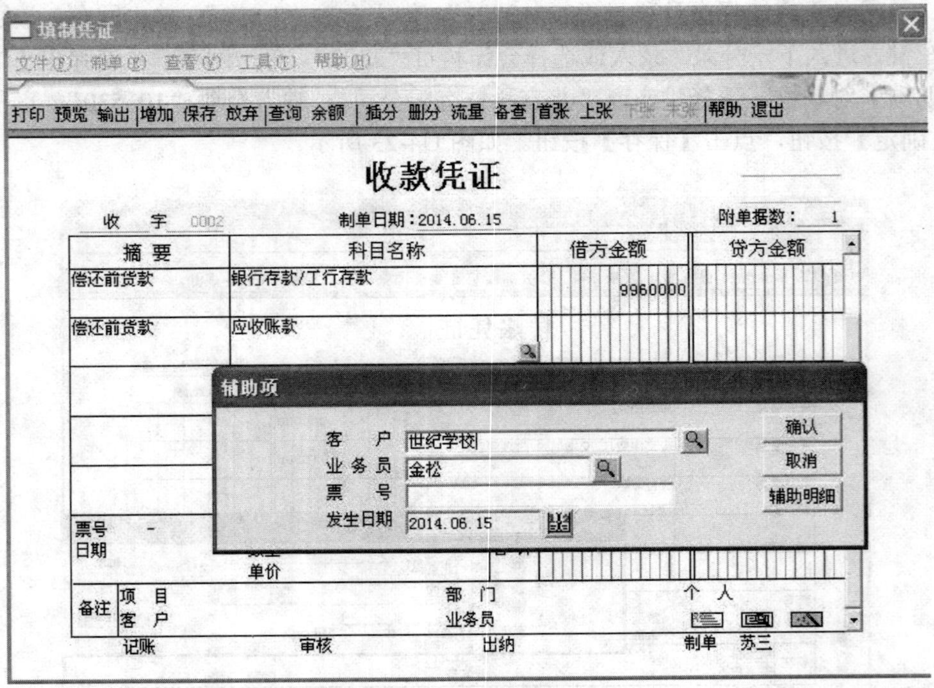

图 U4-24 填制凭证——客户

【业务 5】

操作步骤：

①选择凭证类型“付款凭证”，输入制单日期“2014.6.16”，输入摘要“业务招待费”，录入或选择会计科目“660205”，借方金额“2 200”，按回车键进入下一分录。

②录入或选择会计科目“100201”，单击回车系统弹出“辅助项”对话框，输入结算方式“202”、票号“ZR20081103”，点击【确定】按钮，录入贷方金额“2 200”，点击【保存】按钮，如图 U4-25 所示。

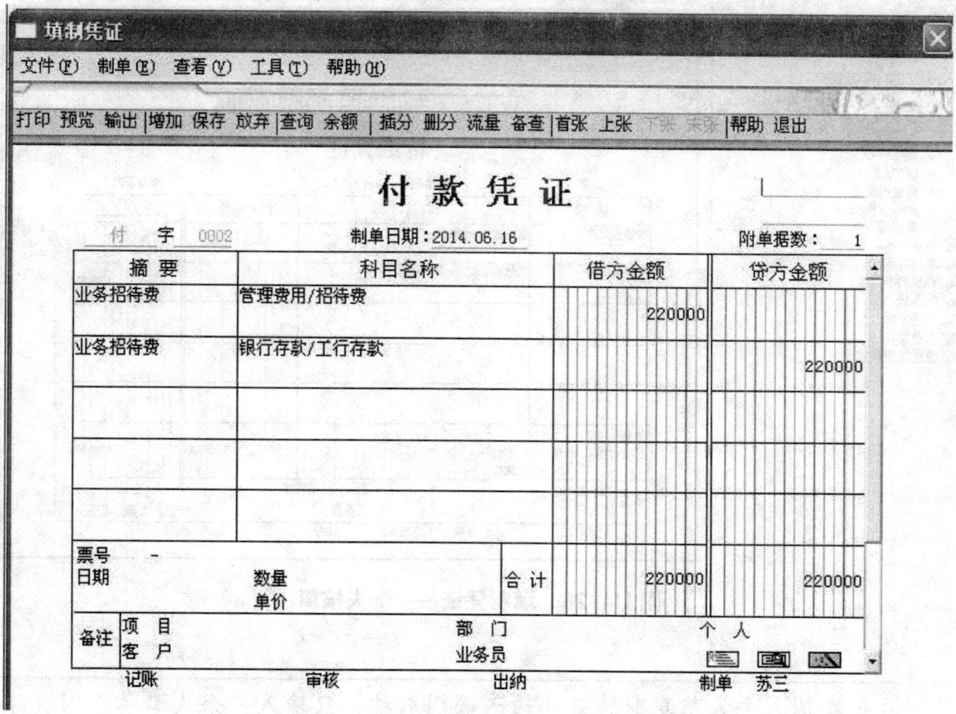

图 U4–25　填制凭证——结算方式

【业务 6】

操作步骤：

①选择凭证类型“转账凭证”，输入制单日期“2014.6.18”，输入摘要“报销差旅费”，录入或选择会计科目“660204”，借方金额“1 800”，按回车键进入下一分录。

②录入或选择会计科目“122101”，单击回车，系统弹出“辅助项”对话框，选择输入部门“销售部”，个人“金松”，输入金额“1 800”，点击【确定】按钮。系统自动计算金额填列在贷方。如图 U4-26 所示。

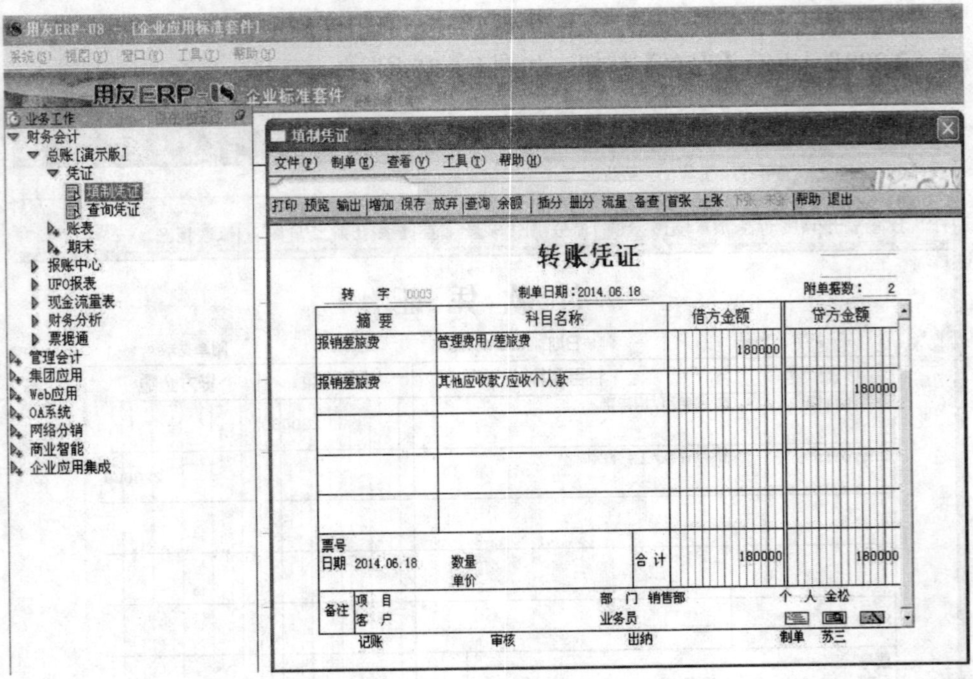

图 U4-26 填制凭证——个人核算

注：在输入个人信息时，若不输入部门名称，只输入“个人名称”时，系统将根据所输个人名称自动输入其所在部门。

【业务 7】

操作步骤：

①选择凭证类型“转账凭证”，输入制单日期“2014.6.18”，输入摘要“生产领料”，录入或选择会计科目“500101”，系统弹出“辅助项”对话框。在“辅助项”窗口，选择输入项目名称“机箱”，点击【确定】按钮，进入下一分录。如图 U4-27 所示。

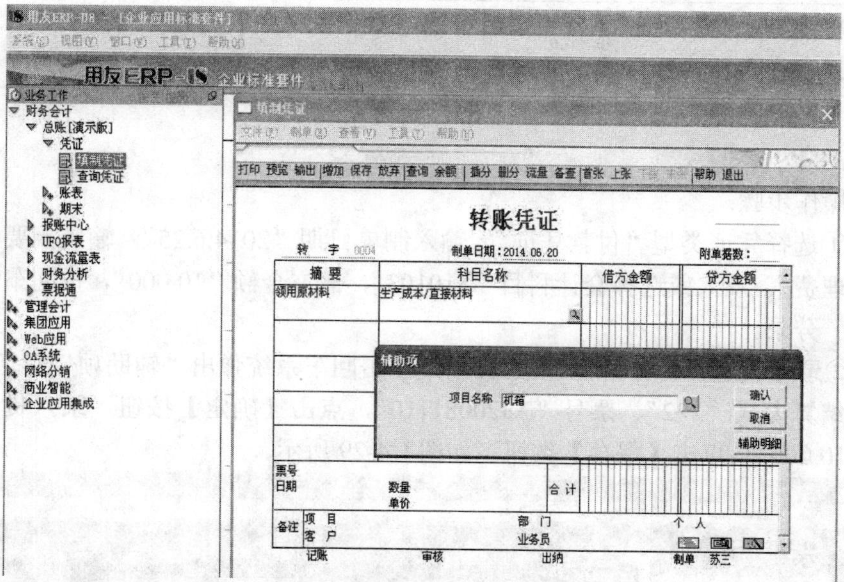

图 U4-27　填制凭证——辅助项目

②录入或选择会计科目“140301”，单击回车，系统弹出“辅助项”对话框，输入数量“5”，单价“5 000”，然后点击【确定】按钮，系统自动计算金额填列在贷方，点击【保存】按钮。如图 U4-28 所示。

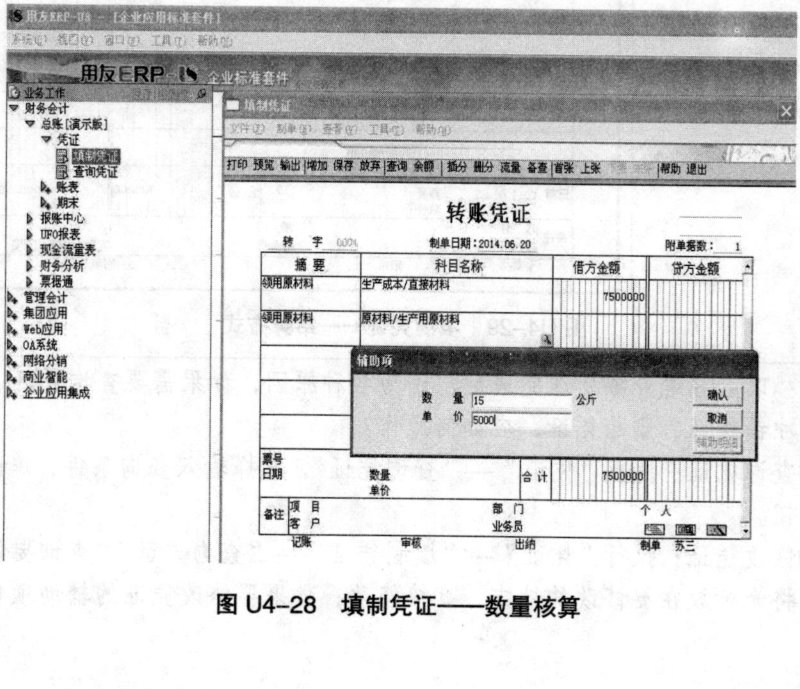

图 U4-28　填制凭证——数量核算

注：系统根据数量*单价自动计算出金额，并将金额先放在借方；如果方向不符，可将光标移动到贷方后，按空格键即可调整金额方向。

【业务8】

操作步骤：

①选择凭证类型“付款凭证”，输入制单日期“2014.6.25”，输入摘要“设备修理费”，录入或选择会计科目“510103”，借方金额“10 000”，按回车键进入下一分录。

②录入或选择会计科目“100201”，单击回车系统弹出“辅助项”对话框，输入结算方式“202”、票号“XJ20081110”，点击【确定】按钮，录入贷方金额“10 000”，点击【保存】按钮。如图U4-29所示。

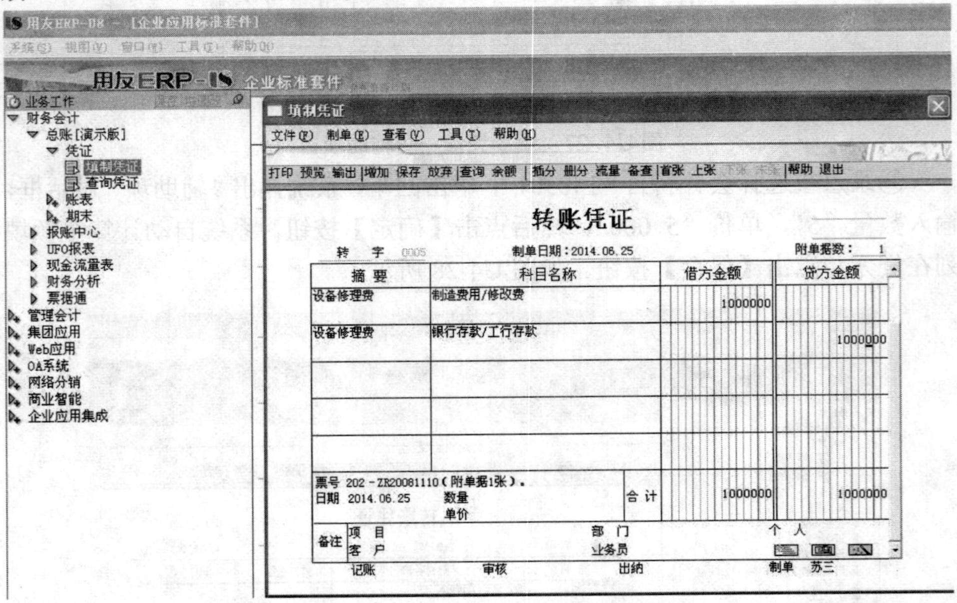

图 U4-29　填制凭证——结算方式

注：以上8笔业务处理完成后，因为各种原因，如果需要查询凭证、修改凭证、冲销凭证、删除凭证，应如何操作？

①查询凭证：执行“凭证”—“查询凭证”，选择输入查询条件，单击“确定”按钮。

②修改凭证：执行“凭证”—“填制凭证”—“查询凭证”，查询要修改的凭证，将光标放在要修改的地方，直接修改；如果要修改凭证的辅助项信息，

首先选中辅助核算科目行，然后将光标置于备注栏辅助项，待鼠标变形为“钢笔”时双击，弹出“辅助项”对话框，在对话框修改相关信息。单击“保存”按钮，保存相关信息。（未经审核的错误凭证可通过“填制凭证”功能直接修改，已审核的凭证应先取消审核后，再进行修改；外部系统传过来的凭证，不能在总账系统中进行修改，只能在生成该凭证的系统中进行修改）

③冲销凭证：执行“凭证”—“填制凭证”—“制单”—“冲销凭证”。（红字冲销只针对已记账凭证；通过红字冲销法增加的凭证，应视同正常凭证进行保存和管理）

④删除凭证：删除凭证是通过作废凭证和整理凭证操作进行的。作废凭证：执行“凭证”—“填制凭证”—“制单”—“作废/恢复”；整理凭证：执行“凭证”—“填制凭证”—“制单”—“整理凭证”，选择真正要删除的“作废凭证”，单击“确定”按钮。（作废凭证不能修改、不能审核。在记账时，已作废的凭证应参与记账，否则月末无法结账，但不对作废凭证做数据处理，相当于一张空凭证；如果不想保留作废凭证，则可以通过“整理凭证”功能，将其彻底删除，并对未记账凭证重新编号。只对未记账凭证做凭证整理。已记账凭证做凭证整理，先将恢复本月月初的记账前状态，再做凭证整理。）

---

2. 审核凭证

以“张二”的身份进行凭证出纳签字，以“李一”的身份进行凭证审核。（凭证出纳签字并非审核凭证的必要步骤。若在设置总账参数时，不选择“出纳凭证必须经由出纳签字”，则可以不执行“出纳签字”功能）

【出纳签字】

操作步骤：

①在企业应用平台界面，执行左上角“重注册”命令。以“103 张二”的身份注册进入企业应用平台，再进入总账系统。点击【凭证】—【出纳签字】按钮，进入“出纳签字”的窗口，点击【签字】按钮，凭证底部的“出纳”处自动签字上出纳人姓名。

②点击【下一张】按钮，（或可以执行【出纳】—【成批出纳签字】功能对所有凭证进行出纳签字），对其他凭证进行出纳签字，最后，点击【退出】按钮。如图 U4-30 所示。

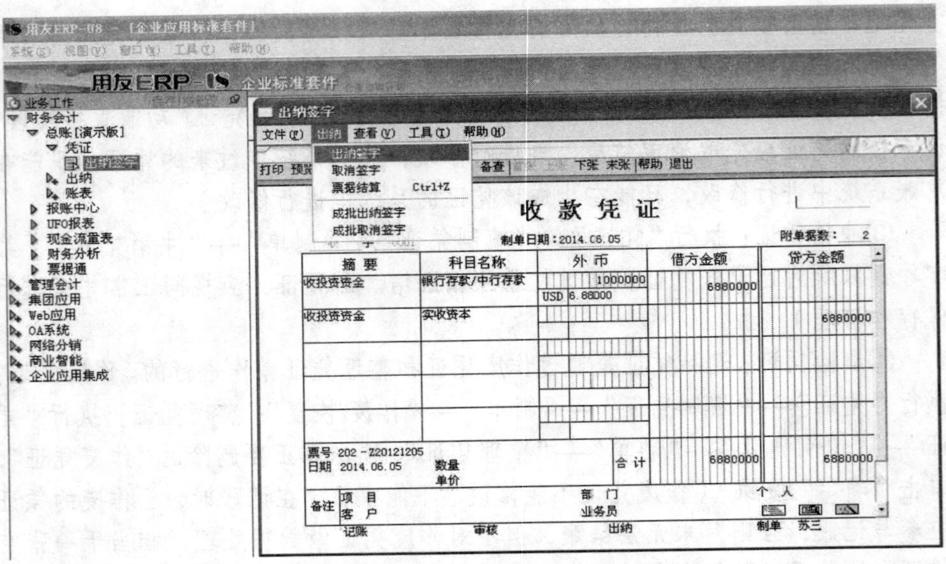

图 U4–30　凭证审核——出纳签字

注：①涉及指定为现金科目和银行科目的凭证才需出纳签字。

②凭证一经签字，就不能被修改、删除，只有取消签字后才能修改或删除。取消签字由出纳自己操作进行。

【审核凭证】

操作步骤：

①在企业应用平台界面，执行左上角“重注册”命令。以“102 李一”的身份注册进入企业应用平台，再进入总账系统。

②点击【凭证】—【凭证审核】按钮，进入“凭证审核”的窗口，检查要审核的凭证，无误后，点击【审核】按钮，凭证底部的“审核”处自动签上审核人姓名。

③点击【下一张】按钮，（或点击【凭证】—【成批凭证审核】按钮，对所有凭证进行审核签字），对其他凭证进行审核签字，最后点击【退出】按钮。如图 U4-31 所示。

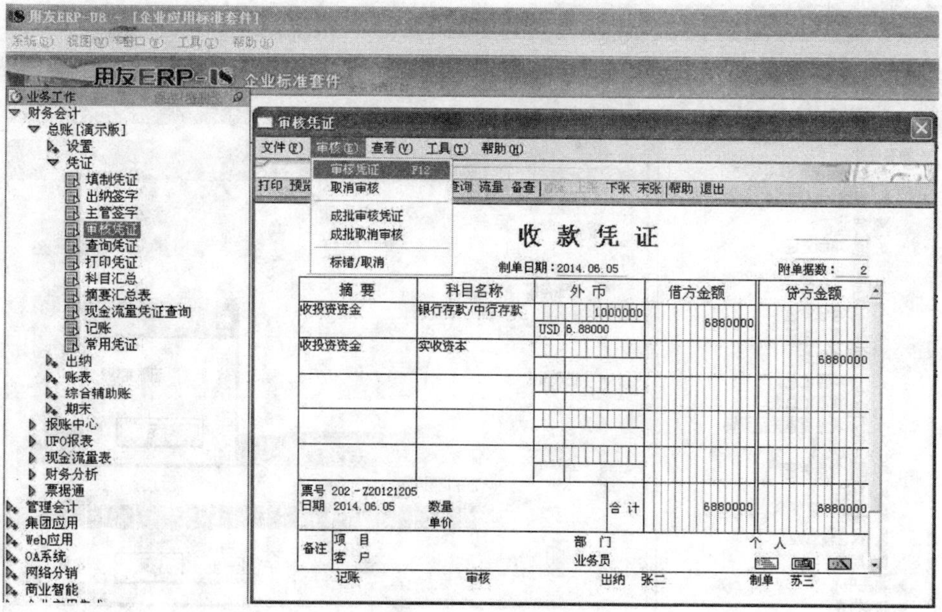

图 U4-31　凭证审核——审核签字

注：①审核人和制单人不能是同一人。凭证一经审核，不能被修改、删除。只有取消审核签字后，才可以修改或删除；已作废的凭证不能被审核，需先取消作废标记后才能审核。

②作废凭证不能被审核，也不能被标错。

③审核人必须具有审核权。如果在“选项”中设置了“凭证审核控制到操作员”时，审核人还需要有对制单人所制凭证的审核。

3. 凭证记账

在企业应用平台界面，执行左上角“重注册”命令。以“102 李一”的身份注册进入企业应用平台，再进入总账系统。以“李一”的身份进行凭证记账。

操作步骤：

①点击【凭证】—【记账】按钮，在“记账”窗口，选择要记账的凭证范围，点击【全选】按钮，选择所有凭证，点击【下一步】按钮。

②点击【记账】按钮，打开“期初试算平衡表”对话框，点击【确认】按钮，系统开始登记有关的总账、明细账、辅助账。登记完成后，系统弹出“记账完毕”信息提示对话框。点击【确认】按钮，记账完毕。如图 U4-32 所示。

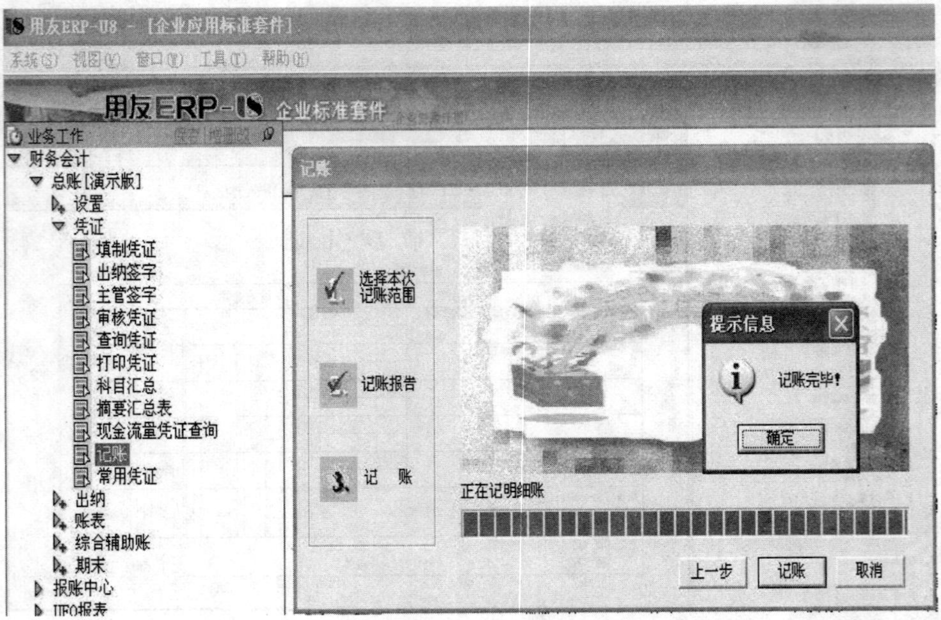

图 U4-32 记账完毕

注：①第一次记账时，若期初余额试算不平衡，不能记账；未审核凭证不能记账。

②记账过程一旦因断电或因其他原因造成中断后，系统将自动调用“恢复记账前状态”恢复数据，然后再重新记账。

③取消记账：执行“期末”—“对账”命令，进入“对账”的窗口，按“Ctrl+H”键，系统弹出“恢复记账前状态功能已被激活”信息提示框，同时在“凭证”菜单下显示“恢复记账前状态功能”菜单项。打开“恢复记账前状态”对话框，选择“恢复本月月初的记账前状态”单选按钮。单击“确定”按钮，系统弹出“请输入主管口令”信息提示框。单击“确定”，系统弹出“恢复记账完毕！”信息提示对话框，单击“确定”按钮。（已结账月份的数据不能取销记账；取消记账后，一定要重新记账。）

（二）账簿管理

操作步骤：

1. 查询会计核算账簿

①总账查询：点击【财务会计】—【总账（演示）】—【账表】—【科目

账】—【总账】，打开“总账查询条件”对话框。点击【确定】按钮，查询总账。如图 U4-33 所示。

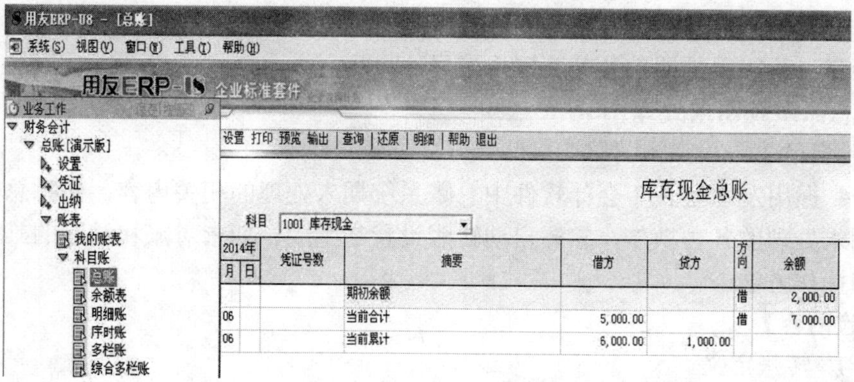

图 U4-33　库存现金科目总账查询

②发生额及余额表查询：点击【财务会计】—【总账（演示）】—【账表】—【科目账】—【余额表】，打开“总账查询条件”对话框。点击【确定】按钮，查询发生额及余额表。

③序时账查询：点击【财务会计】—【总账（演示）】—【账表】—【科目账】—【序时账】，打开“总账查询条件”对话框。点击【确定】按钮，查询月份序时账。

2. 查询部门账簿

①部门总账查询：点击【财务会计】—【总账（演示）】—【账表】—【部门辅助账】—【部门总账】。如图 U4-34 所示。

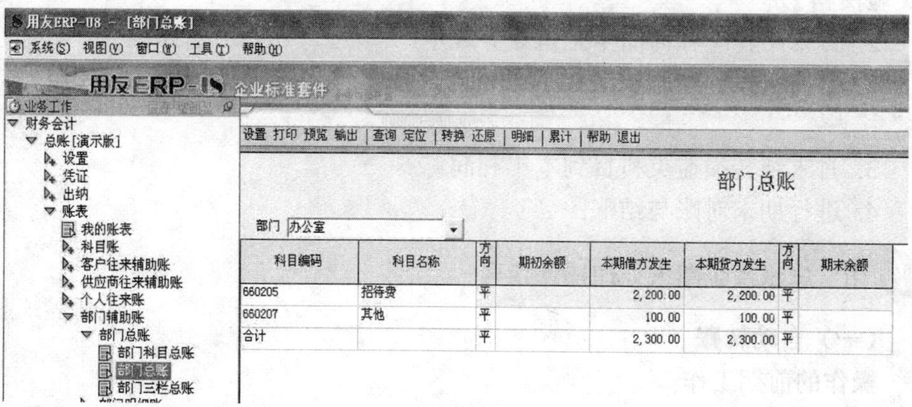

图 U4-34　部门总账查询

②部门明细账查询：点击【财务会计】—【总账（演示）】—【账表】—【部门辅助账】—【部门明细账】。

实验三　总账系统期末处理及操作指导

Ⅰ. 总账系统期末处理

【实验目的】

掌握用友 ERP-U8 会计软件中总账系统期末处理的相关内容，熟悉总账系统期末处理的各种操作，掌握自动转账设置与生成、期末对账和结账的具体内容和操作方法。

【实验内容】

1. 转账定义。
2. 转账生成。
3. 对账。
4. 结账。

【实验要求】

1. 以“苏三”的身份进行转账定义、转账生成操作。
2. 以“李一”的身份进行凭证审核、记账、对账和结账。

【实验准备】

恢复“实验三”数据（即以系统管理员 admin 的身份注册进入“系统管理”，执行“账套”—“引入”—“引入账套数据”对话框，恢复“实验三”账套数据）。

【实验资料】

1. 月末结转库存商品至主营业务成本。
2. 办公室报刊杂志费用共 1 200 元，分 12 个月摊销到“管理费用——其他”。
3. 月末结转损益类科目到本年利润。
4. 进行期末对账与结账。

Ⅱ. 总账系统期末处理操作指导

（一）自动转账

操作的前期工作

1. 以“苏三”的身份进行自动转账操作。期末凭证完成后，再以“李一”的身份进行审核、记账、对账和结账。总账系统期末操作时间：2014 年 6 月 30 日。

2. 自动转账包括“定义凭证模板”（即转账定义）、“生成记账凭证”（即转账生成）。

【期末业务 1】

操作步骤：

1. 定义凭证模板

①以“苏三”的身份，点击【财务会计】—【总账（演示）】—【期末】—【转账定义】—【对应结转】，进入“对应结转设置”界面。

② 输入序号“0001”，选择凭证类别“转账凭证”。 转账说明“结转库存商品”，选择转出科目“1405 库存商品”，点击【增行】按钮，系统自动增加一行。

③系统自动增加一行。选择转入科目编码“6401 主营业务成本”，在结转系数处录入“1”。如图 U4-35 所示。

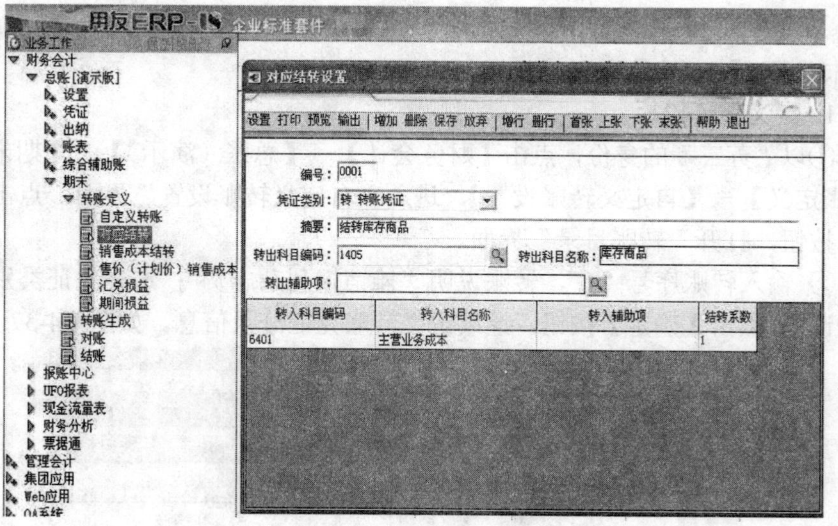

图 U4-35　对应结转设置

2. 生成记账凭证

①以“苏三”的身份，点击【财务会计】—【总账（演示）】—【期末】—【转账生成】，进入“转账生成”界面。选择“对应结转”单选按钮，点击【全选】按钮。点击【确定】按钮，生成转账凭证。

②点击【保存】按钮，凭证左上角显示“已生成”字样，系统自动将当前凭证追加到未记账凭证中，并对该凭证进行审核记账。如图 U4-36 所示。

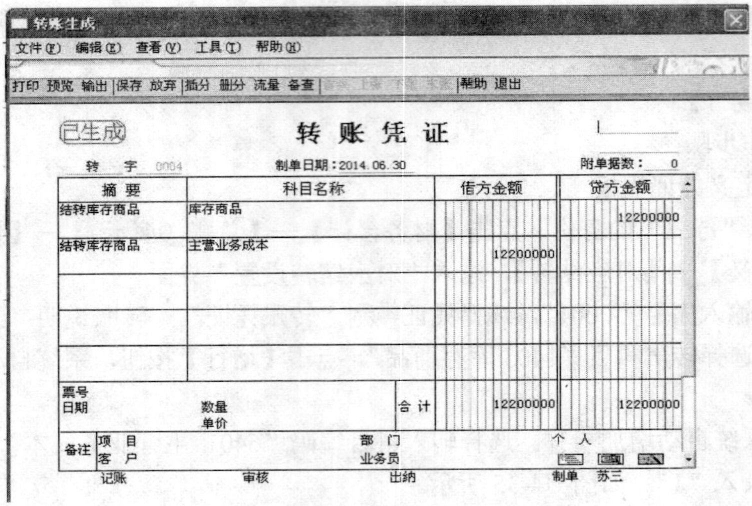

图 U4-36 对应结转凭证保存

【期末业务 2】

1. 定义凭证模板

①以“苏三”的身份，点击【财务会计】—【总账（演示）】—【期末】—【转账定义】—【自定义转账设置】，进入“自定义转账设置”界面，点击【增加】按钮，打开“转账目录”界面。

② 输入转账序号“1”，转账说明“摊销报刊杂志费”；选择凭证类别“转账凭证”。点击【确定】按钮，继续定义转账凭证分录信息。如图 U4-37 所示。

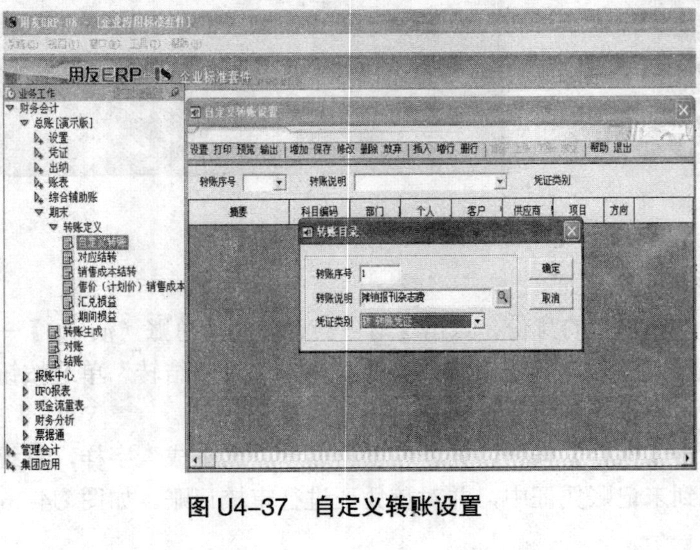

图 U4-37 自定义转账设置

③确定分录的借方信息。选择科目编码“660207”，方向“借”，双击金额公式栏“JG()”。（取对方科目计算结果）

④确定分录的贷方信息。点击【增行】按钮，选择科目编码“2241”，方向“贷”，输入金额公式“1200/12”，单击“保存”按钮。如图 U4-38 所示。

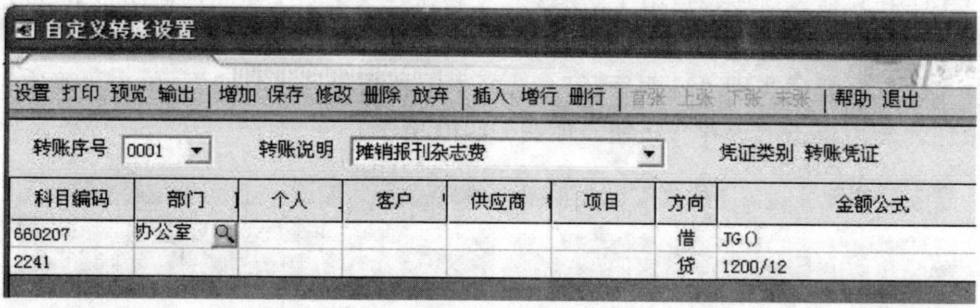

图 U4-38　摊销报刊杂志费

2. 生成记账凭证

①以“苏三”的身份，点击【财务会计】—【总账（演示）】—【期末】—【转账生成】，进入“转账生成”界面。选择“自定义转账”单选按钮，点击【全选】按钮。点击【确定】按钮，生成转账凭证。如图 U4-39 所示。

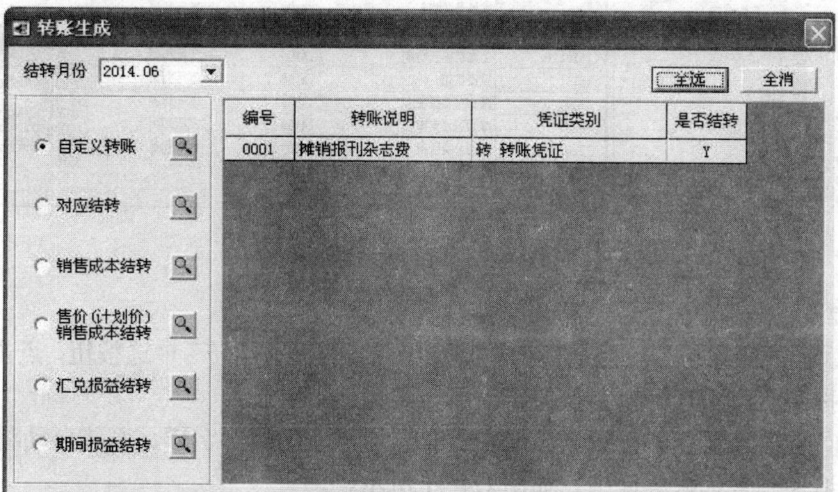

图 U4-39　自定义转账生成

②点击【保存】按钮，凭证左上角显示“已生成”字样，系统自动将当前凭证追加到未记账凭证中，并对该凭证进行审核记账。

【期末业务 3】

1. 定义凭证模板

①在总账系统中，点击【期末】—【转账定义】—【期间损益结转】，进入“期间损益结转设置”界面。

②选择凭证类别“转账凭证”，选择本年利润科目“4103”，单击“确定”按钮。然后单击“保存”按钮。如图 U4-40 所示。

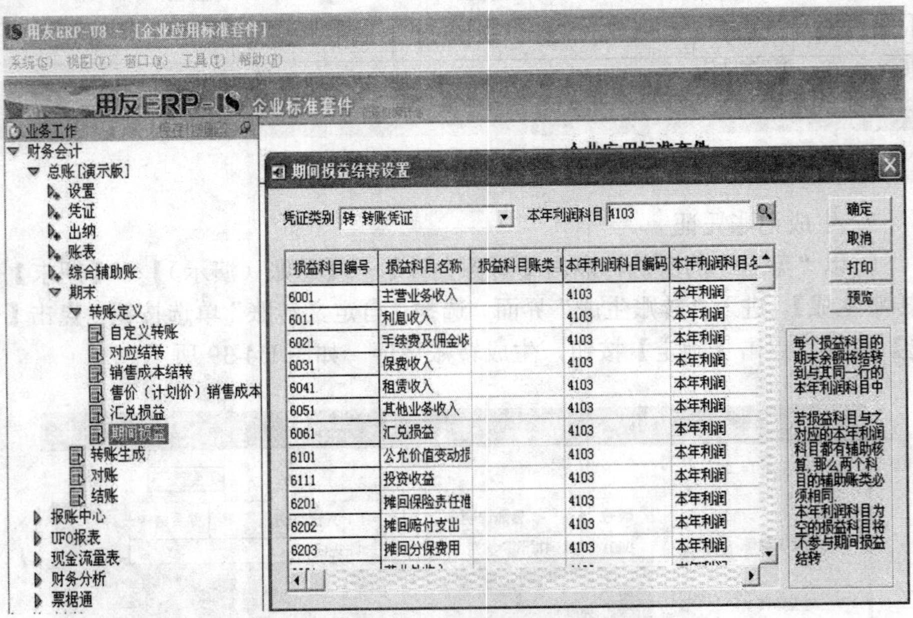

图 U4–40 期间损益结转设置

2. 生成记账凭证

①点击【期末】—【转账生成】，选择“期间损益结转”单选按钮，点击【全选】按钮。点击【确定】按钮，生成转账凭证。

②点击【保存】按钮，凭证左上角显示“已生成”字样，系统自动将当前凭证追加到未记账凭证中。如图 U4-41 所示。

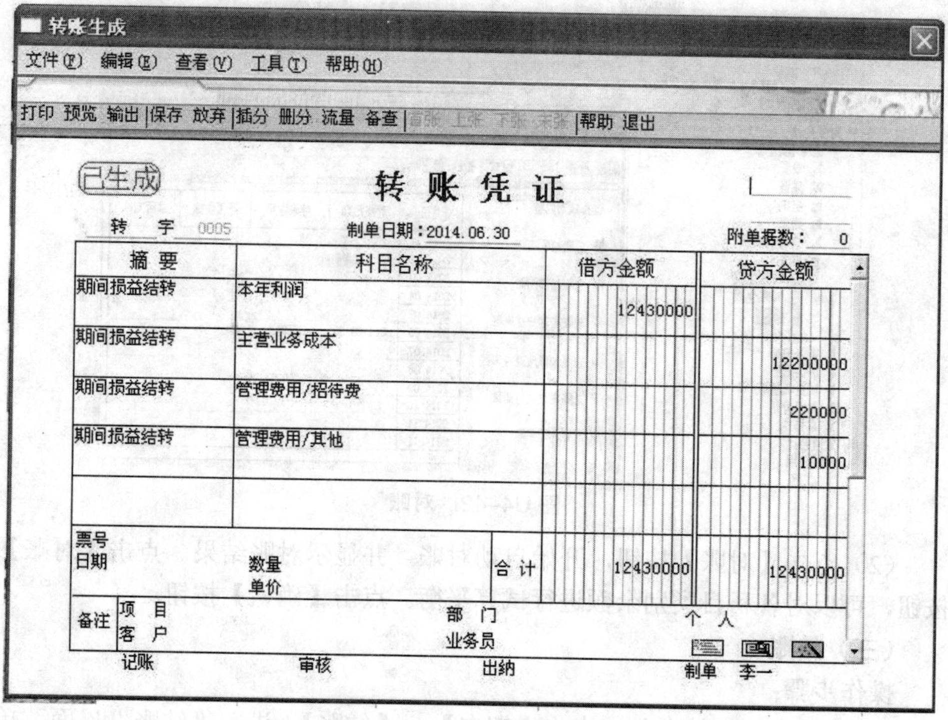

图 U4-41　期间损益凭证保存

注：①转账生成之前，注意转账月份为当前会计月份。

②进行转账生成之前，先将相关经济业务的记账凭证登记入账。

③转账凭证每月只生成一次。

④生成的转账凭证，仍需审核才能记账。

⑤若使用应收、应付款管理系统，则总账系统中，不能按客户、供应商进行结转。

（二）对账

操作步骤：

（1）以“李一”的身份，点击【期末】—【对账】，进入“对账”界面。将光标定位在要进行对账的月份“2014.6”，点击【选择】按钮。如图 U4-42 所示。

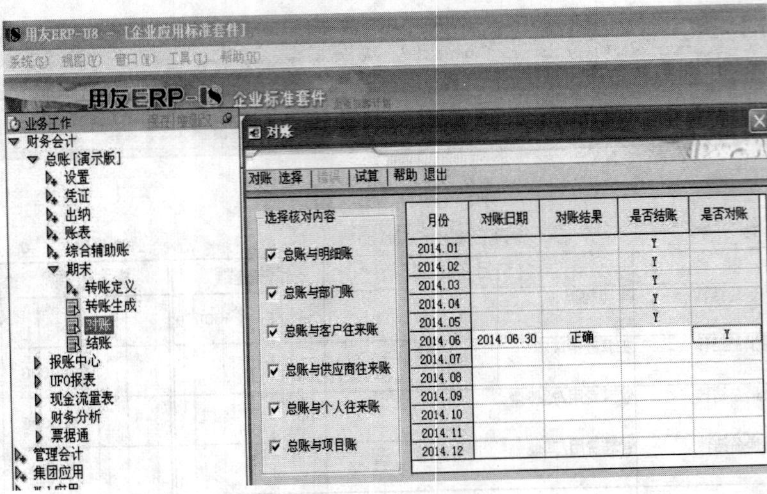

图 U4-42　对账

（2）点击【对账】按钮，开始自动对账，并显示对账结果。点击【对账】按钮，可以对各科目类别余额进行试算平衡。点击【确认】按钮。

（三）结账

操作步骤：

（1）以“李一”的身份，点击【期末】—【结账】，进入“结账”界面。单击要结账月份“2012.12”，点击【下一步】按钮。点击【结账】按钮 ，系统对要结账月份进行账账核对。如图 U4-43 所示。

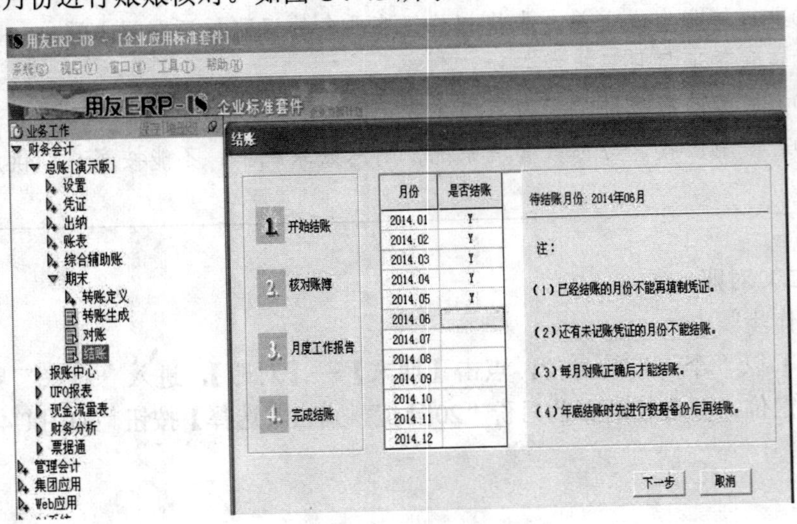

图 U4-43　开始结账

（2）点击【下一步】按钮，系统显示“2012 年 12 月工作报告”。查看工作报告后，单击“下一步”按钮，点击【结账】按钮，若符合结账要求，系统将进行结账，否则不予结账。点击【下一步】按钮，点击【结账】按钮。

注：①当结完账后，由于非法操作或计算机病毒或其他原因可能会造成数据被破坏，这时可以在此使用“取消结账”功能。

②取消结账：执行“期末”—“结账”，进入“结账”界面。选择要取消结账的月份“2012.12”，按“Ctrl+Shift+F6”键激活“取消结账”功能，输入口令“1”，单击“确定”，取消结账标记。

Kingdee 二、金蝶 K/3 软件应用操作

实验一　总账系统初始化及操作指导

Ⅰ. 总账系统初始化

【实验目的】

掌握金蝶 K/3 会计软件中总账系统初始化的相关内容，理解总账系统初始化设置的意义，掌握总账系统初始化设置的具体内容和操作方法 。

【实验内容】

1. 总账系统参数设置。
2. 基础档案的设置。
3. 期初余额录入。

【实验要求】

以账套主管“甲主管”的身份进行总账系统初始设置。

【实验准备】

恢复“实验一”数据（即以系统管理员 admin 的身份注册进入“账套管理”，执行【数据库】—【恢复账套】或单击工具栏上【恢复】按钮，系统弹出“选择数据库服务器”窗口，单击【确定】按钮进入“恢复账套”窗口，恢复已建立的山东秀珍科技有限公司 2011 的账套“实验一”数据）。

【实验资料】

（一）系统参数设置

1. 山东秀珍科技有限公司使用“新会计准则科目”；
2. 本年利润科目“4103”；利润分配科目“4104”；

3. 企业需要“启用往来业务核销”功能且“往来科目必须录入业务编号”；
4. 企业财务采用账结法“结账要求损益类科目余额为零”；
5. “凭证过账前必须进行审核”；
6. “现金银行存款采用赤字报警”；
7. “新增凭证自动填补断号”；
8. “银行存款科目必须录入结算方式和结算号”。

（二）基础资料设置

1. 币别设置

币别代码	币别名称	记账汇率	折算方式	汇率类别
USD	美元	6.90	原币*汇率=本位币	浮动
HKD	港币	0.80	原币*汇率=本位币	浮动

2. 凭证类别

该公司的记账凭证采用的是“记”字凭证字，在科目范围方面无限制。

3. 计量单位

计量单位组	默认计量单位	辅助计量单位	系数
数量组 1	盒（010）	件（011）	10
数量组 2	片（020）	盒（021）	12
数量组 3	个（030）	包（031）	20
		箱（032）	50
数量组 4	台（020）		
重量组 1	克（050）	千克（051）	1000

4. 结算方式

该公司的“转账”结算方式，按照银行细分。

代码	结算方式
JF01	建行现金支票
JF02	建行转账支票
JF03	中行转账支票

5. 客户和供应商

（1）客户

客户分类代码	客户分类名称	客户代码	客户名称
01	华北区	01.01	北京电子公司
02	东北区	02.01	长春电子厂

续表

客户分类代码	客户分类名称	客户代码	客户名称
03	西南区	03.01	成都电器公司
05	华南区	05.01	汕头电器公司
09	国外	09.01	德国 Webster 公司

（2）供应商

供应商分类代码	供应商分类名称	供应商代码	供应商名称
01	华东区	01.01	杭州电线电缆厂
		01.02	苏州电子厂
05	华南区	05.01	汕头电器公司
08	国外	10.01	Holly Cop Ltd

6. 部门

部门代码	部门名称	部门属性	成本核算类型
01	人事部	非车间	期间费用部门
02	财务部	非车间	期间费用部门
03	办公室	非车间	期间费用部门
04	采购部	非车间	期间费用部门
05	生产车间		
05.01	一车间	车间	基本生产部门
05.02	二车间	车间	基本生产部门
06	销售部	非车间	期间费用部门
07	技术部	非车间	期间费用部门
08	海外市场部	非车间	期间费用部门
10	市场部	非车间	期间费用部门

7. 职员

职员编号	姓名	所属部门	性别
0001	李万成	办公室	男
0002	苏珊	人事部	女
0003	甲主管	财务部	男
0004	乙会计	财务部	女
0005	丙会计	财务部	女
0006	丁管理	综合保障部	女
0007	李四	采购部	女
0008	王五	海外市场部	男
0009	马六	采购部	男
0010	赵七	生产一车间	男
0011	李销售	销售部	男
0012	杨技术	技术部	男

8. 核算项目类别

该公司在业务往来过程中产生一些“其他应付账款”，该往来单位和客户/供应商没有关系，需要单独设立核算项目类别“其他往来单位”，添加单位属性“区域”。

名称	相关属性	属性页	是否显示
区域	区域	基础资料	是

并且要添加往来单位明细表：

单位代码	名称	区域
01	长城公司	华东
02	北新公司	华北
03	蓝天公司	华中

9. 会计科目

科目代码	科目名称	外币核算	期末调汇	数量金额/往来/受控	核算项目
1002	银行存款	所有币别	√		
1002.01	建设银行	人民币			
1002.02	中国银行	美元	√		
1002.03	工商银行	港元	√		
1122	应收账款			受控系统：应收应付	客户
1123	预付账款			受控系统：应收应付	
1221	其他应收账款			往来业务核算：计息10%	职员
1231	坏账准备				
1401	材料采购				
1401.01	记录本			√（数量组3：个）	
1401.02	光盘			√（数量组2：片）	
2202	应付账款			受控系统：应收应付	供应商
2203	预收账款			受控系统：应收应付	
2241	其他应付账款				其他应付单位
2221	应交税费				
2221.01	应交增值税				
2221.01.01	销项税				
2221.01.02	进项税				
2221.02	应交所得税				
5001	生产成本				
5001.01	基本生产成本				
5001.01.01	工资及福利				

续表

科目代码	科目名称	外币核算	期末调汇	数量金额/往来/受控	核算项目
5001.01.02	材料				
5001.01.03	费用				
5001.02	半成品				
5101	制造费用				
5101.01	折旧费				
5101.02	工资及福利				
5101.03	修理费				
6101	主营业务收入				
6602	管理费用				
6602.01	工资及福利				
6602.01.01	工资				
6602.01.02	福利				
6602.02	折旧费				
6602.03	通讯费				
6602.04	招待费				
6602.05	其他				
6602.06	坏账损失				
6603	财务费用				
6603.01	利息				
6603.02	汇兑损益				

（三）期初数据录入

科目代码	名称	原币*汇率/往来/数量*单价	本年累计借方	本年累计贷方	方向	期初余额	实际损益发生额
1001	库存现金		20 000	30 000	借	300 000	
1002	银行存款						
1002.01	——建设银行		104 400	50 000	借	36 000	
1002.02	——中国银行	15 000*6.8			借	102 000	
1002.03	——工商银行	120 000*0.8			借	96 000	
1121	应收票据		65 000		借	65 000	
1122	应收账款						
	——北京电子公司				借	100 000	
	——长春电子厂		20 000		借	20 000	
1221	其他应收款						
	——李万成	业务日期20080531			借	28 225	

续表

科目代码	名称	原币*汇率/往来/数量*单价	本年累计借方	本年累计贷方	方向	期初余额	实际损益发生额
1401.01	材料采购						
	——记录本	30*2=60			借	60	
1401.02	——空白光盘						
1403	原材料				借	38 615	
1405	库存商品				借	105 000	
1601	固定资产				借	1 823 000	
1602	累计折旧			137 000	贷	540 000	
1604	在建工程				借	110 100	
2001	短期借款				贷	30 000	
2202	应付账款						
	——苏州电子厂			13 000	贷	13 000	
2211	应付职工薪酬				贷	25 000	
2221.01.01	应交税费						
	——销项税				贷	3 000	
4001	实收资本				贷	500 000	
4103	本年利润		68 100	47 500	贷	1 713 000	
6001	主营业务收入		56 000	56 000			56 000
6401	主营业务成本		30 000	30 000			30 000
	合计		363 500	363 500			

Ⅱ. 总账系统初始化操作指导

操作的前期工作

1. 执行【开始】—【程序】—【金蝶 K3】—【金蝶 K/3 主控台】(或者桌面“金蝶 K/3 主控台”),选择“组织机构”、“账套名”,并以账套主管“甲主管”的身份登陆 K/3 客户端,也可以使用内设的系统管理员 administrator 登陆,如图 K4-01 所示。

2. 总账系统初始化操作日期为 2011 年 8 月 1 日。

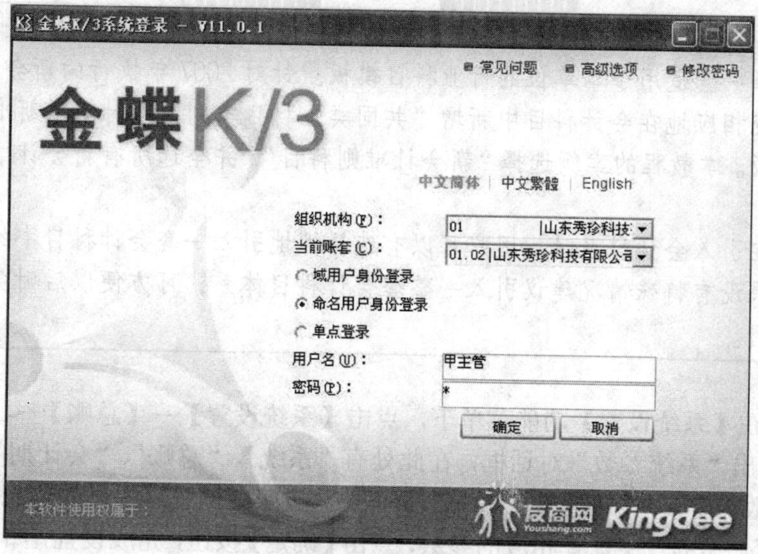

图 K4–01　系统登陆

（一）系统参数设置

操作步骤：

1. 登陆指定账套后，单击【系统设置】—【基础资料】—【公共资料】—【科目】，打开“基础平台—科目”界面，选择【文件】菜单下的【从模板中引入科目】功能，按照案例资料选择“新会计准则科目”，点击【引入】—【全选】—【确定】按钮，科目引入完成，如图 K4-02 所示。

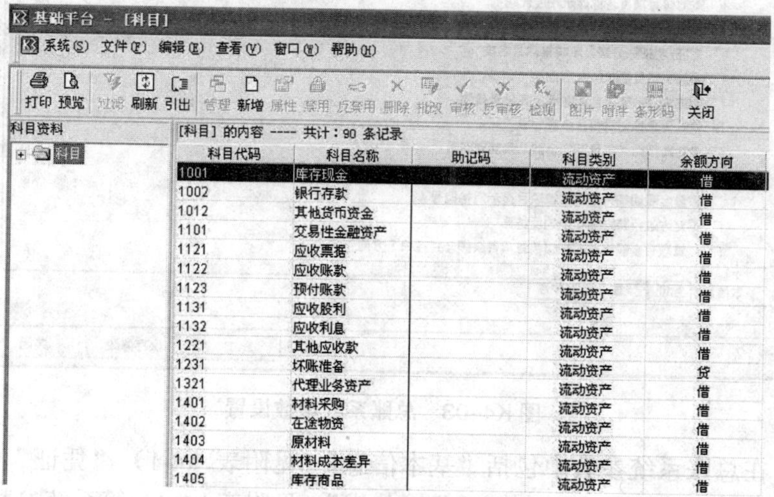

科目代码	科目名称	助记码	科目类别	余额方向
1001	库存现金		流动资产	借
1002	银行存款		流动资产	借
1012	其他货币资金		流动资产	借
1101	交易性金融资产		流动资产	借
1121	应收票据		流动资产	借
1122	应收账款		流动资产	借
1123	预付账款		流动资产	借
1131	应收股利		流动资产	借
1132	应收利息		流动资产	借
1221	其他应收款		流动资产	借
1231	坏账准备		流动资产	贷
1321	代理业务资产		流动资产	借
1401	材料采购		流动资产	借
1402	在途物资		流动资产	借
1403	原材料		流动资产	借
1404	材料成本差异		流动资产	借
1405	库存商品		流动资产	借

图 K4–02　科目引入成功

注：① K/3 系统中预设了许多行业的科目体系模板，用户通过“查看科目”功能选择一套适用于本单位的行业科目模板。针对 2007 年执行的新会计准则，总账系统相应地在会计科目中新增“共同类”科目类别，同时新增新准则会计科目模板。本教程的案例选择“新会计准则科目”，并全选所有新会计准则会计科目。

②在引入会计科目时，用户可以有选择性地引入一套会计科目中的某一部分，如果没有特殊情况建议引入一整套会计科目体系，可方便以后财务报表系统的使用。

2. 在【系统设置】功能菜单下，点击【系统设置】—【总账】—【系统参数】，弹出“系统参数”对话框，在此处有“系统”、“总账”、“会计期间”三类系统参数内容。在系统参数“总账”页面中，按照案例资料提供的信息，在“基本信息”、“凭证”中选择相应的参数，点击【确定】按钮，完成设置，如图 K4-03 所示。

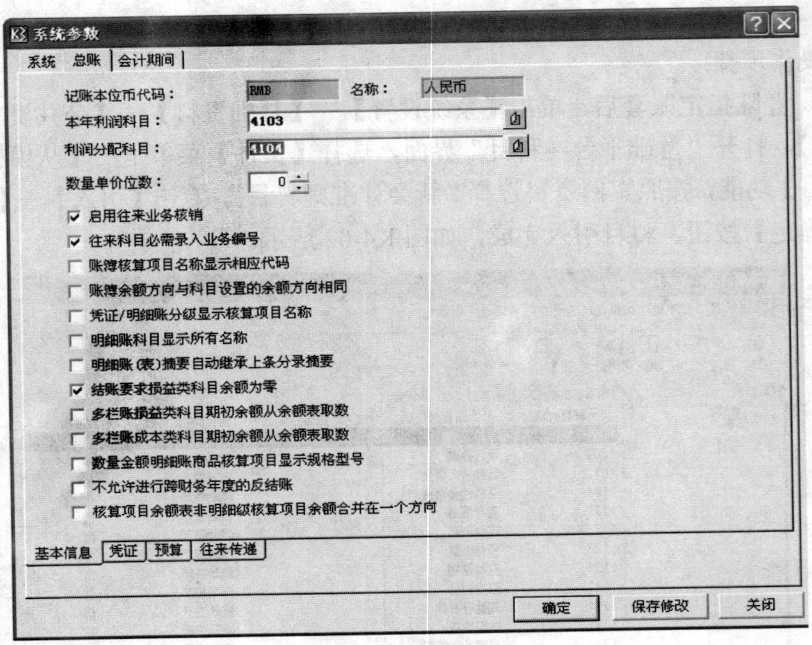

图 K4–03　总账系统参数设置

3. 在总账系统参数中包括“基本信息”（见附表 k4-1）、“凭证”（见附表 k4-2）、“预算”（见附表 k4-3）、“往来传递”（见附表 k4-4）等系统参数。根据实验资料要求进行参数的选择。

附表 k4-1　基本信息(总账系统参数)

参数名称	说明
(1)本年利润科目	如果需要进行损益的自动结转，则必须进行本年利润科目的设置；如果不进行损益的自动结转，可以不设置本年利润科目。
(2)利润分配科目	选择一个具体的科目作为利润分配科目。“以前年度损益调整”中的数据会自动结转到科目。
(3)数量单价位数	选择此参数后，在凭证录入时，数量和单价在自动计算后将按照所设置的小数位数四舍五入后进行保存。
(4)启用往来业务核销	选择此参数后，总账系统中各往来会计科目可以进行往来业务核销，此功能是针对会计科目设的参数。
(5)往来科目必须录入业务编号	选择此参数后，设置了往来业务核算的会计科目在凭证录入时必须录入业务编号。
(6)账簿核算项目名称显示相应代码	选择此参数，在预览、打印账簿时，会显示核算项目的名称及相应代码。
(7)账簿余额方向与科目设置的余额方向相同	选择此参数，则在显示账簿时，账簿的余额方向始终与同科目属性中设置的方向一致，如不同，则以负数来显示。例如：当科目余额为借方余额时，显示为“借 800”，如果科目余额为贷方余额，则显示“借-800”。 当不选择此参数，则该科目余额始终为正数，如上例，余额是贷方余额时，显示为“贷 800”
(8)凭证/明细账分级显示核算项目名称	选择此参数后，在查看凭证/明细账时，会分级显示核算项目的名称。
(9)明细账科目显示所有名称	选择此参数后，在预览、打印明细账簿时，会显示该科所有的上级会计科目名称，否则只显示最小一级明细科目的名称。
(10)明细账科目显示所有名称	选择此参数后，在凭证录入时，数量和单价在自动计算后将按照所设置的小数位数四舍五入后进行保存。
(11)明细账(表)摘要自动继承上条分录摘要	选择此参数后，系统在生成明细分类账、数量金额明细账、核算项目明细账、核算项目明细表时，如果凭证中该条分录没有摘要，则明细账摘要自动继承上条有摘要分录的摘要。如果不选择该选项，则自动继承凭证中第一条分录的摘要，而不是上条有分录的摘要。
(12)结账要求损益类科目余额为零	选择此参数后，则总账在结账前必须结转损益，损益结转采用账结法的企业，须选中此项，损益结转采用表结法的企业，则不需要选择此项。

续表

参数名称	说明
(13)多栏账损益类科目期初余额从余额表取数	选择此参数后，多栏账制作时涉及损益科目的，则期初余额从余额表取得。
(14)多栏账成本类科目期初余额从余额表取数	选择此参数后，多栏账制作时涉及成本科目的，则期初余额从余额表取得。
(15)数量金额明细账商品核算项目显示规格型号	选择此参数后，在数量金额明细账商品核算项目显示规格型号。
(16)不允许进行跨财务年度的反结账	选择此参数，不能进行跨年度的反结账。
(17)核算项目余额非明细级核算项目余额合并在一个方向	选择此参数，核算项目余额表在按照其明细级核算项目的余额汇总后，如果既有借方余额又有贷方余额，需要以借贷方的差额填列，填列方向选取差额的正数方向。如果选择了系统选项“账簿余额方向与科目设置的余额方向相同”，则此选项的作用就会失效。

附表 k4-2　凭证（总账系统参数）

参数名称	说明
(1)凭证分账制	对于有外币核算的企业实现按外币原币进行独立的账务处理。在凭证录入的时候，会计科目必须按选定的币别进行录入，以保证外币核算的完整性。其主要适用于金融行业，一般企业不要选用此项。
(2)凭证过账前必须审核	选择此参数后，凭证必须审核后，才可以进行过账（记账）处理；如果不选择此参数，凭证不审核也可以进行过账（记账）处理。
(3)凭证过账前必须出纳复核	选择此参数，凭证必须经出纳复核后才能过账（记账）。该选项只对有现金科目或银行存款科目的凭证有效，即只对这类凭证在过账前进行检查是否出纳复核，对其他不涉及现金科目和银行存款的科目不用进行检查。
(4)凭证过账前必须核准	选择此参数，则凭证必须核准后才可以进行过账（记账）；如果不选择此参数，凭证不核准也可以进行过账（记账）。
(5)每条凭证分录必须有摘要	选择此参数，凭证录入时，系统会自动检测每条分录是否有摘要，如果没有则不予保存，如果有机制凭证，系统会自动在每条分录上添上摘要。
(6)凭证查询分录科目显示核算项目	选择此参数，则凭证分录序时簿的“科目名称”一列中同时显示科目下挂的核算项目；反之，凭证分录序时簿中，在“科目名称”一列显示的只是凭证分录的科目名称，不会显示该科目相应下挂的核算项目。

续表

参数名称	说明
(7) 录入凭证时指定现金流量附表项目	选择此参数，在凭证中必须输入现金流量项目附表项目；反之，现金流量附表项目为非必录项，凭证保存时不做检查。
(8) 现金流量科目必须输入现金流量项目	选择此参数，则设置了现金流量的会计科目在录入凭证时就必须录入该会计科目所属的现金流量项目，一般录入凭证的出纳人员不一定知道现金项目的设置，可以不选。
(9) 不允许修改/删除业务凭证系统	对非总账系统生成的凭证，如果选择此参数，则凭证在总账中只能查看，不能进行修改或是删除。
(10) 现金银行存款赤字报警	选择此参数，则在录入现金、银行凭证时，如果现金、银行存款出现负值，系统会自动发出警告。
(11) 往来科目赤字报警	“往来科目赤字报警”的控制与“现金银行存款赤字报警”类似。
(12) 银行存款科目必须输入结算方式和结算号	选择此参数，凭证套打打印时不打印核算项目类别名称或代码，只打印出具体的明细核算项目的名称或代码。
(13) 凭证审核	系统提供两种限制，一是禁止成批审核，二是必须双敲审核，主要是满足金融、证券等特殊行业的需要。
(14) 不允许手工修改凭证号新增凭证检查凭证号	选择此参数，则不允许用户手工修改凭证号。 在网络应用的时候，如果不需要系统分配的凭证号，自己录入，可选此项，否则，系统会自动给新增的凭证增加凭证号。
(15) 新增凭证自动填补断号	选择此参数，系统会对新增的凭证自动获取断号。反之，则系统将对断号不做检查而直接在最大号后面进行追加。一般情况下，应选择此参数，否则凭证号将可能不连续。
(16) 凭证号按时间统一排序	选择此参数，凭证号将在同一会计期间统一排序。
(17) 凭证号按年度排列	选择此参数，则凭证号按年度排列，否则，按每一会计期间排序。

附表 k4–3　预算（总账系统参数）

参数名称	说明
(1) 显示科目最新余额、预算额	选择此参数，可在凭证录入的时候，及时在“记账凭证—新增”界面左上角的位置显示该科目的最新余额、预算额（包括未过账凭证），便于用户判断、决策和及时查询，用户可以按需要选择，建议用户选择此项。
(2) 预算控制	系统对科目不符合预算的科目录入提供三种选择：不检查、警告（可继续录入）、禁止使用（不可继续录入）。

附表 k4-4 往来传递（总账系统参数）

参数名称	说明
(1) 启用内部往来凭证协同处理	选择此参数，主控台“内部往来协同处理”及相应的子系统的功能“我方内部往来”“对方内部往来”才可以使用。 只有选中“启用内部往来协同处理”时，参数“内部往来信息未完成确定，不允许结账”与“内部往来信息发送方式”才可以选择。
(2) 内部往来信息未完成确认、不允许结账	选择此参数，即本期还有我方或对方的内部往来信息处于“未确认”“未完全确认”状态时，期末不允许结账。
(3) 内部往来信息发送方式	系统提供了三种选择，三选一： (1)限借方发送（默认选中）(2) 限贷方发送 (3) 借贷双方均可发送。该参数在子公司账套中不能选择，由集团账套统一控制。

（二）基础资料设置

操作的前期工作

基础资料是总账子系统的基础数据，也为其他子系统提供了共享资料，同时，也是金蝶 K/3 系统不可缺少的资料。

操作步骤：

1. 点击【系统设置】—【基础资料】—【公共资料】—【币别】，打开“基础平台—币别”界面，点击【新增】按钮，按照实验资料“币别”录入，点击【确定】按钮，完成设置，依次类推，完成其他币别的设置，如图 K4-04 所示。

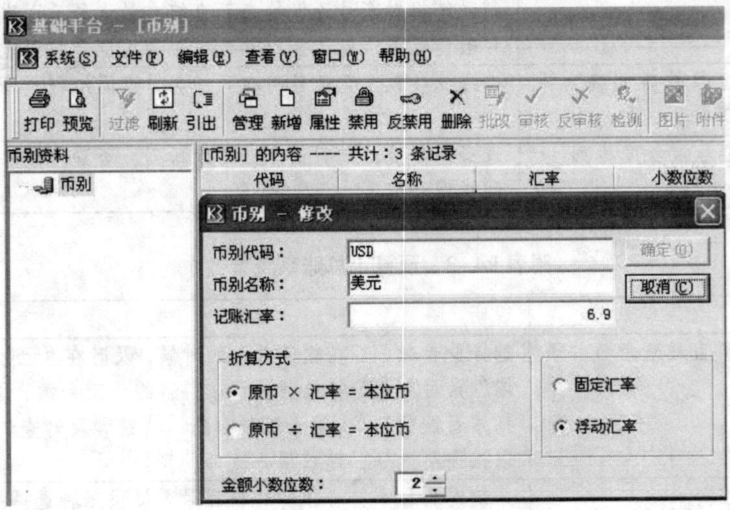

图 K4-04 币别设置

2. 点击【系统设置】—【基础资料】—【公共资料】—【凭证字】，打开“基础平台—凭证字”界面，单击【新增】按钮，按照实验资料提供的信息录入，点击【确定】按钮，完成设置，如图 K4-05 所示。

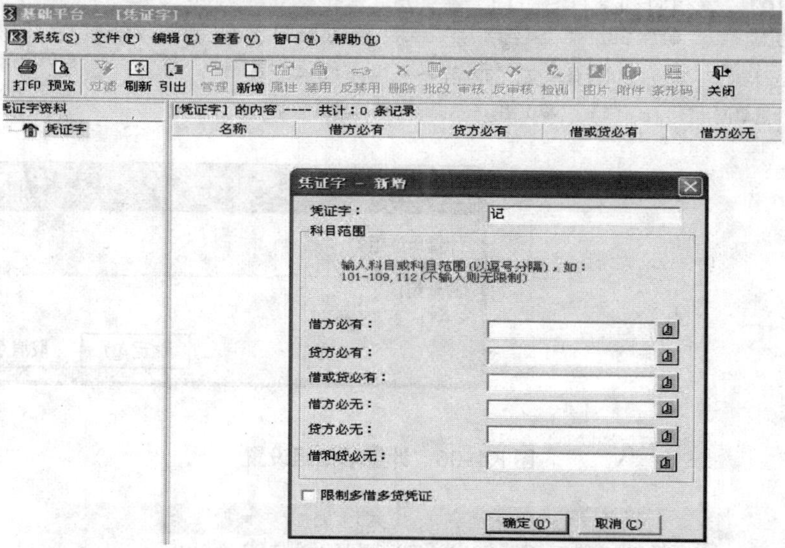

图 K4–05　凭证类别设置

注：常用的“凭证字”设置方案包括四种：

①记（在科目范围方面无限制）；②收、付、转；③现收、现付、银收、银付、转；④现收、现付、银收、银付、转、特。（“限制多借多贷凭证”：选择此项后，当录入多借多贷凭证时，系统不允许保存）

例如：用户设置凭证字“现收”，即可以在“借方必有”中设置“1001 现金”科目。

---

3. 点击【系统设置】—【基础资料】—【公共资料】—【计量单位】，打开“基础平台—计量单位”界面，单击【新增】按钮，按照实验资料“计量单位组”录入，如图 K4-06 所示。在左边窗口选择已经新增好的计量单位组，再在右边空白区任意点击一下，再单击【新增】按钮，输入属于该组的计量单位，单击【确定】按钮，如图 K4-07 所示，即在新增明细“计量单位”时要注意选择一个组别。

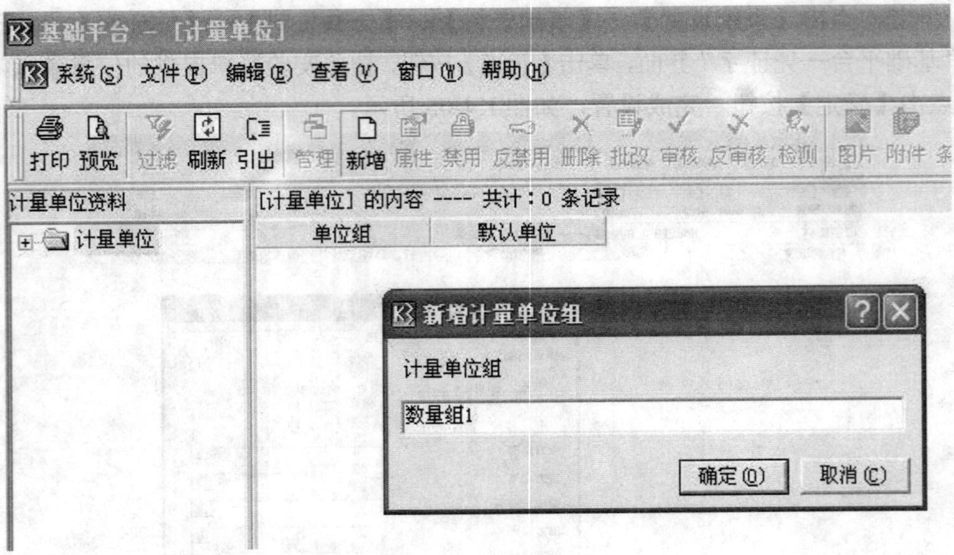

图 K4–06　计量单位组设置

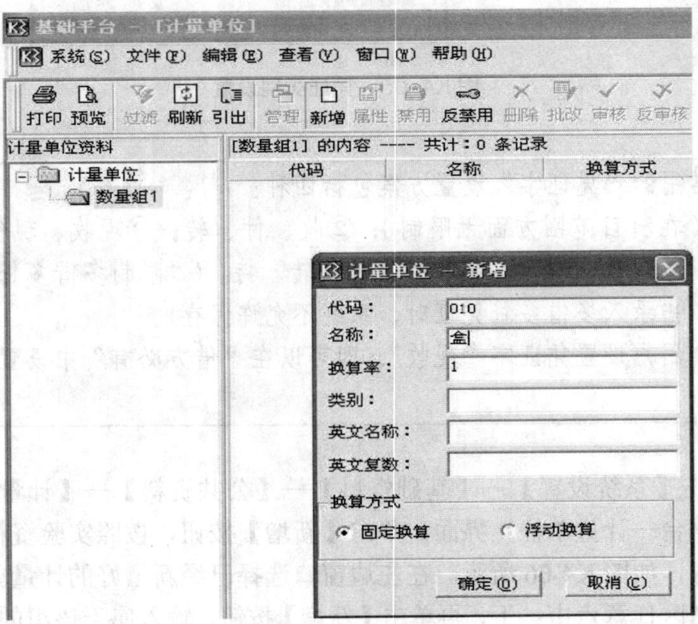

图 K4–07　计量信息设置

注：①如果某组别下有计量单位，必须先将计量单位删除，才能删除此组

别。

② 选择单位组中系数为“1”的计量单位，单击“编辑”菜单中“设为默认单位”，可以将该计量单位设为默认计量单位。

③ 换算方式：包括固定换算和浮动换算。固定换算方式的计量单位与默认计量单位间始终维持固定的换算比率；浮动换算方式的计量单位，可根据需要指定其换算率，实现了更加灵活的运用。

④ 类别：计量单位的参考信息。

⑤ 英文名称、英文复数：计量单位的英文，用于进口单据的打印。

4. 点击【系统设置】—【基础资料】—【公共资料】—【结算方式】，打开“基础平台—结算方式”界面，单击【新增】（或选择系统中已有的结算方式，进行【修改】），按照实验资料“结算方式”录入新增结算方式的代码和名称，单击“确定”按钮。完成设置，依次类推，完成其他结算方式的设置，如图 K4-08 所示。

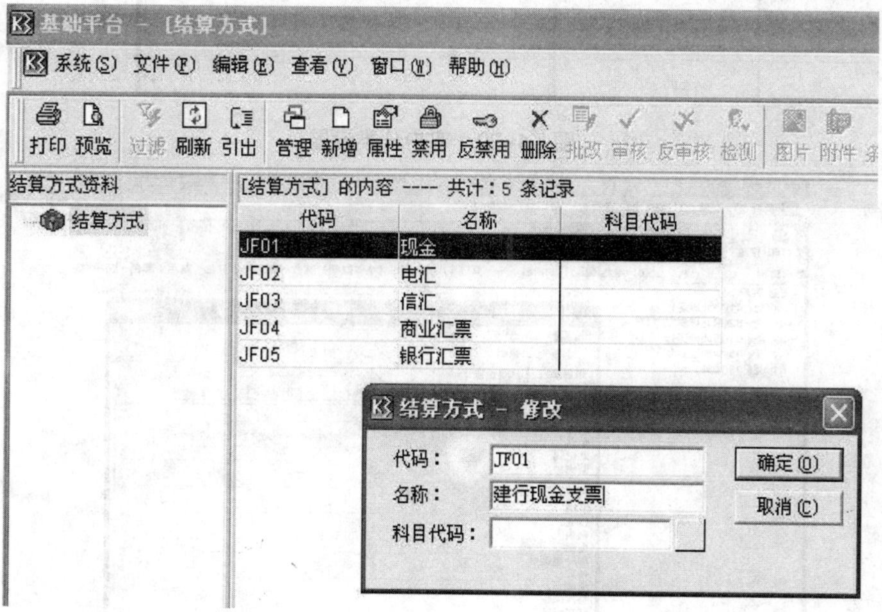

图 K4–08　结算方式的设置

注：“科目代码”：在使用应收应付系统时，对收付款单生成凭证，系统有设置可以取其收付款单上的结算方式的“科目代码”即此处的设置。

5. 点击【系统设置】—【基础资料】—【公共资料】—【客户】，打开“基础平台—客户”界面，单击【新增】按钮，点击【上级组】按钮，按照实验资料录入，并点击【保存】按钮，如图 K4-09 所示；客户分类设置完成后，再点击工具栏中的【新增】按钮，打开“客户—新增”界面，按照实验资料录入相关信息，如图 K4-10 所示，依次类推，完成其他客户的设置。

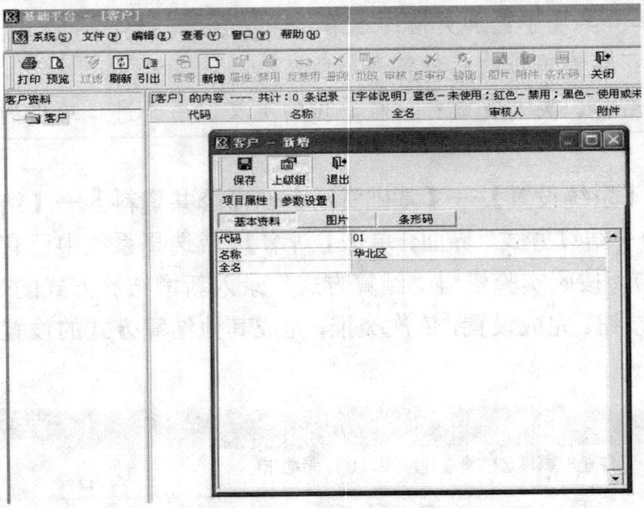

图 K4-09 客户分类设置

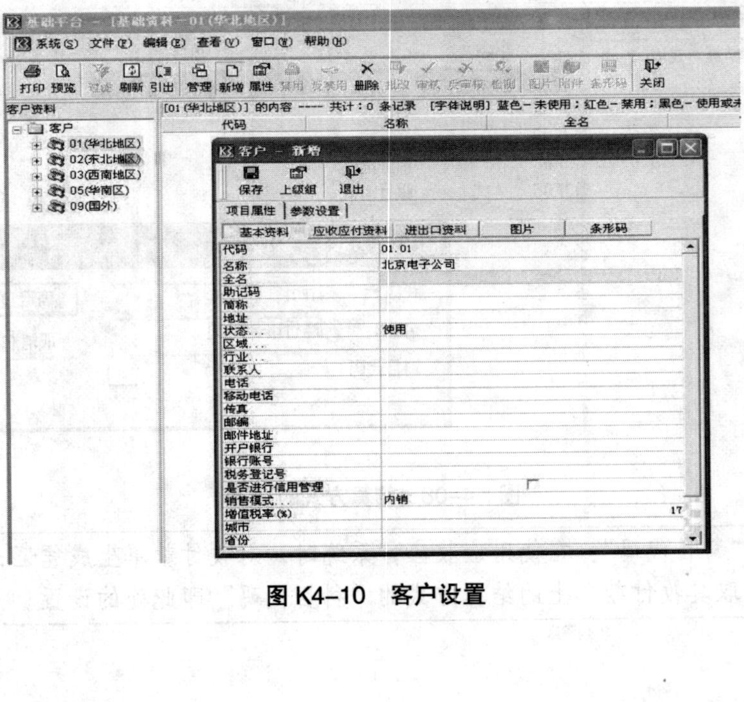

图 K4-10 客户设置

6. 点击【系统设置】—【基础资料】—【公共资料】—【供应商】，打开“基础平台—供应商”界面，单击【新增】按钮，点击【上级组】按钮，按照实验资料录入，并点击【保存】按钮，供应商分类设置完成后，再点击工具栏中的【新增】按钮，打开“供应商—新增”界面，按照实验资料录入相关信息，依次类推，完成其他供应商的设置。（供应商与客户设置基本操作相同，操作图省略）

注：①对客户和供应商较多企业，可以按照地区或其他原则对往来单位设置“上级组”（作为级别只录入代码和名称即可）。

②在编码原则上注意各级次间要以圆点“.”分割，各级次的长度系统不限制，可以任意设置。例如：上级组“华北区”的代码为“01”，具体客户“北京电子公司”的代码“01.01”。

③客户和供应商属性中的“代码”、“名称”为必录项，其他属性为非必录属性。

---

7. 点击【系统设置】—【基础资料】—【公共资料】—【部门】，打开“基础平台—部门”界面，单击【新增】按钮，按照实验资料提供的“部门”信息录入，并点击【保存】按钮，依次类推，完成其他部门的设置。如图 K4-11 所示。

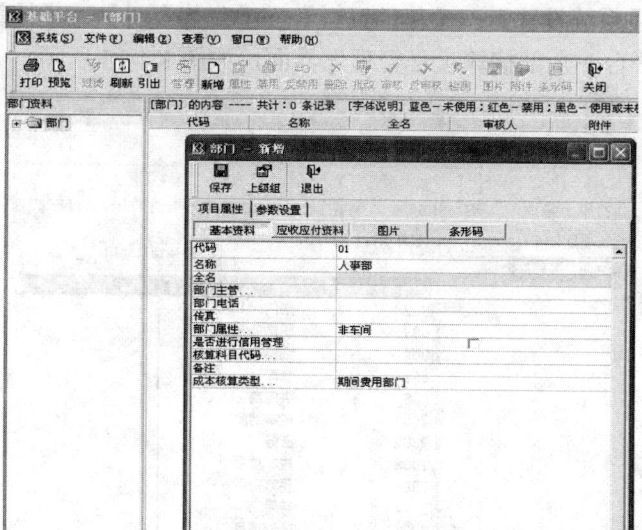

图 K4–11　部门设置

8. 点击【系统设置】—【基础资料】—【公共资料】—【职员】。打开“基础平台—职员”界面，单击【新增】按钮，并点击【保存】按钮，依次类推，完成其他职员的设置。如图 K4-12 所示。

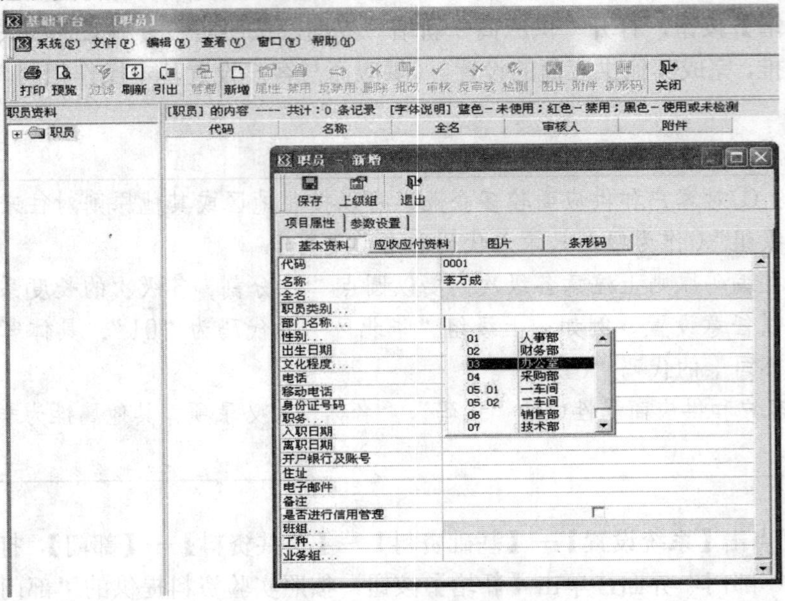

图 K4-12　职员设置

9. 点击【系统设置】—【基础资料】—【公共资料】—【核算项目管理】。打开“基础平台—全部核算项目管理”界面，如图 K4-13 所示。

图 K4-13　核算项目管理界面

10. 在“基础平台—全部核算项目管理”界面，点击【新增】按钮录入代码和名称，增加一个核算项目类别，在【核算项目管理】中，单击【新增】按钮，录入该核算项目管理的自定义属性，如图 K4-14、图 K4-15 所示。

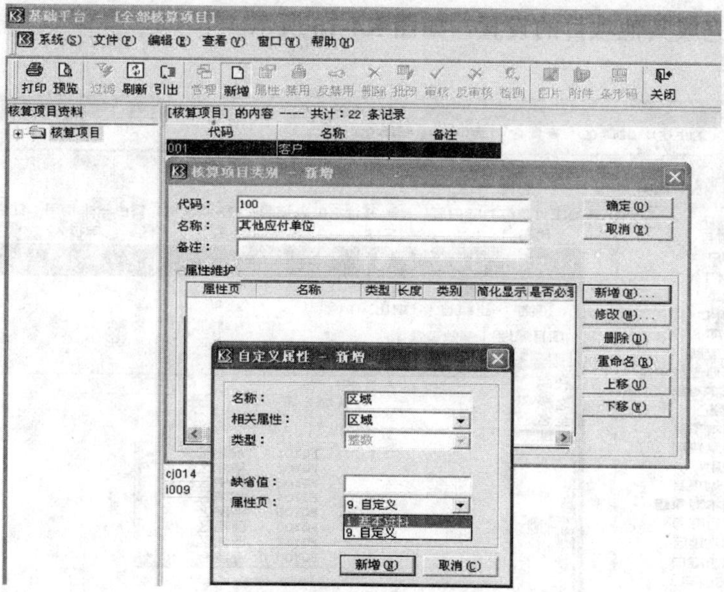

图 K4-14　核算项目设置

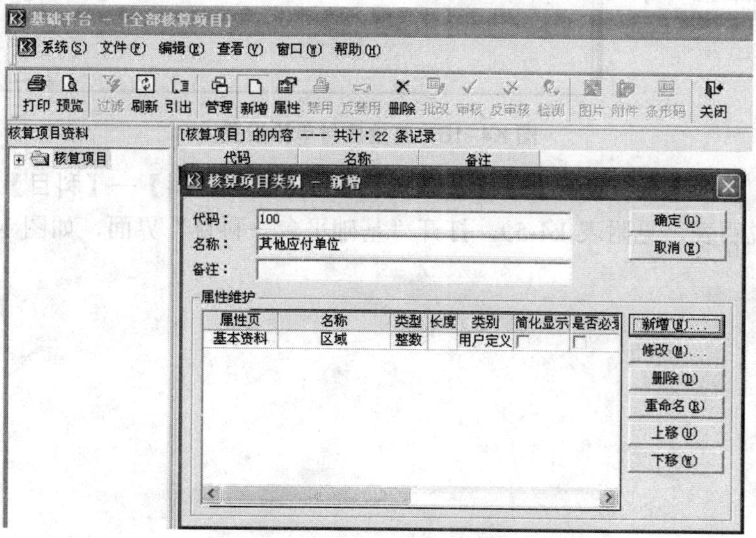

图 K4-15　核算项目设置

11. 在“基础平台—全部核算项目管理”界面，选择左面“核算项目资料—其他应付单位”，在右面的“其他应付单位”窗口中的空白位置任意点击一下，然后单击【新增】按钮，录入代码、名称、选择区域，单击【保存】按钮，依次类推，完成其他项目的设置，如图 K4-16 所示。

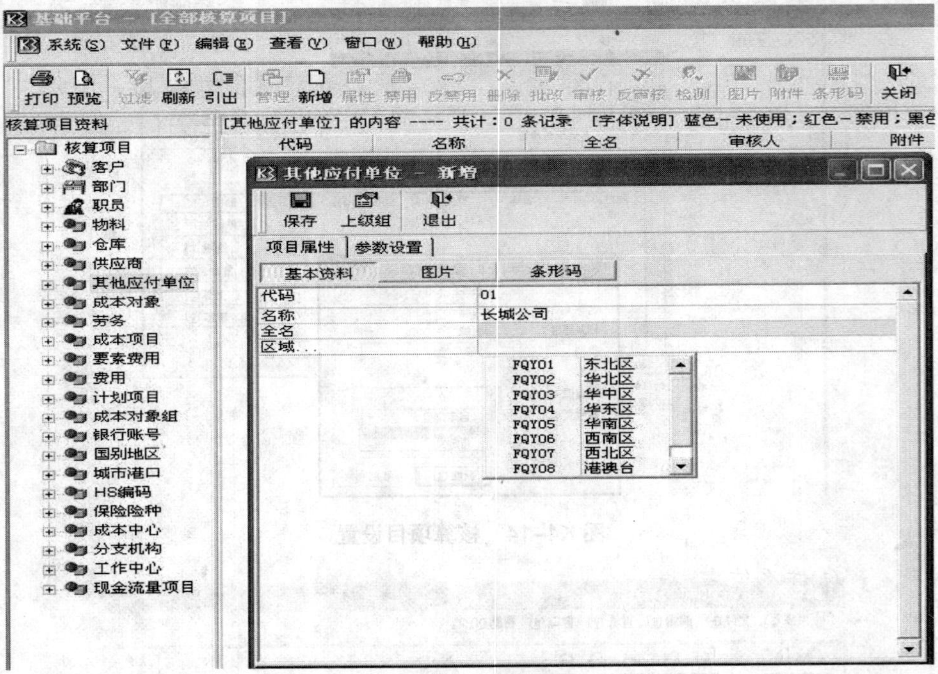

图 K4-16 其他应付单位设置

12. 点击【系统设置】—【基础资料】—【公共资料】—【科目】(会计科目属性说明表，见附表 k4-5)，打开“基础平台—科目”界面，如图 K4-17 所示。

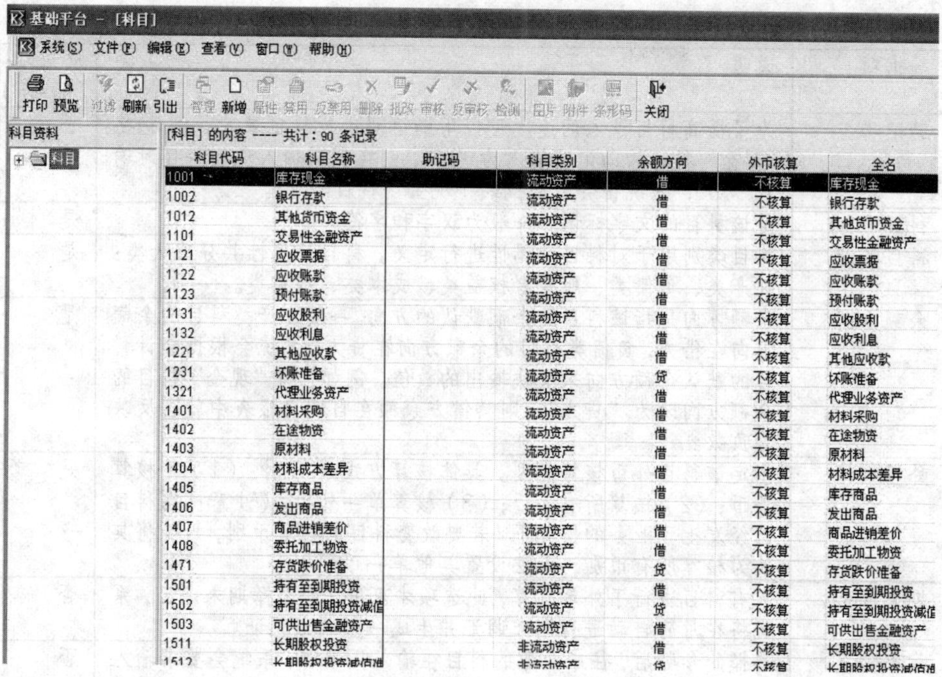

图 K4–17 会计科目界面

注：①在系统中会计科目可以引入，但引入的只是一级科目和少数会计科目体系有规定的二级科目，用户可以根据自身的需要新增二级科目或其他级别明细科目，并对所有的会计科目属性进行维护。

②会计科目的设置涉及物流系统核算以及财务入账等关键操作，用户要慎重设置。在会计科目设置窗口中可以对会计科目进行浏览、增加、修改、删除、科目禁用、管理科目禁用、预算数据输入、科目计息的定义和全部科目属性情况预览、打印等操作。

附表 k4–5 会计科目属性说明表（总账系统）

数据项	说明	必填项（是/否）
科目代码	会计科目子科目与总科目之间是用小数点来进行分隔的。二级以后的明细科目代码位数设置可以根据用户的需要自行设定，没有限制。例如：管理费用为 6602，其明细科目可以设置 6602.01 或 6602.001（二级位数无规定）	是

续表

数据项	说明	必填项（是/否）
助记码	为了提高科目录入的速度可以用助记码进行科目录入。例如:将“现金”科目的助记码输入为“XJ”，则在凭证输入现金科目时输入“XJ”，系统将会自动找到“现金”科目。	否
科目名称	是该科目的文字标识。一般为汉字和字符	是
科目类别	科目类别用于对科目的属性进行定义。科目的属性共分五大类：资产类、负债类、所有者权益类、成本类、损益类。	是
余额方向	余额方向是指该科目的余额默认的方向。一般资产类科目的余额方向在借方，负债类科目的余额方向在贷方，系统会根据会计科目的默认余额方向来反映输出的数值。例如：将“现金”科目的余额方向改为“贷方”，则其借方余额在自定义报表中就会反映为负数。	是
外币核算	指定该科目外币核算类型。具体核算方式分 3 种：(1) 不核算外币；(2) 核算所有外币；(3) 核算单一外币。(注意：在科目已经发生了业务的情况下，若要改变科目的核算币别，只能将其改为核算所有币别，无法设置其他单一币别)	是
期末调汇	只有科目进行了外币核算，此选项才可用。如选择期末调汇，系统将在月底自动进行期末调汇并生成一张调汇凭证。	否
往来业务核算	选择此参数后，往来业务的科目在输入凭证时，系统会要求输入往来业务核算代码，并会对此类科目进行往来业务核销(如果用户不用应收、应付子系统，则应收账款和应付账款科目可以使用此功能)。	否
数量金额辅助核算	选择此参数后，在输入凭证时要求用户既要求既输金额又输数量(如果用户不使用购销存系统，存货科目可以使用此功能)。	否
计量单位	只有科目进行了数量金额辅助核算，此项目才可使用。缺省计量单位指凭证上使用到该科目时的默认单位。	否
现金科目	选择此参数后，则将科目指定为现金类科目。它影响现金日记账和现金流量表的使用。	否
银行科目	选择此参数后，则将科目指定为银行科目。它影响现银行日记账和现金流量表的使用。	否
出日记账	选择此参数后，系统会自动出日记账，即明细账中设置“本日合计”。一般用于“现金”“银行存款”科目。	否
科目计息	选择此参数后，则需要对部分科目实行计算利息。例如：“应收票据”等，并要录入“日利率”。	否
日利率	选择此参数后，才可以进行科目计息。	否
现金等价物	该参数供现金流量表取数使用。	否
科目预算	通过设置科目预算值，提供事前监控的手段。当在录入凭证时，设置的科目数据超过科目预算值或低于预算值时，系统将提供不检查、警告、禁止使用三种方式给用户进行处理。其操作方法是在“科目预算”中录入每月的预算数。也可以对有核算项目的科目按核算项目分别进行预算。	否

续表

数据项	说明	必填项（是/否）
预现金流量表项目	选择此参数后，系统会根据预设好的科目与现金流量对应关系，帮助用户批量完成现金流量的指定，极大减轻每个月的重复工作。	否
核算项目	与会计科目连用，其功能类似明细科目，但弥补了明细会计科目设置过多不利运行等缺陷，并能够重复使用下挂到各个科目下。比设置明细科目更直观、更简洁、处理速度更快，每个会计科目可下挂多个核算项目。	否

13. 在“基础平台—科目”界面，按照实验资料“科目”要求，双击某会计科目，可以打开并修改科目的属性，例如：“银行存款”设置，双击“银行存款”，打开“会计科目—修改”窗口，在外币核算栏下拉列表中，选择“所有币别”，在期末调汇处的复选框选择“√”，点击【退出】按钮，依次类推，完成其他科目的设置，如图 K4-18 所示。

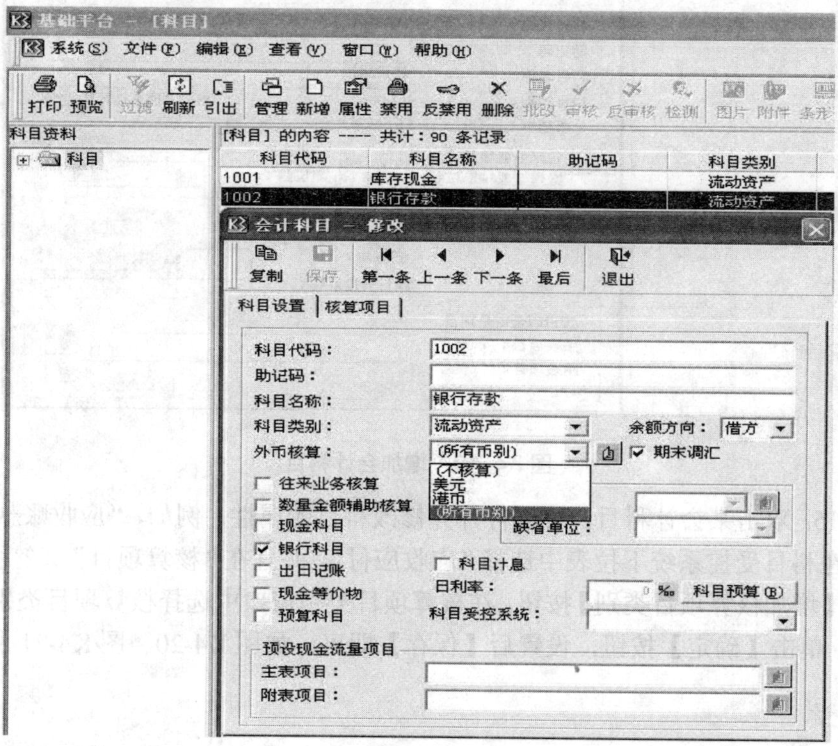

图 K4-18　会计科目属性设置

14. 需要增加二级会计科目或其他明细科目的，按照实验资料“科目”提供的信息，在“基础平台—科目”界面，点击【新增】按钮，按照科目编码规则进行会计科目设置，设置完成后，点击【保存】按钮。如图 K4-19 所示。例如：“银行存款”下设建设银行、中国银行、工商银行，依次类推，完成其他科目的设置。

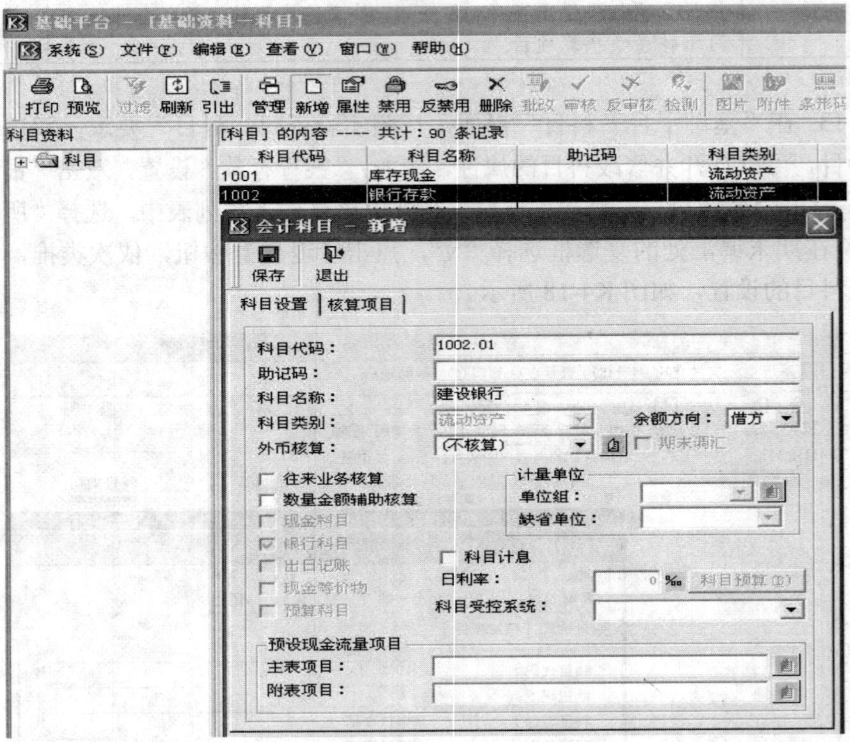

图 K4-19 增加会计科目

15. 双击某会计科目，可以打开并修改科目的属性，例如，“应收账款”科目，在科目受控系统下拉表中选择“应收应付”，并且在“核算项目”标签页中，单击【增加核算项目类别】按钮，在核算项目类别窗口中选择核算项目类别“客户”，单击【确定】按钮，设置后【保存】即可。如图 K4-20、图 K4-21 所示。

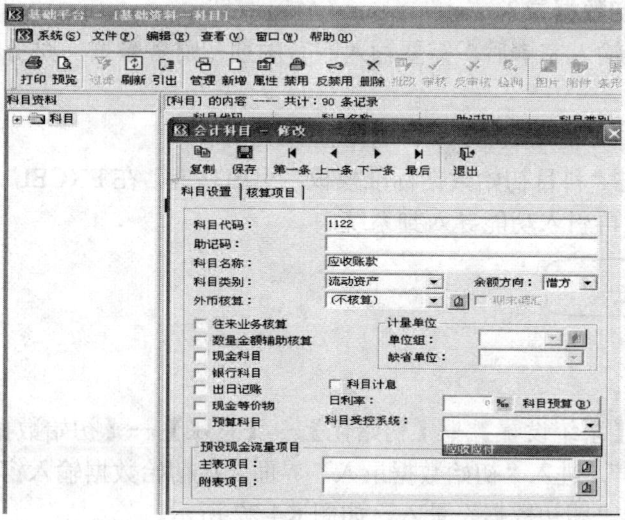

图 K4-20　会计科目属性中设置核算项目

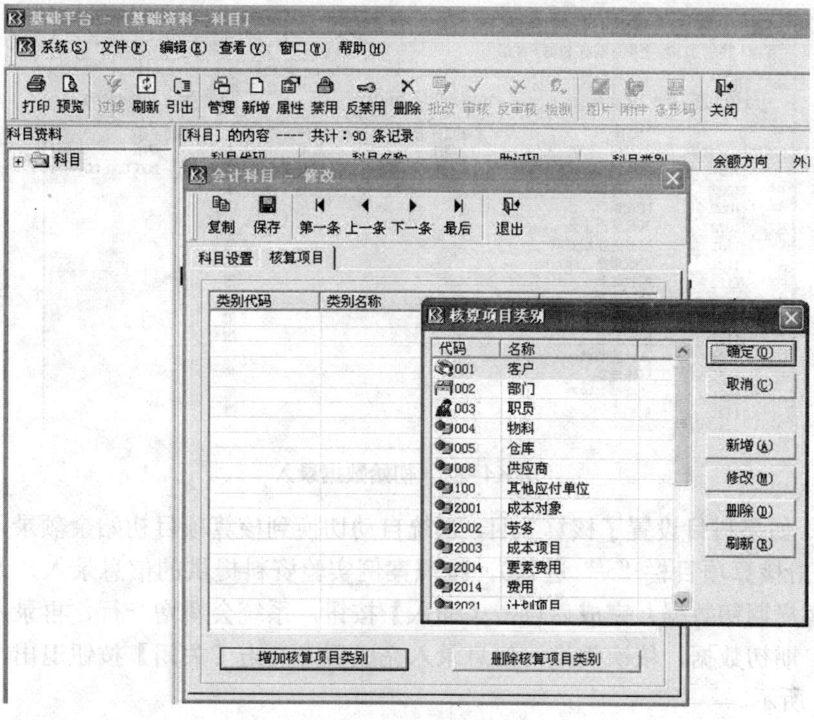

图 K4-21　在会计科目中增加核算项目类别

（三）期初数据录入

各项资料输入完毕后，需要输入账套的期初财务数据。财务初始数据录入方法有两种：

（1）通过“初始数据录入”功能直接进行；

（2）通过“科目初始数据标准模板”引出功能，在 EXCEL 模板中录入准备好的数据，再引入功能导入到系统中。

方法一

操作步骤：

1. 点击【系统设置】—【初始化】—【总账】—【初始数据录入】，选择币别“人民币”，进入“初始数据录入”界面。在初始数据输入窗口中，按照实验资料提供的“期初数据”录入，如图 K4-22 所示。

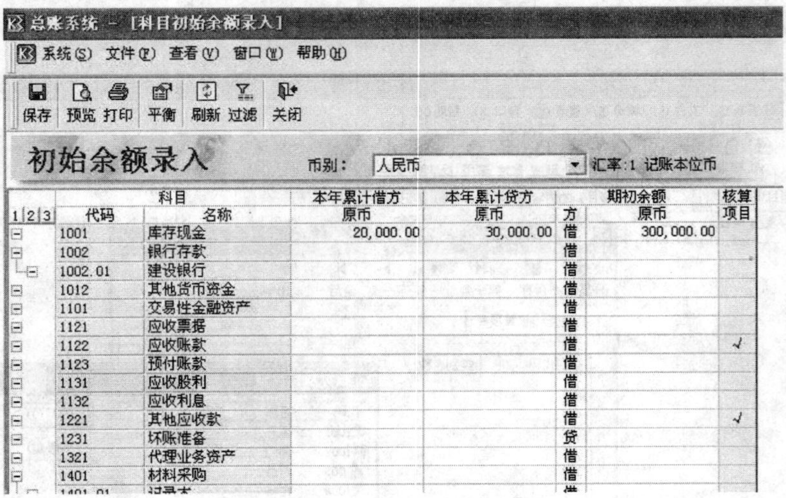

图 K4-22　初始数据录入

2. 如果科目设置了核算项目，系统自动切换到核算项目初始余额录入窗口（或点击核算项目栏“√”进入），按照案例实验资料提供的信息录入，录入第一个客户期初数据，完成后点击【插入】按钮，系统会新增一行，再录入第二个客户期初数据，依次类推，信息录入完成后，点击【关闭】按钮退出，如图 K4-23 所示。

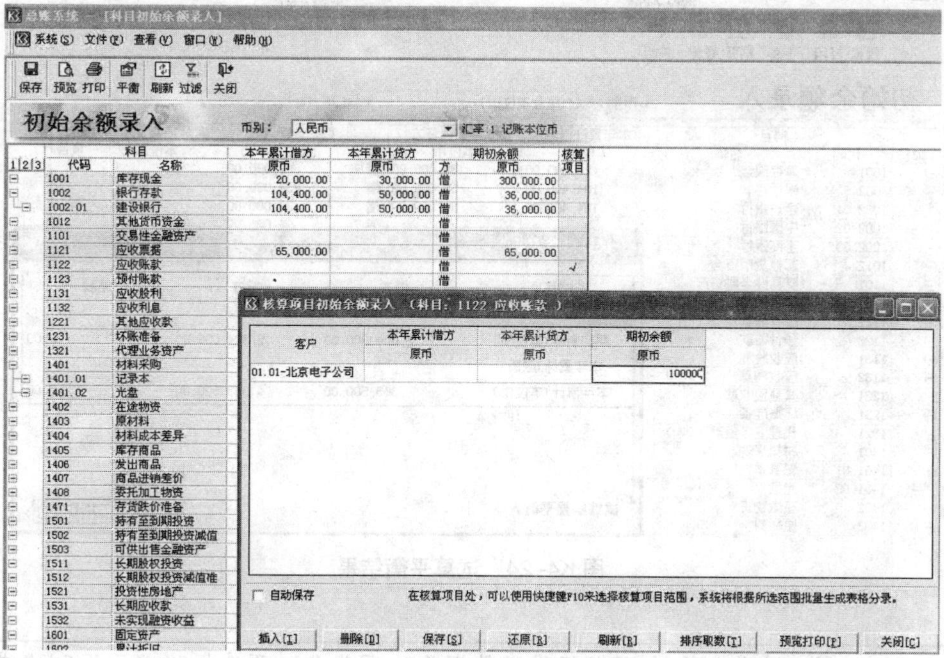

图 K4-23　科目核算项目初始余额录入

3. 在数据的录入过程中，系统提供了自动识别的功能：如果科目是数量金额核算，当光标移到该科目时，系统自动弹出“数量”栏供用户录入。

4. 如果科目是损益类科目，当光标移到该科目时，系统会自动弹出“实际损益发生额”供用户录入。

5. 数据输入无误后，在币别窗口选择【综合本位币】，汇总各币别数据，然后单击工具栏中的“平衡”按钮，查看初始数据“试算平衡”情况，试算平衡表窗口中显示余额的借贷方数据及差额、本年累借和累贷的数据和差额，在差额为零时，说明试算结果平衡。如图 K4-24 所示。

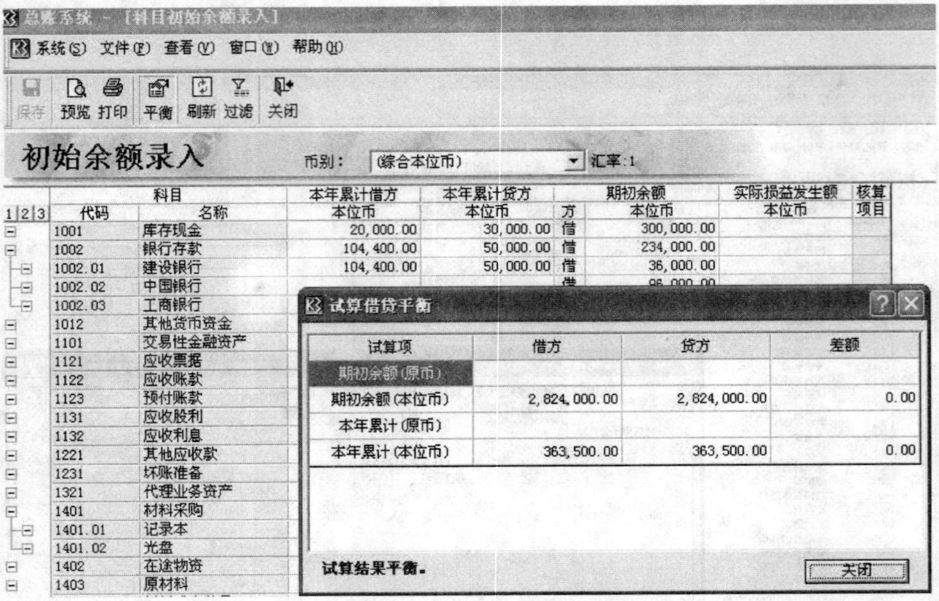

图 K4-24　试算平衡结果

注：①工商银行和中国银行科目数据为外币业务，要选择“美元”和“港币”币别才能录入。

②银行存款下设 3 个明细科目：分别核算人民币、美元和港币，则“银行存款”科目必须选择“综合本位币”才能查看到“银行存款”的总额。

③银行存款下设 3 个明细科目，分别核算人民币、美元、港币，则“银行存款”科目必须选择“综合本位币”才能查看到“银行存款”的总额。

④“应收账款”和“应付账款”下设有核算项目，所以必须按“客户”、“供应商”明细录入。但是不能直接录入，必须单击“√”处。使用“应收、应付账款管理系统”的用户的“应收账款”及“应付账款”的余额可以不录而直接从“应收款管理系统”和“应付款管理系统”的期初余额处传送过来。

⑤“材料采购”是数量金额式的数据，录入时会自动弹出“数量”栏。

⑥“固定资产”和“累计折旧”科目在总账处只要录入总额即可，每个固定资产的详细资料在“固定资产管理系统”模块中分别录入，也可以在初始化时直接从固定资产系统直接传数据到总账。

方法二

操作步骤：

1. 执行【系统设置】—【初始化】—【总账】—【科目初始数据标准模板引出】命令，单击【科目初始数据标准模板引出】按钮，进入“科目初始数据标准模板引出”向导，如图 K4-25 所示。

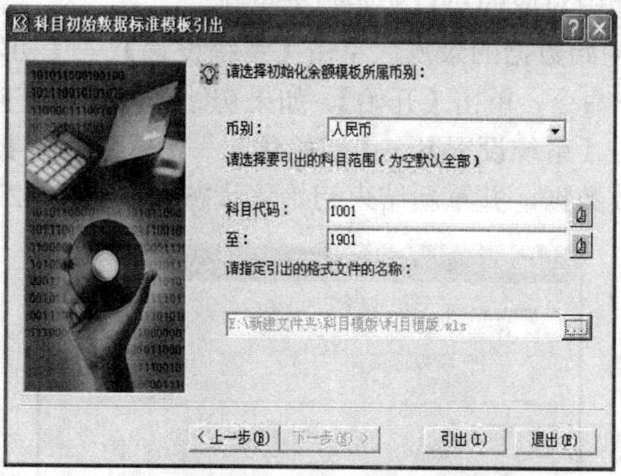

图 K4–25　科目初始数据标准模板引出

2. 根据【科目初始数据标准模板引出】向导，将模板引出成 EXCEL 文档，模板只能分币（人民币、美元、港币）。在引出的 EXCEL 模板中，录入准备好的初始数据并保存，以备引入时用。不同币别的数据请在相应币别的模板中录入。如图 K4-26 所示。

	A	H	I	J	K	M
1	币别	科目代码	科目名称	本年累计借方数量	本年累计借方原币	本年累计贷方数量
2	RMB	1001	库存现金			
3	RMB	1002	银行存款	0	0	0
4	RMB	1002.01	建设银行			
5	RMB	1012	其他货币资金			
6	RMB	1101	交易性金融资产			
7	RMB	1121	应收票据			
8	RMB	1122	应收账款		0	
9	RMB	1123	预付账款			
10	RMB	1131	应收股利			
11	RMB	1132	应收利息			
12	RMB	1221	其他应收款		0	
13	RMB	1231	坏账准备			
14	RMB	1321	代理业务资产			
15	RMB	1401	材料采购	0	0	0
16	RMB	1401.01	记录本			
17	RMB	1401.02	光盘			

图 K4–26　引出的 EXCEL 模板

3. 执行【系统设置】—【初始化】—【总账】—【科目初始数据引入】命令，单击【科目初始数据引入】按钮，进入“科目初始数据引入”向导，根据【科目初始数据引入】向导，选择第 2 步中保存的 EXCEL 文档，将数据引入 K/3 系统中。导入模式有两种：覆盖模式和追加模式。选择“覆盖模式”导入，导入前已经存在的初始化数据将会被清除，请慎用。选择“追加模式”导入，导入前已经存在的初始化数据的科目将不会被改变，导入前每天初始化数据的科目将会引入文档中对应的科目初始数据更新。

4. 在完成了初始数据的录入，单击【系统设置】—【初始化】—【总账】—【结束初始化】命令，单击【开始】。如果初始数据录入有问题需要修改，在第一期间可以单击【系统设置】—【初始化】—【总账】—【反初始化】命令，取消初始化，修改数据，并重新结束初始化状态。如图 K4-27 所示。

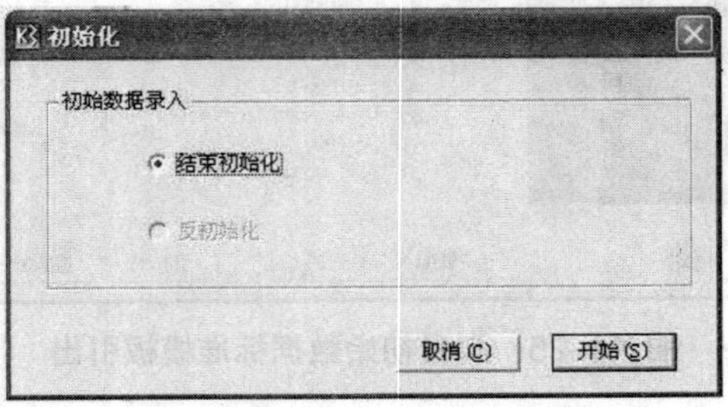

图 K4–27　结束初始化

注：①在初始数据输入窗口中系统会以不同的颜色来标识不同的数据。

白色区域：表示可以直接录入的账务数据资料，它们是最明细级普通科目的账务数据；

黄色区域：表示为非最明细科目的账务数据，这里的数据是系统根据最明细级科目的账务数据或核算项目数据自动汇总计算出来的。

绿色区域：系统预设或文本状态，此处的数据不能直接输入。

②在处理损益类科目的初始数据时的一些特别要求：

除了需要录入借贷方累计发生额（而“表结法”用户应录入期初余额），还需录入“本年累计实际发生额”，即在初始化时，录入“实际损益发生额一列”。

损益类科目的本年累计实际发生额与损益类科目的借方累计或贷方累计是不同的，

③从年中启用系统的账套数据，年初余额将根据以下的公式自动计算得出，无须录入。

借方年初余额=期初余额+本年累计贷方发生额−本年累计借方发生额

贷方年初余额=期初余额+本年累计借方发生额−本年累计贷方发生额

④有外币业务的情况下，必须切换到综合本位币状态下再试算平衡。

⑤试算平衡后就可以结束初始化了，试算不平衡是不能启用账套。

⑥初始数据录入工作可以和日常单据录入工作同时进行，只要在期末处理前关闭初始化即可。

⑦反初始化功能在使用中，如果系统已经进行了日常业务的期末处理，必须先反期末处理到账套启用期间后才能进行反初始化操作。

实验二　总账系统日常业务处理及操作指导

Ⅰ. 总账系统日常业务处理

【实验目的】

掌握金蝶 K/3 会计软件中总账系统日常业务处理的相关内容，理解总账系统日常业务处理的意义，熟悉总账系统日常业务处理的操作，掌握凭证管理和账簿管理的具体内容和操作方法。

【实验内容】

1. 凭证处理。
2. 账簿查询。

【实验要求】

1. 以“乙会计”的身份进行填制凭证。
2. 以“甲主管”的身份进行审核、记账。

【实验准备】

恢复“实验二”数据（即以系统管理员 admin 的身份注册进入“账套管理”，执行“数据库”—“恢复账套”或单击工具栏上“恢复”按钮，系统弹出“选择数据库服务器”窗口，单击“确定”按钮进入“恢复账套”窗口，恢复“实验二”数据）。

【实验资料】

（1）8 月 3 日，丙会计从建行银行提取现金 1 000 元，作为备用金。（现金支票号 XJ20110801）

借：库存现金　　1 000

　贷：银行存款——建行存款　　1 000

（2）8 月 5 日，收某外商投资资金 10000 美元，汇率 6.90，转账支票编号 WH201108005，已存入中行。

借：银行存款——中行存款　　69 000

　贷：实收资本　　69 000

（3）8 月 10 日，购入光盘一批备用，1.8 元*10000 片，货款以银行存款支付。（转账支票号 Z20110810）

借：材料采购——空白光盘　　18 000

　贷：银行存款——建行存款　　18 000

（4）8 月 13 日，销售部收到北京电子公司转来一张转账支票，金额 99 600 元，用以偿还前欠货款。（转账支票号 Z201108013）

借：银行存款——工行存款　　99 600

　贷：应收账款　　99 600

（5）8 月 17 日，总经理办公室支付业务招待费 1 200 元，以工行存款支付，转账支票号 Z201108017。

借：管理费用——招待费　　1 200

　贷：银行存款——工行存款　　1 200

（6）8 月 26 日，结转工资 30 000 元。

借：管理费用——工资及福利　　30 000

　贷：应付职工薪酬　　30 000

II. 总账系统日常业务处理操作指导

（一）凭证处理

操作的前期工作

凭证处理的内容主要包括：填制凭证、凭证查询、凭证修改和删除、凭证审核、凭证记账。

双击桌面上的【金蝶 K/3 主控台】图标，系统弹出【系统登陆】窗口，用户名直接录入“乙会计”，单击【确定】按钮，重新注册，登陆总账系统。

1. 填制凭证

【业务 1】

操作步骤：

（1）单击【财务会计】—【总账】—【凭证处理】—【凭证录入】，系统弹出“记账凭证—新增”窗口，在“记账凭证—新增”界面，可以单击日期直接修改为“2011-8-3”，也可以单击日期右侧的下拉按钮进行选择，凭证字采用默认的“记”字，凭证号自动生成。

（2）摘要录入“提现备用”，按回车键（Enter）或按【科目】—【F7】键，系统弹出【会计科目】窗口，选中“1001”，单击【确定】按钮。按回车键（Enter），光标自动移到“借方”录入“1 000”。

（3）将光标移到第 2 条分录，摘要可以直接录入或按【F7】键从摘要库中读取。在科目处按【F7】键或双击鼠标左键（可调出会计科目代码），获取“1002.01”，单击【确定】按钮，结算方式选择“建行现金支票”，结算号为“XJ20110801”，录入贷方“1 000”，单击【保存】按钮。如图 K4-28 所示。

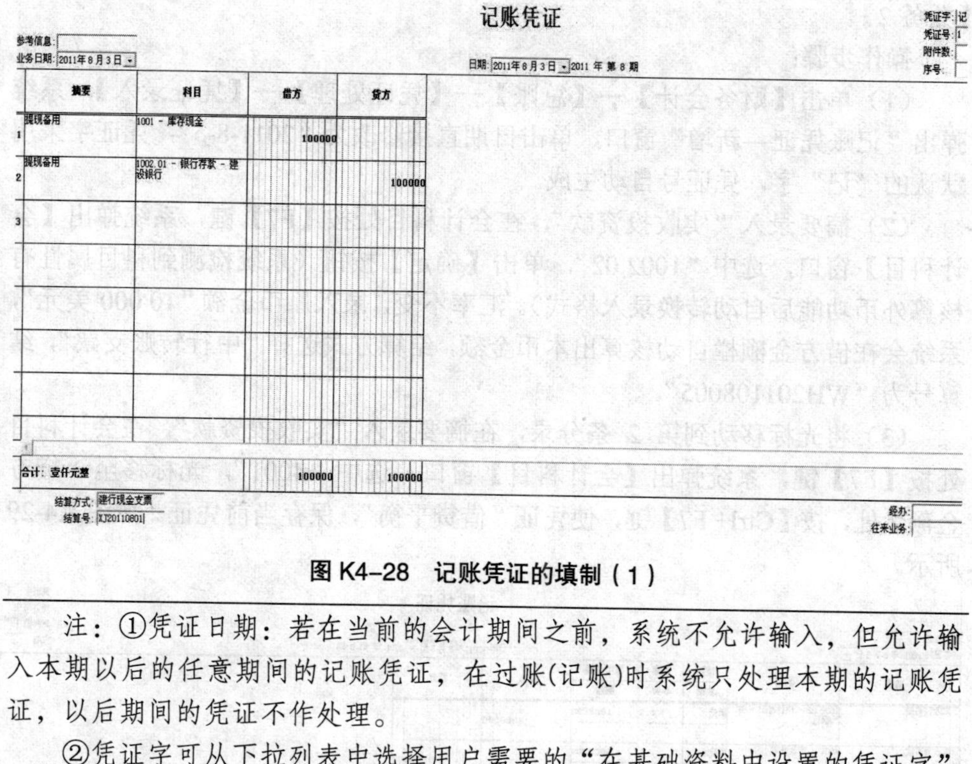

图 K4-28　记账凭证的填制（1）

注：①凭证日期：若在当前的会计期间之前，系统不允许输入，但允许输入本期以后的任意期间的记账凭证，在过账(记账)时系统只处理本期的记账凭证，以后期间的凭证不作处理。

②凭证字可从下拉列表中选择用户需要的“在基础资料中设置的凭证字”，凭证号由系统自动生成;附件数是指凭证后以附件的形式备份原始单据的数量。

③摘要是对凭证分录的文字解释，可以直接录入，也可以用【F7】键，可以选择已录入库摘要库中的摘要，单击【确定】后，摘要会自动添入当前的凭证中。

④录入会计科目代码，可以直接录入。在录入过程中左下方的状态栏会随动态提示代码所对应的科目名称，并且随着输入的代码自动检索并处于选中状态。按【F7】键(或双击鼠标左键)，即可调出会计科目代码表。科目前有“+”图标，表示该科目有明细科目，单击“+”图标可以展开所有明细科目。

⑤常用的录入凭证时的快捷键有：

【F7】键：获取代码；【F4】键：新增凭证；【F12】键：保存当前凭证；【Ctrl+F7】键：保存当前凭证；“..”（不是两个句号，是两个小数点，注意输入法全半角的转换）：复制上一分录的摘要；“//”：当前凭证有许多分录时，只复制第一条分录的摘要。

【业务 2】

操作步骤：

（1）单击【财务会计】—【总账】—【凭证处理】—【凭证录入】，系统弹出“记账凭证—新增”窗口，单击日期直接修改为“2011-8-5”，凭证字采用默认的“记”字，凭证号自动生成。

（2）摘要录入“实收投资款”，在会计科目处按【F7】键，系统弹出【会计科目】窗口，选中“1002.02”，单击【确定】按钮（系统检测到科目属性有核算外币功能后自动转换录入格式）。汇率不变，录入原币金额“10 000 美元”，系统会在借方金额栏自动核算出本币金额，结算方式选择“中行转账支票”，结算号为“WH201108005”。

（3）将光标移动到第 2 条分录，在摘要录入“实收投资款”，在会计科目处按【F7】键，系统弹出【会计科目】窗口，选中“4001”，光标移至“贷方金额”处，按【Ctrl+ F7】键，使凭证“借贷平衡”，保存当前凭证。如图 K4-29 所示。

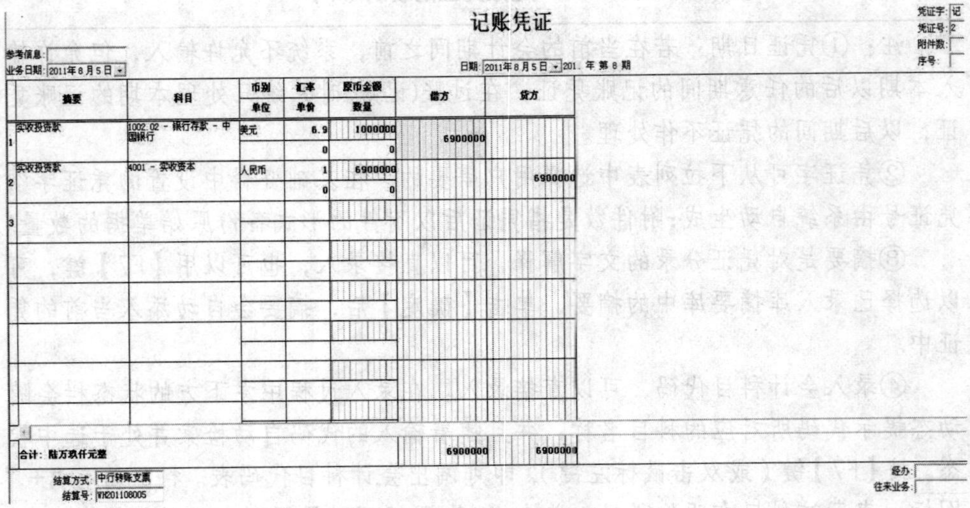

图 K4-29 记账凭证的填制（2）

注：①当会计科目有外币核算时，单击“外币”键转换到外币凭证格式。币别可以按【F7】键查询汇率在选择了币别后自动提供。原币金额是指外币的金额，录入后系统会根据外币汇率*原币金额得出本位币的金额。

②选择结算方式和录入结算号，是因为考虑日后要与出纳管理子系统联接使用。若用户不使用出纳管理子系统，则结算方式和结算号可以不录。银行存款结算方式和录入结算单据的号码，用户可以录入也可以不录。

【业务3】

操作步骤：

（1）单击【财务会计】—【总账】—【凭证处理】—【凭证录入】，系统弹出“记账凭证—新增”窗口，单击日期直接修改为“2011-8-10”，凭证字采用默认的“记”字，凭证号自动生成。

（2）摘要录入“购买材料”，在会计科目处按【F7】键，系统弹出【会计科目】窗口，选中“1401.02”，单击【确定】按钮，录入单价“1.8”和数量“10 000”，系统会在借方金额栏自动核算出本币金额。

（3）将光标移动到第2条分录，在摘要录入“购买材料”，在会计科目处按【F7】键，统弹出【会计科目】窗口，选中“1002.01”，结算方式选择“建行转账支票”，结算号为“WH201108005”，光标移至“贷方金额”。

按【Ctrl+ F7】键，使凭证“借贷平衡”，保存当前凭证。如图 K4-30 所示。

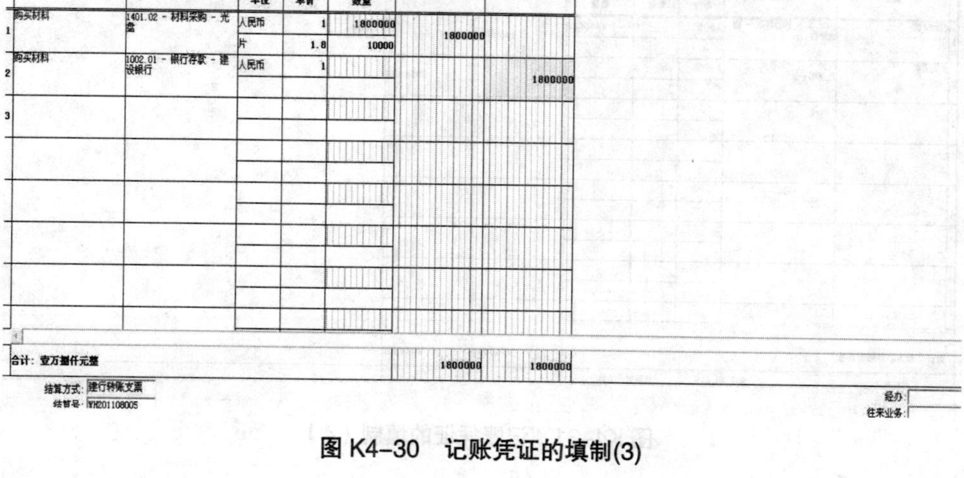

图 K4–30 记账凭证的填制(3)

注：当会计科目要进行数量金额核算时，系统会自动弹出数量格式让用户录入。单位系统会根据会计科目属性中提供的内容自动出现，用户只要录入“单价”和“金额”即可。系统会检验数量与单价的乘积是否与原币金额相等，如不相等，系统会提示是否继续。

【业务 4】

操作步骤：

（1）单击【财务会计】—【总账】—【凭证处理】—【凭证录入】，系统弹出“记账凭证—新增”窗口，单击日期直接修改为“2011-8-13”，凭证字采用默认的“记”字，凭证号自动生成。

（2）摘要录入“收到货款”，在会计科目处按【F7】键，系统弹出【会计科目】窗口，选中“1002.01”，单击【确定】按钮，结算方式选择“建行转账支票”，结算号为“Z201108013”，光标自动移到“借方”录入“99 600”。

（3）将光标移动到第 2 条分录，在摘要录入“购买材料”，将光标移动到第 2 条分录，在摘要录入“收到货款”，在会计科目处按【F7】键，系统弹出【会计科目】窗口，选中“1122”，按回车键（Enter），光标会移至窗口下部的“客户”项处，按键，系统弹出“客户”档案管理窗口。双击“北京电子公司”客户，并返回新增凭证窗口，贷方录入“99 600”，保存当前凭证。如图 K4-31 所示。

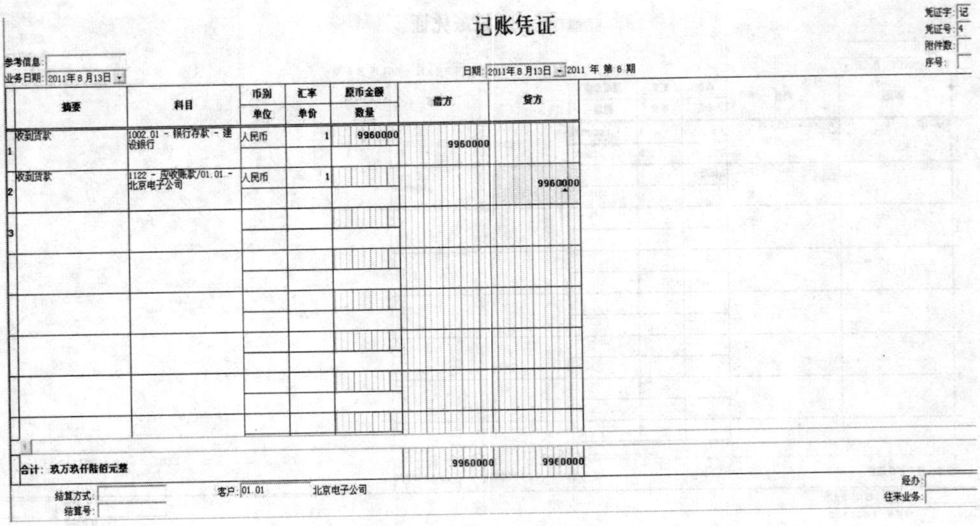

图 K4-31　记账凭证的填制（4）

注：①若所选择科目设置为往来（客户/供应商）辅助核算，系统检测到科目属性后，自动弹出“客户档案/供应商”管理窗口。

②对选择了核算往来业务的会计科目，要录入往来业务的编号可直接手工输入或按【F7】键调出往来信息供选择。

【业务 5】

操作步骤：

（1）单击【财务会计】—【总账】—【凭证处理】—【凭证录入】，系统弹出“记账凭证—新增”窗口，单击日期直接修改为“2011-8-17”，凭证字采用默认的“记”字，凭证号自动生成。

（2）摘要录入“业务招待费”，在会计科目处按【F7】键，系统弹出【会计科目】窗口，选中“6602.04”，单击【确定】按钮，光标自动移到“借方”录入“1 200”。

（3）将光标移动到第 2 条分录，在摘要录入“业务招待费”，在会计科目处按【F7】键，系统弹出【会计科目】窗口，选中“1002.01”，结算方式选择“建行转账支票”，结算号为“Z201108017”。光标移至“贷方金额”处，按【Ctrl+F7】键，使凭证“借贷平衡”，保存当前凭证。如图 K4-32 所示。

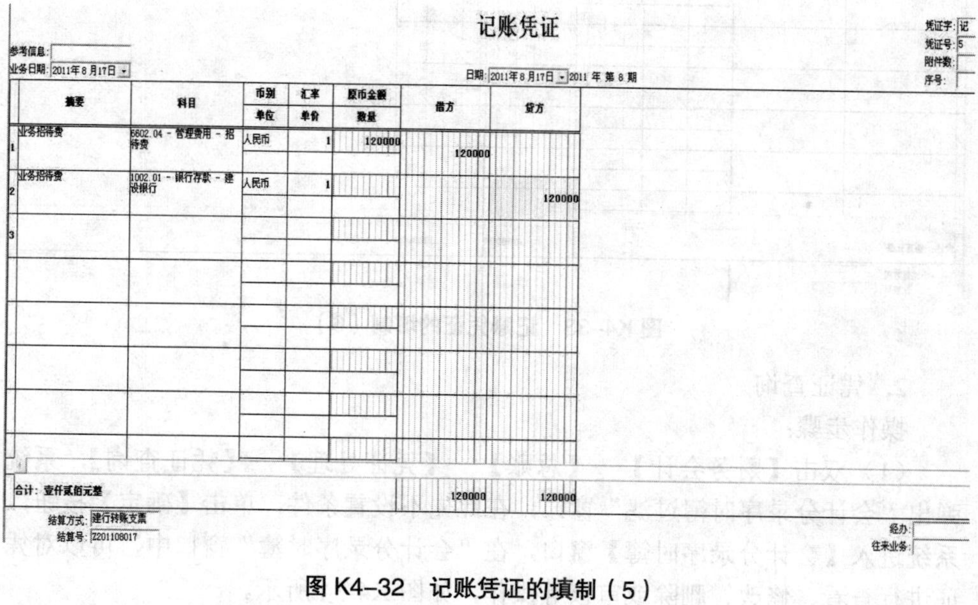

图 K4-32　记账凭证的填制（5）

【业务 6】

操作步骤：

（1）单击【财务会计】—【总账】—【凭证处理】—【凭证录入】，系统弹出“记账凭证—新增”窗口，单击日期直接修改为“2011-8-26”，凭证字采用默认的“记”字，凭证号自动生成。

（2）摘要录入“结转工资”，在会计科目处单击【F7】键，系统弹出【会计科目】窗口，选中“6602.01”单击【确定】按钮，光标自动移到“借方”录入“30 000”。

（3）将光标移动到第 2 条分录，在摘要录入“结转工资”，在会计科目处按【F7】键，系统弹出【会计科目】窗口，选中“2211”，光标移至“贷方金额”处，按【Ctrl+ F7】键，使凭证“借贷平衡”，保存当前凭证。如图 K4-33 所示。

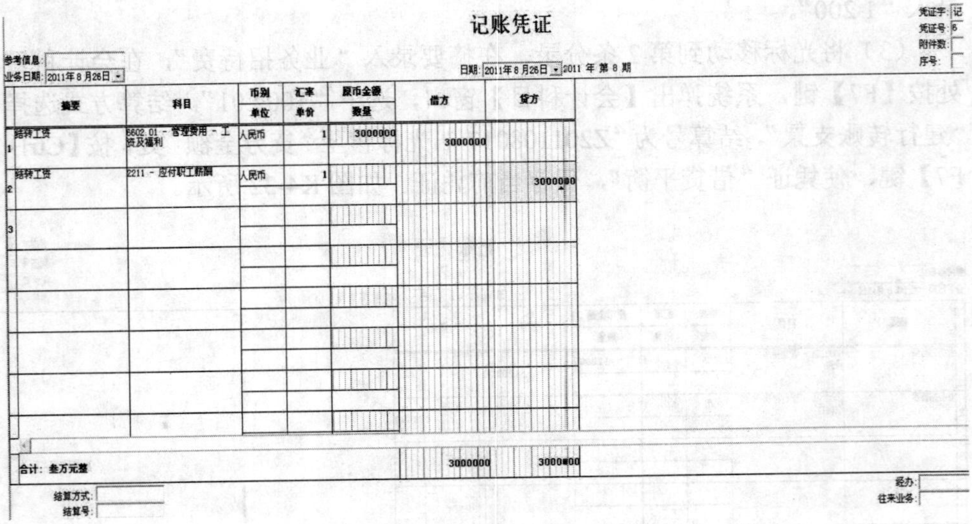

图 K4–33　记账凭证的填制（6）

2．凭证查询

操作步骤：

（1）双击【财务会计】—【总账】—【凭证处理】—【凭证查询】，系统弹出“会计分录序时簿过滤”窗口，在此先不设置条件，单击【确定】按钮，系统进入【会计分录序时簿】窗口，在“会计分录序时簿”窗口中，可以对凭证进行查看、修改、删除或审核等操作，如图 K4-34 所示。

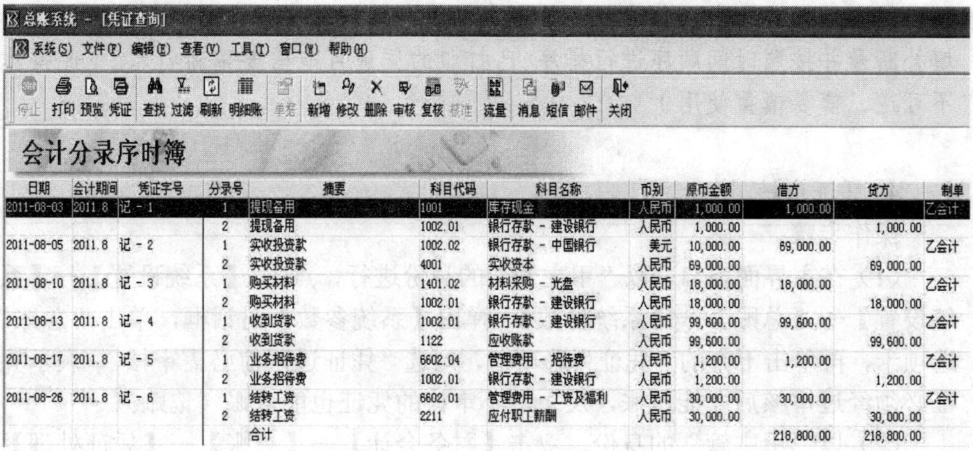

日期	会计期间	凭证字号	分录号	摘要	科目代码	科目名称	币别	原币金额	借方	贷方	制单
2011-08-03	2011.8	记 - 1	1	提现备用	1001	库存现金	人民币	1,000.00	1,000.00		乙会计
			2	提现备用	1002.01	银行存款 - 建设银行	人民币	1,000.00		1,000.00	
2011-08-05	2011.8	记 - 2	1	实收投资款	1002.02	银行存款 - 中国银行	美元	10,000.00	69,000.00		乙会计
			2	实收投资款	4001	实收资本	人民币	69,000.00		69,000.00	
2011-08-10	2011.8	记 - 3	1	购买材料	1401.02	材料采购 - 光盘	人民币	18,000.00	18,000.00		乙会计
			2	购买材料	1002.01	银行存款 - 建设银行	人民币	18,000.00		18,000.00	
2011-08-13	2011.8	记 - 4	1	收到货款	1002.01	银行存款 - 建设银行	人民币	99,600.00	99,600.00		乙会计
			2	收到货款	1122	应收账款	人民币	99,600.00		99,600.00	
2011-08-17	2011.8	记 - 5	1	业务招待费	6602.04	管理费用 - 招待费	人民币	1,200.00	1,200.00		乙会计
			2	业务招待费	1002.01	银行存款 - 建设银行	人民币	1,200.00		1,200.00	
2011-08-26	2011.8	记 - 6	1	结转工资	6602.01	管理费用 - 工资及福利	人民币	30,000.00	30,000.00		乙会计
			2	结转工资	2211	应付职工薪酬	人民币	30,000.00		30,000.00	
				合计					218,800.00	218,800.00	

图 K4-34 凭证查询界面

注：①在凭证查询时，用户可以设置组合条件进行查询，输入查询日期等于、大于或小于某个日期，查询客户在某个时间段的业务往来资料。

②在凭证录入过程中，选择已经录入的科目，同时选择该功能可以查看该科目的明细账。

③查询时还可以将经常使用的查询条件以方案形式保存下来，以备下次查询使用。

---

3. 凭证修改和删除

操作步骤：

（1）双击【财务会计】—【总账】—【凭证处理】—【凭证查询】，系统进入【会计分录序时簿】窗口。将光标定位于要“修改的凭证”上，单击工具条中相应的【修改】按钮，系统会显示记账凭证“修改”界面，修改后重新保存即可。

（2）双击【财务会计】—【总账】—【凭证处理】—【凭证查询】，系统进入【会计分录序时簿】窗口。将光标定位于要“删除的凭证”上，单击工具条中相应的【删除】按钮，系统即可删除此凭证。

注：①凭证的修改和删除必须在“凭证查询”中进行。

②如果要修改的凭证已经审核，此凭证只能进行查看，不能修改，只有未审核且未过账的凭证才允许修改。（删除凭证同理）

③在编辑菜单中增加【凭证整理】功能，对未审核未过账的凭证可以重新填补断号并按照时间顺序进行排序，已打印的凭证可能需要重新打印。（此操作不可逆，需要慎重使用）

4. 凭证审核

操作步骤：

（1）在主界面窗口，以“甲主管”的身份进行，点击 【系统设置】—【系统设置】—【总账】—【系统参数】，弹出【系统参数】对话框，单击“总账”选项卡，再单击下方的“凭证”选项卡，勾选“凭证过账前必需审核”，表示凭证必须经过审核后才能过账，反之，不审核的凭证也能过账（记账）。

（2）以“甲主管”的身份，双击【财务会计】—【总账】—【凭证处理】—【凭证查询】，在“会计分录序时簿”中，将光标定位于要“审核的凭证”上，然后，在工具条中单击【审核】按钮，系统即进入记账凭证窗口，然后点击工具条中【审核】按钮或【F3】即表示审核通过，系统会在审核人处进行签章。

（3）选择“编辑”菜单中的“成批审核凭证”选项，选择“审核未审核凭证”，则会将会计序时账簿中所有凭证成批审核（也可以选择对已审核凭证成批反审核），如图 K4-35 所示。

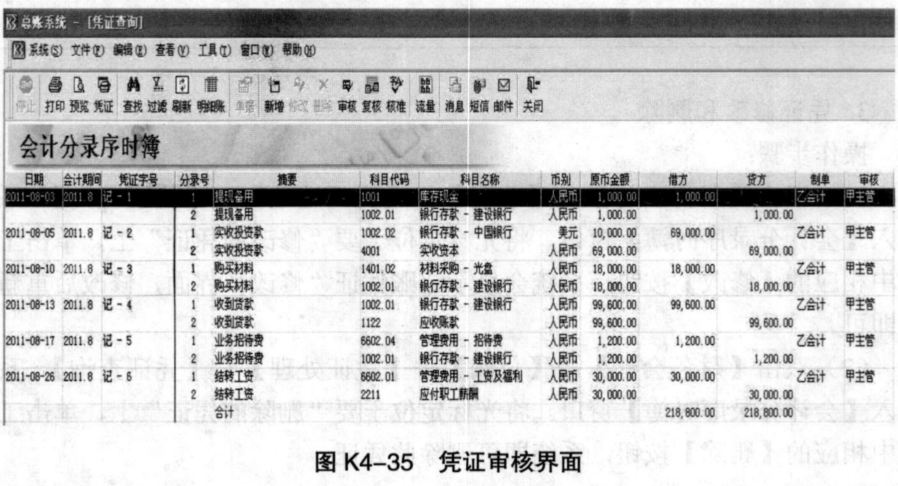

图 K4–35　凭证审核界面

注：①审核与制单人不能为同一操作员，否则系统拒绝审核签章。

②如果记账凭证已经审核，使用同样的步骤，在凭证审核界面按下【审核】按钮后会消除原审核签章。

③凭证审核分为“审核”、“成批审核凭证”两种。

④已经提示审核成功的凭证，如果在“会计分录序时簿”中的【审核】项目中未显示“审核人”的名字，则单击工具栏上的【刷新】按钮即可。

⑤成批反审核（取消审核）的方法是在“成批审核凭证”窗口，选中“对已审核的凭证取消审核”选项，单击“确定”按钮。

5. 凭证记账

操作步骤：

（1）以“甲主管”的身份，双击【财务会计】—【总账】—【凭证处理】—【凭证过账】，系统弹出【凭证过账】窗口，在【凭证过账】窗口，用户根据需要设置相应选项，本案例采用默认值。单击【开始过账】按钮，系统弹出过账情况信息，如图 K4-36 所示。

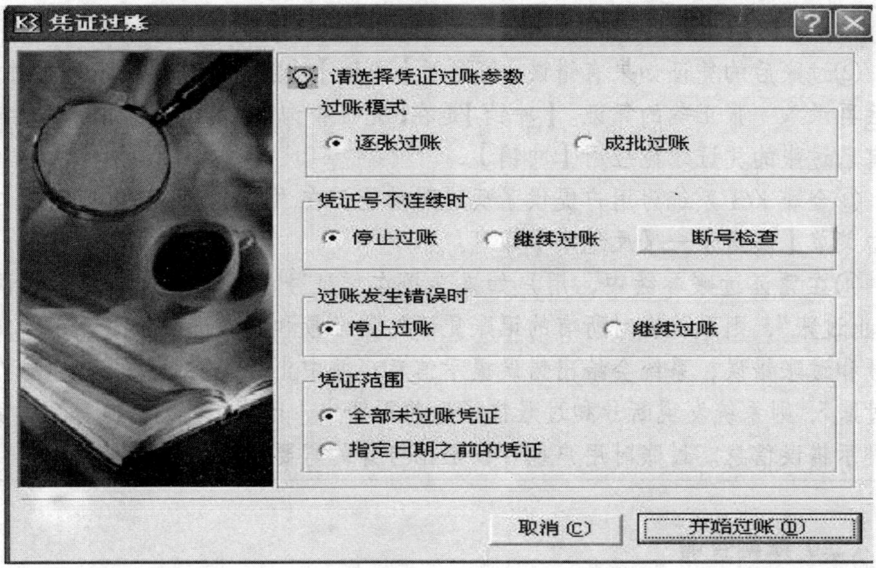

图 K4–36　凭证审核界面

（2）单击“关闭”按钮，以凭证查询的方式进入“会计分录序时簿”窗口，查看是否过账完成，过账成功的凭证会在过账项目下显示过账人的用户名，如图 K4-37 所示。

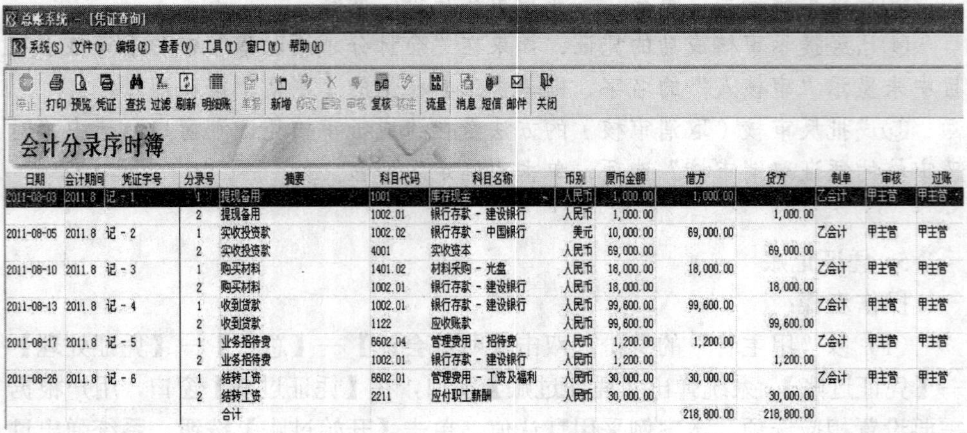

日期	会计期间	凭证字号	分录号	摘要	科目代码	科目名称	币别	原币金额	借方	贷方	制单	审核	过账
2011-08-03	2011.8	记 - 1	1	提现备用	1001	库存现金	人民币	1,000.00	1,000.00		乙会计	甲主管	甲主管
			2	提现备用	1002.01	银行存款 - 建设银行	人民币	1,000.00		1,000.00			
2011-08-05	2011.8	记 - 2	1	实收投资款	1002.02	银行存款 - 中国银行	美元	10,000.00	69,000.00		乙会计	甲主管	甲主管
			2	实收投资款	4001	实收资本	人民币	69,000.00		69,000.00			
2011-08-10	2011.8	记 - 3	1	购买材料	1401.02	材料采购 - 光盘	人民币	18,000.00	18,000.00		乙会计	甲主管	甲主管
			2	购买材料	1002.01	银行存款 - 建设银行	人民币	18,000.00		18,000.00			
2011-08-13	2011.8	记 - 4	1	收到货款	1002.01	银行存款 - 建设银行	人民币	99,600.00	99,600.00		乙会计	甲主管	甲主管
			2	收到货款	1122	应收账款	人民币	99,600.00		99,600.00			
2011-08-17	2011.8	记 - 5	1	业务招待费	6602.04	管理费用 - 招待费	人民币	1,200.00	1,200.00		乙会计	甲主管	甲主管
			2	业务招待费	1002.01	银行存款 - 建设银行	人民币	1,200.00		1,200.00			
2011-08-26	2011.8	记 - 6	1	结转工资	6602.01	管理费用 - 工资及福利	人民币	30,000.00	30,000.00		乙会计	甲主管	甲主管
			2	结转工资	2211	应付职工薪酬	人民币	30,000.00		30,000.00			
				合计					218,800.00	218,800.00			

图 K4–37 凭证过账成功界面

注：①只有本期的凭证过账后，才能期末结账。

②过账后的凭证如果有错误，可通过【冲销】功能对原错误凭证进行冲销，然后再录入一张正确的凭证。【冲销】是在【凭证查询】中的编辑菜单下【冲销】，只有已过账的凭证才能应用【冲销】。

③金蝶 K/3 系统为用户提供了反过账功能，在“会计分录序时簿”窗口，单击菜单【编辑】—【反过账】即可。

④在凭证过账参数中，用户如果选择在凭证号不连续或过账发生错误时“停止过账”，则系统会对所有的记账凭证的凭证号和错误进行检查，一旦发现断号和过账错误，系统会给出错误提示信息，并中止过账。如果用户选择“继续过账”，则系统发现断号和过账错误后并不停止，只是在“过账信息”对话框中提示错误信息。过账时用户也可以根据自身的需要指定过账范围。

（二）账簿查询

以“甲主管”的身份进行账簿查询。账簿查询内容主要包括：总分类账、明细分类账、多栏账、核算项目分类账等。

1．总分类账

操作步骤：

（1）双击【财务会计】—【总账】—【账簿】—【总分类账】，双击【总分类账】功能，系统弹出“过滤条件”窗口，选择需要查询的会计期间和其他过滤条件。选择过滤条件，点击【确认】按钮后，系统进入“总分类账”窗口。

如图 K4-38 所示。

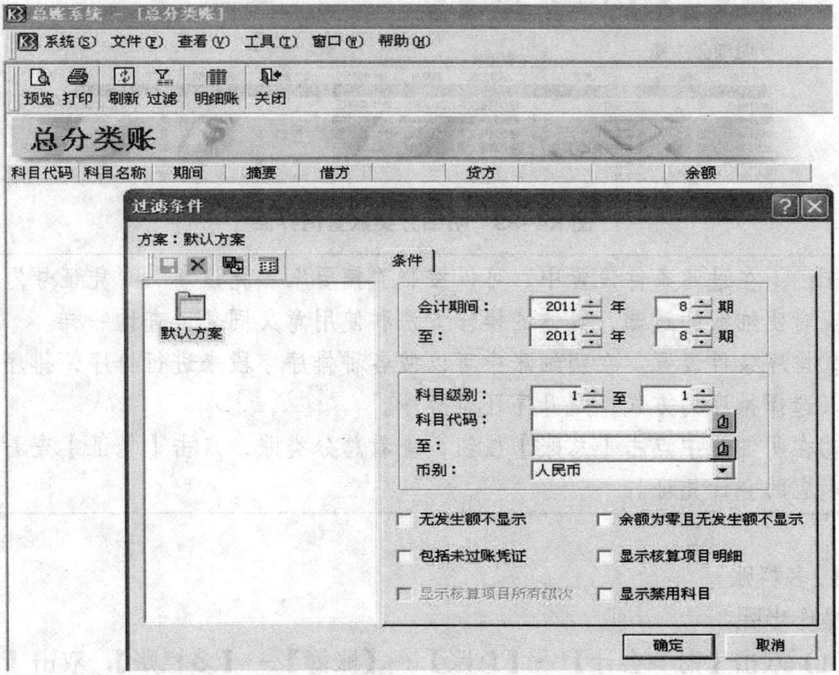

图 K4-38　总分类账查询界面

（2）在总分类账查看界面，点击菜单栏中的【文件】—【引出】，系统弹出“引出‘总分类账’”对话框，点选需要引出的文件格式，点击【确认】按钮。系统提示输入需要保存的文件位置和名称。并在随后弹出的对话框中选择【确认】。系统提示：“成功导出‘总分类账’”。

2．明细分类账

操作步骤：

（1）双击【财务会计】—【总账】—【账簿】—【明细分类账】，双击【明细分类账】功能，系统弹出“过滤条件”窗口，选择需要查询的会计期间和其他过滤条件。

（2）选择过滤条件，点击【确认】按钮，系统进入“明细分类账”窗口，点击工具栏【第一】、【上一】、【下一】、【最后】按钮，实现记录的移动，也可以点击【总账】，查看不同科目的明细账。如图 K4-39 所示。

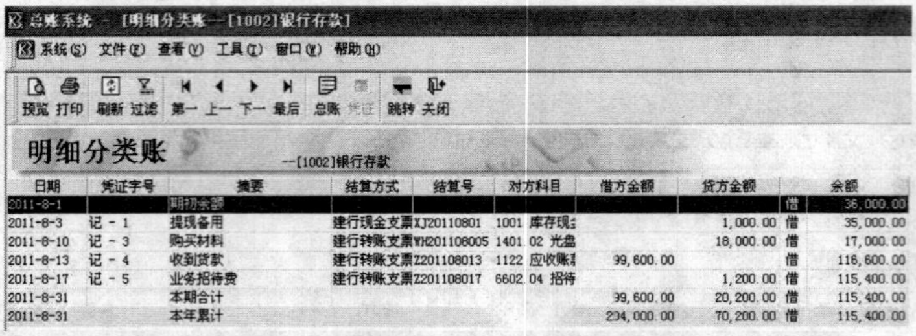

图 K4–39　明细分类账查询界面

注：①在过滤条件设置中，可以按照“摘要”、“凭证字”、“凭证号”等字段实现对明细账的过滤，具体的操作方法和使用意义同凭证查询一样。

②排序条件设置。在明细账中可以按各种排序字段来进行排序，排序方式中可以选择排序的方式，是升序还是降序。

③在明细账中点击【总账】按钮，查看总分类账，点击【凭证】查看该明细账对应的会计凭证。

3. 多栏账

操作步骤：

（1）双击【财务会计】—【总账】—【账簿】—【多栏账】，双击【多栏账】功能，系统弹出“多栏账明细分类账”窗口，点击【设计】按钮。

（2）在弹出的【多栏账明细账定义】界面选择，点击【编辑】—【新增】按钮，在“会计科目”栏中选择“管理费用”，点击【保存】按钮，并结束多栏账设置。如图 K4-40 所示。

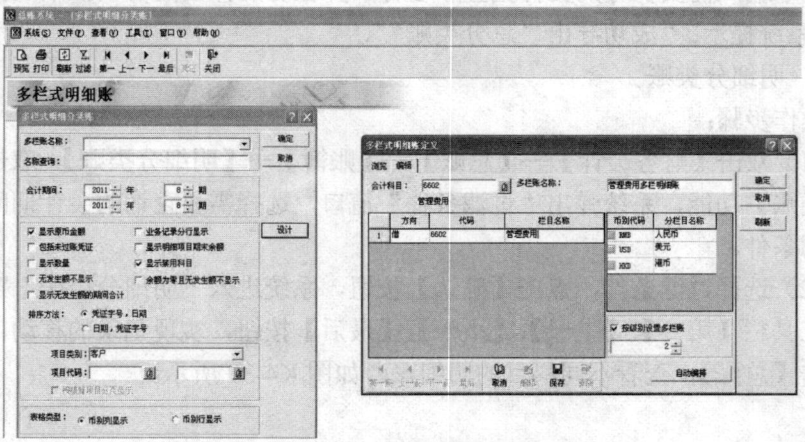

图 K4–40　多栏账明细账定义界面

4．核算项目分类总账

操作步骤：

（1）双击【财务会计】—【总账】—【账簿】—【核算项目分类总账】，双击该功能，系统弹出“过滤条件”窗口。查询时，重点是“项目类别”的选择，是客户、供应商或者是部门等项目，其他过滤条件设置方法同前面的总分类账设置。如图 K4-41 所示。

（2）选择项目类别“客户”或“供应商”，单击“确定”按钮，系统进入“某一科目”的“核算项目分类总账”窗口，单击【第一】、【上一】、【下一】、【最后】按钮，可以查看不同核算项目的数据。

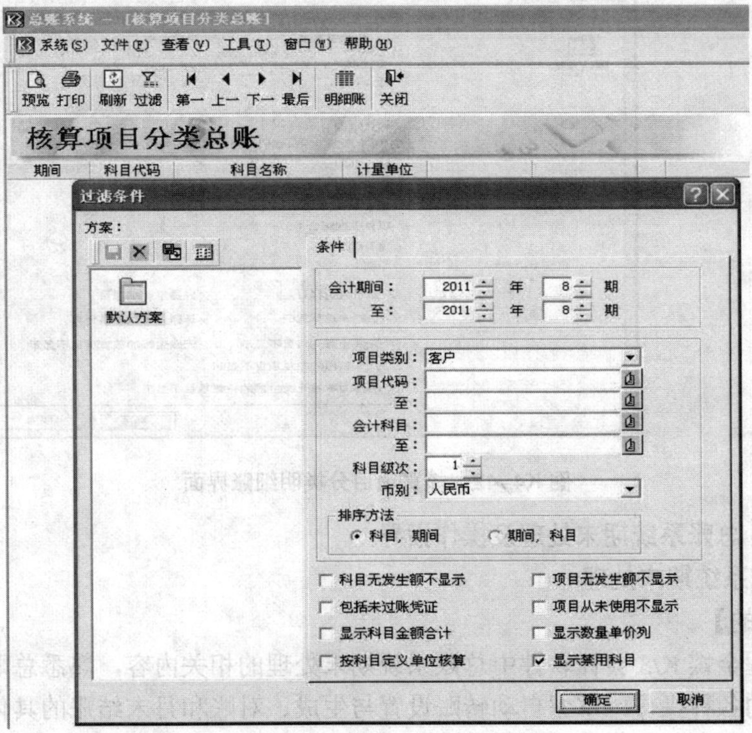

图 K4-41　多栏账明细账定义界面

5. 核算项目明细账

核算项目分类总账用于查看带有核算项目设置的科目明细账。

操作步骤：

（1）双击【财务会计】—【总账】—【账簿】—【核算项目分类明细账】，双击该功能，系统弹出“过滤条件”窗口。查询时，重点是“项目类别”的选择，是客户、供应商或者是部门等项目，其他过滤条件设置方法同前面的明细账设置。如图 K4-42 所示。

（2）选择项目类别“客户”或“供应商”，单击“确定”按钮，系统进入“某一科目”的“核算项目分类明细账”窗口，单击【第一】、【上一】、【下一】、【最后】按钮，可以查看不同核算项目的数据。

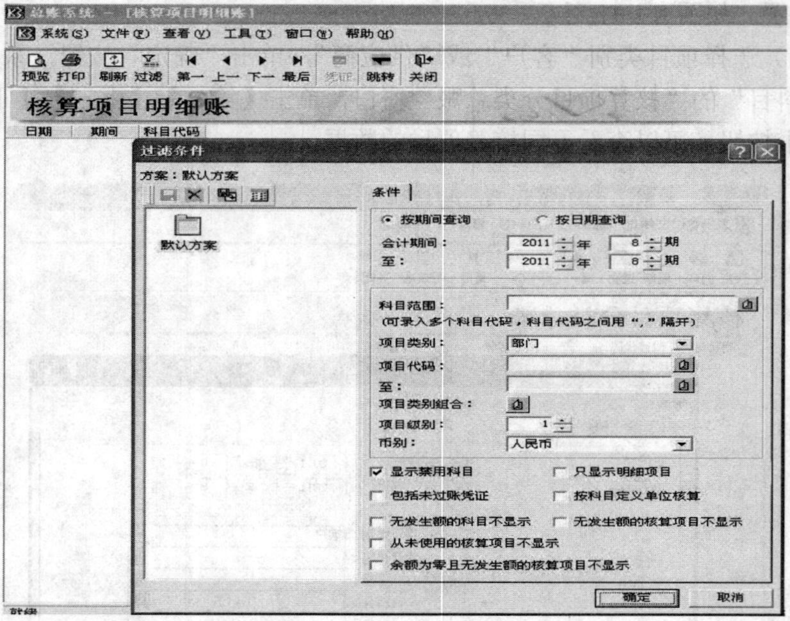

图 K4-42 核算项目分类明细账界面

实验三 总账系统期末处理及操作指导

Ⅰ. 总账系统期末处理

【实验目的】

掌握金蝶 K/3 会计软件中总账系统期末处理的相关内容，熟悉总账系统期末处理的各种操作，掌握自动转账设置与生成、对账和月末结账的具体内容和操作方法。

【实验内容】

1. 自动转账。
2. 期末调汇。
3. 凭证摊销与预提。
4. 结转损益。

5. 对账与结账。

【实验要求】

1. 以“乙会计”的身份进行自动转账操作。

2. 以“甲主管”的身份进行期末凭证的审核、记账、对账和结账。

【实验准备】

恢复“实验三”数据（即以系统管理员 admin 的身份注册进入“账套管理”，执行“数据库”—“恢复账套”或单击工具栏上“恢复”按钮，系统弹出“选择数据库服务器”窗口，单击“确定”按钮进入“恢复账套”窗口，恢复“实验三”数据）。

【实验资料】

1. 月末按 100%结转本月销售成本。

2. 美元月末汇率为 6.79，港元月末汇率为 0.76，进行期末调汇处理。

3. 报刊杂志费用共发生 1 200 元，一次性摊销到“管理费用——其他”。

4. 月末，将所有损益类科目的本期余额全部自动转入本年利润科目。

5. 进行期末对账与结账。

Ⅱ. 总账系统期末处理操作指导

操作的前期工作

双击桌面上的【金蝶 K/3 主控台】图标，系统弹出【系统登陆】窗口，用户名直接录入“乙会计”，单击【确定】按钮，以进行自动转账操作。

期末凭证操作完成后，再将操作员“乙会计”更换为“甲主管”进行期末凭证的审核、记账、对账和结账。

期末自动转账分两步进行：第一步，定义凭证模板（即转账定义）；第二步，生成记账凭证（即转账生成）。

若总账子系统单独使用，可以按业务处理顺序进行期末处理。如果总账子系统与其他子系统联合使用：如与固定资产、工资管理子系统等，则建议业务子系统先结账后再进行期末处理工作。

（一）自动转账

【业务 1】

操作步骤：

（1）点击【财务会计】—【总账】—【结账】—【自动转账】—【编辑】—【新增】，按照实验案例资料，录入名称“结转销售成本”，选择机制凭证“自动转账”设置窗口，转账期间，单击【全选】按钮，单击【确定】按钮。如图

K4-43 所示。

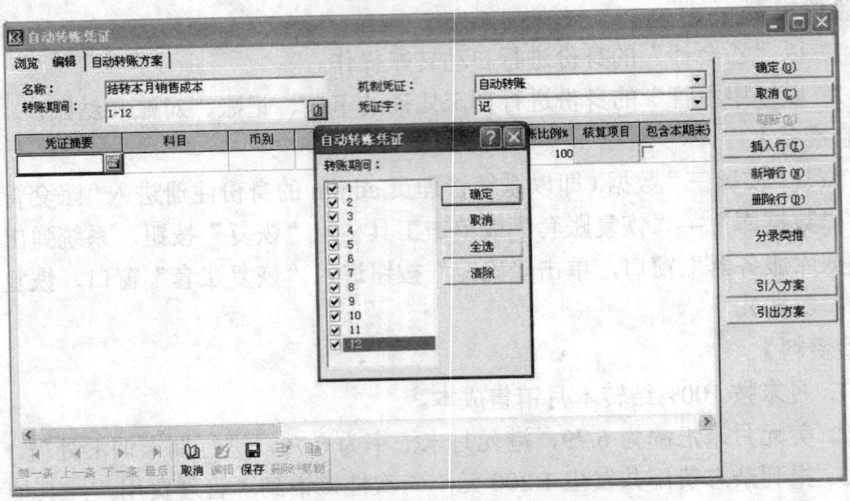

图 K4-43 自动转账界面

（2）在【自动转账凭证】窗口，在第 1 条分录中录入摘要“结转销售成本”，科目获取“6401”，选择方向【自动断定】，选择转账方式“转入”，转账比例 100%。在第 2 条分录中录入摘要“结转销售成本”，科目获取“1405”，选择方向【自动断定】，选择转账方式“按比例转出余额”，转账比例 100%，如图 K4-44 所示。

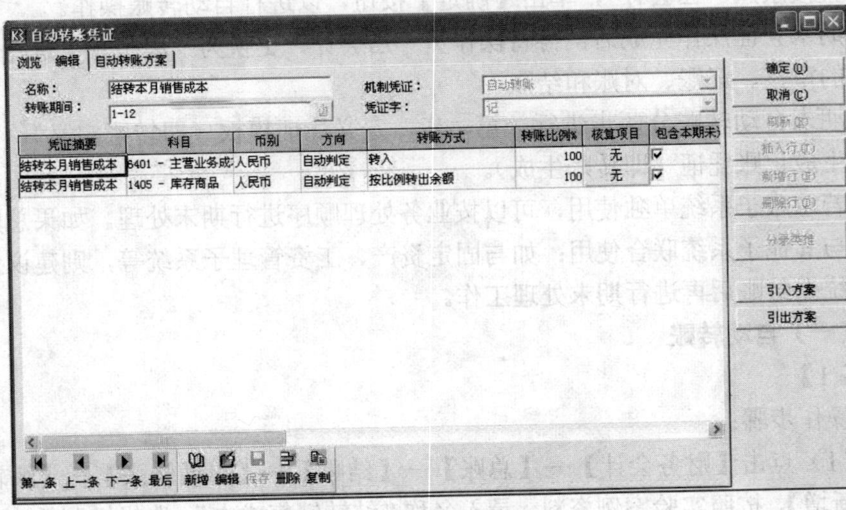

图 K4-44 自动转账界面

（3）自动转账凭证定义（定义凭证模板）完成之后，单击【保存】按钮，并切换到【浏览】窗口，选中刚才所建立的转账凭证。单击【生成凭证】按钮，稍后系统弹出提示窗口，单击【关闭】按钮。如图 K4-45、图 K4-46 所示。

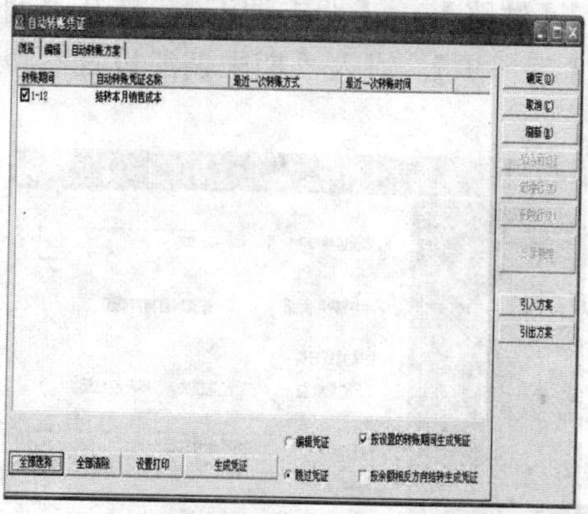

图 K4–45　生成凭证界面

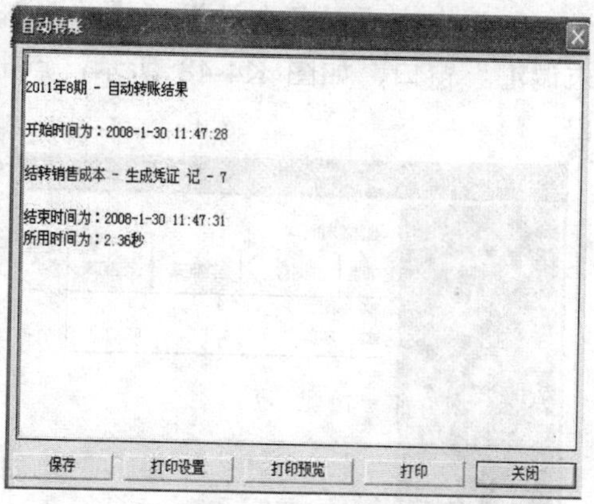

图 K4–46　生成凭证结果通知

（4）双击【财务会计】—【总账】—【凭证处理】—【凭证查询】，设定过滤条件后进入“会计分录序时簿”窗口，可以查询到刚才生成的凭证。如图 K4-47 所示。

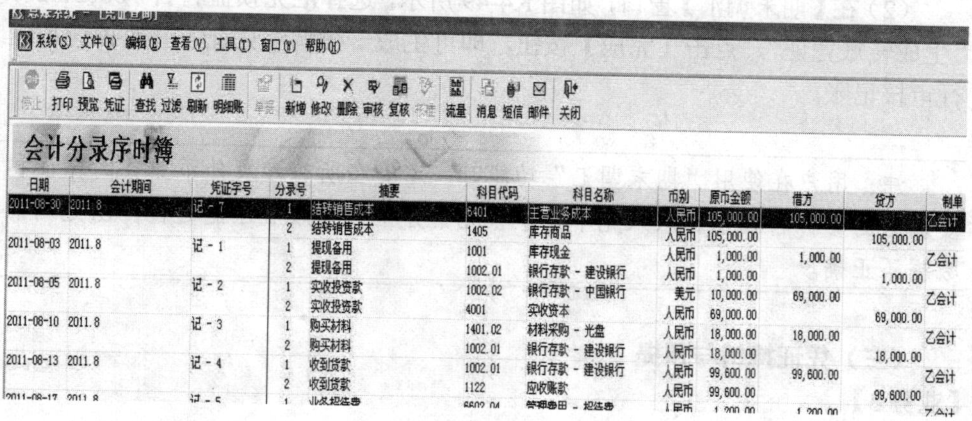

图 K4–47　查询生成凭证

注：自动转账的主要目的是设置转账模板，按期结转凭证，很多是每期固定的财务处理，如生产成本结转、制造费用结转等，系统提供了自动转账或转账方案。在设置了多期转账期间，以后各期可以实现自动结转，系统提供定时自动生成自动转账凭证的功能。

（二）期末调汇

【业务 2】

操作步骤：

（1）点击【财务会计】—【总账】—【结账】—【期末调汇】，打开“期末调汇”窗口，如图 K4-48 所示，点击【下一步】，进入“期末调汇设置”窗口。

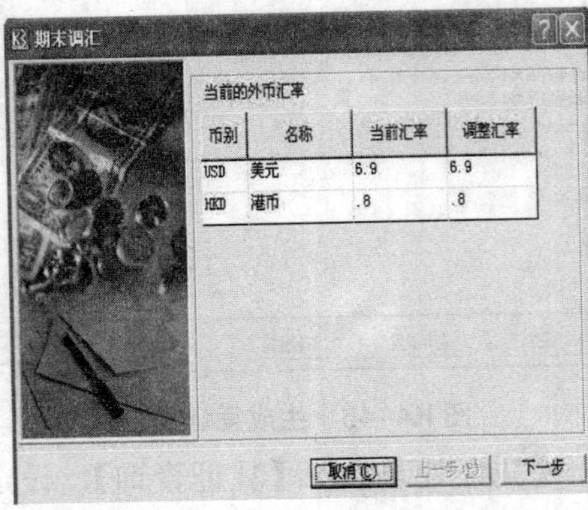

图 K4-48　期末调汇设置

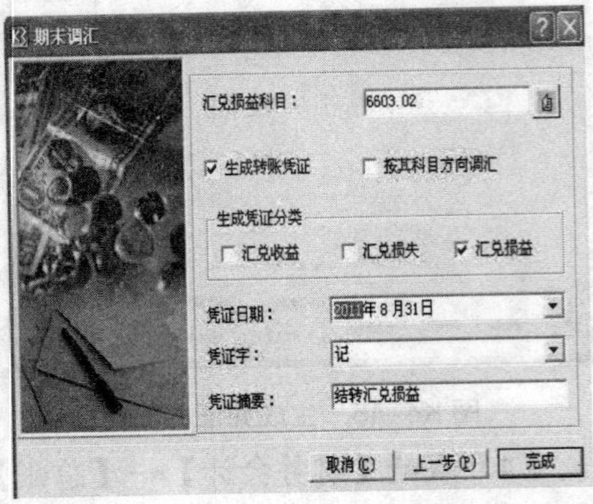

图 K4-49　期末调汇设置完成

（2）在【期末调汇】窗口，如图 K4-49 所示，选择汇兑损益科目“6603.02”，“生成转账凭证”，点击【完成】按钮，即可生成一张调汇凭证。并对该凭证进行审核记账。

注：用户在使用“期末调汇”功能时一定要在所有涉及外币业务的凭证和要调汇的会计科目全部录入完毕并审核完毕并审核过账后才能进行，以免调汇数据不正确。

（三）凭证摊销与预提

【业务 3】

操作步骤：

（1）点击【财务会计】—【总账】—【结账】—【凭证摊销】—【新增】，打开凭证摊销【方案设置】窗口，单击“新增”按钮，进行摊销方案的设置，如图 K4-50 所示，方案名称“摊销报刊费”，转入费用科目“6602.05”，待摊比例“100%”，待摊销科目“2241”，摊销总额“1 200”。

（2）需要生成凭证时，点击凭证摊销“方案设置”界面工具菜单栏上的【凭证】，完成凭证的生成，并对该凭证进行审核记账。

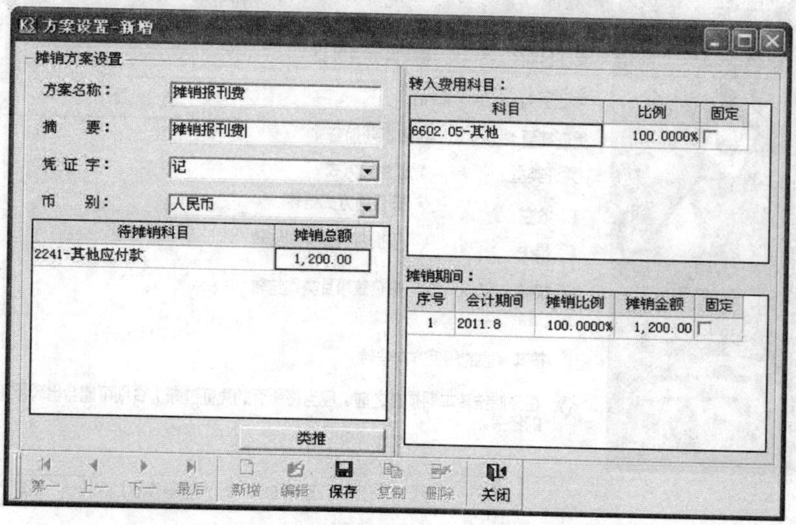

图 K4–50　凭证摊销方案设置

注：凭证预提的操作方法与凭证摊销的操作方法基本一样。凭证预提的操作方法是：点击【财务会计】—【总账】—【结账】—【凭证预提】，打开凭证预提【方案设置】窗口，单击“新增”按钮，进行预提方案的设置，需要生成凭证时，点击【凭证】，完成凭证的生成。

（四）结转损益

【业务 4】

操作步骤：

（1）点击【财务会计】—【总账】—【结账】—【结转损益】，系统弹出【结转损益】向导窗口，点击【下一步】，系统弹出“损益类科目对应本年利润科目”窗口，点击【下一步】，进入设置窗口。如图 K4-51 所示。

（2）在“结转损益”设置窗口，根据实际情况设置后，凭证日期录入“2011 年 8 月 31 日”；凭证字“记”；凭证摘要“结转本期损益”等，单击【完成】按钮。稍后系统弹出已经生成的一张某字某号的凭证，并对该凭证进行审核记账。

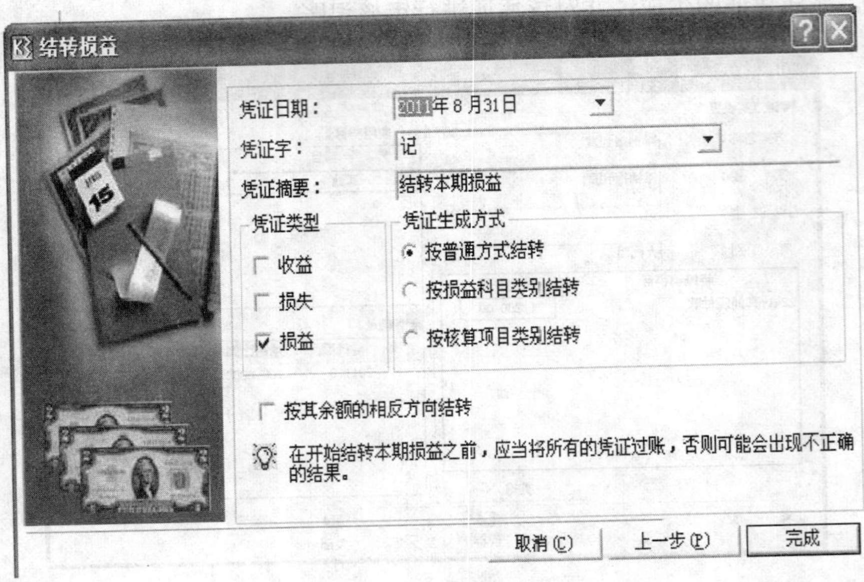

图 K4-51 结转损益设置

注：①在结转损益前用户一定要将所有的凭证全部录入并审核过账，否则结转损益数据不正确。

②用户一定要将“结转损益”生成的转账凭证审核过账（记账），否则无法结账。

（五）对账与结账

1. 对账

系统在记账（过账）之前，对“期初余额”的录入、“凭证的处理”等环节都进行常规性的检查：如通过凭证查询、账簿查询、试算平衡等查看核对相关数据是否正确；在结账之前，对本期发生的各种经济业务是否已经编制记账凭证并登记入账进行检查；还应对成本费用、期末调汇、结转损益以及计提折旧类账户是否进行了结转与记账进行检查，如果其中有一件事项未完成，则系统会提示用户还有哪些事项没有完成，用户可以根据提示确定是否继续记账和结账。

2. 结账

在本期会计业务全部处理完毕后，经对账无误后，就可以进行系统结账。以“甲主管”身份进行结账。结账的步骤是：

（1）以“甲主管”身份，点击【财务会计】—【总账】—【结账】—【期末结账】，系统弹出【期末结账】窗口，选择“结账”，系统弹出“损益类科目对应本年利润科目”窗口。如图 K4-52 所示。

（2）项目设置完成后，单击【开始】按钮即可结账。

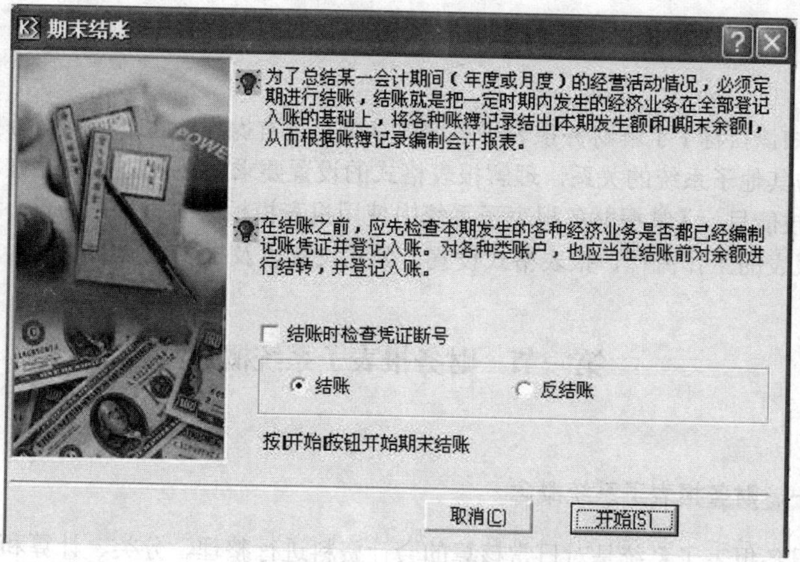

图 K4–52　期末结账

注：①期末结账的前提是本期所有凭证已过账（记账）。

②如果有其他系统和总账一起使用，一定要将其他模块结账后最后结总账。

思考与简答题

1. 总账子系统的概念与任务有哪些？
2. 总账子系统的主要功能包括哪些？
3. 简述总账子系统的基本流程。
4. 简述增加、修改和删除记账凭证的要求。
5. 利用自动转账生成凭证应注意哪些问题？
6. 简述总账子系统的期末业务处理。
7. 简述用友 U8.52 软件总账系统的应用操作流程。
8. 简述金蝶 K/3 软件总账系统的应用操作流程。

第五章　财务报表子系统

【知识目标】了解财务报表子系统的含义、基本操作流程，了解财务报表子系统与其他子系统的关系，理解报表格式的设置要求、报表公式的设置。

【技能目标】掌握财务报表子系统中使用报表模板生成报表的方法，掌握自定义报表的工作流程、报表格式设置、公式设置以及报表数据的计算。

第一节　财务报表子系统概述

一、财务报表子系统概念

财务报表子系统是对日常核算的会计资料进行整理、分类、计算和汇总，总括地反映会计主体在一定时期内财务状况和经营成果的文件，是面向各行业的报表编制人员设计，是与电子表格操作风格类似的报表编制工具，系统提供报表名称定义、报表格式设计、报表公式设置、报表生成、报表分析、报表输出、报表管理与维护等功能，帮助企业快速、准确地从 ERP 各系统中取数，为企业管理分析提供依据。

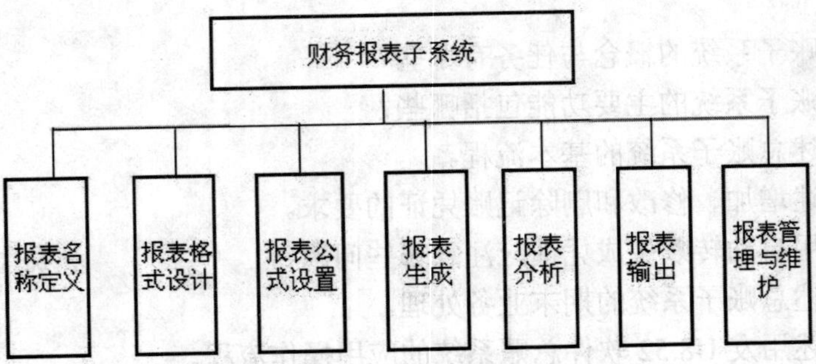

图 5-1　财务报表子系统主要功能结构图

1．报表名称定义

报表名称定义是计算机处理的特有内容，在报表系统处理中，报表是以文件的形式存放的，因此，创建新报表文件时，必须给这些文件确定名称，以便需要时调用该文件。报表处理系统还提供了报表数据备份与恢复、用户管理与密码等功能，这些功能于账务处理系统的对应功能类似。

2．报表格式设计

报表格式设计是定义报表结构、报表标题、报表栏目、报表表尾等，类似于手工条件下设计并绘制一张需要填写的空白表格。系统提供报表模板功能，使用模板可以无限复制相同格式的表格供用户使用。

3．报表公式设置

报表公式设置是实现计算机自动处理报表数据的关键步骤。报表数据处理主要是从其他业务子系统调取数据，根据数据来源定义相应的计算公式，计算并填入表中相应位置。为了对报表勾稽关系进行核对与验证，报表系统还提供了勾稽关系定义功能。

4．报表生成

报表生成是根据报表格式设计和报表公式设置产生填好数据的财务报表，并根据表间数据的勾稽关系，检查报表数据的正确性。对于设置好的报表只要运行报表生成功能即可产生需要的报表，无需每次重新定义该报表。

5．报表分析

报表分析是指报表生成基础上，从中获取符合报表使用人分析目的的信息，对报表数据进行加工、处理、认识企业活动的特点，评价其业绩，发现其问题。如对报表的相同指标做比较分析；对报表的相关指标做比率分析，对历史资料做趋势分析等，报表分析的结构可以以表格、图形等形式显示。

6．报表输出

报表输出是根据用户需要查询打印已编好的报表或将其输出到其他类型文件。报表输出的形式主要有屏幕显示输出、打印输出等形式。屏幕显示输出主要为用户检查报表设置和编制是否正确。打印输出是按正规要求生成的正式报表。

7．报表管理与维护

报表管理是用户对系统中设置的各种报表进行管理和进行相关报表间数据的处理，主要包括表页管理、报表数据管理等内容。报表维护是为了保证计算机系统中财务报表的数据安全，包括报表备份、删除或恢复等。

二、财务报表子系统基本操作流程

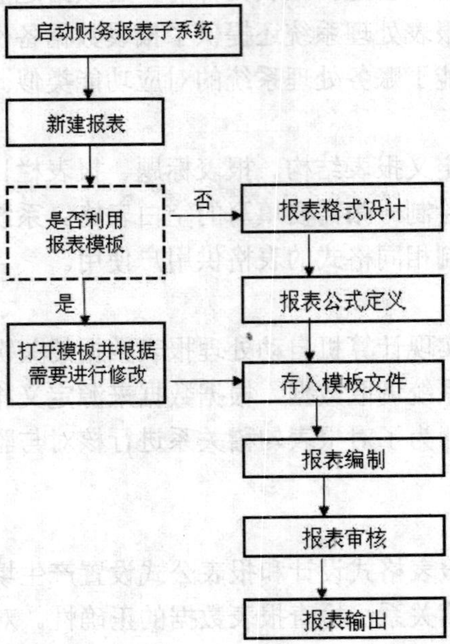

图 5–2　财务报表系统基本操作流程

财务报表编制的基本操作流程如图 5-2 所示。为了减少财务报表的工作量，一般系统都会提供常用报表模板，如果企业编制的财务报表在模板库中存在，则可以调出模板并在其基础上定义企业所需的报表，如果不打算利用模板，则需要设计报表格式、定义报表公式。报表定义是一次性的，以后的报表编制工作由系统自动完成，当会计期间发生变化时，会计人员只需要打开报表，输入编制报表日期，系统将自动到相应的数据文件中取数，并生成所要的财务报表，为了保证财务报表的正确性，可以通过定义审核公式由系统进行检查审核。对于生成的报表可以进行查询和打印。

三、财务报表子系统与其他系统的关系

财务报表子系统与其他子系统的关系均有联系，主要是通过系统所提供的取数函数和公式设置从各个子系统中提出编制报表所需的数据。总账子系统、应收应付款子系统、固定资产子系统、工资管理子系统、出纳管理子系统、成

本存货子系统均可以向财务报表子系统传递数据，生成各种会计报表以满足管理者的需要。

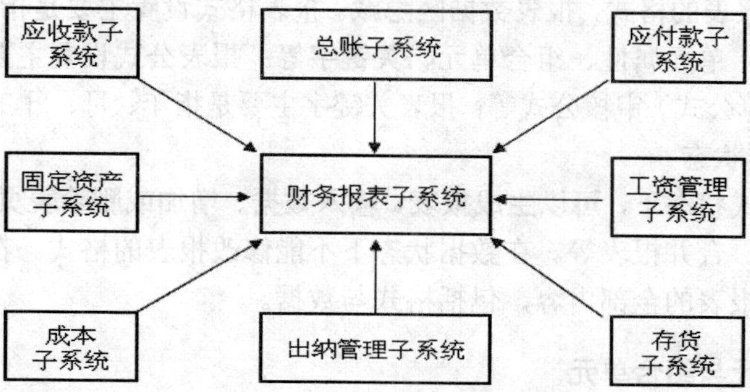

图 5–3　财务报表子系统与其他子系统的关系图

第二节　财务报表子系统中的基本概念

在财务报表编制前，需要了解一些财务报表子系统的基本概念。如报表基本结构、格式状态、数据状态、单元、区域、表页、关键字、二维表、三维表等。

一、报表基本结构

不同的财务报表，其格式和内容各不相同，无论财务报表是简单的还是复核的，其格式一般是由标题、表头、表体、表尾四个基本要素组成。

标题是指财务报表的名称，即用来描述报表的名称，如资产负债表、利润表等。标题可以是一行，也可以是若干行。表头是用来描述报表的编制日期、编制单位、货币计量单位，报表的栏目名称等；表体是指报表中能够填写数据的部分，是由若干表行和表列组成，是报表的核心、主体；表尾是指表体以下用来辅助说明的部分，如补充资料、编表人等。

二、格式状态与数据状态

财务报表子系统将报表分为两大部分来处理，即报表格式设计工作与报表数据处理工作。报表格式设计工作和报表数据处理工作是在不同的状态下进行的。一般分为格式状态和数据状态。

1．格式状态

报表格式状态下，可以进行报表格式设置、报表公式设置、报表关键字设置。看到是报表的格式，报表数据区隐藏。报表格式设置主要是指报表的尺寸、行高和列宽、单元属性、组合单元、关键字等；报表公式设置主要是指设置单元公式（计算公式）审核公式等；报表关键字主要是指年、月、日、单位名称等。

2．数据状态

数据格式状态下，可以生成报表、输入数据、增加或删除表页、制作图形、审核、汇总、合并报表等。在数据状态下不能修改报表的格式。在数据状态下看到是财务报表的全部内容，包括格式与数据。

三、单元与组合单元

1. 单元

单元是组成报表的最小单元，是由行和列构成的方格。单元也称为单元格。在报表系统中，每个单元内可以填制公式、数字、文字等内容。单元具有属性，单元属性包括：数值单元、字符单元、表样单元。

数值单元是用于存放报表的数字型数据，数字可以在数据状态下直接输入或由单元中存放的单元公式运算生成。建立一个新表时，所有单元的类型缺省时，为数值型；字符单元可存储字符型数据，在数据状态下输入，其内容可以是汉字、字母、数字及各种键盘可输入的符号组织的一串字符，字符单元的内容也可由单元公式生成；表样单元可存储报表的格式，是定义一个没有数据的空表所需的所有文字、符号或数字，一旦单元被定义为表样，那么在其中输入的内容对所有表页都有效。表样单元在格式状态下输入和修改，在数据状态下不允许修改。

2. 组合单元

组合单元是指由相邻的两个或更多的单元组成，这些单元必须是同一种单元类型（表样、数值、字符），财务报表将组合单元视为一个单元。组合单元的名称可以用区域的名称或区域中的单元的名称来表示。比如 C1 到 E6 定义为一个组合单元，这个组合单元可以用“C1”、“ E6”表示。

四、表页与区域

表页是由许多单元组成的。一个报表中的所有表页具有相同的格式，但其中的数据不同。如：ERP-U8 一个财务报表最多可容纳 99999 账表页。

区域是指表页上的一组单元，自起点单元到终点单元是一个完整的矩阵。

比如 A1 到 E6 的长方形区域表示为 A1：E6，起点单元与终点用“：”连接。

五、关键字

关键字是游离于单元之外的特殊数据单元，可以唯一标识一个表页，用于在大量表页中快速选择表页。每张报表可以定义多个关键字。关键字主要包括单位名称、单位编号、年、季、月、日等，除了以上常见的关键字之外，系统通常还会提供一个自定义关键字功能，方便用户灵活定义并运用这些关键字。

六、二维表和三维表

确定某一数据位置的要素称为“维”。二维表是由行和列两个要素组成的表，通过行（横轴）和列（纵轴）可以找到这个二维表中的任何位置的数据。

如果将多个不同的二维表叠在一起，找到某一个数据需要增加一个数据，即表页号（Z 轴），这一叠表称为一个三维表。

第三节　财务报表的编制

财务报表的编制就是指在财务报表子系统中，根据需要创建一个新的财务报表文件、设置报表格式和报表公式的设置，以便在今后的各个会计核算期间都能够根据当前所编辑的这张报表，按照实际的会计期间进行会计数据的自动获取、计算和生成报表的过程。

一、模版报表

模版报表是系统预先设定格式和取数关系的报表。模板也叫通用格式，是用于帮助用户快速生成特定类型的文档。模板可以使编辑的整个风格一致，在编辑的过程中模板是可以添加删除与修改的，不是一成不变的。运用模板可以省去很多的排版设计，使得编辑方便快捷，提高工作效率。

财务报表是财务管理过程中的重要文件，规范、真实的财务报表对财务管理有极大的帮助，管理者可以从财务报表中清楚了解企业的财务状况，及时、全面地掌握财务报表体现出来的财务信息。财务报表系统提供了不同行业标准财务报表，用户可以根据所在行业挑选相应的报表，套用其格式与计算公式。系统可根据用户账套设置的行业性质，自动生成资产负债表、利润表、现金流量表，以及与该行业性质相关的其他报表。

二、自定义报表

自定义报表是根据用户定义而生成的报表。用户可以设定自己想要的各种各样的报表，根据实际需求定义报表模板样式，生成完全自定义的报表内容。系统提供的自定义报表的功能，可以按照用户的要求，对报表的标题、表头、表尾、表体格式任意制定，十分灵活，并利用取数公式，方便灵活地设计报表，满足用户在业务报表上的各种各样的特殊需求。自定义报表主要包括初始设置、日常处理。

（一）初始设置

1. 报表文件名称设置

在信息系统中，各种程序和数据一般都是以文件的形式存放的。财务报表子系统也不例外。为了存放用户定义的表格式和表公式，系统需要用户在初始之前，事先在系统中登记文件名称，以便在调用报表文件盒定义报表内容时作为唯一的标识。

不同的报表，报表名不能相同。报表名是供用户调用设定报表结构文件使用的，它与表的标题并没有直接的关系。报表文件名称可以是中文，也可以是英文或汉语拼音的缩写。

2. 报表格式设计

报表格式设计是在格式状态下进行的。报表格式设计主要包括表尺寸定义、单元属性定义、组合单元定义和关键字设置等内容。报表格式是财务报表数据录入、处理的基础。

（1）报表尺寸定义：报表尺寸定义就是确定报表的行数和列数。（2）单元属性定义：对表页的单元属性，可根据需要将单元定义为字符型、表样型和数字型。（3）组合单元定义：在进行格式设置时，对报表的标题、表尾的说明文字等较长的文字，可以将几个相邻单元组合成一个单元，以解决复合报表表头的设置工作。（4）关键字设置：关键字在报表格式中设置，在数据状态下赋值，用于标识唯一的表页，以区分不同会计期间或报表编制单位。

3. 报表公式设置

报表公式设置是表示报表编制方法和报表审核方法的一种数学表达式，即在报表基本格式确定后，用户根据报表与账簿、报表与凭证、报表与报表、报表与其他系统模块之间的关系，定义取数公式并存入计算机的过程。报表公式设置主要包括计算公式、审核公式、舍位平衡公式。

（1）计算公式：指在格式状态下定义报表数据之间的运算关系，设计报表项目的计算方法，以便生成报表时自动计算结果并置于相应单元，实现报表系统从其他子系统中取数。报表的数据来源有多种形式，有的数据是通过手工直接输入的，有的数据是通过其他报表项目运算取得的，有的数据是从其他报表中取得的，有的数据则是从其他子系统直接提取的。计算公式主要包括直接单元公式、用函数向导输入公式。

①直接单元公式

直接单元公式是指为报表数据单元设置的取数函数公式。单元公式应在“格式”状态下定义，一般由目标单元、等号、运算符合、函数、括号、函数参数等组成。不同的报表软件，函数的具体表示不同，但这些函数所提供的功能和使用方法一般是相同的。

例如 1：用友 ERP-U8 会计软件的资产负债表中，“货币资金”期末余额的单元公式为：

货币资金=QM("1001",月,,,年,,) + QM("1002",月,,,年,,)+ QM("1012",月,,,年,,)

公式意义：货币资金为目标单元，“=”表示单元公式开始，QM()为系统提供的账务函数之一，其余为 QM()函数参数。QM 代表期末余额。

例如 2：金蝶 K3 会计软件的资产负债表中，“货币资金”期末余额的单元公式为：

货币资金=“ACCT("1001:1012"，"Y"，""0，0，0，"")”

公式意义：1001 至 1012 会计科目当前期间期末余额。其中：ACCT 代表总账科目取数公式；Y 代表期末余额。其他为系统默认设置。

②用函数向导输入公式

函数架起了报表子系统和总账子系统以及其他子系统之间进行数据传递的桥梁，实现报表系统从会计账簿、会计凭证中采集各种数据的一体化。为了便于用户设置单元公式，多数报表软件提供公式向导的功能。用户可根据各报表单元填列数据的要求，逐项回答系统提出的诸如从何处取数、发生额还是余额、什么期间、借方还是贷方等，系统即可自动生成需要的公式。不同的报表软件，函数的具体表示不同，但这些函数所提供的功能和使用方法一般是相同的。

例如 1：用友 ERP-U8 会计软件函数向导输入公式的基本格式为：

函数名(“科目编码”，会计期间，〔“方向”〕，〔账套号〕，〔会计年度〕，〔编码 1〕，〔编码 2〕)

QM("1604"，12，"借"，003，2007，"第一车间"，"材料费")

公式意义：

例如 2：金蝶 K3 会计软件函数向导输入公式的基本格式为：

函数名（"科目编码"，"取数类型"，"货币"，"年度，起始期间，结束期间"）

ACCT("1001:1012"，"C"，""0，1，1")

公式意义：货币资金的年初数取数公式为 1001 至 1009 会计科目 1 月份期初余额。（科目选择 1001 至 1009；取数类型为“期初”；起始期间为 1；结束日期为 1）其中：ACCT 代表总账科目取数公式；C 代表期初数。其他为系统默认设置，其中货币为“空”不填写代表本位币，年度不填写为系统默认为公式取数参数设置的缺省年度。

（2）审核公式：指报表数据之间的检查公式，即将报表数据之间的勾稽关系用公式表示出来，审核报表内或报表之间各项数据的正确性。报表中每个都有明确的经济含义，并且各个数据之间一般都又有一定的勾稽关系，如在一个报表中，小计等于各分项之和，而合计又等于各个小计之和等，这种平衡关系就是勾稽关系。

在报表系统中，为了确保报表数据的准确，用户需要用勾稽关系对报表进行数据审核，即定义报表审核公式，主要用于在报表数据生成后，检查报表数据勾稽关系的正确性。报表审核公式的设置和计算公式设置的方法类似。

（3）舍位平衡公式：是将以元为单位的报表转换为以千元或万元为单位的报表时，为保存报表数据的平衡而使用的公式。即报表数据在进行进位时，如以“元”为单位的报表在上报时可能会转换为以“千元”、“万元”为单位的报表，这样原来满足的数据平衡关系可能被破坏，因此，需要进行调整，使之符合指定的平衡公式。

例如：原始报表数据平衡关系为　　　　52.12+5.24=57.36

如舍掉一位数，即除以 10 以后数据平衡关系成为　　　　5.21+0.52=5.74

原来的平衡关系被破坏，可调整为　　　　5.21+0.53=5.74

报表经舍位之后，重新调整平衡关系的公式称为舍位平衡公式，其中，进行进位的操作称为舍位，舍位后调整平衡关系的操作称为平衡调整公式，也称定义舍位平衡公式。

（二）日常处理

在财务报表子系统初始化工作完成以后，用户可以进行生成报表、报表审核、图表处理、报表输出等会计报表日常处理操作。

1. 生成报表

生成报表是指根据设置好的报表格式和报表公式，由计算机自动从相应的数据源中调取数据填入相应的报表单元中，从而得到完整的会计报表。为了区分不同表页，每次编制报表之前，用户应输入关键字的值，如果用户修改过报表格式或报表公式，则必须重新生成报表。

2. 报表审核

报表审核是指当报表数据录入完成后，应对报表进行审核，以检查报表各项数据勾稽关系的准确性。可以通过已经设置好的审核公式对数据进行审核，这种方式下已经设置的审核公式将随报表一起保存，随时可以对报表进行再次审核。

3. 图表处理

图表处理是指报表数据生成之后，为了方便对数据的对比、趋势和结构分析，系统以图表的方式对数据进行直观的分析。系统提供的图表格式一般包括直方图、圆饼图、折现图、面积图等，不同格式的图表的建立方法是类似的。图表是利用报表文件中的数据生成的，图表与报表存在着密切的联系，当报表中的源数据发生变化时，图表也随之变化，当报表文件被删除后，由该报表生成的图表也同时删除。

4. 报表输出

报表输出是指生成报表之后，为了便于用户查询和进行会计档案保存，必须对生成的会计报表进行输出处理，以提供合乎规范、便于阅读而且通俗易懂的会计报表。

第四节　财务报表的管理

财务报表的管理主要涉及表页管理、报表数据管理、报表的备份与恢复、定义报表模板等操作。

一、表页管理

表页管理是指报表数据生成后，对报表表页的修改和表页排序。表页修改是指对表页的修改方法有插入、追加、删除等。表页排序是指报表子系统可以按照表页关键字的值或按照报表中任何一个单元的值重新排列表页，以方便用户进行查询和管理。

二、数据管理

数据管理主要包括对报表数据进行透视、汇总和报表合并。数据透视是指利用数据透视功能，把多张表页的多个区域的数据显示在一个平面上；数据汇总是报表数据不同形式的叠加，通过数据汇总功能可以把结构相同、数据不同的两张报表经过简单的叠加生成一张新的报表的过程；报表合并是指编制合并会计报表以反映企业集团整体的财务状况，经营成果和现金流量信息。合并时需要将母公司及各子公司之间的内部往来、内部投资、内部交易等数据进行抵销，而不是各个子公司报表的简单叠加。编制合并报表必须使用具有编制合并报表功能的软件。

三、备份与恢复

数据的备份是指将报表系统产生的报表数据备份到硬盘或移动存储设备中保存起来。报表数据的恢复是指将硬盘或移动存储设备中所备份的数据，引入到计算机的硬盘中。在实际工作中，如果硬盘中的报表数据被破坏或需要查找历史报表数据时，需要对数据进行恢复操作。

四、定义报表模板

定义报表模板是指报对于系统未提供模板但需要重复使用的报表，特别是企业内部报表，可以在设置好报表后，将其定义为模板，以便今后使用时直接调用，而无须重复设置。灵活运用报表模板无疑可以提高报表处理的效率。但如果报表模板与本企业的实际需要存在差异，就需要用户利用报表格式和公式设置的功能，对原来的报表模板进行修改，生成新的报表模板。

第五节　本章实验操作

一、用友 U8 软件应用操作

实验一　财务报表子系统及操作指导

Ⅰ. 财务报表子系统

【实验目的】

理解用友 ERP-U8 财务报表编制的原理及流程，理解和掌握报表格式定义、公式定义的操作方法，掌握报表数据处理、表页管理，掌握如何利用报表模板生成一张报表。

【实验内容】

1. 利用模板生成报表。

2. 自定义报表。

3. 报表审核。

4. 财务分析。

【实验要求】

以账套主管“李一”的身份进行财务报表的操作。

【实验准备】

恢复“实验四”数据（即以系统管理员 admin 的身份注册进入“系统管理”，执行“账套”—“引入”—“引入账套数据”对话框，恢复账套数据）。

【实验资料】

（一）利用模板生成报表

利用报表模板生成龙门万成信息技术有限公司 2014 年 6 月资产负债表、利润表、现金流量表，并将财务报表命名为“资产负债表.rep”、“利润表.rep”、“现金流量表.rep”，保存在 D 盘指定的文件夹（万成公司财务报表）内。

1. 资产负债表（2007 年新会计准则科目）

2. 利润表（2007 年新会计准则科目）

3. 现金流量表（2007 年新会计准则科目）

（二）自定义报表

货币资金表

编制单位：龙门万成信息技术有限公司　　　　年　　月　　　　单位：元

项目	期初余额	借方发生额	贷方发生额	期末余额
库存现金				
工行存款（人民币）				
中行存款（人民币）				
中行存款（美元）				
合计（人民币）				

制表人：

说明：1. 标题行“货币资金表”设置为“行高 10、黑体、16 号、居中”，其他文字为系统默认值。

2. 将“年、月”设置为关键字。

（三）审核已编制的“资产负债表”

（四）以“货币资金表”为例进行财务图表分析

Ⅱ. 财务报表子系统操作指导

以“李一”身份，执行【开始】—【程序】—【用友 ERP-U8】—【企业门户】—【财务会计】—【UFO 报表】命令，进入 UFO 报表管理系统。输入操作日期“2014-6-30”；单击【确定】按钮。模板报表基本操作流程：第一步调用报表模板；第二步调整报表模板；第三步生成报表数据。自定义报表基本操作流程：第一步设计报表格式；第二步报表数据处理。

（一）利用模板生成报表

1. 资产负债表

第一步 调用报表模板

操作步骤：

（1）以“801 李一”身份，点击工具菜单上【文件】—【新建】，再点击【文件】—【另存为】，选择 D 盘指定的文件夹（万成公司财务报表），报表命名为“资产负债表.rep”。

（2）在【格式】状态下，执行【格式】—【报表模板】命令，打开“报表模板”对话框。选择所在的行业为“一般企业（2007 年新会计准则科目）”，财务报表“资产负债表”。点击【确定】按钮，系统弹出“模板格式将覆盖本表格式！是否继续？”对话框。点击【确定】按钮。系统弹出“资产负债表”模板，如图 U5-01 所示。

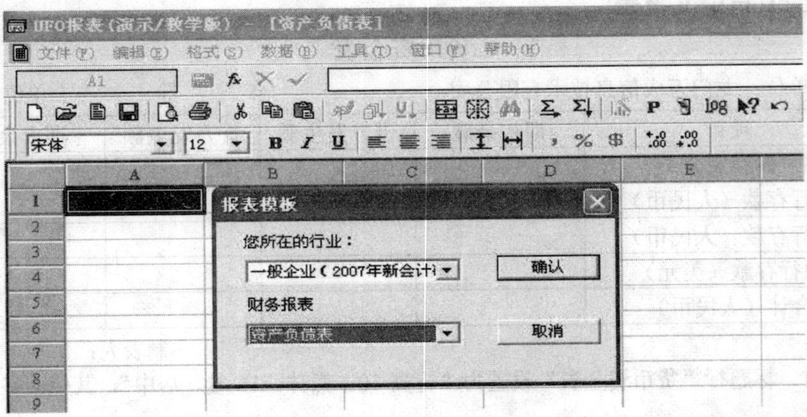

图 U5-01 报表模板

第二步 调整报表模板

操作步骤：

（1）单击【格式/数据】按钮，将“资产负债表”处于格式状态。根据本单位的实际情况，调整报表格式，修改报表公式，如图 U5-02 所示。

（2）保存调整后的报表模板。

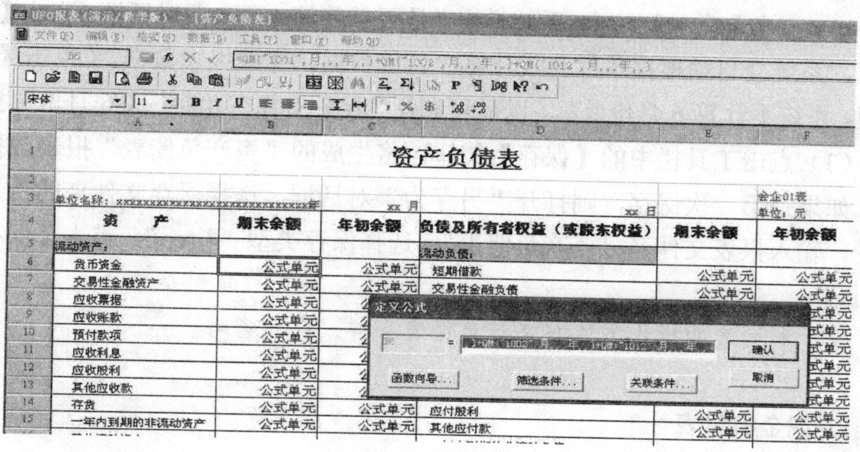

图 U5-02　修改报表公式

注：本报表模板需要修改未分配利润的“期末数公式”和未分配利润的“期初数公式”，修改后资产负债表即可得到正确的结构。

第三步　生成报表数据

操作步骤：

（1）在【数据】状态下，执行【数据】—【关键字】—【录入】命令，打开“录入关键字”对话框。输入关键字：单位名称“龙门万成信息技术有限公司”、年“2014”、月“6”、日“30”，单击【确定】按钮，如图 U5-03 所示。

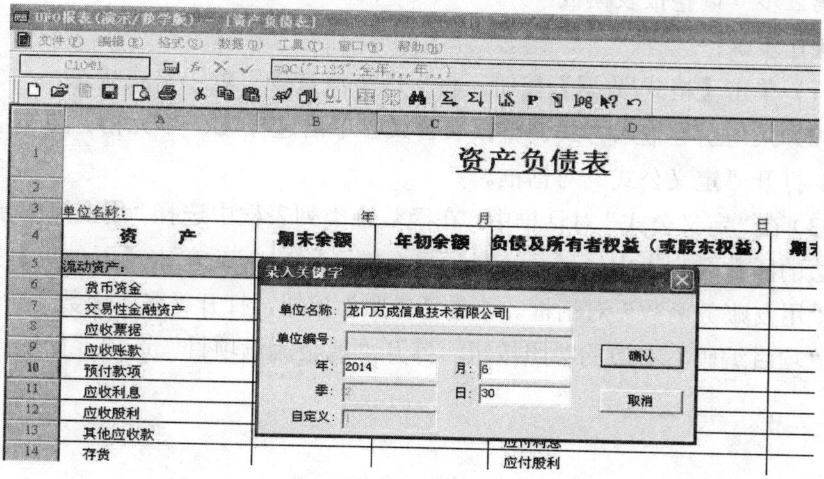

图 U5-03　修改报表公式

（2）点击【确定】按钮，系统弹出“是否重算第 1 页？”对话框，点击【是】按钮，系统会自动根据单元公式计算 3 月份数据，生成报表数据。（单击【否】按钮，系统不计算 6 月份数据，以后可利用“表页重算”功能生成 6 月份数据）。

（3）点击工具栏中的【保存】按钮，将生成的“资产负债表”报表数据保存（如果是第一次保存，则打开“另存为”对话框。选择保存文件夹的目录及路径，输入报表文件名“资产负债表”；选择保存类型“*.rep”，点击【保存】按钮）。

注：利润表的操作方法与资产负债表一样，在此省略。

2. 现金流量表

第一步　调用报表模板

操作步骤：

（1）在【格式】状态下，执行【格式】—【报表模板】命令，打开“报表模板”对话框。选择所在的行业为“一般企业（2007 年新会计准则科目）”，财务报表“现金流量表”。

（2）点击【确定】按钮，系统弹出“模板格式将覆盖本表格式！是否继续？”对话框，点击【确定】按钮，系统弹出“现金流量表”模板。

第二步　调整报表模板

操作步骤：

（1）单击【格式/数据】按钮，将“现金流量表”处于格式状态。

（2）采用引导输入方式调整报表公式。单击选择 B6 单元格。单击【fx】按钮，打开“定义公式”对话框。

（3）在“定义公式”对话框中，在函数分类列表框中选择“用友账务函数”，在右边的函数名列表中“现金流量项目金额（XJLL）”，单击【下一步】按钮，打开“用友账务函数”对话框。单击【参照】按钮，打开“账务函数”对话框。单击“项目编码”右边的参照按钮，打开“现金流量项目”选项，如图 U5-04 所示。

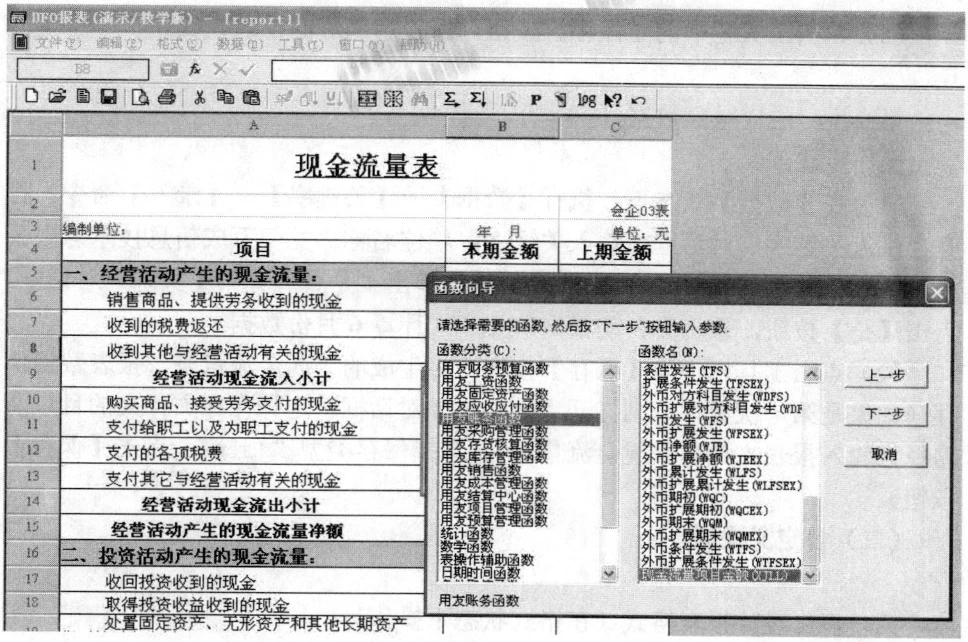

图 U5–04　账务函数选择

（4）双击选择与 B6 单元格左边相对应的项目，单击【确定】按钮，返回“用友账务函数”对话框。单击“确定”按钮，返回“定义公式”对话框，单击“确定”按钮。重复步骤（3）—（10），输入其他单元公式，如图 U5-05 所示。

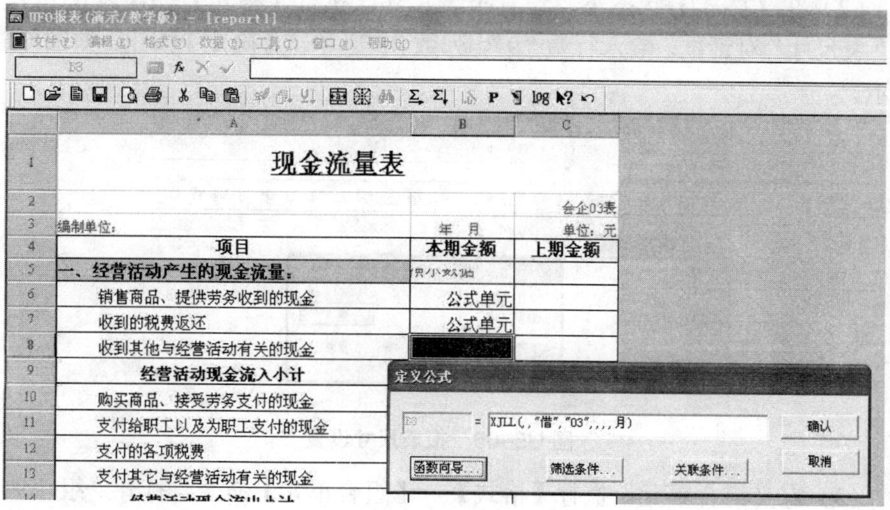

图 U5–05　定义公式

（5）单击工具栏中的【保存】按钮，保存调整后的报表模板。

第三步　生成报表数据

操作步骤：

（1）在【数据】状态下，执行【数据】—【关键字】—【录入】命令，打开“录入关键字”对话框。输入关键字：单位名称“龙门万成信息技术有限公司”、年“2014”、月“6”、日“30”，系统弹出“是否重算第 1 页？”对话框。点击【是】按钮，系统会自动根据单元公式计算 6 月份数据。

（2）点击工具栏中的【保存】按钮，将生成的“现金流量表”报表数据保存（如果是第一次保存，则打开“另存为”对话框。选择保存文件夹的目录及路径，输入报表文件名“现金流量表”；选择保存类型“*.rep”，点击【保存】按钮）。

（二）自定义报表

第一步　设计报表格式（在格式状态下操作）

操作步骤：

（1）在【UFO 报表】界面，执行【文件】—【新建】命令，建立以一张空白报表，点击空白报表底部左下角的【格式/数据】按钮，使当前状态为【格式】状态。

（2）在【格式】状态下，设置报表尺寸，执行【格式】—【表尺寸】，打开“表尺寸”对话框。输入行数“9”，列数“5”，单击【确定】按钮，如图 U5-06 所示。

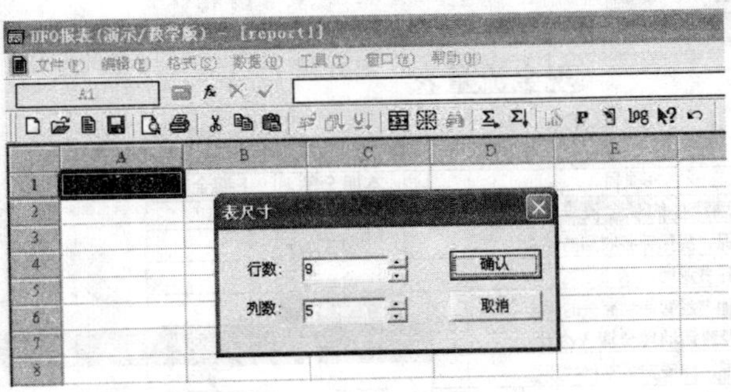

图 U5-06　报表尺寸设置

（3）定义组合单元。执行【格式】—【组合单元】命令，打开“组合单元”对话框。选择需要合并的区域“A1:E1”，选择组合方式为“按行组合”，该单元即合并成一个单元格单击，在该单元输入“货币资金表”。行高 10、黑体、16 号、居中。

（4）在 A 2 单元格输入“编制单位：龙门万成信息技术有限公司”，列宽：70，在 E 2 单元格输入“单位：元”。

（5）画表格线。执行【格式】—【画表格线】命令，打开“画表格线”对话框，选择报表需要画线的区域“A3:E8”，点击【格式】—【区域画网】—【网线】，点击【确认】按钮，将所选区域画上表格线。

注：报表的文字内容，主要包括表头内容、表体项目、表尾项目等（但不包括关键字），这些文字的录入按表样的位置，正常录入。

（6）设置单元风格。执行【格式】—【单元属性】命令，打开“单元属性”对话框，选择标题所在组合单元“A1”，点击【字体图案】选项卡，设置字体“宋体”，字号“11”，单击“对齐”选项卡，再设置对齐方式“居中”，最后点击【确认】按钮。

（7）定义单元属性。点击【格式】—【单元属性】，打开“单元格属性”对话框，点击“单元类型”选项卡，再点击“字符”选项，最后点击【确认】按钮，如图 U5-07 所示。

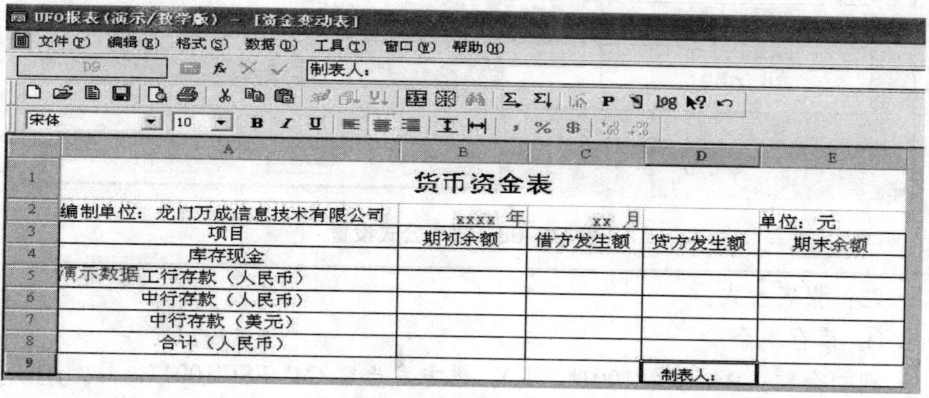

图 U5–07　报表设置

（8）设置关键字。选中需要输入关键字的组合单元“C3”，执行【数据】—【关键字】—【设置】命令，打开“设置关键字”对话框，选中“年”单选按钮，单击“确定”按钮。同理，设置“年”、“月”关键字。

注：关键字的位置可以用偏移量来表示，负数值表示向左移，正数值表示向右，在调整时，可以通过输入正或负的数值来调整。关键字偏移量单位为像数。

（9）定义单元公式。选中需要定义公式的单元“B4”，即库存现金的期初数，执行【数据】—【编辑公式】—【单元公式】命令，打开“定义公式”对话框，直接输入总账期初函数公式：QC（"1001"，月），或单击【fx】按钮或双击某公式单元或按“=”键，都可打开“定义公式”对话框。单击【函数向导】按钮，打开“函数向导”对话框，在函数分类列表框中“用友账务函数”，在右边的函数名列表中选中“QC”，单击【下一步】—【参照】按钮，选择科目“1001”，其余各项均采用系统默认值，单击【确定】按钮。同理，设置其他单元公式，如图 U5-08 所示。

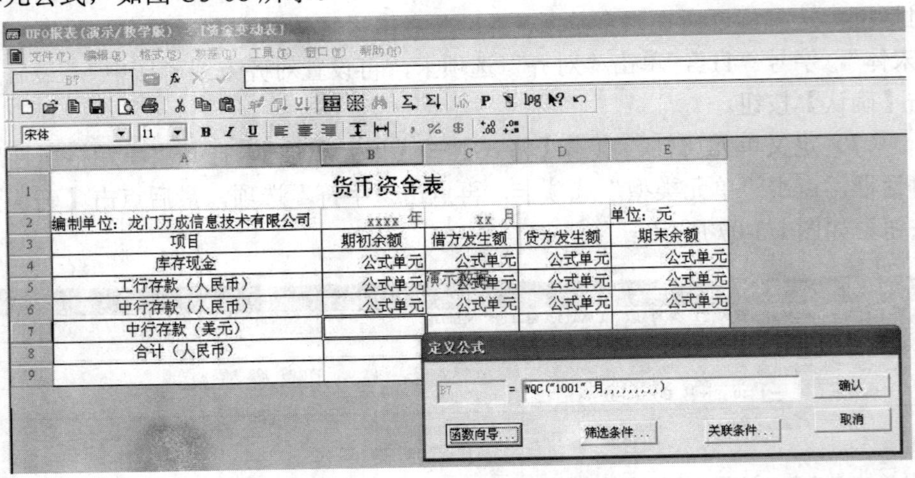

图 U5–08　报表公式设置

注：报表公式：

① 库存现金

期初余额：B4=QC("1001"，月)；借方发生额 C4 =FS("1001"，月，j)；贷方发生额 D4 =FS("1001"，月，d)；期末余额 E4=QM("1001"，月)

②工行存款

期初余额：B5=QC("100201"，月)；借方发生额 C5 =FS("100201"，月，j)；贷方发生额 D5 =FS("100201"，月，d)；期末余额 E5=QM("100201"，月)

③中行存款（人民币）

期初余额：B6=QC("100202"，月)；借方发生额 C6=FS("100202"，月，j)；贷方发生额 D6 =FS("100202"，月，d)；期末余额 E6=QM("100202"，月)

④中行存款（美元）

期初余额：B7=WQC("100202"，月)；借方发生额 C7=WFS("100202"，月，j)；贷方发生额 D7=WFS("100202"，月，d)；期末余额 E7=WQM("100202"，月)

⑤合计

期初余额合计 B8= B4+ B5+ B6+ B7；借方发生额合计 C8= C4+ C5+ C6+C7；

贷方发生额合计 D8=D4+D5+ D6+D7；期末余额合计 E8= E4+ E5+ E6+E7

（10）定义完成了报表的格式和单元公式后，需要保存，执行【文件】—【保存】命令。如果是第一次保存，则打开"另存为"对话框。选择保存文件夹的目录及路径，输入报表文件名"资金变动表"；选择保存类型"*.rep"，单击【保存】按钮。

第二步　报表数据处理（在数据状态下操作）

操作步骤：

（1）启动 UFO 报表系统。执行【文件】—【打开】命令，选择存放报表格式的文件夹中的报表文件"资金变动表.rep"，单击【打开】按钮，单击空白报表底部左下角的【格式/数据】按钮，使当前状态为【数据】状态。

（2）关键字的录入。在【数据】状态下，执行【数据】—【关键字】—【录入】命令，打开"录入关键字"对话框，输入年"2014"、月"6"、日"30"，单击【确定】按钮。

（3）生成报表。执行【数据】—【表页重算】命令，系统弹出"是否重算第 1 页？"对话框，单击"是"按钮，系统会自动根据单元公式计算 6 月份数据，生成报表数据。（单击"否"按钮，系统不计算 6 月份数据，以后可利用"表页重算"功能生成 6 月份数据）

（4）在 E9 单元格输入制表人："李一"，点击"保存"按钮，将生成的报表数据保存到指定的位置。

（三）报表审核

1. 定义审核公式

操作步骤：

（1）在【文件】状态下，执行【数据】—【编辑公式】—【审核公式】命令，如图 U5-09 所示。

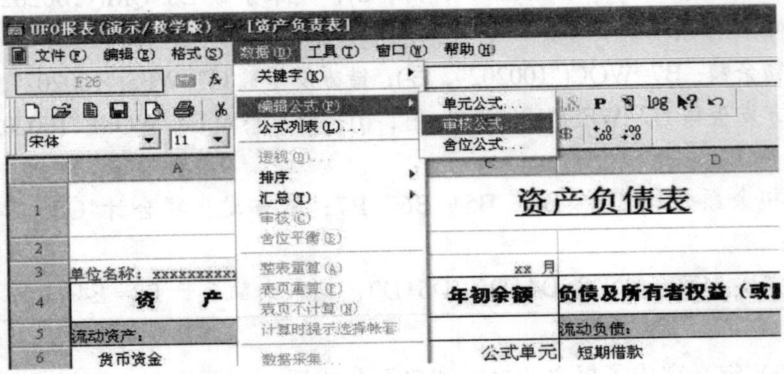

图 U5-09 报表公式设置

（2）在【审核公式】对话框中，输入“审核公式”为“B37=E37 MESS”资产期末余额总计，与负债和权益期末余额总计不等” ”，审核公式编辑完毕后，检查无误后，单击【确定】按钮，保存审核公式的设置（若按 ESC 键或单击“取消”按钮，将放弃此次审核公式的编制操作）。如图 U5-10 所示。

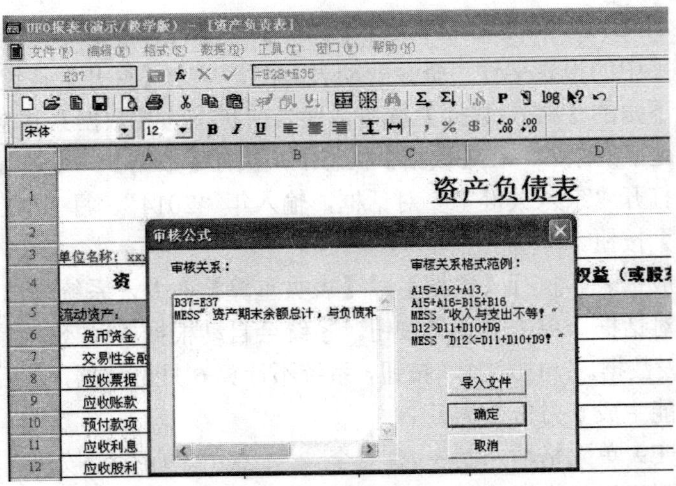

图 U5-10 审核公式设置

注：B37=E37 MESS”资产期末余额总计，与负债和权益期末余额总计不等”的含义：此两行审核公式，表示 B37 资产负债表左边期末余额总计，应与 E37 资产负债表右边的负债和权益期末余额总计相等；如果不相等，在审核资

产负债表时系统会弹出“资产期末余额总计，与负债和权益期末余额总计不等”的提示对话框，以便用户查错。

2. 报表审核

报表审核的前提是先定义“审核公式”，报表审核的对象是已编制的数据表。

操作步骤：

（1）点击【格式/数据】按钮，打开“数据”状态。

（2）在“数据”状态下，执行【数据】—【审核】命令。

（3）系统按照审核公式逐一审核报表钩稽关系，如图 U5-11 所示。

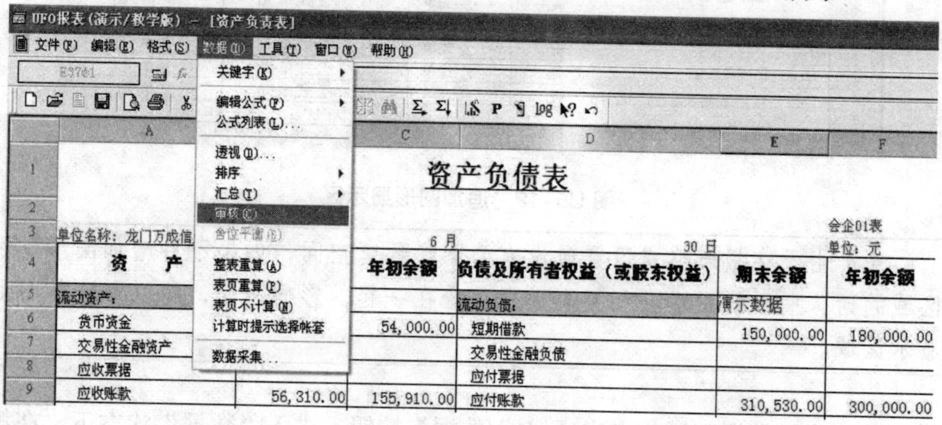

图 U5–11　审核资产负债表

注：如果报表数据符合钩稽关系，即审核通过；如果报表数据不符合钩稽关系，即未通过审核，则会提示错误信息，以便查找和修改错误。（审核公式出现错误的原因有：单元公式出现语法等错误，审核公式本身错误。账套数据等数据源错误，需要重新修改计算，直到不出现任何错误）从逻辑上、会计制度上进行核实、判断和检查，保证报表数据的正确性）

（四）报表分析

报表数据生成之后，为了对报表数据进行直观和了解，方便对数据的对比、趋势和结构分析，可以利用图形对数据进行直观显示。UFO 图表功能提供了折线图、直方图、圆饼图等多种格式的图表。以“资金变动表”为例进行图标分析。

操作步骤：

（1）追加图形显示区域：在【格式】状态下，执行【编辑】—【追加】—【行】命令，打开“追加行”对话框，输入需要追加的行数“12”，单击【确定】按钮，如图 U5-12 所示。

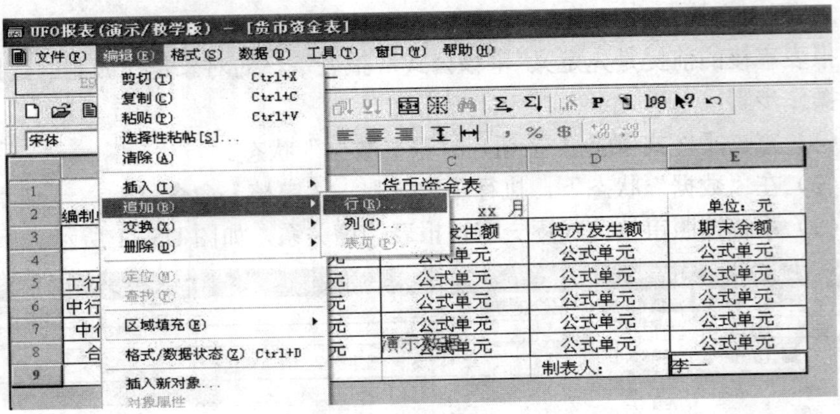

图 U5-12　追加图形显示区

注：由于在报表格式设置时没有为图形预留空间，如果不再增加图形显示区域的话，插入的图形会和报表数据重叠在一起，影响阅读，所以要追加图形显示区域。

（2）选取数据区域：点击【格式/数据】按钮，进入“数据”状态下，在第 1 页中，选择取一个数据区域 A3:B6，插入图表对象，执行【工具】—【插入图表对象】命令，打开“区域作图”对话框，如图 U5-13 所示。

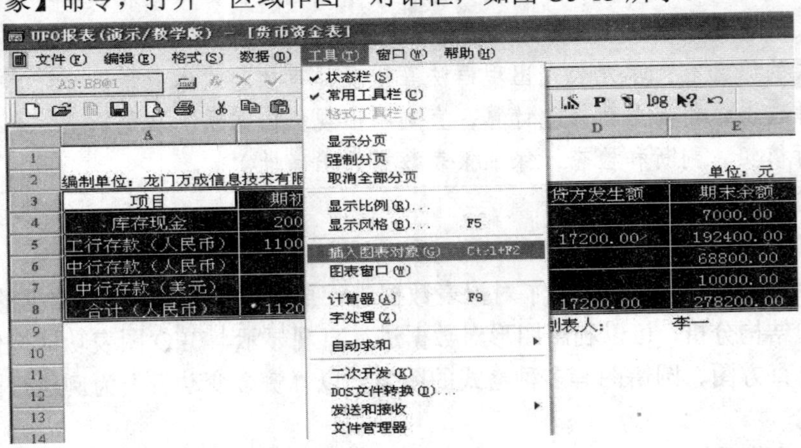

图 U5-13　插入图表对象

注：插入的图表时依赖报表的数据而存在，反映报表指定区域中数据的对比关系，所以在插入图表对象之前必须事先选择图表对象反映的数据区域。

（3）在“数据组”中，选择“行”单选按钮，则以“行”为 X 轴、以“列”为 Y 轴作图。选择“列”单选按钮，则以列为 X 轴、以行为 Y 轴作图。默认为“行”。在“操作范围”中，选择“当前表页”单选按钮，利用当前表页中的数据作图，如图 U5-14 所示。

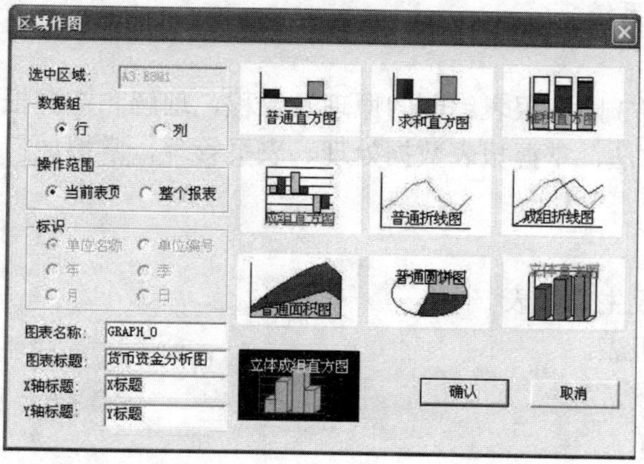

图 U5-14　区域作图

（4）在“图表名称”文本框中输入图表的名称 ZJFX，选择“图表标题”文本框中输入“货币资金分析图”；其他项目保持系统默认值。选择“立体成组直方图”，单击【确定】按钮，显示分析图，如图 U5-15 所示。

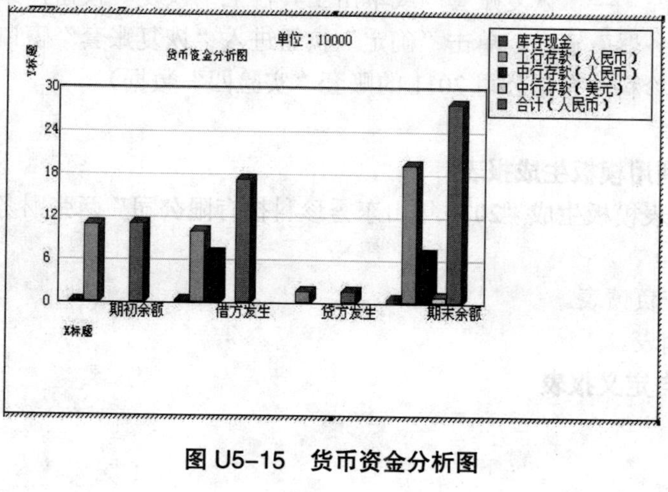

图 U5-15　货币资金分析图

（5）编辑标题：双击图表对象的任意部位，图表即被激活，此时，图表及图形四周均出现 8 个黑点，执行【工具】—【编辑】—【主标题】命令，打开“编辑标题”对话框，在“请输入标题”文本中输入标题内容，单击【确定】按钮。

Kingdee 二、金蝶 K/3 软件应用操作

实验一　财务报表子系统及操作指导

Ⅰ. 财务报表子系统

【实验目的】

理解金蝶 K/3 财务报表编制的原理及流程，理解和掌握报表格式定义、公式定义的操作方法，掌握报表数据处理、表页管理，掌握如何利用报表模板生成一张报表。

【实验内容】

1. 利用模板生成报表。
2. 自定义报表。
3. 报表审核。
4. 财务分析。

【实验要求】

以账套主管“甲主管”的身份进行财务报表的操作。

【实验准备】

恢复“实验四”数据（即以系统管理员 admin 的身份注册进入“账套管理”，执行“数据库”—“恢复账套”或单击工具栏上“恢复”按钮，系统弹出“选择数据库服务器”窗口，单击“确定”按钮进入“恢复账套”窗口，恢复已建立的山东秀珍科技有限公司 2011 的账套“实验四”数据）。

【实验资料】

（一）利用模板生成报表

利用报表模板生成“2011 年山东秀珍科技有限公司”两张财务报表（新企业会计准则）

1. 资产负债表。
2. 利润表。

（二）自定义报表

应收账款表

单位名称：山东秀珍科技有限公司　　2011年8月31日　　单位：元

客户名称	期初余额	借方发生额	贷方发生额	期末余额
北京电子公司				
长春电子厂				
汕头电器公司				
德国Webster公司				

（三）对资产负债表设置审核条件，由系统自动判断资产负债表平衡情况

（四）以“应收账款表”为例进行平面柱形图分析

（五）以“资产负债表”为例进行财务分析

Ⅱ. 财务报表子系统操作指导

操作的前期工作

1. 以“甲主管”身份登陆账套，操作日期“2014-6-30”。

2. 模版报表基本操作流程：第一步建立模板报表；第二步调整报表公式；第三步生成报表数据。

3. 自定义报表基本操作流程：第一步新建报表格式；第二步设置报表公式；第三步报表数据处理。

（一）利用模版生成报表

1. 资产负债表

第一步　建立模板报表

操作步骤：

（1）以“甲主管”身份登陆账套。在主界面窗口，点击【财务会计】—【报表】—【新企业会计准则】—【新企业会计准则资产负债表】，打开此模板，如图K5-01所示。

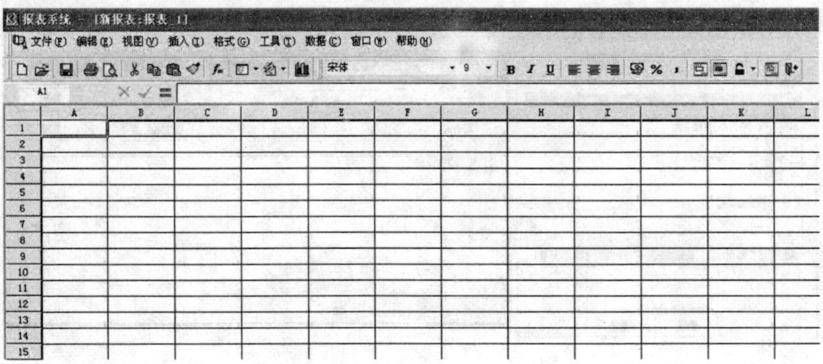

图K5–01　报表系统界面

（2）在报表系统界面，点击菜单栏【文件】—【打开】，在“打开”窗口，选择【新企业会计准则】—【新企业会计准则资产负债表】，双击“新企业会计准则资产负债表”，模板报表打开，如图 K5-02 所示。

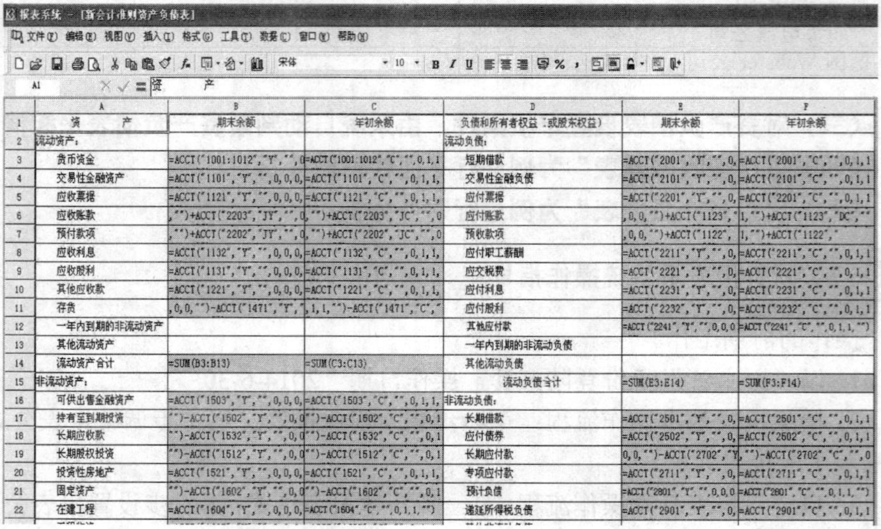

图 K5-02　模板报表界面

（3）模板报表打开后，选择菜单【格式】—【报表属性】，系统弹出“报表属性”窗口，单击“页眉页脚”选项卡，选中第 1 行“报表名称”页眉，然后点击 【编辑页眉页脚】直接录入“资产负债表”名称，选中第 3 行“单位名称”页眉，单击“编辑页眉页脚”窗口，在冒号后录入“山东秀珍科技有限公司”，将“年月日”修改为“2011 年 8 月 31 日”等内容，如图 K5-03、K5-04 所示。单击【确定】按钮，保存页眉修改。

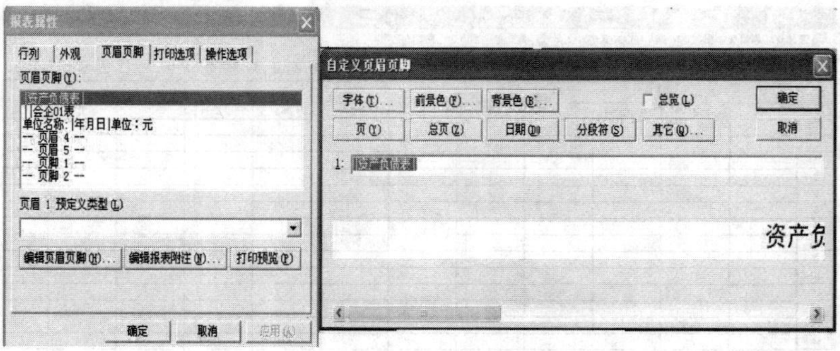

图 K5-03　报表名称设置

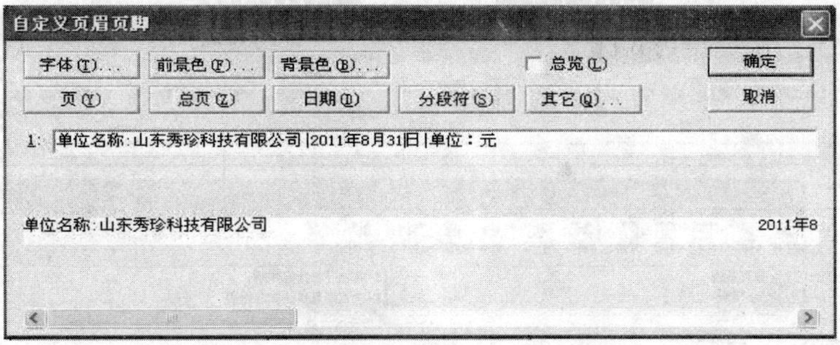

图 K5-04　报表单位名称及日期设置

（4）点击【文件】菜单，执行【另存为】，将模板保存在“报表”子系统中，修改报表名称“资产负债表”，点击【保存】按钮即可，如图 K5-05 所示。

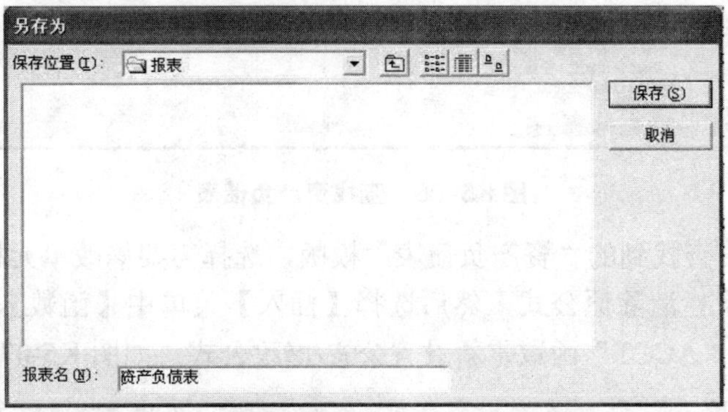

图 K5-05　报表单位名称及日期设置

注：对于系统中的模板资料一般保留，不做修改，目的是为了今后再借鉴使用；对于符合企业报表要求的模板，用户进行“另存为”集中保存到“(性质)— 报表”中使用。

第二步　调整报表公式

操作步骤：

（1）点击【财务会计】—【报表】—【新企业会计准则】—【新企业会计准则资产负债表】，在“报表系统—新报表：报表”界面，点击菜单栏【文件】—【打开】，在“打开”窗口，选择【报表】—【资产负债表】，查找保存的“资产负债表”模板，如图 K5-06 所示。

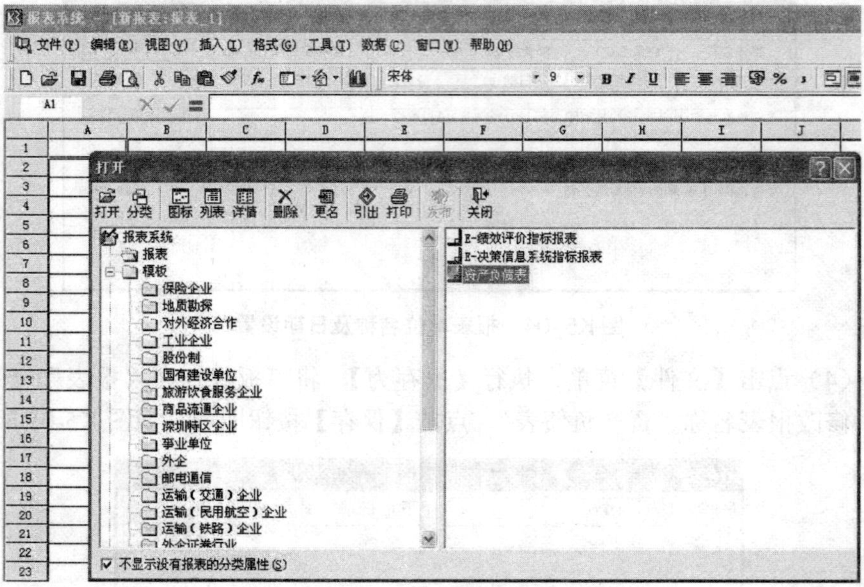

图 K5–06　查找资产负债表

（2）双击查找到的“资产负债表”模版，选择需要修改单元格公式或者首先在公式编辑栏清除原公式，然后选择【插入】菜单中【函数】，单击工具栏【f(x)】，使用“ACCT”函数重新设置公式/修改公式，如图 K5-07 所示。

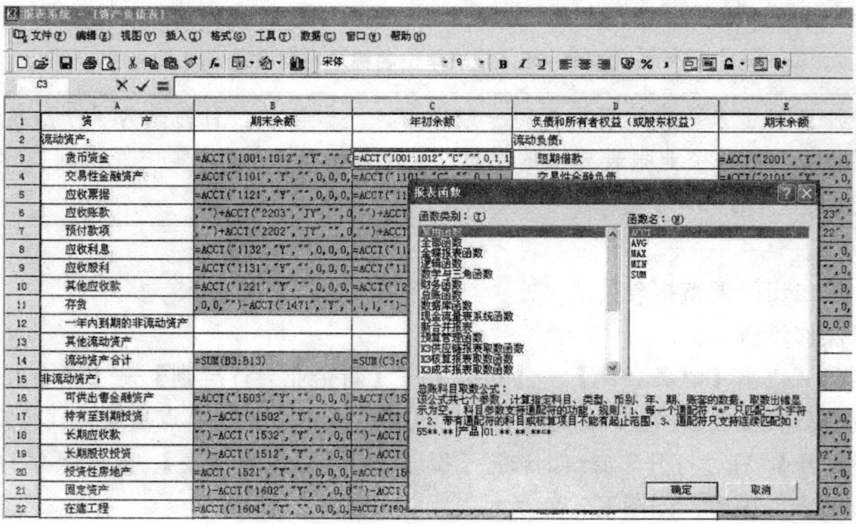

图 K5–07　取数函数

（3）在“报表函数”对话框，选择“ACCT”函数，点击【确定】按钮，进行 ACCT 函数表达式的录入，在科目栏处，点击【F7】按钮，打开“取数科目导向”窗口，根据案例提供信息及实际需要进行单元格公式的修改，如图 K5-08 所示。

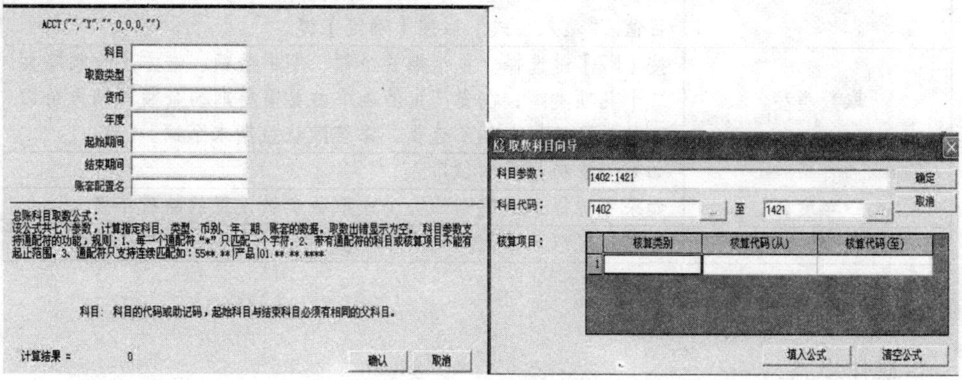

图 K5–08　ACCT 函数表达式

表 5–1　常用函数说明表

常用函数	说明	常用函数	说明
C	期初余额	Y	期末余额
JC	借方期初余额	JY	借方期末余额
DC	贷方期初余额	DY	贷方期末余额
AC	期初绝对余额	AY	期末绝对余额
JL	借方本年累计发生额	JF	借方发生余额
DL	贷方本年累计发生额	DF	贷方发生余额
ACCT	总账科目取数函数	SL	损益类科目本年实际发生额
AVG	求平均值取数函数	SY	损益类科目本期实际发生额
MAX	求最大值取数函数	QC	期初结存数量
MIN	求最小值取数函数	QY	期末结存数量
SUNM	求和取数函数	QJF	当期收入数量
RPTDATE	返回指定格式的报表日期	QDF	当期发出数量
REF_F	表间取数函数	QJL	本年累计收入数量
		QDL	本年累计发出数量

表 5–2　参数名称说明

参数名称	说明
科目	可以直接录入科目代码；也可以按【F7】键，系统弹出选择会计科目的对话框"取数科目向导"，可以单选一个会计科目，也可选择一系列会计科目（从某某科目到某某科目）；可以选择会计总科目，也可以选择明细会计科目，还可以取到核算项目值。"填入公式"后按【确定】键。
取数类型	按【F7】键选择。包括期初余额、期末余额、借方发生额等共二十几项类型；在资产负债表中主要需要期初余额和期末余额两种类型数据。如不选择，系统默认为期末余额。
货币	如果不选择代表本位币。
年度	如果不选择，系统默认为公式取数参数设置的缺省年度。
起始、结束期间	设置报表取数期间。

第三步　生成报表数据

操作步骤：

（1）修改公式后，选择【数据】菜单下的【报表重算】，重新计算报表数据，检查平衡情况并【保存】即可，如图 K5-09 所示。

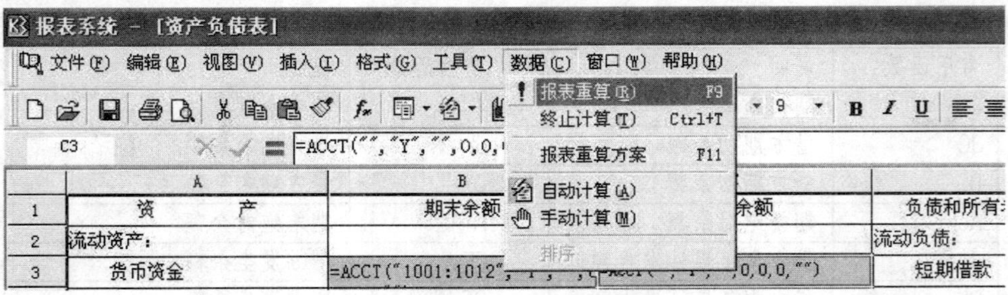

图 K5–09　报表重算

注：单元公式设置举例说明：

①"货币资金"年初数：公式为"ACCT(˝1001:1009˝，˝˝C"，""，0，1，1，"月)"；

公式意义：1001 至 1009 会计科目 1 月份期初余额（科目选择 1001 至 1009，取数类型为"期初"；起始期间为 1；结束期间为 1）。

②"预付账款"期末数：公式为"ACCT(˝1123˝，˝˝JY"，""，0，0，0，"")"+"ACCT(˝2202˝，˝˝JY"，""""，0，0，0，"")"；

公式意义：一般财务要求资产负债表的预付账款要反映“预付账款”和“应付账款”的借方余额。如果是贷方余额应当在“应付账款”中反映。(取数类型为“借方余额”，两个公式使用“+”连接即可)

③“未分配利润”期末数：公式为“ACCT(˝4104˝，˝˝Y"，""，0，0，0，"")”+“ACCT(˝4103˝，˝˝Y"，"""，0，0，0，"")”；

公式意义：取利润表上计算出的净利润数值参与“未分配利润”的计算，并注意每期先制作利润表，计算的“净利润”在正确的情况下保存报表，再制作资产负债表。(此项中包括“未分配利润”、“本年利润”两个科目数据，如果用户每期都结转损益即“账结法”则使用此公式；如果用户年末才结转损益即“表结法”，则应修改此公式为(ACCT(˝3131˝)+REF_F(˝利润表˝，˝B18")，两个公式使用“+”连接即可)

(2) 在“报表系统—【资产负债表】”窗口，点击工具栏上图标（显示公式/数据），查看“资产负债表”的“数据”结果，如图 K5-10 所示。

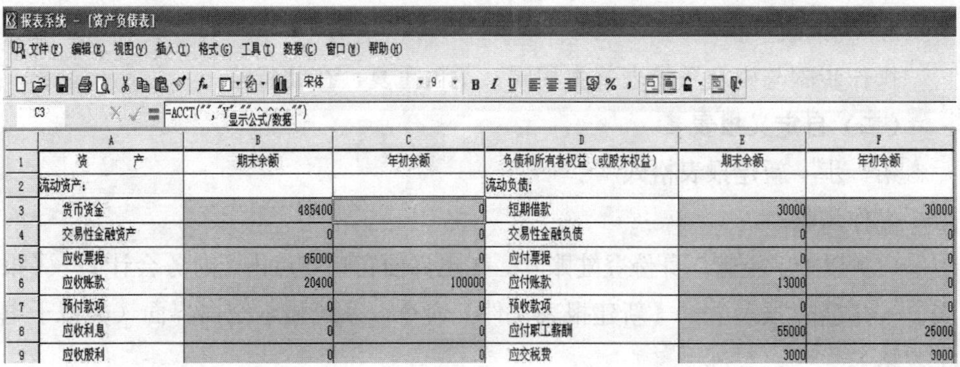

图 K5-10　报表数据显示界面

(3) 在“报表属性”窗口，单击工具栏上“打印预览”按钮，系统进入“打印预览”窗口，查看“资产负债表”完成的最后结果。

(4) 在“报表属性”窗口，点击菜单栏【文件】—【引出报表】，选择“资产负债表”保存目标地，完成报表的引出，如图 K5-11 所示。

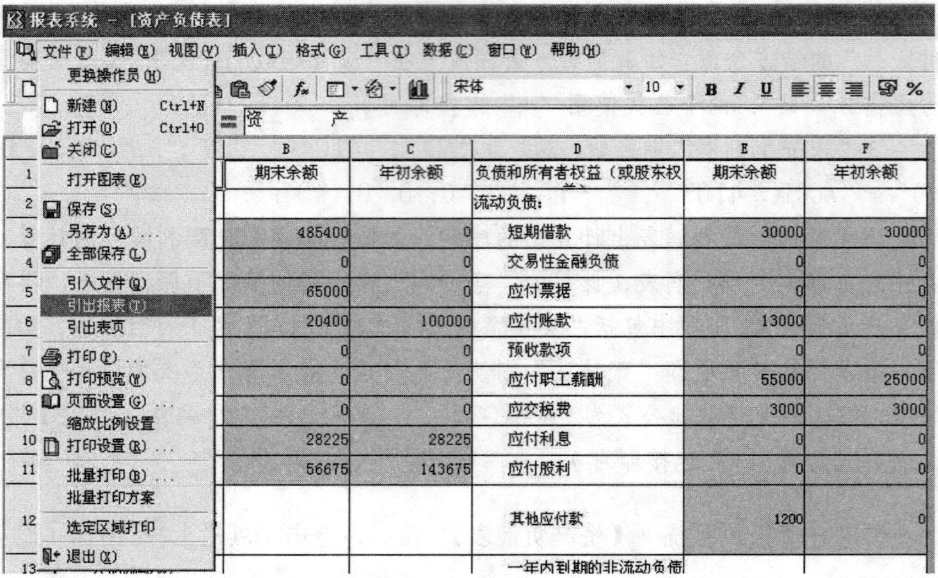

图 K5-11 引出报表

2. 利润表

操作步骤与资产负债表基本相同，不再重复，在此省略。

（二）自定义报表

第一步 新建报表格式

操作步骤：

（1）以“甲主管”身份登陆账套。在主界面窗口，点击【财务会计】—【报表】—【新建报表】—【新建报表文件】命令，系统显示空白界面（类似于电子表格）。

（2）选择【格式】菜单中【报表属性】功能，在“行列”标签页中直接录入行、列数即可调整新建报表的行列设置。根据案例可以设置行列数“5”行，如图 K5-12 所示。

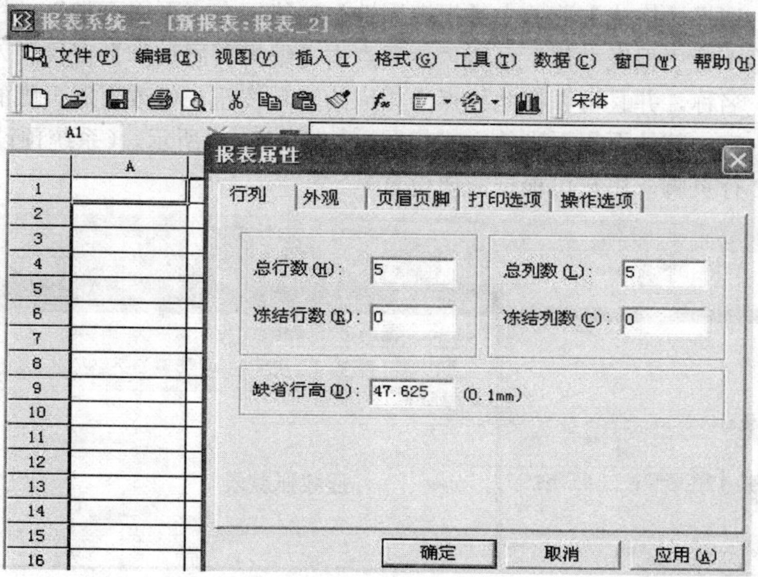

图 K5-12　报表属性

（3）选择菜单【视图】—【显示公式】功能，录入文字项目。选择 A1 单元格录入“客户名称”，以同样方法录入其他单元格内容，如图 K5-13 所示。

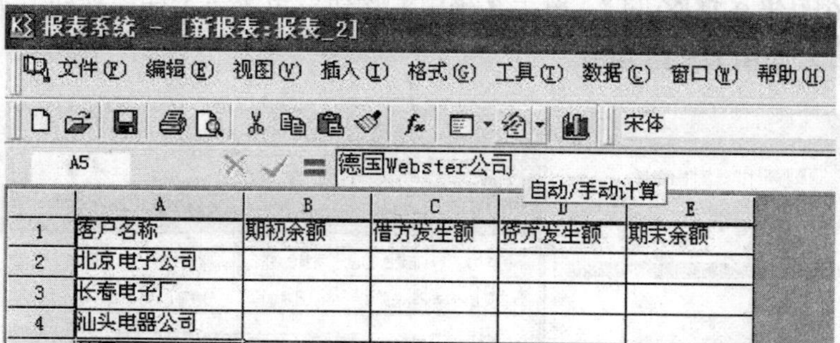

图 K5-13　报表文字项目录入

注：若要修改单元格内容，修改后单击“√”表示确定，不单击“√”表示取消，此操作不能省略。修改报表内容、公式或自定义报表时，建议在“显示公式”状态下进行。

（4）选择【格式】菜单中【报表属性】功能，在“页眉页脚”一栏中，选中选择第1行“报表名称”页眉，然后点击【编辑页眉页脚】直接录入“应收账款表”名称，并且可以在此处点击相应的工具按钮，修改页眉页脚的字体和颜色等内容。其他页眉页脚的方式相同，如图K5-14所示。（系统预设了5行页眉和2行页脚，用户可根据需要设置）

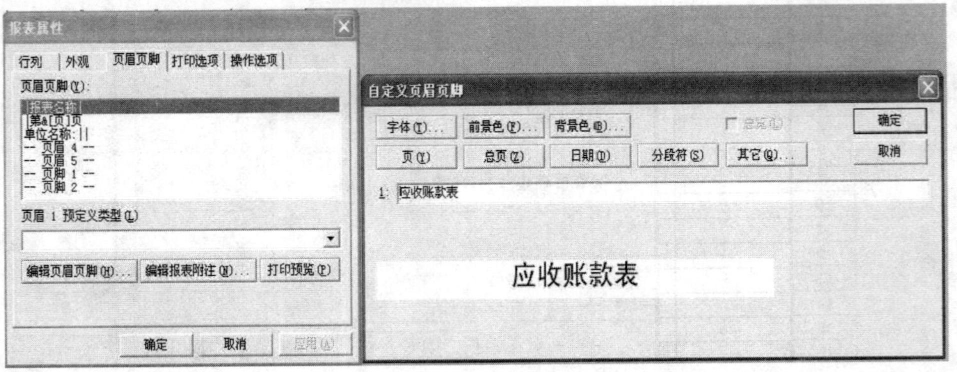

图K5-14 报表名称设置

（5）单击“页眉页脚”选项卡，选中第3行“单位名称”页眉，单击“编辑页眉页脚”窗口，在冒号后录入“山东秀珍科技有限公司”，将“年月日”修改为“2011年9月30日”，单击【确定】按钮，单击“关闭”按钮，返回“报表”窗口，如图K5-15所示。

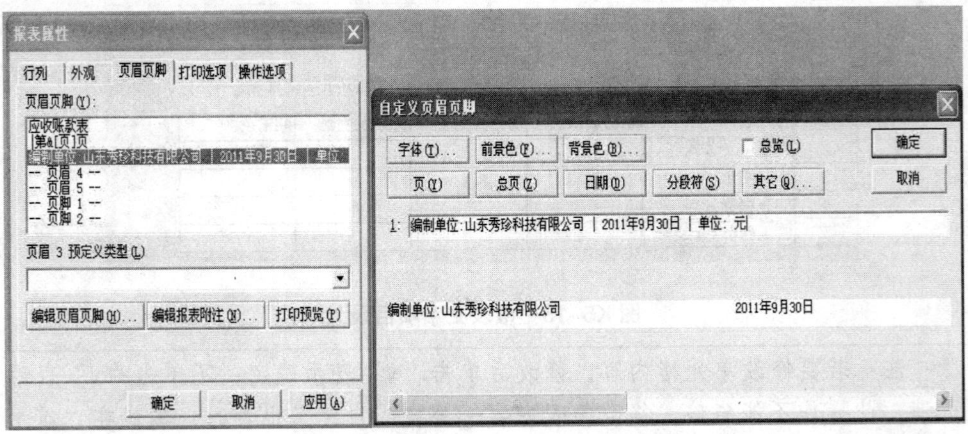

图K5-15 报表单位名称与日期设置

注：①关于“N个”单元格的组合设置：用鼠标选定“N个单元格”，执行【格式】菜单下的【单元融合】功能，可将一块单元区域合并为一个单元格。

②当要求解除某融合的单元时，单击【格式】—【解除融合】选项，系统即时将所选单元中的纵横线恢复。注意只有进行单元融合的单元才可以解除融合，与Excel中的合并格和拆分有所区别。

③选中需要定义斜线的单元格，选择【格式】—【定义斜线】功能，在“单元斜线”标签类中选择“斜线类型”并在单元斜线页签录入斜线单元中的文字内容，按【确定】即可，如图K5-9所示。（要删除斜线，选中该单位格后点击“格式”菜单中“删除斜线”）

第二步　设置报表公式

操作步骤：

（1）在“应收账款”下的“北京电子公司”客户的本期期初余额的B2单元格，单击工具栏上的【f(x)函数】按钮，系统弹出“报表函数”窗口，选择“常用函数”下的“ACCT（总账科目取数公式）”项，单击“确定”按钮，系统进入“公式”设置窗口，如图K5-16所示。

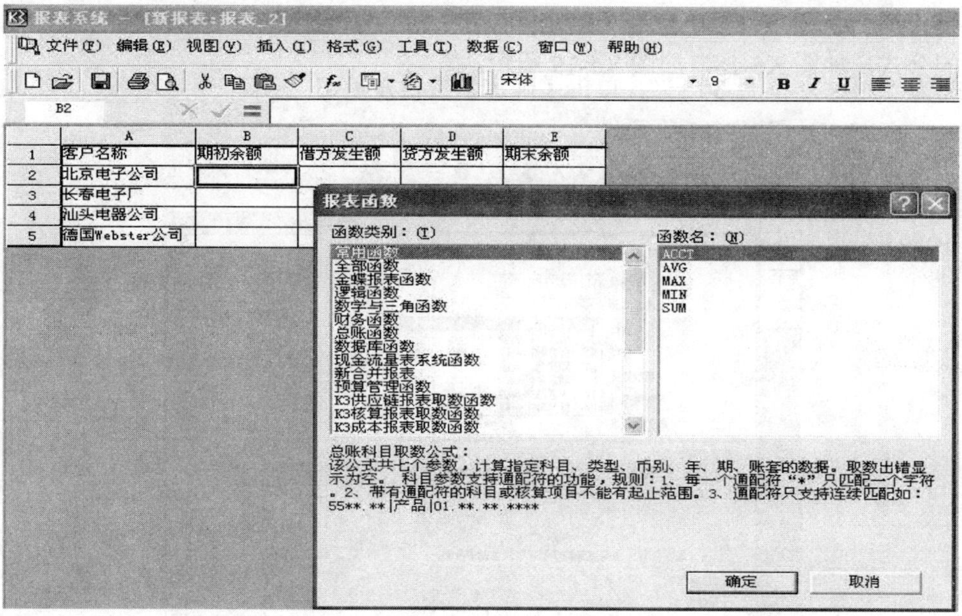

图 K5-16　报表单位名称与日期设置

（2）在“科目”处，按【F7】按钮，系统弹出“取数科目向导”，或取科目代码“1122”，选择核算类别“客户”，获取代码“01.01”，设置完成后单击“填入公式”按钮，将设置显示在“科目参数”栏中，单击【确定】按钮，保存取数设置，如图 K5-17 所示。

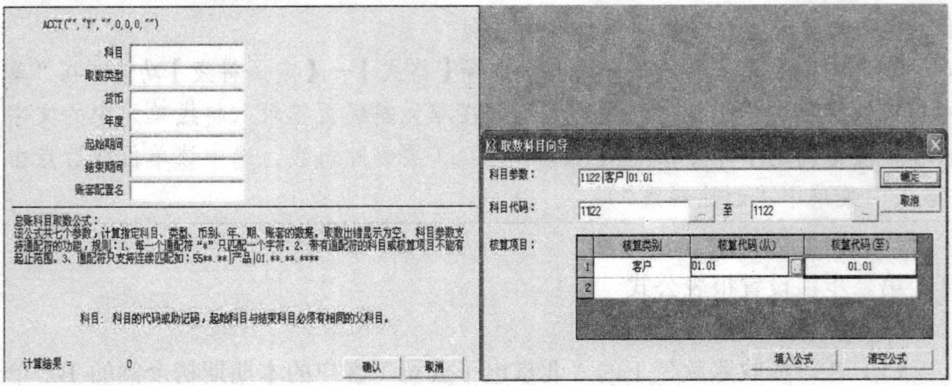

图 K5–17　取数科目向导

（3）保存取数设置后，系统自动返回“公式”设置窗口，请注意窗口的变化。光标移到“取数类型”处，点击【F7】按钮，系统弹出“类型”窗口，选择“期初余额”类型，点击【确定】按钮保存，以同样的方法录入其他单元格的公式，如图 K5-18、如图 K5-19 所示。

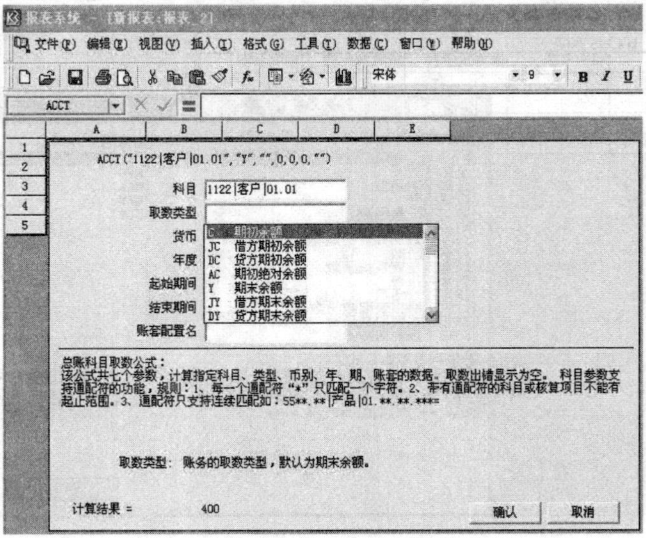

图 K5–18　取数类型

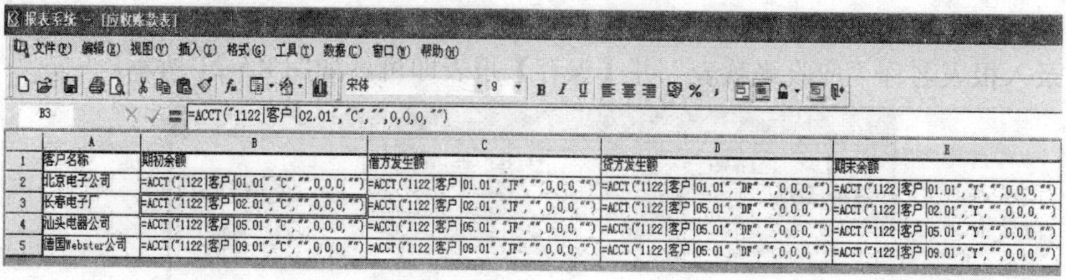

<table>
<tr><th></th><th>A</th><th>B</th><th>C</th><th>D</th><th>E</th></tr>
<tr><td>1</td><td>客户名称</td><td>期初余额</td><td>借方发生额</td><td>贷方发生额</td><td>期末余额</td></tr>
<tr><td>2</td><td>北京电子公司</td><td>=ACCT("1122|客户|01.01","C","",0,0,0,"")</td><td>=ACCT("1122|客户|01.01","JF","",0,0,0,"")</td><td>=ACCT("1122|客户|01.01","DF","",0,0,0,"")</td><td>=ACCT("1122|客户|01.01","Y","",0,0,0,"")</td></tr>
<tr><td>3</td><td>长春电子厂</td><td>=ACCT("1122|客户|02.01","C","",0,0,0,"")</td><td>=ACCT("1122|客户|02.01","JF","",0,0,0,"")</td><td>=ACCT("1122|客户|05.01","DF","",0,0,0,"")</td><td>=ACCT("1122|客户|02.01","Y","",0,0,0,"")</td></tr>
<tr><td>4</td><td>汕头电器公司</td><td>=ACCT("1122|客户|05.01","C","",0,0,0,"")</td><td>=ACCT("1122|客户|05.01","JF","",0,0,0,"")</td><td>=ACCT("1122|客户|05.01","DF","",0,0,0,"")</td><td>=ACCT("1122|客户|05.01","Y","",0,0,0,"")</td></tr>
<tr><td>5</td><td>德国Webster公司</td><td>=ACCT("1122|客户|09.01","C","",0,0,0,"")</td><td>=ACCT("1122|客户|09.01","JF","",0,0,0,"")</td><td>=ACCT("1122|客户|05.01","DF","",0,0,0,"")</td><td>=ACCT("1122|客户|09.01","Y","",0,0,0,"")</td></tr>
</table>

图 K5-19 报表公式设置

注：①在“数据状态”下也可以进行文字和公式的设置工作。单在“数据状态”下设置的文字内容，在公式状态下无法查看，即报表查询不完整，所以建议在公式状态下设置。

②“填充”功能：设置的公式比较多，内容类似的情况下，可以使用“填充”功能快速制作报表公式。其操作方法：在公式状态下，将光标定义在单元格右下角，此处显示“填充”时，向下拖动，复制多个公式，然后直接在编辑栏调整公式内容符合报表需要。

③设置错误思维公式可以重新使用函数功能设置，注意修改的公式，使用公式编辑栏前的“√”确认。

④可以使用工具栏中的“复制”、“粘贴”、“刷新”等协助报表设置；同时，还可以使用工具栏中的“字体”、“字号”、“居中”等完善报表编辑。

第三步 报表数据处理

操作步骤：

(1) 设置报表公式完成后，选择【视图】—【显示数据】，系统根据所设置的报表公式自动计算报表数据，检查平衡情况并【保存】即可，如图 K5-20 所示。

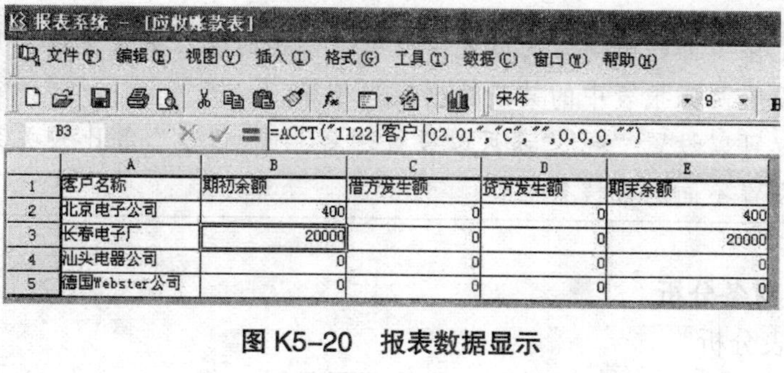

	A	B	C	D	E
1	客户名称	期初余额	借方发生额	贷方发生额	期末余额
2	北京电子公司	400	0	0	400
3	长春电子厂	20000	0	0	20000
4	汕头电器公司	0	0	0	0
5	德国Webster公司	0	0	0	0

图 K5-20 报表数据显示

（2）在完成“报表数据”制作后，并在【文件】菜单下，执行【另存为】，录入报表名称“应收账款表”并【保存】报表即可，如图 K5-21 所示。

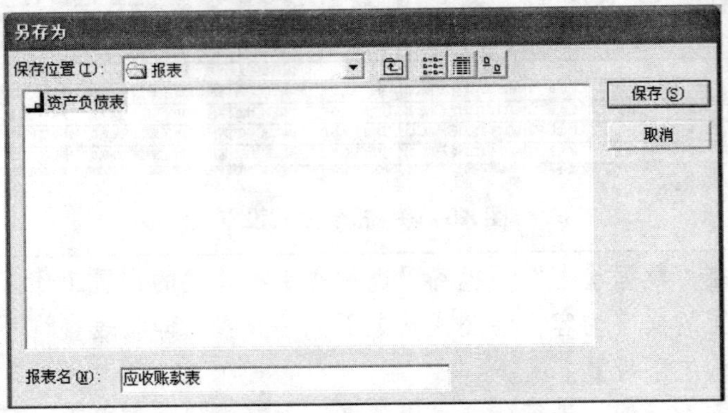

图 K5-21　保存报表

注：①保存报表时一定要注意“保存位置”，可进行选择，一般情况下默认系统提供的“报表”即可。

②表名称不能和已有的报表名称重复，包括不能和模板中的名称重复，注意修改“报表名”一项。

（三）报表审核

操作步骤：

（1）选择【工具】—【报表审核】—【设置审核条件】，在“审核条件”标签页中，增加审核条件：“D42=H42”。

（2）选择【工具】—【报表审核】—【审核报表】，则系统提示报表是否通过审核。

注：①在“审核条件”的设置中使用“公式向导”来设置更加复杂的钩稽关系，如设置两张报表中的某项数据应当相等。

②不仅可以设置“=”，还可以设置“<”或“>”等比较关系。不同的表页可以设置不同的审核条件。

（四）财务分析

1. 图表分析

以“应收账款表”为例进行平面柱形图分析。

操作步骤：

打开刚保存的“应收账款表”，选中整个表格，点击【插入】—【图标】，系统弹出【图表向导】窗口，在“图标类型”下拉列表，选择要生成的“图标类型”，选中“平面柱形图”，点击【下一步】按钮，切换到“数据源”窗口，点击【下一步】按钮，系统进入【图表向导】按钮，图表标题录入“应收账款表”，数据系列定义选中“定义于行”， 切换到 “坐标轴”窗口，X 轴标题录入“款项类型”并选中“显示刻度”，Y 轴标题录入“金额”，点击 【确定】按钮，系统根据图表向导中所设置的内容生成图表，如图 K5-22 所示。

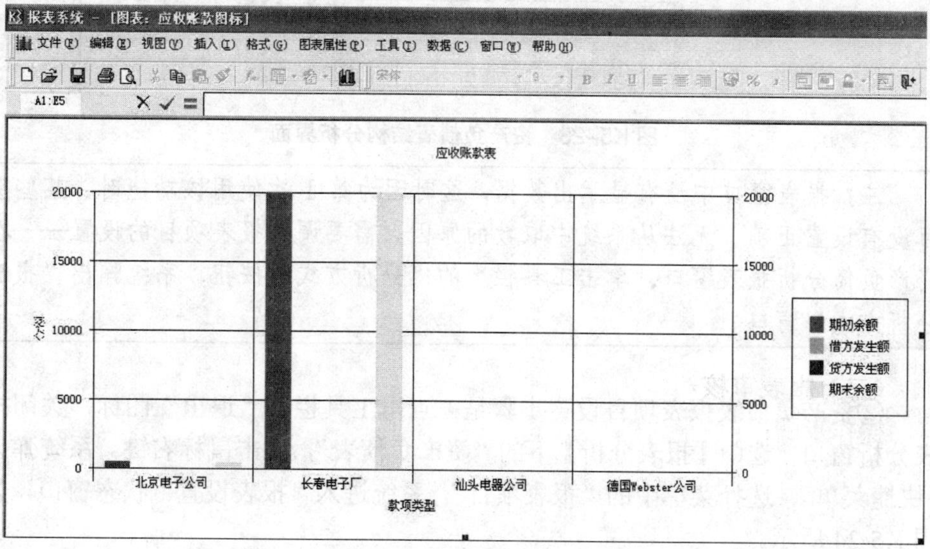

图 K5-22 应收账款平面柱形图分析

2. 财务分析

以“资产负债表”为例进行财务分析。

操作步骤：

①双击【财务会计】—【财务分析】—【自定义报表分析】—【(报表分析)资产负债表】，系统进入资产负债表的“结构分析”查询窗口，如图 K5-23 所示。

图 K5-23　资产负债表结构分析界面

注：报表窗口中没有显示出数据，这时因为第 1 次使用该功能时，某些项目没有设置正确，无法从系统中取数的原因。需要调整报表项目的设置——在资产负债分析报表窗口，单击工具栏上的“分析方式”按钮，系统弹出“报表分析方式”窗口。

②资产负债表报表项目设置步骤是：点击工具栏上“退出”图标，关闭报表分析窗口，选中【报表分析】下的“资产负债表”，单击鼠标右键，系统弹出“快捷菜单”，选择菜单中的“报表项目”，系统进入“报表设置”状态窗口，如图 K5-24 所示。

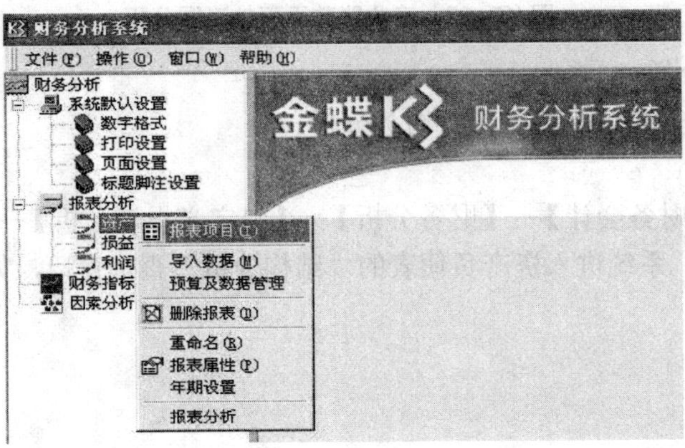

图 K5-24　财务报表分析界面

③经查发现项目公式中的科目代码发生错误，报表中使用的是“3 位”代码科目，而本账套引入的是“新会计准则”科目使用的“4 位”代码科目，所以要修改项目公式。双击鼠标左键，系统弹出“公式定义向导”，录入正确公式。在【账上取数】选项卡上，单击“清除公式”按钮，删除错误公式，获取科目代码“1001 至 1012”，选择【取数类型】“期末余额”，其他保持默认值，单击“填入公式”按钮，依次类推，将所设置的公式定义填入该框，点击【确定】按钮，保存设置，并返回“报表项目”设置窗口，以同样方法修改其他项目公式，如图 K5-25 所示。

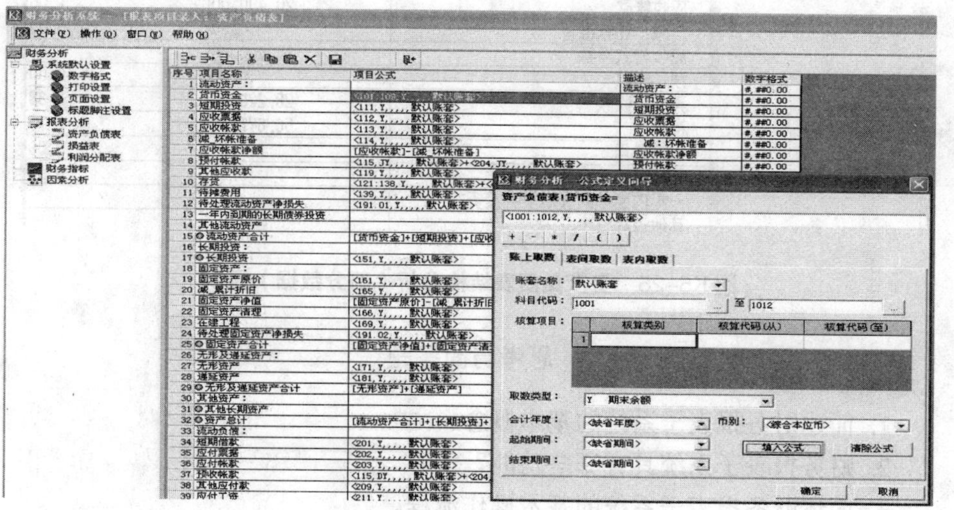

图 K5–25 财务报表公式定义

④财务报表公式定义，点击【确定】按钮，保存设置，并返回“报表项目”设置窗口，以同样方法修改其他项目公式，修改完成后，单击工具栏上【保存】按钮，以保存当前项目设置工作，单击工具栏上的【退出】按钮，退出“报表项目”设置窗口。

⑤双击窗口左侧【报表分析】下的“资产负债表”，系统经过计算后弹出“资产负债表”的分析窗口，如图 K5-26 所示。

图 K5-26 资产负债表结构分析（部分数据）显示

思考与简答题

1. 简述财务报表子系统的基本概念。
2. 财务报表子系统具有哪些功能？
3. 简述财务报表子系统的基本操作流程。
4. 简述自定义报表基本操作流程。
5. 简述报表基本结构的基本概念。
6. 简述报表公式设置的内容。
7. 简述用友 U8.52 软件财务报表子系统的基本操作流程。
8. 简述金蝶 K/3 软件财务报表子系统的基本操作流程。

第六章　固定资产子系统

【知识目标】了解固定资产子系统的概念、主要功能；理解固定资产子系统与其他子系统的关系，了解固定资产子系统的基本操作流程；理解固定资产管理系统与总账的关系。

【技能目标】掌握固定资产管理系统账套建立初始化设置，掌握固定资产管理系统日常业务，学会使用在固定资产管理系统中进行各种信息查询的方法。

第一节　固定资产子系统概述

一、固定资产子系统概念

固定资产子系统是企业管理中的一个重要组成部分，主要完成企业对固定资产日常业务的核算和管理，全面反映固定资产的增加、减少及相关变动情况，提供固定资产减值及折旧的计提与分摊，提供资产调拨的管理，提供针对单品的全生命周期跟踪管理，帮助企业更有效、更全面地管理固定资产。固定资产管理系统既可独立使用，也可与其他系统配合使用，形成完整的固定资产管理和核算体系。

固定资产是企业经营管理的一部分，是企业经营管理的基础，对固定资产进行规范化、制度化、科学化管理，可以减少浪费，提高资产的利用率和完好率，直接降低企业运行成本，使其发挥更大的效益。固定资产管理系统是一款通用性极强的固定资产管理软件，适用于各类企事业、机关、学校、医院等单位。

二、固定资产子系统主要功能

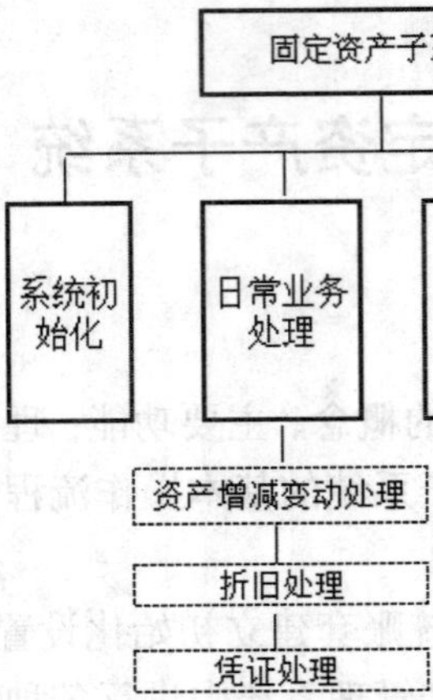

图 6–1 固定资产子系统主要功能结构图

1. 系统初始化

固定资产管理系统初始化是指在进行固定资产日常业务处理之前，必须完成固定资产管理系统参数和基础资料的设置，并输入固定资产管理系统的原始数据，将企业现有固定资产的卡片资料录入系统，以保持历史资料的连续性。

2. 日常业务处理

固定资产管理系统日常业务处理主要包括资产增减变动处理、折旧处理、凭证处理。资产增减变动处理是固定资产系统的主要日常业务之一，涉及到资产的增加、资产的减少、资产转移、资产原值、残值、资产维修、使用年限、折旧方法、使用部门、使用状况等信息的变动。

3. 折旧处理

固定资产管理系统折旧处理是根据用户设定的折旧方法计算方法自动计算折旧，生成折旧清单和折旧分配表。通常对当月增加的固定资产，当月不提折旧，从下月起计提折旧，对当月减少的固定资产，当月照提折旧，从下月起不提折旧。

4. 凭证处理

固定资产管理系统凭证处理是根据用户指定的部门对应折旧科目、固定资产及累计折旧入账科目，以及固定资产卡片信息生成自动转账凭证，主要涉及固定资产增减变动及折旧等业务。

5. 期末处理

固定资产管理系统凭证处理主要包括对账与月末结账。为保证固定资产管理系统的资产价值与总账管理系统中固定资产科目的数值相等，可随时对两个系统进行对账，并给出对账结果。当固定资产管理系统完成了本月全部制单业务后，可以进行月末结账，月末结账每月进行一次，结账后当期数据不能修改。

6. 账表管理

固定资产管理系统账表管理是指当完成日常的固定资产业务处理后，就可以在账表中查询相应的结果数据了。固定资产账表主要包括固定资产明细账表、分析表、统计表及折旧表等。

三、固定资产子系统基本操作流程

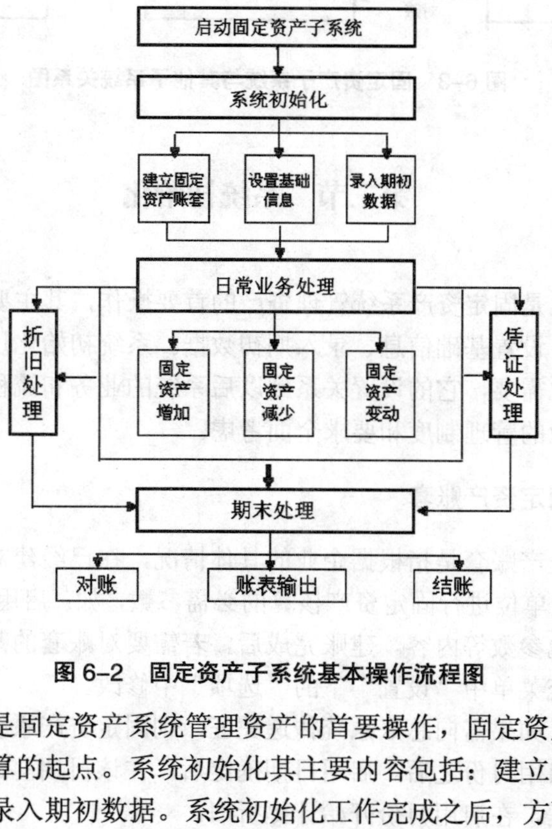

图 6–2　固定资产子系统基本操作流程图

系统初始化是固定资产系统管理资产的首要操作，固定资产卡片是固定资产系统管理与核算的起点。系统初始化其主要内容包括：建立固定资产账套、设置基础信息、录入期初数据。系统初始化工作完成之后，方可进行固定资产系统管理与核算的日常业务处理。固定资产管理系统的日常业务处理，主要包括固定资产卡片管理、固定资产增减变动处理和资产评估处理等内容。固定资产管理系统的日常业务处理后，可以进行折旧处理和凭证处理，然后进行对账（只有系统初始化或选项中选择了与账务对账，本功能才可操作）和结账。用户可以根据管理者的实际需要，输出固定资产、累计折旧明细表、分析表等。

四、固定资产子系统与其他子系统关系

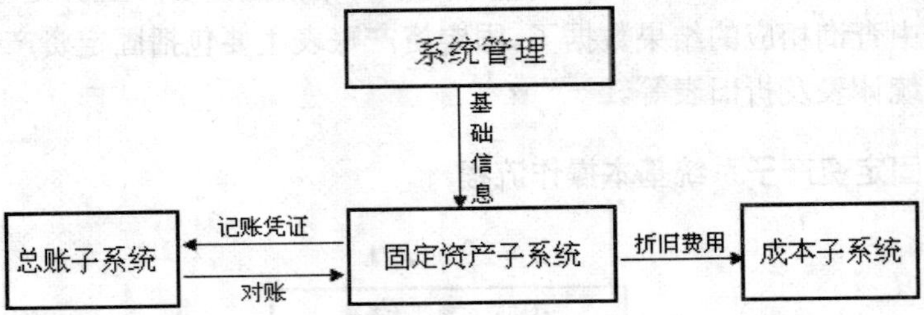

图 6-3　固定资产子系统与其他子系统关系图

第二节　系统初始化

系统初始化是固定资产系统管理资产的首要操作，其主要内容包括：建立固定资产账套、设置基础信息、录入期初数据。系统初始化反映了企业管理固定资产的个性化需要，它的设置关系到以后系统的业务和流程处理，用户在设置前要根据企业的管理制度和要求全面考虑。

一、建立固定资产账套

建立固定资产账套是指根据企业的具体情况，在已经建立的单位核算账套的基础上，设置单位进行固定资产核算的必需参数，如：启用月份、折旧信息、编码方式、其他参数等内容。建账完成后，若需要对账套的某些参数进行修改时，可以在系统菜单中“设置”下的“选项”中修改。

启用月份，如果需向总账系统传递凭证，则固定资产系统的启用月份不得在总账系统的启用月份之后。启用日期确定后，在该日期前的所有固定资产都将作为期初数据，在启用月份开始计提折旧。

折旧信息，其目的是选定本单位的主要折旧方案。系统设定每个月均计提

折旧，但折旧的汇总分配原则按使用者选择的周期进行。一旦选定，系统将自动在相应的月末生成折旧分配表，并提示使用者制作记账凭证。

编码方式，资产类别编码是固定资产分类管理的基础和依据。

其他参数，还有一些业务参数，需要在设置选项中补充完整。例如，本账套业务发生后是否立即制单；折旧率小数位；数量小数位等。

二、设置基础资料

设置基础资料是系统运行的数据基础。固定资产系统基础资料主要包括：公共基础资料和特有的基础资料。公共基础资料主要指部门、供应商、科目、凭证字、币别、原值、净残值等等信息，需要在正式的固定资产卡片数据录入前，先进行基础资料的设置。固定资产特有的基础资料，主要包括资产类别、增减方式、变动方式、使用状态、折旧方法、卡片类别、存放地点等。这些信息决定了在系统中对相关业务的处理，如不同变动方式将决定系统对卡片变动业务的处理。

这些特有的基础资料反映了企业根据会计制度并结合自身具体情况对固定资产的划分标准和管理要求。如果用户不是独立使用固定资产系统，需要与账务处理系统等连用，则应该首先完成公用基础资料的设置，因为在固定资产基础资料设置和历史卡片录入中，会用到凭证字、币别、科目、部门、供应商等信息。

三、期初数据录入

期初数据录入是指固定资产系统启动前，需将企业现存的固定资产的历史数据录入系统中。因为在企业启用固定资产系统前，通常有很多固定资产已经使用了若干期，企业已经有了手工的固定资产台账，即固定资产的原始卡片，也就是已经使用过并已计提折旧的固定资产卡片，在使用固定资产系统之前，必须将原始卡片资料录入到系统中，以保持历史资料的连续性。

期初数据录入是固定资产管理系统使用的起点。期初数据录入完后，千万不要计提折旧，然后在卡片管理中看看原值合计与累计折旧合计是否与总账相符。如果正确，你的期初录入工作就做完了。另外，录入期是不会生成凭证的。

第三节 日常业务处理

固定资产管理系统的日常业务处理主要是指完成固定资产的核算与管理。包括固定资产卡片管理、固定资产增减变动处理和资产评估处理等内容。

一、资产增加

资产增加是指固定资产新增、接受投资、接受捐赠、融资租入、在建工程转入及其他增加方式，核算时应根据实际业务要求，在固定资产卡片中输入固定资产增加的信息内容，计算机自动完成相应的核算处理。

固定资产新增是指通过投资活动所形成的新的固定资产价值。新增资产按资产性质可分为固定资产、流动资产、无形资产和其他资产等。接受投资是指接受外单位投进的固定资产，如房屋、建筑物、机器设备等固定资产。接受捐赠是指接受外单位捐赠的各种达到固定资产标准的物品。接受捐赠固定资产，是一种单方面的行为，无需花费成本。在建工程是指企业固定资产的新建、改建、扩建，或技术改造、设备更新和大修理工程等尚未完工的工程支出。在建工程完工后，必须以工程支出发票计入在建工程科目。

二、资产减少

固定资产减少是指对固定资产的处置，主要指固定资产的报损、报废、借用、核销、有偿利用或变价出售等。固定资产的减少，不论何种原因，都应按照规定的程序办理审批手续，减少固定资产的原值和已提折旧，填制有关凭证，据以进行账务处理。

固定资产报损是因丢失、损坏造成的，报损是指非正常报废。固定资产报废，是指固定资产由于长期使用中的有形磨损，并达到规定使用年限，不能修复继续使用；固定资产借用是为了当时或临时的使用而借别人的固定资产用；固定资产的核销是指按照财务会计的规定，核实、报销的意思。有偿利用是指将一定时期内的固定资产使用权提供给单位和个人使用，而固定资产使用者按照使用合同的规定，缴纳固定资产有偿使用费的行为。变价出售是指管理人将破产财产中的非金钱财产，以变卖或拍卖的方式，转变为金钱财产的行为或过程。

根据企业会计制度的规定，对月份内投入使用的固定资产，当月不计提折旧，从下一个月份开始计提，对月份内退出使用的固定资产，当月照提折旧，从下一个月份开始停提。因此，减少固定资产时，需要先进行计提折旧。

三、变动处理

固定资产的变动是指在日常管理过程中出现的部门转移、原值变动、资产类别调整、使用年限调整、折旧方法调整、累计折旧调整、资产类别调整等情况，固定资产系统对已变动的资产，输入相应的变动单来记录资产调整结果。变动单是指资产在使用过程中由于固定资产卡片上某些项目调整而编制的原始凭证。一般如果不发生产权变动，固定资产评估增值不进行账务处理（本章节关于固定资产评估“资产评估”业务省略）。

四、折旧处理

固定资产折旧处理是固定资产管理系统的基本功能之一，主要包括折旧计提和折旧分配。折旧计提是指系统根据固定资产录入的资料自动计算每项资产的折旧，并自动生成折旧分配表，然后编制转账凭证，将本期折旧费用登记入账。系统将自动计提各个资产当期的折旧额，自动累加到“累计折旧”项目。

折旧分配是指计提折旧工作完成后，系统根据用户的设置进行折旧分配形成折旧费用，生成折旧清单。固定资产的使用部门不同，其折旧费用分配的去向也不同，折旧费用与资产使用部门之间的对应关系是通过部门对应折旧科目设置来实现。系统根据折旧清单及部门对应折旧科目生成折旧分配表，而折旧分配表是将累计折旧分配到成本与费用中，以及编制转账凭证将折旧数据传递到总账子系统的重要依据。

五、凭证处理

固定资产凭证处理主要是指根据固定资产各项业务数据自动生成转账凭证，传递到总账系统中进行凭证的相关处理。一般，当固定资产发生资产增加、减少、计提折旧等业务时，可按用户在固定资产卡片中设置的折旧方法和输入的折旧基础数据自动完成折旧费用的计提过程，自动生成折旧计提与费用分摊的记账凭证。

固定资产子系统生成的凭证，需要在总账子系统中进行复核、记账。如果生成的凭证有错误，不能在总账子系统中进行修改或删除，而是要在生成该凭证的系统中根据情况进行相应的处理。如果该凭证尚未在总账子系统中复核，可以在固定资产子系统中直接删除凭证；如果该凭证已在总账子系统中复核但未记账，可以先在总账子系统中取消复核，而后在固定资产子系统中删除该凭证；如果该凭证已经在总账子系统中记账，则需要在固定资产子系统中对该凭证进行红字冲销。凭证删除或冲销之后，修改错误源后重新生成凭证。

第四节 期末业务处理

固定资产期末处理是固定资产核算与管理的一项重要工作，企业在每一个会计期间的工作完全结束后，就可以进行期末结账。固定资产期末处理主要包括对账、结账、账表查询等内容。

一、对账

对账是指将记录的固定资产和累计折旧数额与总账子系统中固定资产和累计折旧科目的数值进行核对，验证是否一致，并给出对账结果。对账一般是在固定资产子系统月末结转前与总账子系统进行对账。对账操作任何时候均可进行。

只有在系统初始化或选项设置中选择了“与账务系统对账”，才可以使用对账功能。通过对账检查本系统管理的固定资产的价值和总账中固定资产科目的数值是否相等。如果对账出现“不平衡”，是因为固定资产系统中卡片录入后数据立即保存，生成的凭证数据也传递给总账系统，但是只有总账系统把这些凭证审核、记账以后，执行对账功能才可能平衡，否则，就是拿固定资产子系统的期末数据与总账系统期初数据对账，就会出现“不平衡”。

二、结账

结账是指固定资产子系统在当月全部业务处理完成后，将当月数据处理后结转到下一个月。结账每月进行一次，结账时系统自动核查未完成事项并提示用户，如有未完成事项不能结账。本期不结账，将不能处理下期的数据。月末结账后当月数据不能修改，如果必须修改，可以通过系统提供的反结账功能，进行相应修改。如：ERP-U8 会计软件中提供的“恢复月末结账前状态”功能。

三、账表输出

固定资产子系统可以输出固定资产及累计折旧明细账，以及各种与固定资产相关的报表，主要包括固定资产账簿、折旧汇总表和分析表。

固定资产账簿，一般用于提供资产管理所需要的基本信息，主要包括固定资产总账、固定资产明细账、固定资产登记簿等基础报表；

固定资产折旧汇总表，用于提供与固定资产折旧相关的明细信息与汇总信息，主要包括部门折旧计算汇总表、固定资产折旧清单表、折旧计算明细表、固定资产折旧及累计折旧表等报表；

固定资产分析表主要用于从资产的构成情况、分布情况、使用状况等角度进行统计分析数据，为企业管理人员进行决策提供信息，主要包括固定资产部门结构分析表、使用状况分析表、类别构成分析表等报表。

第五节　本章实验操作

一、用友 U8 软件应用操作

实验一　固定资产管理子系统及操作指导

Ⅰ. 固定资产管理子系统

【实验目的】

理解用友 ERP-U8 会计软件，了解固定资产系统与总账系统之间的关系，熟悉固定资产管理系统的主要功能及流程，理解和掌握固定资产管理系统初始化、日常业务处理、月末处理的操作。

【实验内容】

1. 系统参数设置。
2. 基础数据设置。
3. 初始数据录入。
4. 日常业务处理。
5. 月末处理。

【实验要求】

1. 以“李一”的身份进行系统初始化、月末处理。
2. 以“苏三”的身份进行日常业务处理。

【实验准备】

1. 恢复“实验二”数据（即以系统管理员 admin 的身份注册进入“系统管理”，执行“账套”—“引入”—“引入账套数据”对话框，恢复账套数据）。

2. 根据案例资料，检查总账系统和固定资产系统是否启动，启动日期是否为“2014 年 6 月 1 日”，如果不是，就调整为该时间。

【实验资料】

（一）初始化资料（未给的信息保持系统默认值）

1. 设置系统选项

（1）启用月份：账套启用月份为 2014 年 6 月。

（2）折旧信息：本账套计提折旧；主要折旧方法为“平均年限法（一）”；折旧汇总分配周期为 1 个月；当（月初已计提折旧=可使用月份-1）时，将剩余折旧全部提足。

（3）编码方式：资产类别编码方式 2112；固定资产编码按“类别编码+部门编码+序号”自动编码，序号长度为 3。

（4）财务接口：要求与财务系统进行对账；固定资产对账科目为“1601 固定资产”，累计折旧对账科目为“1602 累计折旧”；在对账不平情况下允许固定资产月末结账。

（5）补充参数：要求业务发生后立即制单；月末结账前一定要完成制单登账业务；固定资产缺省入账科目为“1601 固定资产”；累计折旧缺省入账科目为“1602 累计折旧”。

2. 设置资产类别

类别编码	类别名称	计量单位	使用年限	净残值率	计提属性	折旧方法
01	运输设备		8	5%	正常计提	平均年限法（一）
02	电子设备	台	5	3%	正常计提	平均年限法（一）

3. 部门对应折旧科目

部　门	对应折旧科目
总经理办公室 财务部 采购部	管理费用——折旧费用
销售部	销售费用
产品研发 制造车间	制造费用——折旧费用

4. 增减方式及对应入账科目

（1）增加方式为直接购入，将“直接购入”的对应入账科目设置为“100201 工行存款”。

（2）减少方式为毁损，将“毁损”的对应入账科目设置为“1606 固定资产清理”。

5. 原始卡片录入

固定资产名称	类别编号	所属部门	增加方式	使用状况	使用年限	开始使用日期	原值	累计折旧
轿车	01	办公室	直接购入	在用	8	2011-11-30	93 000	46 500
计算机	02	办公室	直接购入	在用	5	2011-11-30	45 000	900
传真机	02	财务部	直接购入	在用	5	2013-11-30	3 800	707.14
计算机	02	销售部	直接购入	在用	5	2013-11-30	4 500	900
计算机	02	制造车间	直接购入	在用	5	2013-11-30	4 000	800

（二）日常业务处理

1. 6 月 19 日，财务部购买打印机一台价值 4 000 元。

2. 6 月 23 日，经核查对办公室购入的计算机计提 600 元的减值准备。（借：管理费用—其他；贷：固定资产减值准备）。

3. 6 月 30 日，计提固定资产折旧。

4. 6 月 30 日，销售部计算机毁损，进行固定资产清理。

5. 6 月 30 日，对轿车进行资产评估，评估结果为原值 90 000 元，累计折旧 58 125 元。

（三）期末业务处理

1. 期末对账。

2. 期末结账。

3. 账表查询：（部门）折旧计提汇总表。

Ⅱ. 固定资产管理子系统操作指导

（一）初始化资料（未给的信息保持系统默认值）

操作的前期工作

以“李一”的身份，点击【开始】—【程序】—【用友 ERP-U8】—【企业门户】命令，打开【登陆】对话框，输入操作日期为“2014-6-1”。在“业务”页面中，单击【财务会计】—【固定资产】，系统弹出“这是第一次打开此账套，还未进行过初始化，是否进行初始化？”窗口，单击【是】按钮，打开固定资产“初始化账套向导”对话框，如图 U6-01 所示。

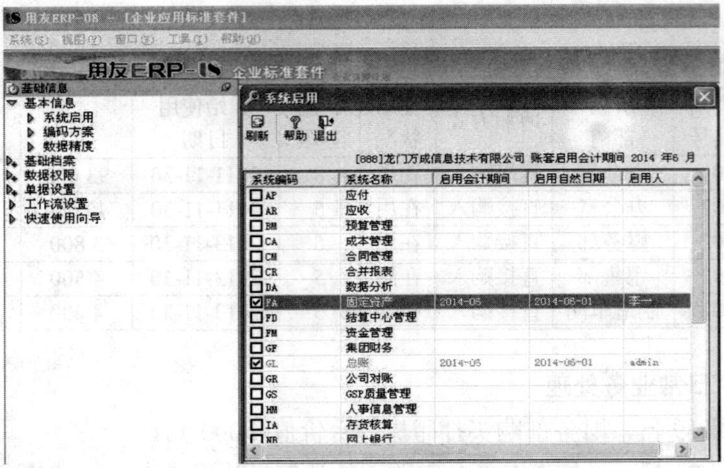

图 U6-01 启动固定资产子系统

1. 设置系统选项

操作步骤：

（1）启动固定资产系统后，以“李一”的身份进行系统初始化，在“固定资产初始化向导—约定与说明”对话框中，选择“我同意”，单击【下一步】按钮，如图 U6-02 所示。打开“固定资产初始化向导—启用月份”对话框显示，启用月份“2014.6”。

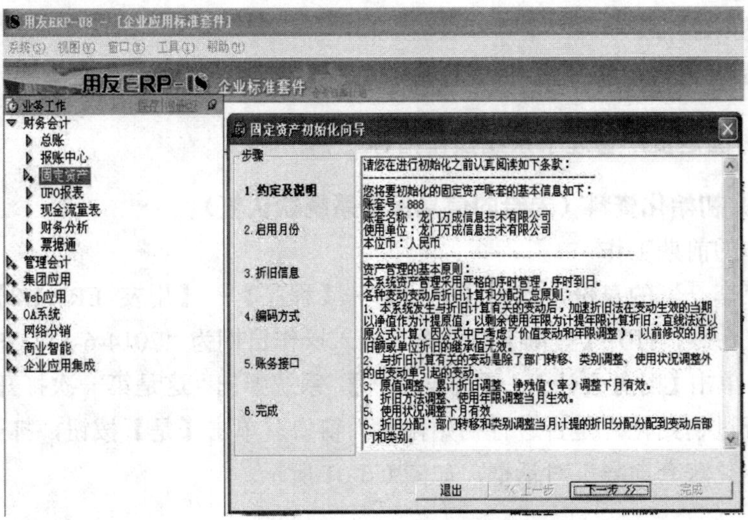

图 U6-02 固定资产初始化—约定与说明

（2）单击【下一步】按钮，打开“固定资产初始化向导”对话框显示，按案例资料提供的“折旧信息”、“编码方案”、“财务接口”信息，录入到系统中，单击【下一步】按钮，单击【完成】按钮，完成本账套的系统初始化，如图 U6-03 所示。

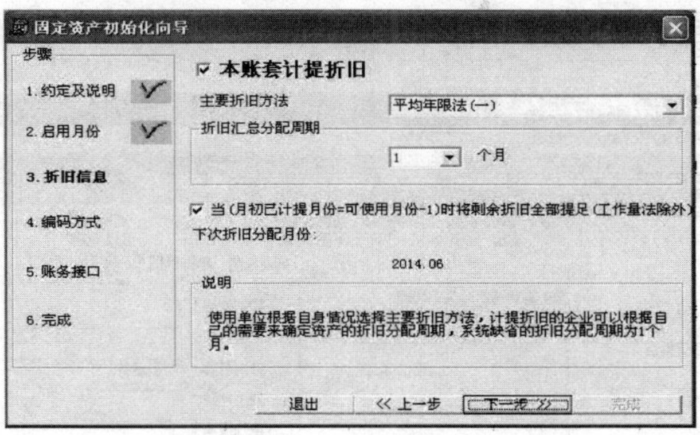

图 U6–03　固定资产初始化—折旧信息

注：①初始化设置完成后，有些参数不能修改，所以要慎重。

②如果发现参数有错，必须改正，只能通过固定资产系统“工具”、“重新初始化账套功能”实现，该操作将清空对该子账套所做的一切工作。

（3）在固定资产系统界面，单击【设置】—【选项】—【编辑】，选择“与账务系统接口”选项卡。按案例资料提供的信息，录入相关资料，单击【确定】按钮，如图 U6-04 所示。

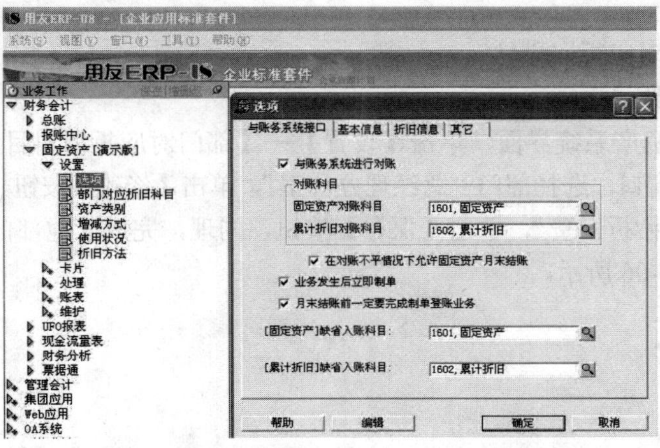

图 U6–04　固定资产初始化—与账务系统接口

2. 设置资产类别

操作步骤：

在固定资产系统界面，单击【设置】—【资产类别】，进入“类别编码表”窗口，单击【增加】按钮，按照案例实验资料提供的“资产类别”信息，录入完成后，单击【保存】按钮，如图 U6-04 所示。

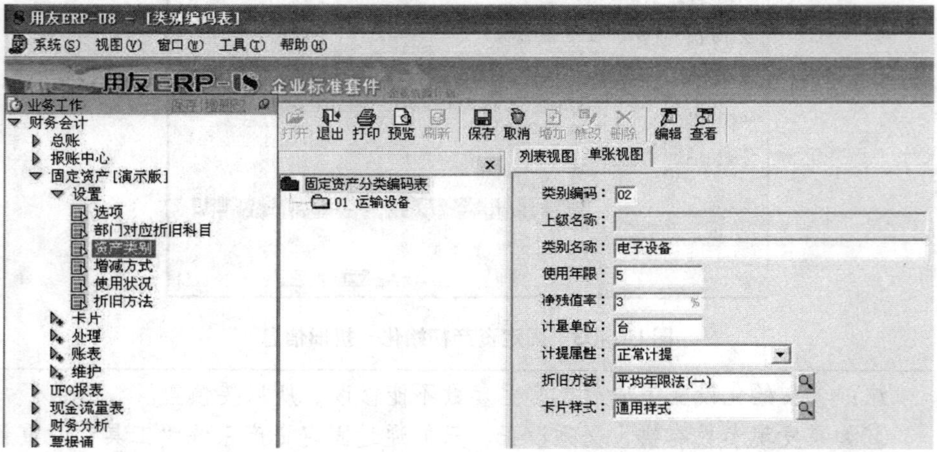

图 U6-05 资产类别设置

注：①资产类别编码不能重复，同一级的类别名称不能相同。

②已经使用过的类别不能设置新下级。

---

3. 部门对应折旧科目

操作步骤：

在固定资产系统界面，单击【设置】—【部门对应折旧科目】，进入“部门编码表”窗口，选择部门“总经理办公室”，单击【修改】按钮，选择折旧科目“管理费用/折旧费”，单击【保存】按钮，同理，完成其他部门折旧科目设置，如图 U6-06 所示。

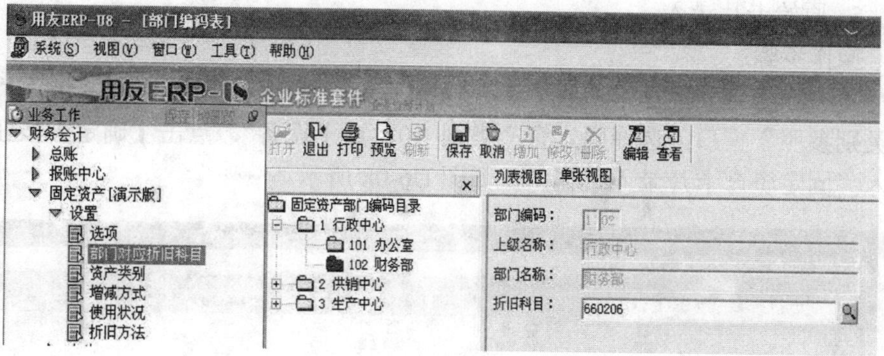

图 U6-06　部门对应折旧科目设置

4. 增减方式及对应入账科目

操作步骤：

在固定资产系统界面，点击【设置】—【增减方式】，进入“增减方式”窗口，在左边列表框中，选择增加方式为“直接购入”，点击【修改】按钮，输入对应入账科目“100201 工行存款”，点击【保存】按钮，同理，完成输入固定资产“减少”的设置，如图 U6-07 所示。

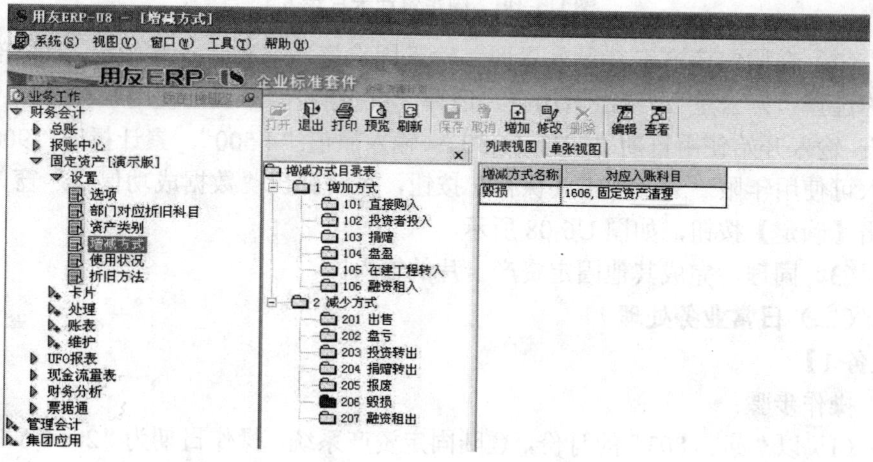

图 U6-07　增减方式设置

5. 原始卡片录入

操作步骤：

（1）在固定资产系统界面，单击【卡片】—【录入原始卡片】，进入“资产类别参照”窗口，选择固定资产类别“02 点子设备”，点击【确定】按钮，进入“固定资产卡片录入”窗口，如图 U6-08 所示。

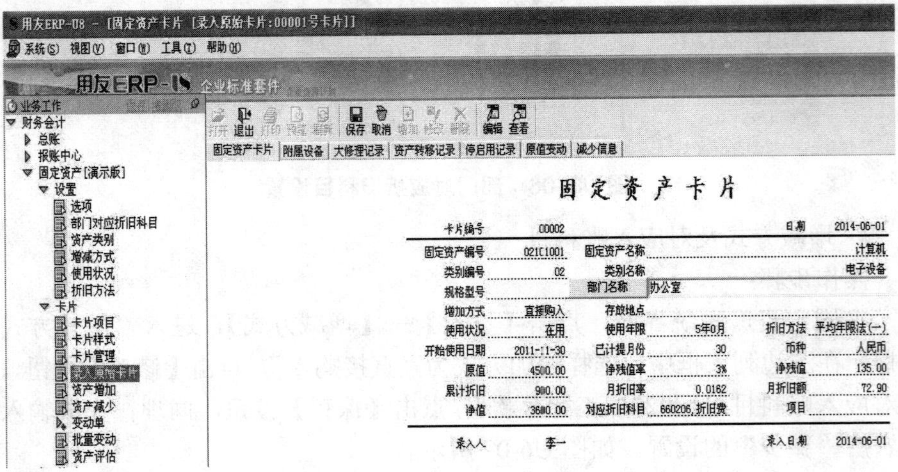

图 U6–08 固定资产卡片录入

（2）在固定资产卡片录入界面，输入固定资产名称“计算机”，双击部门名称选择“办公室”，双击增加方式选择“直接购入”，双击使用状况选择“在用”；输入开始使用日期“2011-11-30”；输入原值“4 500”，累计折旧“900”；输入可使用年限“5”；点击【保存】按钮，系统弹出“数据成功保存”窗口，点击【确定】按钮，如图 U6-08 所示。

（3）同理，完成其他固定资产卡片的输入。

（二）日常业务处理

【业务 1】

操作步骤：

（1）以“苏三 803”的身份，登陆固定资产系统，操作日期为“2014-6-19”，点击【卡片】—【资产增加】，进入“资产类别参照”窗口，选择固定资产类别“02 电子设备”，点击【确定】按钮，进入“固定资产卡片”窗口，如图 U6-09 所示。

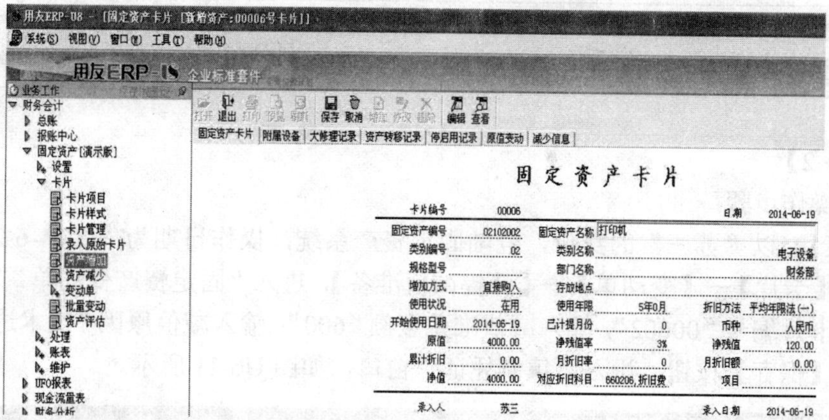

图 U6-09　固定资产增加业务处理

（2）在“固定资产卡片”窗口，输入固定资产名称“打印机”，双击部门名称弹出“本资产部门使用方式”信息提示框，选择“单部门使用”；单击【确定】按钮，打开“部门参照”对话框，选择“财务部”，双击增加方式选择“直接购入”，双击使用状况选择“在用”；输入原值“4 000”，可使用年限“5”，开始使用日期“2014-6-19”。

（3）单击【保存】按钮，进入“填制凭证”窗口。选择凭证类别“付款凭证”，修改制单日期、附件数、单击【保存】按钮，如图 U6-10 所示。

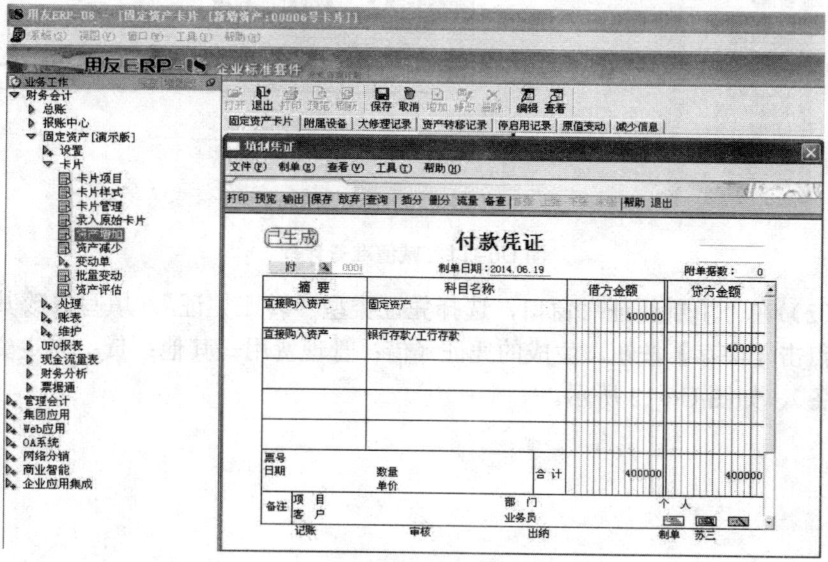

图 U6-10　固定资产业务凭证生成

注：①新卡片第一个月不提折旧，累计折旧为“空”或“0”。

②卡片输入完后，也可以不进行立即制单，月末，可以进行批量制单。

【业务 2】

操作步骤：

（1）以“苏三”的身份，登陆固定资产系统，操作日期为“2004-6-23”，点击【卡片】—【变动单】—【计提减值准备】，进入“固定资产变动单”窗口，输入卡片编号“00002”，输入减值准备金额“600”；输入减值原因“技术进步”，点击【保存】按钮，进入“填制凭证”窗口，如图 U6-11 所示。

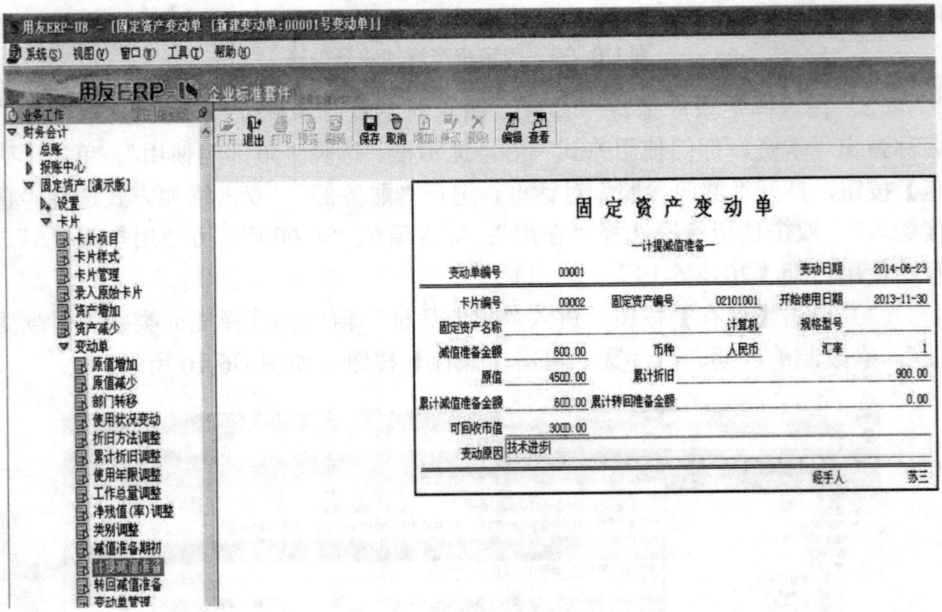

图 U6–11 减值准备计提

（2）在“填制凭证”窗口，选择凭证类型“转账凭证”，填写修改其他项目，点击【保存】按钮，生成的凭证（借：管理费用—其他；贷：固定资产减值准备），如图 U6-12 所示。

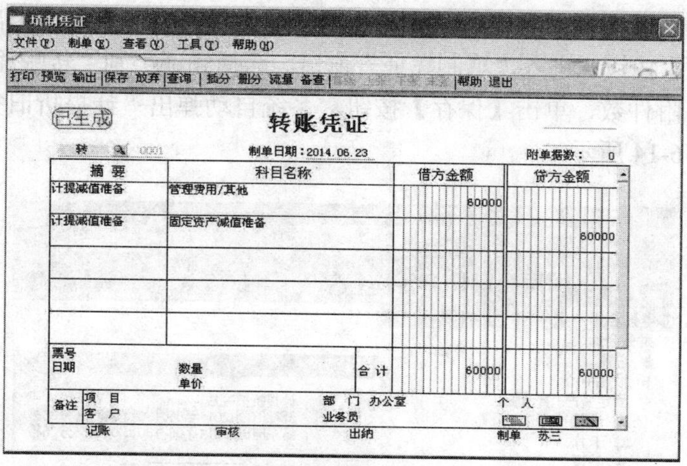

图 U6-12　计提减值准备凭证生成

【业务 3】

操作步骤：

（1）以“苏三”的身份，登陆固定资产系统，操作日期为“2014-6-30”，点击【处理】—【计提本月折旧】，系统弹出“是否要查看折旧清单？”窗口，点击【否】按钮，系统弹出“本操作将计提本月折旧，并花费一定时间，是否要继续？”窗口，点击【是】按钮，如图 U6-13 所示。

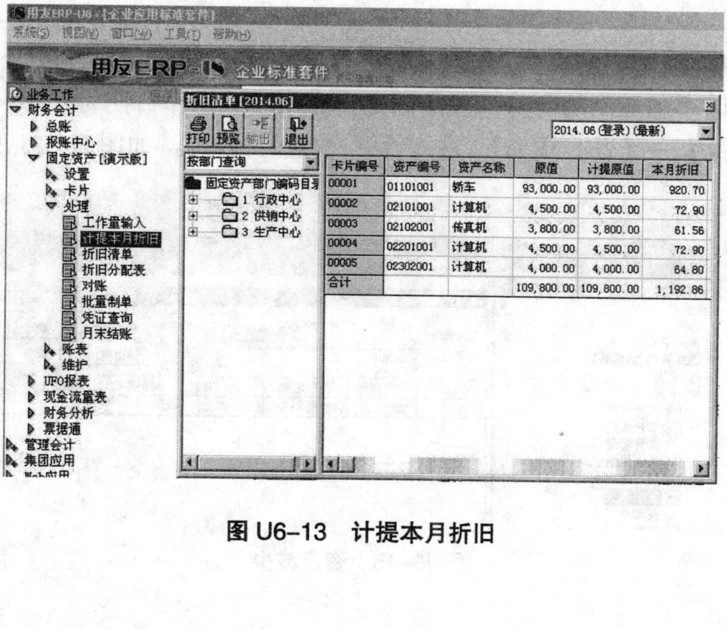

图 U6-13　计提本月折旧

（2）系统计提折旧完成后进入“折旧分配表”窗口，点击【退出】按钮。点击【凭证】按钮，进入“填制凭证”窗口。选择凭证类别“转账凭证”，修改制单日期、附件数、单击【保存】按钮。系统自动弹出“计提折旧完成”对话框，如图 U6-14 所示。

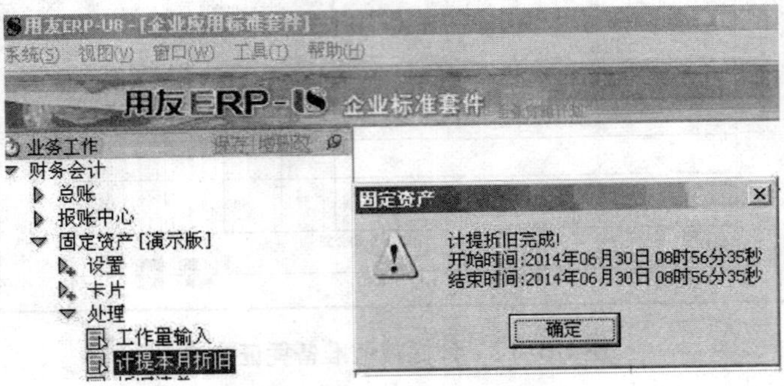

图 U6-14　计提折旧完成

注：①如果上次计提折旧已通过记账凭证把数据传递到账务系统，则必须删除该凭证才能重新计提折旧。

②计提折旧后又对账套进行了影响折旧计算或分配的操作，必须重新计提折旧，否则系统不允许结账。

【业务 4】

操作步骤：

（1）以“苏三”的身份，登陆固定资产系统，操作日期为“2014-6-30”，点击【卡片】—【资产减少】，进入“资产减少”窗口，如图 U6-15 所示。

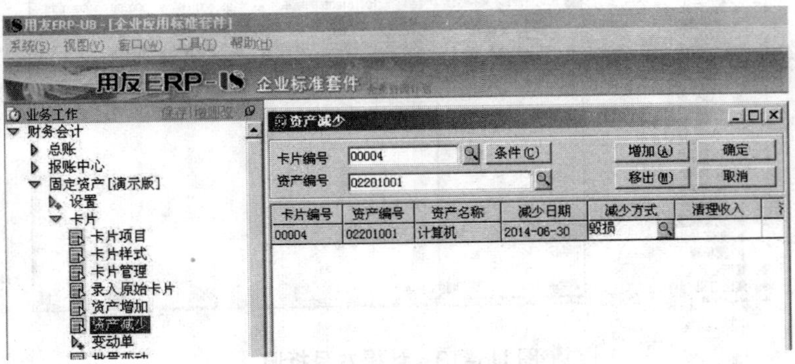

图 U6-15　资产减少

（2）在“资产减少”窗口，选择卡片编号“00004”，点击【增加】按钮。选择减少方式“毁损”，单击【保存】按钮，进入“填制凭证”窗口。选择凭证类别“转账凭证”，修改制单日期、附件数、单击【保存】按钮。系统自动弹出“所选卡片已经减少成功”对话框，如图 U6-16 所示。

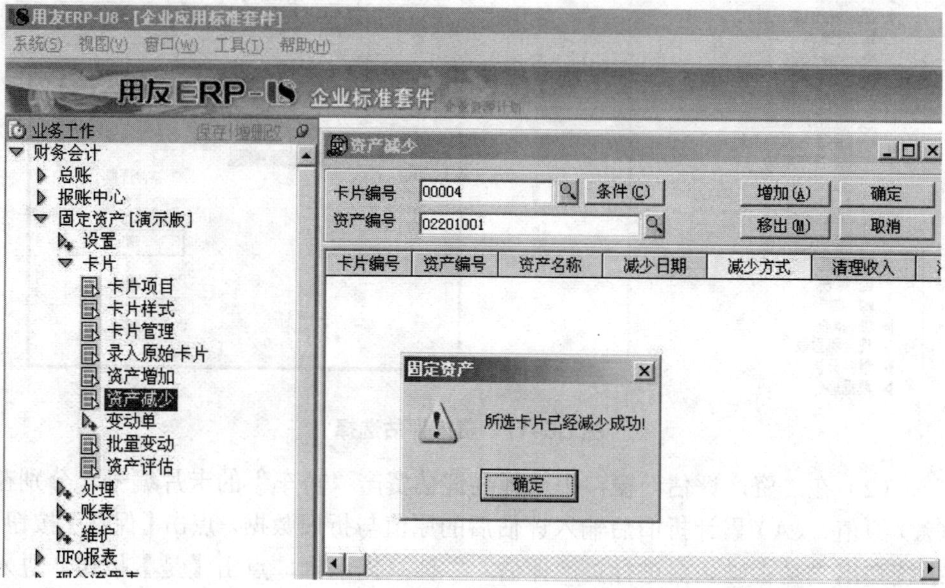

图 U6–16　资产减少成功

注：本账套需要进行计提折旧后，才能减少资产。

【业务 5】

操作步骤：

（1）以“苏三”的身份，登陆总账系统，操作日期为“2014-6-30”，点击【财务会计】—【固定资产】—【卡片】—【资产评估】，进入“资产评估”窗口，单击工具栏上的【增加】按钮，打开“资产评估选择”窗口，选择要评估的项目“原值”和“累计折旧”，点击【确定】按钮，如图 U6-17 所示。

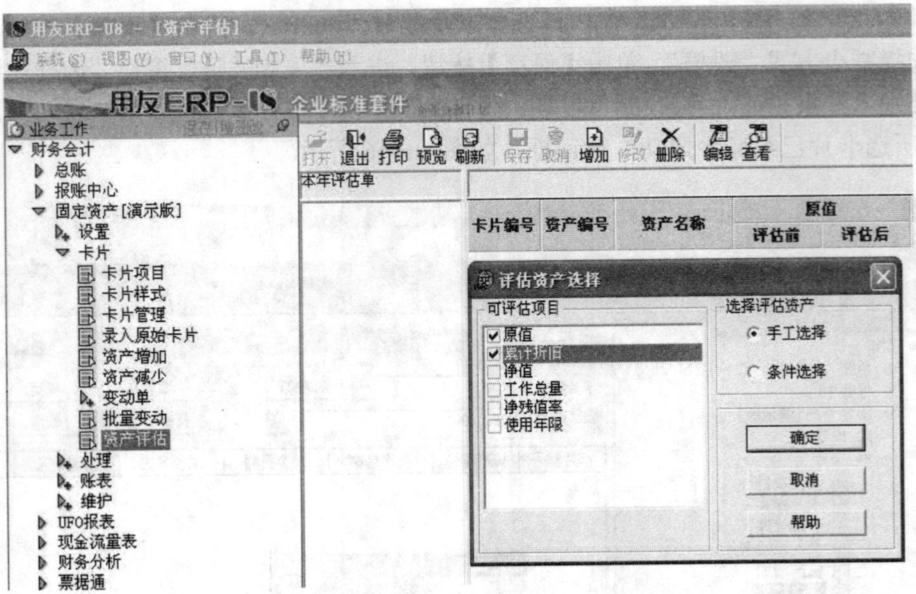

图 U6–17　资产评估选择

（2）在“资产评估”窗口中选择要评估资产“轿车”的卡片编号，分别在（A）原值、（A）累计折旧后输入评估后的原值与折旧数据，点击【保存】按钮，系统弹出“是否确认要进行资产评估？”信息提示框，点击【是】按钮，进入填制凭证窗口，如图 U6-18 所示。

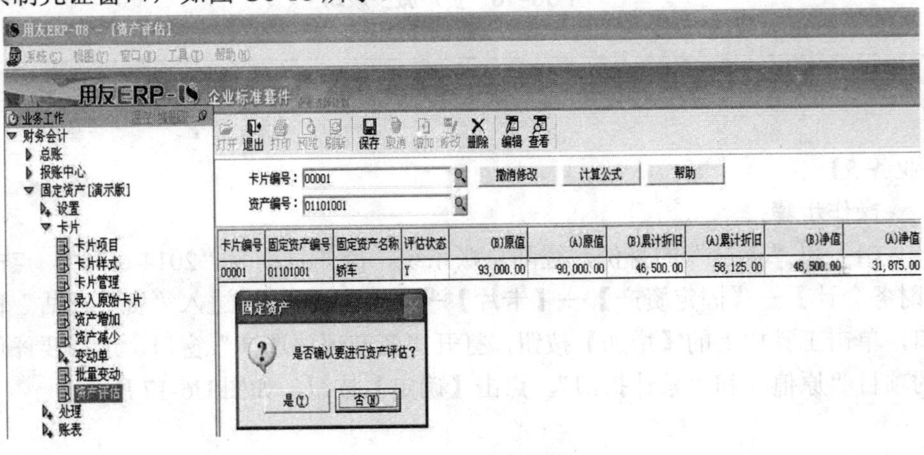

图 U6–18　资产评估

（3）在“填制凭证”窗口，在空白科目选择“营业外支出”、“管理费用/其他”，部门核算选择“办公室”，选择凭证类别“转账凭证”，点击【保存】按钮，如图 U6-19 所示。

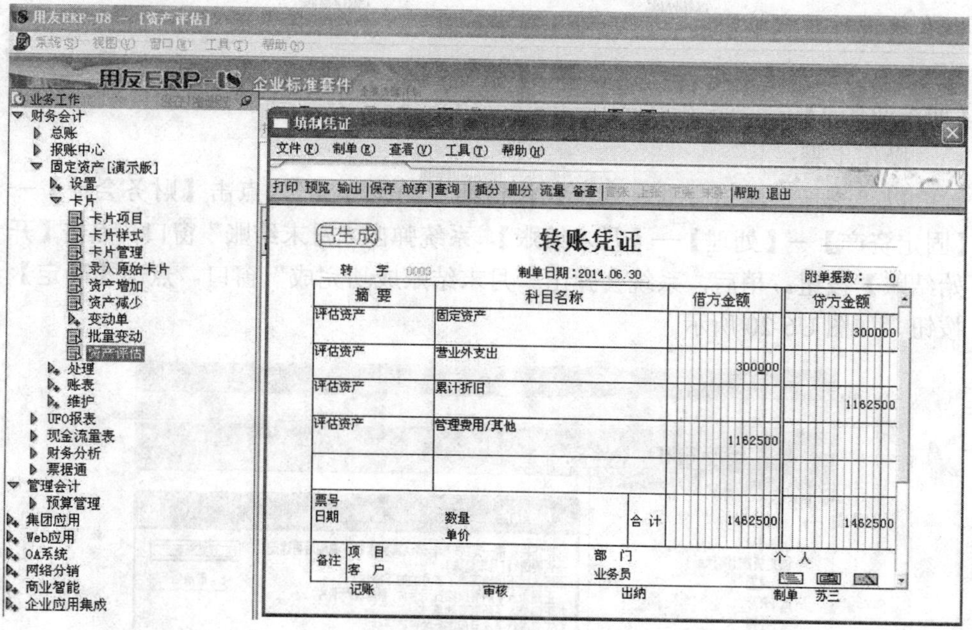

图 U6-19　资产评估凭证

注：对以上生成的凭证，以“张二”的身份出纳签字，以“李一”的身份凭证审核、记账。

（三）期末业务处理

【期末业务 1】

操作步骤：

以“李一”身份登陆账套，操作日期“2014-6-30”，点击【财务会计】—【固定资产】—【处理】—【对账】，系统弹出“与财务对账结果”窗口，点击【保存】按钮。

注：① 当总账记账完毕，固定资产系统才可以进行对账，对账平衡，开始月末结账。

②如果在初始设置时，选择了“与账务系统对账”功能，则任何时候都可以进行对账。

③若在财务接口中选择“在对账不平情况下允许固定资产月末结账”，则可以直接进行月末结账。

【期末业务 2】

操作步骤：

以“李一”身份登陆账套，操作日期“2014-6-30”，点击【财务会计】—【固定资产】—【处理】—【月末结账】，系统弹出“月末结账”窗口，点击【开始结账】按钮。稍后，系统会弹出“月末结账成功完成”窗口，点击【确定】按钮，如图 U6-20 所示。

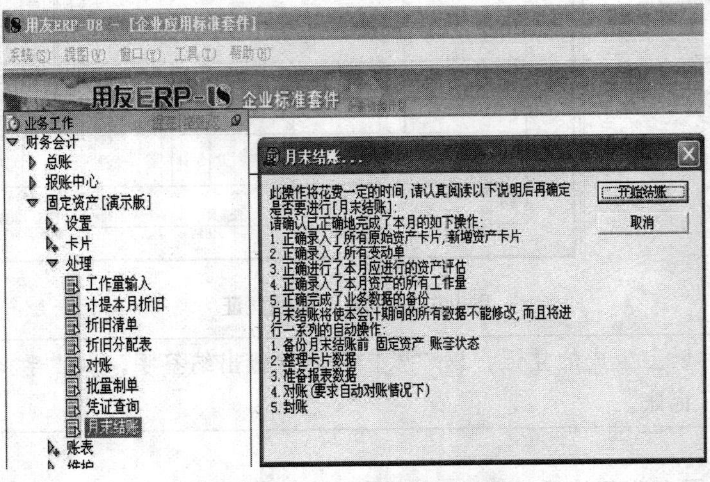

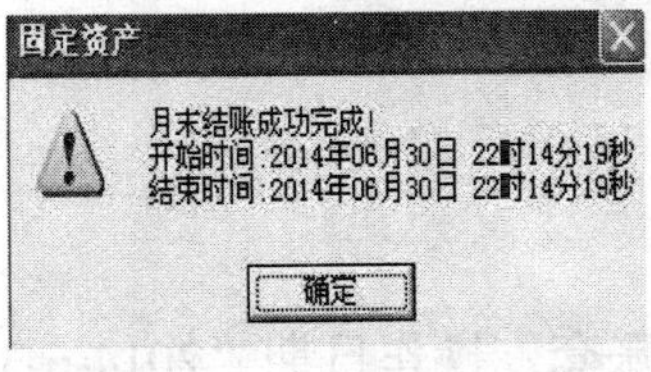

图 U6-20　月末结账

注：① 本会计期间做完月末结账工作后，所有数据资料将不能再进行修改。

② 本会计期间不做完月末结账工作，系统将不允许处理下一个会计期间的数据。

③ 月末结账前一定要进行数据备份，否则数据一旦丢失，将造成无法挽回的后果。

【期末业务 3】

操作步骤：

以“李一”身份登陆账套，操作日期“2014-6-30”，点击【财务会计】—【固定资产】—【报表】—【我的账表】，选择“折旧表”，双击“(部门）折旧计提汇总表”、系统会自定弹出“条件—（部门）折旧计提汇总表”，选择汇总部门，点击【确定】按钮，系统自动弹出“(部门）折旧计提汇总表”结果。依此类推查看其他报表，如图 U6-21 所示。

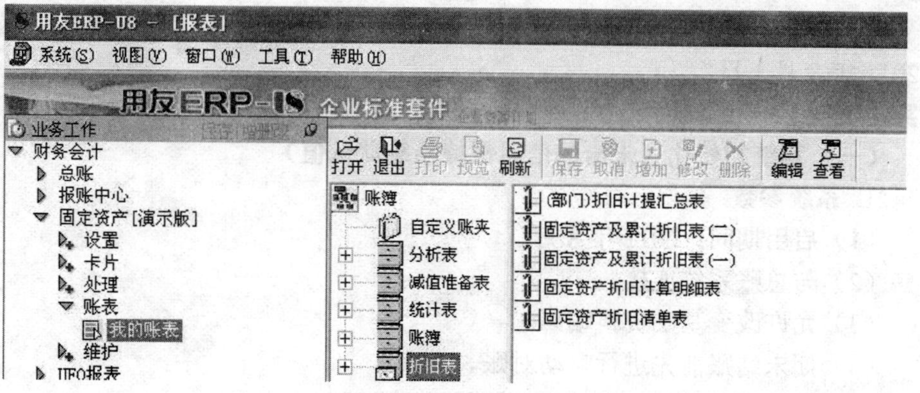

图 U6–21　（部门）折旧计提汇总表

Kingdee 二、金蝶 K/3 软件应用操作

实验一　固定资产管理子系统及操作指导

Ⅰ. 固定资产管理子系统

【实验目的】

理解金蝶 K/3 固定资产系统与总账系统之间的关系，熟悉固定资产管理系统的主要功能及流程，理解和掌握固定资产管理系统初始化、日常业务处理、月末处理的操作。

【实验内容】

1. 系统参数设置。
2. 基础数据设置。
3. 初始数据录入。
4. 日常业务处理。
5. 月末处理。

【实验要求】

1. 以“甲主管”的身份进行系统初始化、凭证审核、记账、结账。

2. 以“乙会计”的身份进行日常业务处理、月末处理。

【实验准备】

1. 恢复“实验二”数据（即以系统管理员 admin 的身份注册进入“账套管理”，执行“数据库”—“恢复账套”或单击工具栏上“恢复”按钮，系统弹出“选择数据库服务器”窗口，单击“确定”按钮进入“恢复账套”窗口，恢复已建立的山东秀珍科技有限公司 2011 年 8 月的账套数据）。

2. 根据案例资料，检查总账系统和固定资产系统是否启动，启动日期是“2011 年 8 月 1 日”。

【实验资料】

（一）系统初始化（未给的信息保持系统默认值）

1. 系统参数

（1）启用期间：2011 年 8 月。

（2）与总账系统连接。

（3）允许改变基础资料编码。

（4）期末结账前先进行自动对账。

（5）变动使用部门时当前折旧按原部门进行归集。

（6）折旧率取小数点后 2 位。

（7）投资型房地产讲师模式选择：成本模式。

2. 基础数据

（1）变动方式类别

代码	名称	凭证字	摘要	对方科目
002.005	报废	记	报废固定资产	固定资产清理

（2）使用状态类别：正常使用，计提折旧。

（3）折旧方法：平均年限法（基于入账原值和入账预计使用期间）。

（4）增加卡片类别中需要的计量单位。

组名	编码	计量单位
数量组 5	051	栋
	052	辆
	053	套
	054	台

（5）固定资产卡片类别。

代码	名称	年限	净残值率	单位	预设折旧方法	资产科目	折旧科目	减值准备	编码规则	是否计提折旧
001	房屋及建筑物	50	5%	栋	平均年限法（基于入账原值…）	1601	1602	1603	FW-	不管使用状态如何一定提折旧
002	交通工具	10	3%	辆	工作量法	1601	1602	1603	JT-	由使用状态决定是否提折旧
003	生产设备	10	3%	台	平均年限法（基于入账原值…）	1601	1602	1603	SC-	由使用状态决定是否提折旧
004	办公设备	5	5%	台	动态平均法（基于变动后的要素）	1601	1602	1603	BG-	由使用状态决定是否提折旧
005	无形资产	10		套	平均年限法（基于入账原值…）	1701	1702	1703		由使用状态决定是否提折旧
005.01	IT 软件	10		套	平均年限法（基于入账原值…）	1701	1702	1703		由使用状态决定是否提折旧

房屋及建筑类别中自定义项目：

字段显示名称	字段类型	长度	小数点位数	必录项
面积	数字	8	2	否
单位	字符	8		否

①固定资产存放地点：车库、车间。

②折旧政策设置：02 无形资产折旧政策：当前变动固定资产，从变动的下一期开始影响折旧。

③初始数据录入：

资产编码	FW-1	JT-1	SC-1	SC-2
名称	办公大楼	汽车	注塑生产线	注塑车床
类别	房屋及建筑物	交通工具	生产设备	生产设备
计量单位	栋	辆	台	台
数量	1	1	2	1
入账日期	2011 年 7 月 31 日	2011 年 7 月 31 日	2011 年 7 月 31 日	2011 年 7 月 31 日
存放地点		车库	车间	车间
经济用途	经营用	经营用	经营用	经营用

续表

资产编码	FW-1	JT-1	SC-1	SC-2
使用状态	正常使用	正常使用	正常使用	正常使用
变动方式	自建	购入	购入	购入
使用部门	办公室	销售部 50%财务部 50%	一车间	二车间
折旧费用科目	管理费用—折旧费	销售费用、管理费用	制造费用—折旧费	制造费用—折旧费
币别	人民币	人民币	人民币	人民币
原币金额	1 000 000	200 000	223 000	400 000
购进累计折旧	无	无	无	无
已开始使用期	2001 年 7 月 1 日	2005 年 11 月 1 日	2010 年 9 月 30 日	2010 年 9 月 30 日
已使用期间	240	工作总量：300 000 km 已使用 180 000km	10	10
累计折旧金额	380 000	100 000	20 000	40 000
折旧方法	平均年限法	工作量法（计量单位：km)	平均年限法	平均年限法
折旧政策	常用折旧政策	常用折旧政策	常用折旧政策	常用折旧政策
本年已提折旧	95 000	10 000	12 000	20 000

④资产组设置：注塑资产组，包括 SC-1（注塑生产线）、SC-2（注塑车床）两项资产。

（二）日常经济业务

1. 8 月 10 日，办公室购买戴尔电脑一台，价值 4 500 元，以建行存款支付（转账支票 ZZG2011081001）。

2. 8 月 20 日，公司购买 HR 管理软件一套，由人事使用，价值 200 000 元，以中行存款支付（转账支票 ZZG2011081002）。

3. 8 月 20 日，公司报废一辆汽车。

4. 8 月 31 日，公司办公大楼按原值的 5%计提减值准备。

5. 8 月 31 日，将固定资产“办公大楼”预计使用期间由“600”变更为“500”期。

6. 8 月 31 日，汽车本期工作量 1 000km。

7. 8 月 31 日，计提本期固定资产折旧。

8. 8 月 31 日，进行折旧管理。

（三）期末经济业务

1. 8 月 31 日，查询“固定资产清单”。

2. 8 月 31 日，进行对账与结账。

Ⅱ. 固定资产管理子系统操作指导

（一）初始化资料（未给的信息保持系统默认值）

操作的前期工作

以“甲主管”身份进行系统初始化，操作日期“2011-8-1”。

操作步骤：

（1）系统参数设置：以“甲主管”身份登陆账套。在主界面窗口，点击【系统设置】—【固定资产管理】—【系统参数】，在“固定资产”标签页上可以选择启用期间、是否折旧、折旧率等信息。设置完成点击【确认】按钮，如图 K6-01 所示。

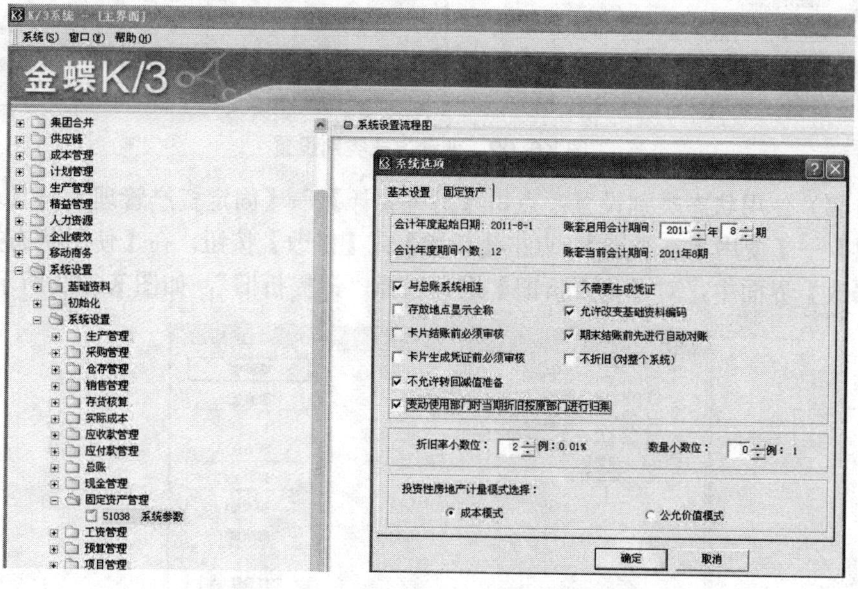

图 K6–01　固定资产启动及系统参数设置

（2）变动方式类别：点击【财务会计】—【固定资产管理】—【基础资料】—【变动方式类别】，点击【新增】按钮，在【变动方式类别—新增】界面中录入新的变动方式，如图 K6-02 所示。按照案例资料提供信息录入，录入完成后，点击【关闭】按钮。

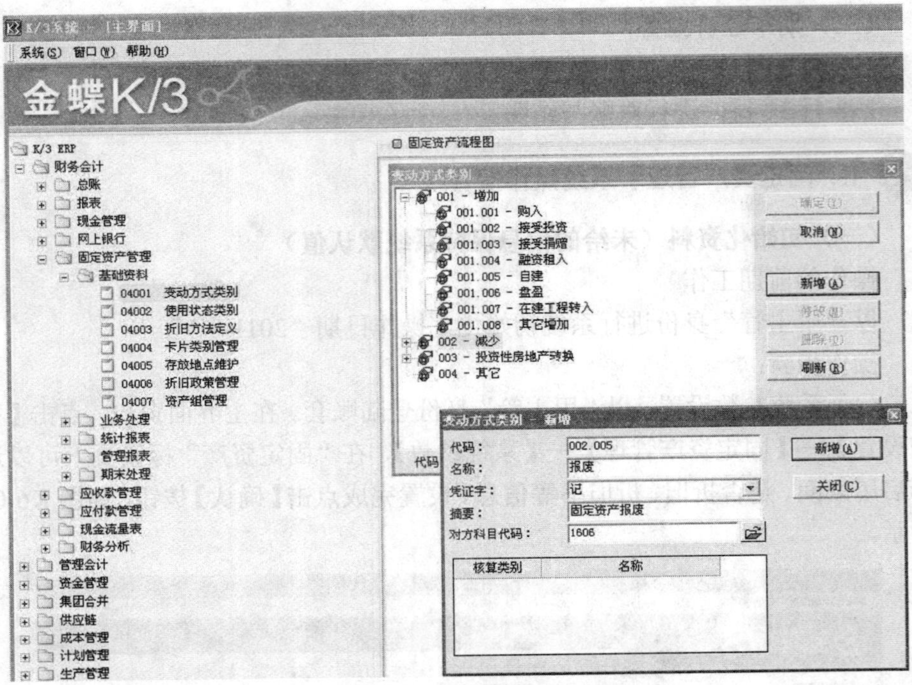

图 K6-02 变动方式类别设置

（3）使用状态类别设置：点击【财务会计】—【固定资产管理】—【基础资料】—【使用状态类别】，点击【新增】或【修改】按钮，在【使用状态类别—修改】界面中，对【是否折旧】进行选择“计提折旧”，如图 K6-03 所示。

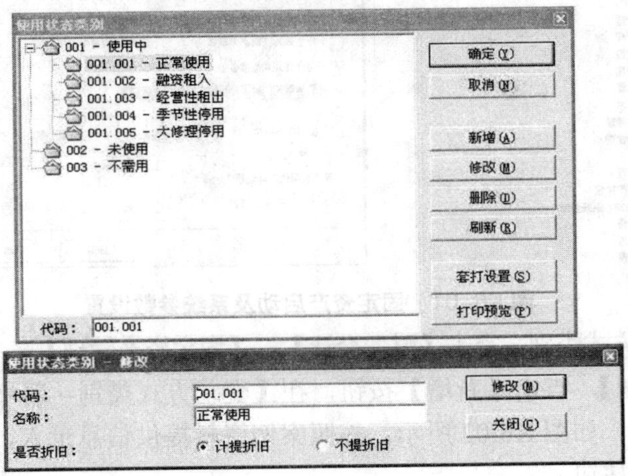

图 K6-03 使用状态类别设置

（4）折旧方法设置：点击【财务会计】—【固定资产管理】—【基础资料】—【折旧方法定义】，打开“折旧方法定义”窗口，如图 K6-04 所示。

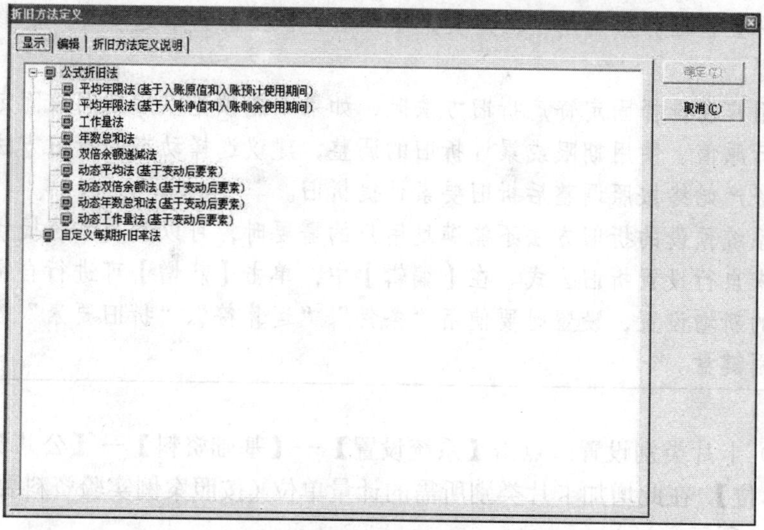

图 K6–04 折旧方法定义

（5）在“折旧方法定义”中，双击“平均年限法（基于入账原值和入账预计使用期间）”折旧方法，可以进入该折旧方法的编辑界面，进行修改和调整，设置完成点击【确认】按钮，如图 K6-05 所示。

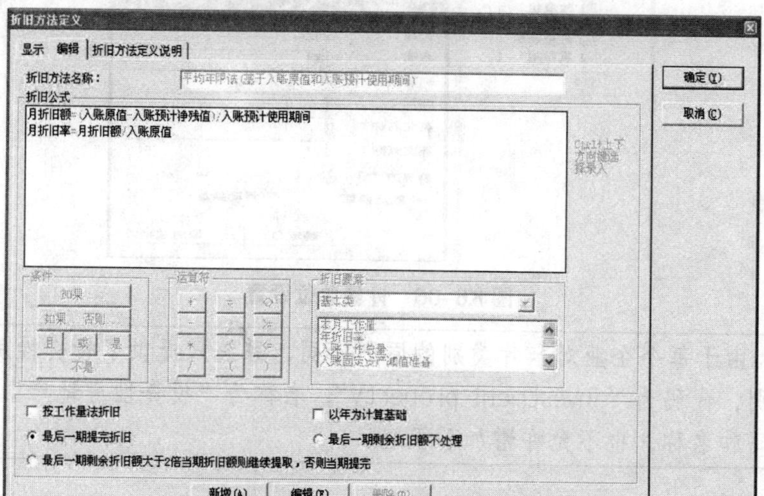

图 K6–05 折旧方法编辑

注：①系统预设多种的折旧方法，用户无法修改公式，只有折旧选项是可以改动。

②一旦折旧方法应用于固定资产卡片后，以上的折旧选项都不能修改，请慎重选择。

③用户在选择固定资产折旧方法时，如果不能预见以后期间该固定资产是否会进行原值、使用期限或累计折旧的调整，建议选择动态的折旧方法，以保证固定资产始终按照调整后折旧要素计提折旧。

④系统预设的折旧方法不能满足用户的需要时，可以利用系统提供的自定义功能来自行设置折旧公式。在【编辑】中，单击【新增】可进行自定义公式折旧法的新增设置，设置时要使用“条件”、“运算符”、“折旧要素”等功能，无需使用键盘。

（6）卡片类别设置：点击【系统设置】—【基础资料】—【公共资料】—【计量单位】，在此增加卡片类别所需的计量单位（按照案例实验资料要求），如图 K6-06 所示。

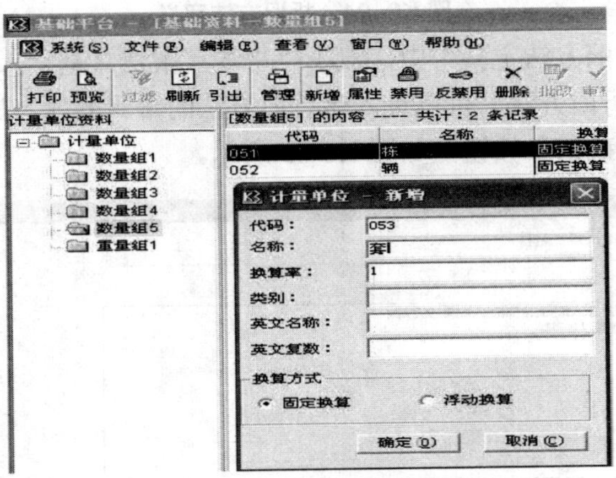

图 K6–06 计量单位设置

注：由于每个企业对卡片类别的原则不同，系统只提供了投资性房地产的预设类别，代码为“investment property”，名称为“投资性房地产”，不允许修改代码和名称，也不允许增加下级组。

（7）增加完“计量单位”后，点击【财务会计】—【固定资产管理】—【基础资料】—【卡片类别设置】，点击【新增】按钮，按照案例实验资料要求进行卡片的录入，点击【保存】按钮，如图 K6-07 所示。

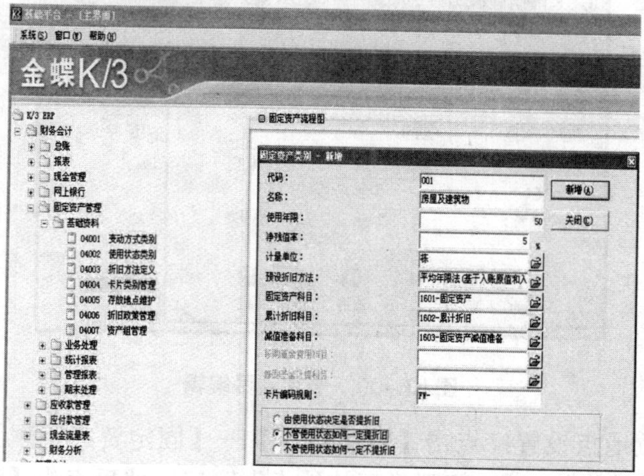

图 K6–07　卡片类别设置

（8）卡片的录入完成后，在“固定资产类别”中，选择“房屋及建筑物”类别，选择点击【自定义项目】按钮，进入到“卡片项目定义”中，点击【增加】—【新增】—【编辑】—【新增】，按照案例实验资料要求设置，设置完成后，点击【保存】按钮，依次类推，增加其他项目，如图 K6-08、K6-09 所示。

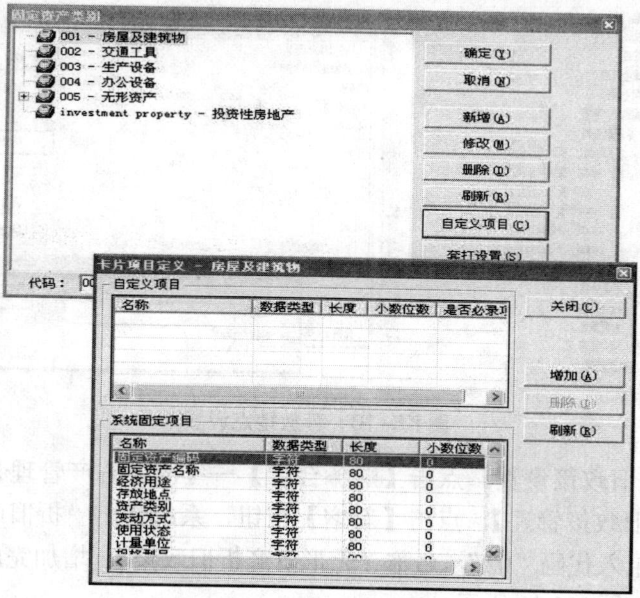

图 K6–08　自定义项目设置

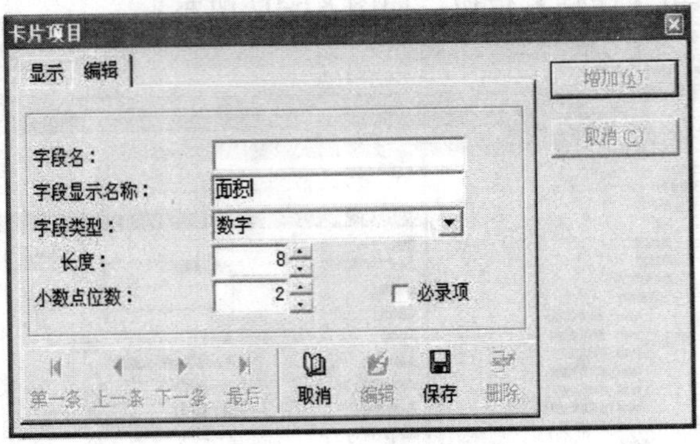

图 K6–09　卡片项目编辑

（9）存放地点设置：点击【财务会计】—【固定资产管理】—【基础资料】—【存放地点维护】，打开“存放地点”窗口，然后点击【新增】按钮，在弹出“存放地点—新增”窗口后，录入案例资料数据，如图 K6-10 所示。

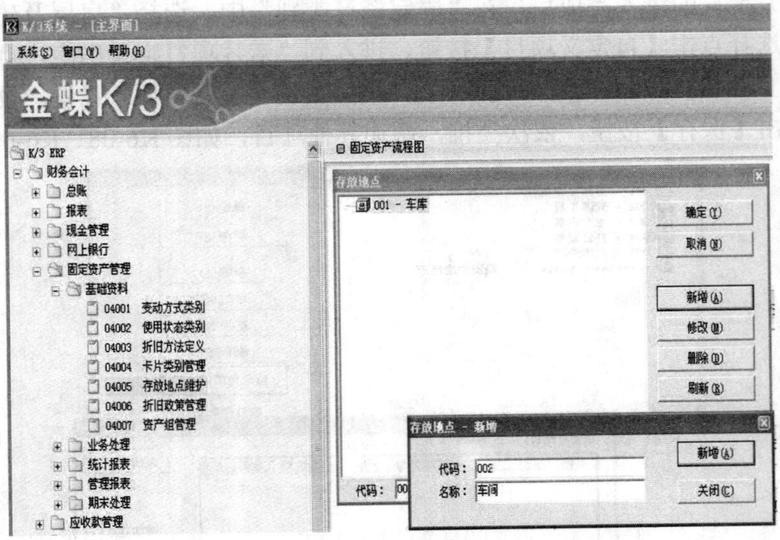

图 K6–10　存放地点设置

（10）折旧政策设置：点击【财务会计】—【固定资产管理】—【基础资料】—【折旧政策管理】，点击【新增】按钮，系统弹出“折旧政策方案—新增”窗口，录入代码“02”，名称“无形资产折旧政策”，增加完成后单击【关闭】按钮，如图 K6-11 所示。

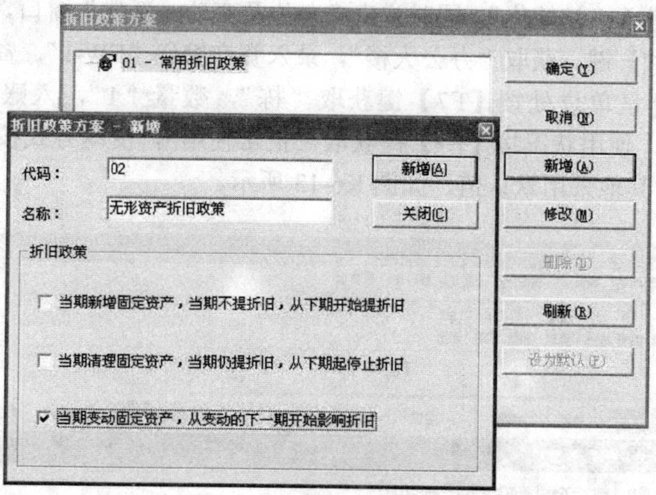

图 K6-11　折旧政策设置

注：①在折旧政策方案中，若选择了“当前变动固定资产，从变动的下一期开始影响折旧”参数，则当前新增的固定资产在新增当期不计提折旧；若没有选择这个参数,则此固定资产新增当前需列入计提折旧资产范围并计提折旧。其他两个参数同理。

②已经使用的折旧政策不能被修改，已经使用的折旧政策不能被删除。

（11）初始数据录入：

①双击【财务会计】—【固定资产管理】—【业务处理】—【新增卡片】，系统弹出“提示”窗口，因为第一次录入卡片，系统询问是否在当前录入，并提示录入卡片后不可以改变启用期间，单击“是”按钮，进入“新增”窗口，单击“否”退出录入。单击“是”按钮，系统进入“初始化”窗口，如图 K6-12 所示。

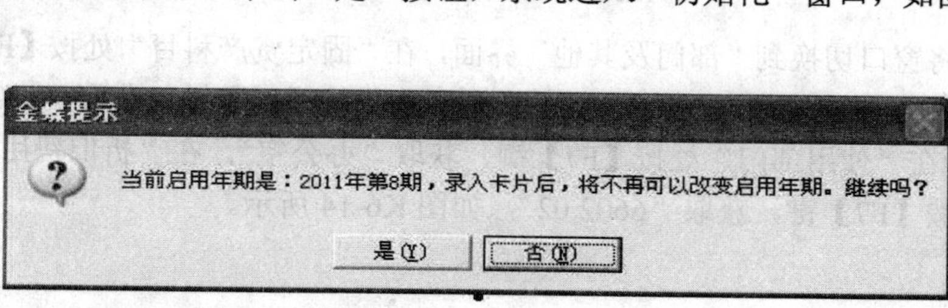

图 K6-12　启用年、期设置

②系统进入“初始化”，同时弹出“卡片及变动—新增”窗口，在“资产类别”处按【F7】键，获取“办公大楼”，录入资产编码“FW-1”，资产名称“办公大楼”，计量单位处按【F7】键获取“栋”，数量“1”，入账日期修改为“2011-7-31”，使用状况按【F7】键获取“正常使用”，变动方式按【F7】键获取“自建”，其他采用默认值，如图 K6-13 所示。

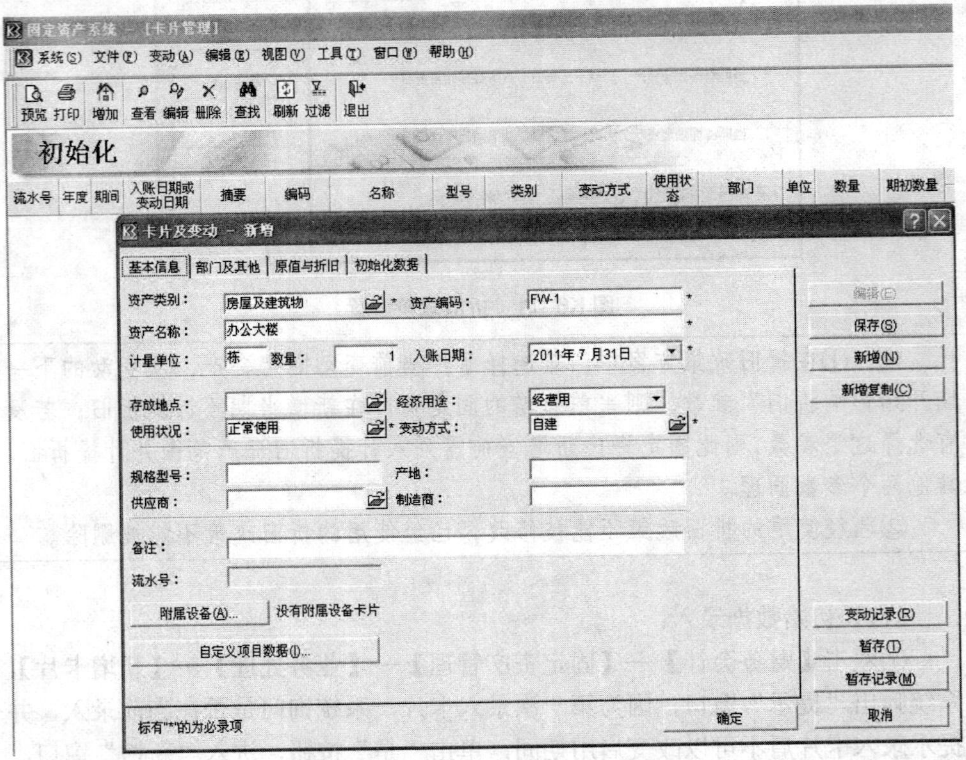

图 K6–13　固定资产卡片

③将窗口切换到“部门及其他”界面，在“固定资产科目”处按【F7】键，获取“1606 固定资产”，在“累计折旧科目”处按【F7】键，获取“1602 累计折旧”，在“使用部门”处按【F7】键，获取“办公室”，在“折旧费用分配科目”处按【F7】键，获取“6602.02”，如图 K6-14 所示。

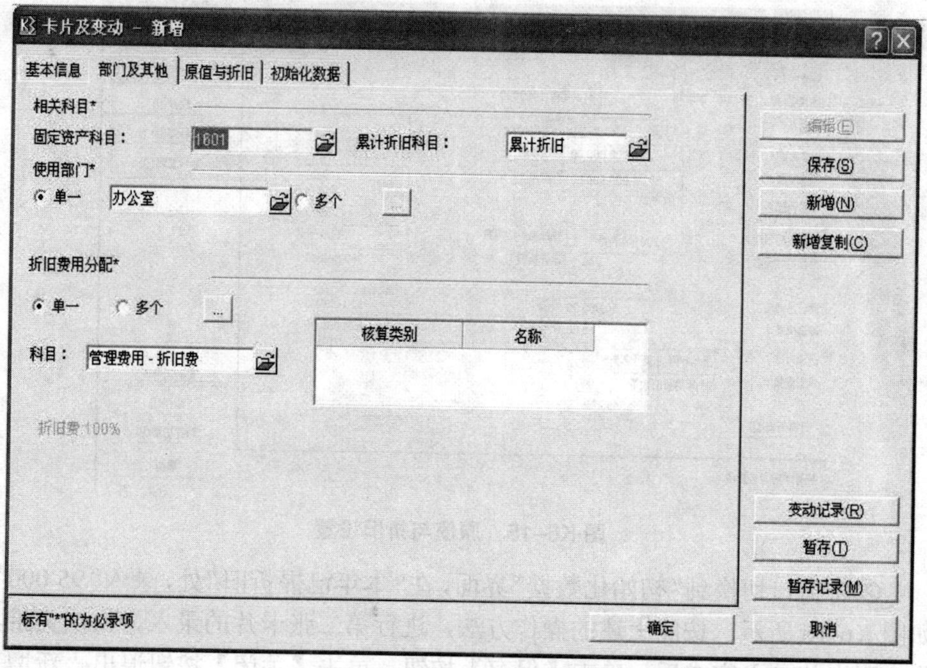

图 K6–14　卡片部门及其他设置

注：①当固定资产由多个部门使用时，选择使用部门下设的“多个”项目，单击“……（获取）”按钮。

②当折旧费用分配科目有多个科目时，选择折旧费用分配下设的“多个”项目，单击“……（获取）”按钮。

④将窗口切换到“原值与折旧”界面，币别选择“人民币”，原币金额录入“1 000 000”，开始使用日期修改为“2001-7-1”，录入预计使用期间数“600”，已使用期间“240”，累计折旧金额“380 000”，折旧方法“平均年限法”，折旧政策“常用折旧政策”，如图 K6-15 所示。

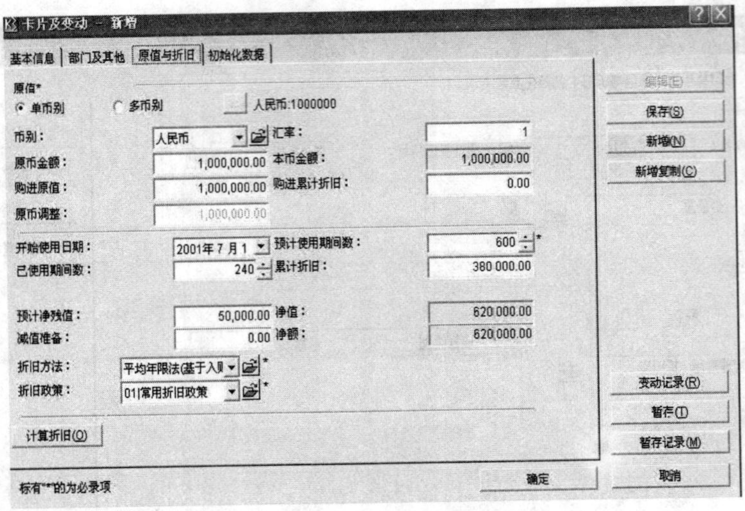

图 K6-15 原值与折旧设置

⑤将窗口切换到“初始化数据”界面，在“本年已提折旧”处，录入“95 000”，如图 K6-16 所示。按照上述的操作方法，进行第二张卡片的录入，依次类推，将 4 张卡片录入完成后，单击【保存】按钮，单击【关闭】按钮退出“新增”窗口，并返回“初始化”窗口。

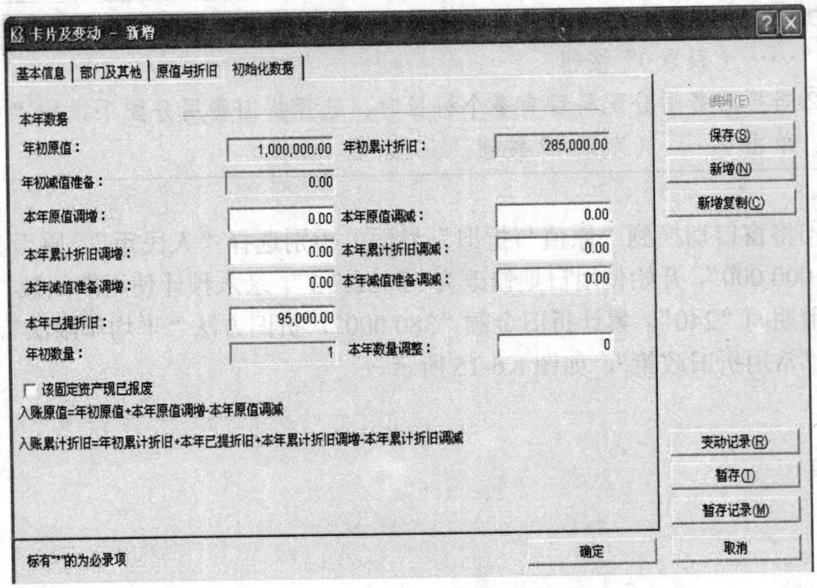

图 K6-16 初始化数据设置

注：①如果年初 1 月份启用固定资产系统，固定资产卡片中则无“初始化数据”界面，即表示本年尚无业务发生。

②如果年中（2 月～12 月皆为年中）启用固定资产系统，而且已提折旧，则一定要录入本年已提折旧数据，即指系统启用之年年初到启用期间本年共提折旧额。

⑥点击【固定资产管理】—【业务处理】—【卡片管理】，在“固定资产—卡片管理”界面，点击菜单栏上的【视图】—【刷新】，再点击【工具】菜单下的“传递初始数据到总账”的功能，完成传递数据如图 K6-17 所示。

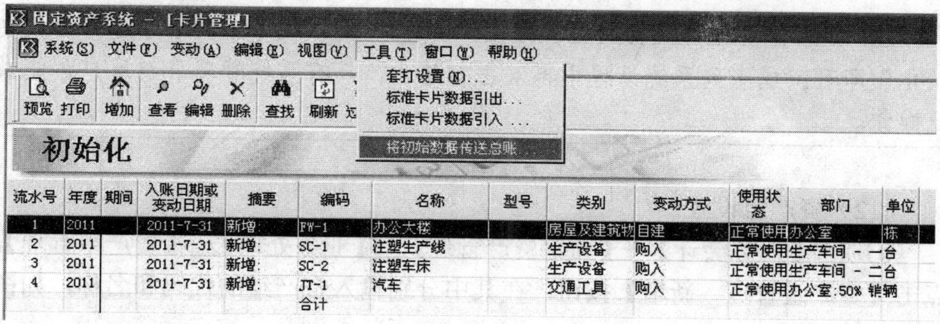

图 K6-17 传递初始数据到总账

注：①“传递初始数据到总账”的功能，只有在固定资产系统和总账系统同期进行初始化时才可以使用。可以首先进行固定资产系统初始化，将初始化数据传递到总账系统“初始数据录入”界面，可以检查固定资产数据是否录入准确。

②只能将本位币金额传递到对应的总账科目的本位币币别中。

③如果总账中固定资产、累计折旧、减值准备等三个科目中有任何一个下设了核算项目，系统将不予传递数据。

④如果总账系统结束了“初始化”，则系统不予传递数据。

⑦固定资产所有期初数据录入并正确后，点击【系统设置】—【初始化】—【固定资产管理】—【初始化】，系统弹出“结束初始化”窗口，如图 K6-18 所示，点击【开始】按钮，稍后系统弹出“结束初始化成功”对话框，点击【确定】按钮即可，用户就可以进入正常固定资产管理的业务处理。

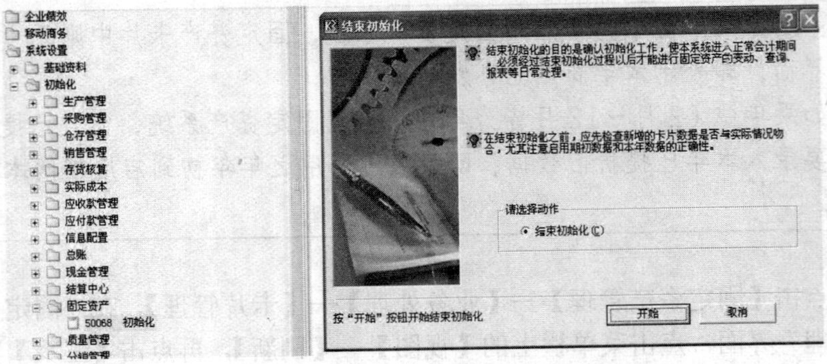

图 K6-18 传递初始数据到总账

注：如果需要进行反初始化，按住“Shift”键，在【工具】中选择“反初始化”即可，或者到系统设置中再双击初始化，只有系统管理员组用户才能做此操作。

（12）资产组设置：

①双击【财务会计】—【固定资产管理】—【业务处理】—【资产组管理】，点击【资产组管理—新增】按钮，在其中分别输入资产组的代码和名称，如图 K6-19 所示。

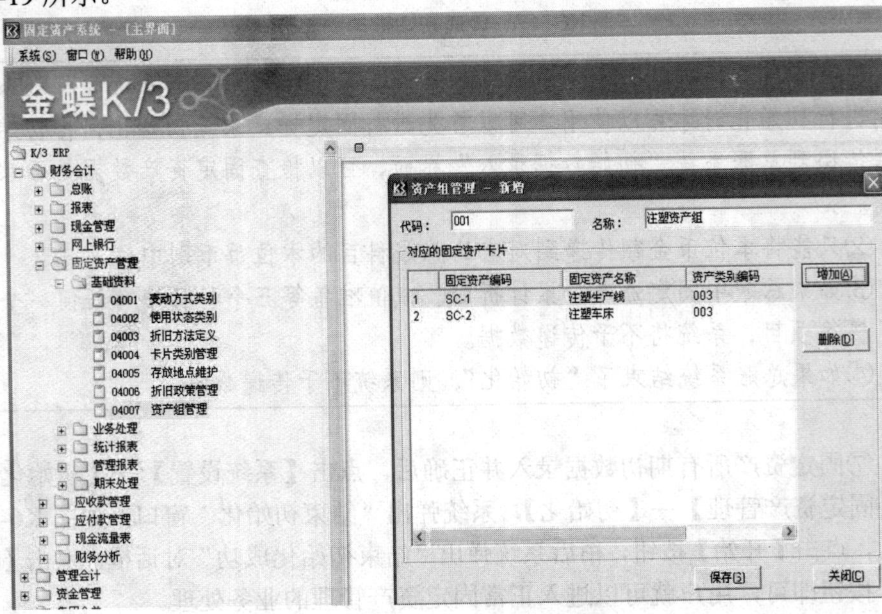

图 K6-19 资产组管理设置

②点击【增加】按钮，系统弹出“固定资产列表框”。使用 Ctrl+Shift 键选中多张卡片，按【确定】按钮，将所选卡片携带至“资产组管理—新增”界面，点击【保存】按钮，系统将保存当前资料。

注：①“资产组”设置需在结束初始化后才可进行。

②同一张卡片只能属于一个资产组。

③公允价值模式的投资性房地产不能与其他资产类别的固定资产设置在一个资产组下。

（二）日常经济业务

操作的前期工作

用“乙会计”身份进行卡片的录入与制单。

【业务 1】

操作步骤：

（1）“乙会计”身份，双击【财务会计】—【固定资产管理】—【业务处理】—【新增卡片】，系统弹出“卡片及变动—新增”窗口，如图 K6-20 所示。

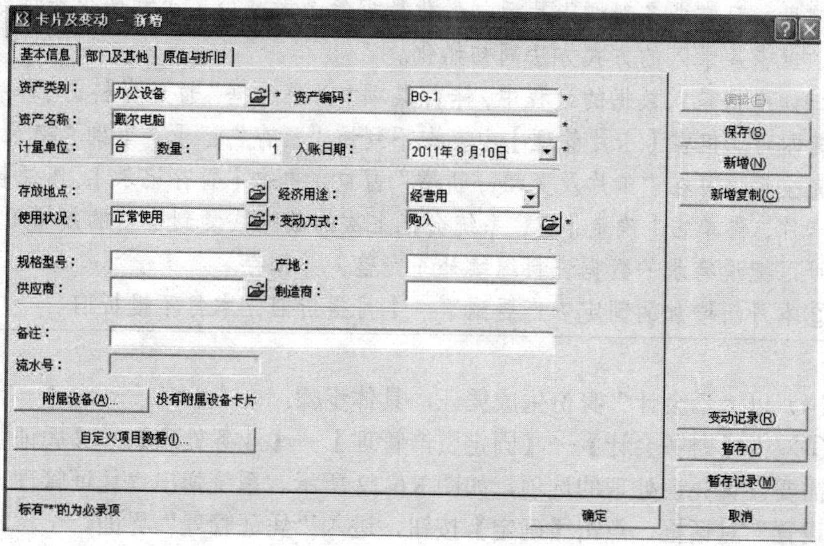

图 K6-20 新增卡片录入

（2）在“资产类别”处按【F7】键，获取“办公设备”，录入资产编码

“BG-001”，资产名称“戴尔电脑”，计量单位处按【F7】键获取“台”，数量“1”，入账日期修改为“2011-8-10”，使用状况按【F7】键获取“正常使用”，变动方式按【F7】键获取“购入”。此处的固定资产卡片新增窗口与“初始化”时的卡片录入方法相同，可以参照前面章节的方法，根据案例资料信息进行操作方法进行，操作完成后点击【保存】按钮。

（3）点击【固定资产管理】—【业务处理】—【卡片管理】，在“固定资产—卡片管理”界面，点击菜单栏上的【视图】—【刷新】，可以查看到新增卡片，如图 K6-21 所示。

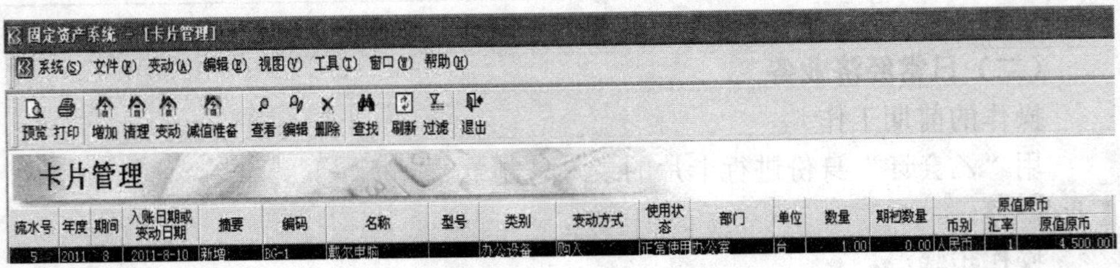

图 K6–21 新增卡片结果显示

注：①在新增卡片上录入“基本信息”、“部门及其他”、“原值与折旧”三部分信息。日常业务新增卡片币初始化数据的录入减少了“初始化数据”部分内容，但卡片录入的方式方法同初始化。

②如果在录入数据的过程中，卡片某项“必录数据”暂无资料，可单击【暂存】键即可。但在【卡片管理】中查询不到该“暂存”记录。等到“必录数据”资料完全后，可在“卡片及变动—新增”窗口，单击【暂存记录】，选择暂存的记录卡片，再单击【确定】键，系统会把上次的数据恢复到当前的新增页面中，用户可以把没有录的数据资料继续补齐完整，并保存。

③本月新增加的固定资产要到下一个月提折旧，本月不提折旧。

（4）以“乙会计”身份生成凭证，具体步骤：

①双击【财务会计】—【固定资产管理】—【业务处理】—【凭证管理】，首先需要设置凭证处理的选项，如图 K6-22 所示。系统弹出“凭证管理—过滤方案设置”对话框，点击【确定】按钮，进入“凭证管理”界面。

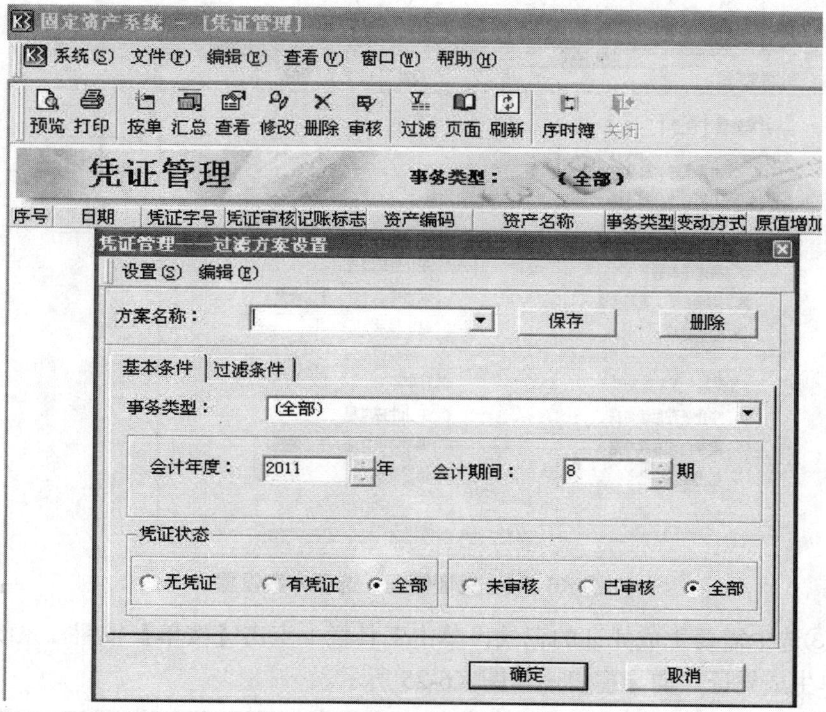

图 K6–22　凭证管理—过滤方案设置

②在“凭证管理”窗口，单击【文件】—【选项】，如图 K6-23 所示，用户可以打开“凭证管理—选项方案设置”界面进行“异常处理”设置，如图 K6-24 所示，条件设置完成后，单击【确定】按钮，系统进入“凭证管理”窗口。

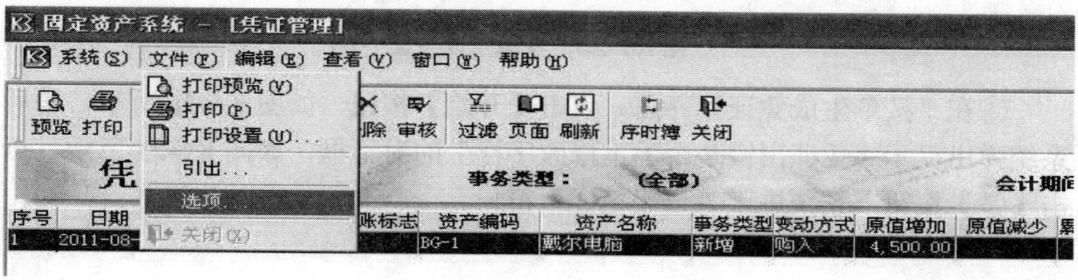

图 K6–23　凭证管理进入

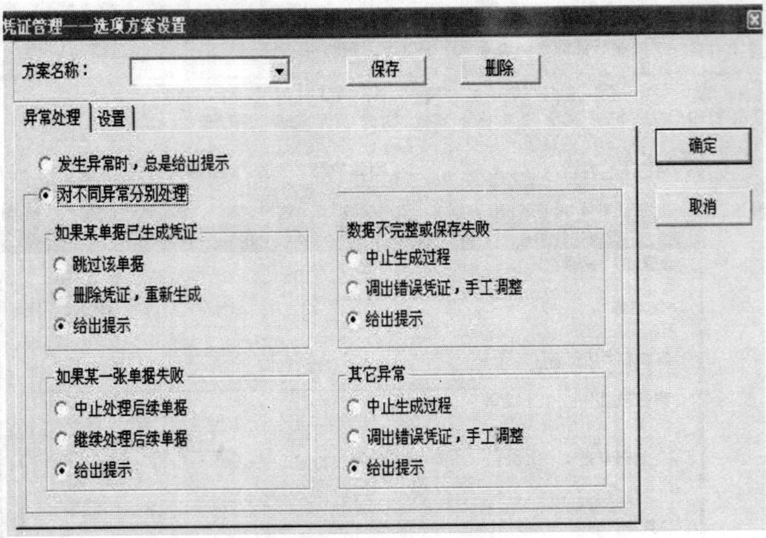

图 K6-24 凭证管理—选项方案设置

③选中需要生成凭证的记录，单击工具栏上点击【按单】按钮，系统弹出“按单生成凭证”向导窗口，如图 K6-25 所示。

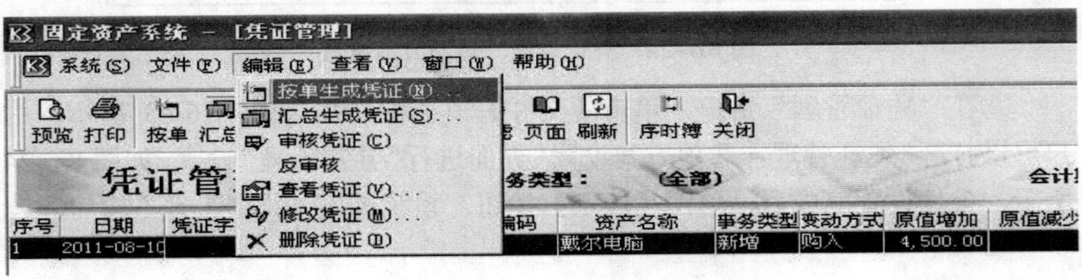

图 K6-25 按单生成凭证

④在“按单生成凭证”界面，点击【开始】按钮，如图 K6-26 所示。稍后系统弹出提示“凭证出错是否手工修改字样”的对话框，如图 K6-27 所示。点击【是】按钮，系统进入“记账凭证”窗口。

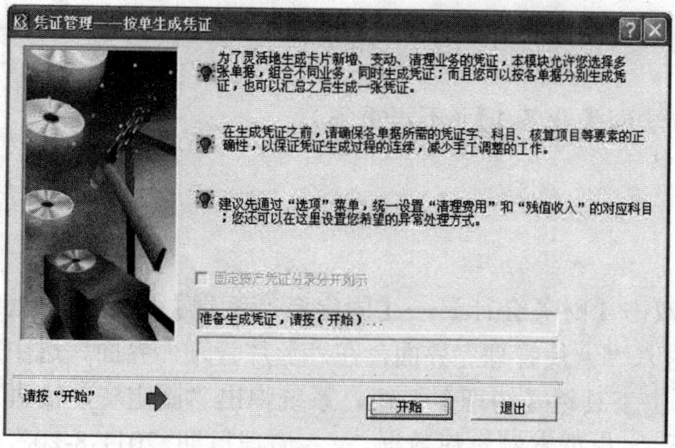

图 K6-26　生成凭证过程

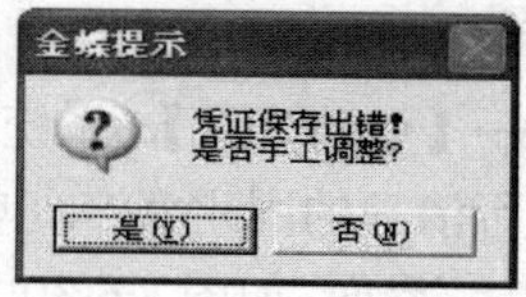

图 K6-27　信息提示

⑤在“记账凭证”窗口，修改正确的凭证分录后，单击【保存】按钮，单击【关闭】返回“按单生成凭证”向导窗口，系统显示生成凭证，如图 K6-28 所示。

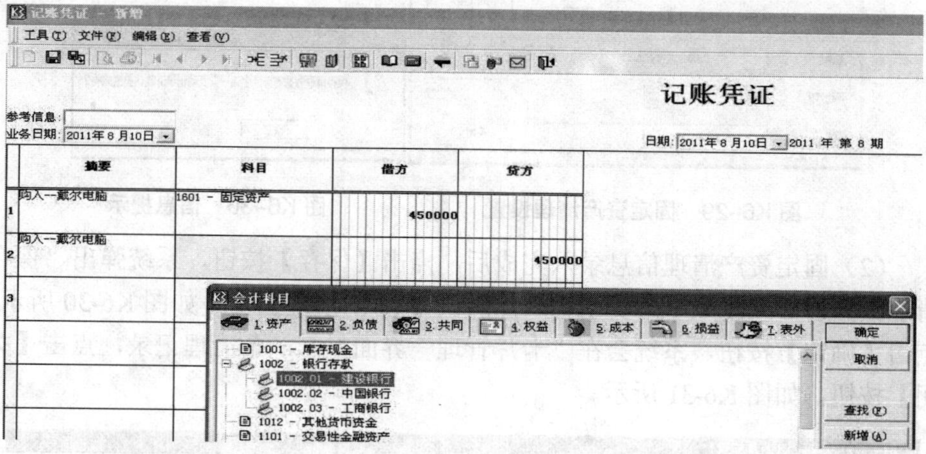

图 K6-28 修改凭证分录

注：生成凭证后，若要对凭证进行查询或编辑，请双击【财务会计】—【固定资产管理】—【业务处理】—【凭证管理】—【序时簿】，系统进入“会计分录序时簿”进行查询或编辑。

【业务 2】

操作步骤:

【业务 2】操作方式与方法同【业务 1】(不再重复)。

【业务 3】

操作步骤:

(1)“乙会计”身份,双击【财务会计】—【固定资产管理】—【业务处理】—【变动处理】,系统进入“卡片管理”界面,在“卡片管理”界面,选中要进行清理的固定资产,单击工具栏【清理】按钮,系统弹出“固定资产清理—新增”界面,如图 K6-30 所示,根据案例资料数据,录入清理日期“2011-8-20”,清理数量“1”,变动方式“报废”等信息。

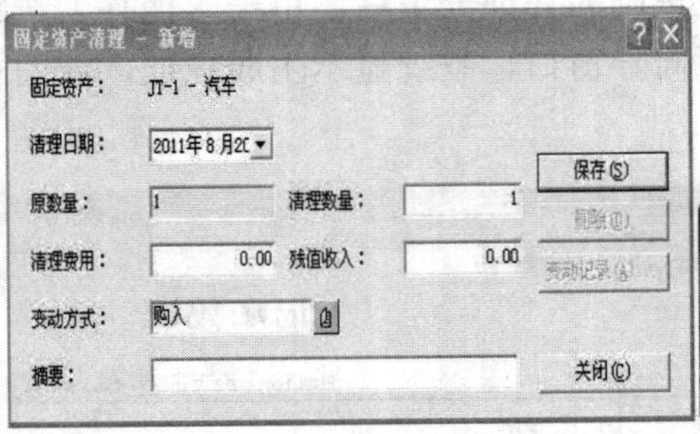

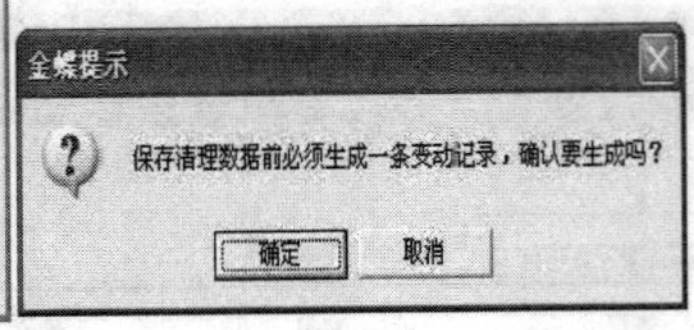

图 K6-29 固定资产清理设置　　　　图 K6-30 信息提示

(2)固定资产清理信息录入完成后,点击【保存】按钮,系统弹出“保存清理数据前必须生成一条变动记录,确认要生成凭证吗?”,如图 K6-30 所示,点击【确定】按钮,系统会在“卡片管理”界面显示一条清理记录,点击【关闭】按钮,如图 K6-31 所示。

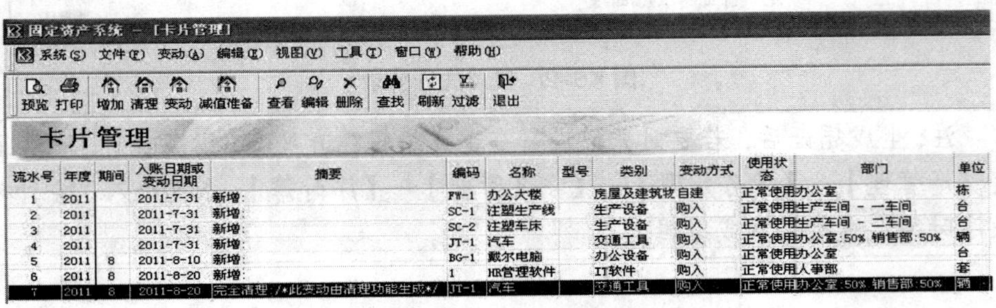

图 K6-31 固定资产清理记录显示

注：①当期已进行变动的资产不能清理，当前新增及当期清理的功能只能适用于单个固定资产清理，不适用于批量清理。

②若要删除清理记录，则在“卡片管理”中选择原生成清理记录，点击【清理】按钮，在弹出的清理编辑界面，点击【删除】按钮。

（3）固定资产清理生成凭证后，若要对凭证进行查询或编辑，请双击【财务会计】—【固定资产管理】—【业务处理】—【凭证管理】，系统弹出“凭证管理—过滤方案设置”，点击【确定】按钮，进行查询或编辑，如图 K6-32 所示。

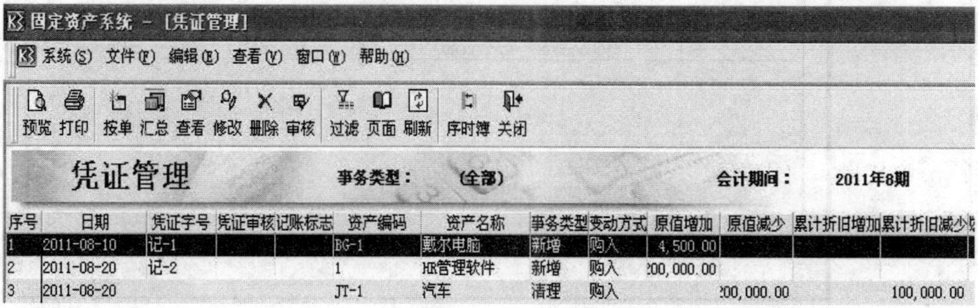

图 K6–32 固定资产清理记录查询

（4）选中需要生成凭证的记录，单击工具栏上单击【按单】按钮，系统弹出“按单生成凭证”向导窗口，单击【开始】按钮，稍后系统弹出提示“凭证出错是否手工修改字样”的对话框，单击【是】按钮，系统进入“记账凭证”窗口，修改正确的凭证分录后，单击【保存】按钮，单击【关闭】返回“按单生成凭证”向导窗口，系统显示生成凭证。

【业务 4】

操作步骤：

（1）“乙会计”身份，双击【财务会计】—【固定资产管理】—【业务处理】—【变动处理】，系统进入“卡片管理”界面，选中要计提的减值准备的卡片，系统弹出“减值准备计提”界面，如图 K6-33 所示。

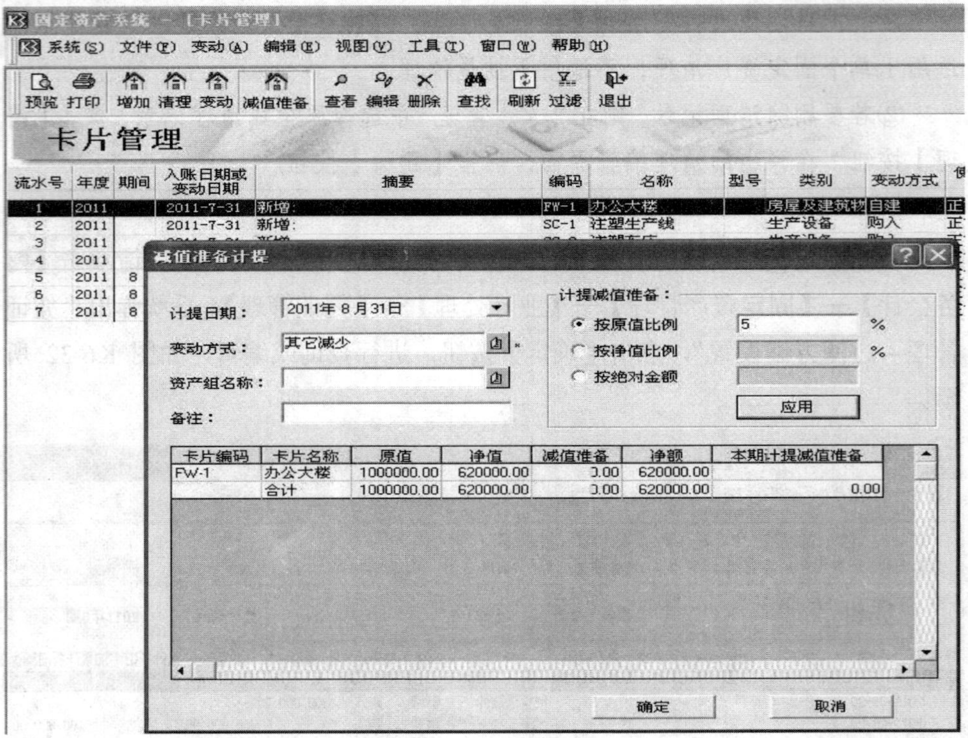

图 K6-33 减值准备计提

（2）在“减值准备计提”界面中，“变动方式”处按【F7】键获取“其他减少”，在“按原值比例”处录入“5”，点击【确定】按钮，完成对固定资产减值准备处理。

（3）以“乙会计”身份生成凭证，双击【财务会计】—【固定资产管理】—【业务处理】—【凭证管理】，首先需要设置凭证处理的选项（具体步骤同【业务 1】，在此不再重复！卡片审核也是如此！）

【业务 5】

操作步骤：

（1）“乙会计”身份，双击【财务会计】—【固定资产管理】—【业务处理】—【变动处理】，选择要变动的记录卡片，点击【变动】，系统弹出卡片信息。

（2）在“卡片及变动—修改”界面，在预计使用期间，将“600”修改和

变更为“500”期，点击【保存】按钮，如图 K6-34 所示

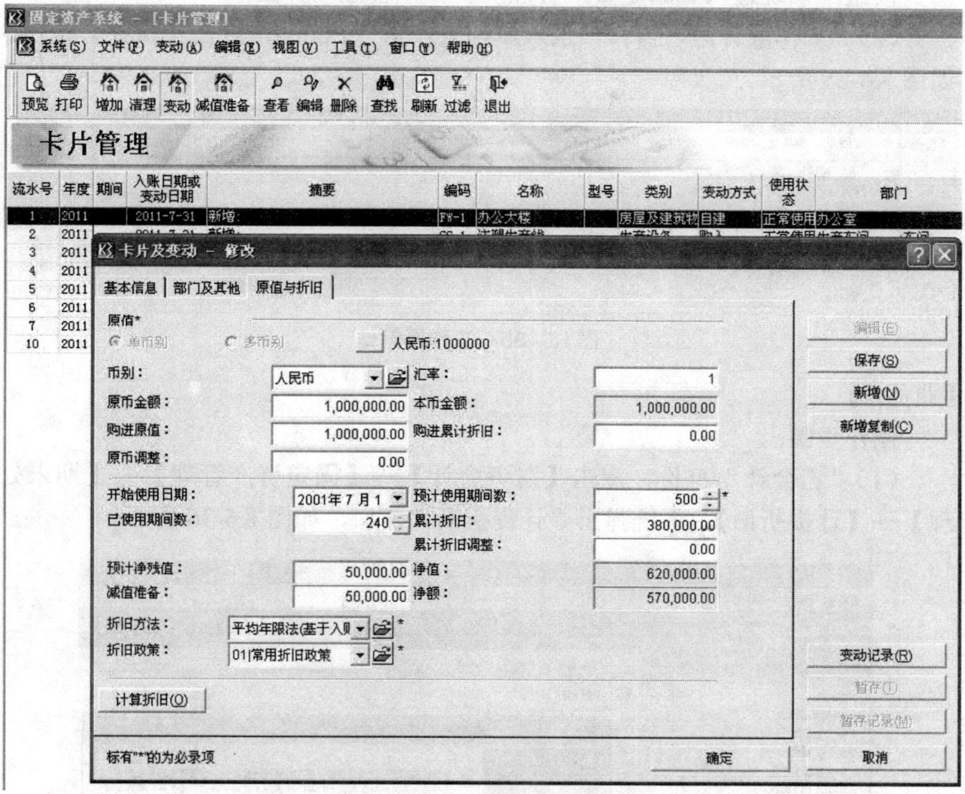

图 K6-34　卡片变动处理

注：①资产编号不允许变动。

②卡片变动不会影响固定资产卡片的历史数据，在查询时候，既可以查询到卡片录入时的数据，也可以查看到每期变动时的数据。操作方法：单击卡片界面上的【变动记录】，查看该卡片的所有变动。

③涉及折旧要素的变动，一定要将折旧方法改为动态的折旧方法，否则计提折旧时不会变动。本期固定资产变动，本期折旧不变，下一期按变动后要素计提折旧。

【业务 6】

操作步骤：

(1)“乙会计”身份，双击【财务会计】—【固定资产管理】—【期末处

理】—【工作量管理】，系统弹出“过滤”方案设置窗口，点击【确定】—【取消】按钮，系统进入“固定资产管理—工作量管理”界面，

（2）“工作量管理”窗口，录入本期工作量“1 000”，点击【保存】按钮，如图 K6-35 所示。

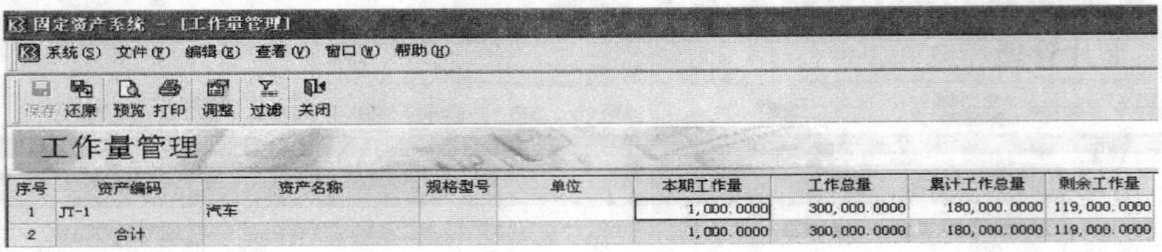

图 K6–35 工作量管理

【业务 7】

操作步骤：

（1）“乙会计”身份，双击【财务会计】—【固定资产管理】—【期末处理】—【计提折旧】，系统弹出“计提折旧”窗口，如图 K6-36 所示。

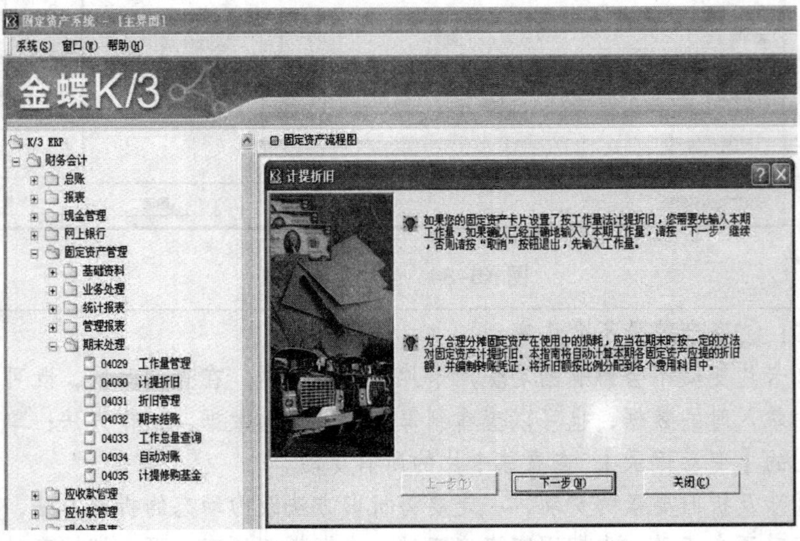

图 K6–36 计提折旧

（2）在“计提折旧”窗口，点击【下一步】按钮，然后输入凭证摘要和凭证字，点击【计提折旧】按钮，稍后系统提示计提成功，点击【完成】按钮。如图 K6-37 所示。

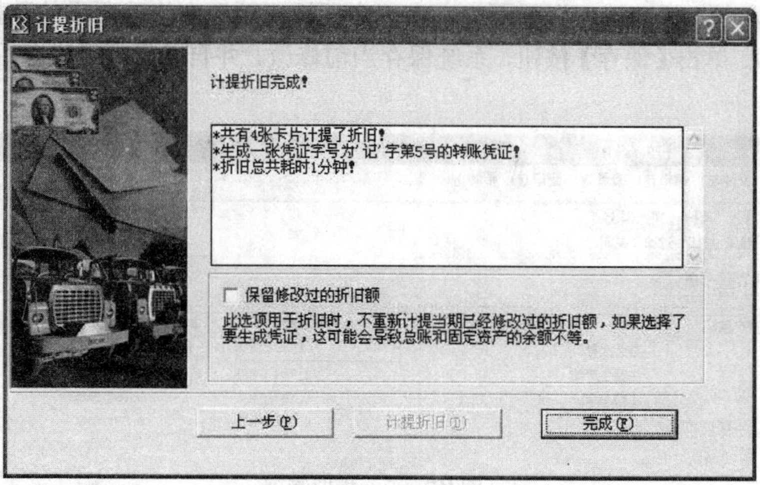

图 K6-37　计提折旧完成

（3）计提折旧生成的凭证，点击【财务会计】—【总账】—【凭证处理】—【凭证查询】，在“会计分录序时簿”中进行管理，在【凭证管理】窗口单击工具栏上“序时簿”按钮，系统进入“会计分录序时簿”，找到“计提”凭证进行相应的操作即可，如图 K6-38 所示。

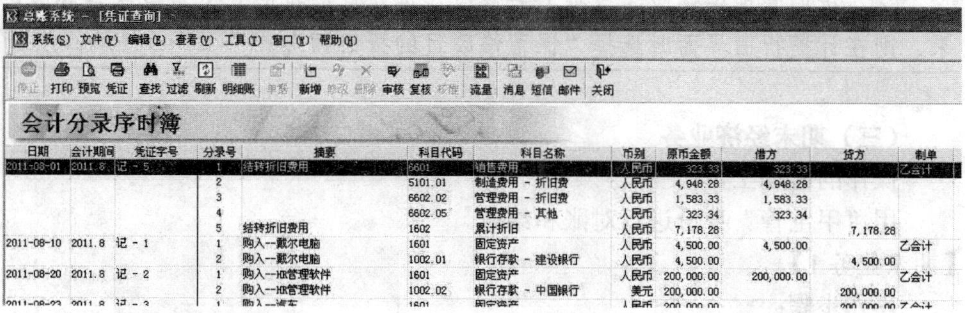

日期	会计期间	凭证字号	分录号	摘要	科目代码	科目名称	币别	原币金额	借方	贷方	制单
2011-08-01	2011.8	记 - 5	1	结转折旧费用	6601	销售费用	人民币	323.33	323.33		乙会计
			2		5101.01	制造费用 - 折旧费	人民币	4,948.28	4,948.28		
			3		6602.02	管理费用 - 折旧费	人民币	1,583.33	1,583.33		
			4		6602.05	管理费用 - 其他	人民币	323.34	323.34		
			5	结转折旧费用	1602	累计折旧	人民币	7,178.28		7,178.28	
2011-08-10	2011.8	记 - 1	1	购入--戴尔电脑	1601	固定资产	人民币	4,500.00	4,500.00		乙会计
			2	购入--戴尔电脑	1002.01	银行存款 - 建设银行	人民币	4,500.00		4,500.00	
2011-08-20	2011.8	记 - 2	1	购入--HR管理软件	1601	固定资产	人民币	200,000.00	200,000.00		乙会计
			2	购入--HR管理软件	1002.02	银行存款 - 中国银行	美元	200,000.00		200,000.00	

图 K6-38　计提折旧凭证查询

【业务 8】

操作步骤：

（1）“乙会计”身份，双击【财务会计】—【固定资产管理】—【期末处理】—【折旧管理】，系统弹出“折旧管理”窗口，单击【确定】按钮，如图 K6-39 所示。

（2）在“折旧管理”界面中，在“本期折旧额”中修改所需的数据（按案例资料），单击【保存】按钮，系统保存当前修改，并自动修改“计提折旧凭证”的数据。

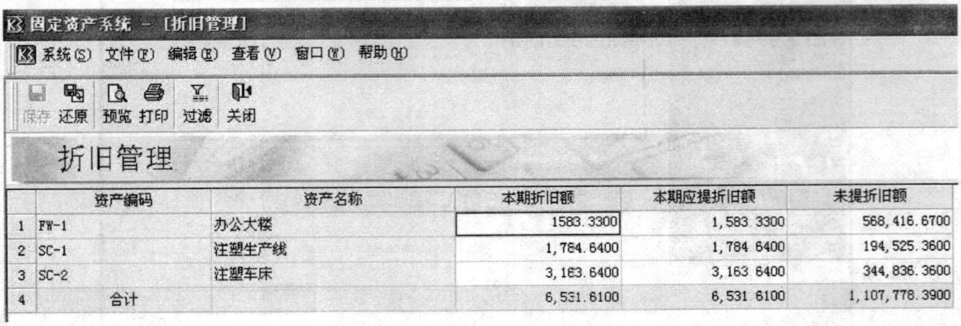

	资产编码	资产名称	本期折旧额	本期应提折旧额	未提折旧额
1	FW-1	办公大楼	1583.3300	1,583.3300	568,416.6700
2	SC-1	注塑生产线	1,784.6400	1,784.6400	194,525.3600
3	SC-2	注塑车床	3,163.6400	3,163.6400	344,836.3600
4	合计		6,531.6100	6,531.6100	1,107,778.3900

图 K6-39　折旧管理

注：①计提折旧后，若需要对本期实际折旧额进行调整，在“折旧管理”中修改“本期折旧额”即可，系统会自动修改计提折旧的凭证上的数据，但是只对本期折旧额起到修改的作用，而今后期间计提的折旧还是原折旧额。所以用户如果暂时只是修改本期应提折旧额可以在此进行，如果用户希望今后每个期间的折旧额都改变的话，还是应当进行“卡片变动处理”。

②在折旧管理中修改了数据，若修改后再次计提折旧，又希望保留修改结果，则在计提折旧界面时选择“保留修改过的折旧额”。

（三）期末经济业务

操作的前期工作

用“甲主管”身份进行对账和结账。

【期末业务 1】

操作步骤：

（1）“甲主管”身份，双击【财务会计】—【固定资产管理】—【统计报表】—【资产清单】，系统弹出“固定资产清单—方案设置”窗口，首先要进行报表方案的维护，报表方案有三个插页，并可以保存为固定的方案，以备今后使用。

（2）设置过滤条件后，单击【确定】按钮，即可进入到【资产清单】，查看企业的资产情况，如图 K6-40 所示。

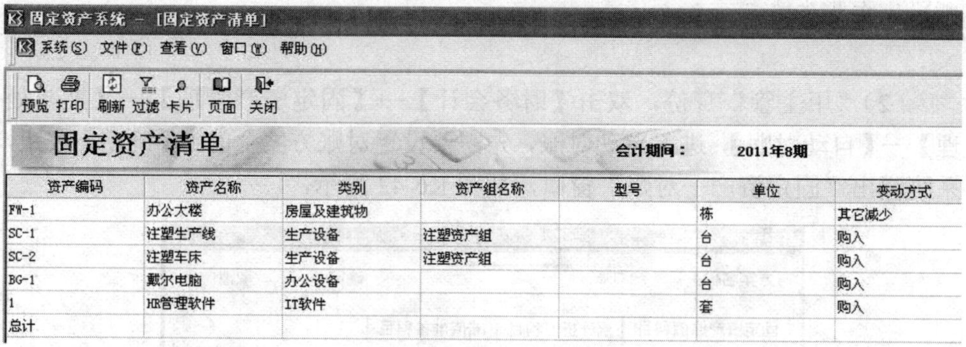

图 K6–40 资产清单

注：①过滤条件可按资产组名称过滤。

②固定资产清单—方案设置，有三个插页：基本条件；报表项目；过滤条件。

③通过资产清单，还可以查询具体资产的卡片内容。在报表上选择一个资产，单击【卡片】可以查看这项资产的卡片信息。

【期末业务 2】

操作步骤：

（1）在自动对账时，先以“甲主管”身份进行凭证审核和记账。双击【财务会计】—【固定资产管理】—【业务处理】—【凭证管理】，在弹出的“凭证管理”窗口中，选中要审核的卡片记录，单击菜单【编辑】—【审核】进行审核。如图 K6-41 所示。

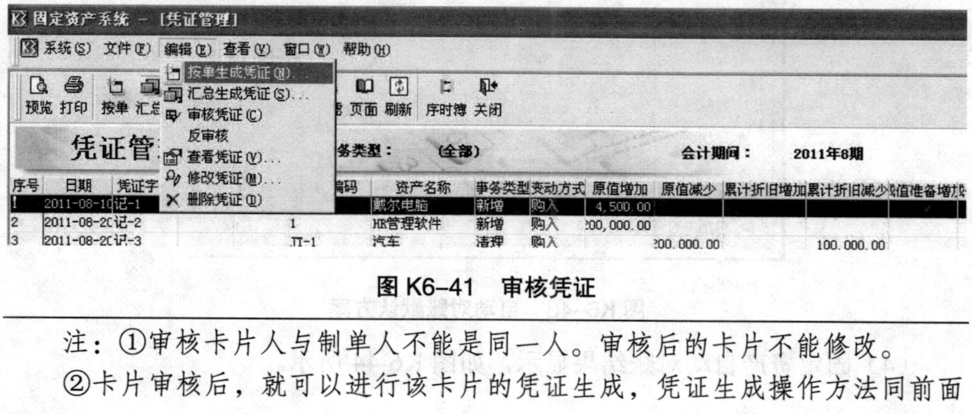

图 K6–41 审核凭证

注：①审核卡片人与制单人不能是同一人。审核后的卡片不能修改。

②卡片审核后，就可以进行该卡片的凭证生成，凭证生成操作方法同前面

所述，在此省略。

（2）“甲主管”身份，双击【财务会计】—【固定资产管理】—【期末处理】—【自动对账】，进入自动对账，先需要设置对账方案，单击【确定】按钮，系统弹出“固定资产—对账”窗口，如图 K6-42 所示。

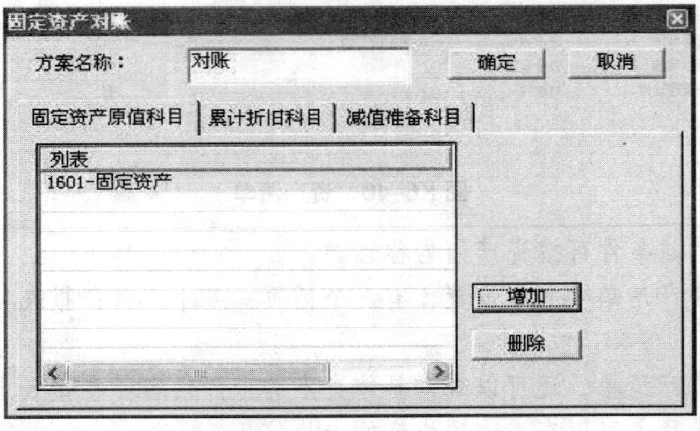

图 K6-42　对账方案设置

（3）在“固定资产—对账”窗口，可以设置“固定资产原值科目”、“累计折旧科目”、“减值准备科目”，科目设置完成后，录入方案名称并单击【确定】按钮，进行方案保存，如图 K6-43 所示。

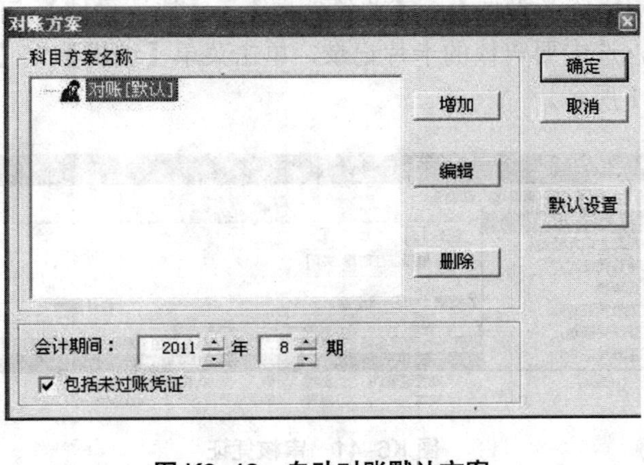

图 K6-43　自动对账默认方案

（4）固定资产自动对账结果显示，如图 K6-44 所示。

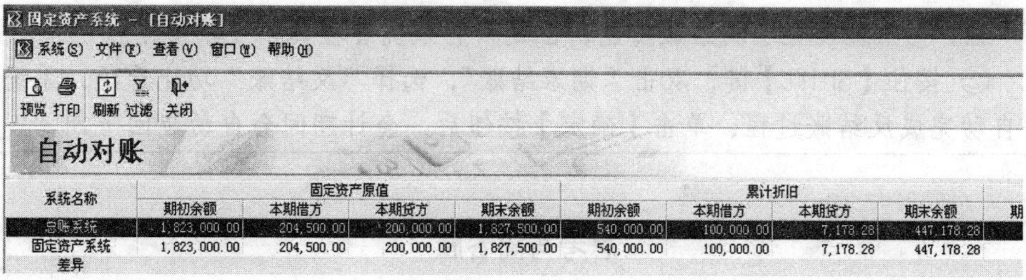

图 K6-44 自动对账结果

注：①若固定资产系统与总账系统联用，建议选择系统参数“期末结账前先进行自动对账”，在与总账核对无误后，再结账，以保证两个系统数据的一致性。

②如果对账平衡了才可以进行结账处理。否则系统会给予提示并不允许结账。

③如果对账不平衡，用户可以对两系统数据进行检查，找出错误及时更正。

（5）“甲主管”身份，双击【财务会计】—【固定资产管理】—【期末处理】—【期末结账】，系统弹出“期末结账”窗口，单击【开始】按钮，系统检测本期工作符合结账条件后，弹出“结账成功”提示窗口，单击【确定】按钮，结束“期末结账”工作，如图 K6-45 所示。

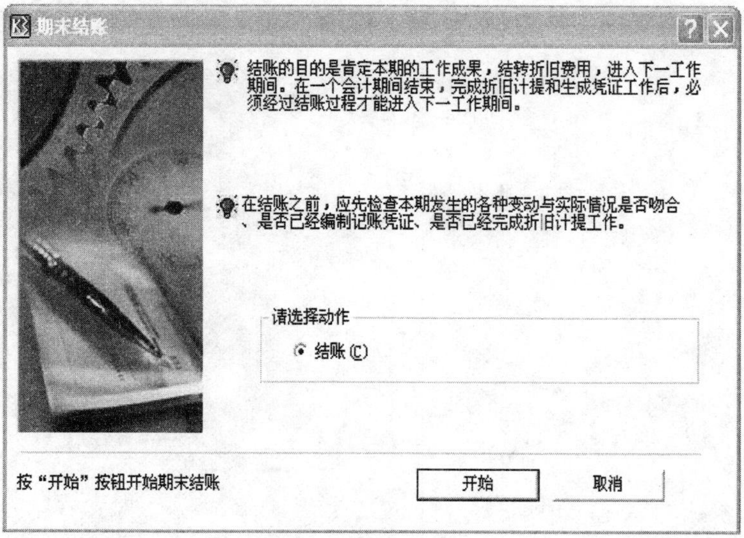

图 K6-45 自动对账结果

注：①系统设置了反结账功能，但是只有系统管理员才可以操作。

② 按住【Shift】键，双击“期末结账”，选择“反结账”功能选项，系统会自动完成反结账过程，单击【确定】按钮后，会计期间会自动装回上期。

思考与简答题

1. 固定资产子系统的概念是什么？
2. 简述固定资产子系统的主要功能。
3. 简述固定资产子系统与其他子系统的关系。
4. 固定资产子系统初始化的主要内容有哪些？
5. 简述固定资产子系统日常业务。
6. 简述固定资产子系统期末业务。
7. 简述用友 U8.52 软件固定资产子系统的基本操作流程。
8. 简述金蝶 K/3 软件固定资产子系统的基本操作流程。

第七章　工资管理子系统

【知识目标】了解工资管理子系统的概念、主要功能；了解工资管理子系统基本操作流程；理解工资管理子系统与其他子系统的关系；了解工资管理子系统初始化的意义。

【技能目标】掌握工资管理子系统账套建立初始化设置，掌握工资管理子系统日常业务处理，学会使用在工资管理子系统中进行各种信息查询的方法。

第一节　工资管理子系统概述

一、工资管理子系统概念

工资管理子系统是进行工资计算和工资分配的人事工资管理软件，有利于对工资发放的统一、有效管理，是会计信息系统不可缺少的组成部分。工资结算是指应付工资、代扣款项和实发工资的计算；工资分配是指按部门、类别进行工资汇总，并按工资的用途对工资进行分配；工资核算是工资管理的重要内容。工资管理是企业管理的一个重要环节，是现代企业管理者的需求。

工资管理系统的主要任务是通过工资费用的计算和分配，为成本核算与账务处理提供依据，并且根据工资制度和职工劳动数量与质量，计算并发放应该支付给职工的工资。工资是企业按劳动制度的规定支付给职工的劳动报酬，包括基本工资、奖金及各种津贴。工资核算与管理正确与否关系到企业每一个职工的利益，对于调动每一个职工的工作积极性、正确处理企业与职工之间的经济关系具有重要意义。

二、工资管理子系统主要功能

工资管理子系统主要功能包括系统初始化、工资数据输入、工资数据处理、凭证处理、期末处理、工资报表输出。

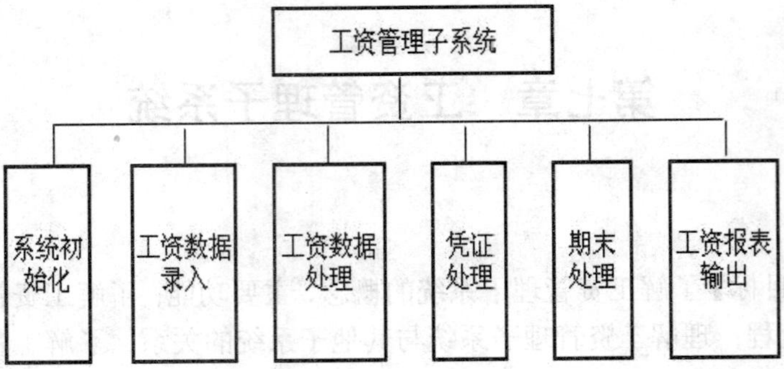

图 7–1 工资管理子系统主要功能结构图

1. 系统初始化

系统初始化是设置工资管理子系统必不可少的各种系统参数、基础档案和初始数据。将通用的工资系统变成适合本企业核算与管理要求的工资管理系统，工资管理系统初始化的设置质量，将直接影响工资管理子系统的正常使用。

2. 工资数据输入

工资数据输入是指在系统初始化时一次性地录入工资的基本数据和变动数据。工资的基本数据是指职工的基本工资、岗位津贴等数据，这些数据每月基本不变，一般无需修改；工资的变动数据是指每月都发生变化的数据，比如考勤、病事假扣款、加班费等变动数据。

3. 工资数据处理

工资数据处理主要包括工资项目公式的计算、扣零处理、代扣个人所得税的处理，对工资数据进行分摊、扣税、计提福利费等处理，编制工资费用分配表、个人所得税申报表、职工福利费计提表，委托银行代发工资等工作。工资数据处理与总账子系统、成本子系统之间存在数据传递关系。

4. 凭证处理

凭证处理是根据用户输入的业务数据生成记账凭证并自动传递到总账子系统。记账凭证模板的设置，一般通过设置工资分摊类型来完成。工资费用分摊的结果可以直接生成凭证传递到总账子系统，以免在总账子系统中重复制单。

5. 期末处理

工资管理子系统期末处理主要是期末结转、账表查询，每月工资业务处理完毕，都要进行期末账表查询与结转工作。

6. 工资报表输出

工资报表输出是指工资管理子系统数据核算工作完成后，用户根据需要输出自己的工资报表，如工资发放表、工资汇总表、银行所需用的代发文件表等。通过这些报表，可以全面掌握企业工资总额、分部门水平构成、人员工龄、年龄结构等，为制定合理的工资管理体系提供详细的报表。

三、工资管理子系统基本操作流程

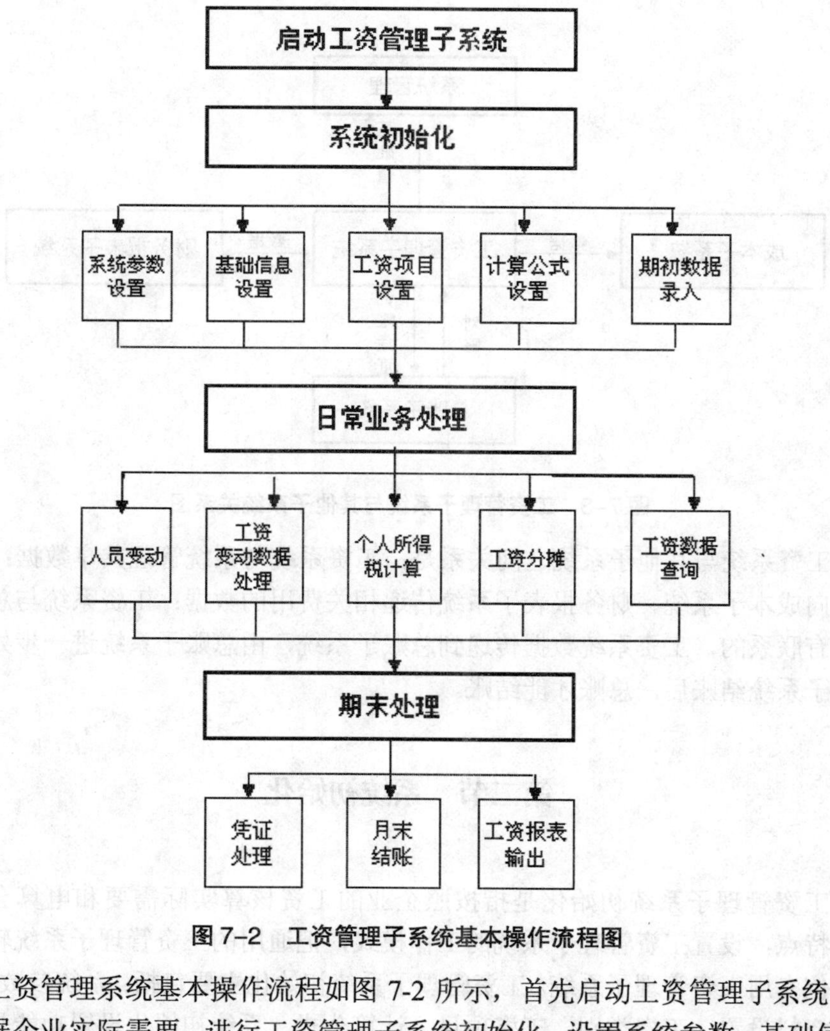

图 7–2　工资管理子系统基本操作流程图

工资管理系统基本操作流程如图 7-2 所示，首先启动工资管理子系统，然后根据企业实际需要，进行工资管理子系统初始化，设置系统参数、基础信息、工资类别、工资项目、计算公式、期初数据录入。系统初始化完成后，进行日常业务处理，将工资的基本数据与变动数据，如：考勤、加班、工时等记录交财务部门审核后录入工资子系统，计算职工的实发工资、编制工资结算单及各种工资汇总表，据以完成工资的发放工作。月末对工资数据进行分摊后，将相关数据传递到总账和成本子系统进一步地处理。最后用户根据需要输出自己的工资报表。

四、工资管理子系统与其他子系统的关系

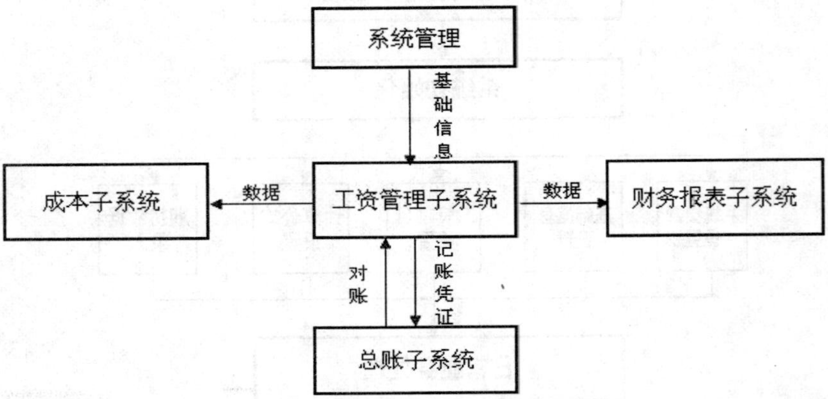

图 7–3 工资管理子系统与其他子系统关系图

工资系统与其他子系统之间关系是：工资系统与系统管理共享数据；工资系统向成本子系统、财务报表子系统传递相关费用的数据；工资系统与总账系统是有联系的，工资系统数据传递到总账子系统，由总账子系统进一步处理，工资子系统结账后，总账才能结账。

第二节 系统初始化

工资管理子系统初始化是指按照企业的工资核算实际需要和电算会计的工作特点，设置工资管理子系统的工作模式，把通用的工资管理子系统转化为本单位专用工资管理子系统。工资管理子系统初始化主要包括：系统参数设置、基础资料设置、工资类别、工资项目、计算公式。系统初始化设置功能是整个

工资管理系统的核心，系统初始化设置的正确与否，将直接影响工资管理系统的正常使用。

一、系统参数设置

系统参数设置是指保证工资管理子系统可以正常使用所需要的最低系统要求，工资管理子系统系统参数设置主要包括：工资账套建立、工资类别的设置、个人所得税的设置、扣零处理的设置、人员编码长度的设置等，用以规定如何使用工资管理子系统，使工资管理子系统的功能与控制适合企业的实际需要。

工资账套建立是整个工资管理正常运行的基础，启用工资管理系统前，企业应结合实际情况，设计一个完整可靠又行之有效的工资账套。

工资类别设置是对于不同工资发放日期、不同工资核算方法、不同类别人员或不同机构、不同部门的人员可分工资类别进行工资核算及发放的管理，以灵活适应企业工资核算及发放业务。

个人所得税的设置是企业对个人所得税进行代扣代缴的业务处理。

扣零设置是对发放工资的零头进行特殊的处理，如对于一些尾数，几角几分或几元，在发放时十分不方便，因此需要将零头进行累积达到一定数目后再发放。

人员编码长度设置是指按系统要求每个员工必须有一个编号，且编号必须唯一，设置好后是无法改变的。人员编码长度的确定应结合企业员工人数而定。

二、基础资料设置

建立工资账套后，要对整个系统运行进行所需的一些基础信息进行设置，主要包括设置部门、设置人员类别、设置人员档案、设置银行名称等基础资料。

设置部门是设置人员工资信息的基础，以便按部门核算各类人员工资，提供核算资料。部门档案与其他系统是共享的，如果部门档案已在总账系统的基础设置中进行，所需的部门数据已有，可以直接调用，如果总账系统中未设置，则可在工资管理子系统中进行设置。

设置人员类别是企业为了汇总计算不同类别人员的工资，也方便定义工资分摊的转账凭证。工资是成本的重要部分，从账务处理的角度，不同性质人员的工资费用应分别计入不同的账户，如生产人员的工资应计入“生产成本”；厂部管理人员的工资应计入“管理费用”。

设置人员档案是指将员工姓名、职工代码、所在部门、人员类别等信息录入到系统中，以便于工资的正常计算、汇总、分配、统计、处理员工的增减变动等，方便企业对人员进行更有效的管理。

设置银行名称是指企业发放工资采用银行代发形式时，必须设置银行代发名称与账号长度，以便正确地完成银行代发工资的工作。银行名称设置中可以设置多个发放工资银行，以满足不同的需要。

三、工资项目设置

工资项目设置是指企业按照工资制度的规定进行职工工资构成项目的设置，是职工工资的组成项目，可以根据用户的需要自由设置，主要包括工资固定项目、工资变动项目、工资计算项目，工资项目设置本质上是设置存放工资数据的数据库结构。

工资固定项目是数据长期不变，如“基本工资”、“岗位工资”等；工资变动项目是数据每月变动，如“加班费”、“奖金”等；工资计算项目是由设置的相应计算公式计算得出，如“应发工资”、“实发工资”、“个人所得税”等。

四、工资公式设置

计算公式设置是定义各工资项目的计算公式及工资项目之间的运算关系。在工资项目中，许多项目与其他项目有着密切的关系，为了实现计算机自动计算，减轻会计人员的计算工作量，可以根据企业实际计算方法定义有关的计算公式。计算公式一般由常数、工资项目、函数及四则运算符号组成。如“应发工资=基本工资+奖金”、“实发工资=应发工资-所得税-养老保险”等。

工资项目的计算公式设置要符合逻辑，系统将对公式进行合法性检查。定义公式时要注意先后顺序，工资项目计算公式的顺序决定系统执行工资计算的先后顺序，因此先得到的数应先设置公式。有些系统自动确定应发合计、扣款合计、实发合计的计算公式。其中，自动按各个增项之和计算应发工资，按各个减项之和计算扣款合计，按应发工资减去扣款合计的金额计算实发工资。

五、期初数据录入

期初数据录入是指第一次使用工资系统时，需要将所有人员的固定不变数据录入计算机中，如“职工代码”、“姓名”、“基本工资”、“岗位工资”、“职称工资”、“固定补贴”等，这些数据在一定时间内基本不变，系统投入使用时一次输入、长期使用，只在提薪、晋级时才进行部分修改。

期初数据是工资管理系统中的原始数据，它的正确性直接影响到以后数据的计算结果。每个职工的这些基本工资数据形成了工资子系统数据处理的基础，在以后使用中，只需对个别变动性的工资项目进行调整，即可自动生成当月的工资数据。

第三节　日常业务处理

工资日常业务处理主要是对职工工资数据进行计算和管理，按照计算数据发放工资以及进行凭证填制等账务处理，工资日常核算业务的重点是及时根据职工人员变动对人员档案进行调整，根据工资分配政策的变化及时进行工资数据的准确计算，在此基础上利用系统报表功能对工资分配进行报表分析，为企业制定和调整分配政策提供参考。日常业务处理主要包括：人员变动管理、工资数据管理、个人所得税计算、工资分摊、工资数据查询等。

一、人员变动

人员变动管理是指在日常工资业务核算中对人员的增加、减少等情况的调整，以及对人员档案信息的添加、修改或删除等。企业在日常经营中，时常会发生人员的调出、调入、调转，或由于某些原因停发工资的情况，在日常工资核算业务处理中，首先要对发生的人员变动及时进行调整与管理。

二、工资变动数据处理

工资变动数据处理是指在日常工资业务核算中对员工工资数据的增加、减少等情况的调整。职工调入、调出本单位时，其基本工资数据可以输入或删除。职工在单位内部不同部门间进行调动时可以通过修改职工所在部门直接实现调动。

发生工资变动后，应重新进行计算和汇总，以便工资管理子系统按照定义好的工资项目及计算公式计算职工的应发工资、各项扣款合计及实发工资等项目，并根据所属部门、人员类别等条件自动汇总生成新的工资数据表。

三、个人所得税计算

个人所得税计算是根据《中华人民共和国个人所得税》对个人征收的一种税，每月末会计人员要对超过扣除金额的部门进行计算纳税申报，工作量较大而且繁琐。计算机方式下，个人所得税自动计算功能大大减轻了个人工薪所得税的计算工作量，从而提高了工作效率。

系统提供了个人所得税申报标准栏目，如姓名、所得项目、所得期间、应纳税所得额、税率等可以根据实际需要选择设置。系统自动计算所得税的依据是根据收入减扣除费用，乘以税率计算得出，如果单位的扣除费用及税率与国家规定不一致，或者国家税收政策发生变动时，可以执行“税率表”功能进行修改。个人所得税申报表显示栏目和税率确定以后，系统自动重新计算个人工薪所得税。

四、工资分摊

工资发放完成之后，会计人员还需要对各个职能部门的工资数据进行分摊计提应付工资、职工教育经费、住房公积金、社会保险金等费用。第一次进行工资分摊之前，应当设置分摊类型，包括分摊类型的名称、计提基数、计提比例、会计分录等内容，系统将据此自动计算各部门每一项费用的计提金额。

工资是费用中人工费最主要的部分，需要对工资费用进行工资总额的计提计算，分配及各种经费的计提，并编制转账会计凭证，供记账处理之用。

五、凭证处理

凭证处理是指工资发放完毕后，需要将工资分摊到相应的成本、费用中，系统根据用户预先定义的分录公式生成自动转账凭证传递到总账系统，实现与总账子系统的数据传递，也可以作为成本子系统的数据来源。

工资管理子系统生成的凭证需要在总账子系统中进行复核、记账。如果生成的凭证有错误，为了保证工资管理子系统与总账子系统数据的一致性，不能直接在总账子系统中进行修改或删除，而是要在生成该凭证的系统中根据情况进行相应的处理。如果生成的凭证在总账子系统中未复核，可以在工资子系统中直接删除凭证，如果该凭证已在总账子系统中已复核但未记账，可以在总账子系统中取消复核，然后在工资子系统中删除该凭证；如果该凭证已在总账子系统中记账，则需要在工资子系统中对该凭证进行红字冲销。

第四节　期末业务处理

一、工资报表查询

工资管理子系统的数据查询主要包括工资分钱清单、工资表、工资统计分析表。工资分钱清单是根据企业计算的实发工资发放分钱票面额的清单，针对以现金形式发放工资的企业，出纳人员根据此表可以从银行提款并准确轻松地发放给各部门、各人员；工资表是指用于薪金管理所需要的基本信息，主要包括工资发放签名表、工资发放条、工资、部门工资汇总表、人员类别工资汇总表等；工资统计分析表是以工资数据为基础，对部门、人员类别的工资数据进行分析和比较，产生各种分析结果，供决策人员使用。

二、月末结账

工资管理子系统月末结账是指当本月工资相关业务全部处理完成后所进行的月末结转工作。月末结转是将当月数据经过处理后结转至下一个月，每月工资数据处理完毕后均可进行月末结转，系统中若存在多个工资类别则应分别进行月末结转。

在工资项目中有些是变动项目，即每月数据均不相同，因此在进行每月工资处理时需将其数据清为零，再输入当月数据，而其他固定不变的项目则继承以前月份的数据。系统进行月末处理后当月数据将不允许修改。

三、工资报表输出

工资报表输出是指根据用户的需要输出自己的工资报表。工资报表主要包括工资表、工资分析表两大类。工资表主要包括工资条、工资发放表、工资汇总表，一般用于薪金管理所需要的信息。工资分析表是以工资数据为基础，对部门、人员类别的工资数据进行比较分析产生的，供管理人员决策使用。

工资条是员工所在单位定期给员工反映工资的纸条，一般包括工号、职工姓名、基本工资、职务工资、福利费、住房基金、应发工资、个人所得税和实发工资等内容。工资发放表是单位发放员工的工资金额表。工资汇总表是汇总反映企业、单位月份职工类别、应付和实发工资的表格。

用户可以选择要输出的工资报表等内容，并对报表中输出的项目进行设定，如果用户不选取系统默认的“精确到小数点后两位”选项，则在输出报表时会以整数来计算显示金额数字。在输出工资报表时，为了保证数据的准确性，可以执行重算工资功能。

第五节　本章实验操作

用友 yonyou 一、用友 U8 软件应用操作

实验一　工资管理子系统及操作指导

Ⅰ. 工资管理子系统

【实验目的】

理解用友 ERP-U8 工资管理系统与总账系统之间的关系，熟悉工资管理系统的主要功能及流程，理解和掌握工资管理系统初始化、日常业务处理、月末处理的操作。

【实验内容】

1. 系统参数设置。
2. 基础数据设置。
3. 初始数据录入。
4. 日常业务处理。
5. 月末处理。

【实验要求】

1. 以"李一"的身份进行系统初始化、日常业务处理、月末处理。
2. 以"苏三"的身份进行日常业务凭证生成。

【实验准备】

1. 恢复"实验二"数据（即以系统管理员 admin 的身份注册进入"系统管理"，执行"账套"—"引入"—"引入账套数据"对话框，恢复账套数据）。

2. 根据案例资料，检查总账系统和工资管理系统是否启动，启动日期是否为"2014 年 6 月 1 日"，如果不是，就调整为该时间。

【实验资料】

（一）系统初始化资料（未给的信息保持系统默认值）

1. 业务控制参数设置

工资个别数；单个；核算币种：人民币（RMB）；实行代扣个人所得税，不进行扣零处理；人员编码长度：3 位。

2. 人员类别设置

管理人员、生产人员、供销人员。

3. 人员档案信息

全部人员均为中方人员，计税，通过工商银行代发工资。

职员编号	职员名称	所属部门	职员属性	银行账号
001	李万成	办公室	管理人员	20140600001
002	李一	财务部	管理人员	20140600002
003	张二	财务部	管理人员	20140600003
004	苏三	财务部	管理人员	20140600004
005	金松	销售部	供销人员	20140600005
006	王五	销售部	供销人员	20140600006
007	赵四	采购部	供销人员	20140600007
008	孙健	产品研发	生产人员	20140600008
009	周怀芯	产品研发	生产人员	20140600009
010	李彤	制造车间	生产人员	20140600010
011	董丝丝	制造车间	生产人员	20140600011

4. 工资项目设置

项目名称	类型	长度	小数位数	工资增减项
基本工资	数字	10	2	增项
岗位工资	数字	10	2	增项
应发合计	数字	10	2	增项
事假扣款	数字	8	2	减项
代扣税	数字	10	2	减项
社会保险费	数字	8	2	减项
住房公积金	数字	8	2	减项
扣款合计	数字	10	2	减项
实发合计	数字	10	2	增项
事假天数	数字	8		其他

5. 计算公式设置

事假扣款：事假天数*100

社会保险费：（基本工资+岗位工资）*0.15

住房公积金：（基本工资+岗位工资）*0.10

6. 基本工资设置

职员编号	职员名称	所属部门	基本工资	岗位工资
001	李万成	办公室	8 000	2 000
002	李一	财务部	6 000	1 000
003	张二	财务部	5 000	500
004	苏三	财务部	4 000	400

续表

职员编号	职员名称	所 属 部 门	基本工资	岗位工资
005	金松	销售部	5 500	500
006	王五	销售部	5 000	400
007	赵四	采购部	5 500	500
008	孙健	产品研发	5 300	500
009	周怀芯	产品研发	4 000	300
010	李彤	制造车间	5 200	500
011	董丝丝	制造车间	4 000	300

7. 代扣个人所得税设置

所得税项目为：工资；对应工资科目：实发合计。

计税基数为 3 500 元，附加费默认。

8. 工资分摊设置

部门	工资分摊	工资总额（100%）		社会保险费（15%）		住房公积金（10%）	
		借方	贷方	借方	贷方	借方	贷方
办公室 财务部	管理人员	660 201	2 211	660 202	2 211	660 202	2 211
采购部	供销人员	660 201	2 211	660 202	2 211	660 202	2 211
产品研发 制造车间	生产人员	500 102	2 211	500 102	2 211	500 102	2 211
销售部	供销人员	6 601	2 211	6 601	2 211	6 601	2 211

（二）日常业务处理

1. 6 月 19 日，财务部张二请事假 1 天，销售部王五请事假 2 天。

2. 6 月 20 日，因工作需要，公司决定招聘李白（编号 012）到采购部担任供销人员，其基本工资 4 000 元，无奖励工资，代发工资银行账号为 20140600012。

3. 6 月 23 日，公司销售部推销产品的业绩比较好，每人在基本工资中，增加奖励工资 200 元。

4. 6 月 25 日，按 100%计提应付工资；按 15%计提社会保险费；按 10%计提住房公积金。

（三）期末业务处理

1. 查询凭证。

2. 工资发放签名表。

3. 期末结账。

Ⅱ. 工资管理子系统操作指导

（一）初始化资料（未给的信息保持系统默认值）

操作的前期工作

以“甲主管”身份登陆账套，点击【开始】—【程序】—【用友 ERP-U8】—【企业门户】命令，打开【登陆】对话框，输入操作日期为“2014-6-1”。在“设置”页面中，点击【基本信息】—【系统启用】，选择“工资管理”，日期“2014-6-1”，系统自动弹出提示框，点击【是】按钮。启用 “工资管理”子系统，如图 U7-01 所示。

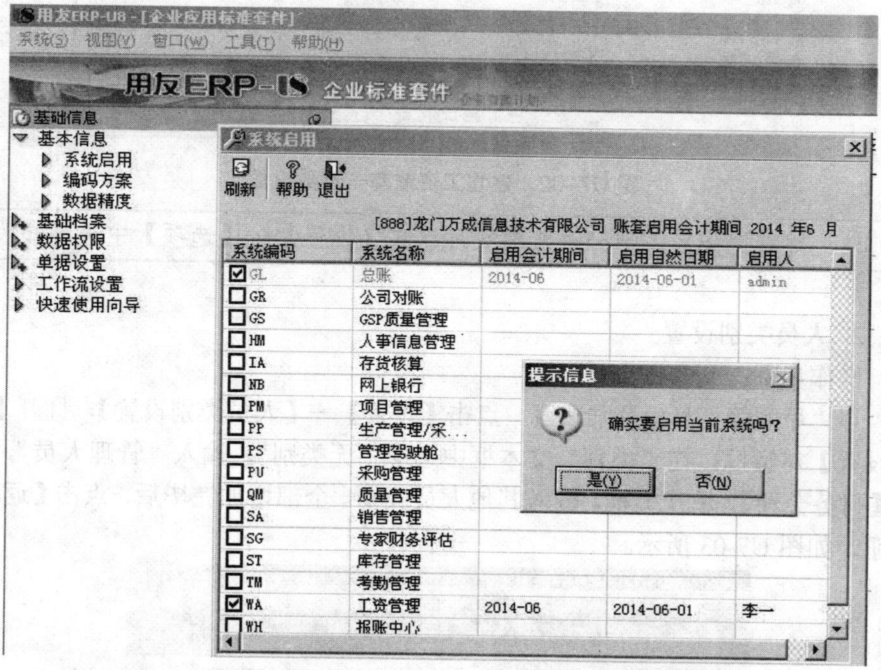

图 U7–01　启用工资管理

1. 业务控制参数设置

操作步骤：

启动工资管理系统后，以“甲主管”身份进行系统初始化，在建账第一步“参数设置”中，根据案例资料提供的信息，选择工资类别个数为“单个”，币别“人民币”；点击【下一步】按钮，选择“代扣个人所得税”，点击【下一步】按钮，不选择“扣零”，点击【下一步】按钮；选择“人员编码长度”为“3”，点击【完成】按钮，如图 U7-02 所示。

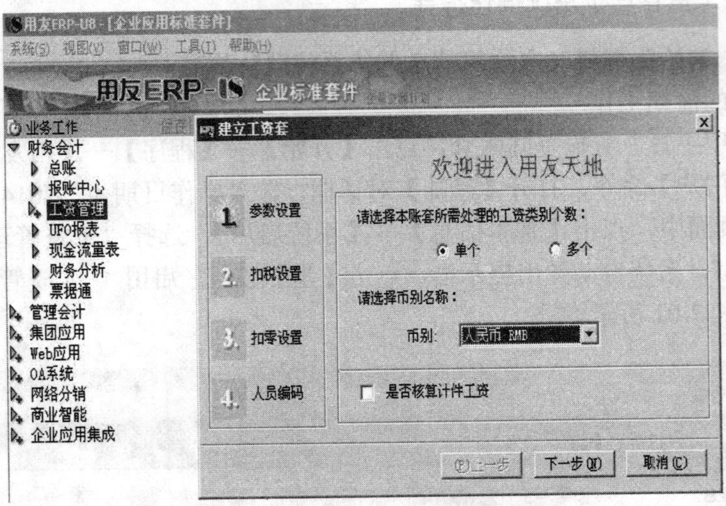

图 U7–02　建立工资账套—参数设置

注：建账完毕后，部分建账参数可以在【设置】—【选项】中进行修改。

---

2. 人员类别设置

操作步骤：

以“甲主管”身份登陆账套，点击【设置】—【人员类别设置】，打开【类别设置】对话框。在“类别”文本框中选中“无类别”，输入“管理人员”，点击【财务会计】，依次类推，输入其他人员类别。全部增加完毕后，点击【返回】按钮，如图 U7-03 所示。

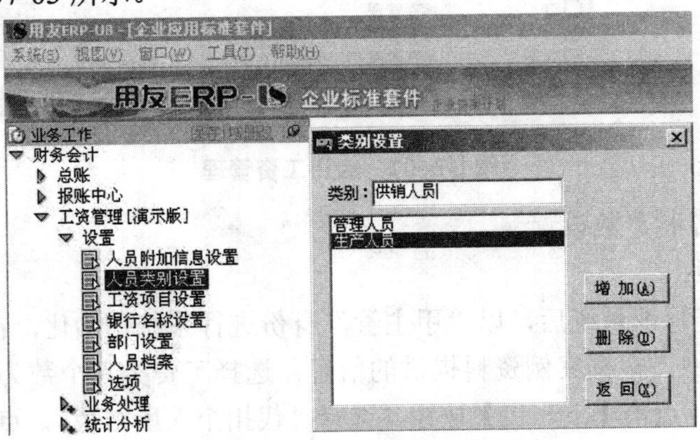

图 U7–03　人员类别设置

3. 人员档案信息

操作步骤：

以“甲主管”身份登陆账套，点击【设置】—【人员档案】，单击工具栏中的【增加】按钮，打开【人员档案】对话框，在“基本信息”选项卡中，按照案例资料提供的信息，将人员编号、人员姓名、部门名称人员类别、银行账号等信息进行录入，点击【确认】按钮。依次类推录入所有人员档案，最后单击工具栏中的【确认】按钮，如图 U7-04 所示。

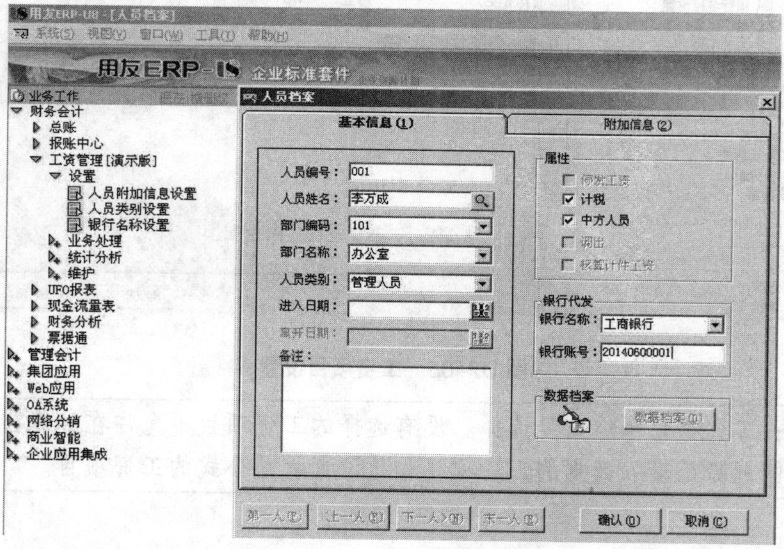

图 U7–04　人员档案设置

4. 工资项目设置

操作步骤：

以“甲主管”身份登陆账套，点击【设置】—【工资项目设置】，打开“工资项目设置”对话框，选择“工资项目设置”选项卡，点击【增加】按钮，工资项目列表中增加“一空行”，点击【名称参照】下拉列表框，从下拉列表中选择“基本工资”选项，工资项目名称、类型、长度、小数、增减项都自动带出，不能修改。点击【增加】按钮，增加其他工资项目。所有项目增加完成后，利用“工资项目设置”界面上的“上移”和“下移”箭头，按照案例实验资料所给顺序调整工资项目的排列位置，如图 U7-05 所示。

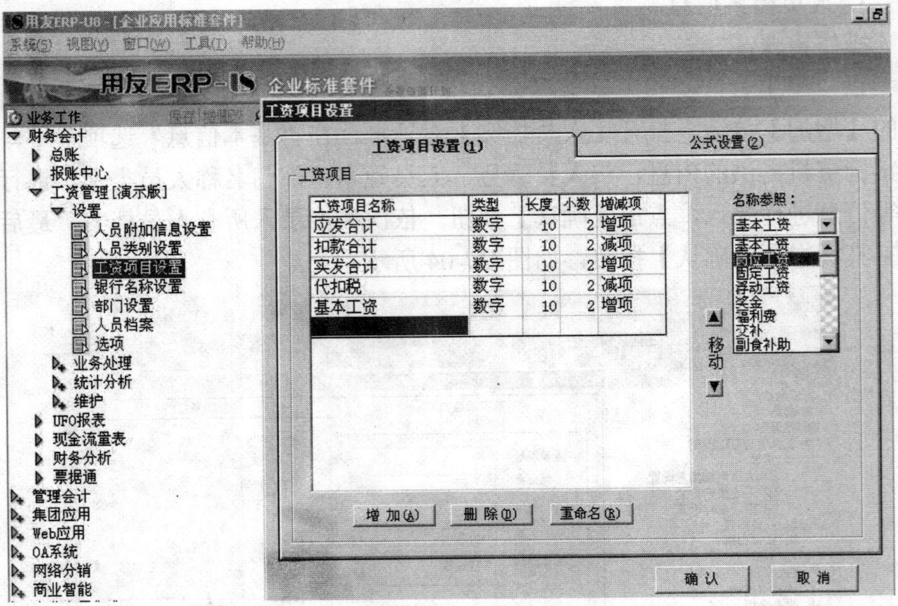

图 U7–05　工资项目设置

注：工资项目不能重复选择。没有选择的工资项目不允许在计算公式中出现。不能删除已输入数据的工资项目和已设置就是公式的工资项目。

---

5. 计算公式设置

操作步骤：

（1）在工资管理系统，以“甲主管”身份，点击【设置】—【工资项目设置】，打开“公式设置”选项卡，点击【增加】按钮，在工资项目列表中增加一个空行，单击下拉列表框，选择“社会保险费”选项。

（2）单击“公式定义”文本框，选择运算符“(”，单击工资项目列表中的“基本工资”，运算符“+”，再选择“岗位工资”，运算符“)”、“*”后，输入数字“0.15”，点击【公式确认】按钮，依次类推设置其他公式，如图 U7-06 所示。

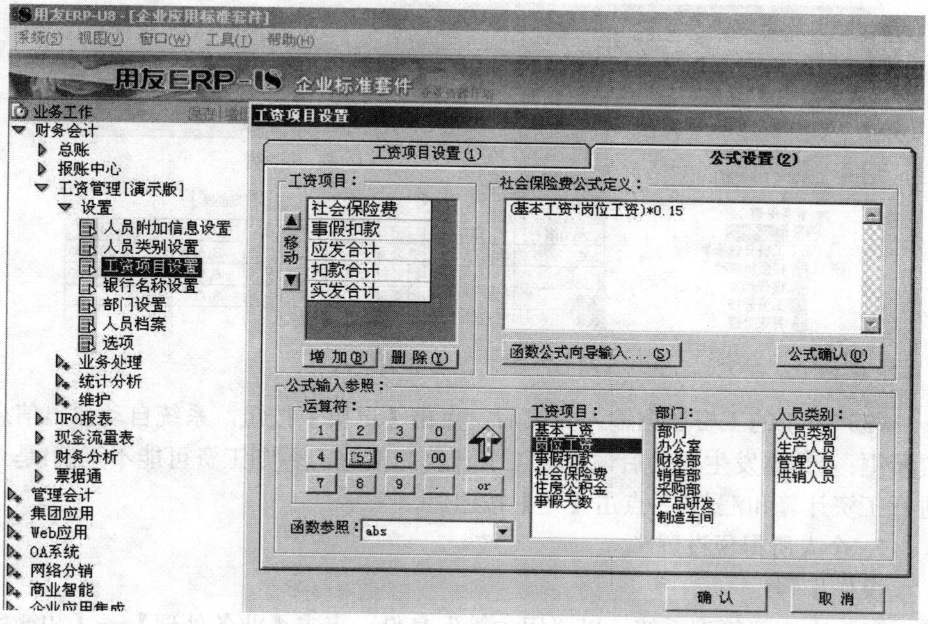

图 U7–06　工资项目设置（公式设置）

注：工资项目不能重复选择。没有选择的工资项目不允许在计算公式中出现。不能删除已输入数据的工资项目和已设置就是公式的工资项目。

6. 基本工资录入

操作步骤：

（1）在工资管理系统，以“甲主管”身份，点击【业务处理】—【工资变动】，进入“工资变动”窗口，点击“过滤器”下拉列表框，选择“过滤设置”，打开“项目过滤”对话框。

（2）点击工资项目列表中的“基本工资”、“岗位工资”，单击“>”按钮，进入“已选项目”列表中，点击【确认】按钮，返回“工资变动”窗口，输入员工的工资数据，如图 U7-07 所示。

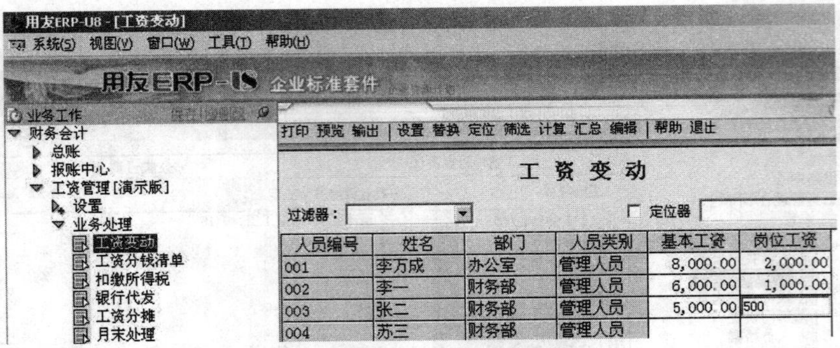

图 U7–07　工资数据录入

（3）员工的工资数据输入完成后，点击【退出】按钮，系统自动弹出信息提示框："数据发生变动后请进行工资计算和汇总，否则工资可能不正确!是否进行工资计算和汇总?" 点击【是】按钮。

7. 个人所得税设置

操作步骤：

（1）在工资管理系统，以"甲主管"身份，点击【业务处理】—【扣缴所得税】，打开"栏目选择"对话框。默认各项设置，点击【确认】按钮，点击工具栏中的"税率"按钮，修改所得税纳税基数为"3500"，如图 U7-08 所示。

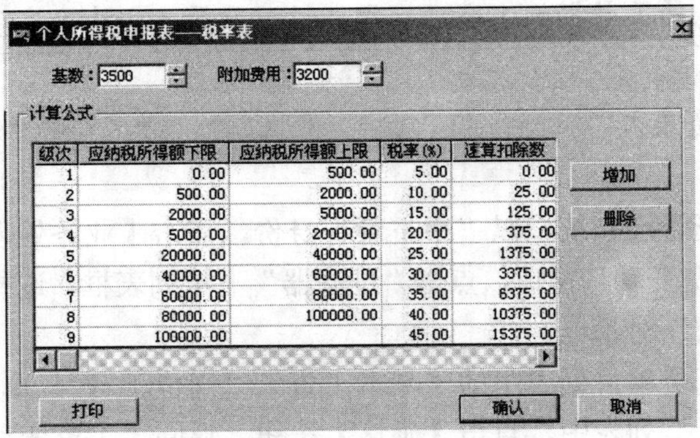

图 U7–08　个人所得税扣缴设置

（2）在"个人所得税扣缴申报表"窗口中，点击【确认】按钮返回，系统自动弹出个人所得税设置窗口，提示："调整税率表后的个人所得税，需重新计算，是否重新计算个人所得税？" 点击【是】按钮。

8．工资分摊设置

在工资管理系统，以"甲主管"身份，点击【业务处理】—【工资分摊】—

【工资分摊设置】，打开“分摊类型设置”对话框，点击【增加】，打开“分摊计提比例设置”对话框，输入计提类型名称“应付工资”；点击【下一步】按钮，打开“分摊构成设置”对话框，按照案例实验资料进行工资总额（100%）、社会保险费（15%）、住房公积金（10%）的设置，如图 U7-09 所示。

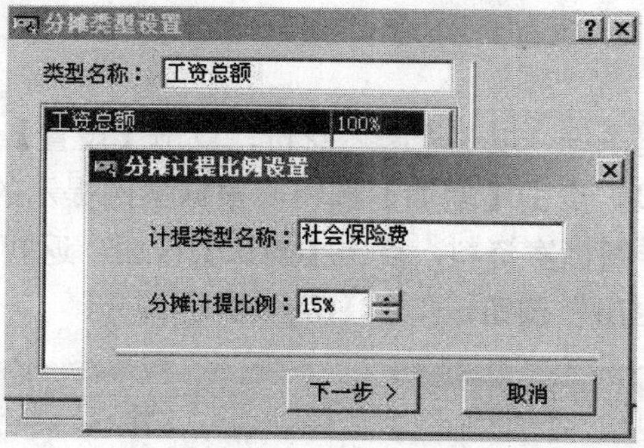

图 U7-09 工资分摊设置

（二）日常业务处理

操作的前期工作

以“李一”身份进行日常业务处理。以“苏三”的身份进行凭证生成。

【业务 1】

操作步骤：

（1）在工资管理系统，以“李一”身份，点击【业务处理】—【工资变动】，进入“工资变动”窗口，在考勤栏中直接输入：财务部张二请假 1 天，销售部王五请假 2 天，如图 U7-10 所示。

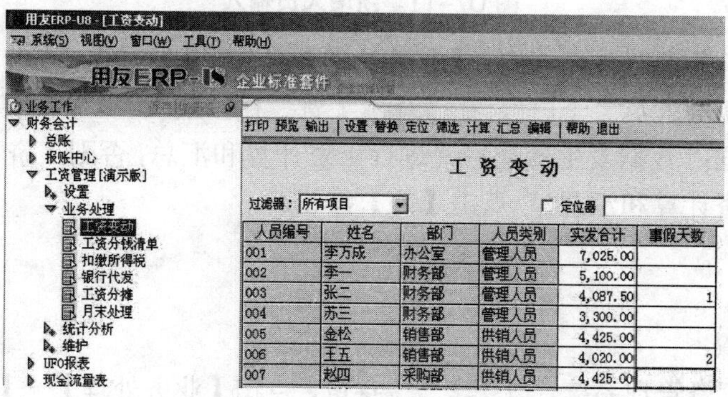

图 U7-10 请假天数输入

（2）将请假天数输入完成后，系统自动弹出信息提示框："数据发生变动后请进行工资计算和汇总，否则工资可能不正确！是否进行工资计算和汇总?"点击【是】按钮。

【业务 2】

操作步骤：

（1）在工资管理系统，以"李一"身份，点击【设置】—【人员档案】，进入"人员档案"窗口，点击【增加】按钮，根据案例提示的信息资料，输入新增人员"李白"的详细档案资料。点击【确认】按钮，返回"人员档案"窗口，点击工具栏中的"退出"按钮，如图 U7-11 所示。

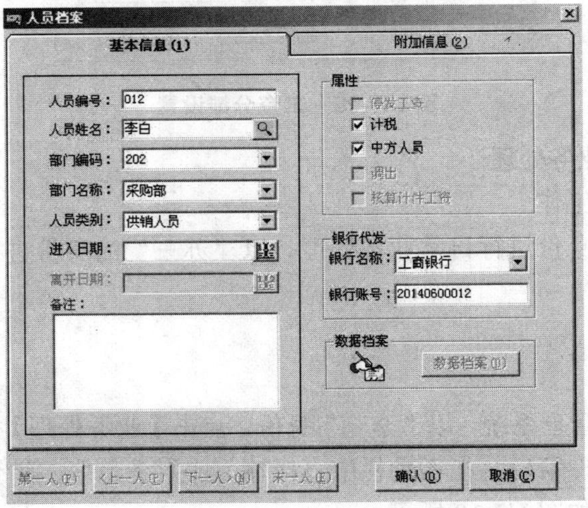

图 U7-11　新增人员输入

（2）在工资管理系统，点击【业务处理】—【工资变动】，进入"工资变动"窗口，选择新增人员"李白"，在"基本工资"栏，录入"4 000"，系统自动弹出信息提示框："数据发生变动后请进行工资计算和汇总，否则工资可能不正确!是否进行工资计算和汇总?"点击【是】按钮。

【业务 3】

操作步骤：

（1）在工资管理系统，以"李一"身份，点击【业务处理】—【工资变动】，进入"工资变动"窗口，点击工具栏中的【替换】按钮，点击"工资项目"下拉列表，选择“基本工资”选项，在“替换成”文本框中，输入“基本工资+200”，如图 U7-12 所示。

（2）在替换条件处分别选择“部门”、“=”、“销售部”，点击“确认”按钮，系统弹出提示“数据替换后将不可恢复，是否继续？”点击【是】按钮，系统提示“2 条记录被替换，是否重新计算？”点击【是】按钮，系统自动完成工资计算。

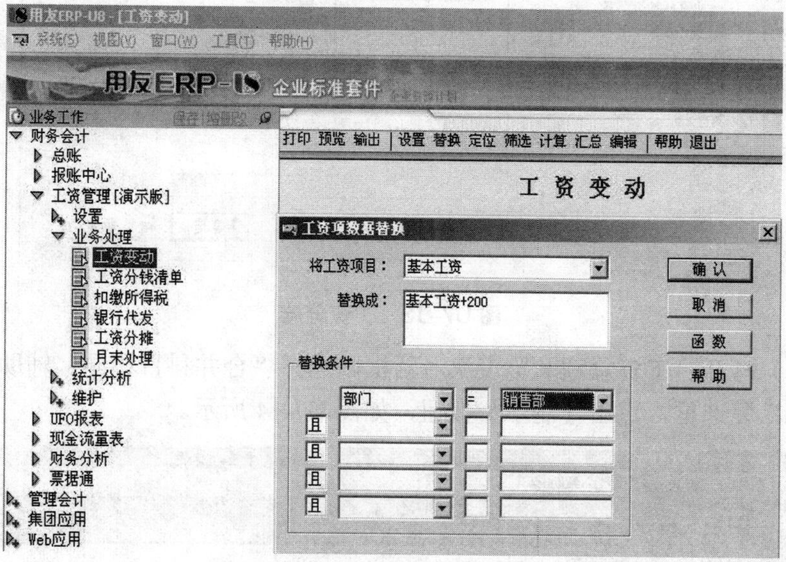

图 U7-12　工资数据替换设置

（3）设置完成后，系统自动弹出信息提示框：“数据发生变动后尚未进行汇总，是否进行汇总？”点击【是】按钮。

【业务 4】

操作步骤：

（1）在工资管理系统，以“苏三”身份，点击【业务处理】—【工资分摊】，进入“工资分摊”窗口，选择需要分摊的计提费用类型（应付工资 100%），确定分摊计提的月份为 2014 年 6 月，选择核算部门：总经理办公室、财务部、生产部、采购部、销售部，选择“明细到工资项目”复选框。点击【确定】按钮，如图 U7-13 所示。

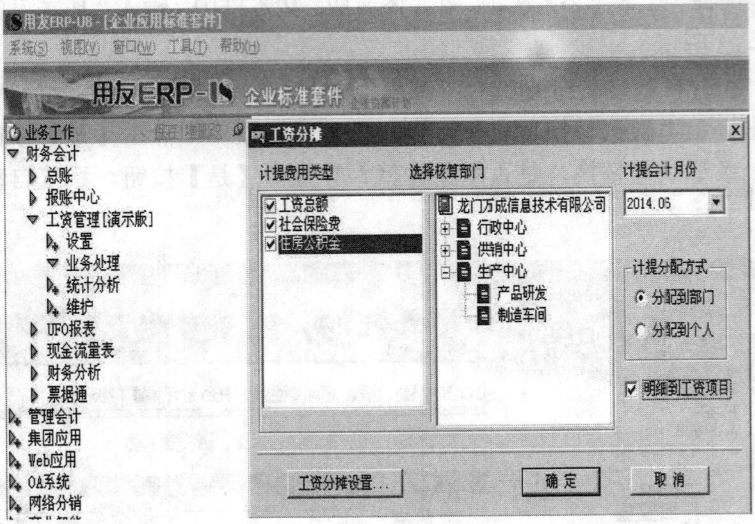

图 U7-13 工资分摊

（2）打开“工资总额一览表”对话框，选择“合并科目相同、辅助项相同的分录”复选框，点击【制单】按钮，如图 U7-14 所示。

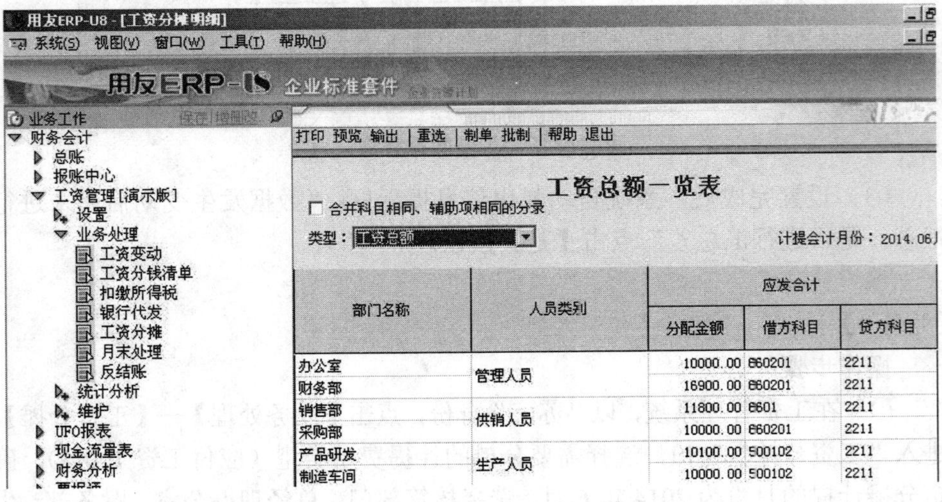

图 U7-14 计提应付工资

（3）点击凭证左上角的“字”处，选择“转账凭证”，点击【保存】按钮，凭证左上角出现“已生成”标志，代表该凭证已传递到总账系统。以此类推，进行“社会保险费（15%）、住房公积金（10%）”凭证生成，如图 U7-15 所示。

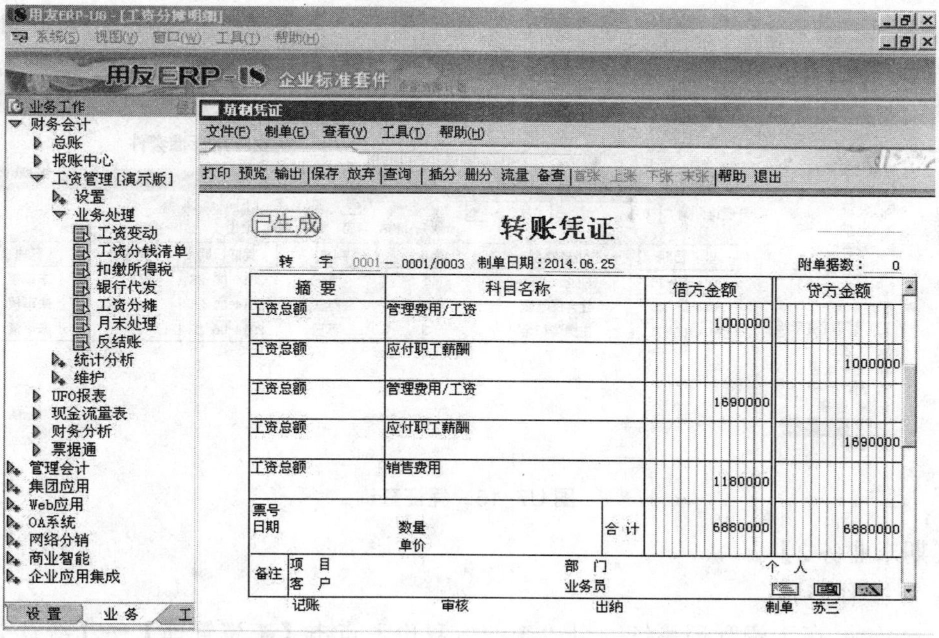

图 U7-15　应付工资凭证生成

注：在进行“工资总额（100%）、社会保险费（15%）、住房公积金（10%）”凭证生成中，对有项目核算的会计科目，要进行项目内容的填写后，方可进行凭证生成。

（4）以“苏三”身份，完成了“工资总额（100%）、社会保险费（15%）、住房公积金（10%）”凭证生成后，再以“李一”的身份，对生成的凭证进行审核、记账（在总账系统进行操作）。

（三）期末业务处理

操作的前期工作

以“李一”的身份进行期末业务处理。操作日期为“2014-6-30”。

【期末业务 1】

操作步骤：

在工资管理系统，以“李一”身份，点击【工资管理】—【统计分析】—【凭证查询】，打开“凭证查询”对话框。查看凭证情况，如图 U7-16 所示。

图 U7-16 凭证查询

【期末业务 2】

操作步骤：

（1）在工资管理系统，以“李一”身份，点击【工资管理】—【统计分析】—【账表】—【工资表】，打开“工资表”对话框，如图 U7-17 所示。

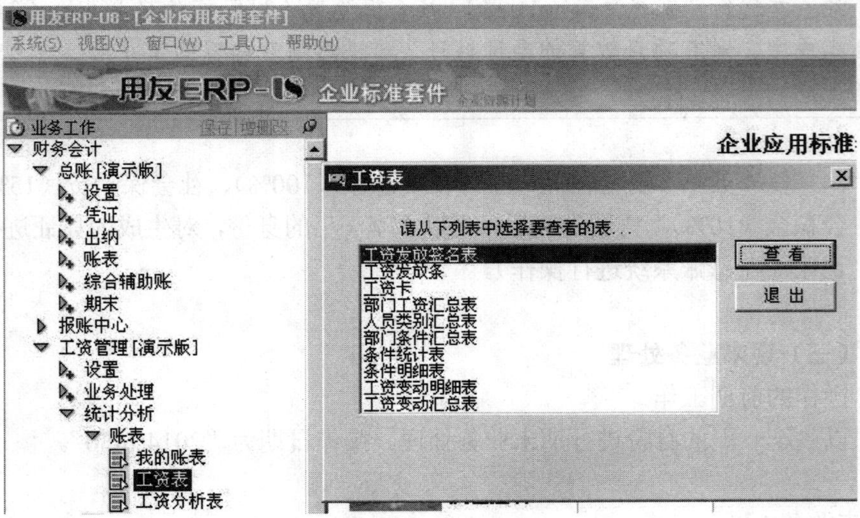

图 U7-17 工资表

（2）“工资表”对话框中，选择“工资发放签名表”，点击【查看】按钮，选择相关部门，点击【确定】按钮，如图 U7-18 所示。

打印 预览 输出 | 连打 设置 | 帮助 退出

工资发放签名表

2014 年 06 月

部门：全部　会计月份：六月　人数：12

人员编号	姓名	基本工资	岗位工资	应发合计	扣款合计	事假扣款
001	李万成	8,000.00	2,000.00	10,000.00	2,975.00	
002	李一	6,000.00	1,000.00	7,000.00	1,900.00	
003	张二	5,000.00	500.00	5,500.00	1,502.50	100.00
004	苏三	4,000.00	400.00	4,400.00	1,100.00	
005	金松	5,700.00	500.00	6,200.00	1,640.00	
006	王五	5,200.00	400.00	5,600.00	1,625.00	200.00
007	赵四	5,500.00	500.00	6,000.00	1,575.00	
008	孙健	5,300.00	500.00	5,800.00	1,510.00	
009	周怀芯	4,000.00	300.00	4,300.00	1,075.00	
010	李彤	5,200.00	500.00	5,700.00	1,477.50	

图 U7–18　工资发放签名表

【期末业务 3】

操作步骤：

（1）在工资管理系统，以“李一”身份，点击【业务处理】—【月末处理】，打开“月末处理”对话框，点击【确定】按钮，如图 U7-19 所示。

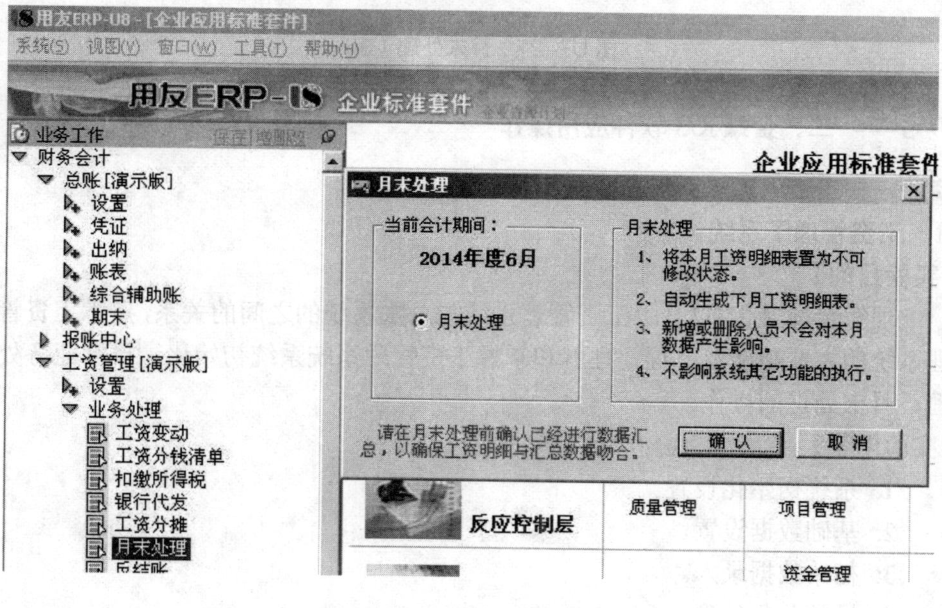

图 U7–19　月末处理（1）

（2）系统弹出“月末处理之后，本月工资将不许变动，继续月末处理吗？”点击【是】按钮，系统继续提示“是否选择清零项？”点击【是】按钮，打开“选择清零项目”对话框，如图 U7-20 所示。

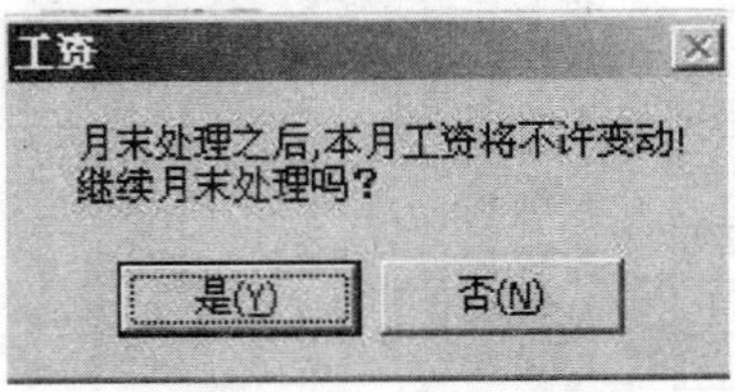

图 U7-20　月末处理（2）

（3）在“请选择清零项目”列表中，选择“请假天数”、“请假扣款”和“奖励工资”，单击“>”，将所选项目移动到右侧的列表中。点击【确定】按钮，系统弹出“月末处理完毕！”点击【确定】按钮返回，如图 U7-21 所示。

图 U7-21　月末处理（3）

Kingdee 二、金蝶 K/3 软件应用操作

实验一　工资管理子系统及操作指导

Ⅰ. 工资管理子系统

【实验目的】

理解金蝶 K/3V11.0 版工资管理系统与总账系统的之间的关系，熟悉工资管理系统的主要功能及流程，理解和掌握工资管理系统系统初始化、日常业务处理、月末处理的操作。

【实验内容】

1. 系统初始化设置。
2. 基础数据设置。
3. 初始数据录入。
4. 日常业务处理。
5. 月末处理。

【实验要求】

1. 以“甲主管”的身份进行系统初始化、凭证审核、记账、结账。

2. 以“乙会计”的身份进行日常业务处理、月末处理。

【实验准备】

1. 恢复“实验二”数据（即以系统管理员 admin 的身份注册进入“账套管理”，执行“数据库”—“恢复账套”或单击工具栏上“恢复”按钮，系统弹出“选择数据库服务器”窗口，单击“确定”按钮进入“恢复账套”窗口，恢复已建立的山东秀珍科技有限公司 2011 年 8 月的账套数据）。

2. 根据案例资料，检查总账系统和固定资产系统是否启动，启动日期是“2011 年 8 月 1 日”。

【实验资料】

（一）系统初始化（未给的信息保持系统默认值）

1. 工资类别

山东秀珍科技有限公司工资核算分为“正式员工”、“临时员工”两大类，币别：人民币。

2. 系统参数

以山东秀珍科技有限公司“正式员工”为例。

（1）起始会计年度：2011 年。

（2）起始会计期间：8 期。

（3）会计期间数：12。

（4）工资发放表打印前必须审核。

（5）结账前必须审核。

3. 基础数据

（1）从总账系统导入部门资料。

（2）从总账系统导入职员资料。

（3）银行管理：①建设银行发放（正式员工工资），账号长度“16”；②工商银行发放（临时员工工资），账号长度“16”。

（4）币别管理：人民币。

4. 项目设置

（1）正式员工工资项目：

职员代码；职员姓名；职员部门；基本工资；奖金；补贴；应发合计；代扣税；实发合计。

（2）临时员工工资项目：

职员代码；职员姓名；职员部门；基本工资；补贴；应发合计；代扣税；实发合计。

5. 公式设置

山东秀珍科技有限公司正式员工工资计算公式：

（1）如果基本工资小于等于2 000，补贴为100；

（2）如果基本工资大于2 000小于等于3 000，补贴为150；

（3）如果基本工资大于3 000，补贴为200；

（4）应发合计=基本工资+奖金+补贴；

（5）实发合计=应发合计-代扣税。

6. 数据录入

部门代码	所属部门	职员编号	姓名	基本工资	奖金
01	办公室	0001	李万成	8 000	600
02	人事部	0002	苏珊	4 000	400
03	财务部	0003	甲主管	5 000	500
	财务部	0004	乙会计	4 000	400
	财务部	0005	丙会计	4 000	400
04	综合保障部	0006	丁管理	3 500	350
05	市场部	0007	李四	4 500	450
	海外市场部	0008	王五	5 000	500
06	采购部	0009	马六	4 200	420
07	生产车间	0010	赵七	4 000	400
08	销售部	0011	李销售	4 000	400
09	技术部	0012	杨技术	3 500	350

（二）日常业务处理

1. 根据系统定义的公式计算本公司的工资。

2. 以“应发合计”为所得税计算的工资项目，代扣个人所得税率基数3500元，其他保持系统默认值。

3. 以财务人员的应发合计总额进行生成相应的会计凭证分录。

借：管理费用——工资及福利费

　　贷：应付工资

4. 员工王五的所属部门于2011年8月3日发生变化，由原来的“海外市场部”调到“销售部”。

5. 以“甲主管”身份进行工资凭证的审核。

（三）期末经济业务

1. 查询"工资发放表"。

2. 进行期末结账。

Ⅱ. 工资管理子系统操作指导

（一）系统初始化资料（未给的信息保持系统默认值）

操作的前期工作

以"甲主管"身份进行系统初始化。

操作日期为"2011-8-1"。

1. 工资类别设置

操作步骤：

（1）进入金蝶K/3主控台后，点击【人力资源】—【工资管理】—【类别管理】—【新建类别】，选择【类别向导（T）】按钮，弹出如图K7-01所示，录入类别名称"正式员工工资方案"。

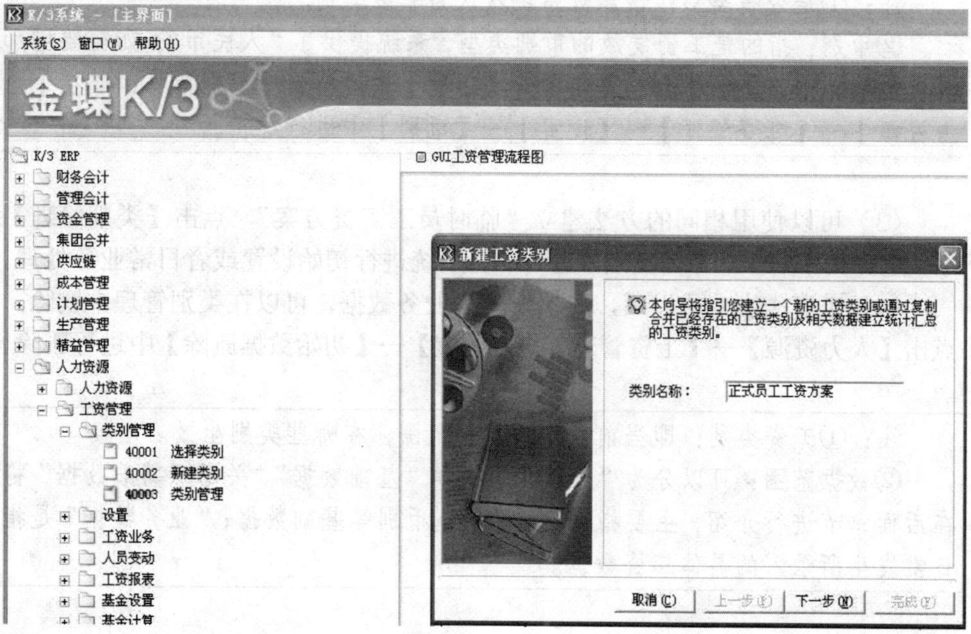

图K7–01　新建工资类别

（2）录入完类别名称"正式员工工资方案"后，点击【下一步】，在币别栏处选择"人民币"，再点击【下一步】，完成工资类别的新建操作，如图K7-02

所示。

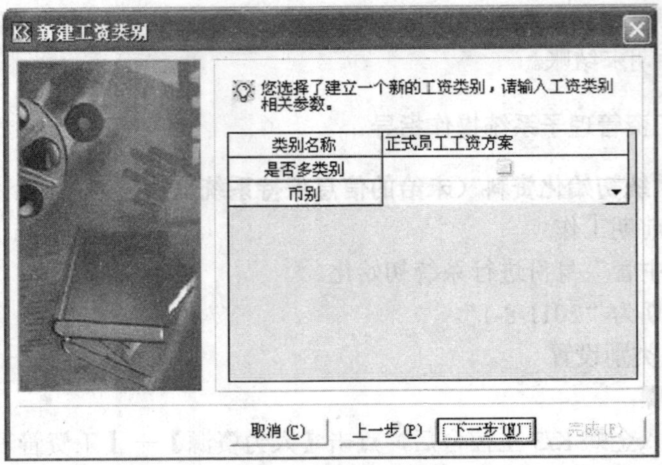

图 K7-02 新建工资类别参数设置

注：①是否多类别：该参数系统默认为非多类别。

②币别：指的是工资发放的币别类型，系统提供了“人民币”，如需要增加其他类别，请在系统【公共资料】—【币别】中进行新增币别信息，或在【人力资源】—【工资管理】—【设置】—【币别】中进行维护。

（3）可以使用相同的方法建立“临时员工工资方案”，点击【类别管理】后，选择其中一个“工资类别”进入工资系统进行初始设置或者日常业务处理。

（4）工资类别建成以后，如果发生了业务数据，可以在类别管理中删除，点击【人力资源】—【工资管理】—【设置】—【初始数据删除】中进行删除。

注：①工资类别：即当前操作的类别范围，在哪些类别生效。

②数据范围：可以分为“业务数据”和“基础数据”。关于“基础数据”将在后面章节进行介绍，主要指部门、职员、币别等基础数据；“业务数据”是指日常发生所录入的具体工资数据。

2．系统参数

操作步骤：

（1）点击【系统设置】—【工资管理】—【系统参数】，系统弹出“打开工资类别”窗口，如图 K7-03 所示。

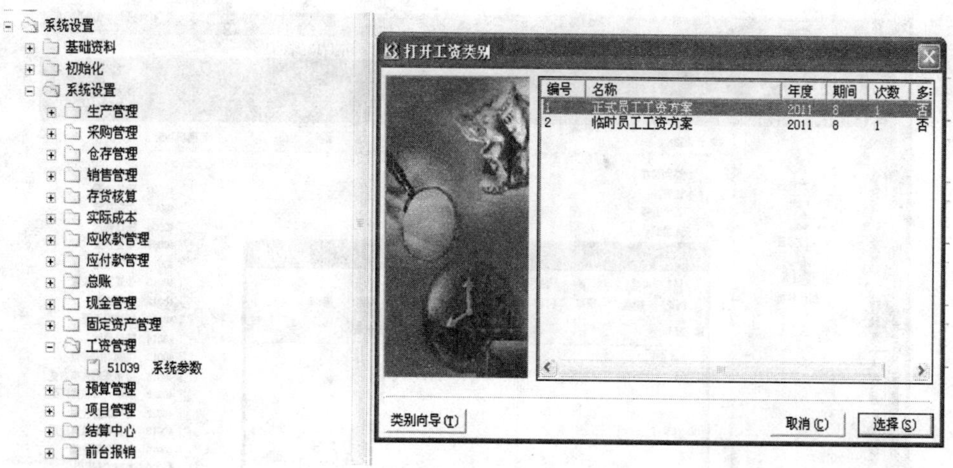

图 K7–03　工资类别管理窗口

（2）在“打开工资类别”窗口，选择“正式员工工资方案”，点击【选择】按钮，系统弹出工资系统参数设置界面，根据案例提供的信息资料进行设置，如图 K7-04 所示。

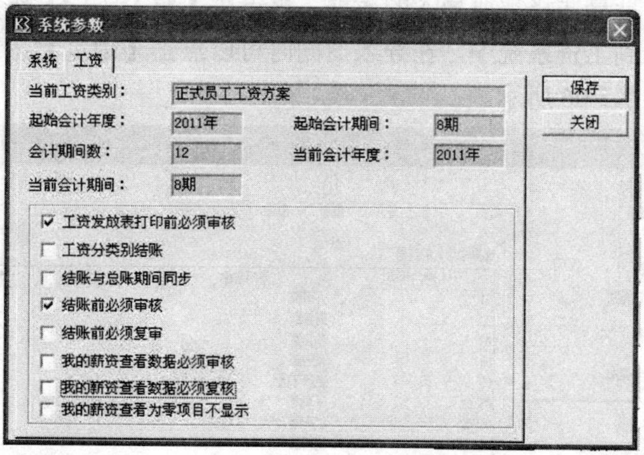

图 K7–04　工资系统参数设置

3．基础数据

操作步骤：

（1）从总账系统导入部门资料：在“K/3 系统—主界面”，选择【部门管理】，如图 K7-05 所示。

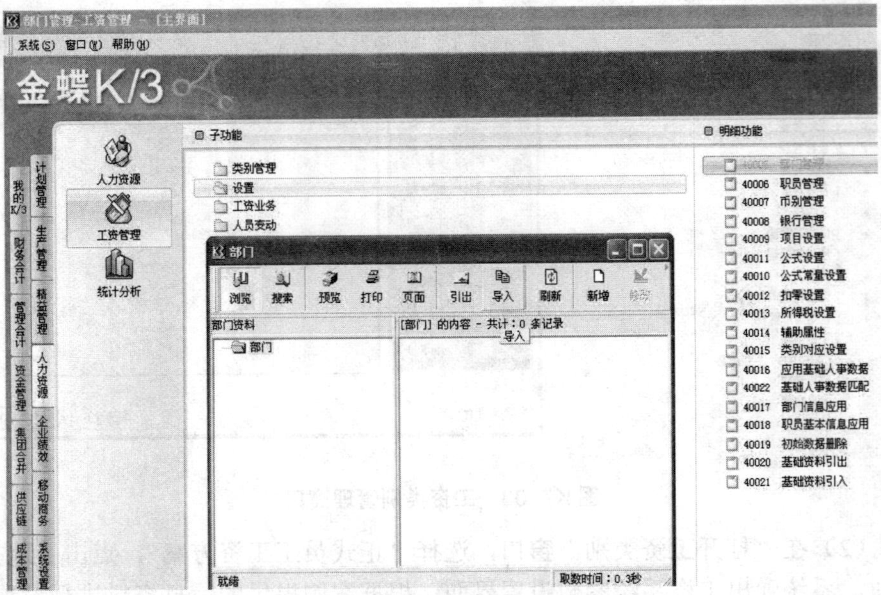

图 K7-05　部门导入界面

（2）点击【导入】，在“选择需导入的数据”列表中，使用“Ctrl”或“Shift”键进行多选，批量选择需要导入的数据，再点击【导入（T）】按钮，则选择的部门将会导入到工资系统中，在导入后同时可以点击【浏览】按钮查看所导入的数据，如图 K7-06 所示。

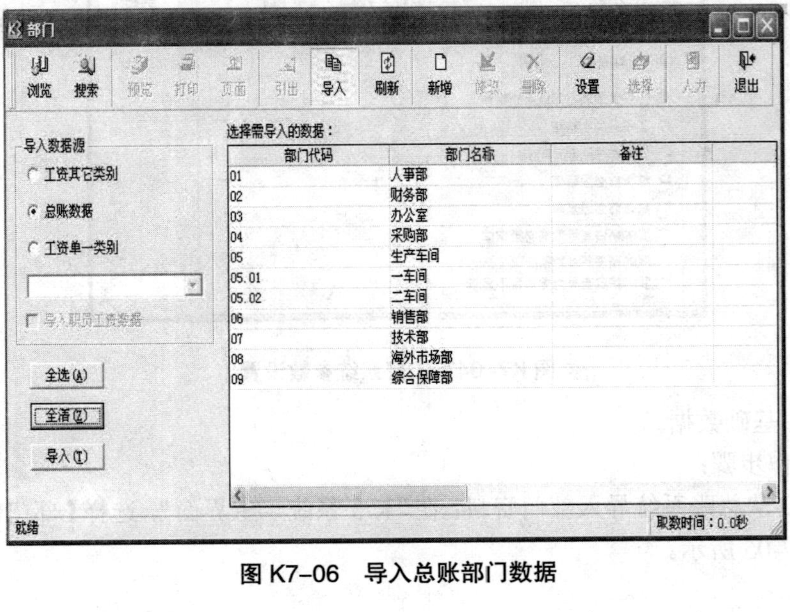

图 K7-06　导入总账部门数据

注：① 如果工资系统与总账系统联合使用，可以点击【导入】，将总账系统或其他工资类别中的“部门”资料引入进来。

② 如果工资系统是单独使用，与总账系统没有联系（导入部门信息不全），则也可以直接点击【新增】按钮，直接新增部门资料，如图 K7–07 所示。

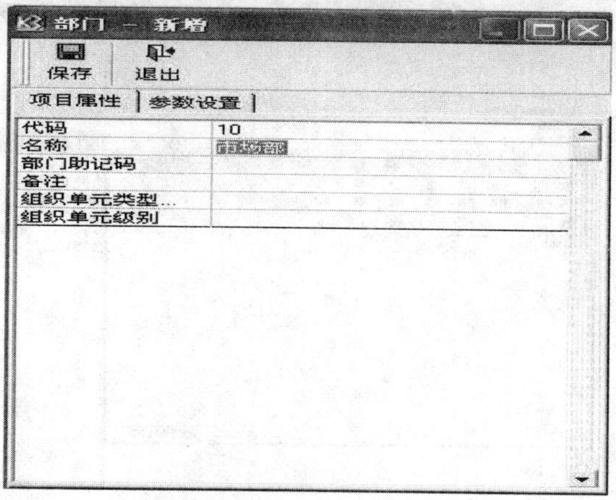

图 K7–07　新增部门

(3) 从总账系统导入职员资料：在“K/3 系统—主界面”，选择【职员管理】，点击【导入】—【工资数据】，在“选择需导入的数据”列表中，使用“Ctrl”或“Shift”键进行多选，批量选择需要导入的数据，再点击【导入（T)】按钮，则选择的职员将会导入到工资系统中，在导入后同时可以点击【浏览】按钮，查看所导入的数据。操作方法同上（部门管理）。

注：① 如果工资系统与总账系统联合使用，可以点击【导入】，将总账系统或其他工资类别中的“职员”资料引入进来。

② 如果工资系统是单独使用，与总账系统没有联系（导入职员信息资料不全），则也可以直接点击【新增】按钮，直接新增职员资料。

③ 如果数据是通过“导入”的方式从总账系统中导入数据，则需要对导入数据进行编辑，如：职员类别、入职日期、部门、出生年月、身份证号码等，这些信息对工资系统的核算以及费用分配尤为重要。“职员类别”是必录入项目（公司可以按职员类别区别不同的费用分配）。

④职员管理是分类别设置的，即在一个类别设置好，进入另一类别需要重新录入或者重新导入。

（4）银行管理：在“K/3 系统—主界面”，点击【人力资源】—【工资管理】—【设置】—【银行管理】，如图 K7-08 所示，点击【浏览】按钮，系统弹出银行新增的具体窗口，根据案例实验资料，录入“代码”及“账号长度”。

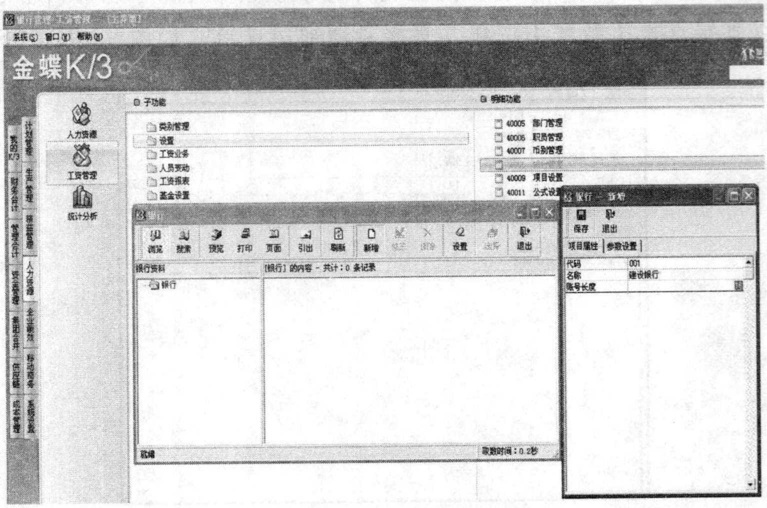

图 K7–08　新增银行

（5）币别管理：在“K/3 系统—主界面”，点击【人力资源】—【工资管理】—【设置】—【币别】，如图 K7-09 所示，如果在“公共资料”已经增加，这里可以同步显示，同时可根据需要点击【新增（A）】进行新增其他币别的设置。

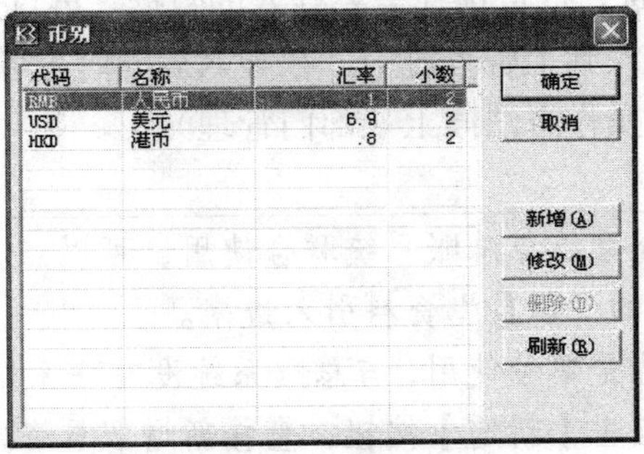

图 K7–09　币别管理

4．项目设置

操作步骤：

在“K/3 系统—主界面”，点击【人力资源】—【工资管理】—【设置】—【项目设置】，在项目设置中，点击【新增（A）】按钮，在弹出的窗口中录入工资项目名称“补贴”，同时确定数据类型的值为“货币”，另外还可以设置相应的小数点长度等信息，如图 K7-10 所示，再【新增（A）】按钮，进行保存。

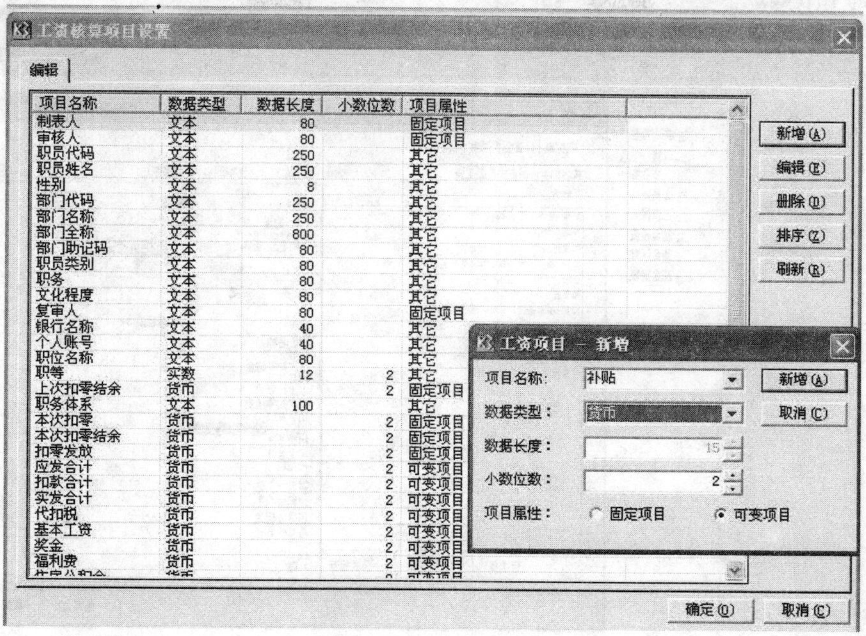

图 K7-10　工资项目设置

注：① 有了“部门”与“职员”等基础数据之后，就可以进行工资项目和定义工资计算方法。

②系统已经预设了一些基本的工资项目，如应发合计、扣款合计等，可以直接使用，在此基础上再增加一些系统中未设置（企业单位需要的）工资项目，如“补贴”。

③工资项目不分类别设置，在一个工资类别设置好以后，其他工资类别也可以看到。与“部门”、“职员”的设置不同，需分类别设置。

---

5. 公式设置

操作步骤：

（1）在“K/3 系统—主界面”，点击【人力资源】—【工资管理】—【设置】—【公式设置】，在弹出的窗口中，点击【新增】按钮，激活计算公式的编辑窗口，如图 K7-11 所示。

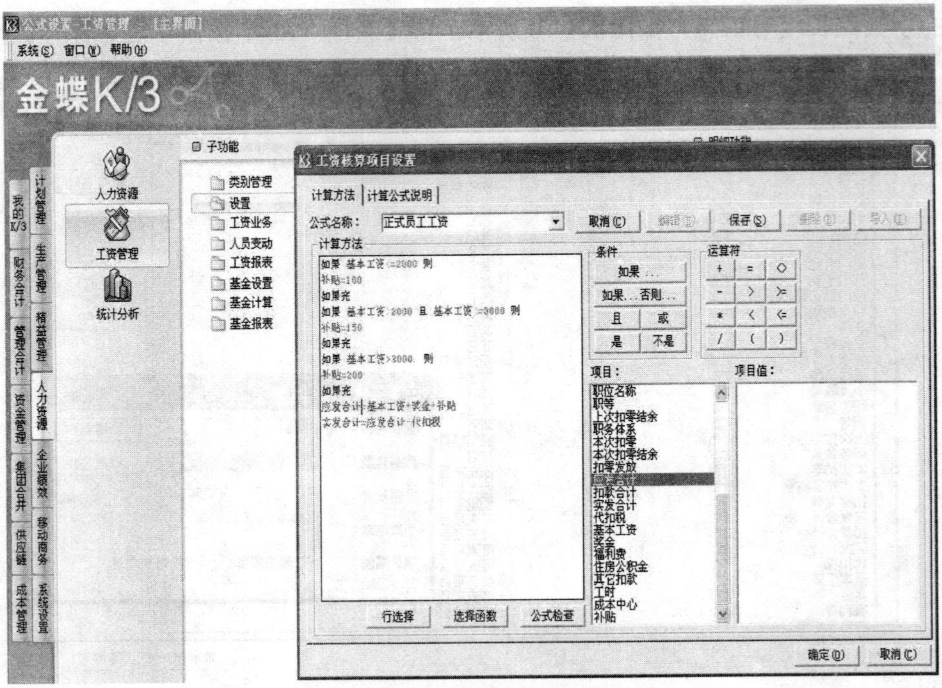

图 K7-11 工资核算项目设置

（2）在“工资核算项目设置”界面，通过右侧的项目或条件设置公式时，先在“计算方法”栏中确定光标位置，再点击相应的功能按钮，根据案例提供的信息，双击“项目”栏下具体内容，如“基本工资”、“补贴”、“应发合计”等，其中“项目值”是对应所选定的“项目”而自动显示其的属性值，则选择的内容会在“公式内容”栏光标确定位置上显示，同时公式内容栏也直接支持按格式手动输入，最后点【公式检查】检查公式正确性，否则需要检查是否有格式或者语法上的错误。

注：① 计算公式是分类别的，上面介绍了“正式员工工资类别”的计算公式设置，“临时员工工资类别”的计算公式设置可以参照“正式员工工资类别”的计算公式设置方法。

② 在实际设置公式时，可以利用复制、粘贴组合键来快速实现公式内容栏中的文字在正确光标位置上显示，同时，可以使用“//”格式对公式进行备注，以便快速阅读公式。

③ 编制公式时，按“Ctrl+上下箭头”可显示所有工资项目及可用函数。

④ 除了数值外，其他所有的公式语句（项目、条件和运算符合）建议都从右面的公式选项中选取，不要手工录入，以避免错误。

⑤“如果”条件语句，在“如果”和“则”之间的语句前后各空一格，其他条件语句一样。

6. 数据录入

操作步骤：

（1）在“K/3 系统—主界面”，点击【人力资源】—【工资管理】—【工资业务】—【工资录入】，选择“正式员工工资方案”，点击【选择】按钮，如图 K7-12 所示。

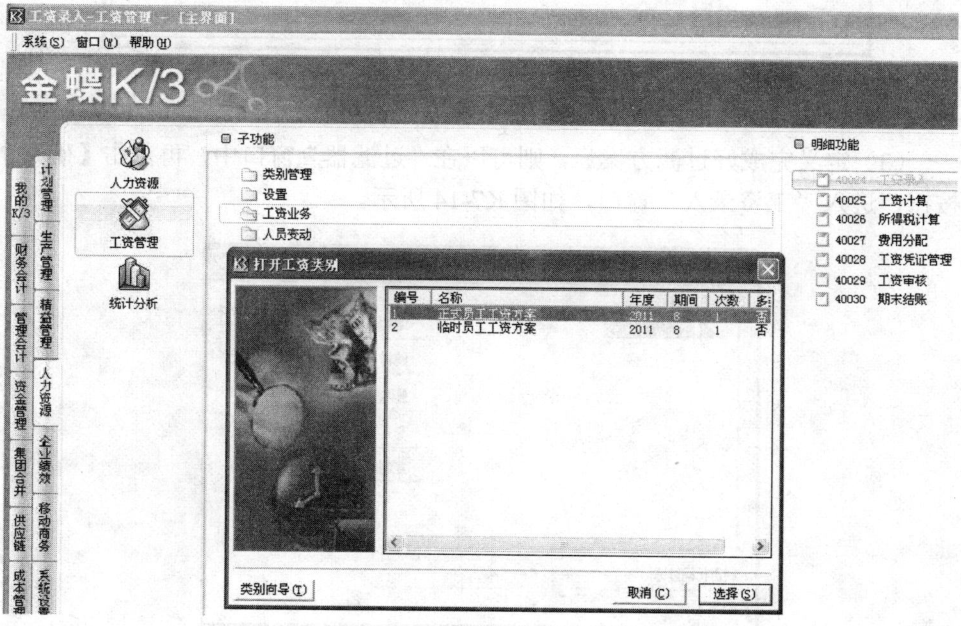

图 K7-12　工资类别管理

（2）当第一次进行“工资录入”时，必须先建立一个过滤方案，通过点击【新增（A）】按钮，系统弹出“过滤器”窗口，如图 K7-13 所示，点击【导入（T）】按钮，从其他工资类别中导入已定义好的过滤方案。

图 K7-13 工资录入过滤器编辑

（3）定义完成好过滤方案后，则可以在“过滤器”窗口中，再点击【确定】按钮，进入“工资录入”窗口，如图 K7-14 所示。

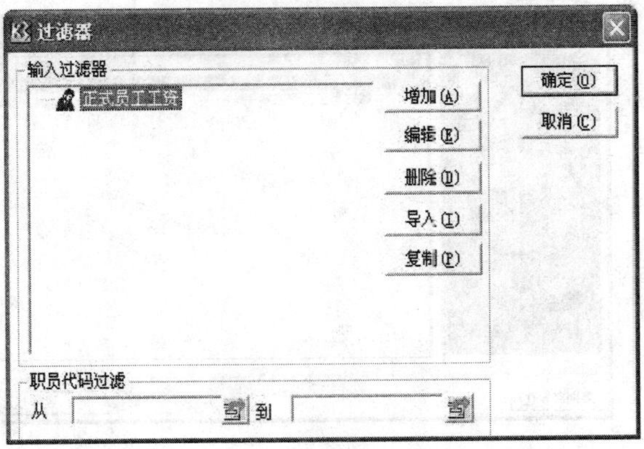

图 K7-14 工资过滤器方案

（4）在“工资数据录入——【正式员工工资】”界面，按照案例资料，录入职员的工资数据“基本工资”、“奖金”，数据录入完成后，点击工具条上的【保存】按钮，再点击【退出】按钮退出工资录入窗口，如图 K7-15 所示。

职员代码	职员姓名	基本工资	奖金	个人账号
0001	李万成	8,000.00	600.00	
0002	苏珊	4,000.00	400.00	
0003	甲主管	5,000.00	500.00	
0004	乙会计	4,000.00	400.00	
0005	丙会计	4,000.00	400.00	
0006	丁管理	3,500.00	350.00	
0007	李四	4,500.00	450.00	
0008	王五	5,000.00	500.00	
0009	马六	4,200.00	420.00	
0010	赵七	4,000.00	400.00	
0011	李销售	4,000.00	400.00	
0012	杨技术	3,500.00	350.00	
合计		0.00	0.00	

图 K7-15　工资数据录入

注：①以上工资录入以“正式员工”为例讲述。

②工资项目栏显示有两种颜色：“浅黄色”、“纯白色”。

● 浅黄色：代表这个项目是通过公式计算出来的，不允许录入（系统自动生成）。

● 纯白色：代表可以直接录入。

（二）日常业务处理

操作的前期工作

以“乙会计”身份进行日常业务处理。

以“甲主管”身份进行凭证审核。

【业务 1】

操作步骤：

（1）以“乙会计”身份，在“K/3 系统—主界面”，点击【人力资源】—【工资管理】—【工资业务】—【工资计算】，系统弹出“工资计算向导”的窗口中，选择工资录入中所定义的过滤方案，再点击【下一步（N）】按钮，如图 K7-16 所示。

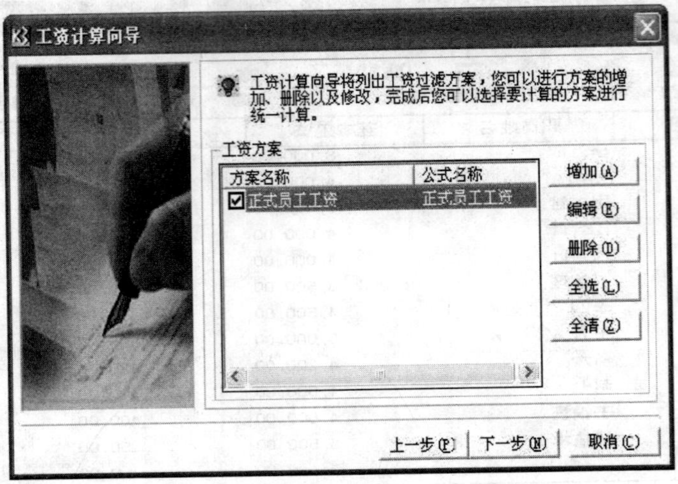

图 K7-16 工资计算向导

（2）在“工资计算向导”的窗口，选择工资录入中所定义的过滤方案，再点击【下一步（N)】按钮，进入“工资数据录入—【正式员工工资】”窗口，可以看到计算完毕的工资录入界面。如图 K7-17 所示。

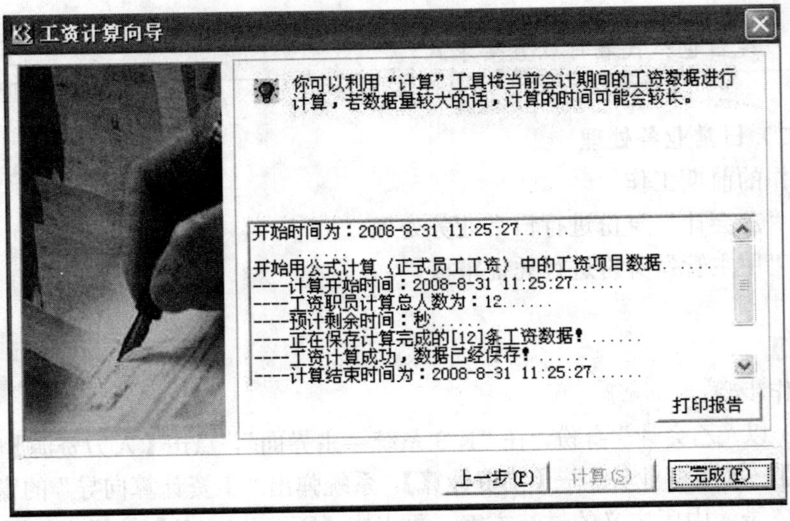

图 K7-17 工资计算完毕界面

【业务 2】

操作步骤：

（1）以“乙会计”身份，在“K/3 系统—主界面”，点击【人力资源】—【工资管理】—【工资业务】—【所得税计算】，在弹出的过滤方案中进行编辑，加入过滤条件，只显示“正式员工”，进入“个人所得税的录入”窗口，如果是第一次进行个人所得税处理，首先需要对个人所得税的参数方法进行初始设置，点击“个人所得税数据录入”界面菜单中的“方法”或者工具条上的“计税”按钮，系统弹出“所得税计算”窗口，可以根据企业发放工资的实际情况选择，设置所得税的计算方法，本案例中以“期间”作为计提标准，如图 K7-18 所示。

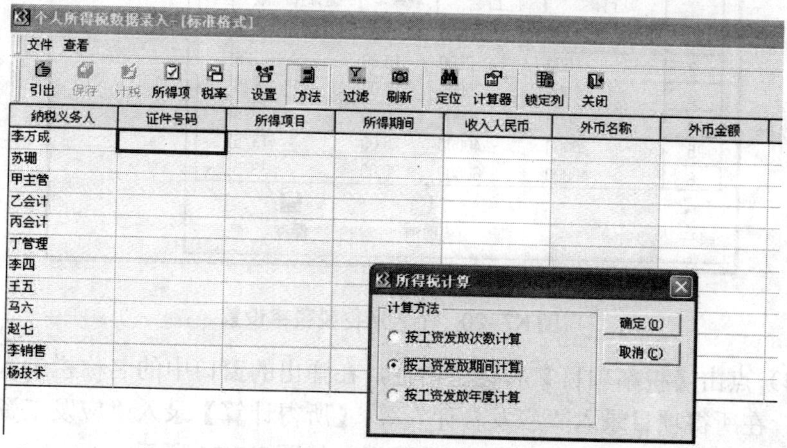

图 K7–18　所得税计算方法

（2）在“个人所得税数据录入”界面菜单中【查看】下的或者工具条上的【设置】按钮，系统弹出对个人所得税参数进行初始设置的窗口，选择【编辑】页签，进入设置窗口，如图 K7-19 所示。

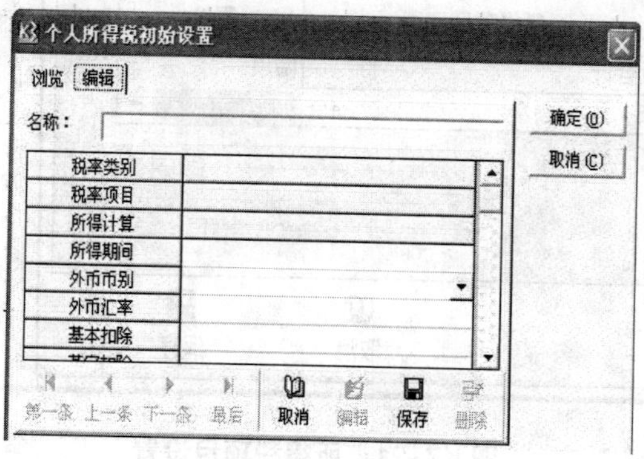

图 K7–19　个人所得税初始设置

（3）在“个人所得税初始设置”界面菜单中，点击【税率类别】右边空白栏，在弹出的窗口中进行编辑，在名称栏录入“个人所得税计算标准”，点击【确定】按钮；如图 K7-20 所示。

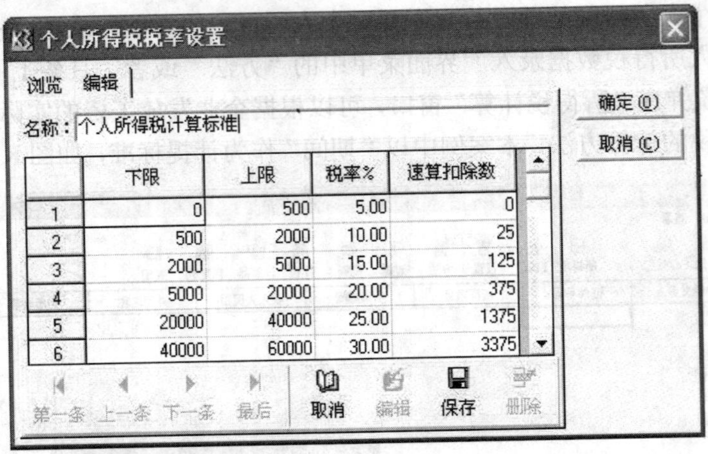

图 K7-20　个人所得税税率设置

（4）点击【税率项目】右边空白栏，在弹出的窗口中的名称栏录入“应纳税额”，在所得项目录入“应发合计”等；【所得计算】录入“应发工资项目合计”；【基本扣除数】录入“3500”等数据，如图 K7-21 所示。

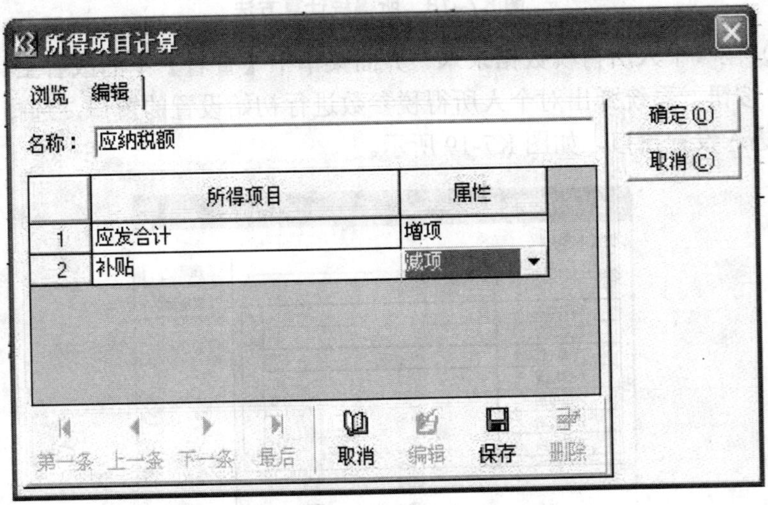

图 K7-21　所得税项目设置

（5）在“个人所得税初始设置”界面菜单中，点击【确定】按钮，则系统会提示是否开始计算工资数据，确定计算后则返回工资数据，进一步确定是否开始计税，所得税计算完毕，如图 K7-22 所示。

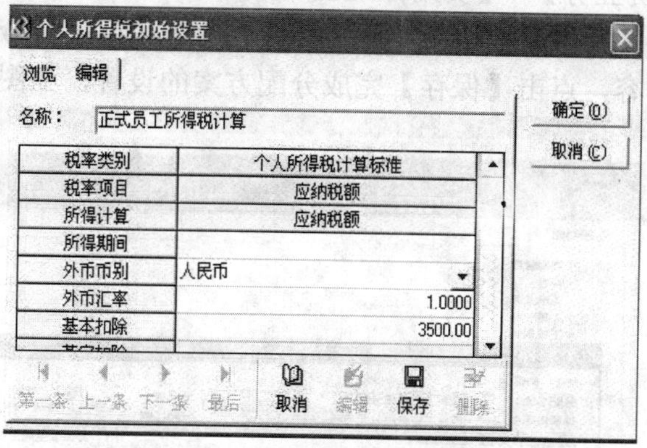

图 K7–23　个人所得税初始设置完成界面

（6）保存后，再进入【工资业务】的“工资数据录入”界面中，选定所待引入的工资项目中“代扣税”列，再选择“编辑”菜单中的“引入所得税”或者工具条上的【引入】按钮，将前面计算的所得税额引入到该列，引入之后进行保存，如图 K7-23 所示。

职员代码	职员姓名	基本工资	奖金	补贴	代扣税	应发合计	实发合计
0001	李万成	8,000.00	600.00	200.00	645.00	8,800.00	8,800.00
0002	苏珊	4,000.00	400.00	200.00	65.00	4,600.00	4,600.00
0003	甲主管	5,000.00	500.00	200.00	175.00	5,700.00	5,700.00
0004	乙会计	4,000.00	400.00	200.00	65.00	4,600.00	4,600.00
0005	丙会计	4,000.00	400.00	200.00	65.00	4,600.00	4,600.00
0006	丁管理	3,500.00	350.00	200.00	17.50	4,050.00	4,050.00
0007	李四	4,500.00	450.00	200.00	120.00	5,150.00	5,150.00
0008	王五	5,000.00	500.00	200.00	175.00	5,700.00	5,700.00
0009	马六	4,200.00	420.00	200.00	87.00	4,820.00	4,820.00
0010	赵七	4,000.00	400.00	200.00	65.00	4,600.00	4,600.00
0011	李销售	4,000.00	400.00	200.00	65.00	4,600.00	4,600.00
0012	杨技术	3,500.00	350.00	200.00	17.50	4,050.00	4,050.00
合计		53,700.00	5,170.00	2,400.00	1,562.00	61,270.00	61,270.00

图 K7–23　所得税计算完成界面

注：①引入时光标必须停在“代扣税”列，否则可能不能正常引入。

②所得税计算时若选择“按期间进行计算”，则引入时应选择“引入本期所得税”，否则是不能正确引入的。

【业务 3】

操作步骤：

（1）以“乙会计”身份，在“K/3 系统—主界面”，点击【人力资源】—【工资管理】—【工资业务】—【费用分配】，在弹出的“费用分配”窗口，选择【编辑】页签，点击【新增】按钮后，确定相应的点击凭证字、分配比例、部门、类别及科目等内容，点击【保存】完成分配方案的设置，如图 K7-24 所示。

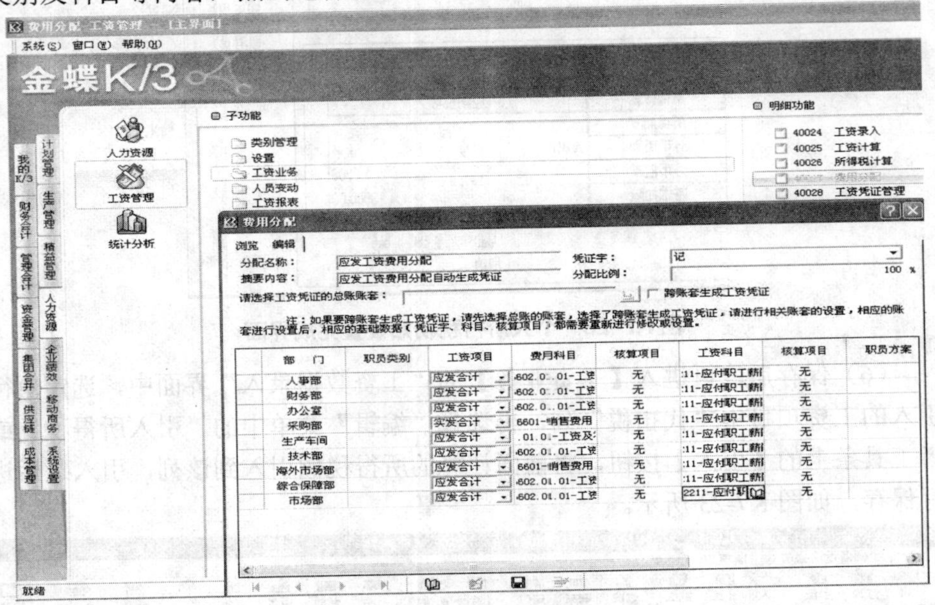

图 K7–24 费用分配设置界面

注：①当第一次使用工资系统进行费用分配或者费用分配的方案有变化时，需要建立分配方案，在“费用分配”窗口通过编辑确定分配的比例及相应的部门、费用、工资科目，以及针对哪一个工资项目进行分配，记入“应发合计”。

②其中“费用科目”可以作为生成凭证的借方科目，其含义并不局限于费用科目；“工资科目”可以作为生成凭证的贷方科目，其含义并不局限于工资科目。

③在进行费用分配时，设置费用科目和工资科目时，所选取的科目和核算项目均是从总账系统中取出。如果是工资管理系统中已增加的部门而总账中没有，系统将无法将费用分配到总账的科目中去；如果工资管理系统和总账系统一起联用，部门信息可直接从总账系统“引入”，这样可以保持两个系统的一致，分配时不会出错。

④在进行费用分配的公式设置时，在一行中档最后一个项目设置完成之后，系统会自动增加一行。如果想增加一行或删除一行，只需单击鼠标右键，系统会弹出选项，根据实际需要直接增加一行或是将当前行删除。

（2）费用分配方案设置完成后，接下来便是生成凭证的具体过程，在“费用分配”窗口，选择【浏览】页签，可以看到刚新增的工资费用分配方案，如图 K7-25 所示，选择对应的费用分配名称，点击【生成凭证】按钮，则系统将自动生成相应的凭证。

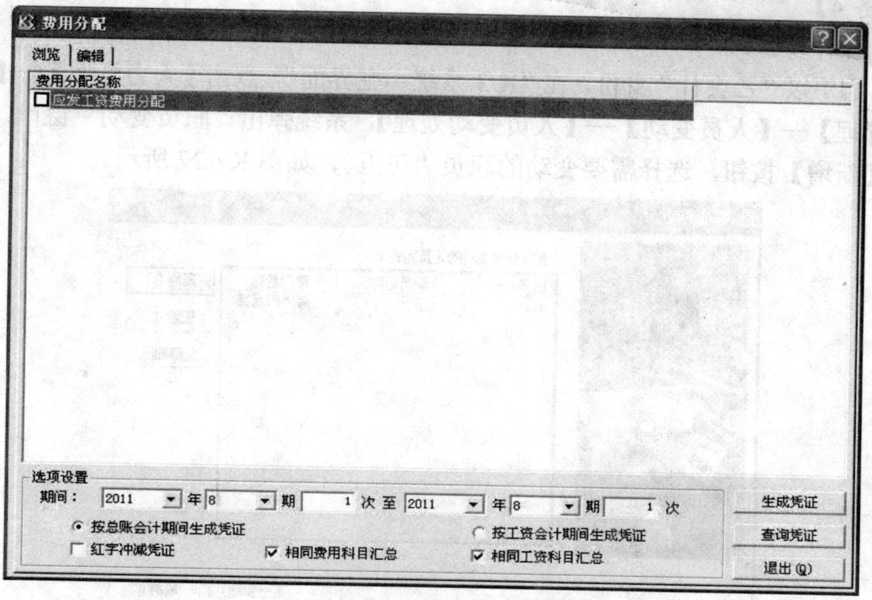

图 K7-25　费用分配生成

注：工资系统是一个独立的业务系统，业务系统的会计期间可以与总账系统的期间不一致，在两个系统时间一致的情况下选取任何一个选项都可以，在两个都不一致时则需要选择。用户一般选择“按工资会计期间生成凭证”为好。

（3）在“费用分配”窗口中的【浏览】页签，点击【查询凭证】按钮，可以看到刚生成的凭证，同时在【人力资源】—【工资管理】—【工资业务】—【工资凭证管理】中也可以查看、删除凭证，如图 K7-26 所示。

图 K7-26　凭证查询

注：工资费用分配生成凭证时，提示“凭证分录条数小于 2，不能建立凭证”或不能取得工资数据一般是因为职员属性中丢失了“部门”或者“类别”。

【业务 4】

操作步骤：

（1）以“乙会计”身份，在“K/3 系统—主界面”，点击【人力资源】—【工资管理】—【人员变动】—【人员变动处理】，系统弹出“职员变动”窗口，点击【新增】按钮，选择需要变动的职员“王五”，如图 K7-27 所示。

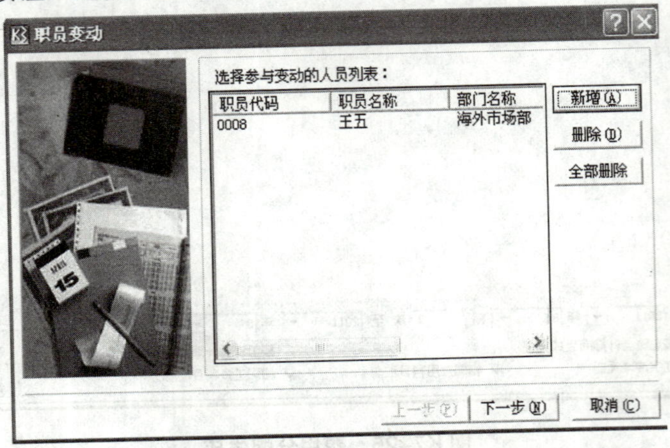

图 K7-27 选择变动人员

（2）在“职员变动”窗口，点击【下一步（N）】，选择对应的变动属性项目“部门”及变动参数，即变动后的部门“销售部”，点击【完成】按钮，完成职员王五的部门变动，如图 K7-28 所示。

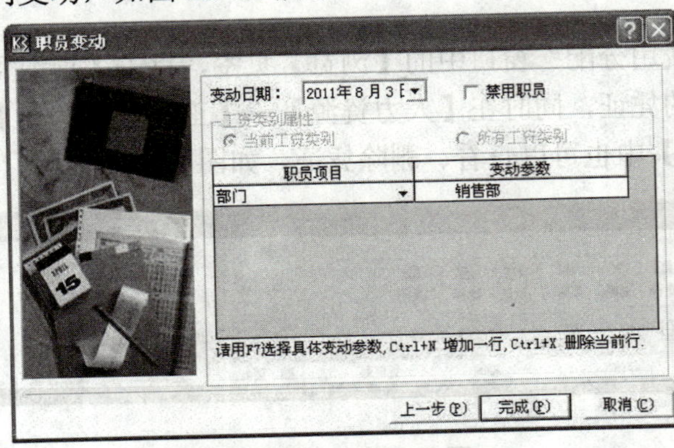

图 K7-28 选择变动参数

注：①如果有职员离职，可以选择“禁止（离职）职员”选项。若要恢复禁用，则需进入【设置】—【职员管理】中，点击【禁用】进行禁用人员的恢复。

②在职员管理中进行的职员信息变动会在下一个工资期间体现在工资计算中，而人员变动处理提供将人员信息变动之后的结果直接同步在当前的工资期间的工资计算中，并且保留历史变动记录，以供后期查询。

【业务 5】

操作步骤：

（1）以“甲主管”的身份，点击【财务会计】—【总账】—【凭证处理】—【凭证查询】，进入“会计分录序时簿”窗口，

（2）在“会计分录序时簿”中，将光标定位于要“审核的凭证”上，然后，在工具条中单击【审核】按钮，系统即进入记账凭证窗口，然后点击工具条中【审核】按钮或【F3】即表示审核通过，系统会在审核人处进行签章，如图 K7-29 所示。

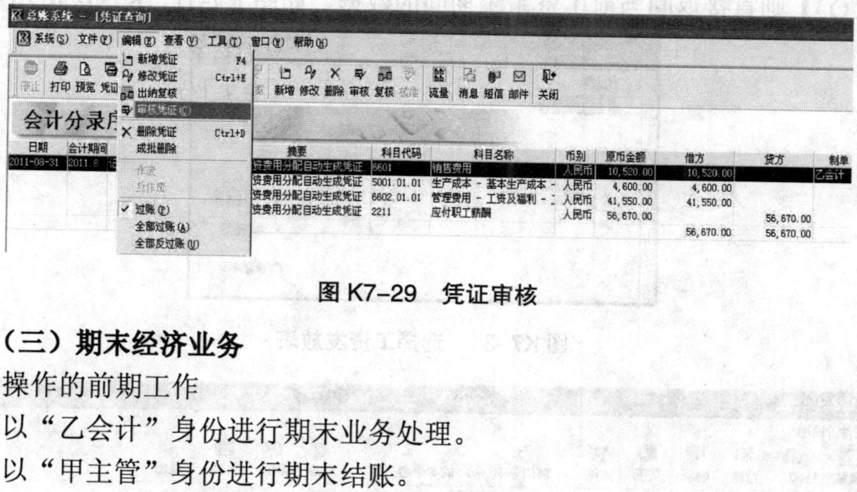

图 K7-29 凭证审核

（三）期末经济业务

操作的前期工作

以“乙会计”身份进行期末业务处理。

以“甲主管”身份进行期末结账。

【期末业务 1】

操作步骤：

（1）以“乙会计”身份，在“K/3 系统—主界面”，点击【人力资源】—【工资系统】—【工资报表】—【工资汇总表】—【增加（A）】，在弹出的过滤方案中进行编辑，在过滤名称栏录入“工资发放表”，在“定义过滤条件”窗口，根据案例资料，选择相应的工资项目后，点击【确定（O）】按钮，如图 K7-30

所示。

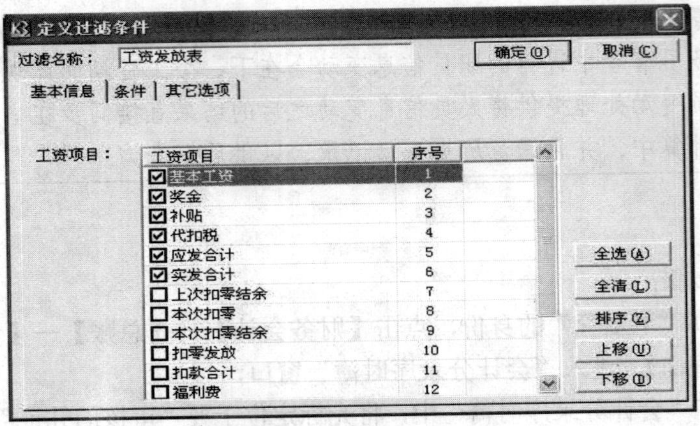

图 K7–30 过滤方案编辑

（2）过滤窗口，选择定义的“工资发放表”，选择“当期查询”，点击【确定（O)】则直接返回当前工资系统期间的数据，如图 K7-31、K7-32 所示。

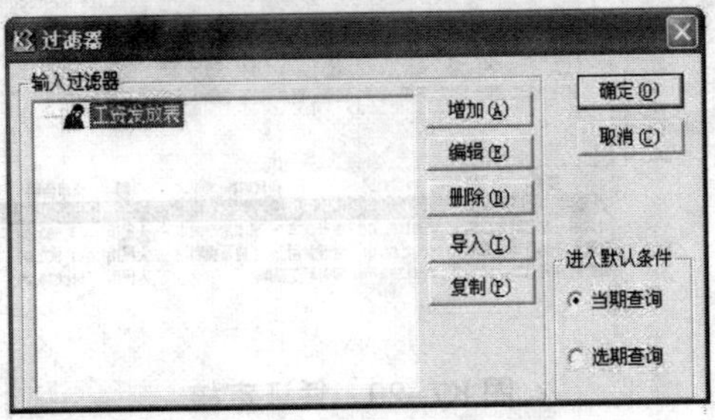

图 K7–31 选择工资发放表

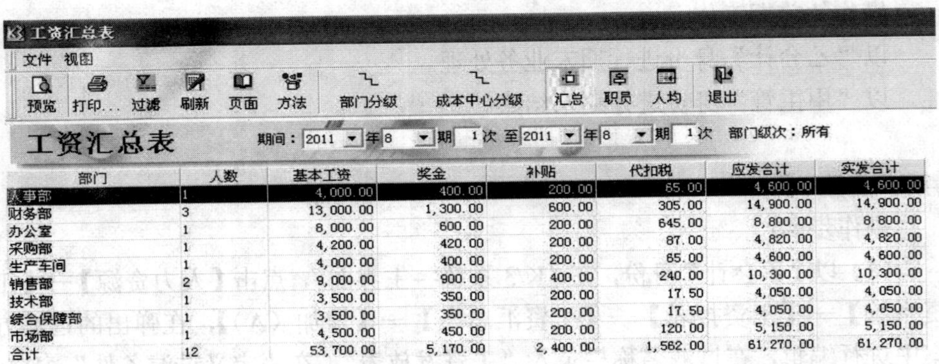

部门	人数	基本工资	奖金	补贴	代扣税	应发合计	实发合计
人事部	1	4,000.00	400.00	200.00	65.00	4,600.00	4,600.00
财务部	3	13,000.00	1,300.00	600.00	305.00	14,900.00	14,900.00
办公室	1	8,000.00	600.00	200.00	645.00	8,800.00	8,800.00
采购部	1	4,200.00	420.00	200.00	87.00	4,820.00	4,820.00
生产车间	1	4,000.00	400.00	200.00	65.00	4,600.00	4,600.00
销售部	2	9,000.00	900.00	400.00	240.00	10,300.00	10,300.00
技术部	1	3,500.00	350.00	200.00	17.50	4,050.00	4,050.00
综合保障部	1	3,500.00	350.00	200.00	17.50	4,050.00	4,050.00
市场部	1	4,500.00	450.00	200.00	120.00	5,150.00	5,150.00
合计	12	53,700.00	5,170.00	2,400.00	1,562.00	61,270.00	61,270.00

图 K7–32 工资发放表

注：当第一次查询工资发放表时或者需要更改过滤方案时，需要新增过滤方案或者编辑已有的方案。

【期末业务 2】

操作步骤：

以“甲主管”身份，在“K/3 系统—主界面”，点击【人力资源】—【工资管理】—【工资业务】—【期末结账】，系统弹出“期末结账”对话框，如图 K7-33 所示。

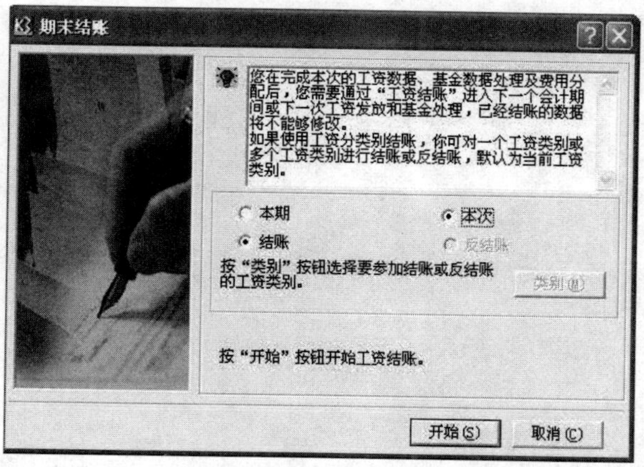

图 K7-33 工资结账

注：①结账成功与否，不仅与“结账前必须先审核”等系统参数设置有关系，同时与总账系统的参数期间与工资是否一致也有关系，同样其在系统参数中可以进行控制。

②系统提供了反结账功能，其操作方法是在“期末结账”窗口有一个选项【是否删除当前工资和基金数据】，若选择则在反结账到上一期时期则把本期的工资和工资基金数据全部删除。如果未选择“删除当前工资数据”选项，则在反结账时，不删除已经存在的工资数据，这样再结账时，系统会保留修改过后的固定工资项目数据。

思考与简答题

1. 工资管理子系统的概念、主要任务有哪些？
2. 工资管理子系统的主要功能有哪些？

3．简述工资管理子系统与其他子系统的关系。

4．简述工资管理子系统初始化的主要内容有哪些。

5．简述工资管理子系统日常业务。

6．简述工资管理子系统期末业务。

7．简述用友 U8.52 软件工资管理子系统的基本操作流程。

8．简述金蝶 K/3 软件工资管理子系统的基本操作流程。

第八章　应收应付款子系统

【知识目标】理解应收与应付款子系统的概念、功能特点，熟悉应收与应付款管理系统业务基本流程，理解应收与应付款管理系统与其他系统之间的关系。

【技能目标】能够熟练掌握应收应付款子系统的初始化设置、日常业务处理、期末业务处理的相关内容和操作方法。

第一节　应收应付款子系统概述

一、应收应付款子系统概念

应收应付款子系统是通过对购货发票以及销售发票的后续处理，以及对业务资金运用分析的综合管理系统，主要用于核算和管理本企业与对方企业（客户、供应商等）之间的往来款项。对采购和销售资金流的全过程进行有效的控制和跟踪，实现完善的企业资金信息管理。

应收应付款子系统包括应收款管理系统和应付款管理系统。应收款管理系统是核算采购业务、应付款管理系统是核算销售业务，通过应收应付功能模块对债权债务科目如应收账款、应付账款、其他应收账款、其他应付款等进行的辅助核算，各个子系统既可以独立应用，又可以与对应的购销存系统集成应用。通过应收与应付款管理系统是提供的各种分析数据，可以为企业制定政策提供依据，从而提高企业的财务管理能力。

二、应收应付款子系统主要功能

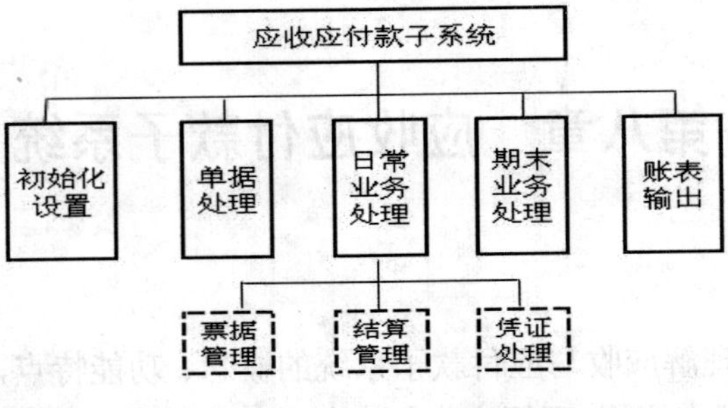

图 8-1　应收应付款子系统主要功能结构图

1. 初始化设置

在使用系统之前，根据企业对应收应付子系统的具体要求进行参数设置、基础资料设置、业务流程设置、期初数据输入等，为以后的日常核算和管理提供信息。比如：建立客户、供应商的档案，建立部门、人员档案，设置与采购和销售有关的结算方式、付款条件、税率等。

2. 单据处理

应收与应付款子系统中单据处理，主要用于对采购发票、销售发票；采购订单、销售订单、收款单、付款单等单据进行处理。

3. 日常业务处理

日常业务处理包括票据管理、结算管理、凭证处理。票据管理主要用于因采购、销售商品，接受劳务等产生的商业汇票进行管理，也可以对应收、应付票据进行各项处理；结算管理主要是采购、销售发票、订单、收、付款单等单据进行核销处理，指明每一次收、付款是收取、支付哪几笔销售业务、采购业务的款项。通过核销日志可以查询每一笔单据的结算情况；凭证处理是将系统中的各种单据生成记账凭证，并自动传递到总账系统。

4. 期末业务处理

期末业务处理主要包括期末调汇、对账和结账。对于有外币业务的企业，在会计期末如有汇率变化，通常要进行期末调汇的处理。本期所有业务处理完成之后，相关单据都已生成了凭证，同时与总账等系统的数据资料核对完毕，方可进行期末结账工作。

5. 账表输出

账表输出主要包括采购、销售日报表、费用表、各种明细表、汇总表和分析报表。账表输出功能提供了对这些报表的查询和打印。

三、应收应付款子系统基本操作流程

在会计软件的系统界面，启动应收子系统、应付子系统，进入该系统进行系统初始化，建立系统运行和日常业务处理所需要的基础资料，建立客户或供应商档案，通过系统参数设置定义业务处理的基本原则与方法，录入初始数据录入等。

系统初始化工作完成之后，方可开始日常业务处理工作。通过发票、其他应收、应付单、收款、付款单等单据的录入，对企业的往来账款进行综合管理，及时、准确地提供客户、供应商的往来账款余额资料，对采购、销售发票、订单、收、付款单等单据进行核销处理，指明每一次收款、付款是收取、支付了哪几笔销售业务、采购业务的款项，进行结算处理、坏账处理等，从而加强对采购、销售过程的控制和管理，加速资金周转。各项单据处理后将生成相应的记账凭证。

当期末全部业务处理完成后，还需进行对账、调汇、结账等。账表管理是用于制作和查询企业所需的报表。主要包括应收、应付业务总账表、明细表、余额表、日报表、对账单，账龄分析表、收款（付）分析表等。

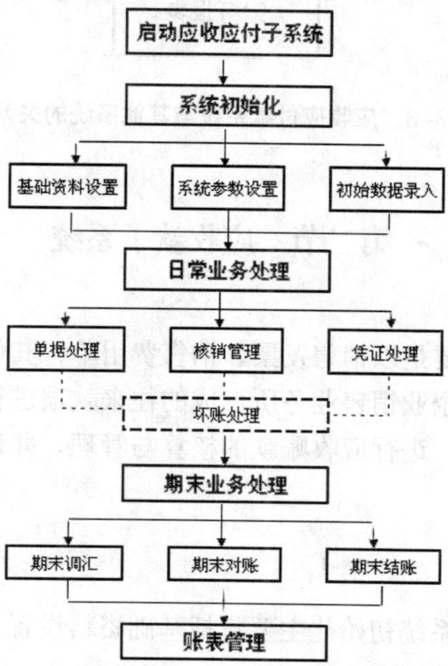

图 8–2　应收与应付款子系统业务基本操作流程图

四、应收应付款子系统与其他系统关系

应收款子系统、应付款子系统涉及采购部门、销售部门、财务部门等相关部门，在各个部门相互协作、相互配合下，才能顺畅地处理各项业务。应收款子系统主要用于核算和管理企业与客户之间的往来款项；应付款子系统主要用于核算和管理企业与供应商之间的往来款项。各个子系统既独立运行，又相互联系。应收款子系统、应付款子系统与其他系统之间的关系如图 8-3 所示。

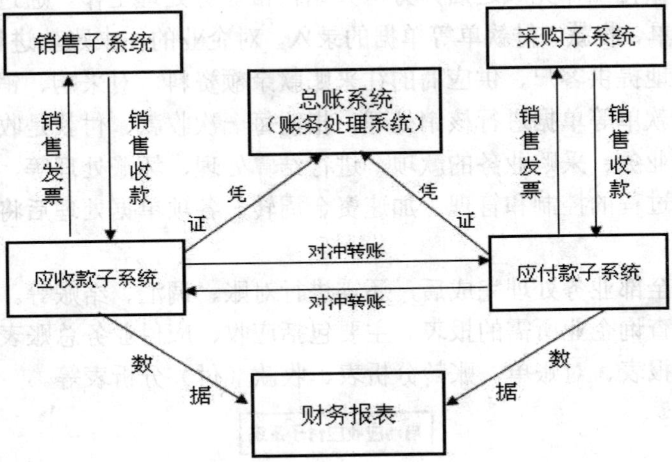

图 8–3 应收应付款系统与其他系统的关系图

第二节 应收款子系统

应收款子系统主要是以销售发票、销售费用单、其他应收单和应收票据等原始单据为依据，对企业销售业务所形成的往来款项进行综合管理，记录销售业务形成的往来款项，进行应收账款的核算与管理，并进行票据管理和信用管理。

一、系统初始化

应收款子系统的系统初始化主要包括基础资料设置、系统参数的设置、初始数据录入等操作。

1. 基础资料设置

基础资料设置就是企业在使用销售与应收款管理系统时，根据企业的特点、规模和其他要求而设置的基本的信息。基础资料设置主要包括：部门和职员档案设置、客户档案设置、科目设置、单据设置、客户的付款条件的设置、结算方式的设置、收坏账准备的设置等。

2. 系统参数设置

系统参数的设置将决定企业使用系统的业务模式、业务流程、数据流向，企业应结合实际业务需要进行设置。系统业务参数设置主要包括：系统启用、账套控制参数设置等。

系统启用就是激活应收管理模块；账套控制参数设置就是建立应收款管理的基础数据，用于确定使用哪些单据处理应收业务（应收款核销方式，汇兑损益方式、坏账处理方式等），确定需要进行账龄管理的区间以及凭证科目，用户可以根据自已定义的单据类型进行业务的处理、统计、分析、制单，使应收业务管理更符合用户的需要。

3. 初始数据录入

第一次使用应收款子系统时，须将未处理完的所有客户的应收账款、预收账款、应收票据等业务数据录入到系统之中，作为期初建账的数据，以便以后的核销处理。当进入第二年度时，系统则自动结转上年的数据。

二、日常业务处理

应收款子系统的日常业务处理主要包括单据处理业务、票据处理业务、核销处理业务、凭证处理业务、坏账处理业务等操作。

1. 单据处理

应收款子系统的单据处理主要用于对销售发票、应收单据进行处理，包括新增、修改、审核和删除等操作。销售发票和应收单据是应收账款日常核算的原始单据。销售发票是指销售业务中的各类普通发票和专用发票；应收单据是指销售业务之外的应收单据（比如代垫运费等）。

2. 票据处理

应收款子系统的票据处理主要用于对企业因销售商品、提供劳务等而产生的商业汇票（银行承兑汇票和商业承兑汇票）进行管理，记录票据详细信息和处理情况，包括票据贴现、背书、计息、结算、转出等情况。

3. 核销处理

应收款子系统的核销处理主要用于对应收发票、其他应收单与收款单、退款单的核销处理，用于确定收款单与原始发票、应收单之间的对应关系，即指明每一次收款是收取哪几笔销售业务的款项。收款单是收到款项而输入的单据，包括收到的货款、预收款、代付款。

4. 凭证处理

应收款子系统的凭证处理主要是指各种单据生成记账凭证。凭证处理也称为制单处理。制单处理可分为立即制单和批量制单。立即制单是在单据处理、转账处理、票据处理及坏账处理等功能操作中，有许多系统询问是否立即制单，单击“是”，便立即生成凭证。批量制单是在所有业务发生完成后，使用制单功能进行批处理制单。

5. 坏账处理

应收款子系统的坏账处理主要是指系统提供的计提应收坏账准备处理、坏账发生后的处理、坏账收回等进行相应的处理。其处理结果自动生成凭证并结转到账务处理系统中。坏账处理应根据企业实际情况制定计提坏账准备政策，明确计提坏账准备的范围和提取比例。

三、期末业务处理

应收款子系统的期末业务处理主要包括期末调汇、期末对账、期末结账等操作。

1. 期末调汇

应收款子系统的期末调汇是指客户往来有外币核算业务，在会计期末如有汇率变化，通常要进行期末调汇，计算外币单据的汇兑损益并对其进行相应的处理。

2. 期末对账

应收款子系统的期末对账是指本期所有业务处理完成后，相关单据都已生成凭证，同时与总账系统的数据资料进行核对工作，核对完毕方可进行期末结账工作。

3. 期末结账

应收款子系统的期末结账是指本期所有业务处理完成后，执行月末结账功能。结账后本月不能再进行单据、票据、转账等业务的增删改审等处理。结账后，系统进入下一个会计期间。

四、账表管理

应收款子系统的账表管理主要包括账表查询和账表输出。账表查询主要包括业务账表、统计分析和科目账等的查询，用户根据输入的查询条件，查询符合条件的记录。账表输出是对各种报表的显示和打印，用户根据系统提供的信息，对应收款进行监督和管理。

第三节 应付款子系统

应付款子系统主要是以采购发票、采购费用单、其他应付单等原始单据为依据，对企业与供应商发生的往来款项进行综合管理，记录采购业务所形成的往来款项，进行应付账款的核算与管理，并进行应付票据进行管理，输出各种与应付账款管理相关的账表。

一、系统初始化

应付款子系统的系统初始化是日常业务处理的前提，主要包括基础资料设置、系统参数的设置、初始数据录入等操作。

1. 基础资料设置

基础资料设置就是企业在使用采购与应付款管理系统时，根据企业的特点、规模和其他要求而设置的基本的信息。基础资料设置主要包括：部门和职员档案设置、供应商档案设置、科目设置、单据设置、供应商的付款条件的设置、结算方式的设置等。

2. 系统参数设置

系统参数的设置将决定企业使用系统的业务模式、业务流程、数据流向，企业应结合实际业务需要进行设置。系统业务参数设置主要包括：系统启用，账套控制参数设置等。系统启用就是激活应付管理模块；账套控制参数设置就是建立应付款管理的基础数据，用于确定使用哪些单据处理应付业务，确定凭证科目，用户可以根据自己定义的单据类型进行业务的处理、统计、分析、制单，使应付业务管理更符合用户的需要。

3. 初始数据录入

第一次使用应付款子系统时，须将未处理完的所有供应商的应付账款、预付账款、应付票据等业务数据录入到系统之中，作为期初建账的数据，以便以后的核销处理。当进入第二年度时，系统则自动结转上年的数据。

二、日常业务处理

应付款子系统的日常业务处理主要包括单据处理业务、票据处理业务、核销处理业务、凭证处理业务、转账处理业务等操作。

1．单据处理

应付款子系统的单据处理主要用于对采购发票、应付单据、付款单进行处理，包括新增、修改、审核和删除等操作。采购发票和应付单据是应付账款日常核算的原始单据，付款单主要记录企业所支付的应付款或预付款。单据录入是采购与应付系统的起始环节，审核结束以后就可以制单了。

2．票据处理

应付款子系统的票据处理主要用于对企业因采购商品、接受劳务等而产生的商业汇票（银行承兑汇票和商业承兑汇票）进行有效管理，包括新增、修改、删除及付款和退票等操作。如果要进行票据登陆账簿管理，则必须将应付票据科目设置成科目设置为应付受控科目。

3．核销处理

应付款子系统的核销处理主要用于对应付发票、其他应付单与付款单、退款单的核销处理，用于确定付款单与原始发票、付款单之间的对应关系，即指明每一次付款是支付哪几笔采购业务的款项。核销处理方式分为两种，即手工核销和自动核销。

4．凭证处理

应付款子系统的凭证处理就是生成凭证，既指对采购发票、应付单据、付款单等原始单据进行实时制单，并传递到账务处理系统中。凭证处理可分为立即制单和批量制单。立即制单是在单据处理、转账处理、票据处理及坏账处理等功能操作中，许多系统询问是否立即制单，单击“是”，便立即生成凭证。批量制单是在所有业务发生完成后，使用制单功能进行批量处理制单。

5．转账处理

应付款子系统的转账处理主要包括应付冲应收、应付冲应付、预付冲应付、红票对冲等操作。应付冲应收是用欠某一供应商的货款冲抵对客户的应收账款；应付冲应付是用欠某一供应商的货款转入另一供应商的账户中；预付冲应付是用预付供应商的款项冲抵所欠该供应商的货款；红票对冲是用某供应商的红票与其蓝字发票进行冲销。通过转账处理功能将应付款业务在供应商之间进行转入、转出，实现应付业务的调整。

三、期末业务处理

应付款子系统主要包括期末调汇、期末对账、期末结账等操作。

1．期末调汇

应付款子系统的期末调汇是指供应商往来有外币核算业务，在会计期末如有汇率变化，通常要进行期末调汇，计算外币单据的汇兑损益并对其进行相应的处理。

2．期末对账

应付款子系统的期末对账是指本期所有业务处理完成后，相关单据都已生成凭证，同时与总账系统的数据资料进行核对工作，核对完毕方可进行期末结账工作。

3．期末结账

应付款子系统的期末结账是指本期所有业务处理完成后，执行月末结账功能。结账后本月不能再进行单据、票据、转账等业务的增删改审等处理。结账后，系统进入下一个会计期间。

四、账表管理

应付款子系统的账表管理主要包括账表查询和账表输出。账表查询主要包括业务账表、统计分析和科目账等的查询，用户根据输入的查询条件，查询符合条件的记录。账表输出是对各种报表的显示和打印，用户根据系统提供的信息，对应付款进行监督和管理。

第四节　本章实验操作

一、用友 U8 软件应用操作

实验一　应收应付款子系统及操作指导

Ⅰ．应收应付款子系统

【实验目的】

理解用友 ERP-U8 应收应付款系统与总账系统的之间的关系，熟悉应收应付款系统的主要功能及流程，理解和掌握应收应付款系统初始化、日常业务处理、月末处理的操作。

【实验内容】

1. 系统参数设置。

2. 基础数据设置。

3. 初始数据录入。

4. 日常业务处理。

5. 月末处理。

【实验要求】

1. 以“李一”的身份进行系统初始化、月末处理。

2. 以“苏三”的身份进行日常业务处理。

【实验准备】

1. 恢复“实验二”数据（即以系统管理员 admin 的身份注册进入“系统管理”，执行“账套”—“引入”—“引入账套数据”对话框，恢复账套数据）。

2. 根据案例资料，检查总账系统和应收应付款系统是否启动，启动日期是否为“2014 年 6 月 1 日”，如果不是，就调整为该时间。

【实验资料】

（一）系统初始化资料（未给的信息保持系统默认值）

1. 应收款子系统

（1）初始设置

①控制参数

	控制参数	参数设置
常规	应收款核销方式	按单据
	单据审核日期依据	单据日期
	汇兑损益方式	月末处理
	坏账处理方式	应收余额百分比
	代垫费用类型	其他应收单
	应收账款核算类型	详细核算
凭证	受控制科目制单方式	明细到客户
	非控制科目制单方式	汇总方式
	控制科目依据	按客户
	销售科目依据	按存货
	月结前是否全部生成凭证	是
	预收冲应收是否生成凭证	是

②设置科目

科目类别	设置方式
基本科目设置	应收科目（本币）：1122 预收科目（本币）：2203 销售收入科目：6001 税金科目：22210102
控制科目设置	所有客户的控制科目： 应收科目（本币）：1122 预收科目（本币）：2203
结算方式科目设置	结算方式：现金支票：币种：人民币；科目：100201 转账支票：币种：人民币；科目：100201

③坏账准备设置

控制参数	参数设置
提取比例	0.5%
坏账准备期初余额	800
坏账准备科目	1231
对方科目	660207

④账龄区间设置

序号	起止天数	总天数
01	1—30	30
02	31—60	60
03	61—90	90
04	91—120	120
05	121 以上	

⑤计量单位组及计量单位

计量单位组

计量单位组	计量单位组名称	计量单位组类别
01	无换算组	无换算

计量单位

计量单位编号	计量单位名称	计量单位组类别
01	台	无换算组
02	张	无换算组

⑥存货分类及存货档案

存货分类

存货类别编码	存货类别名称
1	自行开发项目
2	台式计算机
3	笔记本电脑

存货档案

存货编码	存货名称	所属分类	主计量单位	税率	存货属性
01	机箱	1	台	17%	自制、销售
02	PVC 面板	1	张	17%	自制、销售
03	联想台式机	2	台	17%	外购、销售
04	惠普台式机	2	台	17%	外购、销售
05	联想笔记本	3	台	17%	外购、销售
06	惠普笔记本	3	台	17%	外购、销售

⑦ 期初余额

会计科目：1122 应收账款；借方余额 157 600 元。

增值税专用发票

开票日期	客户	销售部门	业务员	货物名称	数量	价税合计（元）
2014-5-31	世纪学校	销售部	金松	联想台式机	20	99600

普通发票

开票日期	客户	销售部门	业务员	货物名称	数量	价税合计（元）
2014-5-31	日照商贸	销售部	王五	联想笔记本	11	58000

2. 应付款系统

（1）系统参数

控制参数		参数设置
常规	应付款核销方式	按单据
	单据审核日期依据	单据日期
	汇兑损益方式	月末处理
	应收账款核算类型	详细核算
凭证	受控制科目制单方式	明细到供应商
	非控制科目制单方式	汇总方式
	控制科目依据	按供应商
	制单方式	明细到供应商
	采购科目依据	按存货
	月结前是否全部生成凭证	是
	预收冲应收是否生成凭证	是

（2）基础信息

①基本科目设置

科目类别	设置方式
基本科目设置	应付科目（本币）：2202 预付科目（本币）：1123 采购科目：1401 税金科目：22210101
控制科目设置	所有客户的控制科目： 应付科目（本币）：2202 预付科目（本币）：1123
结算方式科目设置	结算方式：现金支票：币种：人民币；科目：100201 转账支票：币种：人民币；科目：100201

②账龄区间设置

序号	起止天数	总天数
01	1—30	30
02	31—60	60
03	61—90	90
04	91—120	120
05	121 以上	

（3）期初余额

应付账款余额：300 000 元

增值税专用发票

开票日期	供应商	采购部门	业务员	货物名称	数量	价税合计(元)
2014-5-31	金省商贸	采购部	赵四	联想台式机	50	300 000

（二）日常业务处理

（1）6 月 5 日，销售部金松向世纪学校销售惠普台式机 50 台，单价 4 500 元，税率 17%，开出增值税专用发票，货款未收，同时代垫运费 1 000 元（在应收系统操作）。

（2）6 月 9 日，以转账支票支付上海金省商贸有限公司的欠款 300 000 元（在应付系统操作）。

（3）6 月 11 日，销售部王五收到日照商贸交来转账支票一张，金额 58 000 元，发票号：ZZ001，用以归还所欠货款（在应收系统操作）。

（4）6 月 15 日，采购部赵四从天津联想分公司采购联想台式机 100 台，单价 4 500 元，收到普通发票一张，货款未付（在应付系统操作）。

（5）6 月 23 日，将世纪学校的应收账款 263 250 元和 99 600 元转给日照商贸公司（在应收系统操作）。

（6）6 月 30 日，确认本月为世纪学校代垫运费 1 000 元，作为坏账处理（在操作）。

（7）6 月 30 日，计提坏账准备（在应收系统操作）。

（8）6 月 30 日，将上海金省商贸有限公司应付账款 300 000 元转给天津联想分公司（在应付系统操作）。

（9）将以上应收系统的经济业务处理结果生成记账凭证。

（10）将以上应付系统的经济业务处理结果生成记账凭证。

（三）期末业务处理

1. 查询应收账款：业务明细账表、账龄分析表。
2. 查询应付账款：应付余额表、科目明细账。
3. 期末对账。
4. 期末结账。

Ⅱ. 应收应付款子系统操作指导

操作的前期工作

以“李一”的身份登陆启用门户，启用应收应付款系统，启用日期为“2014-6-1”，如图 U8-01 所示。

应收应付款系统是由应收款子系统、应付款子系统两部分组成。

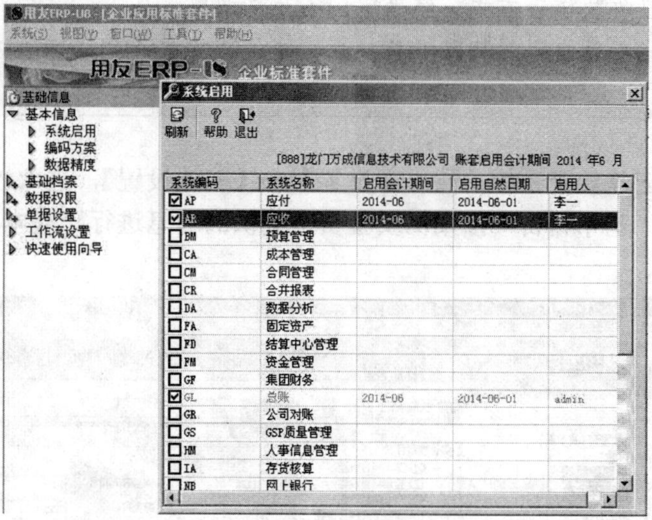

图 U8–01　启用应收、应付系统

（一）系统初始化资料（未给的信息保持系统默认值）

1. 应收款子系统

操作步骤：

（1）以“李一”身份登陆应收款子系统。点击【设置】—【选项】，打开“账套参数设置”对话框，点击【编辑】按钮，按案例实验资料提供的信息进行控制参数设置，设置完成后，点击【确定】按钮，如图 U8-02 所示。

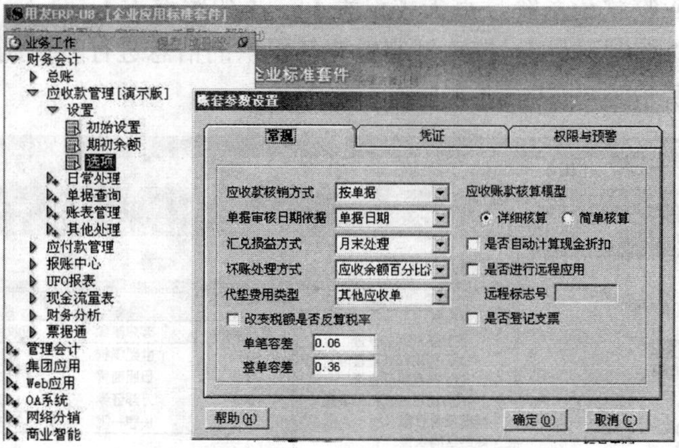

图 U8–02　应收系统参数设置

注：①应收款核销方式一经确定，不允许调整。

②如果当年已计提过坏账准备，则坏账处理方式不允许修改，只能在下一年度修改。

（2）在应收款子系统，点击【设置】—【初始设置】，进入“初始设置”窗口，选择“基本科目”按案例实验资料提供的信息进行“基本科目”，如图U8-03所示。

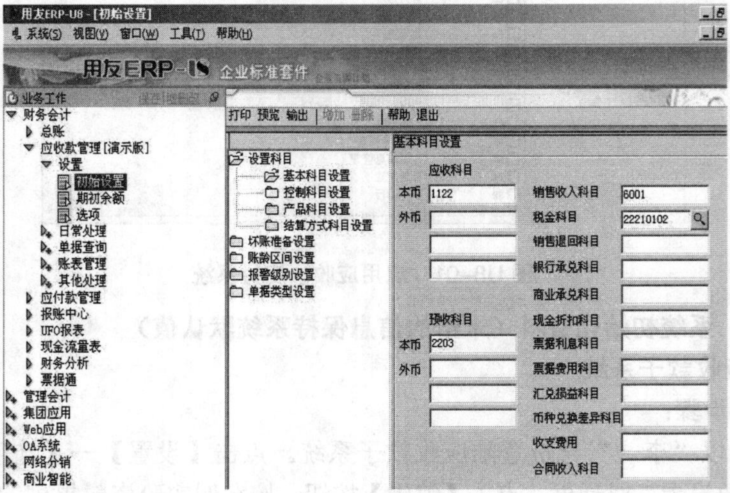

图 U8-03　基本科目设置

（3）在应收款子系统，点击【设置】—【初始设置】，进入“初始设置”窗口，选择“控制科目”，按案例实验资料提供的信息进行“控制科目”设置，如图U8-04所示。

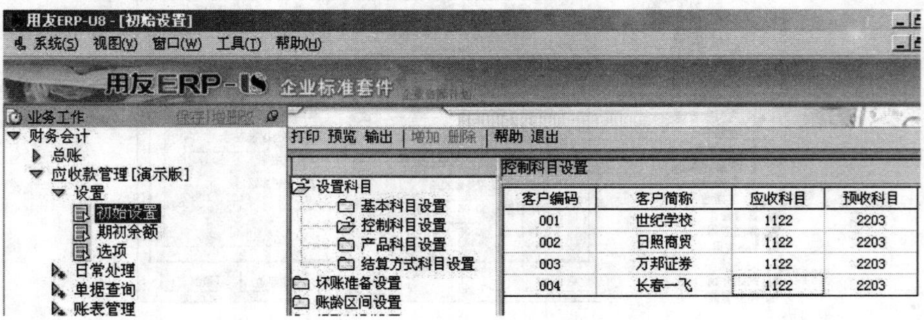

图 U8-04　控制科目设置

（4）在应收款子系统，点击【设置】—【初始设置】，进入“初始设置”窗口，选择“结算方式科目设置”按案例实验资料提供的信息进行“结算方式科目设置”，如图 U8-05 所示。

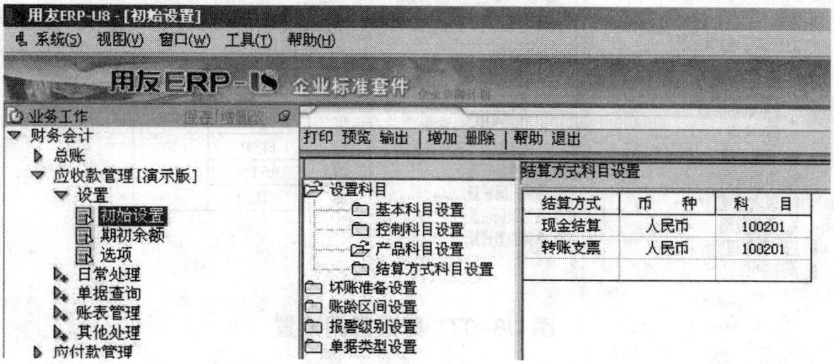

图 U8–05　结算方式科目设置

（5）在应收款子系统中，点击【设置】—【初始设置】，进入“初始设置”窗口，选择“坏账准备设置”按案例实验资料提供的信息进行“坏账准备设置”，如图 U8-06 所示。

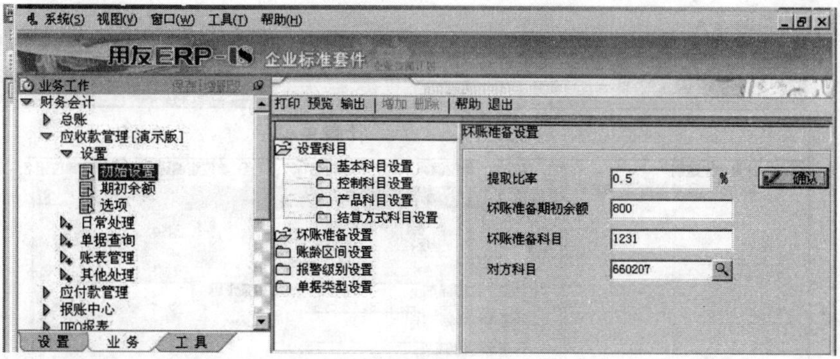

图 U8–06　坏账准备设置

（6）在应收款子系统中，点击【设置】—【初始设置】，进入“初始设置”窗口，选择“账龄区间设置”按案例实验资料提供的信息进行“账龄区间设置”，如图 U8-07 所示。

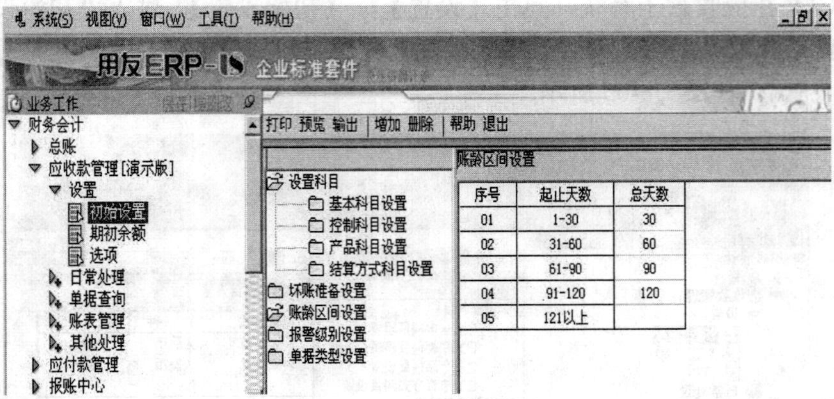

图 U8–07 账龄区间设置

（7）在“企业门户”中，点击【设置】—【基础档案】—【存货】—【计量单位】，进入“计量单位—计量单位组别”窗口，点击【分组】按钮，打开“计量单位分组”对话框，点击【增加】按钮，按案例实验资料提供的信息，输入单位信息并保存。选择“无换算关系”单位组，点击【单位】按钮，打开“计量单位设置”对话框，按案例实验资料输入单位信息，如图 U8-08 所示。

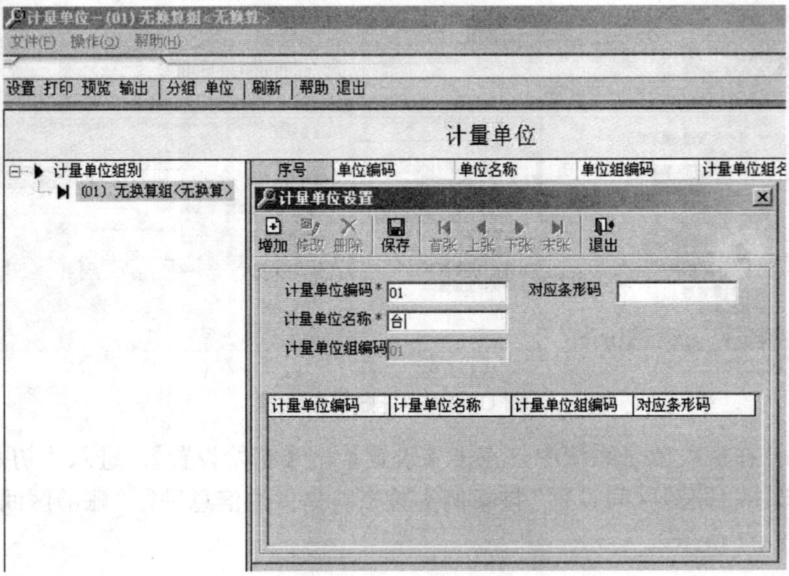

图 U8–08 计量单位设置

（8）在“企业门户”中，点击【设置】—【基础档案】—【存货】—【存货分类】，进入“存货分类”窗口，按案例实验资料提供的信息进行存货分类设置，点击【设置】—【基础档案】—【存货】—【存货档案】，进入“存货档案”窗口，选择存货分类，点击【增加】按钮，进入“存货档案卡片”窗口，按案例实验资料输入存货档案，如图 U8-09 所示。

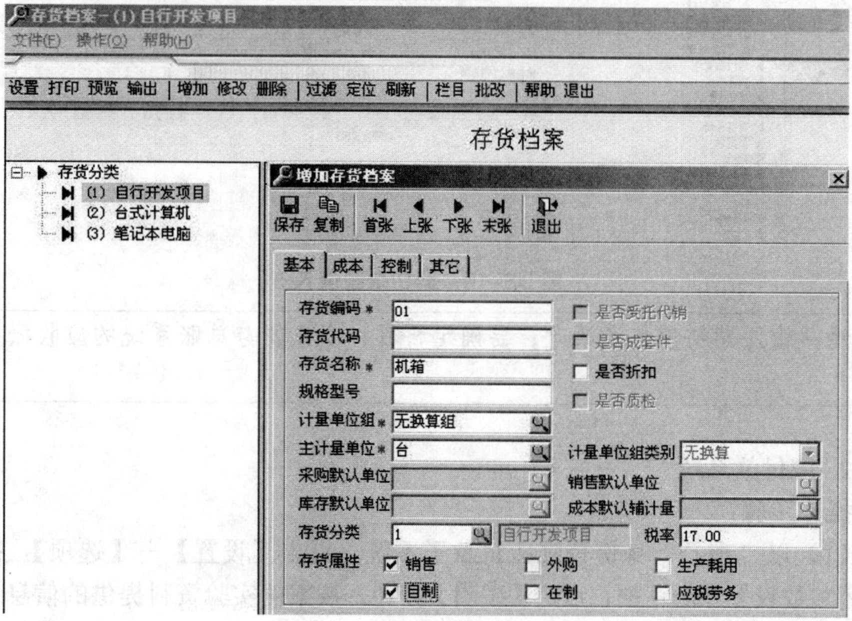

图 U8-09 存货档案录入

（9）在应收款子系统【业务】页面，点击【设置】—【期初余额】，打开“期初余额—查询”对话框，点击【确认】按钮，进入“期初余额明细表”窗口，点击【增加】按钮，打开“单据类别”对话框，选择单据名称为“销售发票”，单据类型“销售专用发票”，方向“正向”，点击【确认】按钮，进入“销售专用发票”窗口，输入开票日期“2014-5-31”，客户名称“世纪学校”，销售部门“销售部”，会计科目“1122”，选择货物名称为“联想台式机”，输入数量“20”，价税合计处“99600”，金额自动算出，点击【保存】按钮，如图 U8-10 所示。同理，依次类推，输入其他发票的期初余额。

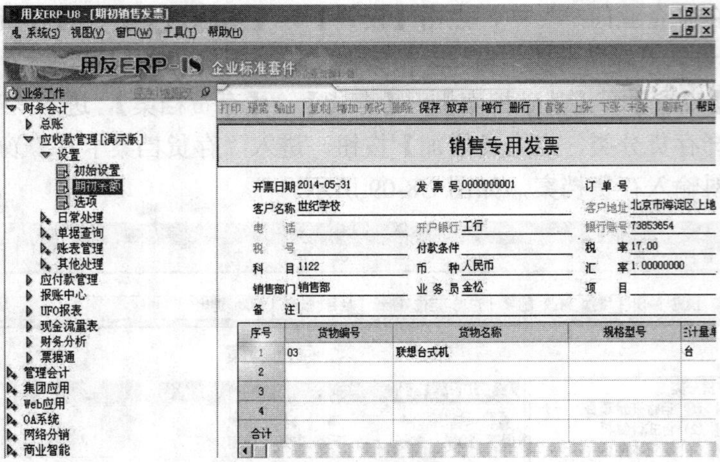

图 U8–10　期初余额录入

注：输入期初销售发票时，要确定科目，以方便与总账系统的应收账款对账。

---

2. 应付款系统

操作步骤：

（1）以“李一”身份登陆应付款子系统。点击【设置】—【选项】，打开“账套参数设置”对话框，点击【编辑】按钮，按案例实验资料提供的信息进行控制参数设置，设置完成后，点击【确定】按钮，如图 U8-11 所示。

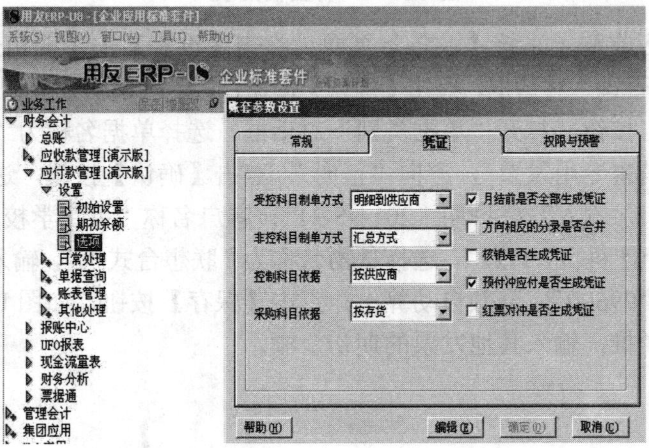

图 U8–11　应付系统参数设置

（2）在应付款子系统中，点击【设置】—【初始设置】，进入“初始设置”窗口，按案例实验资料提供的信息进行“基本科目”，如图 U8-12 所示。

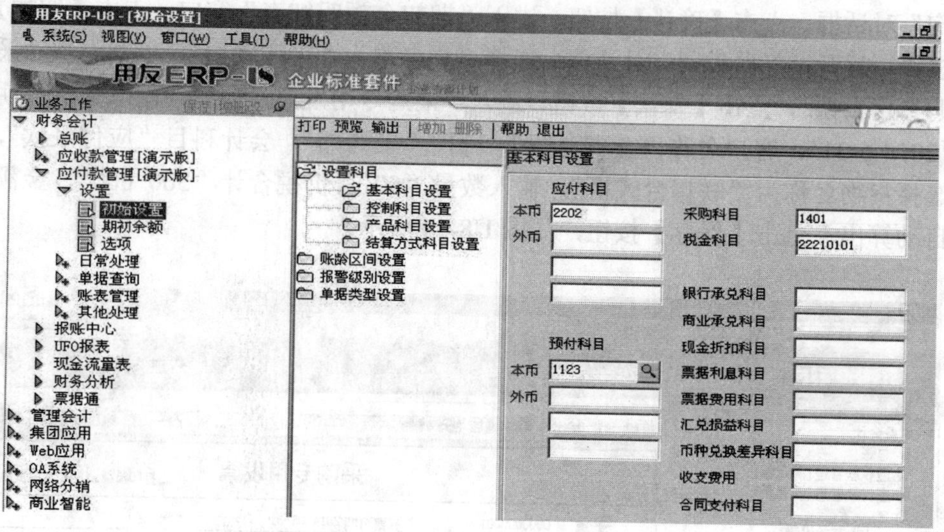

图 U8-12　基本科目设置

（3）在应付款子系统中，点击【设置】—【初始设置】，进入“初始设置”窗口，选择“控制科目”，按案例实验资料提供的信息进行“控制科目”设置，如图 U8-13 所示。

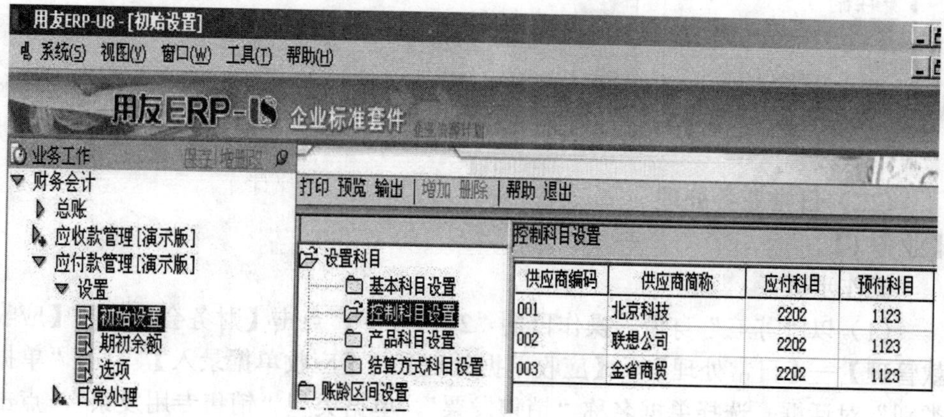

图 U8-13　控制科目设置

（4）在应付款子系统中，点击【设置】—【初始设置】，进入“初始设置”窗口，选择“结算方式科目”、“账期内账龄区间”，按案例实验资料提供的信息进行设置，具体操作流程同“应收款子系统”。

（5）在应付款子系统，点击【设置】—【期初余额】，打开“期初余额—查询”对话框，点击【确认】按钮，进入“期初余额明细表”窗口，点击【增加】按钮，打开“单据类别”对话框，选择单据名称为“采购发票”，单据类型“采购专用发票”，点击【确认】按钮，进入“采购专用发票”窗口，输入开票日期“2014-5-31”，客户名称“金省商贸”，部门“采购部”，会计科目“应付账款”，选择货物名称为“联想台式机”，输入数量“50”，价税合计“300 000”，金额自动算出，点击【保存】按钮，如图 U8-14 所示。

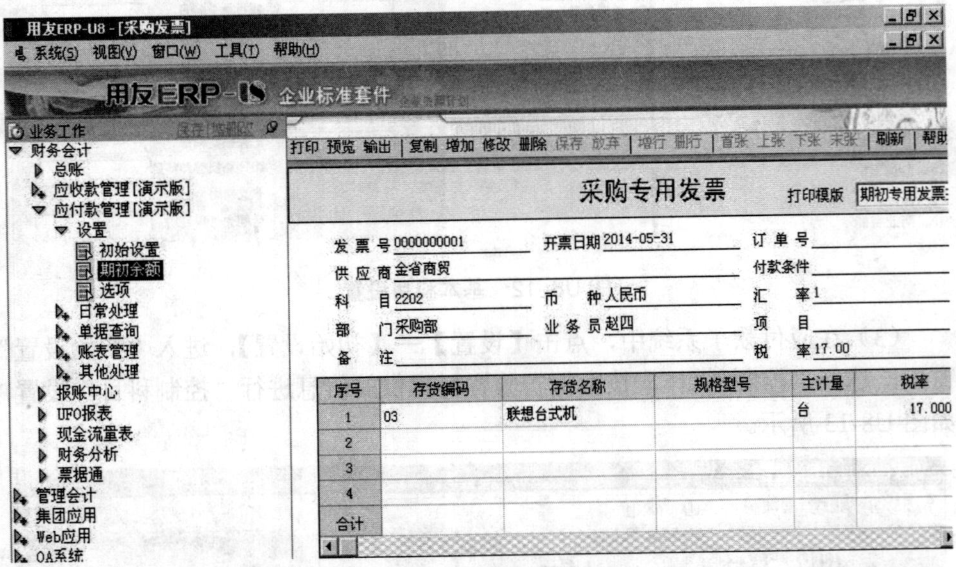

图 U8-14　应付款期初余额录入

（二）日常业务处理

【业务 1】

操作步骤：

（1）以“苏三”身份，操作日期“2014-6-5”，点击【财务会计】—【应收款管理】—【日常处理】—【应收单据处理】—【应收单据录入】，打开“单据类别”对话框，选择单据名称“销售发票”，单据类型“销售专用发票”，点击【确认】按钮，进入“销售专用发票”窗口，如图 U8-15 所示。

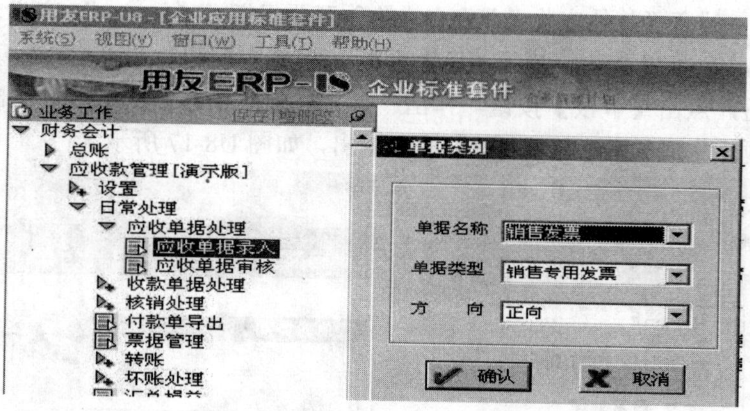

图 U8–15　单据类型

（2）在“销售专用发票”窗口，输入开票日期“2014-6-5”，客户名称“世纪学校”，选择存货名称“惠普台式机”，输入数量“50”，不含税单价“4 500”，税率“17%”，价税合计自动算出，点击【保存】按钮，点击【审核】按钮，系统弹出“是否立即制单”提示框，如图 U8-16 所示。点击【否】按钮，暂不生成凭证，点击【×】按钮退出。

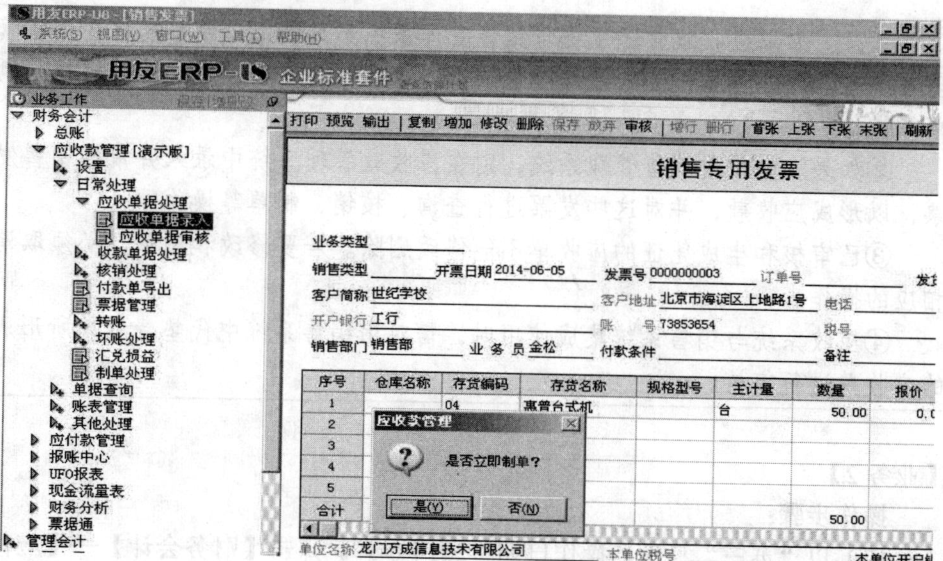

图 U8–16　销售专用发票录入

（3）点击【日常处理】—【应收单据处理】—【应收单据录入】，打开“单据类别”对话框，选择单据名称“应收单”，单据类型“其他应收单”，点击【确认】按钮，进入“其他应收单”窗口，输入开票日期“2014-6-5”，客户名称“世纪学校”，金额“1 000”，摘要“代垫运费”，选择对应科目“100201”，点击【保存】按钮，点击【审核】按钮，弹出“是否立即制单？”提示框。点击【否】按钮，暂不生成凭证，点击【×】按钮退出，如图 U8-17 所示。

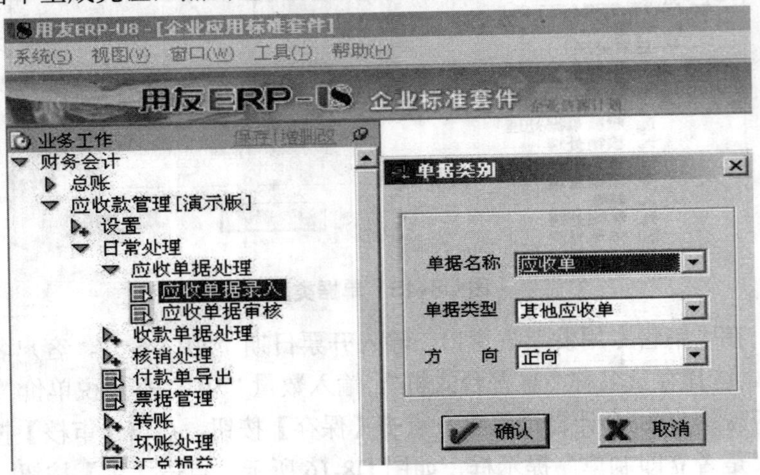

图 U8-17　单据类型

注：①如果应收款管理系统与销售管理系统集成使用，销售发票在销售管理系统中录入并审核，应收款管理系统可对这些销售发票进行查询、核销、制单等操作。

②如果没有使用销售管理系统，则在应收款管理系统中录入并审核销售发票，以形成应收款，并对这些发票进行查询、核销、制单等操作。

③已审核和生成凭证的应收单不能修改删除。若要修改和删除，必须取消相应的操作。

④应收系统与销售系统集成使用时，需对由销售系统中代垫费用单所形成的应收单进行审核。

【业务 2】

操作步骤：

（1）以“苏三”身份，操作日期“2014-6-9”。点击【财务会计】—【应付款管理】—【日常处理】—【应付单据处理】—【付款单据录入】，打开“付款单”窗口，点击【增加】按钮，按案例实验资料提供的信息进行单据录入，结算方式“转账支票”，金额“300 000”，录入完成后，点击【保存】按钮，点击

【审核】按钮，系统弹出“是否立即制单”提示框后，点击【否】按钮，暂不生成凭证，如图 U8-18 所示。

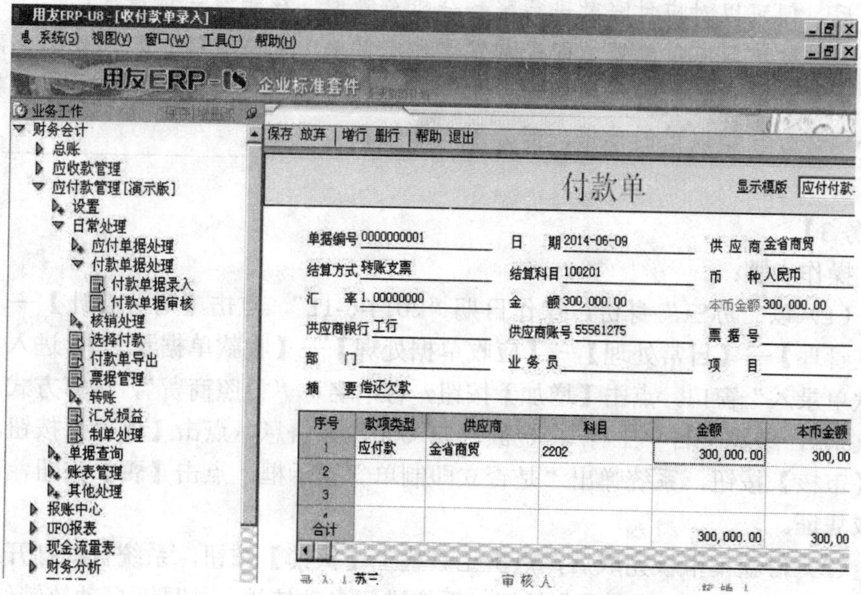

图 U8-18　付款单据录入

（2）付款单审核完成后，点击工具栏上【核销】按钮，系统自动打开“核销条件”对话，点击【确认】按钮，系统进行自动核销，并显示自动核销结果，点击【退出】按钮，如图 U8-19 所示。

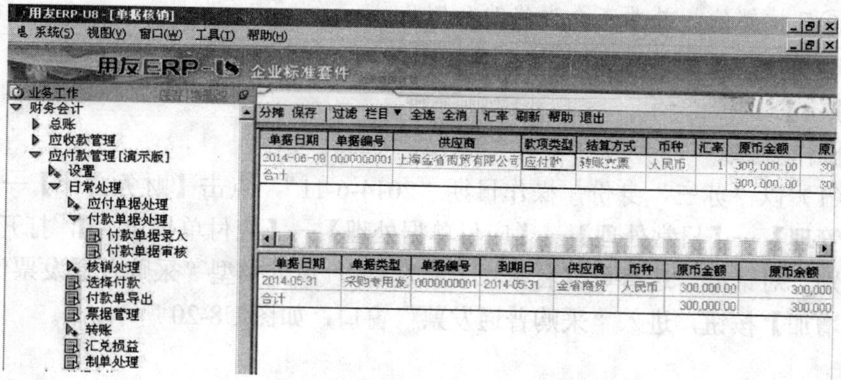

图 U8-19　自动核销

注：核销——就是确定“付款单”(或收款单)与原始的发票、应付单之间的对应结算关系的操作，即本次支付的是哪几笔采购业务的款项。在明确核销关系后，便可以对应付账款进行账龄分析与管理。核销有三种情况：

①付款单与应付单据(即采购发票和应付单)完全核销，即付款单金额与应付单据金额相等所进行的核销；②使用付款单与预付款进行核销；③付款单的金额部分核销以前的单据，部分形成预付款。

【业务3】

操作步骤：

(1)以“苏三”身份，操作日期“2014-6-11”，点击【财务会计】—【应收款管理】—【日常处理】—【应收单据处理】—【收款单据录入】，进入“收付款单录入”窗口，点击【增加】按钮，客户名称“日照商贸”，结算方式“转账支票”，结算科目“工行”，金额“58 000”等信息，点击【保存】按钮，点击【审核】按钮，系统弹出“是否立即制单”提示框。点击【否】按钮，暂不生成凭证。

(2)付款单审核完成后，点击工具栏上【核销】按钮，系统自动打开“核销条件”对话，点击【确认】按钮，系统进行自动核销，并显示自动核销结果，点击【退出】按钮。

注：①录入收款单内容时，结算方式、结算科目及金额不能为空。

②系统自动生成的结算单号不能进行修改。

③已核销的收款单不允许修改和删除。

【业务4】

操作步骤：

(1)以“苏三”身份，操作日期“2014-6-11”，点击【财务会计】—【应付款管理】—【日常处理】—【应付单据处理】—【应付单据录入】，打开“单据类别”对话框，选择单据名称“采购发票”，单据类型“采购普通发票”，点击【增加】按钮，进入“采购普通发票”窗口，如图U8-20所示。

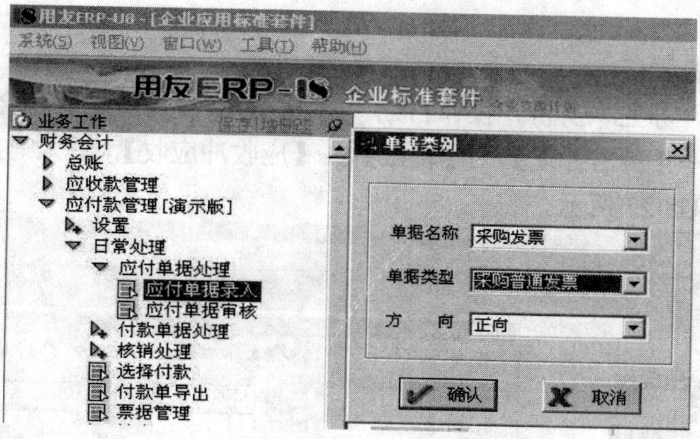

图 U8-20　单据类别

（2）在“采购普通发票”窗口，按案例实验资料提供的信息进行单据录入，录入完成后，点击【保存】按钮，点击【审核】按钮，系统弹出“是否立即制单”提示框后，点击【否】按钮，暂不生成凭证，点击【×】按钮，如图 U8-21 所示。

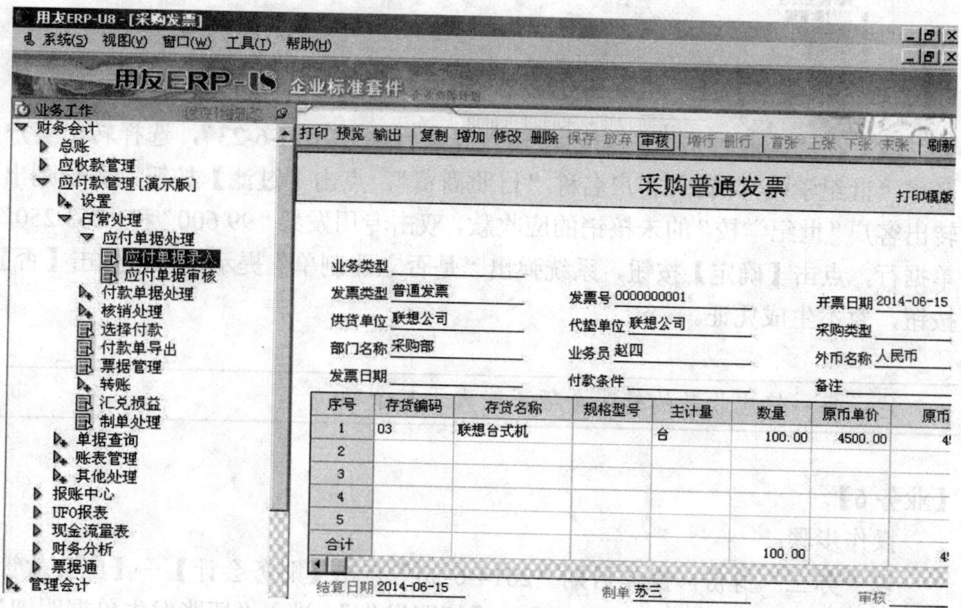

图 U8-21　采购普通发票录入

【业务 5】

操作步骤：

（1）以“苏三”身份，操作日期“2014-6-23”，点击【财务会计】—【应收款管理】—【日常处理】—【转账】—【应收冲应收】，进入“应收冲应收”窗口，如图 U8-22 所示。

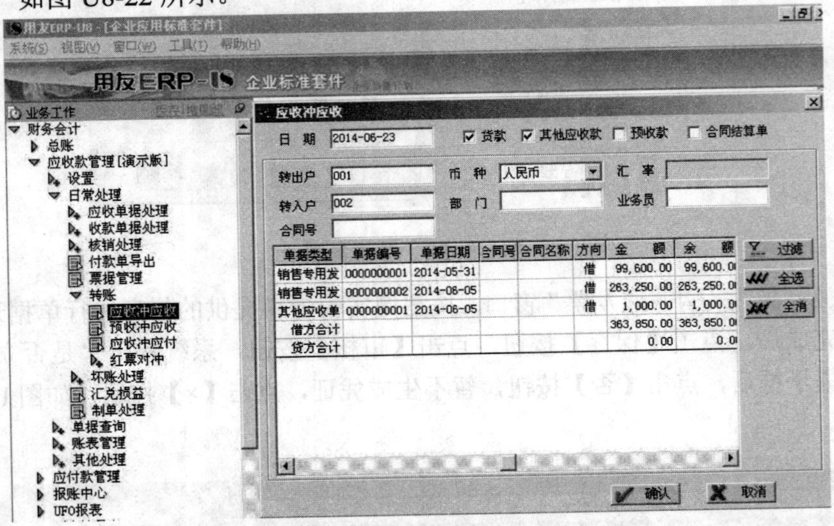

图 U8-22　应收冲应收

（2）在“应收冲应收”窗口，输入开票日期“2014-6-23”，选择转出客户名称“世纪学校”，转入客户名称“日照商贸”，点击【过滤】按钮，系统列出转出客户“世纪学校”的未核销的应收款，双击专用发票“99 600”和“263 250”单据行，点击【确定】按钮，系统弹出“是否立即制单”提示框后，点击【否】按钮，暂不生成凭证。

注：每一笔应收款的转账金额不能大于其余额。

【业务 6】

操作步骤：

以“苏三”身份，操作日期“2014-6-30”点击【财务会计】—【应收款管理】—【日常处理】—【坏账处理】—【坏账发生】，进入“坏账发生单据明细”窗口。点击【确认】按钮，系统弹出“是否立即制单”提示框后，点击【否】按钮，暂不生成凭证，点击【退出】按钮，如图 U8-23 所示。

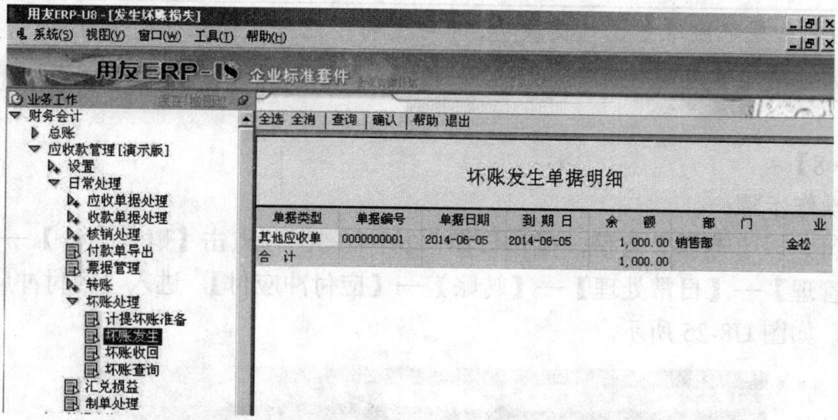

图 U8-23 坏账发生

注：如果坏账准备已计提成功，本年度将不能再次计提坏账准备。（一般年底计提，只允许计提一次）

【业务 7】

操作步骤：

以“苏三”身份，操作日期“2014-6-30”，点击【财务会计】—【应收款管理】—【日常处理】—【坏账处理】—【计提坏账准备】，进入“应收账款百分比”窗口。系统根据应收账款余额、坏账准备初始设置情况，自动算出本次计提金额。点击【确认】按钮，系统弹出“是否立即制单”提示框后，点击【否】按钮，暂不生成凭证，点击【是】按钮，立即生成凭证，如图 U8-24 所示。

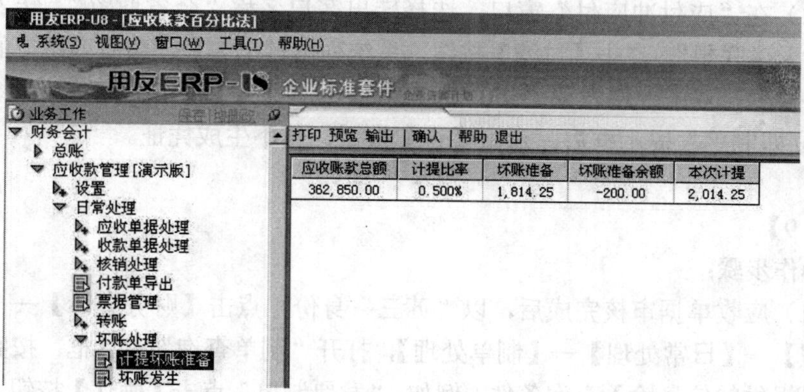

图 U8-24 计提坏账准备

注：如果坏账准备已计提成功，本年度将不能再次计提坏账准备。（一般年底计提，只允许计提一次）

【业务 8】

操作步骤：

（1）以"苏三"身份，操作日期"2014-6-30"，点击【财务会计】—【应付款管理】—【日常处理】—【转账】—【应付冲应付】，进入"应付冲应付"窗口，如图 U8-25 所示。

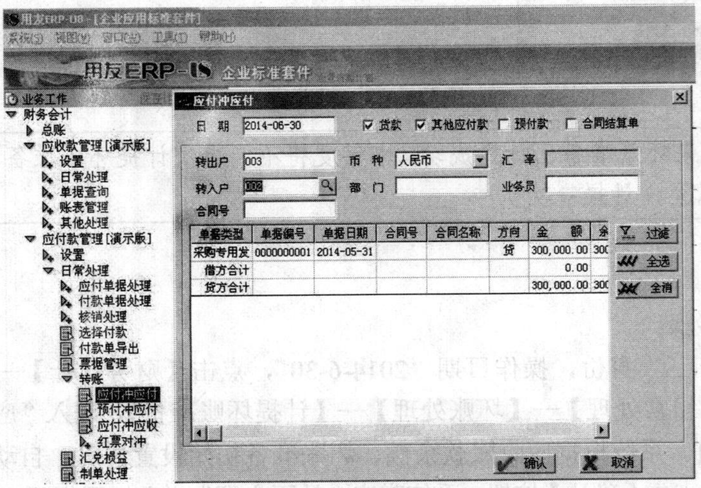

图 U8–25 应付冲应付

（2）在"应付冲应付"窗口，选择转出客户名称"金省商贸"，转入客户名称"天津联想"，点击【过滤】按钮，系统列出转出客户"金省商贸"的未核销的应付款，双击专用发票"300 000"单据行，点击【确定】按钮，系统弹出"是否立即制单"提示框后，点击【否】按钮，暂不生成凭证。

【业务 9】

操作步骤：

（1）应收单据审核完成后，以"苏三"身份，点击【财务会计】—【应收款管理】—【日常处理】—【制单处理】，打开"制单查询"对话框，按案例实验资料提供的信息输入查询条件，例如："发票制单"点击【确认】按钮，如图 U8-26 所示。

图 U8–26 制单查询

（2）选择凭证类别，例如：“转账凭证”，修改制单日期“2014-6-5”，选择要进行制单的单据，在“选择标志”列双击，系统会在该列给出一个序号“1”，表示要将该单据制单，或点击【全选】按钮，如图 U8-27 所示。

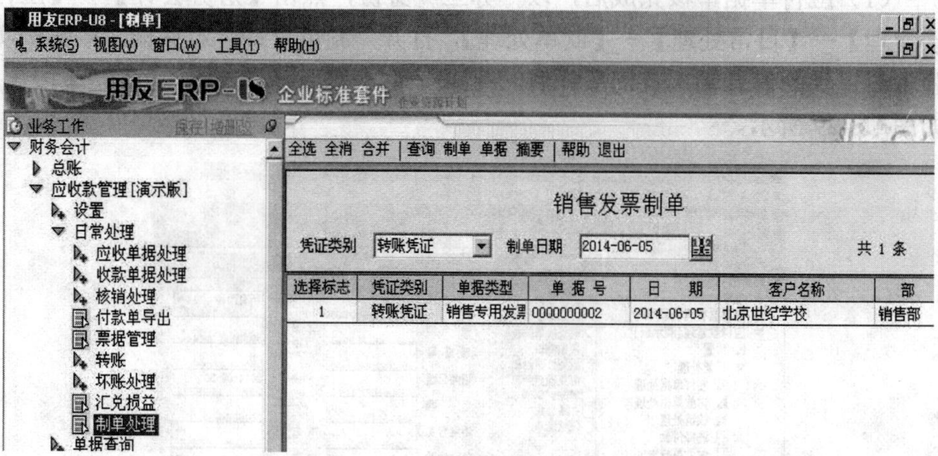

图 U8–27 发票制单

（3）点击【确认】按钮，点击【保存】按钮，凭证左上方出现“已生成”字样，表明此凭证已传递至总账，如图 U8-28 所示。依次类推，完成其他应收款单据的制单工作。

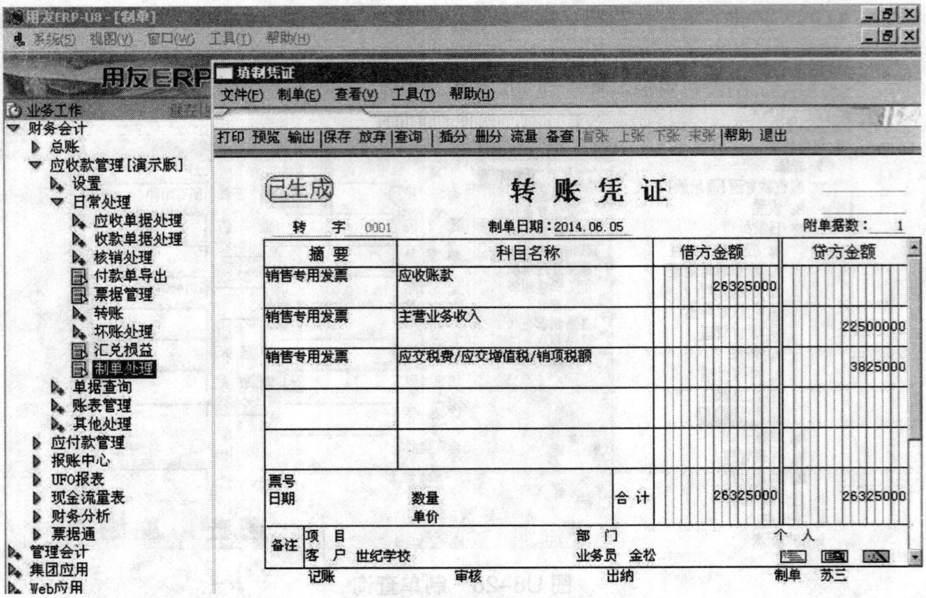

图 U8–28 转账凭证生成

【业务 10】

操作步骤：

（1）应付单据审核完成后，以“苏三”身份，点击【财务会计】—【应付款管理】—【日常处理】—【制单处理】，打开“制单查询”对话框，按案例实验资料提供的信息输入查询条件后，例如：“收付款制单”，点击【确认】按钮，如图 U8-29 所示。

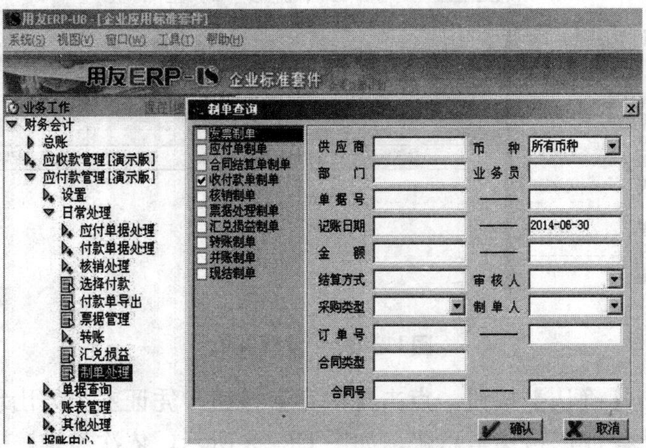

图 U8–29 制单查询

（2）选择凭证类别，例如："付款凭证"，输入制单日期"2014-6-9"，选择要进行制单的单据，在"选择标志"列双击，系统会在该列给出一个序号"1"，表示要将该单据制单，或点击【全选】按钮，如图 U8-30 所示。

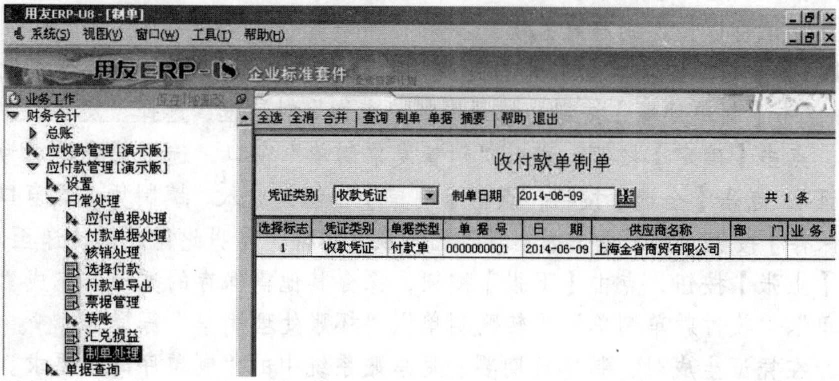

图 U8-30 收付款制单

（3）点击【确认】按钮，点击【保存】按钮，凭证左上方出现"已生成"字样，表明此凭证已传递至总账，如图 U8-31 所示。依次类推，完成其他应付款单据的制单工作。

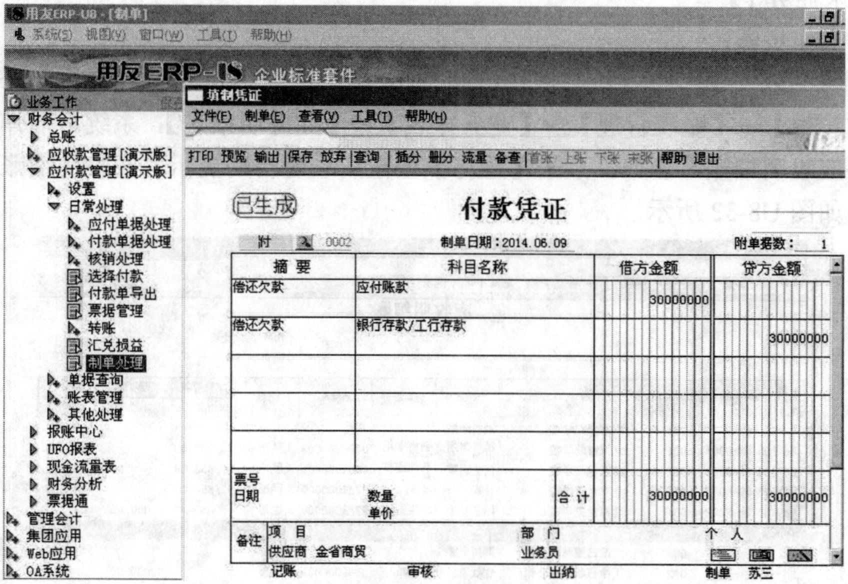

图 U8-31 付款凭证生成

注：生成凭证有两种方法：①立即制单 ②批量制单。

a. 立即制单：在单据进行相应的操作后，系统会弹出“是否立即制单”提示框后，点击【是】按钮，便可立即生成一张凭证，修改后，点击【保存】按钮，此凭证可以传递到总账系统。

b. 批量制单：以上业务处理完成后执行生成凭证的操作员进行“批量制单”：点击【制单处理】按钮，打开“制单查询”对话框，选择“发票制单”复选框，点击【确定】按钮，进入“销售发票制单”窗口，选择凭证类别为“转账凭证”，点击【全选】按钮，点击【制单】按钮，进入“填制凭证”窗口，点击【保存】按钮，凭证左上方出现“已生成”字样，表明此凭证已传递至总账。点击【上张】按钮，点击【下张】按钮，保存其他需保存的凭证。完成“应收单制单”、“收付款单制单”、“转账制单”、“坏账处理制单”等操作。

c. 在凭证生成时，制单日期要满足总账系统中的“制单序时”要求。制单日期应大于等于所选的单据的最大日期，但小于当前业务日期。一般按业务日期进行凭证生成。

（三）期末业务处理

【期末业务 1】

操作步骤：

（1）以“李一”身份，操作日期“2014-6-30”，点击【财务会计】—【应收款管理】—【账表管理】—【业务账表】—【业务明细账】，系统自动弹出进入“应收明细账”窗口。点击【过滤】按钮，系统自动显示“应收明细账”结果，如图 U8-32 所示。

应收明细账

币种：全部

期间：6 - 6

年		凭证号	客户		摘要	单据类型	单据号	币种	本期应收	本期收回	余额
月	日		编码	名称					本币	本币	本币
			001	北京世纪学校	期初余额						99,600.0
06	05	转-0001	001	北京世纪学校	销售专用	销售专用	0000000002	人民币	53,250.00		362,850.0
06	05	付-0001	001	北京世纪学校	代垫运费	其他应收	0000000001	人民币	1,000.00		363,850.0
06	23	转-0004	001	北京世纪学校	并账	并账	BZAR000000	人民币	52,850.00		1,000.0
06	30	转-0002	001	北京世纪学校	坏账发生	坏账发生	HZAR000000	人民币		1,000.00	
			(001)小计						98,600.00	1,000.00	
			002	天津日照商贸公司	期初余额						58,000.0
06	11	收-0001	002	天津日照商贸公司	收款单	收款单	0000000001	人民币		58,000.00	
06	23	转-0004	002	天津日照商贸公司	并账	并账	BZAR000000	人民币	52,850.00		362,850.0
			(002)小计						52,850.00	58,000.00	362,850.0
合									54,250.00	59,000.00	362,850.0

图 U8-32 应收明细账

（2）点击【财务会计】—【应收款管理】—【账表管理】—【统计分析】—【应收账龄分析】，系统自动弹出进入“应收账龄分析”窗口。点击【过滤】按钮，系统自动显示“应收账龄分析”结果，如图 U8-33 所示。

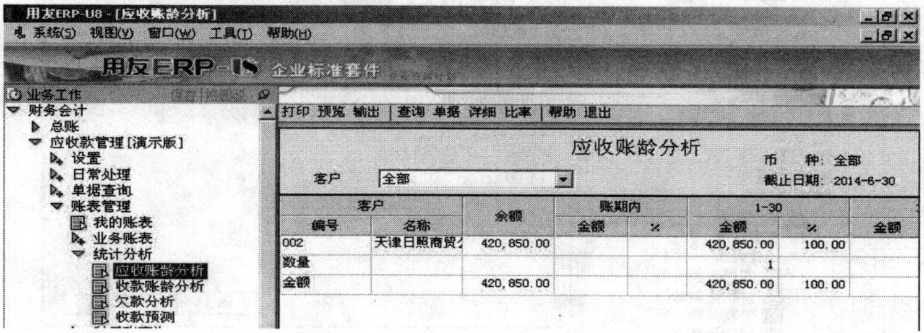

客户		余额	账期内		1-30		
编号	名称		金额	%	金额	%	金额
002	天津日照商贸	420,850.00			420,850.00	100.00	
数量					1		
金额		420,850.00			420,850.00	100.00	

图 U8-33　应收账龄分析

【期末业务 2】

操作步骤：

（1）以“李一”身份，操作日期“2014-6-30”，点击【财务会计】—【应付款管理】—【账表管理】—【业务账表】—【业务余额表】，系统自动弹出进入“应付余额表”窗口。点击【过滤】按钮，系统自动显示“应付余额表”结果，如图 U8-34 所示。

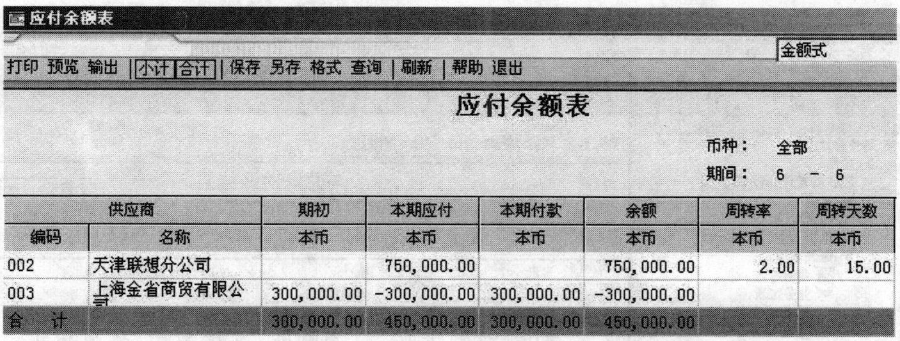

供应商		期初	本期应付	本期付款	余额	周转率	周转天数
编码	名称	本币	本币	本币	本币	本币	本币
002	天津联想分公司		750,000.00		750,000.00	2.00	15.00
003	上海金省商贸有限公司	300,000.00	-300,000.00	300,000.00	-300,000.00		
合　计		300,000.00	450,000.00	300,000.00	450,000.00		

图 U8-34　应付余额表

（2）点击【财务会计】—【应付款管理】—【账表管理】—【业务账表】—【科目账查询】—【科目明细账】，系统自动弹出进入“供应商往来科目明细账”窗口。点击【确定】按钮，系统自动显示查询条件结果，如图 U8-35 所示。

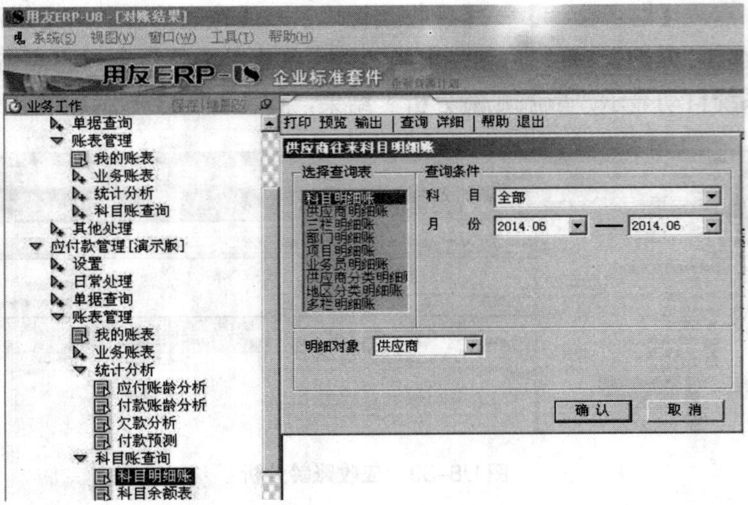

图 U8–35 科目明细账

【期末业务 3】

操作步骤：

（1）以“李一”身份，操作日期“2014-6-30”，点击【财务会计】—【应收款管理】—【账表管理】—【业务账表】—【与总账对账】，系统自动显示“与总账对账”结果，如图 U8-36 所示。

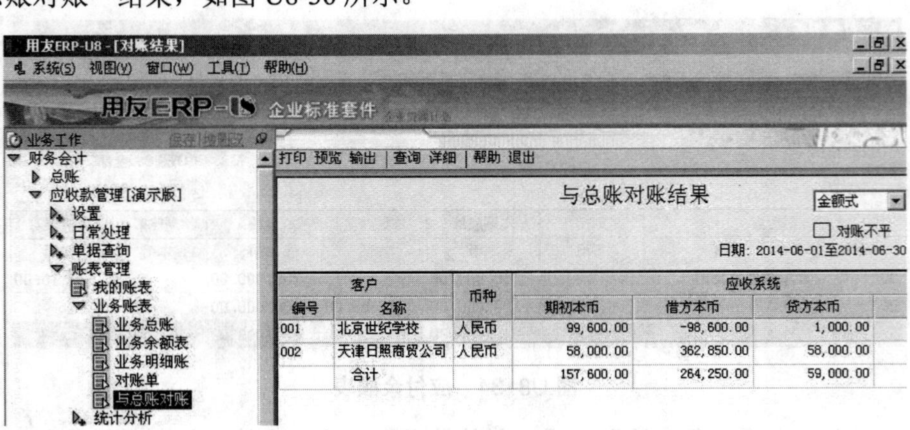

图 U8–36 科目明细账

（2）以“李一”身份，操作日期“2014-6-30”，点击【财务会计】—【应付款管理】—【账表管理】—【业务账表】—【与总账对账】，系统自动显示“与总账对账”结果。

【期末业务 4】

操作步骤：

（1）以“李一”身份，操作日期“2014-6-30”，点击【财务会计】—【应收款管理】—【其他处理】—【期末处理】—【月末结账】，系统自动弹出“月末处理”窗口，在结账的 6 月份空白处“双击”，系统自动显示“Y”，点击【下一步】按钮，如图 U8-37 所示。

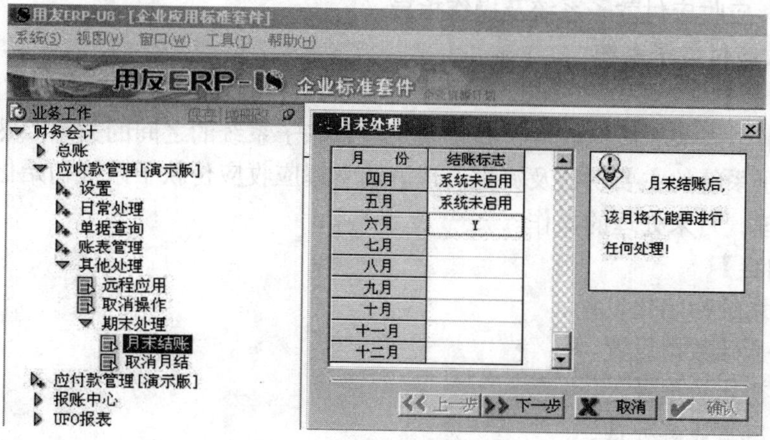

图 U8-37　科目明细账

（2）在“月末处理”窗口，点击【下一步】按钮后，系统自动提示“6 月份结账成功”结果，如图 U8-38 所示。

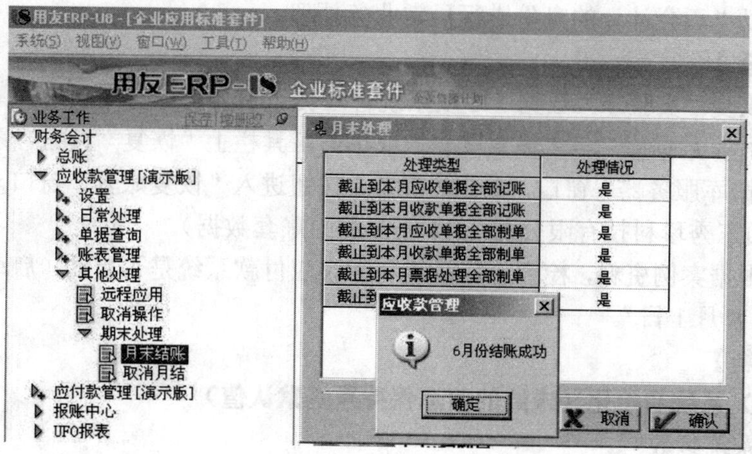

图 U8-38　结账成功

（3）以“李一”身份，操作日期“2014-6-30”，点击【财务会计】—【应付款管理】—【其他处理】—【期末处理】—【月末结账】，系统自动弹出“月末处理”窗口，在结账的6月份空白处“双击”，系统自动显示“Y”，点击【下一步】按钮，系统自动提示“6月份结账成功”结果。

Kingdee 二、金蝶K/3软件应用操作

实验一 应收应付款子系统及操作指导

Ⅰ. 应收应付款子系统

【实验目的】

理解金蝶K/3版应收应付款子系统与总账子系统的之间的关系，熟悉应收应付款子系统的主要功能及流程，理解和掌握应收应付款子系统初始化、日常业务处理、月末处理的操作。

【实验内容】

1. 系统初始化设置。
2. 基础数据设置。
3. 初始数据录入。
4. 日常业务处理。
5. 月末处理。

【实验要求】

1. 以“甲主管”的身份进行系统初始化、月末处理。
2. 以“乙会计”的身份进行日常业务处理。

【实验准备】

1. 恢复“实验二”数据（即以系统管理员admin的身份注册进入“账套管理”，执行“数据库”—“恢复账套”或单击工具栏上“恢复”按钮，系统弹出“选择数据库服务器”窗口，单击“确定”按钮进入“恢复账套”窗口，恢复已建立的山东秀珍科技有限公司2011年8月的账套数据）。

2. 根据案例资料，检查总账系统和应收应付款系统是否启动，启动日期是“2011年8月1日”。

【实验资料】

（一）系统初始化（未给的信息保持系统默认值）

1. 系统参数

（1）应收账款系统参数设置

项目	参数
基本信息	启用年份 2011 年；会计期间是 8 月
坏账计提方法	备抵法；应收账款百分比法；坏账损失科目代码：6602.06 坏账损失；坏账准备科目代码：1231 坏账准备；计提坏账科目：1122 应收账款；计提方向：借；比率：0.5%
科目设置	其他应收单、销售发票、收款单、退款单的科目均设置为“1122 应收账款”；预收单的会计科目设置为“2203-预收账款”应收票据科目代码“1121”，应交税金科目代码“2221.01.01”，核算项目类别：“客户”
单据控制	选择“只允许修改和删除本人录入的单据”；“只允许修改、删除本人录入的单据”；税率来源“取产品属性中的税率”。
核销控制	选择“审核后自动核销”
凭证处理	选择“预收冲应收生成凭证”
期末处理	结账与总账期间同步；期末处理前凭证处理应该完成；期末处理前单据全部完成审核；启用期末调汇。

（2）应付账款系统参数设置

项目	参数
基本信息	启用年份 2011 年；会计期间是 8 月
科目设置	其他应付单、采购发票、付款单、退款单、预付单科目均设置为 2202 应付账款；应付票据科目代码“2201”，应交税金科目代码“2221.01.02”，核算项目类别：供应商
单据控制	选择“只允许修改和删除本人录入的单据”；“只允许修改、删除本人录入的单据”；税率来源“取产品属性中的税率”。
核销控制	选择“审核后自动核销”
凭证处理	选择“预收冲应收生成凭证”
期末处理	结账与总账期间同步；期末处理前凭证处理应该完成；期末处理前单据全部完成审核；启用期末调汇。

2. 基础资料

（1）物料设置

科目代码	科目名称	物料属性	计量单位组	计价方法	存货代码	销售收入代码	销售成本代码
01	原材料						
01.001	CPU	外购	数量组 3	加权平均法	1403	6051	6402
01.002	硬盘	外购	数量组 3	加权平均法	1403	6051	6402
01.003	电源	外购	数量组 3	加权平均法	1403	6051	6402
01.004	光驱	外购	数量组 3	加权平均法	1403	6051	6402
01.005	键盘	外购	数量组 3	加权平均法	1403	6051	6402
01.006	显示器	外购	数量组 3	加权平均法	1403	6051	6402
02	半成品						

续表

科目代码	科目名称	物料属性	计量单位组	计价方法	存货代码	销售收入代码	销售成本代码
02.001	机箱	自制	数量组 3	加权平均法	5001.02	6051	6402
02.002	面板	自制	数量组 3	加权平均法	5001.02	6051	6402
03	产成品						
03.001	品牌电脑	自制	数量组 4	加权平均法	1405	6001	6401
03.002	组装电脑	自制	数量组 4	加权平均法	1405	6001	6401

（2）应收款设置

北京电子公司：信用级次 1；信息额度 100000；信息控制天数：30；现金折扣率：10%；信用管理对象：客户；信用控制强度：预警提示。

（3）应付款设置

杭州电线电缆厂：电源订货数量 100 个以下，报价为 10 元；100 个以上，报价为 9 元；为控制采购成本，最高采购限价为 12 元。

3. 初始数据

（1）应收账款初始数据

客户职员	单据类型	日期	部门	业务员	发生额	商品	数量	单价	应收日期
北京电子公司	增值税发票	2010 年 7 月 5 日	销售部	李销售	30 000		6	5 000（含税）	2010 年 8 月 23 日
北京电子公司	普通发票	2010 年 7 月 5 日	销售部	李销售	9 360		3	9 360（不含税）	2010 年 7 月 5 日
长春电子厂	其他应收单	2011 年 6 月 30 日	销售部	李销售	20 000				2011 年 7 月 9 日

（2）应收票据初始数据

北京电子公司在 2011 年 6 月 10 日，在购买商品时支付了一张 3 个月（90 天）到期的银行承兑票据，金额为 65 000 元，签发日期 2011 年 6 月 19 日。承兑人、出票人：北京电子公司。

（3）期初坏账

成都电器公司原应收账款 6 000 元，逾期未还，已经作为坏账处理，销售部“李销售”经办。

（4）应付系统初始数据

苏州电子厂 13 000 元，2011 年 7 月 31 日发生，计划 8 月 30 日付款，不录明细产品。

4. 结束初始化

结束应收账款初始化。

（二）日常业务处理

1. 8 月 8 日，销售给汕头电器公司 190 台显示器，增值税发票，单价 2 300 元。部门：销售部；业务员：李销售。

2. 8 月 10 日，收到销售给汕头电器公司 190 台显示器的款项，制作收款单。结算方式：建行转账支票；编号 2011081002；金额：511 920 元。

3. 8 月 12 日，收到长春电子厂的银行承兑汇票 2 张，金额分别为 15 000 元和 5 000 元，期限为 90 天。8 月 31 日，长春电子厂的汇票 5 000 元背书给苏州电子厂。8 月 31 日，长春电子厂的汇票 15 000 元贴现，贴现率 8%，贴现银行为“建行”。

4. 将汕头电器公司的 511 920 元应收款与金额 511 920 元收款单进行核销。

5. 根据现有的应收款余额情况和坏账准备余额情况，在 8 月份计提或冲销坏账准备金。

6. 北京电子公司 30 000 元和 9 360 元的应收账款，逾期未还，处理为坏账。

（三）期末经济业务

1. 期末对账。

2. 期末结账。

Ⅱ. 应收应付款子系统操作指导

（一）系统初始化资料（未给的信息保持系统默认值）

操作的前期工作

以“甲主管”身份进行系统初始化。操作日期“2011-8-1”。

1. 系统参数设置

（1）应收账款系统参数设置

操作步骤：

①以“甲主管”身份登陆账套。在主界面窗口，点击【系统设置】—【系统设置】—【应收款管理】—【系统参数】，在应收款管理“系统参数”窗口，选择“基本信息”标签页，在“启用年份”处录入“2011”；在“启用会计期间”处录入“8”，如图 K8-01 所示。

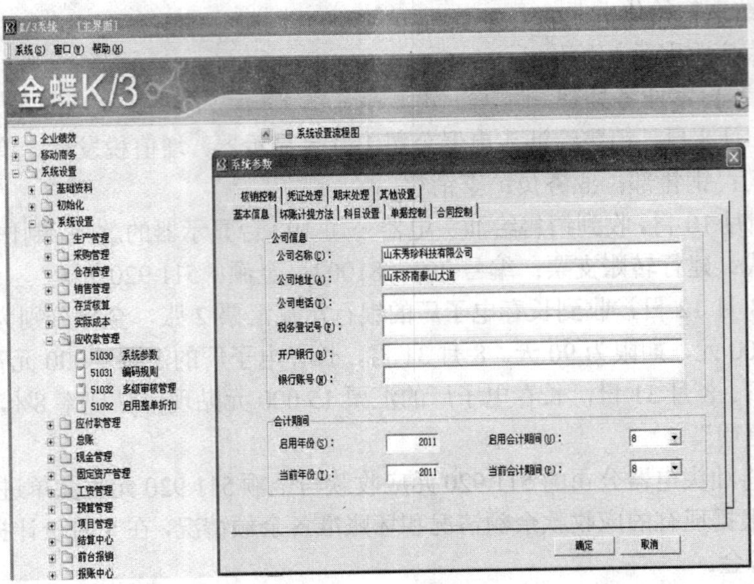

图 K8–01 系统参数基本信息

②在应收款管理“系统参数”窗口，选择“坏账计提方法”标签页，在计提方法处选择“备抵法”；在备抵法选项处录入“应收账款百分比法”，坏账损失科目代码：6602.06 坏账损失；坏账准备科目代码：1231 坏账准备；计提坏账科目：1122 应收账款；计提方向：借；比率：0.5%。如图 K8-02 所示。

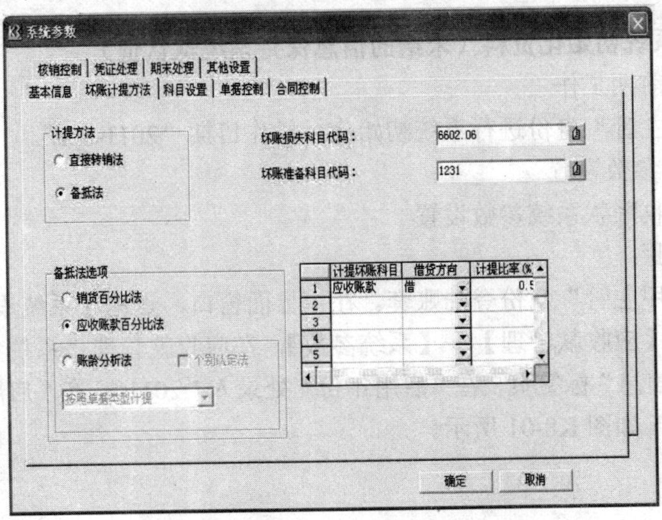

图 K8–02 坏账计提方法设置

③在应收款管理“系统参数”窗口，选择“科目设置”标签页，其他应收单、销售发票、收款单、退款单的科目均设置为1122应收账款；其他应收单、销售发票、收款单、退款单的科目均设置为1122应收账款；预收单的会计科目设置为2203预收账款，如图K8-03所示。

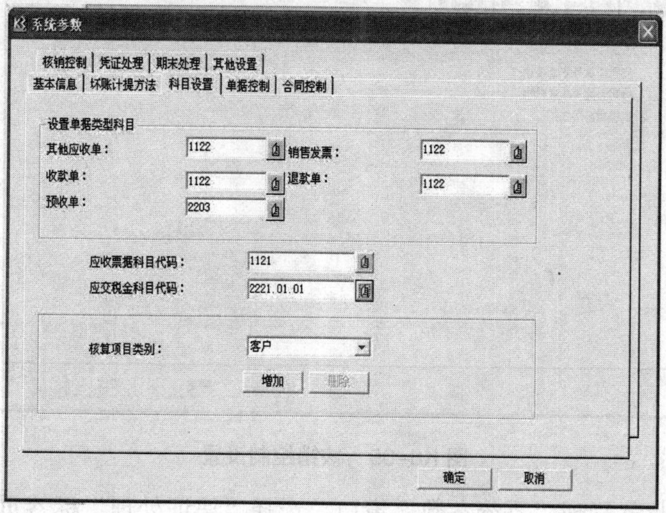

图K8-03　科目设置

④在应收款管理“系统参数”窗口，选择“单据控制”标签页，选择“只允许修改和删除本人录入的单据”；选择“只允许修改、删除本人录入的单据”；税率来源选择“取产品属性中的税率”。如图K8-04所示。

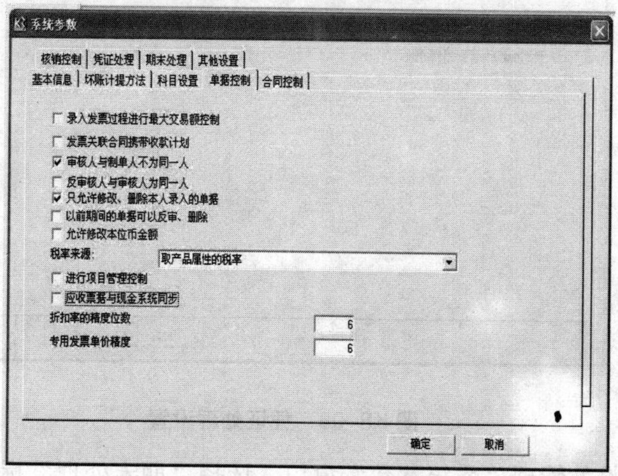

图K8-04　单据控制设置

⑤在应收款管理“系统参数”窗口，选择“核销控制”标签页，选择“审核后自动核销”，如图 K8-05 所示。

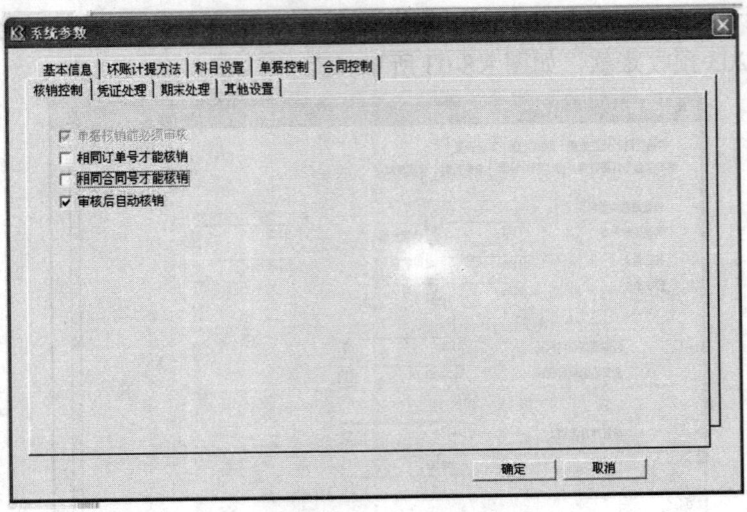

图 K8–05 核销控制设置

⑥在应收款管理“系统参数”窗口，选择“凭证处理”标签页，选择“预收冲应收需要生成转账凭证”，如图 K8-06 所示。

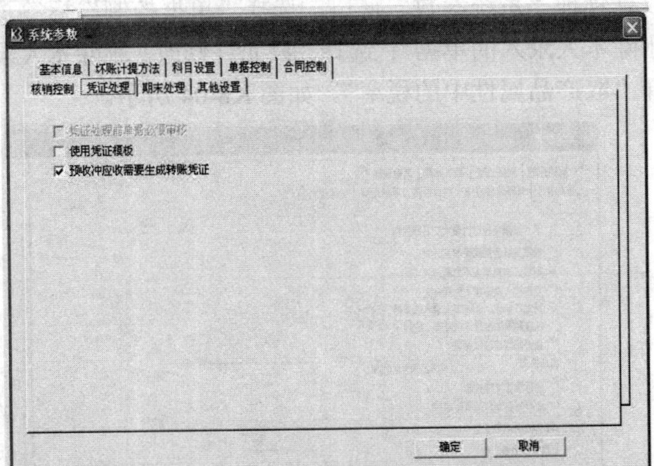

图 K8–06 凭证处理设置

⑦在应收款管理“系统参数”窗口，选择“期末处理”标签页，选择“结账与总账期间同步；期末处理前凭证处理应该完成；期末处理前单据必须全部

审核；启用对账与调汇”，如图 K8-07 所示。

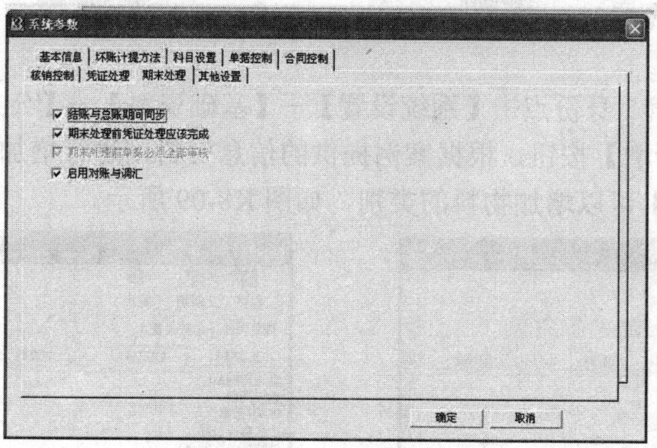

图 K8-07　期末处理设置

（2）应付款系统参数设置

应付款与应收款系统参数相比，除没有“坏账计提方法”一项外，其他项目参数与应收款系统基本操作流程一样。

操作步骤：

以“甲主管”身份点击【系统设置】—【应付款管理】—【系统参数】，在应收款管理“系统参数”窗口，选择“科目设置”标签页，应付系统各单据科目（其他应付单、付款单、预付单、退款单）设置为“2202”；应交税金科目设置为“2221.01.02 进项税”；核算项目类别为“供应商”，如图 K8-08 所示。其他项目参数与应收款系统的操作流程一样，在此省略。

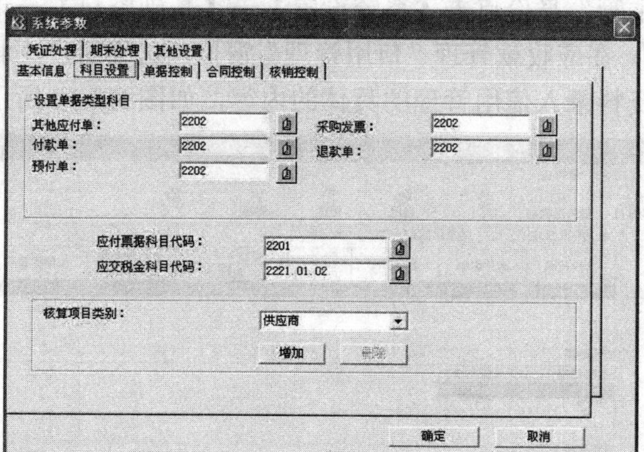

图 K8-08　应付款系统参数设置

2. 基础资料

（1）物料设置

操作步骤：

以“甲主管”身份点击【系统设置】—【基础资料】—【公共资料】—【物料】，点击【新增】按钮，根据案例提供的信息资料，进行增加新的物料明细，点击【上级组】可以增加物料的类别，如图 K8-09 所示。

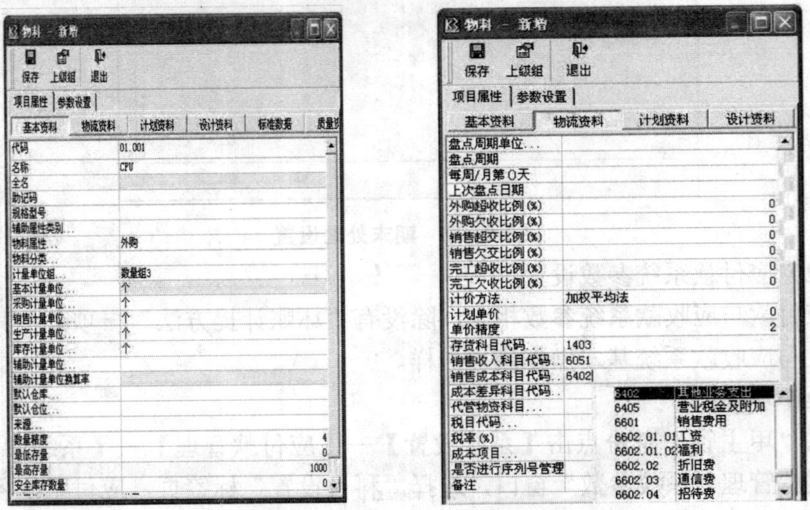

图 K8–09　物料属性的设置

（2）应收款设置

操作步骤：

①以“甲主管”身份点击【系统设置】—【基础资料】—【应收款管理】—【信用管理】，在应收款管理“信用管理”窗口，选择客户“北京电子公司”，并按案例实验资料录入信用管理的具体的内容，如图 K8-10 所示。

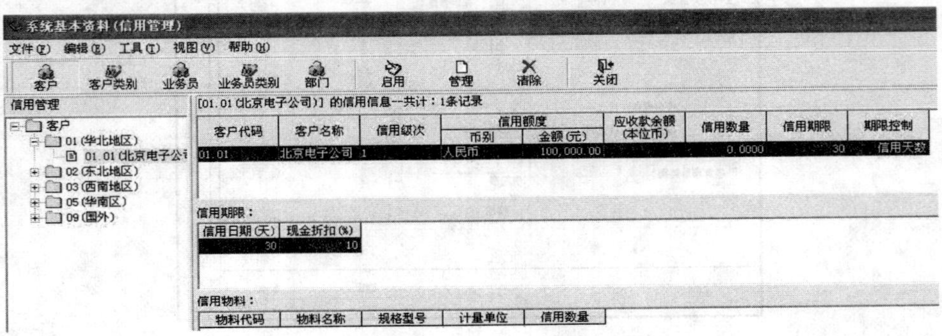

图 K8–10　信用管理设置

注：如果选择“客户”时没有显示具体客户档案，检查一下在基础资料设置时“是否进行信用管理”的选择，是否选择了“√”。

②在菜单【工具】—【选项】中进行关于信用管理的对象和控制强度的选择，如图 K8-11 所示。

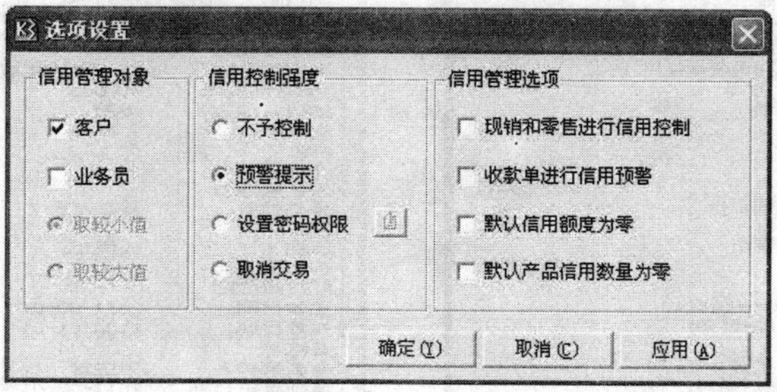

图 K8-11　信用管理选项设置

③在菜单【工具】—【公式】中进行关于信用管理的各种单据的公式设置，如图 K8-12 所示。

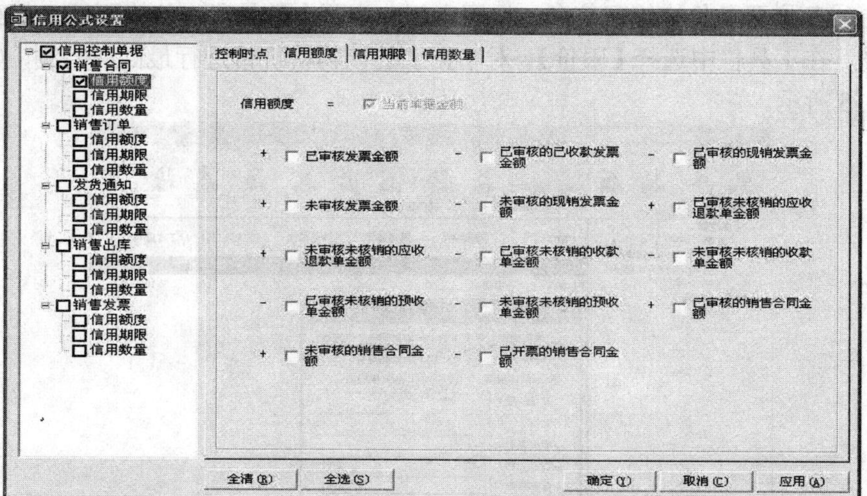

图 K8-12　信用管理公式设置

（3）应付款设置

操作步骤

①以“甲主管”身份点击【系统设置】—【基础资料】—【应付款管理】—【采购价格管理】—【供应商】，选择供应商“杭州电线电缆厂”，点击工具栏中的【新增】，并录入结果管理的具体的内容，如图 K8-13 所示、图 K8-14 所示。

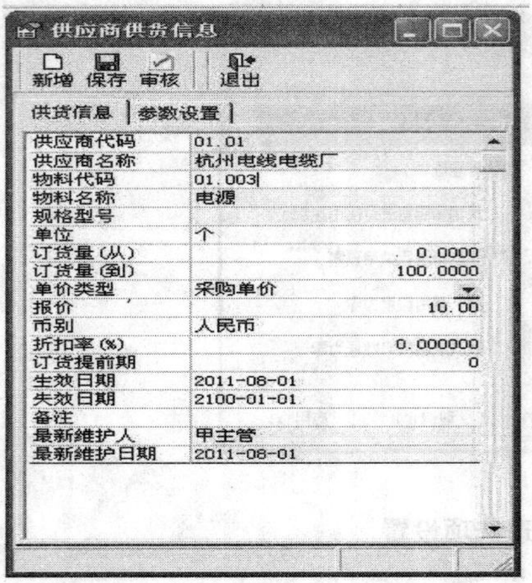

图 K8-13 采购价格设置 （1）

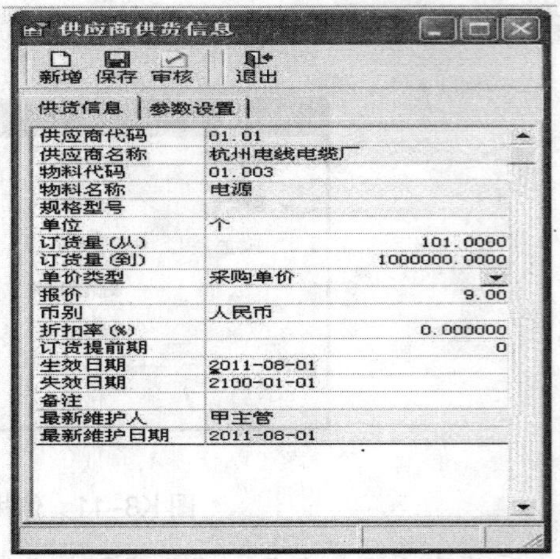

图 K8-14 采购价格设置（2）

②新增两条价格管理信息，按照案例分为两个数量段，价格不同。保存并审核，在工具栏中选择【限价】，对单据上的该物料价格进行最高的控制，如图 K8-15 所示。

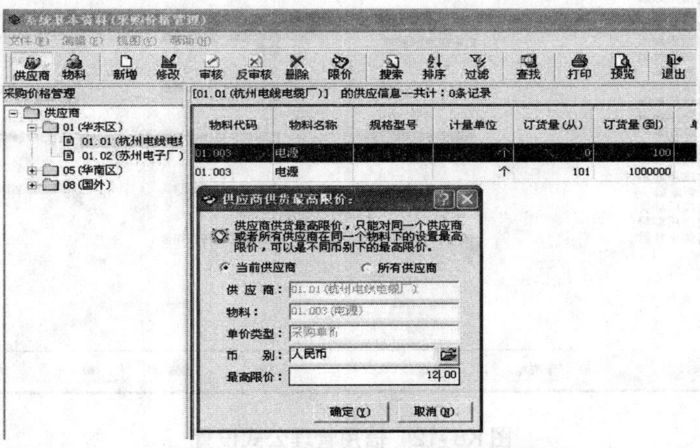

图 K8-15 采购供应货—最高限价

3. 初始数据

（1）应收账款初始数据

操作步骤：

①以“甲主管”身份，点击【系统设置】—【初始化】—【应收款管理】—【初始销售增值税发票—新增】，选择“录入产品明细”，不选择“本年”数据选项，按案例实验提供信息录入，点击【保存】按钮，如图 K8-16 所示。

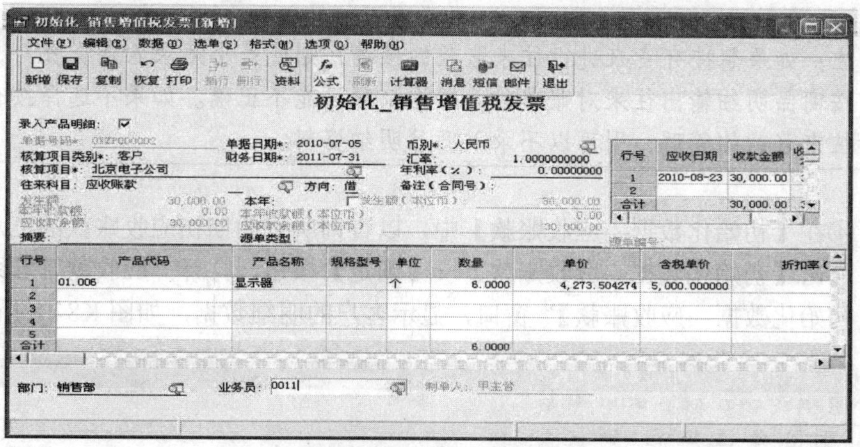

图 K8-16　初始销售增值税发票

②录入初始销售增值税发票，点击【系统设置】—【初始化】—【应收款管理】—【初始销售普通发票—新增】，选择“录入产品明细”，不选择“本年”数据选项，按案例实验提供信息录入，如图 K8-17 所示。

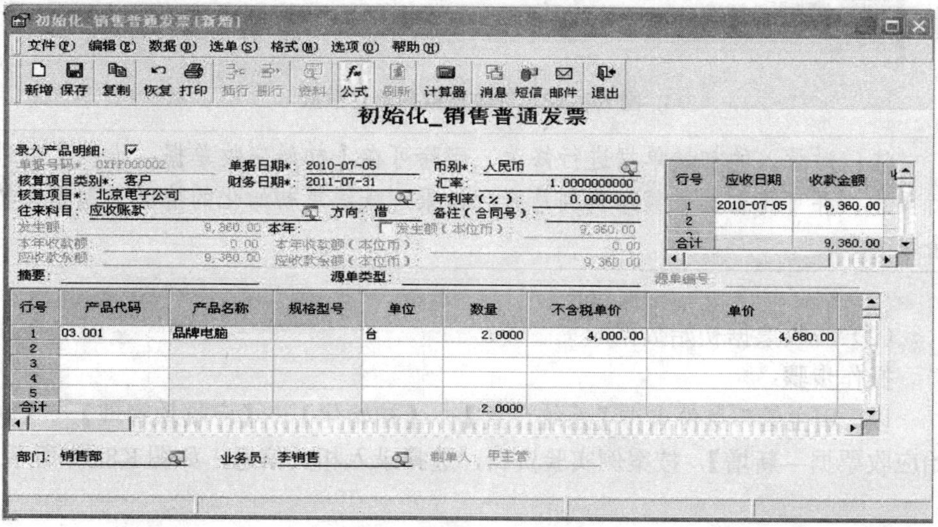

图 K8-17　初始销售普通发票

③录入初始销售增值税发票，点击【系统设置】—【初始化】—【应收款管理】—【初始其他应收单据—新增】，选择“客户”，不选择“本年”数据选项，按案例实验提供信息录入，操作方法同“初始销售增值税发票”、“初始销售普通发票”。

注：如果想按存货来进行往来账款的核销，则此处必须录入存货资料，否则，按商品明细输出往来对账单时，单据余额可能不正确。如果不选择按存货进行往来账款的管理，则可以不录入商品明细资料。

---

④在【初始化数据—应收账款】中，以查询所有的期初应收账款的汇总数据，点击【初始化数据—应收账款】—【确定】按钮，打开“应收款管理系统—【初始化数据—应收账款】”窗口，显示客户的明细数据，如图 K8-18 所示。

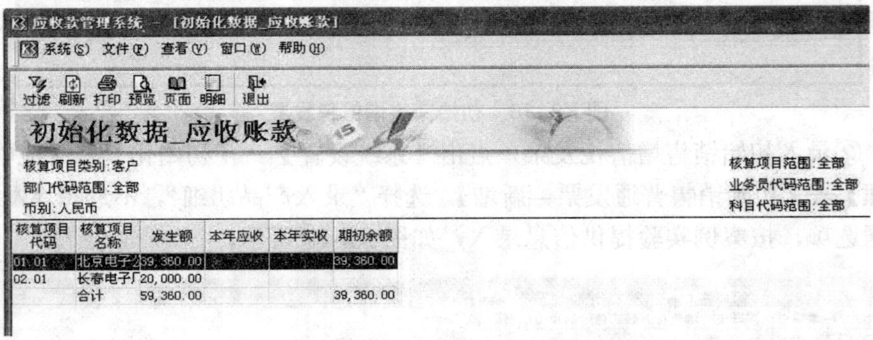

图 K8-18 应收账款初始化数据

注：对录入的初始单据进行修改、删除可在【初始应收单据—维护】中进行操作，并可将初始余额结转到总账。如果总账结束初始化的情况下则无法转余额。

（2）应收票据初始数据

操作步骤：

以“甲主管”身份点击【系统设置】—【初始化】—【应收款管理】—【初始应收票据—新增】，按案例实验资料，选择录入相关信息，如图 K8-19 所示。

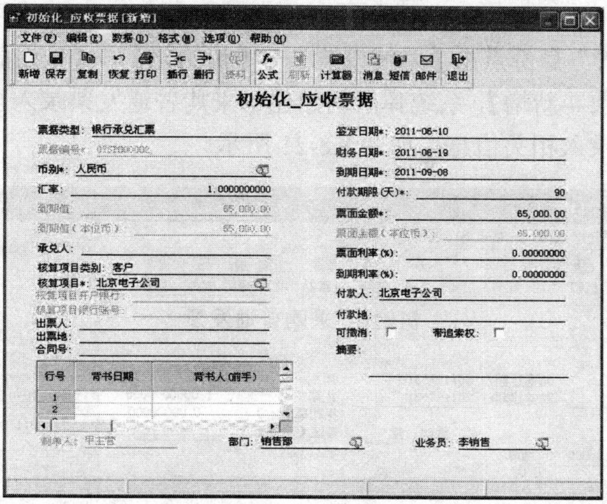

图 K8-19　应收票据录入

（3）期初坏账

操作步骤：

以“甲主管”身份点击【系统设置】—【初始化】—【应收款管理】—【初始数据录入—期初坏账】，按案例实验资料，选择录入相关信息，点击【存盘】按钮，如图 K8-20 所示。

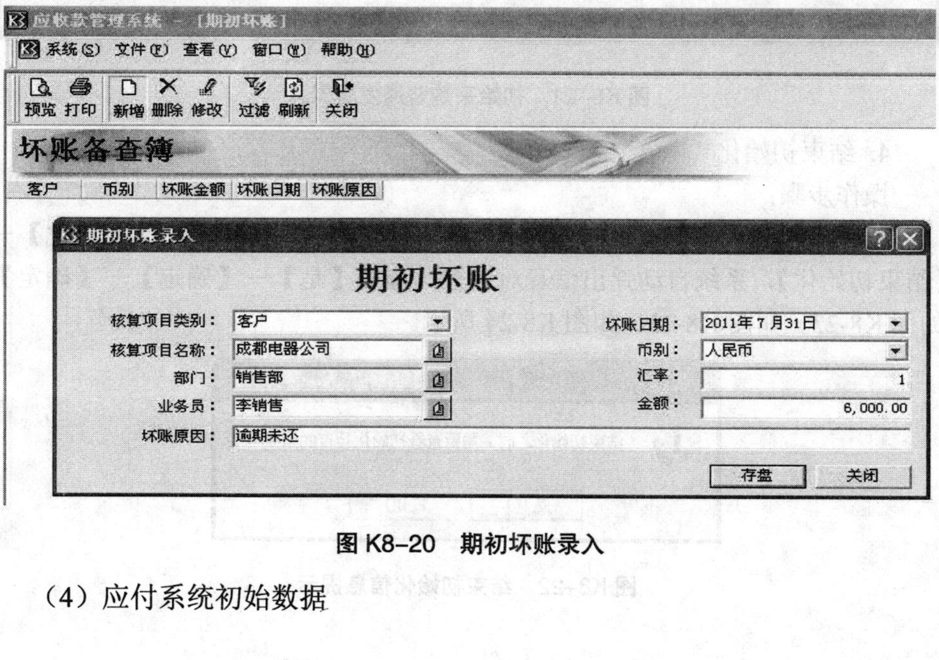

图 K8-20　期初坏账录入

（4）应付系统初始数据

操作步骤：

以“甲主管”身份点击【系统设置】—【初始化】—【应付款管理】—【初始采购普通发票—新增】，系统弹出初始化—采购普通发票录入窗口，按案例实验资料，选择录入相关信息，如图 K8-21 所示。

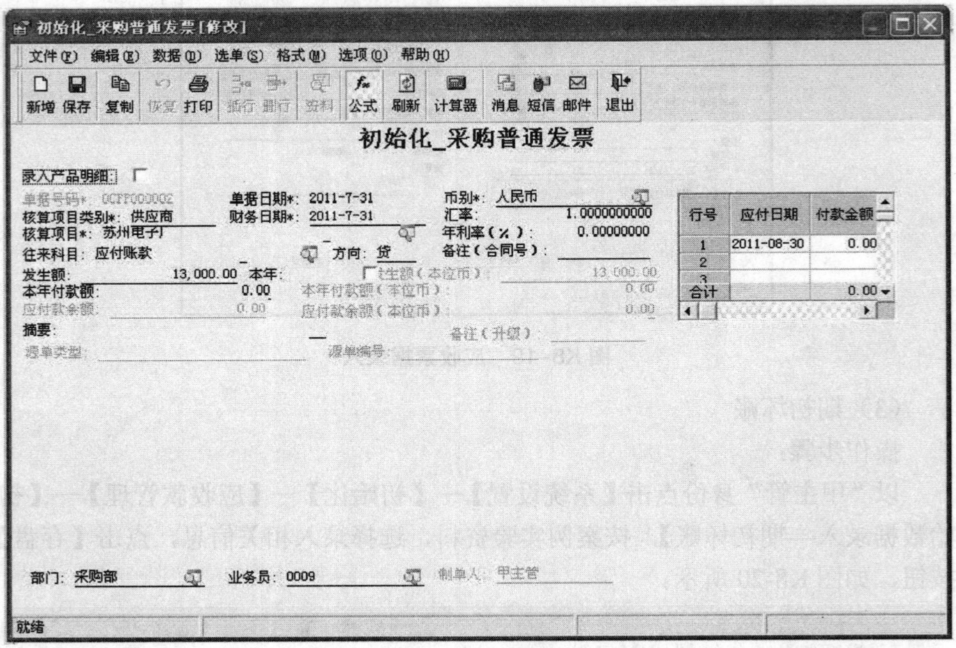

图 K8-21 初始采购普通发票录入

4. 结束初始化

操作步骤：

以“甲主管”身份，点击【财务会计】—【应收款管理】—【初始化】—【结束初始化】，系统自动弹出信息对话框，点击【是】—【确定】—【确定】，如图 K8-22、如图 K8-23、如图 K8-24 所示。

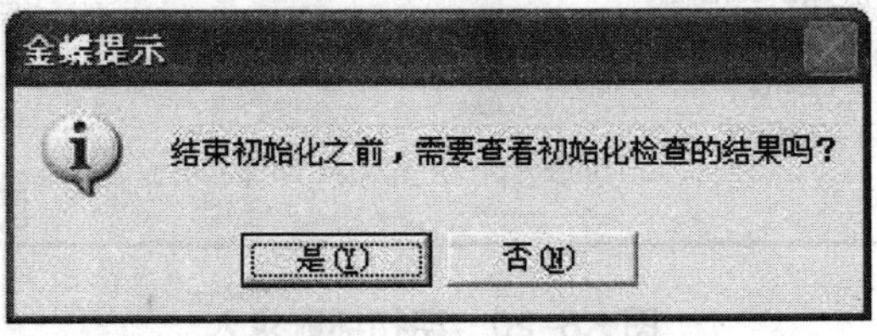

图 K8-22 结束初始化信息提示

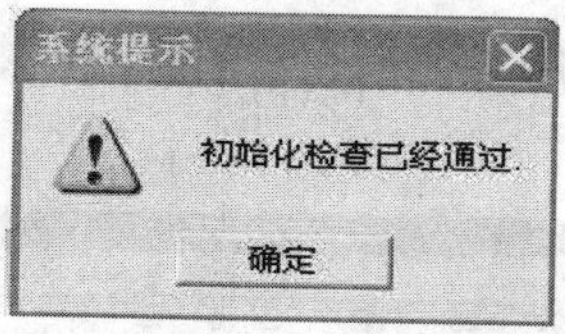

图 K8-23 初始化检查

图 K8-24 结束初始化完成

注：初始化结束后，如果需要修改初始化数据资料，空调通过选择【财务会计】—【应付款管理】—【初始化】—【反初始化】，回到初始状态重新录入、修改初始数据。

（二）日常业务处理

操作的前期工作

以“乙会计”的身份进行日常业务处理。

【业务 1】

操作步骤：

（1）以“乙会计”身份，点击【财务会计】—【应收款管理】—【发票处理】—【销售增值税发票—新增】，在“销售增值税发票—新增”界面，点击工具菜单上【新增】，将案例资料录入系统，完成后进入审核工作，如图 K8-25 所示。

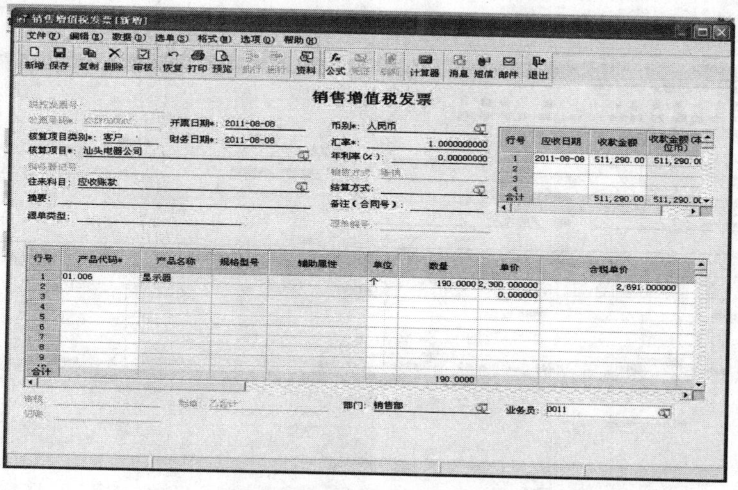

图 K8-25 增值税发票录入

（2）发票【保存】后就可以审核（由具有权限的人员进行审核），以甲主管身份，点击【财务会计】—【应收款管理】—【发票处理】—【销售发票—

维护】，打开“应收系统—销售增值税发票序时簿”，点击【审核】，如图 K8-26 所示。

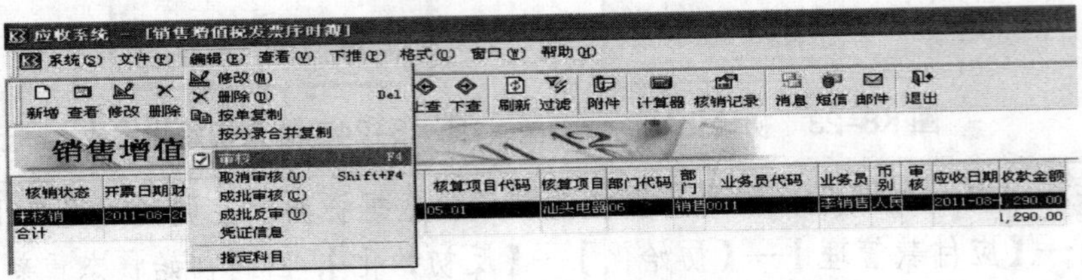

图 K8-26　增值税发票审核

（3）审核完成后，以“乙会计”身份，点击【财务会计】—【应收款管理】—【收款】—【销售发票—维护】，打开“应收系统—销售增值税发票序时簿”，在单据上点击【凭证】按钮，及时对该笔业务“生成凭证”。

【业务 2】

操作步骤：

（1）以“乙会计”身份，点击【财务会计】—【应收款管理】—【收款】—【收款单—新增】/【收款单—维护】，进入收款单、预收单处理界面，点击【新增】按钮，根据案例实验资料录入有关信息，在收款的录入过程中，本案例注意选择“原单类型”为“销售发票”，然后在“原单号”位置进入销售发票序时簿，选择单据并点击【返回】，即可以将该发票信息关联到收款单上。然后可以修改结算金额，保存单据，如图 K8-27 所示。

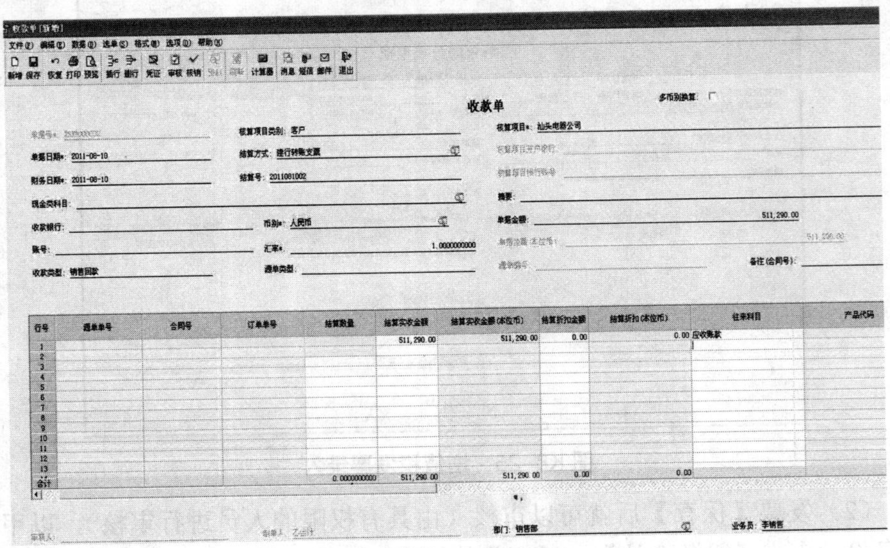

图 K8-27　收款单录入

（2）保存单据后，以“甲主管”身份，点击【财务会计】—【应收款管理】—【收款】—【收款单—维护】，打开“应收系统—收款单序时薄”，点击【审核】，及时完成单击审核，如图 K8-28 所示。

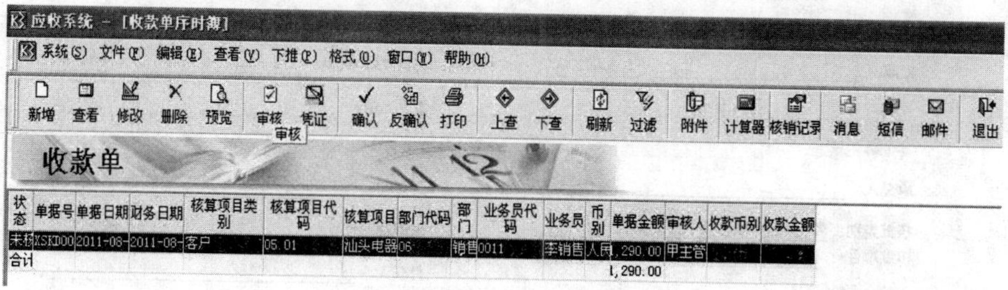

图 K8-28　收款单审核

（3）审核完成后，以“乙会计”身份，点击【财务会计】—【应收款管理】—【收款】—【收款单—维护】，打开“应收系统—收款单序时薄”，在单据上点击【凭证】按钮，及时对该笔业务“生成凭证”。

注：①收款单主要是用来对收款单和预收单据进行各种维护，如新增、修改、删除等。根据票据处理生成或其他处理系统自动生成应收票据不允许在这里修改、删除。

② 预收单、付款单、预付单操作雷同。

③ 生成凭证时，如果科目等信息不完整需进行补充。一般情况下需要设置预收账款科目按照客户核算。

④ 操作过程中遇到进行不下去的情况，注意看提示，一般都与系统参数中的选项有关。

⑤ 除票据外，在录入单据的界面可以直接生成凭证。

【业务 3】

操作步骤：

（1）以“乙会计”身份，点击【财务会计】—【应收款管理】—【应收票据】—【应收票据—新增】，进入“应收票据—新增”界面，点击【新增】按钮，根据案例实验资料将 2 张票据录入到系统中，如图 K8-29 所示。

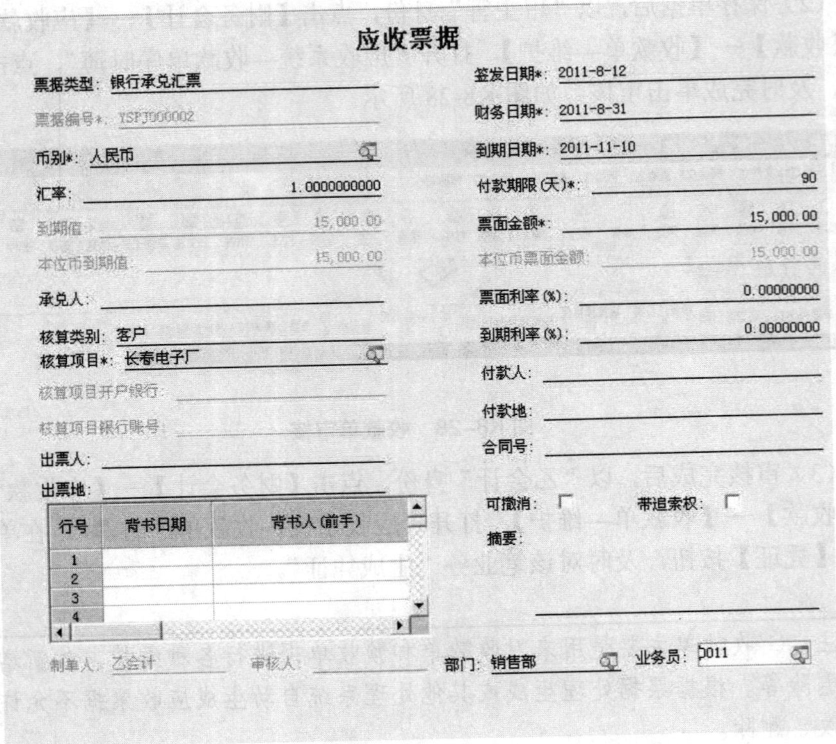

图 K8-29　应收票据录入

（2）保存单据后，以“甲主管”身份，点击【财务会计】—【应收款管理】—【应收票据】—【应收票据—维护】，系统弹出过滤窗口，点击【确定】按钮，系统打开“应收系统—应收票据序时薄”，点击【审核】，系统弹出“请选择”提示框（本案例选择生成收款单），点击【确定】按钮，收款单生成，如图 K8-30 所示。

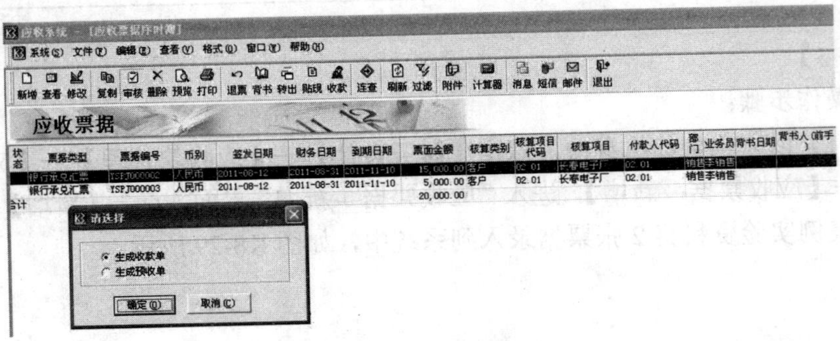

图 K8-30　生成收款单

注：① 系统根据“该收款单”生成收到票据的凭证，对应收票据则不进行凭证处理。

② 期初录入的应收票据不需要审核，系统默认为“审核”状态。

（3）点击【财务会计】—【应收款管理】—【票据处理】—【应收票据—维护】，过滤（事物类型），进入“应收系统—应收票据序时簿”窗口，选择审核后的应收票据，单击工具栏上的【编辑】—【背书】，根据案例实验资料将 5 000 元背书给苏州电子厂，点击【确定】按钮，如图 8-31 所示。

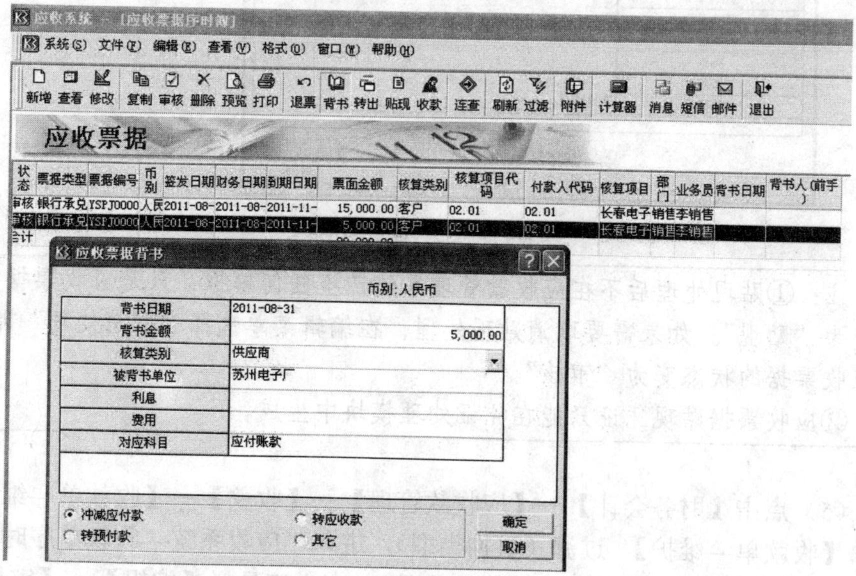

图 K8-31　应收票据背书

注：贴现和转出等操作也在“应收系统—应收票据序时簿”中进行。

（4）点击【财务会计】—【应收款管理】—【票据处理】—【应收票据—维护】，过滤（事物类型），进入“应收系统—应收票据序时簿”窗口，选择审核后的应收票据，单击工具栏上的【贴现】，根据案例实验资料进行录入，如图 8-32 所示。

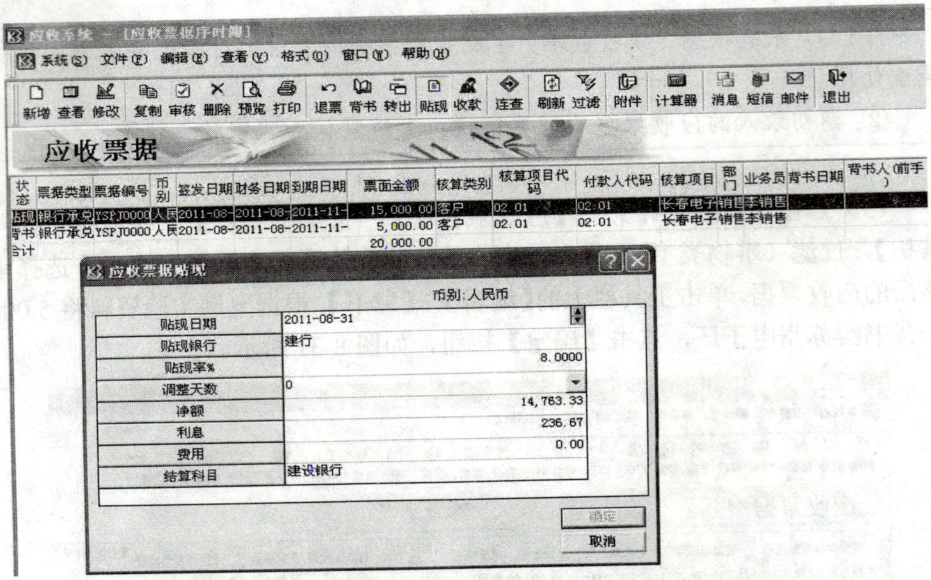

图 K8-32 应收票据贴现

注：①贴现处理后不在应收款管理系统产生任何单据，只是应收票据的状态变为“贴现”。如果需要取消贴现处理，在编辑菜单选择“取消处理”即可，且应收票据的状态变为“审核”。

②应收票据贴现凭证只能在凭证处理模块中生成。

（5）点击【财务会计】—【应收款管理】—【收款】—【收款单—维护】，双击【收款单—维护】，过滤（事物类型），进入“应收系统—收款单序时簿”窗口；选择需要审核的单据（更换操作员），点击工具栏【编辑】—【审核】/【成批审核】按钮，如图 K8-33 所示。

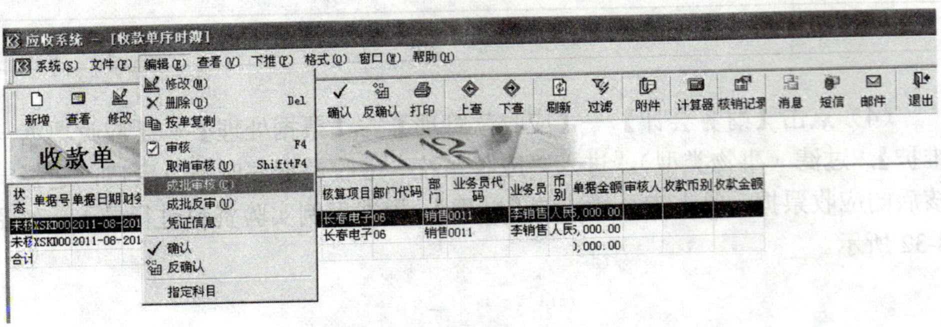

图 K8-33 收款单审核

（6）以“乙会计”身份，点击【财务会计】—【应收款管理】—【凭证处理】，双击【凭证—生成】，进入凭证处理界面，在【单据类型】中选择“应收票据”，单据，过滤（事物类型：收款单），点击【确定】按钮，单击工具栏【选项】，点击工具栏【按单】，即可对单据生成凭证，也可以使用 Shift 或 Ctrl，选择多张单据【按单】或者【汇总】生成凭证，如图 K8-33 所示。

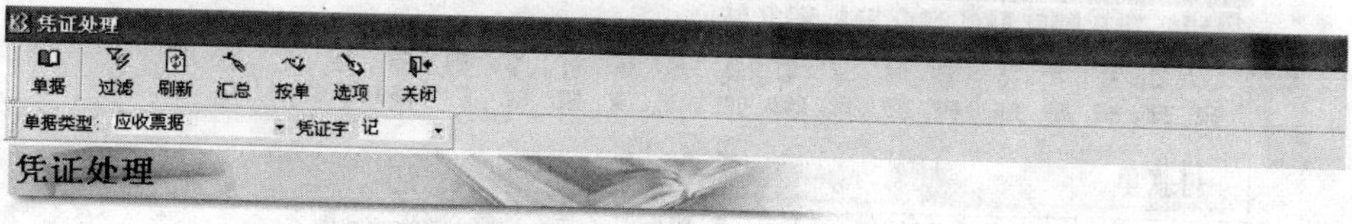

状态	单据号	单据日期	财务日期	核算项目类别	核算项目代码	核算项目	部门代码	部门	业务员代码	业务员	币别	单据金额	审核人	收款币别	收款金额
未核销	XSKD00000	2011-08-3	2011-08-3	客户	02.01	长春电子厂	06	销售部	0011	李销售	人民币	15,000.00	乙会计		
未核销	XSKD00000	2011-08-3	2011-08-3	客户	02.01	长春电子厂	06	销售部	0011	李销售	人民币	5,000.00	乙会计		
合计:												20,000.00			0.00

图 K8-33　单据生成凭证

注：应收、应付款系统生成凭证有四种方法：

①在单据上生成凭证：在每张审核后的单据界面，点击工具栏上【凭证】按钮即可。以此方式生成的记账凭证，其凭证科目、结算方式等信息有可能不全面，请补充完整。该方法比较适合企业要求每一笔业务单独生成一张凭证且要求及时进行财务处理的情况。

②在序时簿中生成凭证：在“发票序时簿”界面，点击【凭证】按钮即可。如果发票已在其他子系统（销售系统除外）中生成了凭证，则不需要重复生成凭证，可选择【编辑】—【凭证信息】，录入该发票在其他子系统生成的凭证字号即可。如果要取消关联，则凭证号为“0”。

③使用凭证模板生成凭证：首先需要在系统参数中选择“使用凭证模板”，然后设置正确的凭证模板。保证凭证模板编号的唯一性，了解各项科目来源及金额来源的意义，不同事务类型提供的选项也是不同的。在事务类型中没有的业务则无法通过模板生成凭证。

④不使用凭证模板生成凭证：主要是根据已审核的发票、其他应收单、收款单、退款单等原始单据生成记账凭证。此方法适合于企业一次操作将多笔业务生成多张凭证或者将多笔业务生成一张凭证的处理方式，而且是业务的凭证处理灵活、模板不适用的情况。

（7）对背书的票据进行凭证处理，以“甲主管”身份，点击【财务会计】—【应付款管理】—【付款】—【付款单—维护】，过滤（事物类型），进入“应付系统—付款单序时簿”窗口，选择审核后的付款票据，单击工具栏上的【审核】，如图 K8-34 所示。

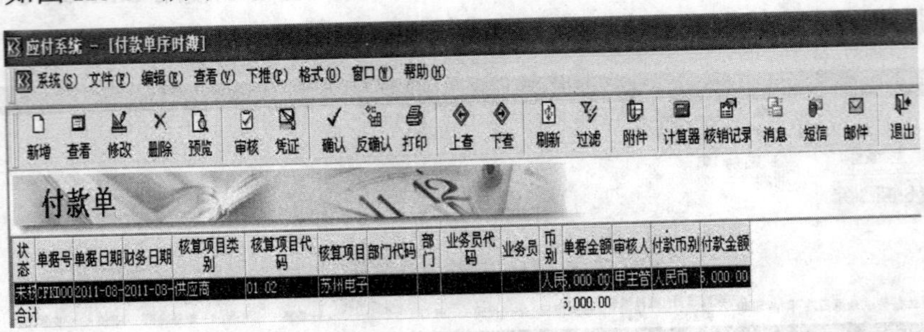

图 K8-34　背书单据联查

（8）以“甲主管”身份，点击【财务会计】—【应收款管理】—【凭证处理】—【凭证—生成】，在“凭证处理”界面，单据类型处选择“应收票据背书”，点击【确定】按钮，再点击工具栏上【凭证】按钮，系统自动生产应收票据背书记账凭证，如图 K8-35（1）所示。

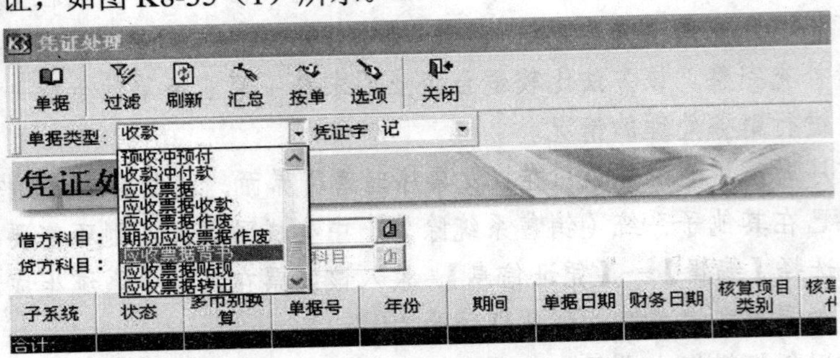

图 K8-35（1）　背书单据生成凭证

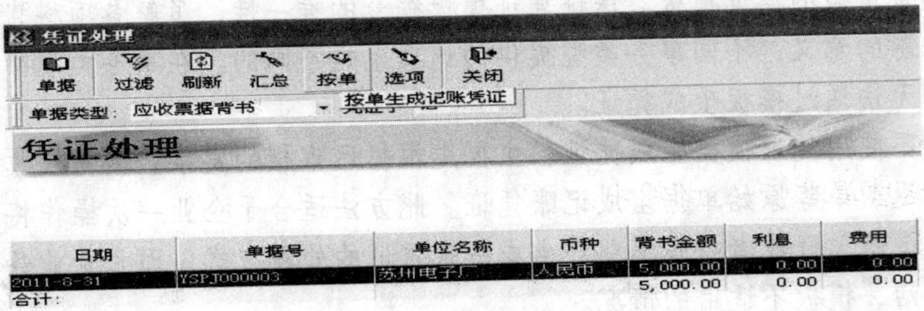

图 K8-35（2）　背书单据生成凭证

注：应收票据贴现凭证只能在凭证处理模块中生成。具体操作步骤与背书单据生成凭证一样。

【业务 4】

操作步骤：

以“乙会计”身份，点击【财务会计】—【应收款管理】—【结算】—【应收款核销—到款结算】，出现过滤框录入日期、核算项目等（按系统默认值），进入“核销”界面，其中列示所有满足条件的待核销记录。在此处选择对应的记录打上对勾后，点击工具栏中的【核销】即执行手工核销，如图 K8-36 所示。

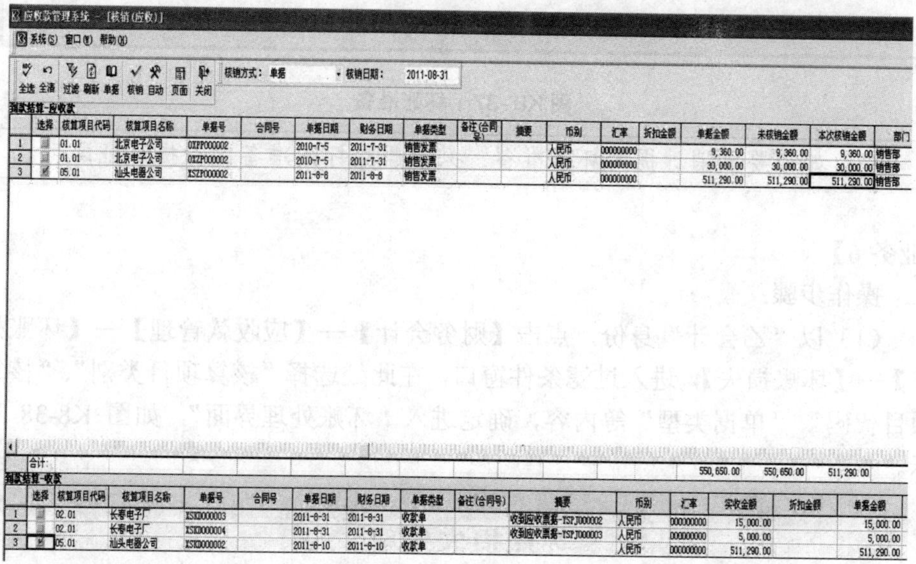

图 K8-36 到款结算

注：①到款结算用于收到款项后勾销应收业务。“应收单据”指发票、其他应收单，“收款单据”指收款单、退款单，不包括预收单，收款单中既有手工录入的收款单也包括审核后的应收票据产生的收款单。

②此类型的核销不用生成凭证。

【业务 5】

操作步骤：

以“乙会计”身份，点击【财务会计】—【应收款管理】—【坏账处理】

—【坏账准备】，在此处点击【凭证】按钮，系统自动生成处理坏账准备的凭证，点击【保存】按钮即可。凭证上的科目信息取自系统设置中设置的会计科目，余额为会计科目的余额，如图 K8-37 所示。

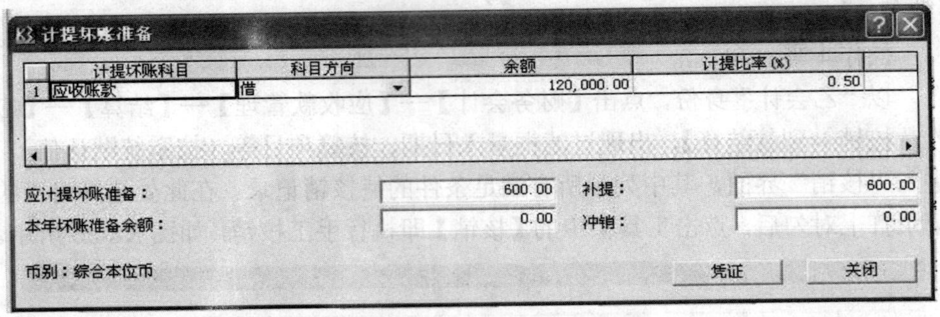

图 K8-37　坏账准备

注：如果要取消计提的坏账准备，只需删除坏账准备的计提凭证即可。

【业务 6】

操作步骤：

（1）以“乙会计”身份，点击【财务会计】—【应收款管理】—【坏账处理】—【坏账损失】，进入过滤条件窗口，在此处选择“核算项目类别”、“核算项目代码”、“单据类型”等内容，确定进入“坏账处理界面”，如图 K8-38 所示。

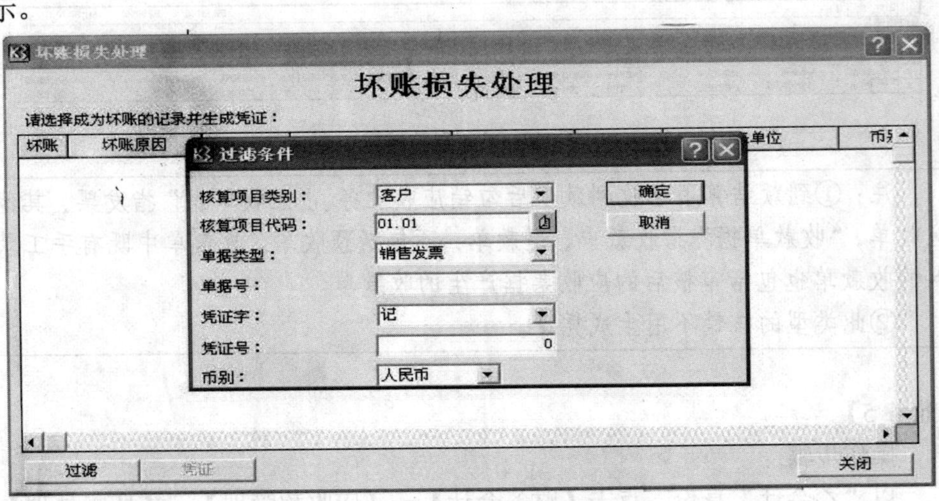

图 K8-38　坏账准备

（2）选择坏账记录、录入坏账原因、修改坏账金额，点击【凭证】按钮，系统自动生成凭证，然后点击【保存】按钮即可，如图 K8-39 所示。

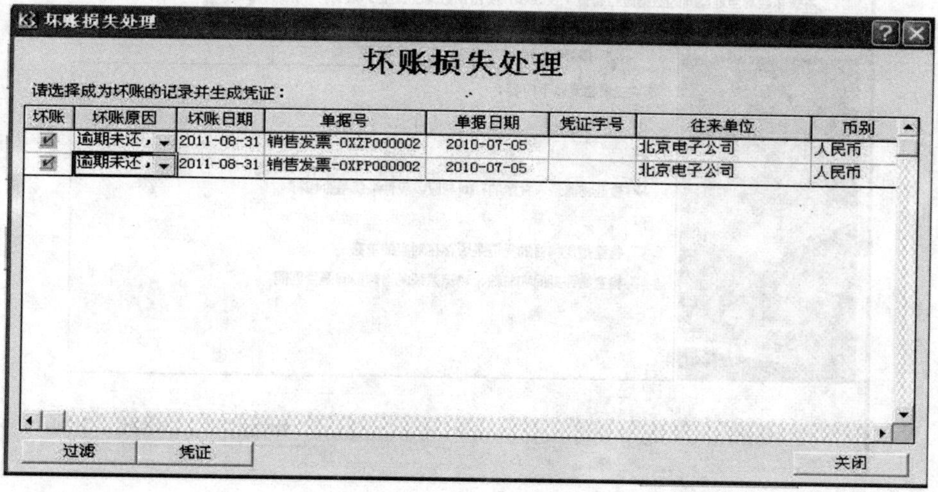

图 K8-39　坏账损失处理

注：① 此处只列示初始化时的应收单及初始化后已生成凭证的应收单据，不包括初始化后未生成凭证的应收单。

②如果要取消坏账损失，只需删除坏账损失凭证即可。

（三）期末经济业务

【期末业务 1】

操作步骤：

（1）以“乙会计”身份，点击【财务会计】—【应收款管理】，在主界面选择【期末处理—期末对账检查】后，系统首先对当前的单据、凭证以及核销、票据操作进行对账检查，如图 K8-40 所示。

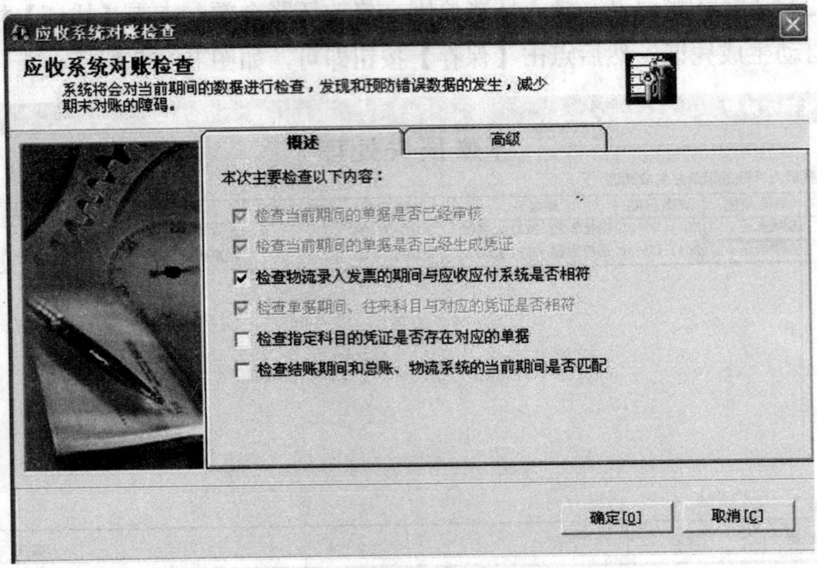

图 K8-40 期末对账检查

（2）检查完毕后，系统自动提示"对账检查已通过"，如图 K8-41 所示，如有错误需要及时更正。检查通过的情况下，进入对账过滤条件，需要录入期间、科目等选项。

图 K8-41 对账情况

（3）确定过滤条件后，进入到"期末总账对账"中，可以对应收系统和总账系统的数据进行核对，及时查询差额数据，并及时更正。

【期末业务 2】

操作步骤：

以"甲主管"身份，点击【财务会计】—【应收款管理】—【期末处理】—【结账】，系统进行期末结账工作。期末结账处理完毕，系统进入下一个会计期间。如图 K8-42、K8-43 所示。

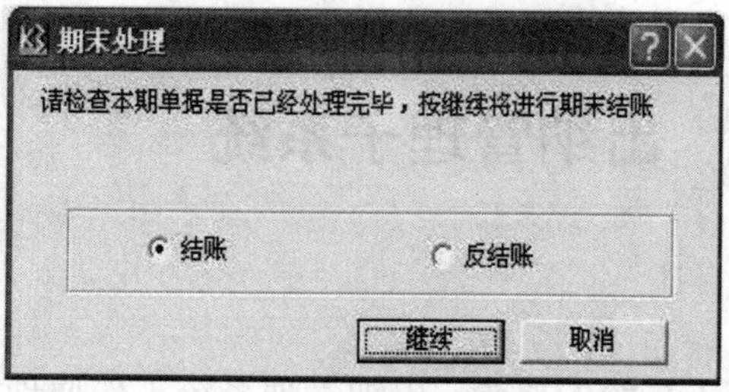

图 K8-42　期末处理

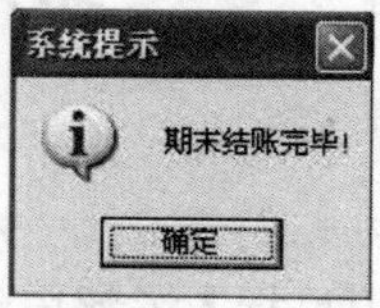

图 K8-43　结账完毕

思考与简答题

1. 应收与应付款子系统的概念与任务是什么？
2. 简述应收与应付款子系统的基本操作流程。
3. 简述应收与应付款子系统与其他子系统的关系。
4. 应收款子系统的主要功能包括哪些？
5. 应付款子系统的主要功能包括哪些？
6. 简述应收款子系统的的基本操作流程。
7. 简述应付款子系统的的基本操作流程。

第九章　出纳管理子系统

【知识目标】了解出纳管理子系统的概念，出纳管理系统工作原理，出纳管理系统的功能，出纳管理系统的基本流程，熟悉出纳管理子系统实施与管理的基本步骤和要求。

【技能目标】掌握出纳管理子系统基本概念，进一步理解出纳管理子系统操作流程，熟悉掌握出纳管理子系统系统初始化、现金管理、银行存款管理、支票管理、银行对账、期末结账、出纳报表输出的基本操作。

第一节　出纳管理子系统概述

出纳管理子系统是为出纳人员提供的一套管理工具。它主要完成现金和银行存款日记账、支票登记薄的管理，录入银行对账单、进行银行对账，输出余额调节表，并可对银行长期未达账项提供审计报告等工作。

一、出纳管理子系统概念

出纳管理子系统是为出纳工作者提供的能显著提高工作效率，减少工作差错的管理系统。目前的大型公司会计软件一般都有相应的出纳功能模块，主要核算现金、银行存款、其他货币资金。出纳管理系统是会计软件的组成部分之一，它既能与总账系统配合使用，又能与其他系统分离而独立运行，帮助完成出纳的管理工作。具有现金日记账、银行日记账、银行对账单、银行存款余额调节表、银行存款对账、支票管理等功能。

货币资金是企业资产的重要组织部分，是企业资产中流动性最强的资产。加强货币资金的管理与控制非常重要。出纳工作是财务工作中直接与资金接触的一个环节，是财务管理的重要组成部分，一个独立而又完整的出纳管理系统，对加强会计核算管理与货币资金管理具有重要的意义。目前的大型软件公司的会计软件一般都有相应的出纳模块，出纳模块提供了规范的引入与导出接口，可以充分提高出纳人员的效率。

二、出纳管理子系统主要功能

出纳管理子系统主要功能有：系统初始化、现金管理、银行存款管理、支票管理、银行对账、期末结账、出纳报表输出，如图 8-1 所示。

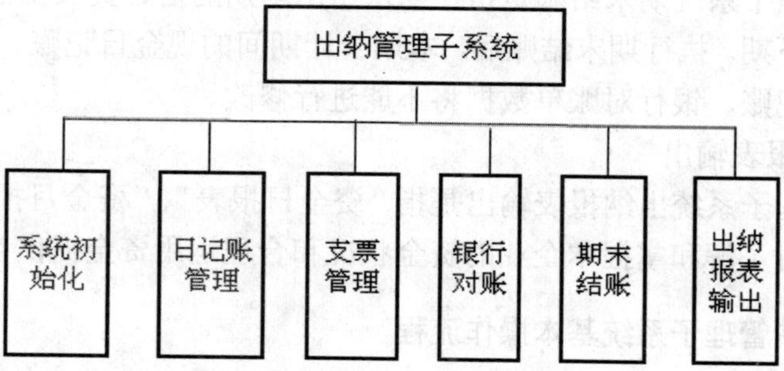

图 9–1　出纳管理子系统主要功能结构图

1. 系统初始化

出纳管理子系统初始化是指在系统启用前将手工业务处理的未达账项和银行存款初始余额输入到计算机财务系统中的工作。系统初始化主要包括现金和银行存款初始录入，以保证数据的连续性和完整性，与开户银行核对无误后，再结束初始化工作。

2. 日记账管理

出纳管理子系统日记账管理主要包括现金管理和银行存款管理。现金和银行存款是流动性最强的货币性资产，为了加强现金管理和银行存款管理，随时掌握现金和银行存款的动态和库存余额，保证资金安全，企业必须设置现金日记账和银行存款日记账，日记账是用来逐日逐笔反映现金和银行存款增减变化和结余情况的账簿。现金日记账和银行存款日记账登记依据是经过审核无误的现金、银行存款的收付款凭证。

3. 支票管理

出纳管理子系统支票管理主要有现金支票管理、转账支票管理。支票管理功能可以详细登记支票领用人、领用日期、支票用途、是否报销等情况，以实现对支票的监管使用，防止和杜绝出纳人员和业务人员责任不明确，以及票据丢失等现象的发生，保证支票使用的安全性和可靠性。

4. 银行对账

出纳管理子系统银行对账是将企业银行日记账与开户银行传来的对账单进行勾对，找出双方的未达账项，生成“银行余额对账调节表”的过程。银行对账是核对企业银行存款是否正确，保证企业资金完整的一个重要手段。

5. 期末结账

出纳管理子系统期末结账是指在期末结出本期的借、贷发生额和余额，并将其结转到下期。执行期末结账后，本期会计期间的现金日记账、现金盘点单、银行存款日记账、银行对账单数据将不能进行修改。

6. 出纳报表输出

出纳管理子系统出纳报表输出是指“资金日报表”、“资金月报表”等报表，为管理者及时了解和掌握本企业的资金状况和合理运用资金提供参考数据。

三、出纳管理子系统基本操作流程

出纳管理子系统初始化主要包括系统启用日期设置；录入现金初始余额；录入银行存款初始余额。如果有未达账项，需要从企业和银行的角度，将未达账项分别对银行存款日记账的余额和银行对账单的余额进行调整，使调整后两者的余额应相等。

系统初始化完成后，可以开始日常业务处理工作。现金日记账按照现金收、付款业务发生的先后顺序逐笔序时登记，每日终了应结出余额。银行存款日记账按照银行存款收、付款业务发生的先后顺序逐笔序时登记，每日终了应结出余额。银行存款日记账定期与银行对账单核对，至少每月核对一次，企业账面结余额与银行对账单余额之间如有差额，必须逐笔查明原因，并按月编制“银行存款余额调节表”调节相符，月份终了，银行存款日记账的余额必须与银行存款总账科目的余额核对相符。购置的支票要进行登记，支票领用与报销也要进行相应的记录，要登记支票领用人、领用日期、支票用途、是否报销等情况。

日常业务处理工作完成后，就可以进行期末结账，可以查询与输出出纳报表：现金日记账、银行存款日记账、银行存款余额调节表、资金日报表、月报表等。出纳管理子系统基本操作流程图 9-2。

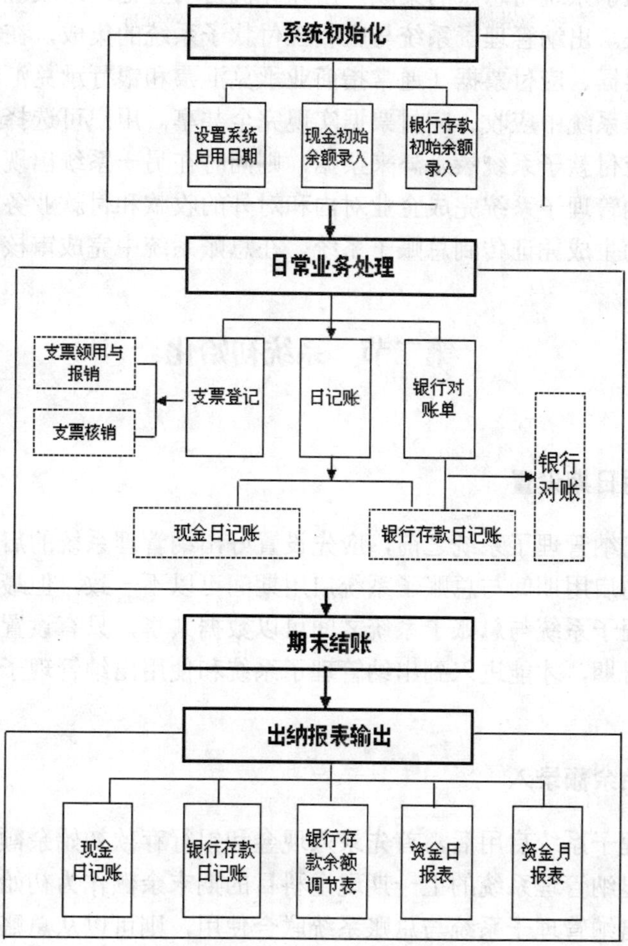

图 9-2　出纳管理子系统基本操作流程图

四、出纳管理子系统与其他子系统的关系

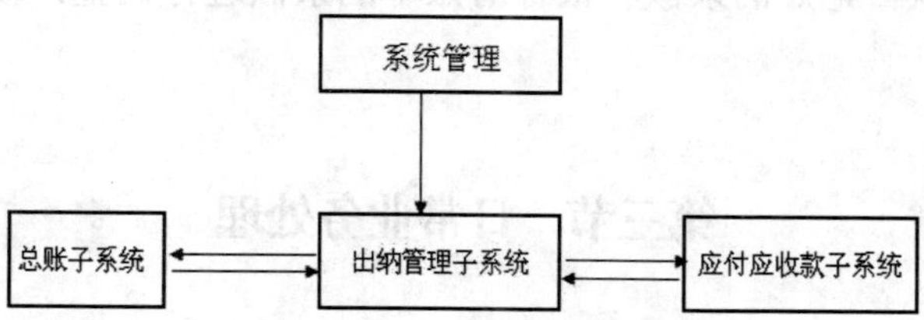

图 9-3　出纳管理子系统与其他子系统关系图

出纳管理子系统与总账的集成，由计算机自动登记，形成现金日记账和银行存款日记账。出纳管理子系统与应收应付款子系统的集成，在出纳管理子系统中，应收票据、应付票据（通常指商业承兑汇票和银行承兑汇票）完全与应收应付款管理系统中应收、应付票据实现完全共享。用户可选择在出纳管理子系统与应收应付款子系统录入外来票据，则同时在另一系统出现，修改和删除也如此。出纳管理子系统完成企业对内和对外的收款和付款业务处理，以及信息处理，自动生成凭证传到总账子系统。在总账系统中完成审核、记账。

第二节　系统初始化

一、启用日期设置

在启用出纳管理子系统之前，应先设置好出纳管理系统的启用期间。出纳管理子系统的启用期间与总账子系统启用期间可以不一致，但最好做到同步，这样出纳管理子系统与总账子系统之间可以数据共享，只有设置好了出纳管理子系统启用日期，才能进入到出纳管理子系统和使用出纳管理子系统的其他功能。

二、初始余额录入

出纳管理子系统启用后，首先录入现金和银行存款初始余额。也就是将正式开始使用出纳管理系统的上一期现金科目的期末余额作为初始余额录入到系统中。如果出纳管理子系统与总账系统联合使用，则可以从总账子系统中导入设置好的现金和银行存款科目及有关科目的余额。

在出纳管理子系统的初始数据录入中，要录入银行存款日记账和银行对账单启用期初的余额。如果有未达账项，需要从企业和银行的角度，将未达账项分别对银行存款日记账的余额和银行对账单的余额进行调整，使调整后两者的余额应相等。

第三节　日常业务处理

出纳管理子系统能处理企业中的日常出纳业务，包括现金业务、银行业务，并提供各种报表的查询和打印、银行存款日记账与总账对账、银行日记账和银行对账单对账。

一、现金业务

现金业务主要包括：现金日记账、现金对账，日报表、现金盘点等。现金是流动性强的货币资产，为了掌握现金收付的动态和库存余额，保证现金的安全，企业必须设置现金日记账。现金日记账用来逐日逐笔反映库存现金的收入、支出和结存情况，是审核无误的现金收、付款凭证登账。日清月结，每天结出了余额，月份终了，现金日记账的余额必须与现金总账科目的余额核对相符。

二、银行业务

银行存款业务主要包括：银行存款日记账、银行对账单、银行存款对账、银行存款余额调节表、日报表等。企业在银行开设账户以后，除按规定的限额保留库存现金外，超出限额的现金必须存入银行。银行存款日记账是用来反映银行存款的收入、支出和结存情况的账簿，为了防止记账差错，准确掌握银行存款的实际数额，必须定期将银行存款日记账与银行对账单进行核对，并编制银行存款余额调节表。

三、支票管理

支票管理主要包括支票登记、支票领用及报销、支票核销。支票管理是财务管理的基础，是保证资金正常周转的关键，应加强对该项工作的管理，以维护金融秩序。出纳人员日常要购置大量的空白支票进行资金的支付款业务，为了加强对购置的现金支票、转账支票、普通支票的管理，支票管理模块实现了对空白支票的监管与使用，防止和杜绝了出纳人员和业务人员责任不明确以及票据遗漏、丢失等现象的发生。

第四节　期末业务处理

一、期末对账

期末对账主要包括：现金日记账与总账对账、银行存款日记账与总账对账等。现金日记账与总账对账是指出纳管理系统的现金日记账与总账系统现金分类账之间进行的核对；银行存款与总账对账实际是出纳管理系统的出纳账目与总账日记账的对账；期末出纳管理系统对账提供自动对账和手工对账两种方式，操作起来非常方便，两种方式可单独使用，也可结合起来使用。

二、期末结账

为了总结会计期间（如月度和年度）资金的经营活动情况，必须定期进行结账。会计期末结账，结出本会计期间借、贷发生额、期末余额，并将其结转到下期会计期间。执行期末结账后，当前会计期间的现金日记账、现金盘点单、银行存款日记账、银行对账单的数据将不能再进行修改。因此在结账之前应确保当前会计期间的所有业务已正确处理完毕。

第五节　出纳报表的输出

为了及时掌握货币资金的流动情况，企业的管理者一般都要求财务部门定期提供现金、银行存款日报表。系统提供了现金、银行存款日报表、月报表等相关报表的输出功能，不仅为企业出纳的管理提供了方便，而且为管理者及时了解和掌握本企业的资金状况和合理运用资金提供了参考数据。

一、现金日记账

现金日记账是用来逐日反映库存现金的收入、付出及结余情况的特种日记账。它是由单位出纳人员根据审核无误的现金收、付款凭证和从银行提现的银付凭证逐笔进行登记的。

二、银行存款日记账

银行存款日记账是用来反映银行存款增加、减少和结存情况的账簿，银行存款日记账通常也是由出纳员根据审核后的有关银行存款收、付款凭证，逐日逐笔顺序登记的。

三、银行存款余额调节表

银行存款余额调节表可作为银行存款科目的附列资料保存。该表主要目的是在于核对企业账目与银行账目的差异，也用于检查企业与银行账目的差错。银行存款余额调节表的编制方法一般是在双方账面余额的基础上，分别补记对方已记而本方未记账的账项金额，然后验证调节后的双方账目是否相符。

四、资金日报表

按照经济业务发生的时间顺序，逐日逐笔汇总现金分类为“现金科目”或“银行科目”的所有科目的日报表。资金日报表既可按一级科目汇总，也可按明细科目汇总。资金日报表支持多单位、多币种的查询。

五、资金月报表

按照经济业务发生的时间顺序，按月汇总“现金科目”或“银行科目”的所有科目的月报表。资金月报表既可按一级科目汇总，也可按明细科目汇总。资金月报表支持多单位、多币种的查询。

第六节　本章实验操作

一、用友 U8 软件应用操作

实验一　出纳管理子系统及操作指导

Ⅰ. 出纳管理子系统

【实验目的】

理解用友 ERP-U8 出纳管理子系统与总账子系统的之间的关系，熟悉出纳管理子系统的主要功能及流程，理解和掌握出纳管理子系统初始化、日常业务处理、月末处理的操作。

【实验内容】

1. 初始数据录入。
2. 日常业务处理。
3. 月末处理。

【实验要求】

以“张二”的身份进行业务操作。

【实验准备】

1. 恢复“实验三”数据（即以系统管理员 admin 的身份注册进入“系统管理”，执行“账套”—“引入”—“引入账套数据”对话框，恢复账套数据）。

2. 用友 ERP-U8 的总账系统中包含出纳管理子系统。

【实验资料】

（一）系统初始化

龙门万成信息技术有限公司银行账的启用日期为 2014-6-01，工行人民币户企业日记账调整前余额为“110 000”，银行对账单调整前余额为“50 000”，未达账项一笔，系企业已收银行未收款“60 000”现金。

（二）日常业务处理

1. 银行对账单

6 月份银行对账单

日期	结算方式	票号	借方金额	贷方金额
2014-5-31			60 000	
2014-6-03	201	XJ001		30 000
2014-6-06				60 000
2014-6-09	202	ZZ001		90 000
2014-6-16	202	ZZ002	396 600	

2. 6 月 26 日，销售部金松借转账支票一张，支票号 ZZ007，预计金额 8 000 元。

（三）期末业务处理

1. 银行对账。
2. 查询银行日记账。
3. 现金日记账打印。

II. 出纳管理子系统操作指导

（一）系统初始化

操作步骤：

（1）以“张二”身份登陆账套。在总账系统中，点击【出纳】—【银行对账】—【银行对账期初】，打开“银行科目选择”窗口。选择“工行存款”，单击【确定】按钮，进入“银行对账期初”窗口，点击录入启用日期，点击录入企业日记账调整前余额为：110 000 元，银行对账单调整前余额为 50 000 元。

（2）点击【对账单期初未达项】按钮，进入“银行方期初”窗口，单击【增加】按钮，按案例资料录入相关信息，录入企业已收银行未收款 60 000 元现金。如图 U9-01 所示。

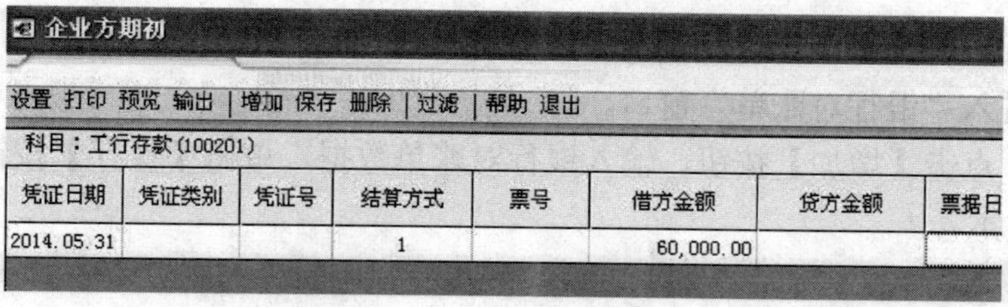

图 U9-01　对账单期初未达项录入

（3）通过“银行对账期初”和“对账单期初未达项”录入，银行方期初录入结果显示，如图 U9-02 所示。

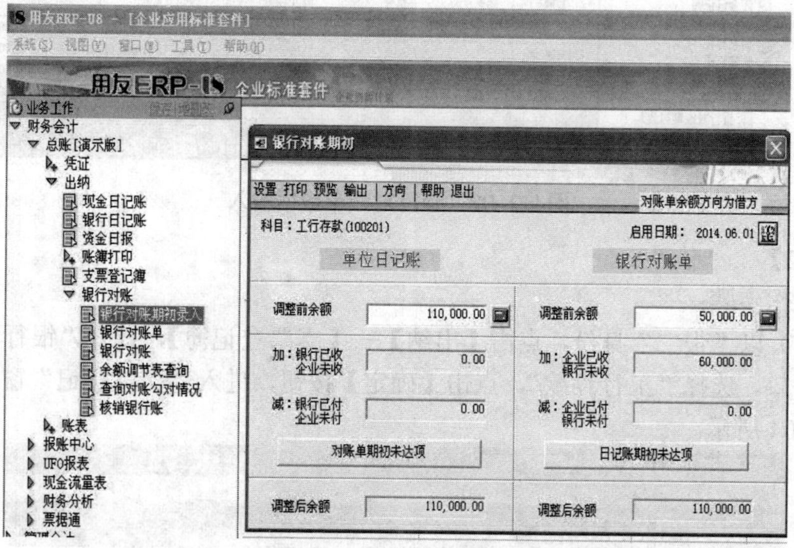

图 U9-02　银行方期初录入结果

注：①第一次使用银行对账功能前，系统要求录入日记账及对账单未达账项，在开始使用银行对账之后不再使用。

②在录入期初未达账项后，请不要随意调整启用日期，尤其是向前调，这样可能会造成启用日期后的期初数不能再参与对账。

（二）日常业务处理

【业务 1】

操作步骤：

（1）以“张二”身份，点击【出纳】—【银行对账】—【银行对账单】，打开“银行科目选择”窗口。选择“工行存款”，月份“2014.6”，单击【确定】按钮，进入“银行对账单”窗口。

（2）点击【增加】按钮，输入银行对账单数据，单击【保存】按钮，如图U9-03所示。

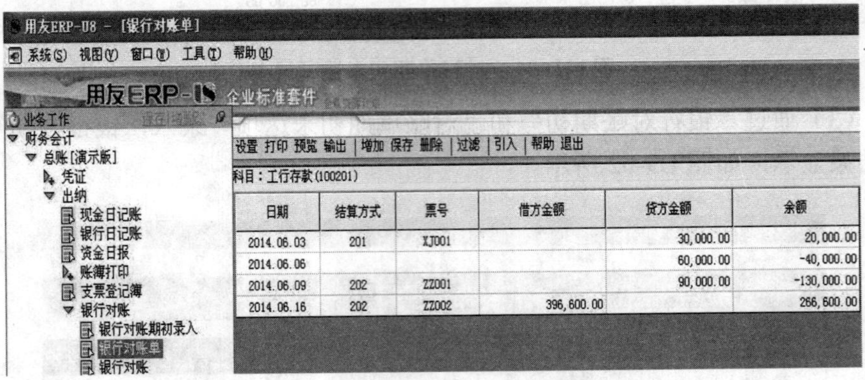

图 U9-03　银行对账单数据输入

【业务2】

操作步骤：

（1）以“张二”身份，点击【出纳】—【支票登记簿】，打开“银行科目选择”窗口。选择“工行存款”，点击【确定】按钮，进入“支票登记”窗口，如图U9-04所示。

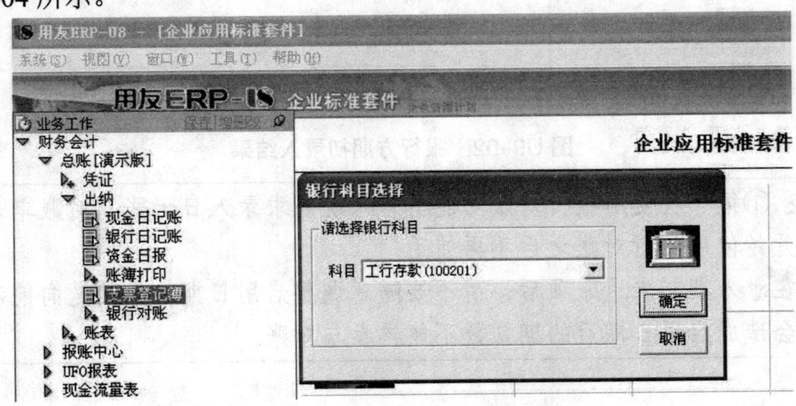

图 U9-04　银行科目选择

（2）在“支票登记”窗口中，点击【增加】按钮，打开“银行科目选择”窗口。将领用部门、领用人、支票号等按案例资料相关信息录入到系统后，点击【保存】—【退出】按钮。

注：①只有在结算方式设置中选择“票据管理标志”功能才能在此选择登记。

②领用日期和支票号必须输入，其他内容可输入可不输入。

（三）期末业务处理

【期末业务 1】

操作步骤：

（1）以“张二”身份，点击【出纳】—【银行对账】，打开“银行科目选择”窗口。选择“工行存款”，单击【确定】按钮，进入“银行对账”窗口，如图 U9-05 所示。

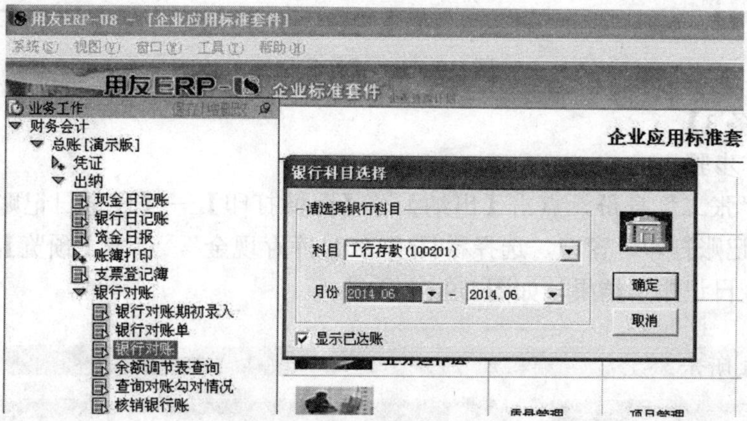

图 U9-05　银行对账目选择

（2）在“银行对账”窗口，单击【对账】按钮，打开“自动对账”条件对话框。输入截止日期“2014.6.30”，默认系统提供的其他对账条件，单击【确定】按钮，显示自动对账结果。

【期末业务 2】

操作步骤：

以“张二”身份，点击【出纳】—【银行日记账】，打开“银行日记账查询条件”窗口。输入查询日期“2014.06”，点击【确定】按钮，系统自动弹出“银行日记账”结果窗口，如图 U9-06 所示。

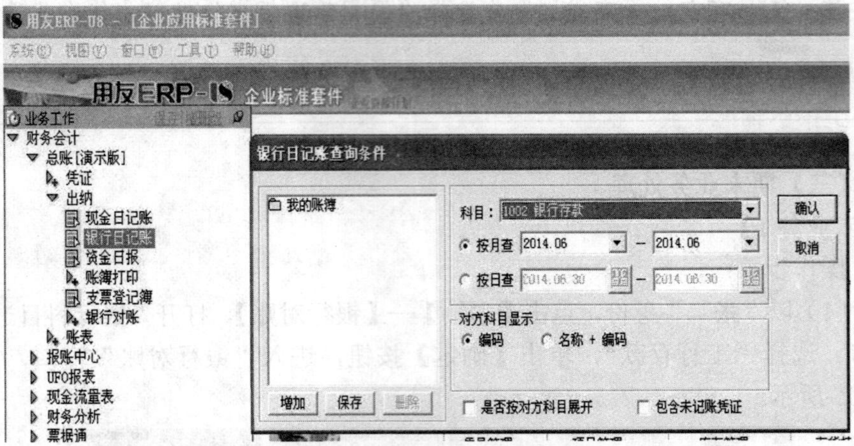

图 U9–06　银行日记账

【期末业务 3】

操作步骤：

以“张二”身份，点击【出纳】—【账簿打印】—【现金日记账】，打开“现金日记账打印”窗口，选择科目“1001 库存现金”，点击【预览】，即显示该“现金日记账”结果，如图 U9-07 所示。

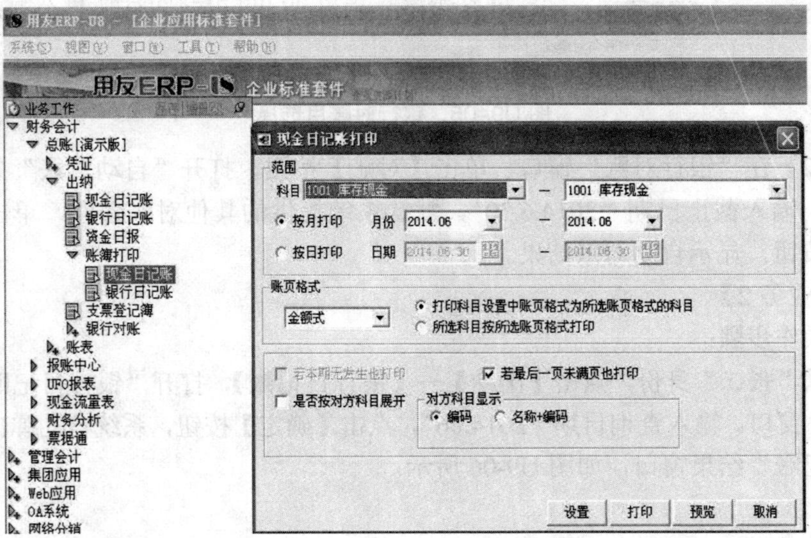

图 U9–07　现金日记账

Kingdee 二、金蝶 K/3 软件应用操作

实验一 出纳管理子系统及操作指导

Ⅰ. 出纳管理子系统

【实验目的】

理解金蝶 K/3V11.0 版出纳管理系统与总账系统之间的关系，熟悉出纳管理系统的主要功能及流程，理解和掌握出纳管理系统初始化、日常业务处理、月末处理的操作。

【实验内容】

1. 系统初始化设置。
2. 基础数据设置。
3. 初始数据录入。
4. 日常业务处理。
5. 月末处理。

【实验要求】

1. 以“甲主管”的身份进行系统初始化、凭证审核、记账、结账。
2. 以“丙会计”的身份进行业务处理。

【实验准备】

1. 恢复“实验二”数据（即以系统管理员 admin 的身份注册进入“账套管理”，执行“数据库”—“恢复账套”或单击工具栏上“恢复”按钮，系统弹出“选择数据库服务器”窗口，单击“确定”按钮进入“恢复账套”窗口，恢复已建立的山东秀珍科技有限公司 2011 年 8 月的账套数据）。

2. 根据案例资料，检查总账系统和固定资产系统是否启动，启动日期是“2011 年 8 月 1 日”。

【实验资料】

（一）系统初始化（未给的信息保持系统默认值）

（1）该公司 2011 年 8 月启用现金管理系统，总账系统已启用并发生了现金类科目的业务，现金、银行存款科目数据，如下表所示。

科目名称	银行账户	日记账期初余额	本年累计借方	本年累计贷方	方向	日记账本位币期初余额	银行对账单余额
库存现金			20 000	30 000		300 000	
银行存款							
建设银行	J01123	36 000	104 400	50 000	借	36 000	36 000
中国银行	Z01567				借	96 000	10 000
工商银行	G02639	102 000			借	102 000	102 000

（2）建设银行对账单和企业实际账务有一定的差异，如下表，检查所有的银行存款科目的余额调节表是否都平衡。

项目	金额	备注
企业银行日记账余额	0	
银行对账单余额	10 000	
银行未达账项 银行已收、企业未收	贷：10 000	日期/业务日期：2011 年 7 月 26 日 结算方式：中行转账支票 结算号：WH201108003 摘要：收投资资金

（3）结束初始化。

（二）日常业务处理

1. 直接从总账引入现金、银行存款类凭证记录。

2. 8 月 31 日的库存盘点结果，“100 元”10 把，“50 元”20 卡。

3. 8 月 31 日，收到建设银行的对账单（如下表），并进行银行存款对账。

日期	摘要	结算方式	支票号	借方	贷方
2011 年 8 月 1 日	提现	建行现金支票	JJ333	2 000	
2011 年 8 月 11 日	购物	建行转账支票	JZ666	300	

4. 8 月 31 日公司财务 8 月份购入建行银行转账支票 1 本，号码 ZZ001-050。

5. 8 月 31 日办公室领用 001 号，用于购空白光盘，限额 300 元。

（三）期末经济业务

1. 进行现金、银行存款与总账对账。

2. 进行期末结账。

3. 查询余额调节表、银行存款日报表。

实验九　出纳管理子系统操作指导

（一）系统初始化资料（未给的信息保持系统默认值）

操作的前期工作

以“甲主管”身份进行操作。

操作步骤：

（1）以“甲主管”身份，点击【系统设置】—【初始化】—【现金管理】—【初始数据录入】，系统进入初始数据录入状态。点击【编辑】菜单中的【从总账引入科目】，系统将从总账中导入现金/银行科目及对应的初始数据。期间“2011 年 8 月”，点击【确定】按钮，如图 K9-01、图 K9-02 所示。

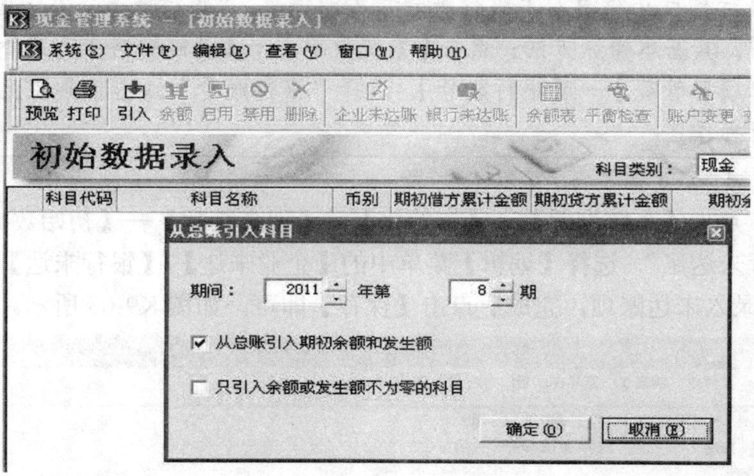

图 K9-01　初始数据录入（1）

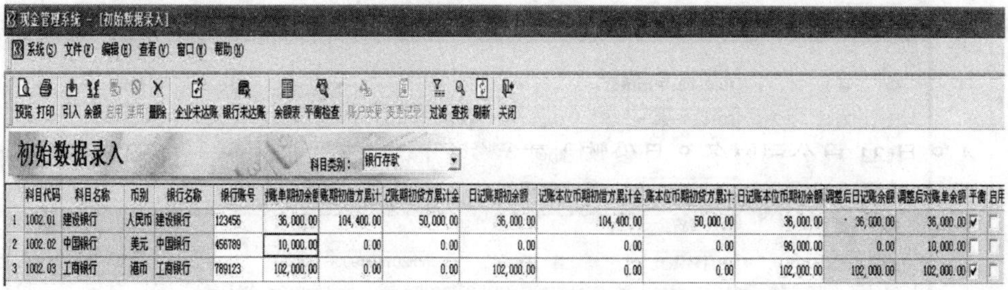

图 K9-02　初始数据录入（2）

注：① 从总账引入的科目属性必须是“科目设置”中的现金科目或银行科目，否则科目将不被引入，并且，只引入总账中的明细科目。

②现金管理系统启用期间为“年初时”，只引入期初余额；现金管理系统启用期间为“年中时”，系统引入总账科目余额时会将本年借方发生额、本年贷方发生额一同引入。

③在执行“从总账引入的科目”后，初始数据中的“银行对账单”默认为企业日记账期初余额，用户需要根据实际的对账单金额进行修改。

④在总账设置所有币别的科目，自动分币别的科目，自动分币别引入多个

账户。现金管理系统中不能将总账系统中银行存款科目下挂的核算项目作为明细科目引入，只能将核算项目设为银行科目的下级明细科目，然后再引入。

⑤银行科目必须输入“银行账号”才能保存，“银行账号”在基础资料中进行维护，其基本操纵方法：点击【系统设置】—【基础资料】—【公共资料】—【核算项目管理】—【银行账号】，选择“银行账号”点击工具栏上【新增】按钮进行操作。

（2）点击【系统设置】—【初始化】—【现金管理】—【初始数据录入】，在“银行未达账”，选择【编辑】菜单中的【企业未达】/【银行未达】，在此处【新增】录入未达账项，完成后点击【保存】即可，如图 K9-03 所示。

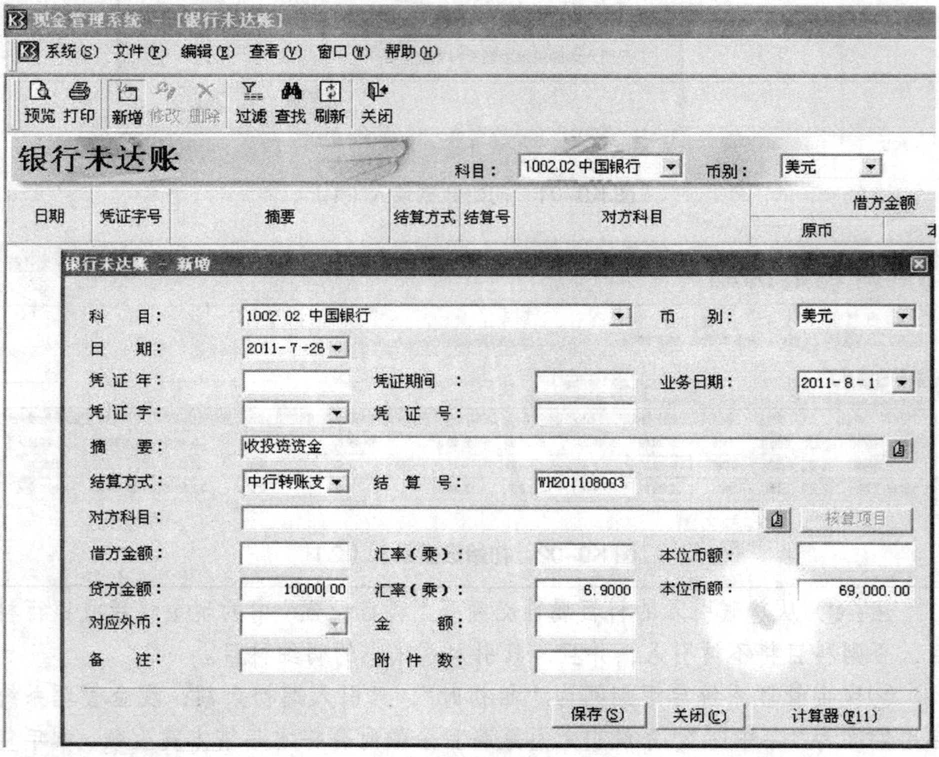

图 K9-03　银行未达项录入

（3）在【编辑】菜单下选择【余额表】，可以进行余额调节表的查看。选择【余额平衡检查】，系统将对所有的科目的余额表的平衡关系进行检查。若银行存款科目的余额已经平衡，系统会给予提示，否则就也会给出不平衡的提示，如图 K9-04 所示。

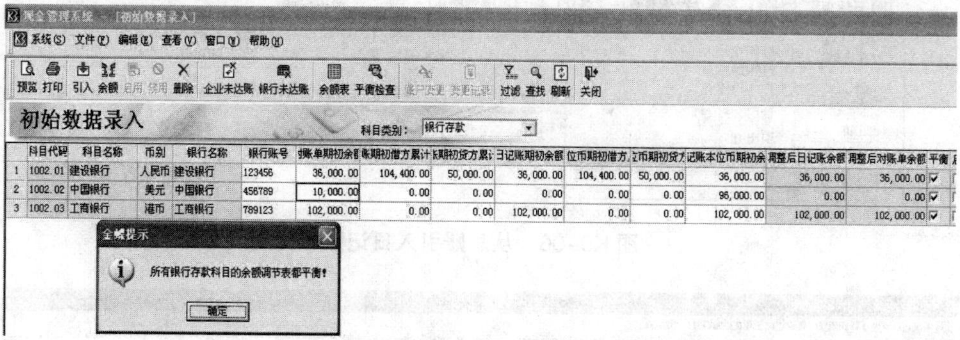

图 K9–04　余额平衡检查

（4）当初始数据录入完毕，通过平衡检查即可结束初始化，单击【编辑】菜单下选择【结束初始化】，如图 K9-05 所示。

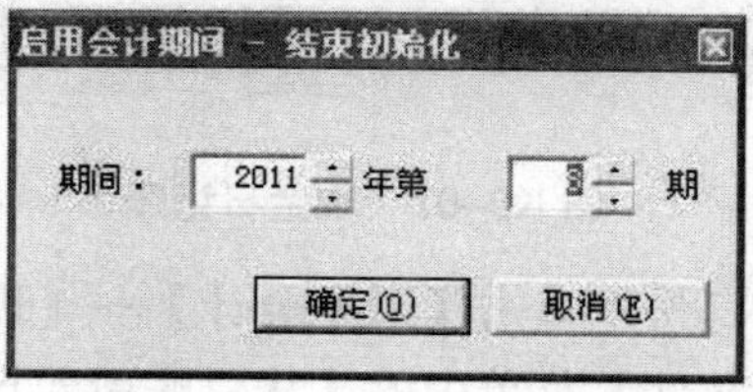

图 K9–05　结束初始化

注：① 启用系统后，若发现初始化数据错误，运用当前可用编辑菜单下的【反初始化】功能回到初始化状态，修改初始数据（只有启用的当前期间才能进行反初始化）。

②只有系统管理组的成员才能进行反初始化的操作。

（二）日常业务处理

【业务 1】

操作步骤：

（1）以“丙会计”身份，点击【财务会计】—【现金管理】—【现金】—【现金日记账】。选择【文件】菜单中的【从总账引入日记账】选项，设置引入的日期和方式等，执行【引入】。如图 K9-06、K9-07 所示。

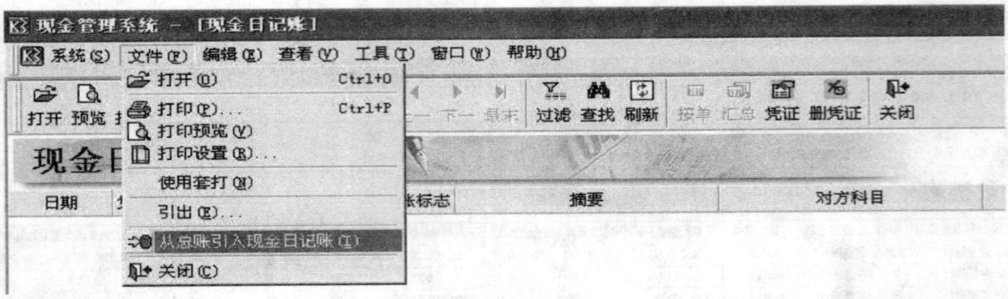

图 K9-06 从总账引入日记账

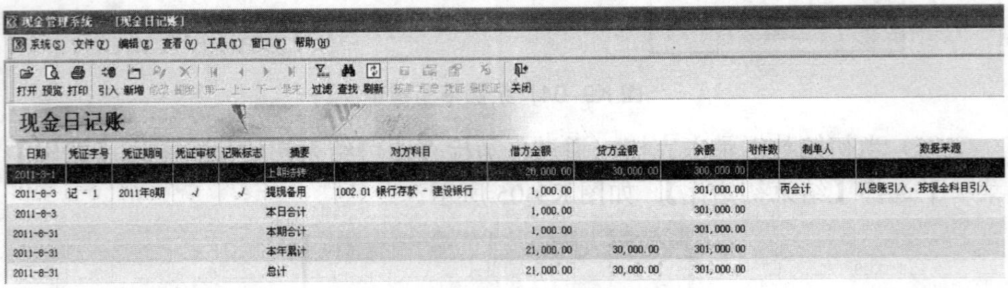

图 K9-07 现金日记账

（2）以“丙会计”身份，点击【财务会计】—【现金管理】—【现金】—【银行日记账】。选择【文件】菜单中的【从总账引入日记账】选项，设置引入的日期和方式等，执行【引入】，如图 K9-08 所示。

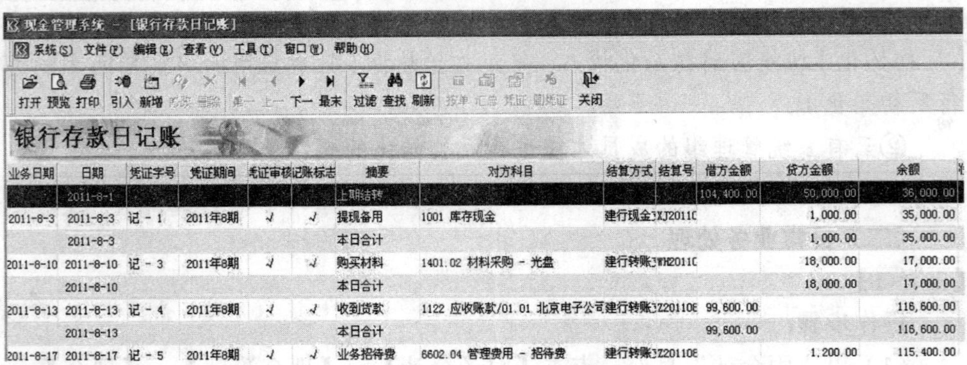

图 K9-08 银行日记账引入

注：①期间模式：只引入本日凭证和引入本期所有凭证。用户可以根据实际情况选择。

②日期也分为两种：使用凭证日期和使用系统日期。

● 使用凭证日期引入日记账时，若总账系统中的凭证有业务日期，而且业务日期属于本期，则引入日记账时，业务日期优于凭证日期，引入的是总账的业务日期；

● 否则引入的日记账是总账凭证的记账日期。

【业务 2】

操作步骤：

（1）以“丙会计”身份，点击【财务会计】—【现金管理】—【现金】—【现金盘点单】。点击【新增】按钮，在“现金盘点单—新增”中录入“科目”、“币别”、“日期”，并将有关现金的盘点结果录入之后，单击【保存】按钮即可。如图 K9-09 所示。

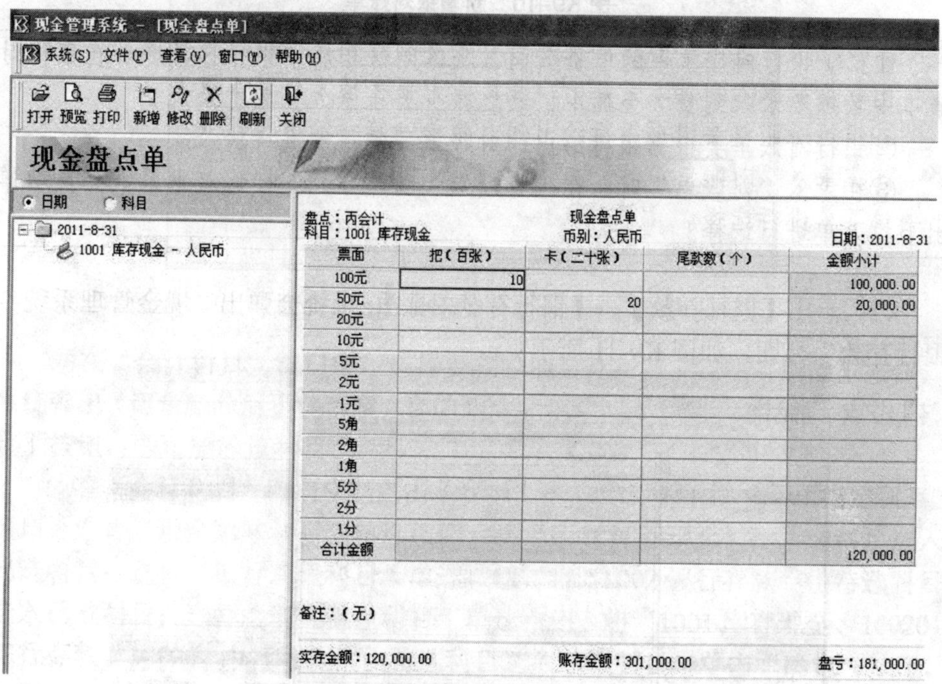

图 K9–09　现金盘点单

（2）录入盘点单后，点击【现金】—【现金盘点单】中查看“实存金额”、“账存金额”、“盘赢盘亏”等对账的结果。

【业务3】

操作步骤：

（1）以“丙会计”身份，点击【财务会计】—【现金管理】—【银行存款】—【银对账单】。点击【新增】按钮，在“现金管理系统—银行对账单录入”中，录入案例实验资料提供的信息，单击【保存】按钮即可进入另一新增界面。如图K9-10所示。

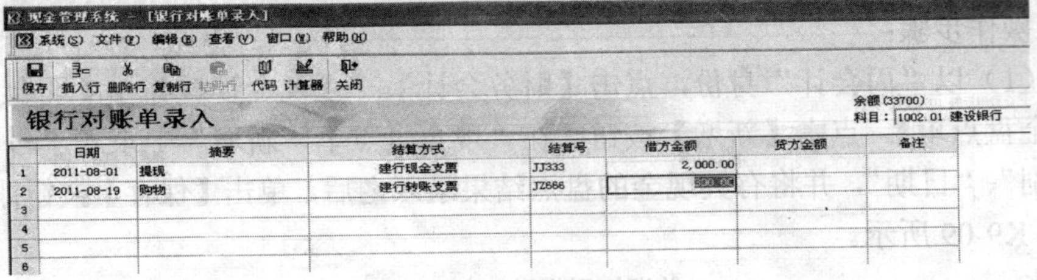

图 K9-10 新增银对账单

注：①银行对账单中的借贷方向与账簿刚好相反，银行存款增加在银行对账单中数据要录入到贷方金额中，反之减少要在借方金额中录入。

②银行对账单要根据银行给出的对账单一笔一笔进行输入。

③在录入“对账单”时，在“日期”、“结算方式”栏处双击系统会自动弹出下拉菜单进行选择。

（2）点击【银行存款】—【银行存款对账】，系统会弹出“现金管理系统—银行存款”界面，如图K9-11所示。

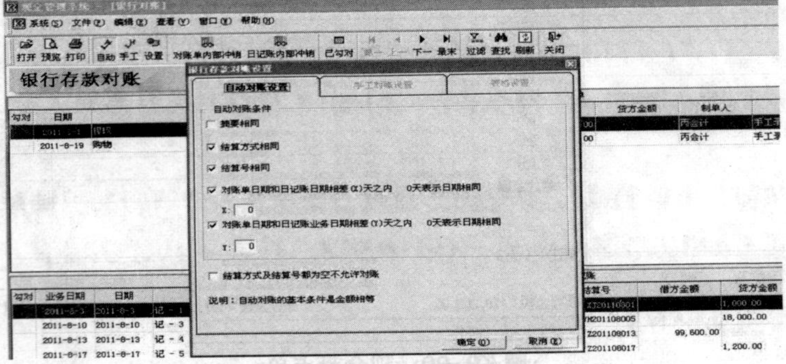

图 K9-11 银行存款对账

（3）用户如果需要进行自动对账，点击【编辑】菜单中“自动对账”选项，并让用户选择“按结算方式、结算号和金额相等”自动对账方法。系统会根据所设定的条件进行“勾对”，如图K9-12所示。

图 K9-12　银行存款对账提示

（4）对账完成后，系统会提示完成的对账情况。如果发现记录被错误勾对，可以选择“编辑”菜单中的“已勾对记录列表”，再按“取消对账”，并重新进行对账。

注：①如果想按手工对账，可以点击【编辑】菜单中“手工对账”选项。

②当银行对账单中存在调账或内部冲销记录时，比如：借贷方向相同，金额相同，一正一负；或借贷方向相反，金额相同，可以点击【对账单内部冲销】，将对账单内部的记录进行核销。

【业务 4】

操作步骤：

以“丙会计”身份，点击【财务会计】—【现金管理】—【票据】—【支票管理】—【购置】—【新增】，系统弹出“新增支票购置”窗口，该窗口将有关的支票序时簿列出，供用户查询用。在此可以新增和修改删除支票。单击【新增】图标，选择某个银行，并录入“支票类型”和“起始号码”等信息，如图 K9-13 所示。

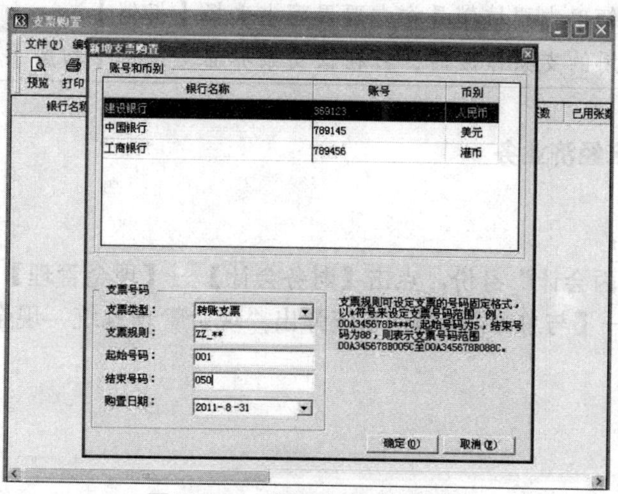

图 K9-13　银行存款对账提示

【业务 5】

操作步骤：

以“丙会计”身份，点击【财务会计】—【现金管理】—【票据】—【支票管理】，单击“领用”按钮，系统出现领用信息窗口，填写领用部门、领用人时按 F7 进行选择，领用用途、预计报销日期需要直接输入，之后，单击“确定”，该支票即被领用，如图 K9-14 所示。

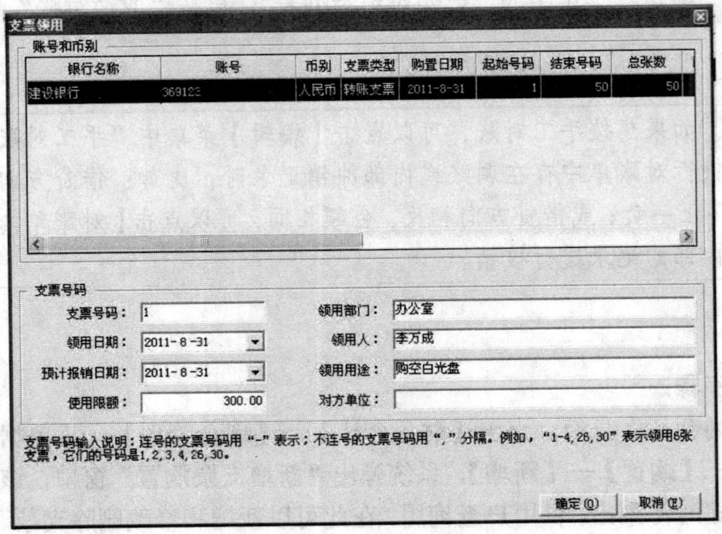

图 K9-14　支票领用管理

注：①已领用支票核销是在支票界面上选择【报销】。

②当已领用的支票作废时，可在该支票界面上选择【作废】即可。

（三）期末经济业务

【期末业务 1】

操作步骤：

（1）以“丙会计”身份，点击【财务会计】—【现金管理】—【现金】—【现金对账】—【与总账对账】，系统弹出“现金管理系统—现金对账”，如图 K9-15 所示。

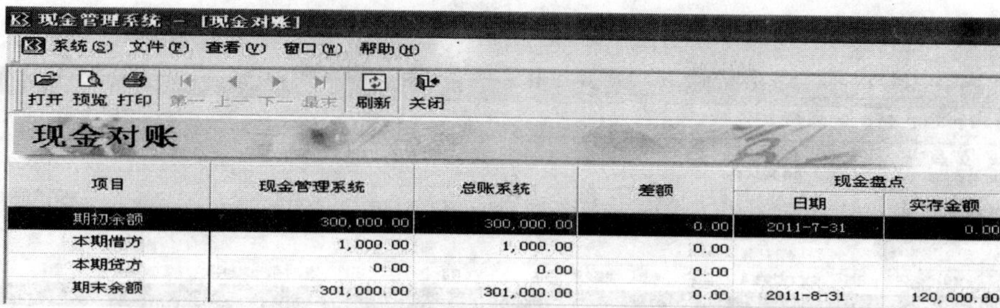

项目	现金管理系统	总账系统	差额	现金盘点	
				日期	实存金额
期初余额	300,000.00	300,000.00	0.00	2011-7-31	0.00
本期借方	1,000.00	1,000.00	0.00		
本期贷方	0.00	0.00	0.00		
期末余额	301,000.00	301,000.00	0.00	2011-8-31	120,000.00

图 K9-15　现金对账

（2）点击【财务会计】—【现金管理】—【银行存款】—【银行存款日记账】—【与总账对账】，系统自动将出纳账与日记账（总账）当期银行存款发生额、余额进行核对并生成对账表，如图 K9-16 所示。

项目	现金管理系统	总账系统	差额
期初余额	36,000.00	36,000.00	0.00
本期借方	99,600.00	99,600.00	0.00
本期贷方	20,200.00	20,200.00	0.00
期末余额	115,400.00	115,400.00	0.00

图 K9-16　现金对账

【期末业务 2】

操作步骤：

当本会计期间的工作完全结束后，可以进行期末结账。执行【财务会计】—【现金管理】—【期末处理】，点击期末结账，结出本会计期间借、贷发生额、余额。

【期末业务 3】

操作步骤：

（1）点击【财务会计】—【现金管理】—【报表】—【余额调节表】，系统弹出输入查询条件选项框，用户在对话框上输入要查询“余额调节表”的有关条件（如会计科目、日期），单击确定按钮后，将弹出余额调节表，该表是根据用户录入的银行对账结果自动生成的，如图 K9-17 所示。

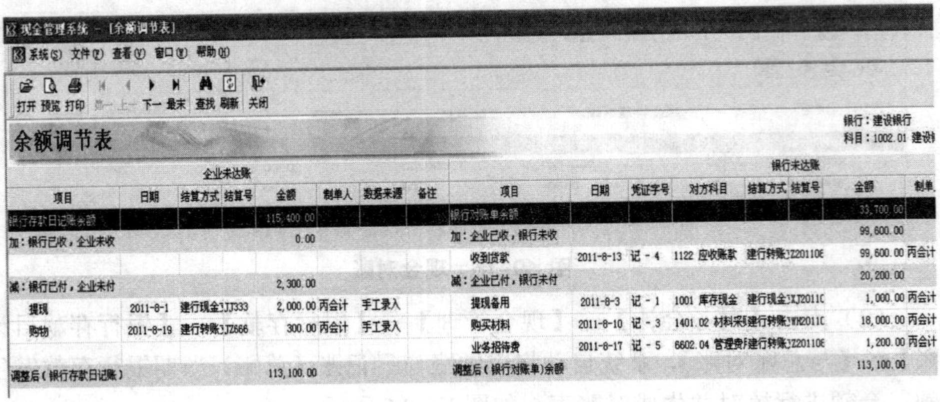

企业未达账							
项目	日期	结算方式	结算号	金额	制单人	数据来源	备注
银行存款日记账余额				115,400.00			
加：银行已收，企业未收				0.00			
减：银行已付，企业未付				2,300.00			
提现	2011-8-1	建行现金	JJ333	2,000.00	丙会计	手工录入	
购物	2011-8-19	建行转账	JZ666	300.00	丙会计	手工录入	
调整后（银行存款日记账）				113,100.00			

银行未达账							
项目	日期	凭证字号	对方科目	结算方式	结算号	金额	制单
银行对账单余额						33,700.00	
加：企业已收，银行未收						99,600.00	
收到贷款	2011-8-13	记 - 4	1122 应收账款	建行转账	Z201108	99,600.00	丙会计
减：企业已付，银行未付						20,200.00	
提现备用	2011-8-3	记 - 1	1001 库存现金	建行现金	XJ20110	1,000.00	丙会计
购买材料	2011-8-10	记 - 3	1401.02 材料采	建行转账	WH20110	18,000.00	丙会计
业务招待费	2011-8-17	记 - 5	6602.04 管理费	建行转账	Z201108	1,200.00	丙会计
调整后（银行对账单）余额						113,100.00	

图 K9-17　余额调节表

（2）点击【财务会计】—【现金管理】—【报表】—【银行存款日报表】，系统弹出输入银行存款日报表，该表是根据用户录入的银行存款日记账自动生成的，日记账对相同的币别进行小计，并且可以引出生成其他格式的报表，如图 K9-18 所示。

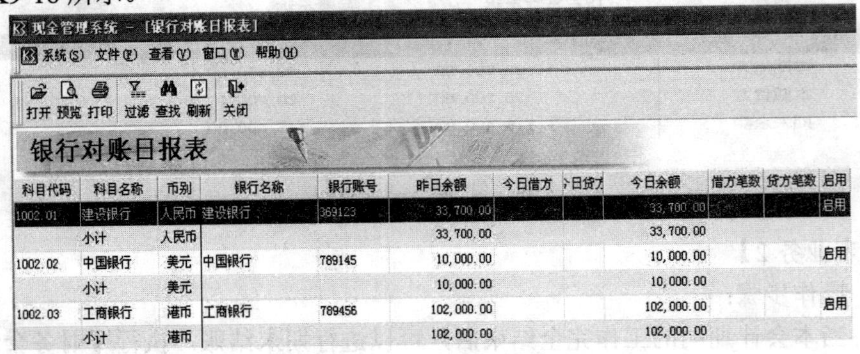

科目代码	科目名称	币别	银行名称	银行账号	昨日余额	今日借方	今日贷方	今日余额	借方笔数	贷方笔数	启用
1002.01	建设银行	人民币	建设银行	369123	33,700.00			33,700.00			启用
	小计	人民币			33,700.00			33,700.00			
1002.02	中国银行	美元	中国银行	789145	10,000.00			10,000.00			启用
	小计	美元			10,000.00			10,000.00			
1002.03	工商银行	港币	工商银行	789456	102,000.00			102,000.00			启用
	小计	港币			102,000.00			102,000.00			

图 K9-18　银行存款日报表

思考与简答题

1. 出纳管理系统基本概念是什么？
2. 出纳管理系统主要功能有哪些？
3. 出纳管理系统初始化包括哪些内容？
4. 出纳管理系统日常业务包括哪些内容？
5. 出纳管理系统期末业务包括哪些内容？

第十章 电算化会计综合实验

一、综合实验意义

电算化会计综合实验是指通过运用计算机操作手段，对模拟会计资料进行操作实验。它既不同于传统的会计理论教学，又不同于校外专业实习，它是理论教学与校外实习相结合的复合体，是实现课堂理论教学与实践教学相结合的有效途径。通过电算化会计综合实验，对学生增强对会计专业知识的理解，提高会计业务综合处理能力具有重要意义。

1. 实现会计理论与实务的有机结合。会计综合模拟实验是在仿真的模拟环境中进行的，学生如同置身于企业会计部门各岗位，根据实验内容的要求，通过建立一套完整的账簿体系，完成某企业某一会计期间（1 个月）实际业务的处理，初步掌握各种电算化会计核算方法及操作的基本技能，对电算化会计核算程序的起点与终点有清晰系统的认识，明确会计确认、计量、报告的意义。通过将所学电算化会计理论运用到实践中，可培养学生的会计实务操作能力，增加对会计核算流程的感性认识，提升其职业敏感性。

2. 为后续会计专业课程的学习奠定基础。在电算化会计核算实际操作中，可巩固和掌握所学理论知识，提高其运用能力，强化电算化会计基本操作技能的训练，为后续会计专业课程的学习、适应会计工作奠定坚实基础，培养学生从事会计工作应具备的基本素质、基本技能，形成良好的职业道德。

3. 解决校外实习难的问题。会计学科具有很强的社会实践性，要求学生具备一定的会计实践操作技能。但近年来，因实习经费紧张、企事业单位为了防止会计信息的走失，严守商业秘密，实习学生大多很难接触到真正的实务，这就加大了会计实践教学的难度。而电算化会计综合实验，实习成本低，仿真模拟的效果接近现实。校外实习中不能达到的实验目的，在室内会计模拟实验中较大程度上得以实现。

二、综合实验目的

通过综合实验，培养学生掌握和运用计算机进行会计处理的能力，使学生进一步加深对电算会计基本理论、基本方法的理解，熟悉掌握会计软件的主要功能及使用方法等实务操作技能，能够熟练运用会计软件对企业发生的经济业务进行会计处理，从实际应用的角度出发，对学生进行理论联系实际的操作。

通过电算化会计的综合实验，巩固单项实训中掌握的各模块操作技能并将它们融会贯通，进一步提高电算会计实务操作能力，使学生能熟练运用两种以上会计软件，正确运用计算机来记账、算账和报账，达到正确进行会计核算，提高会计核算工作的质量和效率，为学生今后从事会计工作和会计软件的应用操作与维护打下一个良好的坚实的基础。

三、综合实验内容

电算化会计综合实验以用友 ERP-U8.52 和金蝶 K/3 会计软件为蓝本，以某公司的业务为主线，贯穿了系统管理、基础设置、总账管理系统、报表管理系统、工资管理、固定资产管理、出纳管理、应收应付款管理等模块的功能和使用方法，实验分为两大部分：

（一）用友 ERP-U8.52 会计软件综合实验

（二）金蝶 K/3 会计软件综合实验

其主要内容如下：

1. 建账及财务分工；
2. 基础档案设置；
3. 期初设置；
4. 日常业务处理；
5. 期末处理；
6. 报表制作。

四、综合实验要求

1. 实验知识准备：学生在进行电算会计综合实验前，需要学习了《基础会计》、《财务会计》、《成本会计》、《计算机文化基础》等相关学科，掌握了一定的会计理论和技能，具有一定的知识基础。

2. 实验场地准备：会计电算化专用实验室。实验场地布局合理、安全规范，保证每人一台计算机。

3. 实验设备准备：硬件包括计算机，交换机、投影仪，移动硬盘、U 盘等；软件包括：用友 ERP-U8.52、金蝶 K/3 会计软件。

4. 实验教师要求：组织安排实验（由实验教师指定实验座位，指定账套号、指定账套路径等），按照课程标准和实验要求，认真做好教师演示实验，引导学生建立"严谨、勤奋、求实、创新"的学风，认真指导学生，发现问题及时解决，严格执行仪器损坏赔偿制度，检查实验效果，以确保实验的顺利进行。

5. 实验学生要求：实验前，要认真听实验教师讲解实验目的、步骤、仪器的性能操作方法和注意事项等；实验时要遵守操作规程，按照实验步骤认真操作，并仔细观察，做好记录，课后及时写好实验报告。账套数据每节课备份一次（提前准备 U 盘）将自己所完成的文件资料复制到自己的文件夹中（以本人名字+学号命名），全部完成后将最终账套数据备份到指定文件夹中上交给实验教师。

五、综合实验课时分配

序号	实验（训）项目名称	内 容 提 要	实验学时
1	建账及财务分工	增加操作员；建立账套；系统启用；操作员权限设置；各模块参数设置。	4
2	基础档案设置	部门档案；职员档案；客户分类；客户档案；供应商分类；供应商档案；存货分类；仓库档案；计量单位；存货档案；会计科目；凭证类别；结算方式；开户银行等。	4
3	期初设置	总账系统初始设置；工资管理系统初始设置；固定资产系统初始设置；应收款系统初始设置；应付款系统初始设置；出纳管理系统初始设置。	6
4	日常业务处理	根据业务分别进入工资管理系统、固定资产管理系统、应收款管理系统、应付款管理系统、出纳管理系统、总账系统进行开票、复核、审核、制单、记账等。	12
5	期末处理	工资管理系统期末处理；固定资产管理系统期末处理；应收款管理系统期末处理；应付款管理系统期末处理；出纳管理系统期末处理；总账系统期末处理。	6
6	报表制作	资产负债表制作；利润表制作。	4

六、综合实验考核方法

电算化会计综合实验按百分制进行考核，根据《电算化会计》课程的特点，在课程总成绩评定中，实验过程占 40%，实验结果占 60%。

- 实验过程考核。考核内容包括工作任务完成情况、工作质量及效率、组内成员协调情况、工作态度与纪律性、工作业务能力等方面。

● 实验结果考核。主要考核学生提交的电算化操作的会计资料及实验报告。

（1）会计档案资料。实验结束后，要求每组（1 人或多人为一组）提交电算操作的实验数据资料（电子文档资料）。

（2）实验报告。内容包括实验项目描述、实验要求、实验目的、实验内容、实验过程、实验结果、实验收获及心得体会等。

七、综合实验资料

（一）用友 ERP-U8 实验平台

实验一 系统管理

【实验目的】

熟悉用友 ERP-U8 会计软件中的系统管理的相关内容，掌握账套建立、操作员的增加及权限分配、账套备份与恢复等具体内容和基本操作方法。

【实验要求】

以系统管理员“Admin”的身份进行系统管理操作。

【实验资料】

1. 建立账套（未给的信息保持系统默认值）

（1）账套信息

账套号：学号后 3 位；账套名称：天津柏洋商贸股份有限公司；账套路径：由任课教师指定；启用会计期：2013 年 9 月。

（2）单位信息

单位名称：天津柏洋商贸股份有限公司；单位简称：柏洋商贸；单位地址：天津市友谊路 888 号；法人代表：柏洋；邮政编码：300122；联系电话及传真：022-8833666。

（3）核算类型

本币代码：RMB；本币名称：人民币；企业类型：商业；行业性质：2007 新会计准则科目；按行业性质预置会计科目。

（4）基础信息

存货、客户、供应商进行分类核算，无外币业务核算。

（5）分类编码方案

科目编码级次：4-2-2-2-2；

客户权限组级次：2-2-3；

客户分类编码级次：2-2-3；

部门编码级次：2-2；

收发类别编码级次：1-2；

供应商权限组级次：2-2-3；

供应商分类编码级次：2-2-3。

（6）数据精度：默认值。

（7）系统启用：只启用总账系统，启用时间为 2013 年 9 月 1 日。

2. 操作员及权限

编号	姓名	所属部门	角色	权　限
001	李白	财务部	账套主管	具有系统所有模块的全部权限
002	杨阳	财务部	会计主管	公用目录设置、总账、固定资产、应收、应付、工资管理
003	金津	财务部	出纳	总账

实验二　总账系统初始化

【实验目的】

熟悉用友 ERP-U8 会计软件中的总账系统初始化的相关内容，掌握总账系统参数设置、基础档案的设置、期初余额录入等具体内容和基本操作方法。

【实验要求】

以账套主管“李白”的身份进行总账系统初始设置。

【实验资料】

1. 总账系统参数

选 项 卡	参 数 设 置
凭证	制单序时控制 赤字控制：资金及往来科目 允许修改、作废他人填制的凭证 超出预算允许保存 可以使用应收、应付、存货受控科目 凭证编号方式采用：系统编号 打印凭证页脚姓名 凭证审核控制到操作员 出纳凭证必须经出纳签字 外币核算采用：固定汇率 进行预算控制
账簿	保持系统默认的标准设定
会计日历	会计日历为 1 月 1 日—12 月 31 日
其他	数量小数位和单价小数位设为 2 位

2. 基础档案

（1）部门档案

部门编码	部门名称
01	办公室
02	财务部
03	采购部
04	销售部
05	仓储部

（2）职员档案

职员编码	职员姓名	部门名称	职员属性
01001	柏洋	办公室	总经理
01002	艾仁	办公室	部门经理
02001	李白	财务部	财务经理
02002	杨阳	财务部	会计
02003	金津	财务部	出纳
03001	李田荣	采购部	部门经理
03002	吕欣	采购部	业务人员
04001	王备备	销售部	部门经理
04002	石锦	销售部	业务人员
05001	王席丹	仓管部	部门经理
05002	郝朋	仓管部	业务人员

（3）客户分类

客户分类编码	客户分类名称
01	本地
02	外地
0201	北方
0202	南方
0203	西方

（4）客户档案

客户编码	客户名称	客户简称	所属分类	开户银行	账号	税号
01001	友谊股份公司	友谊公司	本地	工行	111111	2013090100011
01002	涞津科技公司	涞津科技	本地	工行	222222	2013090100012
02001	大连科技公司	大连科技	北方	工行	333333	2013090100013
02002	南京沛沛公司	南京沛沛	南方	工行	444444	2013090100014
02003	上海商贸公司	上海商贸	南方	工行	555555	2013090100015
02004	蓝田股份公司	蓝田公司	西方	工行	666666	2013090100016
02005	龙门科技公司	龙门科技	西方	工行	777777	2013090100017

（5）供应商分类

类别编码	类别名称
01	生产商
02	批发商

（6）供应商档案

供应商编码	供应商名称	供应商简称	所属分类	开户银行	账号	税号
01001	滨海科技公司	滨海科技	生产商	建行	2013901	201308010101
01002	津津股份公司	津津公司	生产商	建行	2013902	201308020202
02001	韩城商贸公司	韩城商贸	批发商	建行	2013903	201308030303
02002	雁塔科技公司	雁塔科技	批发商	建行	2013904	201308040404
02003	金省股份公司	金省公司	批发商	建行	2013905	201308050505

（7）会计科目

科目名称	辅助核算	科目名称	辅助核算
库存现金(1001)	日记	销售费用(6601)	
银行存款(1002)		运杂费（660101）	
工行存款(100201)	银行日记	广告费（660102）	
建行存款(100202)	银行日记	工资(660103)	
应收票据（1121）	客户往来	福利费(660104)	
应收账款(1122)	客户往来	折旧费(660205)	
其他应收款(1221)	个人往来	其他(660106)	
预付账款(1123)	供应商往来	管理费用(6602)	
固定资产(1601)	部门核算	工资(660201)	部门核算
应付票据（2201）	供应商往来	福利费(660202)	部门核算
应付账款(2202)	供应商往来	办公费(660203)	部门核算
预收账款(2203)	客户往来	差旅费(660204)	部门核算
应交税费(2221)		招待费(660205)	部门核算
应交增值税(222101)		折旧费(660206)	部门核算
进项税额(22210101)		计提坏账准备(660207)	
销项税额(22210102)		其他(660208)	
转出未交增值税（22210103）			
进项税额转出（22210104）			
应交企业所得税(222102)			
未交增值税(222103)			
代扣代缴个人所得税(222104)			

说明：将“库存现金 1001”科目指定为现金总账科目。

将“银行存款 1002”科目指定为银行总账科目。

（8）结算方式

结算方式编码	结算方式名称	票据管理标志
1	现金	否
2	支票	是
201	现金支票	是
202	转账支票	是

（9）开户银行

编码	开户银行名称	账号	暂封标志
001	中国工商银行	20130901666666	否
002	中国建设银行	20130901999999	否

（10）凭证类别

类别字	类别名称	限制类型	限制科目
收	收款凭证	借方必有	1001，100201，100202
付	付款凭证	贷方必有	1001，100201，100202
转	转账凭证	凭证必无	1001，100201，100202

3. 总账期初余额

（1）期初余额

科目名称	余额方向	期初余额
库存现金(1001)	借	6 800
银行存款(1002)	借	
工行存款（100201）	借	1 000 000
建行存款（100202）	借	200 000
其他货币资金（1012）	借	86 000
交易性金融资产（1101）	借	285 000
应收票据（1121）	借	120 000
应收账款（1122）	借	70 000
其他应收款（1221）	借	1 500
坏账准备（1231）	贷	500
预付账款（1123）	借	50 000
库存商品（1405）	借	265 770
长期股权投资（1511）	借	105 600
固定资产（1601）	借	950 000
累计折旧（1602）	贷	1 089 843
无形资产（1701）	借	5 910 000
长期待摊费用（1801）	借	18 000

续表

科目名称	余额方向	期初余额
短期借款（2001）	贷	500 000
应付账款（2202）	贷	20 124
预收账款（2203）	贷	60 000
应付职工薪酬（2211）	贷	63 250
应交税费（2221）	贷	
应交增值税（222101）	贷	
进项税额（22210101）	贷	6 000
销项税额（22210102）	贷	70 000
其他应付款（2241）	贷	68 953
长期借款（2501）	贷	600 000
实收资本(4001)	贷	5 000 000
资本公积（4002）	贷	600 000
盈余公积（4101）	贷	690 000
利润分配（4104）	贷	300 000

4. 辅助账期初余额

（1）1121　应收票据

日期	凭证号	客户	摘要	方向	金额
2013-8-31	转-13	友谊公司	销货款	借	120 000

（2）1121　应收账款

日期	凭证号	客户	摘要	方向	金额
2013-8-31	转-16	涞津科技	销货款	借	60 000
2013-8-31	转-19	南京沛沛	销货款	借	10 000

（3）1123　预付账款

日期	凭证号	供应商	摘要	方向	金额
2013-8-31	付-11	滨海科技	预付款	借	50 000

（4）1221　其他应收款

日期	凭证号	部门	个人	摘要	方向	金额
2013-8-31	付-18	办公室	柏洋	出差借款	借	1 500

（5）1601　固定资产

部门名称	固定资产原值
办公室	600 000
财务部	100 000
采购部	50 000
销售部	80 000
仓储部	120 000
合计	950 000

（6）2202　应付账款

日期	凭证号	供应商	摘要	方向	金额
2013-8-31	转-26	韩城公司	购货款	贷	20 124

（7）2203　预收账款

日期	凭证号	客户	摘要	方向	金额
2013-8-31	收-10	龙门科技	预收款	贷	60 000

实验三　总账系统日常业务处理

【实验目的】

熟悉用友 ERP-U8 会计软件中的总账系统日常业务处理的相关内容，掌握填制凭证、审核凭证、凭证记账、账簿查询等具体内容和基本操作方法 。

【实验要求】

1. 以“杨阳”的身份进行填制凭证。
2. 以“金津”的身份进行出纳签字。
3. 以“李白”的身份进行审核、记账。

【实验资料】

（1）2013 年 9 月 5 日，销售部王备备向上海商贸销售商品，并开出专用发票，票号 TJ20130905，货款为 200 000 元，税款 34 000 元。货款未收。附单据 2 张。

借：应收账款——上海商贸　　234 000

　　贷：主营业务收入　　200 000

　　　　应交税金——应交增值税——销项税额　　34 000

（2）2013 年 9 月 10 日，从津津公司订购商品一批 100 000 元，税款 17 000 元，商品已验收入库。货款未支付。附单据 1 张。

借：库存商品　　100 000

应交税金——应交增值税——进项税额　17 000
贷：应付账款——津津公司　117 000

（3）2013 年 9 月 16 日，办公室柏洋出差归来，报销差旅费 3 500 元，原预借 1 500 元，差额以现金付给，附单据 2 张。

借：管理费用——差旅费　3 500
贷：其他应收款　1 500
库存现金　2 000

（4）2013 年 9 月 18 日，开出现金支票 123456#，从工行提现 3 000 元备用，附单据 1 张。

借：库存现金　3 000
贷：银行存款——工商银行　3 000

（5）2013 年 9 月 19 日，计提本月短期借款利息 2 500 元，附单据 1 张。

借：财务费用　2 500
贷：应付利息　2 500

（6）2013 年 9 月 21 日，支付销售部广告费 36 000 元，工行转账支票号 ZR20081121（附单据 1 张）。

借：销售费用——招待费　36 000
贷：银行存款——工行存款　36 000

（7）2013 年 9 月 23 日，分配本月工资费用，其中办公室 10 000 元、财务部 12 600 元、采购部 8 000 元、仓储部 7 900 元、销售部 6 800 元。附单据 1 张。

借：管理费用——工资——办公室　10 000
管理费用——工资——财务部　12 600
管理费用——工资——采购部　8 000
管理费用——工资——仓储部　7 900
销售费用——工资——销售部　6 800
贷：应付职工薪酬　453 000

（8）2013 年 9 月 25 日，办公室报销招业务招待费 1 000 元，用现金支付。附单据 2 张。

借：管理费用——招待费　1 000
贷：库存现金　1 000

（9）2013 年 9 月 26 日，收到甲公司投资资金 500 000 元，已存入建行，转账支票号 Z20121205，附单据 2 张。

借：银行存款——中行存款　　300 000

　　贷：实收资本　　300 000

实验四　总账系统期末业务处理

【实验目的】

熟悉用友 ERP-U8 会计软件中的总账系统期末业务的相关内容，掌握转账定义、转账生成、对账、结账等具体内容和基本操作方法。

【实验要求】

1. 以“杨阳”的身份进行转账定义、转账生成操作。

2. 以“李白”的身份进行凭证审核、记账、对账和结账。

【实验资料】

1. 月末结转期间损益。（凭证类别“转账凭证”，本年利润科目“4103”）

2. 按本月利润的 25%计提所得税。

借：所得税费用　　JE（本年利润，月）*0.25

　　贷：应交税金——应交企业所得税　　CE（）

3. 结转所得税费用至本年利润。（对应结转：转出科目“所得税费用”；转入科目“本年利润”）

借：本年利润

　　贷：所得税费用

4. 转出本月未交增值税。

借：应交税金——应交增值税——转出未交增值税　　QM（“销项税”，月）−QM（“进项税”，月）

　　贷：应交税金——未交增值税　　CE（）

5. 进行期末对账与结账。

实验五　财务报表子系统

【实验目的】

熟悉用友 ERP-U8 会计软件中的财务报表编制的相关内容，掌握利用模板生成财务报表、自定义财务报表等具体内容和基本操作方法。

【实验要求】

以账套主管“李白”的身份进行财务报表的操作。

【实验资料】

1. 利用模板生成报表

利用报表模板生成天津柏洋商贸股份有限公司 2013 年 9 月资产负债表、利润表，并将财务报表命名为“资产负债表.rep”、“利润表.rep”，保存在 D 盘指定的文件夹（柏洋商贸财务报表）内。

（1）资产负债表（2007 年新会计准则科目）

（2）利润表（2007 年新会计准则科目）

2. 自定义报表

应收账款变动表

年　　月

项目	期初余额	借方发生额	贷方发生额	期末余额
涞津科技公司				
南京沛沛公司				
蓝田股份公司				

制表人：

说明：

1. 标题行“货币资金表”设置为“行高 10、黑体、16 号、居中”，其他文字为系统默认值。

2. 将“年、月”设置为关键字。

实验六　固定资产管理子系统

【实验目的】

熟悉用友 ERP-U8 会计软件中的固定资产管理系统的相关内容，掌握固定资产管理系统参数设置、基础数据设置、初始数据录入、日常业务处理、月末处理等具体内容和基本操作方法。

【实验要求】

1. 以“李白”的身份进行系统初始化、凭证审核、记账。

2. 以“杨阳”的身份进行日常业务处理、月末处理。

【实验准备】

1. 恢复“实验二”数据（即以系统管理员 admin 的身份注册进入“系统管理”，执行“账套”—“引入”—“引入账套数据”对话框，恢复账套数据）。

2. 根据案例资料，检查总账系统和固定资产管理是否启动，启动日期是否为“2013 年 9 月 1 日”，不是就调整为该时间。

【实验资料】

1. 系统初始化

（1）设置系统选项

①启用月份：账套启用月份为2013-09。

②折旧信息：本账套计提折旧；主要折旧方法"平均年限法（一）"；折旧汇总分配周期为 1 个月；当（月初已计提折旧=可使用月份-1）时，将剩余折旧全部提足。

③编码方式：资产类别编码方式 2112；固定资产编码按"类别编码+部门编码+序号"自动编码，序号长度为3。

④财务接口：要求与财务系统进行对账；固定资产对账科目为"1601 固定资产"，累计折旧对账科目为"1602 累计折旧"；在对账不平情况下允许固定资产月末结账。

⑤补充参数：要求业务发生后立即制单；月末结账前一定要完成制单登账业务；固定资产缺省入账科目为"1601 固定资产"；累计折旧缺省入账科目为"1602 累计折旧"。

（2）设置资产类别

类别编码	类别名称	使用年限	净残值率	单位	计提属性	折旧方法
01	房屋	50	5%	栋	正常计提	平均年限法（一）
01	运输设备	8	4%	台	正常计提	平均年限法（一）
02	电子设备	5	3%	台	正常计提	平均年限法（一）

（3）部门对应折旧科目

部　门	对应折旧科目
办公室	管理费用—折旧费用
财务部	管理费用—折旧费用
采购部	管理费用—折旧费用
仓储部	管理费用—折旧费用
销售部	销售费用

（4）增减方式及对应入账科目

增加方式为直接购入，将"直接购入"的对应入账科目设置为"100201 工行存款"，减少方式为毁损，将"毁损"的对应入账科目设置为"1606 固定资产清理"。

（5）原始卡片：

固定资产名称	类别编号	所属部门	增加方式	使用状况	使用年限	开始使用日期	原值	累计折旧
办公楼	01	办公室	在建工程转入	在用	50	2001-1-1	10 690 000	260 000
轿车	02	办公室	直接购入	在用	6	2012-1-1	300 000	50 000
计算机	03	财务部	直接购入	在用	5	2012-1-1	8 600	2 500
传真机	03	销售部	直接购入	在用	5	2012-1-1	3 500	1 800
计算机	03	采购部	直接购入	在用	5	2012-1-1	5 000	1 200
计算机	03	仓储部	直接购入	在用	5	2012-1-1	5 000	1 200

2. 经济业务资料

（1）9 月 10 日，办公室购买打印机一台，价值 5 000 元。以工行存款支付。（在固定资产生成凭证）。

借：固定资产

　　贷：银行存款

（2）9 月 25 日，计提固定资产折旧。（要求：此凭证在固定资产模块自动生成）

借：管理费用——折旧费用

　　销售费用

　　制造费用——折旧费用

　　贷：累计折旧

（3）9 月 28 日，销售部传真机毁损，进行固定资产清理。（要求：此凭证在固定资产模块自动生成）

借：固定资产清理

　　累计折旧

　　贷：固定资产

（4）9 月 29 日，销售部购买计算机一台，价值 5 800 元。以工行存款支付。（在固定资产生成凭证）

借：固定资产

　　贷：银行存款

（5）9 月 30 日，进行期末的对账与结账。

实验七 工资管理子系统

【实验目的】

熟悉用友 ERP-U8 会计软件中的工资管理系统的相关内容，掌握工资管理系统参数设置、基础数据设置、初始数据录入、日常业务处理、月末处理等具体内容和基本操作方法。

【实验要求】

1. 以“李白”的身份进行系统初始化、日常业务处理、月末处理。

2. 以“杨阳”的身份进行日常业务凭证生成。

【实验准备】

1. 恢复“实验二”数据（即以系统管理员 admin 的身份注册进入“系统管理”，执行“账套”—“引入”—“引入账套数据”对话框，恢复账套数据）。

2. 根据案例资料，检查总账系统和工资管理系统是否启动，启动日期是否为“2013 年 9 月 1 日”，如果不是，就调整为该时间。

【实验资料】

1. 系统初始化

（1）业务控制参数：工资个别数；单个；核算币种：人民币 RMB；实行代扣个人所得税，不进行扣零处理；人员编码长度：3 位；启用日期为 2013 年 9 月 1 日。

（2）人员类别为：管理人员、采购人员、销售人员、仓管人员。

（3）人员档案：全部人员均为中方人员，计税，通过工商银行代发工资。

职员编码	职员姓名	部门名称	职员属性	银行账号
01001	柏洋	办公室	管理人员	20130901011
01002	艾仁	办公室	管理人员	20130902022
02001	李白	财务部	管理人员	20130903033
02002	杨阳	财务部	管理人员	20130904040
02003	金津	财务部	管理人员	20130905055
03001	李田荣	采购部	采购人员	20130906066
03002	吕欣	采购部	采购人员	20130907077
04001	王备备	销售部	销售人员	20130908088
04002	石锦	销售部	销售人员	20130908099
05001	王席丹	仓储部	仓管人员	20130901010
05002	郝朋	仓储部	仓管人员	20130901111

（4）工资项目

项目名称	类型	长度	小数位数	工资增减项
基本工资	数字	10	2	增项
岗位工资	数字	10	2	增项
应发合计	数字	10	2	增项
事假扣款	数字	8	2	减项
代扣税	数字	8	2	减项
社会保险费	数字	10	2	减项
住房公积金	数字	10	2	减项
扣款合计	数字	8	2	减项
实发合计	数字	10	2	增项
事假天数	数字	8		其他

（5）计算公式：

事假扣款：事假天数*100

社会保险费：（基本工资+岗位工资）*0.15

住房公积金：（基本工资+岗位工资）*0.10

（6）职员基本工资情况

职员编码	职员姓名	基本工资	岗位工资
01001	柏洋	9 000	3 000
01002	艾仁	5 000	1 000
02001	李白	5 500	1 000
02002	杨阳	4 500	800
02003	金津	4 000	600
03001	李田荣	4 500	1 000
03002	吕欣	4 000	500
04001	王备备	3 000	1 000
04002	石锦	2 800	500
05001	王席丹	4 000	1 000
05002	郝朋	3 600	500

（7）代扣个人所得税

所得税项目为：工资：对应工资科目：实发合计。

计税基数为 3 500 元，附加费默认。

（8）工资分摊

部门	工资分摊	工资总额（100%）		社会保险费（15%）		住房公积金（10%）	
		借方	贷方	借方	贷方	借方	贷方
办公室 财务部	管理人员	660 201	221 101	660 201	221 102	660 201	221 103
采购部	采购人员	660 201	221 101	660 201	221 102	660 201	221 103
仓储部	仓管人员	660 201	221 101	660 201	221 102	660 201	221 103
销售部	销售人员	500 101	221 101	500 101	221 102	500 101	221 103

2. 日常业务

（1）9 月 19 日，采购部李田荣请事假 2 天。

（2）9 月 25 日，按 100%计提应付工资。

（3）9 月 26 日，按 15%计提社会保险费。

（4）9 月 27 日，按 10%计提住房公积金。

3. 期末业务

（1）查询工资发放表。

（2）期末对账。

（3）期末结账。

实验八　应收应付款子系统

【实验目的】

熟悉用友 ERP-U8 会计软件中的应收应付款系统的相关内容，掌握应收应付款系统参数设置、基础数据设置、初始数据录入、日常业务处理、月末处理等具体内容和基本操作方法。

【实验要求】

1. 以“李白”的身份进行系统初始化、日常业务处理、月末处理。

2. 以“杨阳”的身份进行日常业务凭证生成。

【实验准备】

1. 恢复“实验二”数据。（即以系统管理员 admin 的身份注册进入“系统管理”，执行“账套”—“引入”—“引入账套数据”对话框，恢复账套数据）

2. 根据案例资料，检查总账系统和应收应付款系统是否启动，启动日期是否为“2013 年 9 月 1 日”，如果不是，就调整为该时间。

【实验资料】

1. 应收款子系统

（1）初始设置

①控制参数

控制参数		参数设置
常规	应收款核销方式	按单据
	单据审核日期依据	单据日期
	汇兑损益方式	月末处理
	坏账处理方式	应收余额百分比
	代垫费用类型	其他应收单
	应收账款核算类型	详细核算
凭证	受控制科目制单方式	明细到客户
	非控制科目制单方式	汇总方式
	控制科目依据	按客户
	销售科目依据	按存货
	月结前是否全部生成凭证	是
	预收冲应收是否生成凭证	是

②设置科目

科目类别	设置方式
基本科目设置	应收科目（本币）：1122 预收科目（本币）：2203 销售收入科目：6001 税金科目：22210102
控制科目设置	所有客户的控制科目： 应收科目（本币）：1122 预收科目（本币）：2203
结算方式科目设置	结算方式：现金支票：币种：人民币；科目：100201 转账支票：币种：人民币；科目：100201

③坏账准备设置

控制参数	参数设置
提取比例	0.5%
坏账准备期初余额	800
坏账准备科目	1231
对方科目	660207

④账龄区间设置

序号	起止天数	总天数
01	1—30	30
02	31—60	60
03	61—90	90
04	91—120	120
05	121 以上	

（2）计量单位

①计量单位分组

计量单位组编码	计量单位组名称	计量单位组类别
1	A 组	无换算
2	B 组	固定换算

②计量单位

编码	名称	计量单位组名称	计量单位组类别	主计量单位标志	换算率
001	台	A 组	无换算	否	
002	件	A 组	无换算	否	
003	元	A 组	无换算	否	
004	双	B 组	固定换算	是	1
005	箱	B 组	固定换算	否	10

（3）存货分类

存货分类编码	存货分类名称
01	甲类商品
02	乙类商品
03	丙类商品
04	应税劳务

（4）存货档案

存货编码	存货代码	存货名称	存货大类	单位	主要供货单位	存货属性
01001	A1	101 商品	01	件	滨海科技	外购、销售
01002	A2	102 商品	01	件	滨海科技	外购、销售
02001	B1	201 商品	02	台	津津公司	外购、销售
02002	B2	202 商品	02	台	津津公司	外购、销售
03001	C1	301 商品	03	双	韩城商贸	外购、销售
03002	C2	302 商品	03	双	韩城商贸	外购、销售
03003	C3	303 商品	03	双	雁塔科技	外购、销售

（5）期初余额

会计科目：1122 应收账款，借方余额 70 000 元。

● 增值税专用发票

开票日期	客户	销售部门	业务员	货物名称	价税合计（元）
2013-8-31	涞津科技	销售部	石锦	202 商品	60 000

● 普通发票

开票日期	客户	销售部门	业务员	货物名称	价税合计（元）
2013-8-31	南京沛沛	销售部	石锦	102 商品	10 000

2. 应付款系统

（1）系统参数

控制参数		参数设置
常规	应付款核销方式	按单据
	单据审核日期依据	单据日期
	汇兑损益方式	月末处理
	应收账款核算类型	详细核算
凭证	受控制科目制单方式	明细到供应商
	非控制科目制单方式	汇总方式
	控制科目依据	按供应商
	制单方式	明细到供应商
	采购科目依据	按存货
	月结前是否全部生成凭证	是
	预收冲应收是否生成凭证	是

（2）基础信息

①基本科目设置

科目类别	设置方式
基本科目设置	应付科目（本币）：2202 预付科目（本币）：1123 采购科目：1401 税金科目：22210101
控制科目设置	所有客户的控制科目： 应付科目（本币）：2202 预付科目（本币）：1123
结算方式科目设置	结算方式：现金支票；币种：人民币；科目：100202 转账支票：币种：人民币；科目：100202

②账龄区间设置

序号	起止天数	总天数
01	1—30	30
02	31—60	60
03	61—90	90
04	91—120	120
05	121 以上	

（3）期初余额

应付账款余额：20124 元，增值税专用发票

日期	供应商	采购部门	业务员	货物名称	单价	数量	价税合计（元）
2013-8-31	韩城公司	采购部	吕欣	202 商品	20	898.46	20 124

3. 日常业务处理

（1）9 月 3 日，销售部王备备向蓝田股份公司销售 201 商品 100 台，单价 690 元，税率 17%，开出增值税专用发票，货款未收（在应收系统操作）。

（2）9 月 10 日，以转账支票支付韩城公司有限公司欠款 20 124 元（在应付系统操作）。

（3）9 月 15 日，销售部石锦收到涞津科技交来转账支票一张，金额 60 000 元，发票号：ZZ001，用以归还所欠货款（在应收系统操作）。

（4）9 月 19 日，采购部吕欣从雁塔科技公司采购 303 商品 2 000 双，单价 360 元，收到普通发票一张，货款未付（在应付系统操作）。

（5）9 月 23 日，计提坏账准备（在应收系统操作）。

（6）将以上应收系统的经济业务处理结果生成记账凭证。

（7）将以上应付系统的经济业务处理结果生成记账凭证。

4. 期末业务处理

（1）查询应收账款：业务明细账表。

（2）期末对账。

（3）期末结账。

实验九　出纳管理子系统

【实验目的】

熟悉用友 ERP-U8 会计软件中的出纳管理子系统的相关内容，掌握出纳管理子系统初始化、日常业务处理、月末处理的操作等具体内容和基本操作方法。

【实验要求】

以“金津”的身份进行业务操作。

【实验准备】

1. 恢复“实验三”数据（即以系统管理员 admin 的身份注册进入“系统管理”，执行“账套”—“引入”—“引入账套数据”对话框，恢复账套数据）。

2. 用友 ERP-U8 的总账系统中包含出纳管理子系统。

【实验资料】

1. 系统初始化

天津柏洋商贸股份有限公司银行账的启用日期为 2013/9/1，工行人民币户企业日记账调整前余额为“690 000”，银行对账单调整前余额为“600 000”，未达账项一笔，系企业已收银行未收款“90 000”现金。

2. 日常业务处理

（1）银行对账单

9 月份银行对账单

日期	结算方式	票号	借方金额	贷方金额
2013-8-31			90 000	
2013-6-03	201	XJ001		110 000
2013-6-09				156 000
2013-6-11	202	ZZ001		90 000
2014-6-19	202	ZZ002	396 600	

（2）9 月 26 日，采购部吕欣借转账支票一张，支票号 ZZ007，预计金额 180 000 元。

3. 期末业务处理

（1）银行对账

（2）查询银行日记账

（3）现金日记账打印

Kingdee（二）金蝶 K/3 实验平台

实验一　系统管理

【实验目的】

熟悉金蝶 K/3 会计软件中的系统管理的相关内容，掌握账套建立、操作员的增加及权限分配、账套备份与恢复等具体内容和基本操作方法。

【实验要求】

以系统管理员"苏秀珍"的身份进行系统管理操作。

【实验资料】

1. 建立账套（未给的信息保持系统默认值）

（1）公司机构代码：08

（2）公司名称：天津万成科技有限公司

（3）账套号：08.01

（4）账套名：万成科技

（5）账套类型：工业企业

（6）数据实体：系统会自动给出，不需客户命名

（7）数据库文件路径：D:\K3 数据实体\（提前设置好该文件夹）

2. 设置账套参数

（1）公司名称：天津万成科技有限公司

（2）记账本位币：人民币　货币代码：RMB

（3）账套启用期间：2014 年 3 月 1 日

3. 添加用户组及用户

用户名	认证方式	用户组	权限
苏秀珍	1	Administrators（系统管理员组）	不需授权
金省	2	财务组	授予所有权限

实验二　总账系统初始化

【实验目的】

熟悉金蝶 K/3 会计软件中的总账系统初始化的相关内容，掌握总账系统参数设置、基础档案的设置、期初余额录入等具体内容和基本操作方法。

【实验要求】

以账套主管"苏秀珍"的身份进行总账系统初始设置。

【实验资料】

1. 系统参数设置

①天津万成科技有限公司使用"新会计准则科目"。

②本年利润科目"4103"；利润分配科目"4104"。

2. 基础档案

①"部门"资料。

代码	名称
01	行政中心
01.01	办公室
01.02	财务部
02	销售中心
02.01	销售一部
02.02	销售二部
03	生产部

②“职员”资料。

代码	名称	部门
0001	李芳	办公室
0002	张继元	办公室
0003	苏秀珍	财务部
0004	金省	财务部
0005	李哲	销售一部
0006	韩方	销售二部
0007	魏方	生产部
0008	李小龙	生产部

③“客户”资料。

代码	名称
01	华北区
01.01	洋洋公司
01.02	美菱公司
02	西北区
02.01	龙门公司
02.02	雁塔公司

④“供应商”资料。

代码	名称
01	东北区
01.01	哈大公司
01.02	顺通公司
02	华东区
02.01	海欣公司
02.02	长江公司

⑤增加两种币别。注意汇率小数点的切换。（切换到英文标点状态）

币别代码	币别名称	记账汇率	折算方式	汇率类型
HKD	港币	1.08	原币*汇率=本位币	浮动汇率
USD	美元	8.45	原币*汇率=本位币	浮动汇率

⑥增加凭证字为“记”字。

⑦增加两个计量单位组及相应组里的计量单位。

计量单位组	代码	计量单位名称	系数
重量组	KG	公斤	1
	T	吨	1000
数量组	J	件	1
	X	箱	50

⑧增加支票结算方式。

代码	名称
JF06	支票

⑨新增相关核算项目资料。新增“产成品”核算项目类别，代码 011。

属性名称	属性类别	属性长度
标准成本	实数	
出厂价	实数	
零售价	实数	
销售政策	文本	255

3. 从模板中引入会计科目（新会计准则科目）

①增加会计科目

科目代码	科目名称	外币核算	期末调汇	数量金额辅助核算	核算项目
1002	银行存款	所有币别	√		
1002.01	建设银行	人民币			
1002.02	中国银行	美元	√		
1002.03	工商银行	港元	√		
1121	应收票据			往来业务核算√ 科目受控系统：应付应收	客户
1122	应收账款			往来业务核算√ 科目受控系统：应付应收	客户
1123	预付账款			往来业务核算√ 科目受控系统：应付应收	客户
1221	其他应收款				
1221.01	职员			往来业务核算√ 科目受控系统：应付应收	职员

续表

科目代码	科目名称	外币核算	期末调汇	数量金额辅助核算	核算项目
1403	原材料				
1403.01	甲材料			数量金额辅助核算√（计量单位：公斤）	
1403.02	乙材料			数量金额辅助核算√（计量单位：公斤）	
2201	应付票据			往来业务核算√ 科目受控系统：应付应收	供应商
2202	应付账款			往来业务核算√ 科目受控系统：应付应收	供应商
2203	预收账款			往来业务核算√ 科目受控系统：应付应收	供应商
6602	管理费用				
6602.01	报刊杂志费				
6602.02	工资及福利				
6602.03	折旧费				
6602.04	通讯费				部门、职员
6602.05	差旅费				部门、职员
6602.06	坏账损失				
6602.07	其他				
5001	生产成本				
5001.01	工资及福利				
5101	制造费用				
5101.01	折旧费				
5101.02	工资及福利				
6603	财务费用				
6603.01	利息				
6603.02	汇兑损益				

②“物料”资料

代码	名称	属性	计量单位	计价方法	存货科目	销售收入	销售成本
01	原材料						
01.01	甲材料	外购	公斤	加权平均	1403.01	6 051	6 402
01.02	乙材料	外购	公斤	加权平均	1403.02	6 051	6 402
02	产成品						
02.01	A 产品	自制	件	加权平均	1405	6 001	6 401
02.02	B 产品	自制	件	加权平均	1405	6 001	6 401

注意：以上新增的系统资料如有错误，可通过工具栏“属性”按钮去修改，或用“删除”按钮去删除，如果录入初始数据后，系统将不允许再修改或删除这些会计科目的，客户可通过“禁用”功能将有错，不再使用，且不能修改或删除的系统资料禁止使用。其具体操作为：在系统资料维护里，点击某一具体系统资料，按右键选择“禁用”即可。

4. 初始余额录入

科目名称	外币/数量	汇率	借方金额	贷方金额
库存现金			3 000	
银行存款——建设银行			600 000	
银行存款——中国银行	600 000	8.45	5 070 000	
银行存款——工商银行	900 000	1.08	972 000	
应收账款			169 000	
原材料——甲材料	1 000		30 000	
——乙材料	500		50 000	
管理费用——报刊杂志费			2 000	
其他应收款——职员	韩方		5 000	
坏账准备				39 000
固定资产			2 805 000	
累计折旧				1 280 500
应付账款				1 900 000
短期借款				3 169 000
实收资本				3 317 500
合计			9 706 000	9 706 000

应收账款科目期初数据：

客户	时间	金额
洋洋公司	2012.11.22	100 000
龙门公司	2011.12.02	59 000
渭南公司	2011.12.27	10 000
合　计		169 000

应付账款期初数据：

供应商	时间	事由	金额
哈大公司	2012.11.08	购料	1 140 000
海欣公司	2011.08.09	购料	760 000
合　计			1 900 000

注意：如果已购买应收、应付管理系统的则应收、应付款项初始数据可在应收、应付管理系统里录入后再传递到总账系统，而不需要在总账系统里录入。

操作要点：

①录入外币科目金额时，要注意切换相应币别；

②录入下设核算项目的科目的金额时，要点击核算项目栏的“√”进入特定界面输入；

③录入数量金额辅助核算的科目金额时，点击该科目将会弹出数量栏，在那儿录入数量；

④试算平衡时要注意，如企业有外币业务，则必须切换成综合本位币去试算。综合本位币状态下，只能查看所有币别科目的初始数据，不能进行录入、修改等操作。

5. 切换币别为综合本位币，进行试算平衡检查。

6. 试算平衡结束初始化工作。

实验三　总账系统日常业务

【实验目的】

熟悉金蝶 K/3 会计软件中的总账系统日常业务处理的相关内容，掌握填制凭证、审核凭证、凭证记账、账簿查询等具体内容和基本操作方法 。

【实验要求】

以“金省”的身份进行填制凭证。以“苏秀珍”的身份进行审核、记账。

【实验资料】

1. 2014 年 3 月 6 日，提取现金 30 000 元备用。

借：现金　　　　　　　　　　　　30 000

　　贷：银行存款——建行　　　　　　　　30 000

2. 2014 年 3 月 12 日，偿还前欠哈大公司的货款 1 140 000 元。

借：应付账款——哈大　　　　　　1 140 000

　　贷：银行存款——建行　　　　　　　　1 140 000

3. 2014 年 3 月 18 日，销售一部李哲向龙门公司销售 A 产品 160 000 元，货款暂欠。

借：应收账款——龙门公司　　　　160 000

　　贷：主营业务收入——A 产品　　　　　160 000

4. 2014 年 3 月 23 日，采购甲材料 1 000 公斤，单价 30 元 / 公斤；乙材料 500 公斤，单价 50 元 / 公斤，以建行存款支付。

借：原材料——甲材料　　　　　　30 000

　　　　　——乙材料　　　　　　25 000

　　贷：银行存款——建设银行　　　　　　55 000

5. 2014 年 3 月 26 日，收到某外商交来投资款 30 000 美元，存入中行美元户。

借：银行存款——中行　　　　　　253 500

贷：实收资本　　　　　　　　　　253 500

6. 2014 年 3 月 30 日，支付本月办公室李芳通讯费 380 元、销售一部李哲通讯费 500 元，销售二部韩方通讯费 400 元。

借：管理费用——通讯费 / 办公室 / 李芳　　　380

　　　　　　——通讯费 / 销售一部 / 李哲　　500

　　　　　　——通讯费 / 销售二部 / 韩方　　400

　贷：现金　　　　　　　　　　　　　　　　　　1 280

7. 2014 年 3 月 30 日，收回龙门公司前欠销货款 160 000 元，存入建行。

借：银行存款——建行　　　　160 000

　贷：应收账款——龙门　　　　　　160 000

8. 2014 年 3 月 30 日，销售二部韩方出差归来，报销差旅费 3 820 元，原预借 5 000 元，差额以现金付给。

借：管理费用——差旅费　　　　5 000

　贷：其他应收款——韩方　　　3 820

　　　库存现金　　　　　　　　　　1 180

实验四　总账系统期末业务

【实验目的】

熟悉金蝶 K/3 会计软件中的总账系统期末业务的相关内容，掌握转账定义、转账生成、对账、结账等具体内容和基本操作方法 。

【实验要求】

1. 以“金省”的身份进行自动转账操作。
2. 以“苏秀珍”的身份进行审核、记账、对账和结账。

【实验资料】

1. 按短期借款年初余额3 169 000元和5%年利率计算本月应负担的短期借款利息。

名称：计提短期借款利息

转账期间	会计科目	方向	转账方式	比例	包含本期未过账凭证
1-6	财务费用-利息	自动判定	按公式转出	100%	
	应付利息	自动判定	转入	100%	包含

公式：ACCT(“2001”,“C”,0,1,1,“”)*0.05/12　(短期借款年初余额*0.05/12)

2. 进行当月的期末调汇操作：港币：期末汇率为 1.06；美元：期末汇率为 8.47，生成凭证并审核过账。

3. 结转当期损益。（注意先将当月未过账凭证全部过账）

4. 将结转损益的记账凭证过账。

5. 期末结账。

实验五　财务报表

【实验目的】

熟悉金蝶 K/3 会计软件中的财务报表编制的相关内容，掌握利用模板生成财务报表、自定义财务报表等具体内容和基本操作方法。

【实验要求】

1. 引入“实验三”的数据。

2. 以账套主管“苏秀珍”的身份进行财务报表的操作。

【实验资料】

1. 查看当月天津万成科技有限公司的资产负债表。

2. 利用报表模板生成“2014 年 3 月天津万成科技有限公司利润表”。（新企业会计准则）

3. 制作一张自定义报表“货币资金表”。

货币资金表

单位名称：天津万成科技有限公司　　2014 年 3 月 31 日　　单位：元

项目	期初余额	借方发生额	贷方发生额	期末余额
现金				
银行存款——建行				
银行存款——中行				
银行存款——工行				
其他货币资金				
合　计				

单位负责人：　　会计主管：　　制表人：

实验六　固定资产管理系统

【实验目的】

熟悉金蝶 K/3 会计软件中的固定资产管理系统的相关内容，掌握固定资产管理系统参数设置、基础数据设置、初始数据录入、日常业务处理、月末处理等具体内容和基本操作方法。

【实验要求】

1. 引入"实验二"的数据。

2. 以"苏秀珍"的身份系统初始化、凭证审核、记账、结账。

3. 以"金省"的身份进行日常业务处理、月末处理。

【实验资料】

1. 系统初始化

（1）系统维护

系统参数设置：①与总账系统相连；

②允许改变基础资料编码。

（2）基础资料

①变动方式类别增加

代码	方式名称	凭证字	摘要	对方科目
002.004	报废	记	报废固定资产	固定资产清理

②卡片类别管理

代码	名称	使用年限	净残值率	计量单位	预设折旧方法	固定资产科目	累计折旧科目	卡片编码规则	是否计提折旧
001	房屋类	50	5%	栋	动态平均法	1601	1602	FW-	不管使用状态如何一定提折旧
002	交通工具	10	3%	辆	工作量法	1601	1602	JT-	由使用状态决定是否提折旧
003	生产设备	10	3%	台	双倍余额递减法	1601	1602	SC-	由使用状态决定是否提折旧
004	办公设备	5	5%	台	平均年限法	1601	1602	BG-	由使用状态决定是否提折旧

③存放地点

代码	名称
01	车间
02	办公室
03	车库

（3）初始数据录入

资产编码	FW-001	JT-001	SC-001
名称	办公楼	小汽车	车床
类别	房屋及建筑物	交通工具	生产设备

续表

资产编码	FW-001	JT-001	SC-001
计量单位	栋	辆	台
数量	1	1	2
变动日期	2014.2.28	2014.2.28	2014.2.28
存放地点		车库	车间
经济用途	经营用	经营用	经营用
使用状态	正常使用	正常使用	正常使用
变动方式	自建	购入	购入
使用部门	办公室	销售一部、销售二部（费用比例各 50%）	制造车间
折旧费用科目	管理费用——折旧费	销售费用	制造费用——折旧费
币别	人民币	人民币	人民币
原币金额	1 000 000	400，000	600 000
购进累计折旧	无	无	无
开始使用日期	1998.6.30	2012.1.1	2006.12.28
已使用期间	188	已使用 10 万公里，预计工作总量：13 万公里，	88
累计折旧金额	280 000	220 000	400 000
折旧方法	动态平均法	工作量法（计量单位：公里）	双倍余额递减法

（4）结束初始化

2. 日常业务处理

（1）公司于 2014 年 3 月 6 日新购入 2 台计算机，分配给办公室、财务部使用（新增固定资产）。具体如下表所示。

资产编码	BG-001	BG-002
名称	计算机	计算机
类别	办公设备	办公设备
计量单位	台	台
数量	1	1
变动日期	2014.3.6	2014.3.6
存放地点	办公室	办公室
经济用途	经营用	经营用
使用状态	正常使用	正常使用
变动方式	购入	购入
使用部门	销售一部	财务部
折旧费用科目	管理费用——折旧费	管理费用——折旧费
币别	人民币	人民币
原币金额	5 600	5 600

续表

资产编码	BG-001	BG-002
购进累计折旧	无	无
开始使用日期	2014.3.6	2014.3.6
已使用期间	0	0
累计折旧金额	0	0
折旧方法	平均年限法（第一种）	平均年限法（第一种）

（2）公司于 2014 年 3 月 19 日报废一台车床（减少固定资产），具体如下表所示。

清理日期	清理数量	清理费用	残值收入	变动方式
2014.3.19	1	600	3 900	报废

注：清理费用以现金支付；残值收入存入建行。

（3）固定资产其他变动：将 FW-001 固定资产卡片中办公楼的使用部门由办公室转为制造车间，折旧费用科目也由“管理费用——折旧费”转为“制造费用——折旧费”。

（4）利用“凭证管理”功能制作增加、减少固定资产的记账凭证。

（5）查看固定资产清单等各种账表。

3. 期末处理

（1）输入本月工作量 2 000 公里。

（2）计提固定资产折旧。

（3）利用“自动对账”功能进行固定资产管理系统和总账系统的对账。

（4）期末结账。

实验七　工资管理系统

【实验目的】

熟悉金蝶 K/3 会计软件中的工资管理系统的相关内容，掌握工资管理系统参数设置、基础数据设置、初始数据录入、日常业务处理、月末处理等具体内容和基本操作方法。

【实验要求】

1. 引入实验二的数据。
2. 以“苏秀珍”的身份系统初始化、凭证审核、记账、结账。
3. 以“金省”的身份进行日常业务处理、月末处理。

【实验资料】

1. 系统初始化

（1）建立工资类别方案

类别名称：全体员工

是否多类别：否

币别：人民币

（2）系统维护

系统参数：要求结账与总账期间同步。

（3）设置

①导入或新增部门资料

代码	名称
01	行政中心
01.01	办公室
01.02	财务部
02	销售中心
02.01	销售一部
02.02	销售二部
03	生产部

②导入并修改或新增职员资料

代码	名称	部门	个人账号
0001	李芳	办公室	201410301001
0002	张继元	办公室	201410301002
0003	苏秀珍	财务部	201410301003
0004	金省	财务部	201410301004
0005	李哲	销售一部	201410301005
0006	韩方	销售二部	201410301006
0007	魏方	生产部	201410301007
0008	李小龙	生产部	201410301008

③增加银行资料

代码	名称	账号长度
1001	建行河西支行	10

④工资项目设置

项目名称	数据类型	小数位数	项目属性
职员代码	文本		其他
职员姓名	文本		其他
部门	文本		其他
基本工资	货币	2	固定项目
浮动工资	货币	2	可变项目
津贴	货币	2	可变项目
加班	货币	2	可变项目
独补	货币	2	固定项目
病假	货币	2	可变项目
事假	货币	2	可变项目
应发合计	货币	2	可变项目
房租水电	货币	2	可变项目
代扣所得税	货币	2	可变项目
医疗保险	货币	2	固定项目
养老保险	货币	2	固定项目
工会	货币	2	固定项目
扣款合计	货币	2	可变项目
实发合计	货币	2	可变项目
个人账号	文本		其他

⑤工资计算公式设置

公式名称：全体员工

应发合计=基本工资+浮动工资+津贴+加班+独补

扣款合计=病假+事假+房租水电+代扣所得税+医疗保险+养老保险+工会

实发合计=应发合计-扣款合计

⑥所得税设置

名 称	个人所得税计算
税率类别	含税级距税率
税率项目	应税所得=应发合计-独补-医疗保险-养老保险
所得计算	应税所得=应发合计-独补-医疗保险-养老保险
所得期间	2001-01
外币币别	人民币
基本扣除	1 260

⑦工资业务

设置工资数据输入过滤器

过滤器名称：全体员工

计算公式：全体员工

工资项目：全选

2. 日常业务处理

①工资数据录入

职员姓名	基本工资	浮动工资	津贴	加班	独补	病假	事假	房租水电	医疗保险	养老保险	工会
李芳	3 800	2 000	500	300	15			1 000	36	100	10
张继元	3 000	1 500	400	260			136	800	30	80	8
苏秀珍	3 600	900	580	120		809		800	28	80	8
金省	3 200	1 100	560	310		690		500	24	50	8
李哲	3 900	670	540	120	15		160	800	18	80	8
韩方	3 350	2 000	550	180	15			700	30	70	7
魏方	3 600	1 600	500		15			600	27	30	3
李小龙	3 000	1 500	400	260				800	30	80	8

②利用“工资计算”功能计算工资

注意：虽然录入工资数据的同时，系统已同步进行了计算，但当工资公式较为复杂时，这种计算就不很充分，所以录入完毕，用户应利用“工资计算”功能再进行一次计算。

③所得税计算

所得税计算方法为“按工资发放期间计算”，将计算出的个人所得税引入工资修改模块当中的“代扣所得税”栏中，并保存。

④工资费用分配

分配名称	工资分配			
凭证字	记			
摘要内容	分配工资费用		分配比例	100%
部门	职员类别	工资项目	费用科目	工资科目
行政部	管理人员	应发合计	管理费用——工资及福利	应付职工薪酬
财务部	管理人员	应发合计	管理费用——工资及福利	应付职工薪酬
销售一部	销售人员	应发合计	销售费用——工资及福利	应付职工薪酬
销售二部	销售人员	应发合计	销售费用——工资及福利	应付职工薪酬
生产部	生产人员	应发合计	生产成本——工资及福利	应付职工薪酬

⑤福利费用分配

分配名称	福利费分配			
凭证字	记			
摘要内容	计提职工福利费		分配比例	14%
部门	职员类别	工资项目	费用科目	工资科目
办公室	管理人员	应发合计	管理费用——工资及福利	应付职工薪酬
财务部	管理人员	应发合计	管理费用——工资及福利	应付职工薪酬
销售一部	销售人员	应发合计	销售费用——工资及福利	应付职工薪酬
销售二部	销售人员	应发合计	销售费用——工资及福利	应付职工薪酬
生产部	生产人员	应发合计	生产成本——工资及福利	应付职工薪酬

⑥变动

将行政部张继元转到销售一部，加强公司销售力量。

3. 期末业务处理

（1）查看各种工资报表。

（2）期末结账。

实验八 应收款管理系统

【实验目的】

熟悉金蝶 K/3 会计软件中的应收应付款系统的相关内容，掌握应收款管理系统初始化设置、基础数据设置、初始数据录入、日常业务处理、月末处理等具体内容和基本操作方法。

【实验要求】

1. 引入“实验二”的数据。
2. 以“苏秀珍”的身份系统初始化、凭证审核、记账、结账。
3. 以“金省”的身份进行日常业务处理、月末处理。

【实验资料】

1. 系统初始化

（1）系统维护

项目	参数
基本信息	启用年份 2014 年；会计期间是 3 月
坏账计提方法	备抵法；应收账款百分比法；坏账损失科目代码：6602.06 坏账损失；坏账准备科目代码：1231 坏账准备；计提坏账科目：1122 应收账款；计提方向：借；比率：0.5%
科目设置	其他应收单、销售发票、收款单、退款单的科目均设置为“1122 应收账款”；预收单的会计科目设置为“2203-预收账款”应收票据科目代码“1121”，应交税金科目代码“2221”，核算项目类别：“客户”

续表

项目	参数
单据控制	选择“只允许修改和删除本人录入的单据”；“只允许修改、删除本人录入的单据”；税率来源“取产品属性中的税率”
核销控制	选择“审核后自动核销”
凭证处理	选择“预收冲应收生成凭证”
期末处理	结账与总账期间同步；期末处理前凭证处理应该完成；期末处理前单据全部完成审核；启用期末调汇

（2）初始数据录入

选择“录入产品明细”，不选择“本年”数据选项。

客户职员	单据类型	日期	部门	业务员	事由	往来科目	发生额	商品	数量	单价
洋洋公司	增值税发票	2014.2.28	销售一部	李哲	销售	应收账款	52 650	A 产品 B 产品	50 100	500 200
	其他应收单	2014.2.28	销售二部	韩方	借款	应收账款	35 000			
龙门公司	普通发票	2014.2.28	销售一部	李哲	赊销	应收账款	50 000	A 产品	100	500
	商业承兑汇票	签发日 2014.2.28 付款期限 90 天	销售一部	李哲	销售		200 000			
韩方	应收单	2014.2.28			职员借款	其他应收款	5 000			
渭南公司	期初坏账	2008.12.2	销售二部	韩方	逾期未还		10 000			

（3）结束初始化

2. 日常业务

（1）发票

①3 月 6 日，销售一部李哲赊销一批，开具销售增值税发票，其中 A 产品给雁塔公司，数量 100 件，含税单价 200 元/件，增值税率 17%。

②3 月 10 日，销售二部韩方赊销一批产品给美菱公司，开具销售普通发票，其中 A 产品数量 50 件，不含税单价 250 元/件，B 产品数量 100 件，不含税单价 500 元，增值税率 17%。

③3 月 15 日，职员魏方向公司借现金 5 000 元。

④3 月 19 日，将上月 2 月 9 日龙门公司签发并承兑的商业汇票 50 000 元，拿去建行贴现，贴现率 3%，手续费 10 元。结算科目“银行存款——建行”。

⑤3 月 26 日，收到洋洋公司所欠货款 52 650 元，结算方式支票，部门销售一部（按应收单号生成收款单）。

⑥3 月 29 日，职员魏方还来个人借款 5 000 元现金。

（2）将以上各种单据通过“凭证处理”功能生成记账凭证。

（3）坏账处理。

3 月 31 日，将渭南公司逾期未还，且明显无法收回的前欠货款 10 000 元列为坏账。填制坏账损失处理单并制作凭证。

（4）计提当年坏账准备。

3. 期末业务

（1）核销往来业务。

（2）查看往来对账单及账龄分析表等有关账表。

（3）期末结账。

实验九　出纳管理系统

【实验目的】

熟悉金蝶 K/3 会计软件中的出纳管理子系统的相关内容，掌握出纳管理子系统初始化、日常业务处理、月末处理的操作等具体内容和基本操作方法。

【实验要求】

1. 引入“实验二”的数据。

2. 以“苏秀珍”的身份系统初始化、凭证审核、记账、结账。

3. 以“金省”的身份进行日常业务处理、月末处理。

【实验资料】

1. 系统初始化

（1）从总账系统引入现金、银行存款科目。

（2）从总账系统引入 2014 年 3 月 1 日的现金、银行存款科目余额。

（3）进行试算平衡检查，如已平衡则结束初始化，将现金管理系统启用期间定在 2014 年 3 月 1 日。

2. 日常业务

（1）现金处理

①登记现金日记账：（从总账引入）。

②进行 3 月 31 日的库存现金对账。

（2）银行存款处理

①登记银行存款日记账：（从总账引入）。

②录入银行对账单。

建设银行银行对账单记录：

日期	摘要	结算方式	支票号	借方	贷方
3月5日	提现	现金	XJ001	10 000	
3月6日	购买办公设备	支票	ZP002	24 000	
3月13日	收回欠款	商业汇票	HP003		50 000
3月26日	偿还欠款	银行汇票	HP004	120 000	

③3月31日，公司财务购入建行银行转账支票1本，号码ZZ3001-3050。

④3月31日办公室领用支票3001号，用于购空白光盘，限额300元。

3. 期末业务

（1）进行建行账户的银行对账。

（2）生成银行存款余额调节表。

参考文献

1. 何亮，朱力伟. 会计信息系统实用教程[M]. 北京：北京理工大学出版社，2012.

2. 王新玲，房琳琳，吕志明. 会计信息系统实验教程[M]. 北京：清华大学出版社，2012.

3. 杜娟，饶兴明. 会计电算化系统理论与实务[M]. 北京：人民邮电出版社，2012.

4. 管彦庆. 会计电算化系统理论与实验教程[M]. 北京：机械工业出版社，2012.

5. 傅为民. 会计电算化[M]. 江苏：南京大学出版社，2012.

6. 唐文. 会计信息系统实验教程[M]. 北京：北京理工大学出版社，2011.

7. 李清. 会计电算化系统原理与实验教程[M]. 北京：清华大学出版社，2010.

8. 何日胜. 会计电算化系统应用操作（第三版）[M]. 北京：清华大学出版社，2008.

9. 石道元. 会计电算化原理与应用[M]. 上海：上海财经大学出版社，2006.

10. 财政部. 企业会计信息化工作规范[EB/OL]. 2013，12.

南开大学出版社网址：http://www.nkup.com.cn

投稿电话及邮箱：　022-23504636　　QQ：1760493289
QQ：2046170045(对外合作)
邮购部：　022-23507092
发行部：　022-23508339　　Fax：022-23508542

南开教育云：http://www.nkcloud.org

App：南开书店 app

南开教育云由南开大学出版社、国家数字出版基地、天津市多媒体教育技术研究会共同开发，主要包括数字出版、数字书店、数字图书馆、数字课堂及数字虚拟校园等内容平台。数字书店提供图书、电子音像产品的在线销售；虚拟校园提供 360 校园实景；数字课堂提供网络多媒体课程及课件、远程双向互动教室和网络会议系统。在线购书可免费使用学习平台，视频教室等扩展功能。